전공역사
"2차 수업실연"
실전문제집

수업만점자의 비밀노트

서울고시각

**Stand by
Strategy
Satisfaction**

새로운 출제경향에 맞춘 수험서의 완벽서

머리말

여러분, 안녕하세요?

사람과 사람의 거리가 멀어진 시대에 책으로나마 여러분을 만나 뵙게 되어 영광입니다.

수험생 시절 문제를 제작하는 과정은 너무나도 힘들었지만, 실제 수업에 정말 큰 도움이 되었습니다. 우리의 지난 수고는 세상에 내보이고, 누군가 앞으로 맞을 수고는 덜어주면 좋겠다는 생각에 책을 쓰자 다짐하게 되었습니다. 이 책은 저희 수험생활 및 방법에 대한 확신과 그를 통해 예비 선생님들을 돕고 싶다는 마음에서 시작된 것입니다.

"전공역사 2차 수업실연 실전문제집"의 특징은 다음과 같습니다.

> 1. 전공역사 2차 수업실연의 바이블
>   준비과정, 실전 문제, 판서 및 해설까지 전부 들어있는 전공역사 2차 수업실연의 바이블이 되고자 합니다.
> 2. 2015 개정 교육과정에 따른 실전 예상 문제
>   2015 개정 교육과정에 따라 만들어진 임용 2차에 최적화된 실전 문제들로 채웠습니다.
> 3. 현직 교사들의 생생한 해설
>   매일 매일 수업을 진행하고 있는 현직 교사들의 수업 진행 팁을 해설에 녹였습니다.
> 4. 스터디원 전원 합격의 신화
>   스터디원이 전원 고득점으로 합격한 2차 스터디의 노하우를 아낌없이 담았습니다.

가을에서 겨울로 넘어가는 날, 깜깜하고 긴 터널의 막바지에 이르렀습니다. 이런 날 이런 때에는 유독 공기가 차고, 앞이 잘 보이지 않습니다. 그래도 끝은 옵니다. 선생님들 그날까지 모두 건강 유의하시고, 그 끝까지 우리 함께 해요. 우리는 잘 지나가게 될 거예요.

책을 출판해 주신 서울고시각, 민정화·송유진·최수연 세 사람의 수험생활과 출간을 지지해 준 부모님을 비롯한 모든 분께 감사 말씀 전합니다.

민정화, 송유진, 최수연 드림

> <2025학년도 개정 방향>
> 1. 2024학년도 최신 기출 문제 복원
> 2. 2022 한국사 개정 교육과정 핵심내용 요약

이 책의 구성

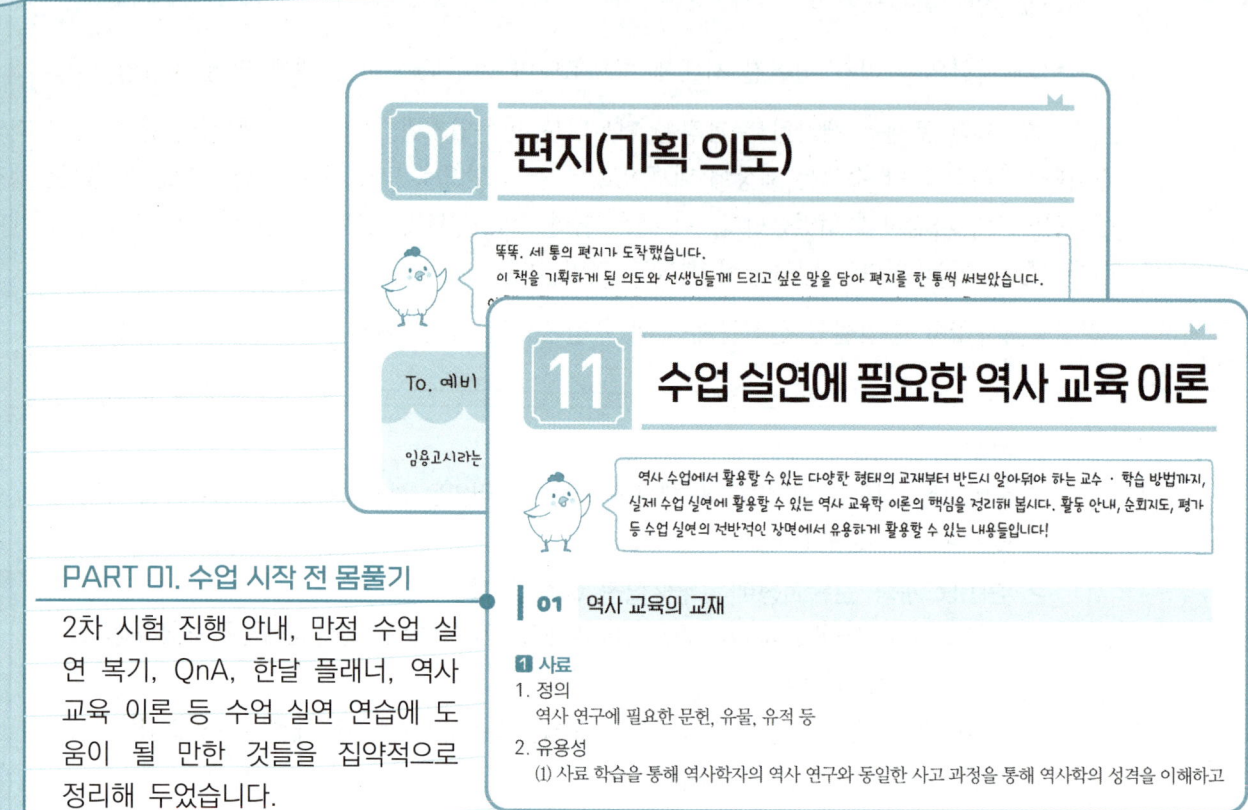

PART 01. 수업 시작 전 몸풀기
2차 시험 진행 안내, 만점 수업 실연 복기, QnA, 한달 플래너, 역사 교육 이론 등 수업 실연 연습에 도움이 될 만한 것들을 집약적으로 정리해 두었습니다.

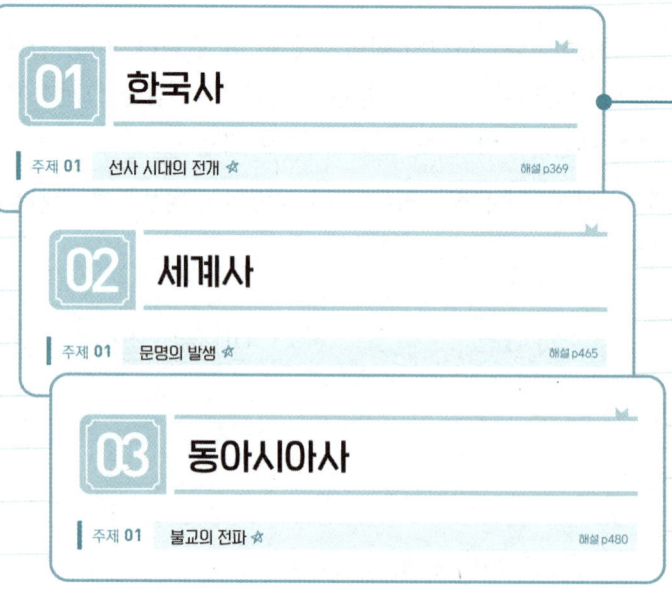

PART 02. 수업 실연 실전 문제
한국사 전 단원, 세계사와 동아시아사 중 중요 단원을 2015 개정 교육과정에 따라 선별하여 다양한 형태의 수업 및 평가로 실전 문제를 제작했습니다.

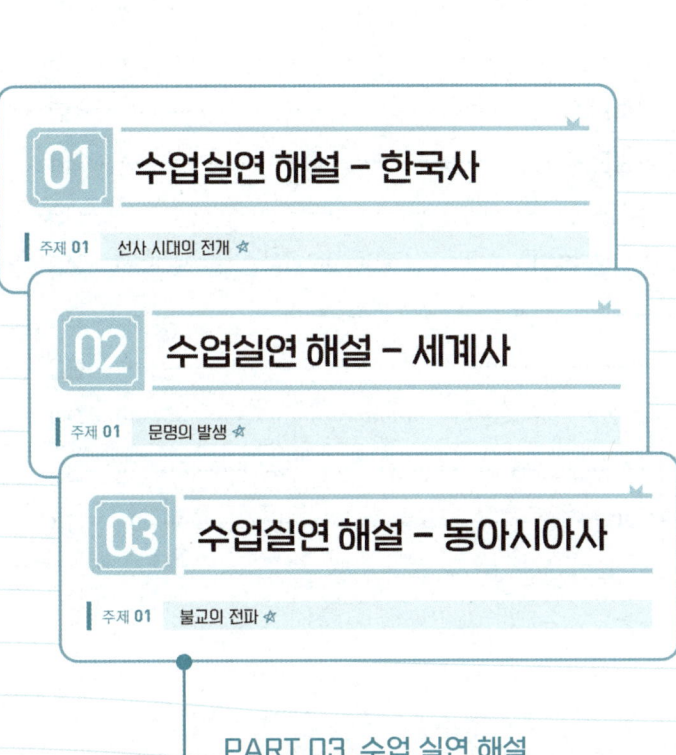

PART 03. 수업 실연 해설
PART2 전체 문제에 대한 해설 예시와 판서를 정리해 두었습니다.

Contents

PART 01 수업실연 전 몸풀기

- **01** 편지(기획 의도) ··· 3
- **02** 시·도 교육청별 2차 시험 안내 ················· 5
- **03** 합격 수기(스터디 운영) ···························· 6
- **04** 출제 현황표 ·· 9
- **05** 2024학년도 2차 수업실연 기출문제 ······· 10
- **06** 2022학년도 2차 수업실연 기출문제 ······· 14
- **07** 2019학년도 2차 수업실연 기출문제 ······· 18
- **08** 2019학년도 '만점자5'의 수업실연 복기 ··· 22
- **09** Q&A ·· 24
- **10** 피드백을 위한 루브릭 ······························ 28
- **11** 한달 플래너 ·· 29
- **12** 2022 개정 교육과정 한국사 ···················· 30
- **13** 수업 실연에 필요한 역사 교육 이론 ········ 34

PART 02 수업실연 실전 문제

- **01** 한국사 ·· 47
  - 주제 01 ▶ 선사 시대의 전개☆ ························· 47
  - 주제 02 ▶ 고조선과 여러 나라의 성장☆ ·········· 51
  - 주제 03 ▶ 고대 국가의 성립과 발전 ················ 55
  - 주제 04 ▶ 신라의 삼국 통일과 발해의 건국☆ ·· 59
  - 주제 05 ▶ 고대 사회와 경제 ···························· 63
  - 주제 06 ▶ 외래 종교 및 사상의 수용 ··············· 67
  - 주제 07 ▶ 통일 신라의 종교와 사상 ················ 71
  - 주제 08 ▶ 고려의 통치 체제 정비 ···················· 75
  - 주제 09 ▶ 고려 전기의 대외 관계 ···················· 79
  - 주제 10 ▶ 무신 정권과 대몽 항쟁 ···················· 83
  - 주제 11 ▶ 몽골의 간섭과 고려의 개혁☆ ·········· 87
  - 주제 12 ▶ 고려의 사회 구조 ···························· 91
  - 주제 13 ▶ 고려의 종교와 사상☆ ····················· 95
  - 주제 14 ▶ 조선의 통치 체제와 대외 관계☆ ····· 99

차례

주제 15	▶ 사림 세력과 정치 변화	103
주제 16	▶ 조선 문화의 발달과 사회 변화 ✪	107
주제 17	▶ 왜란·호란의 발발과 영향	111
주제 18	▶ 양 난 이후의 세계관 변화 ✪	115
주제 19	▶ 농민들의 봉기 ✪	119
주제 20	▶ 조선의 양반 중심사회	123
주제 21	▶ 상품 화폐 경제의 발달과 신분제 변화 ✪	127
주제 22	▶ 흥선대원군의 개혁	131
주제 23	▶ 통상수교 거부 정책과 양요	135
주제 24	▶ 강화도 조약과 불평등 조약 체제	139
주제 25	▶ 개화정책의 추진과 반발	143
주제 26	▶ 갑신정변과 국내외 정세의 변화	147
주제 27	▶ 독립협회의 창립과 활동	151
주제 28	▶ 대한 제국과 광무개혁	155
주제 29	▶ 일본의 국권침탈	159
주제 30	▶ 항일 의병 운동	163
주제 31	▶ 애국 계몽 운동	167
주제 32	▶ 독도와 간도 ✪	171
주제 33	▶ 열강의 경제 침략	175
주제 34	▶ 경제 구국 운동	179
주제 35	▶ 근대 문물의 수용	183
주제 36	▶ 근대 의식의 확대와 해외 이주	187
주제 37	▶ 일제의 무단 통치	191
주제 38	▶ 일제의 민족 분열 통치	195
주제 39	▶ 1910년대 국내외 민족 운동	199
주제 40	▶ 3·1운동	203
주제 41	▶ 임시정부	207
주제 42	▶ 항일 무장 독립 투쟁 ✪	211
주제 43	▶ 의열단과 한인 애국단	215
주제 44	▶ 실력 양성 운동	219
주제 45	▶ 민족 유일당 운동	223
주제 46	▶ 도시와 농촌의 변화	227
주제 47	▶ 근현대 연표 제작 수업 ✪	231
주제 48	▶ 1920, 30년대의 대중 운동	234
주제 49	▶ 민족 문화 수호 활동 ✪	238
주제 50	▶ 일제의 침략 전쟁 확대와 민족 말살 정책	242
주제 51	▶ 전시 수탈과 식민 지배의 상처 ✪	246

Contents

주제 52	▶ 항일 연합 전선	250
주제 53	▶ 새나라의 건설	254
주제 54	▶ 8·15 광복	258
주제 55	▶ 통일 정부 수립을 둘러싼 갈등	262
주제 56	▶ 대한민국 정부 수립 과정	266
주제 57	▶ 식민지 잔재 청산 노력	270
주제 58	▶ 6·25전쟁과 전후 남북 분단 고착화	274
주제 59	▶ 4·19혁명☆	278
주제 60	▶ 박정희 정부 수립과 유신 체제	282
주제 61	▶ 5·18 민주화 운동☆	286
주제 62	▶ 경제, 사회, 문화의 변화☆	290
주제 63	▶ 6월 민주항쟁☆	294
주제 64	▶ 평화적 정권 교체와 시민 사회의 성장	298
주제 65	▶ 외환위기와 극복 이후의 과제	302
주제 66	▶ 평화 통일을 위한 노력☆	306

02 세계사 ··· 310

주제 01	▶ 문명의 발생☆	310
주제 02	▶ 진·한 제국의 발전☆	314
주제 03	▶ 위진 남북조 시대	318
주제 04	▶ 수·당 제국의 발전	322
주제 05	▶ 송의 성장과 정복 왕조의 등장☆	326
주제 06	▶ 몽골 제국과 동서 교류	330
주제 07	▶ 명·청의 건국과 발전	334
주제 08	▶ 명·청의 사회와 경제 변화	338
주제 09	▶ 이슬람 세계의 형성☆	342
주제 10	▶ 굽타 왕조의 발전과 인도 고전 문화의 확산	346
주제 11	▶ 무굴 제국과 인도·이슬람 문화☆	350
주제 12	▶ 로마의 발전과 문화☆	354
주제 13	▶ 서유럽 봉건 사회의 성립	358
주제 14	▶ 중세 유럽 사회의 동요☆	362
주제 15	▶ 르네상스와 종교 개혁	366
주제 16	▶ 크리스트교 문화의 형성과 확산☆	370
주제 17	▶ 신항로 개척☆	374
주제 18	▶ 절대 왕정	378
주제 19	▶ 영국 혁명	382

차례

주제 20	▶ 미국 혁명	386
주제 21	▶ 국민 국가의 발전	390
주제 22	▶ 산업 혁명☆	394
주제 23	▶ 제국주의의 등장과 식민지 분할☆	398
주제 24	▶ 아편전쟁과 중국의 민족 운동☆	402
주제 25	▶ 일본의 개항과 메이지 유신	406
주제 26	▶ 인도, 동남아, 서아시아의 민족 운동☆	410
주제 27	▶ 제1차 세계 대전과 러시아 혁명	414
주제 28	▶ 냉전☆	418
주제 29	▶ 탈냉전 시대의 전개와 탈냉전 이후의 갈등	422

03 동아시아사 426

주제 01	▶ 불교의 전파☆	426
주제 02	▶ 조공·책봉 체제☆	430
주제 03	▶ 동아시아 각국의 교역 관계	434
주제 04	▶ 유럽의 진출과 교역망의 확대☆	438
주제 05	▶ 동아시아 각국의 개항☆	442
주제 06	▶ 근대화 운동의 전개☆	446
주제 07	▶ 서양 문물의 수용☆	450
주제 08	▶ 냉전체제의 확립과 변화☆	454
주제 09	▶ 동아시아 각국의 경제 성장☆	458

Contents

PART 03 수업실연 해설

01 수업실연 해설 – 한국사 ·· 3

- 주제 01 ▶ 선사 시대의 전개 ☆ ·· 3
- 주제 02 ▶ 고조선과 여러 나라의 성장 ☆ ································ 4
- 주제 03 ▶ 고대 국가의 성립과 발전 ···································· 5
- 주제 04 ▶ 신라의 삼국 통일과 발해의 건국 ☆ ·························· 6
- 주제 05 ▶ 고대 사회와 경제 ·· 7
- 주제 06 ▶ 외래 종교 및 사상의 수용 ·································· 8
- 주제 07 ▶ 통일 신라의 종교와 사상 ··································· 9
- 주제 08 ▶ 고려의 통치 체제 정비 ····································· 10
- 주제 09 ▶ 고려 전기의 대외 관계 ····································· 11
- 주제 10 ▶ 무신 정권과 대몽 항쟁 ····································· 12
- 주제 11 ▶ 몽골의 간섭과 고려의 개혁 ☆ ······························ 14
- 주제 12 ▶ 고려의 사회 구조 ··· 16
- 주제 13 ▶ 고려의 종교와 사상 ☆ ····································· 17
- 주제 14 ▶ 조선의 통치 체제와 대외 관계 ☆ ·························· 18
- 주제 15 ▶ 사림 세력과 정치 변화 ····································· 19
- 주제 16 ▶ 조선 문화의 발달과 사회 변화 ☆ ·························· 20
- 주제 17 ▶ 왜란·호란의 발발과 영향 ·································· 21
- 주제 18 ▶ 양 난 이후의 세계관 변화 ☆ ······························ 23
- 주제 19 ▶ 농민들의 봉기 ☆ ··· 24
- 주제 20 ▶ 조선의 양반 중심사회 ····································· 26
- 주제 21 ▶ 상품 화폐 경제의 발달과 신분제 변화 ☆ ················· 27
- 주제 22 ▶ 흥선대원군의 개혁 ··· 28
- 주제 23 ▶ 통상수교 거부 정책과 양요 ································ 30
- 주제 24 ▶ 강화도 조약과 불평등 조약 체제 ·························· 32
- 주제 25 ▶ 개화정책의 추진과 반발 ··································· 34
- 주제 26 ▶ 갑신정변과 국내외 정세의 변화 ·························· 35
- 주제 27 ▶ 독립협회의 창립과 활동 ··································· 36
- 주제 28 ▶ 대한 제국과 광무개혁 ····································· 38
- 주제 29 ▶ 일본의 국권침탈 ··· 40
- 주제 30 ▶ 항일 의병 운동 ··· 41
- 주제 31 ▶ 애국 계몽 운동 ··· 42
- 주제 32 ▶ 독도와 간도 ☆ ··· 43
- 주제 33 ▶ 열강의 경제 침략 ··· 44
- 주제 34 ▶ 경제 구국 운동 ··· 45

차례

주제 35	▶ 근대 문물의 수용	47
주제 36	▶ 근대 의식의 확대와 해외 이주	49
주제 37	▶ 일제의 무단 통치	51
주제 38	▶ 일제의 민족 분열 통치	53
주제 39	▶ 1910년대 국내외 민족 운동	55
주제 40	▶ 3·1운동	56
주제 41	▶ 임시정부	58
주제 42	▶ 항일 무장 독립 투쟁☆	59
주제 43	▶ 의열단과 한인 애국단	61
주제 44	▶ 실력 양성 운동	63
주제 45	▶ 민족 유일당 운동	65
주제 46	▶ 도시와 농촌의 변화	67
주제 47	▶ 근현대 연표 제작 수업☆	69
주제 48	▶ 1920, 30년대의 대중 운동	71
주제 49	▶ 민족 문화 수호 활동☆	73
주제 50	▶ 일제의 침략 전쟁 확대와 민족 말살 정책	75
주제 51	▶ 전시 수탈과 식민 지배의 상처☆	77
주제 52	▶ 항일 연합 전선	79
주제 53	▶ 새나라의 건설	81
주제 54	▶ 8·15 광복	83
주제 55	▶ 통일 정부 수립을 둘러싼 갈등	84
주제 56	▶ 대한민국 정부 수립 과정	85
주제 57	▶ 식민지 잔재 청산 노력	87
주제 58	▶ 6·25전쟁과 전후 남북 분단 고착화	89
주제 59	▶ 4·19혁명☆	91
주제 60	▶ 박정희 정부 수립과 유신 체제	92
주제 61	▶ 5·18 민주화 운동☆	93
주제 62	▶ 경제, 사회, 문화의 변화☆	95
주제 63	▶ 6월 민주항쟁☆	96
주제 64	▶ 평화적 정권 교체와 시민 사회의 성장	98
주제 65	▶ 외환위기와 극복 이후의 과제	100
주제 66	▶ 평화 통일을 위한 노력☆	102

02 세계사 ································· 104

주제 01	▶ 문명의 발생☆	104
주제 02	▶ 진·한 제국의 발전☆	106
주제 03	▶ 위진 남북조 시대	107

Contents

주제 04	수·당 제국의 발전	108
주제 05	송의 성장과 정복 왕조의 등장☆	110
주제 06	몽골 제국과 동서 교류	111
주제 07	명·청의 건국과 발전	112
주제 08	명·청의 사회와 경제 변화	113
주제 09	이슬람 세계의 형성☆	114
주제 10	굽타 왕조의 발전과 인도 고전 문화의 확산	116
주제 11	무굴 제국과 인도·이슬람 문화☆	118
주제 12	로마의 발전과 문화☆	120
주제 13	서유럽 봉건 사회의 성립	121
주제 14	중세 유럽 사회의 동요☆	123
주제 15	르네상스와 종교 개혁	125
주제 16	크리스트교 문화의 형성과 확산☆	126
주제 17	신항로 개척☆	128
주제 18	절대 왕정	129
주제 19	영국 혁명	131
주제 20	미국 혁명	132
주제 21	국민 국가의 발전	133
주제 22	산업 혁명☆	135
주제 23	제국주의의 등장과 식민지 분할☆	136
주제 24	아편전쟁과 중국의 민족 운동☆	137
주제 25	일본의 개항과 메이지 유신	139
주제 26	인도, 동남아, 서아시아의 민족 운동☆	140
주제 27	제1차 세계 대전과 러시아 혁명	142
주제 28	냉전☆	143
주제 29	탈냉전 시대의 전개와 탈냉전 이후의 갈등	144

03 동아시아사 ··· 145

주제 01	불교의 전파☆	145
주제 02	조공·책봉 체제☆	147
주제 03	동아시아 각국의 교역 관계	149
주제 04	유럽의 진출과 교역망의 확대☆	150
주제 05	동아시아 각국의 개항☆	152
주제 06	근대화 운동의 전개☆	154
주제 07	서양 문물의 수용☆	155
주제 08	냉전체제의 확립과 변화☆	157
주제 09	동아시아 각국의 경제 성장☆	158

PART

01

수업실연 전
몸풀기

[30일 완성]
전공역사 2차
수업실연
실전문제집

01 편지(기획 의도)

 똑똑. 세 통의 편지가 도착했습니다.
이 책을 기획하게 된 의도와 선생님들께 드리고 싶은 말을 담아 편지를 한 통씩 써보았습니다. 이 책과 함께 2차 시험 준비 여정을 시작하시는 여러분께 저희의 마음이 가닿기를 바랍니다.

To. 예비 선생님들께

임용고시라는 좁고 긴 터널을 지난 지 벌써 3년이라는 시간이 지났습니다. 1차 시험을 치른 후 번아웃이 된 몸을 이끌고 2차 시험 준비를 하던 저에게 매해 겨울은 유난히 춥게만 느껴졌습니다. '이 점수로 2차를 준비해도 될까?'라는 고민을 수없이 하며 2차 스터디를 갔던 1호선 지하철의 찬 공기가 아직도 기억이 납니다. 포기하고 싶은 순간이 많았지만 버티다 보니 나에게 멀게만 느껴지던 합격의 순간이 오게 되었습니다.

예비 선생님들의 2차 준비에 도움이 되길 바라는 마음으로 만든 소중한 책이 예비 선생님들에게 큰 도움이 되길 바랍니다. 스스로를 존중하며, 버티는 예비 선생님들! 교단에서 뵙길 기다리겠습니다.

From. C

저희는 아직도 모이면 수험생활의 쓰고 단 구석들에 관해 이야기 합니다. 쓴 것으로는 수험생활을 위해 우리가 포기해야 했던 일상·인간관계·경제생활이 있고, 달콤한 것에는 인고의 과정을 함께한 친구들·지식과 기술들이 있습니다. 씁쓸한 것들은 수험생활 동안 폭발적인 힘으로 우리를 괴롭혔지만 이제는 사라지고 없는데, 달콤한 것들은 수험생활이 끝난 지금까지 계속 이어져 학교생활에서 그 위력을 톡톡히 발휘하고 있습니다.

수험생활뿐 아니라 교단생활도 구석구석 씁쓸한데, 그 와중에 수업이 달콤한 것의 역할을 톡톡히 해주고 있습니다. 1교시 시작종에 동태눈을 하고 교무실을 나서서는, 2시간 연달아 수업하고도 장화 신은 고양이의 초롱초롱한 눈으로 돌아옵니다. 수험생활 중 우리가 서로를 다독이며 현장감 넘치게 연습했던 것들은 어디 가지 않고 고스란히 몸에 남아 현장 수업을 지탱해주고 있습니다.

1년간 너무도 열심히 달린 탓에 이미 녹초가 되셨을 텐데, 2차는 이전보다 더 많은 것을 요구하고 있습니다. 긍정 회로를 돌려 말하자면, 학교에 와서 수업의 달콤함 더 크게 누리기를 바라는 선배 선생님들의 마음이 담긴 탓이 아닐까 생각해 봅니다. 버거운 수험생활 중 수업 연습이 그나마 달콤한 구석이 되길, 그리고 저희의 책이 그 달콤한 구석의 좋은 동반자가 되기를 바랍니다.

From. S

안녕하세요. 수험생 여러분.

1차 시험을 위해 달려오다가 지금, 1차 시험이 끝난 뒤 허무하기도 하고 불안하기도 하실 것 같습니다. 그런 아득한 마음을 애써 뒤로 한 채, 2차 시험을 준비'해야'하는 점이 이중으로 힘든 순간이시겠지요.

저는 2차 시험에서 2번 떨어진 경험이 있습니다. 1차 시험 합격으로 기쁜 마음이 순간에 슬픔이 된다는 게 참 씁쓸합니다. 이 편지를 읽는 여러분 중에서도 저와 같은 경험을 하신 분들이 있으시지 않을까 생각합니다. 열심히 하지 않아서 떨어진 것이 아니라 시험이라는 것이 너무 가혹하기 때문이 아닐까 싶습니다. 최선에 따라 결과가 보장되지 않는다는 측면에서 오는 가혹함은 시험의 숙명인 걸까요.

그럼에도 항상 과정에서 최선을 다해야 후회가 남지 않는다는 걸 알아서 우리는 최선을 다합니다. 1차 시험 준비과정에서도 최선을 다한다는 것이 아득했지만, 2차 시험 준비에서 최선을 다한다는 건 더 어려웠던 기억이 납니다. 남들 하는 것처럼 아침 일찍 만나 지도안을 쓰고, 넘어가지 않는 밥을 넘기며 지도안을 복사하고 수업 구상 시간 동안 고민하여 타인에게 수업을 보여주고, 그에 대한 피드백을 주고받고, 면접을 하고. 스터디가 끝나고도 정신없이 내일의 스터디에서 필요한 실연 문제를 혼자 만들면서. 이게 맞나. 문득 생각이 스쳐 지나가지만. 하루에 해내야 할 일정이 너무 가득하여 잠에 들고. 다음날 또 반복.

모두가 이와 같이 최선을 다하지만, 그 방향이 맞는지. 내가 하는 수업 피드백이 맞는지. 내가 만든 지도안 문제는 괜찮은 문제인지. 활용할 수 있는 문제 하나 없이 알음알음 작년 기출 복기 파일을 열고 교과서를 펴서 문제를 만드는 스터디 후의 일상에서, 실연 문제를 만드는 시간이라도 나한테 더 주어질 수 있다면, 문제집이 있어 이를 사용할 수 있다면 얼마나 좋을까요.

그 지점에서 출판을 결심한 것 같습니다. 스터디를 하면서 같이 만든 문제를 다듬고 다듬어 공유하고자 합니다. 1차와 2차 사이 스스로 작아지고 또 작아지던 그때, 스터디 후에 조금이라도 숨을 고를 시간을 가지시는 데 도움이 되면 좋겠습니다. 그리고 '최종합격을 진심으로 축하합니다'라는 멘트가 주는 허무한 기쁨을 꼭 느끼시길 간절히 바랍니다.

From. M

※ 본 책은 2015 개정 교육과정, 교과서와 지도서 및 『역사교육의 이론』(양호환 외, 책과함께, 2009.), 『역사교육의 내용과 방법』(최상훈 외, 책과함께, 2007)을 참고하여 작성하였음을 밝힙니다.

02 시·도 교육청별 2차 시험 안내

01 2차 시험 진행 절차

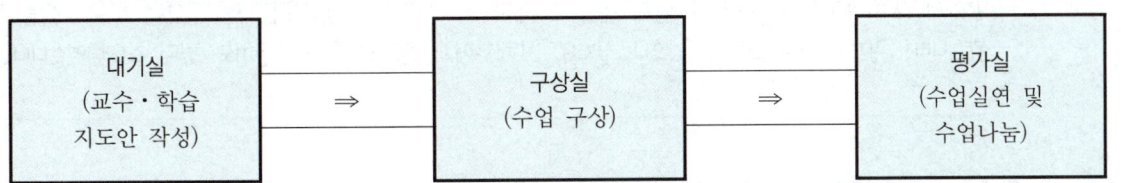

대기실 (교수·학습 지도안 작성) ⇒ 구상실 (수업 구상) ⇒ 평가실 (수업실연 및 수업나눔)

02 각 시·도 교육청별 2차 시험 시간 정리표

지역 \ 항목	지도안 작성(배점)	구상	수업실연(배점)	수업나눔
서울	60분(15점)	20분	20분(45점)	-
경기	-	공고 예정	공고 예정(실연, 나눔 총 60점)	
인천	-	20분	20분(50점)	-
강원	-	20분	20분(50점)	-
충북	-	20분	20분(50점)	-
충남	-	20분	20분(50점)	-
대전	60분(15점)	20분	20분(45점)	-
세종	-	20분	20분(50점)	-
경북	60분(15점)	20분	20분(45점)	-
경남	60분(15점)	20분	20분(45점)	-
대구	-	공고 예정	25분(40점)	-
울산	60분(15점)	20분	20분(45점)	-
부산	60분(15점)	20분	20분(45점)	-
전북	-	20분	20분(60점)	-
광주	-	20분	20분(60점)	-
전남	-	20분	20분(60점)	-
제주	-	20분	20분(50점)	-

※ 위 표는 2024년 10월 2일 기준으로 작성한 자료입니다. 본인이 응시하는 시·도 교육청의 공고문을 반드시 확인하세요!
※ 장애인 등 응시자 편의 지원 신청자는 각 교육청 공고문을 확인해 주세요.

03 합격 수기(스터디 운영)

저희는 3명의 스터디원이 전부 합격한 스터디입니다. 스터디를 어떻게 굴렸는지 운영 모습이 궁금하실 것 같아서 합격 수기로 1. 스터디 실제 운영 모습과 2. 스터디를 참여하면서 가졌던 마음가짐을 적어봤습니다! 굉장히 고된 스케줄이었으나 실제로 진행하면서 합격의 확신이 들기도 했던 스터디였습니다.

01 우리 스터디의 시험 준비 스케줄

수업실연 I (공통 주제 1)	
8시 30분 - 9시 10분	지도안
9시 10분 - 9시 30분	수업 구상
9시 30분 - 9시 50분	수업실연1
9시 55분 - 10시 15분	수업실연2
10시 20분 - 10시 40분	수업실연3
10시 40분 - 11시 20분	수업 피드백
11시 20분 - 12시	점심식사
면접	
12시 - 12시 15분	면접 구상
12시 15분 - 12시 30분	면접1
12시 35분 - 12시 50분	면접2
12시 55분 - 1시 10분	면접3
1시 10분 - 2시	면접 피드백
수업실연 II (공통 주제 2) - 지도안 과제	
2시 10분 - 2시 20분	수업 구상
2시 20분 - 2시 30분	수업실연1
2시 35분 - 2시 45분	수업실연2
2시 50분 - 3시	수업실연3
3시 - 3시 30분	수업 피드백
수업실연 III (개별 주제) - 지도안 생략	
3시 30분 - 3시 40분	수업 구상
3시 40분 - 3시 50분	수업실연1
3시 50분 - 4시	수업실연2
4시 - 4시 10분	수업실연3
4시 10분 - 5시	수업 피드백

※ 모든 수업실연과 면접 실연은 각자 핸드폰으로 동영상 녹화를 하였습니다.

제법 무리가 있는 스케줄이었습니다. 이렇게 스케줄을 짠 이유는 저희가 2가지 목표를 세웠기 때문입니다. 먼저, 2015 개정 교육과정 성취기준을 분석해서, 중요 주제를 선정하였습니다. 그리고 그 '중요 주제는 모두가 공통으로 수업실연을 해보자(공통 주제)'는 1차 목표, 그리고 '가능한 모든 주제를 스터디에서 다뤄보자(개별 주제)'는 것이 2차 목표입니다.

따라서 하루에 수업실연을 2~3번 정도 실시하였습니다. 예컨대, 수업실연을 3번 하는 경우 그날 다룰 수 있는 주제는 공통주제 2개(총 2개를 세 명이 모두 실연하는 상황)+개별 주제는 1인당 1개씩(총 3개) 해서 총 5개가 됩니다. 지도안은 스터디 중에는 시간관계상 1개만 작성하였습니다. 2번째 수업실연의 지도안은 미리 써와서 이를 바탕으로 바로 구상 시간을 가졌습니다.

수업 및 면접 실연 스터디 후에는 면접 관련해서 시책 및 이론을 공부하고 문답하는 시간을 간단히 가진 뒤 헤어졌습니다.

스터디 모임은 발표 전에는 주5회(2일 휴식), 발표 후에는 주6회(1일 휴식) 진행하였습니다. 그래서 발표 전에 전체 주제를 스터디 내에서 1번 다루고, 발표 후 3주간 전체 주제를 위의 방식으로 다뤘습니다. 발표 후 시간은 더 짧아졌는데 한번 다 다루고 싶어서 스터디 횟수를 주6회로 늘렸습니다. 차마 7번을 할 수는 없었습니다. 생명이.. 아니, 체력 관리가 중요하기 때문입니다..

정리하자면 수업의 경우 2달간 적어도 모든 주제를 2번씩 다루었으며, 중요 주제의 경우 4회 정도의 추가 반복 학습을 진행한 것이 됩니다.

집에 돌아가는 길 그날 녹화한 영상을 보며 수업과 면접을 스스로 피드백 및 복기해보고 내일 고치고 싶은 것 한 가지를 다짐합니다... 그리고 집으로 돌아가거나 카페로 가서 내일의 스터디 준비를 합니다. 수업실연 문제 만들기(이젠 저희 책으로 대신하면 되겠죠..!!!), 과제 지도안 작성, 면접 이론을 암기하였습니다. 그리고 잠들면 내일 아침이 되어 일과가 시작됩니다.

02 멘탈 관리 비법(?) - 어떤 마음으로 이런 스케줄을 감당할 수 있었나요?

S 그야말로 엄청난 스케줄이었다. 당시 일기를 보면 한 줄, 두 줄도 겨우 적혀 있다.
'정말 빡세고 고되구나'
'1정거장 사이에도 졸아버렸다'
'갑자기 마음이 죽겠다'
하지만 나는 알고 있었다. 이 연습을 할 수 있는 기회가 감사하다는 것, 또한 이 과정이 우리에게 꼭 필요하다는 것, 이걸 해내고 있는 나는 매우 대단하고, 가족들과 친구들은 그런 나를 지지해 주고 있다는 것. 그 생각이 나를 붙들었다.

M 이번에 떨어지면 진짜 놓아주자는 마음. 그러려면 내가 후회가 없어야 한다. 할 수 있는 게 아니라, 필요하다고 느껴지는 건 그냥 해내자.

C 1차 시험 이후 가채점 결과가 좋은 편이 아니어서 마음을 많이 내려놓고 2차 시험을 준비했습니다. 꽤 오랜 시간 수험 기간을 지낸 상황이라 더 이상 내려갈 곳이 없다고 생각했고, 최선을 다해보고 결과는 하늘에 맡기자는 마음을 먹었습니다. 최선을 다해보고, 그 결과를 나 스스로도 받아들일 수 있었으면 좋겠다는 생각을 수없이 했던 것 같습니다. 합격자들의 특별한 멘탈 관리가 있다기보다는 지금 나의 상황과 성격에 맞는 가장 편안한 마음가짐이 필요한 시기라고 생각합니다. 그리고 무엇보다 중요한 건 나라는 존재는 어떤 삶이든 살아간다는 생각을 갖고, 그 결과에 내 자신을 너무 매몰차게 밀어붙이지 않아도 된다는 말씀을 꼭 전하고 싶습니다.

04 출제 현황표

최근 11개년 '전공역사 2차 수업실연' 출제 주제입니다. 과거에는 한국사를 중심으로 출제되었다면, 최근에는 동아시아사, 세계사 등에서도 2차 시험이 출제되고 있습니다. 아래 출제 현황표를 참고하셔서 어떤 주제, 어떤 활동이 출제되었는지 훑어보세요!

학년도	대분류	출제 주제(주요 활동)
2014	한국사	흥선 대원군(모의 재판)
2015	한국사	광종, 성종(글쓰기 수업)
2016	한국사	통일신라 후기 정치(사료 학습)
2017	한국사	갑신 정변(토론 학습)
2018	한국사	신간회(가입신청서 작성)
2019	한국사	갑오·을미개혁(스토리 보드)
2020	동아시아사	임진왜란(가상인터뷰)
2021	세계사	프랑스 혁명(카드 뉴스)
2022	세계사	2차 세계 대전(지도 만들기, 글쓰기)
2023	한국사	조선 후기 사회(사료 학습)
2024	동아시아사	제2차 세계 대전 전후 처리와 냉전(글쓰기)

2024학년도 2차 수업실연 기출문제

2024학년도 중등학교 교사 임용후보자 선정 경쟁시험(제2차 시험)

역사 수업 실연

수험번호 [ ] 성명 [ ] 관리번호 [ ]

○ 판서만 가능하며, 칠판과 분필 외 기자재를 사용하는 경우 언급으로 대신하시오.

문제 다음의 〈실연 방법〉, [교수·학습 조건], [자료]와 [교수·학습 지도안]을 반영하여 수업을 실연하시오.

〈실연 방법〉
1. [교수·학습 지도안]의 〈실연 부분 2~4〉를 실연하시오.
2. 〈실연 부분 1〉: 〈자료1, 2〉를 활용한 발문을 각각 2가지씩 하시오.
3. 〈실연 부분 2〉: 〈자료3, 4〉를 활용하여 교수학습활동을 실연하시오.
   가. 중국과 한국의 상황을 함께 제시하시오.
   나. 일본의 전후처리 변천 과정을 포함하시오.
   다. 문답식 수업으로 진행하시오.
3. 〈실연 부분 3〉: 〈자료 5〉를 활용하여 모둠활동을 실연하시오.
   가. 에듀테크 도구를 활용하여 〈자료 4〉에 대한 주장글 쓰기 학습활동이 일어나고 있는 상황을 가정하시오.
   나. 〈자료 5〉의 교사와 학생의 피드백을 고려하여 발표 상황을 실연하시오.
4. 〈실연 부분 4〉: 〈자료 6〉을 토대로 역사과의 학습 목적과 의미를 포함하여 수업 정리 부분을 실연하시오.

※ 유의점
   1. 성취기준을 고려하시오.
   2. 모둠별 태블릿PC가 있는 상황을 가정하시오.

교수·학습 조건

1. 과 목 명: 동아시아사
2. 대   상: 고등학교 3학년
3. 수업시간: 100분(블록타임제)
4. 단 원 명: 제2차 세계 대전의 전후 처리와 냉전
   가. 단원의 성취기준

   [12동사05-01] 제2차 세계 대전의 전후 처리 과정을 알아보고, 동아시아에서 냉전의 심화·해체 과정과 그 영향을 분석한다.

   나. 단원의 구성

단원	차시	주요 내용 및 활용	수업형태	평가방법
제2차 세계 대전 전후 처리와 냉전 체제	1-2 (본시)	제2차 세계 대전의 전후 처리와 냉전	문답식 수업, 글쓰기 수업	객관식 평가
	3-4	냉전 체제의 확립과 변화	강의식 수업, 보고서 작성	수행평가

   다. 교수·학습 환경

학생수	지도장소	매체 및 기자재
24명	교실	칠판, 교사용 컴퓨터, 스마트TV, 태블릿PC 등

| 자료 |

자료 1

▲ 맥아더 장군(왼쪽)과 히로히토 천황(오른쪽)

자료 2 신헌법 제9조(「평화헌법」)

1조. 일본 국민은 정의와 질서를 기조로 하는 국제 평화를 성실히 희망하고, 국권의 발동인 전쟁과 무력에 의한 위협 또는 무력행사는 국제 분쟁을 해결하는 수단으로서는 영구히 포기한다.
2조. 전항의 목적을 성취하기 위하여 육해공군 및 그 밖의 전력은 보유하지 않는다. 국가의 교전권은 인정하지 않는다.

자료 3

▲ 도쿄재판

자료 4

제1조. 연합국은 일본 및 그 영해에 대한 일본 국민의 완전한 주권을 승인한다.
제14조. 연합국은 본 조약에 특별한 규정이 있는 경우를 제외하고, 연합국의 모든 배상 청구권, 전쟁 수행 과정에서 일본 및 그 국민이 자행한 어떤 행동으로부터 발생한 연합국 및 그 국민의 다른 청구권, 그리고 점령에 따른 직접적인 군사적 비용에 관한 연합국의 청구권을 포기한다.

자료 5

<자료4>가 최선이었는가?

냉전 모둠
미국을 비롯한 연합국에 의한 일본 점령이 끝났다는 데 의미가 있다. 소련의 개입을 억제하는 강화가 성취를 얻었다는 데서 의미가 있다.

💬 2

교사 33분
연합국 측 입장만 다루어져서 아쉬워요.

학생1 32분
한 쪽의 입장에서만 사료가 해석되어 있어서 아쉬워요..

+ 댓글 추가

자료 6

크로닌(Cronin)은 냉전을 진영 간 관계, 진영 내 관계, 그리고 국가의 안과 밖이 서로 작용했던 특수한 체제로 묘사하면서 아래와 같이 지적하였다.

희망은 (과거의) 경로를 되돌아봄으로써 우리가 현재 살고 있는 세계와 우리가 미래를 만들어 나가야 하는 조건들을 탄생시킨 환경에 대해 좀 더 명확히 이해하는데 존재한다. (J.Cronin, The World the Cold War Made: Order, Chaos, and the Return of History, Routledge, 1996, p.14.)

— 신욱희, 「한미일위계성 구성」

교수·학습 지도안

단원		제2차 세계 대전의 전후 처리와 냉전	차시	1-2/4
학습단계		교수·학습 활동	자료 및 유의점	시간(분)
도입	동기유발	얄타 회담 사진을 통해 전후 처리에 대한 동기를 유발한다.		10
	학습 목표 제시	1. 제2차 세계 대전의 전후 처리 과정을 말할 수 있다. 2. 제2차 세계 대전의 전후 처리 조약을 평가하는 글을 작성할 수 있다.		
	선수 학습 확인	항일 연합 전선에 대해 문답한다.		
전개	[전개 1] 동아시아 전후 처리와 냉전의 형성	〈실연 부분 1〉	〈자료 1, 2〉	20
	[전개 2] 냉전의 전개와 전후 처리 조약	〈실연 부분 2〉	〈자료 3, 4〉	20

전개	[전개 3] 에듀테크 활용 모둠활동	〈실연 부분 3〉	〈자료 5〉	40
정리	내용 정리	〈실연 부분 4〉	〈자료 6〉	10

2022학년도 2차 수업실연 기출문제

2022학년도 공립 중등학교 교사 임용후보자 선정 경쟁시험(2차)
역사 수업 실연

수험번호 [　　　　　]　　성명 [　　　　]　　관리번호 [　　　　]

○ 판서만 가능하며, 칠판과 분필 외 기자재를 사용하는 경우 언급으로 대신하시오.

문제 다음의 〈실연 방법〉, [교수·학습 조건], [자료]와 [교수·학습 지도안]을 반영하여 수업을 실연하시오.

〈실연 방법〉
1. 〈자료 1〉의 모든 키워드를 활용하여 총괄적 설명으로 제시하고, 발문, 판서를 포함한 강의식 수업을 실연하시오.
2. 〈자료 2〉를 활용하여 역사 지도 만들기 활동을 안내하고, 과제1의 사례 2가지를 제시하고, 과제2에서 질문 2가지를 받은 뒤, 역사 지도의 특징에 입각한 피드백을 제시하시오.
3. 〈자료 2〉에서 학생들이 제작한 질문을 활용하여 문답식으로 실연하시오.
4. 학습 목표 3을 고려하고, 〈자료 3〉을 활용하여 글쓰기 수업을 안내하시오.
5. 〈자료 4〉를 활용하여 글쓰기 활동의 채점기준을 제시하시오.
6. 〈자료 3〉에서 (가)~(다)의 형식에 입각한 유의사항을 제시하시오.

※ 유의점
1. 교수·학습 과정과 관련된 교사와 학생의 활동이 구체적으로 드러나도록 실연하시오.
2. 수업의 전개 과정부터 실연하므로 학습 목표는 판서하지 마시오.

교수·학습 조건

1. 과 목 명 : 세계사
2. 대　　상 : 고등학교 2학년
3. 수업시간 : 100분(블록타임제)
4. 단 원 명 : 제2차 세계대전
   가. 단원의 성취기준

   [12세사05-02] 제1, 2차 세계 대전의 원인과 결과를 알아보고, 세계 평화를 실현하기 위한 방법에 대해 토론한다.

   나. 단원의 구성

단원	차시	주요 내용 및 활용	수업 형태	평가 방법
두 차례의 세계 대전	1-2	제1차 세계 대전	사료 학습	수행평가
	3	제1차 세계 대전 이후의 세계	토의	수행평가
	4-5 (본시)	제2차 세계 대전	강의 및 모둠 활동	수행평가

   다. 교수·학습 환경

학생 수	지도 장소	매체 및 기자재
20명	교실	칠판, 교사용 컴퓨터, 빔 프로젝트, 스크린, 태블릿PC

자료

자료 1

[키워드] 이탈리아의 파시즘, 무솔리니, 로마진군, 대공황, 독일의 나치즘, 히틀러, 일본의 군국주의, 만주사변

자료 2

〈모둠활동지 1〉

제2차 세계 대전의 전개 과정 지도로 이해하기

○ 활동 순서 : 모둠별 지도 제작 → 모둠별 지도의 특징 작성 → 발표 → 질문 만들기
 ① 과제 : 제2차 세계 대전의 전개 과정을 나타내는 역사 지도를 제작하고 우리 모둠 지도의 특징 적기

역사 지도(모둠별 제작)	우리 모둠 지도의 특징

 ② 과제 : 다른 모둠이 제작한 지도를 보고 제2차 세계 대전 전개 과정 관련 질문 만들기

자료 3

〈모둠활동지 2〉

제2차 세계 대전을 살았던 사람들

○ 활동 순서 : 자료를 해석, 분석하고 모둠별 토의 → 개별 역사 글쓰기
 ※ '제2차 세계 대전을 살았던 사람들'을 제목으로 자료 (가)~(다)를 활용해 제2차 세계 대전의 참상을 이해하고 글로 표현한다.

(가) 우리는 유대인의 반대자들이다. 유대인은 독일을 둘로 쪼개 놓았고 이것이 바로 제1차 세계 대전 패전과 혁명의 타락을 가져온 화근이었다. …… 유대인은 기생적 생명체이고 창조성 없는 타락한 악령이고, 우리 인종의 의도적인 파괴자이다. - 괴벨스의 연설문

(나) 도대체 독일군들은 어린 여자들을 어디로 데리고 간다는 걸까? 하지만 언니는 절대 가지 않을 거야. 엄마가 그렇게 말했거든. 우리가 피신해야 한다고 아빠가 말했던 게 바로 이 일 때문이었구나 하는 생각이 들었어. 피신. 어디에 숨는 걸까? 시내일까, 아니면 시골일까? 보통 집일까, 오두막일까? 그리고 언제 어떻게 가게 될까……. - 안네 프랑크의 일기

(다) 6괴트가 닭 절도 사건을 조사 중이다. "누가 닭을 훔쳤어? 자수할 때까지 한 명씩 죽이겠어!" 맨 왼쪽에 서있던 유태인이 괴트의 총을 맞고 고꾸라진다. 괴트가 다음 유대인을 향해 방아쇠를 당기려할 때 한 소년이 앞으로 나선다. "네가 훔쳤나?" "아니요" "범인을 알고 있나?" 소년이 쓰러진 유태인을 손으로 가리킨다. "저 사람이 훔쳤어요." 쉰들러가 소년을 자기 공장으로 데려간다.
 - 토마스 키닐리의 소설, 『쉰들러 리스트』

자료 4 평가 기준표

학습 목표	3. 제2차 세계 대전 중 사람들의 삶을 통해 전쟁의 참상을 이해하여 평화의 소중함을 깨닫고 이를 글쓰기로 표현할 수 있다.	
내용	1.	[수험생 작성 부분 1]
	2.	[수험생 작성 부분 2]
	3.	[수험생 작성 부분 3]
	4.	자료 (가)~(다)를 활용하였는가?
	5.	학습 목표에 부합하는가?
형식	6.	주어-서술어-목적어의 문장구조가 정확하고 논리적인가?

단원		두 차례의 세계 대전	차시	4-5/5
학습단계		교수·학습 활동	자료 및 유의점	시간(분)
도입	동기유발			5
	학습 목표 제시	1. 제2차 세계 대전의 배경에 대해 설명할 수 있다. 2. 제2차 세계 대전의 전개과정을 역사 지도로 제작할 수 있다. 3. 제2차 세계 대전 중 사람들의 삶을 통해 전쟁의 참상을 이해하여 평화의 소중함을 깨닫고 이를 글쓰기로 표현할 수 있다.		
	선수 학습 확인			
전개	[전개 1] 제2차 세계 대전의 배경	대공황과 미국, 영국, 프랑스의 대처 방안을 설명한다. 〈교수학습지도안 작성 부분 1〉 이탈리아, 독일, 일본의 팽창 과정을 설명한다.	〈자료 1〉	15
	[전개 2] 제2차 세계 대전의 전개	제2차 세계 대전의 전개 과정을 설명한다. 〈교수학습지도안 작성 부분 2〉 	〈자료 2〉	30

		⟨교수학습지도안 작성 부분 3⟩		
전개	[전개 3] 역사 글쓰기		⟨자료 3, 4⟩	45

	채점기준표	총합 (20점)
내용	1. [수험생 작성 부분 1]	3점
	2. [수험생 작성 부분 2]	3점
	3. [수험생 작성 부분 3]	4점
	4. 자료 (가)~(다)를 활용하였는가?	4점
	5. 학습 목표에 부합하는가?	4점
형식	6. 주어–서술어–목적어의 문장구조가 정확하고 논리적인가?	2점

모둠별 활동과 개인별 글쓰기를 진행한다.

정리	형성평가	• 교사는 학습한 내용에 대해 문답한다.		5
	차시 예고	• 교사는 다음 차시 활동에 대해 예고한다.		

※ 지도안 작성 지역의 실연 조건으로는 위의 4~6번이 "⟨자료 3⟩과 교수·학습 지도안 작성 시 완성한 ⟨자료 4⟩를 활용하여 학생 활동을 안내하시오."로 출제되었으며, 전체적인 문제 및 자료의 내용은 기억에 의존하여 복원한 것이므로 실제와 다를 수 있습니다. 실제 수험생의 생생한 복기 및 후기는 다음카페(https://cafe.daum.net/historyt.secretnote)에서 보실 수 있습니다.

2019학년도 2차 수업실연 기출문제

2019학년도 중등학교 교사 임용후보자 선정 경쟁시험(제2차 시험)

역사 수업 실연

문제 다음의 〈실연 방법〉, [교수·학습 조건], [자료]와 [교수·학습 지도안]을 반영하여 수업을 실연하시오.

〈실연 방법〉
1. [교수·학습 지도안]의 〈실연 부분 1, 2〉를 실연하시오.
2. 〈실연 부분 1〉
   가. 청일 전쟁까지 설명했다고 가정하고, 〈자료 1〉의 학습 요소 4가지를 판서하시오.
   나. 국제정세와 관련한 인과관계를 고려하여 발문을 포함한 설명식 수업을 전개하시오.
3. 〈실연 부분 2〉
   가. 〈자료 2〉의 활용 방법을 구안하고, 〈자료 3, 4〉를 활용하시오.
   나. 학생 활동 안내 시 활동 목적을 포함하시오.
   다. 활동을 안내할 때 예상되는 학생의 질문과 그에 대한 답변을 포함하시오.

※ 유의점
   1. 학습 목표를 판서하지 마시오.
   2. 모둠 활동 중 학생들의 활동에 대해 순회 지도하시오.
   3. 교사와 학생의 교수학습 활동 및 평가가 드러나도록 서술하시오.

교수·학습 조건

1. 과 목 명 : 한국사
2. 대   상 : 고등학교 1학년
3. 수업시간 : 100분(블록타임제)
4. 단 원 명 : 동학 농민 운동과 갑오개혁
   가. 단원의 성취기준

   [10한사02-04] 일본의 국권 침탈 과정과 이에 맞선 국권 수호 운동의 내용을 파악한다.

   나. 단원의 구성

단원	차시	주요 내용 및 활용	수업형태	평가방법
근대 국민 국가 수립 운동	1-2 (본시)	동학 농민 운동과 갑오개혁	거꾸로 수업, 설명식 수업, UCC 스토리보드 제작	수행평가
	3-5		UCC 제작	수행평가

   다. 교수·학습 환경

학생수	지도장소	매체 및 기자재
25명	교실	칠판, 교사용 컴퓨터, 스마트TV, 스마트폰 등

자료

자료 1 갑오·을미개혁 키워드

삼국간섭 / 시모노세키 / 을미개혁 / 을미사변

자료 2 갑오·을미개혁내용

1차 갑오개혁	2차 갑오개혁	3차 개혁(을미개혁)
• 6조를 8아문으로 개편 • 의정부와 궁내부 분리 • 중국 연호 폐지 • 과거제 폐지 • 신분제 폐지 • 재정 일원화 • 조혼 금지	• 8아문을 7부로 개편 • 23부 행정구역 개편 • 내각제 도입 • 재판소 설치	• 친위대, 진위대 설치 • 건양 연호 사용 • 단발령 시행 • 종두법 설치 • 태양력 사용

자료 3 UCC 스토리 보드 활동지

모둠명 : _____

화면 #1	화면 #2	화면 #3
설명	설명	설명
효과음	효과음	효과음

자료 4 학습 목표, 유의사항, 평가기준표

〈학습 목표〉
3. 갑오·을미개혁의 근대적 의미를 이전 시기의 개혁과 비교해 UCC 스토리보드로 표현할 수 있다.

〈유의사항〉
1.
2.
3.
4. 창의적인 동영상 기법을 활용한다.
5. 모둠원의 역할분담을 확실히 한다.
6. 평가 기준에 유의하여 제작한다.

〈평가기준표〉	
내용	1.
	2.
	3.
방법	1. 동영상 기법을 적절하게 활용하였는가.
	2. 모둠원이 서로 협력하였는가.

교수·학습 지도안

단원		동학 농민 운동과 갑오개혁		차시	1-2/5
학습단계		교수·학습 활동		자료 및 유의점	시간(분)
도입	동기유발	• 동학 농민 운동에 대한 사진 자료로 동기유발을 한다.			10
	학습 목표 제시	1. 동학농민운동의 반봉건적, 반침략적 성격을 설명할 수 있다. 2. 갑오·을미개혁의 전개 과정을 동아시아 국제정세 속에서 설명할 수 있다. 3. 갑오·을미개혁의 근대적 의미를 이전 시기의 개혁과 비교해 UCC 스토리보드로 표현할 수 있다.			
	선수 학습 확인	• 거꾸로 학습 영상에서 본 내용을 확인한다.			
전개	[전개 1] 동학농민운동				15
	[전개 2] 갑오개혁	〈실연 부분 1〉		〈자료 1〉	25

단계					
전개	[전개 3] UCC 스토리 보드 제작	〈실연 부분 2〉 〈유의사항〉 1. 2. 3. 4. 창의적인 동영상 기법을 활용한다. 5. 모둠원의 역할분담을 확실히 한다. 6. 평가 기준에 유의하여 제작한다. 〈평가기준표〉<table><tr><td rowspan="3">내용</td><td>1.</td></tr><tr><td>2.</td></tr><tr><td>3.</td></tr><tr><td rowspan="2">방법</td><td>1. 동영상 기법을 적절하게 활용하였는가.</td></tr><tr><td>2. 모둠원이 서로 협력하였는가.</td></tr></table>		〈자료 2~4〉	45
정리	형성평가	• 교사는 학습한 내용에 대해 형성평가를 실시한다.			5
	차시 예고	• 교사는 UCC 제작 활동에 대해 예고한다.			

08 2019학년도 '만점자S'의 수업실연 복기

S는 수업실연에서 만점을 받았는데요. 도대체 어떻게 했길래 0.1점도 깎이지 않았을까 궁금하지 않으신가요? 이것은 수업실연 직후 대략적으로 복기했던 내용을 출간에 앞서 다듬은 것입니다. 앞에 2019학년도 기출 문제를 함께 보면서 어떻게 조건을 충족하였는지 확인해보세요! 또한 어떻게 학생 중심 수업을 구현했는지도 함께 확인해보세요. 실제 실연한 내용과 완전 똑같지는 않으니 참고용으로 봐주세요. (※ 중요한 포인트라고 생각되는 부분은 굵게 처리하였습니다.)

안녕하십니까, 관리번호 ××번입니다. 지금부터……(허리 숙여 인사 중 가장 왼쪽 채점관 초시계 누름. 머뭇거리다가) 바로 시작하겠습니다!

자, 여러분! ○○이가 **청일전쟁까지의 전개 과정을 설명해 주었습니다. 그 다음부터는 누가 설명해 볼까요?** (학생 여러 명이 손을 든 척 주위를 둘러보고) ○○이가 말해볼까요? (듣는 척) 잘 설명했습니다! (시모노세키 조약 판서) ○○이가 설명한대로 청일전쟁을 마무리 짓기 위해 시모노세키 조약을 맺었는데, 이 조약의 결과 청나라는 랴오둥 반도 등 영토 일부를 일본에게 넘기게 되었습니다. 이렇게 아시아 지역에서 일본의 힘이 강해지자, 아시아 지역을 호시탐탐 노리고 있던 열강들은 일본을 저지해야겠다고 생각했습니다. 그 결과 어떻게 되었을까요? (또 다른 학생이 손을 들자 듣는 척) 정답입니다! (삼국간섭 판서) ○○이가 말했듯이 러시아, 프랑스, 독일 세 개의 국가가 일본의 성장을 막고자 나서게 됩니다! 이에 따라 아직 세 국가를 감당할 만큼 국력이 강하지 않았던 일본은 시모노세키 조약으로 얻은 땅 중 랴오둥 반도를 다시 청나라에게 돌려주게 됩니다.

그렇다면 이 삼국간섭은 또 어떤 사건을 불러오게 되었을까요? (학생들을 둘러보며 기다림. 아무도 대답하지 않음.) 이 부분이 잘 기억나지 않는가 보군요. 그러면 선생님이 한 번 이야기 해 볼게요. 여러분은 잘 듣고 답을 떠올려보세요. 자, 지금은 삼국간섭으로 인해 일본의 세력이 위축된 상황입니다. **여러분이 당시 일본인이라고 가정해 봅시다. 만약 여러분이라면 어떻게 하겠어요? 이 상황에 어떻게 대처할까요?** (학생들이 손을 들고 답함.) 그렇죠, 다시 힘을 키우고 싶겠죠? 그리고? (또 다른 학생을 보며) 이미 가지고 있는 것이라도 잃지 않으려고 노력해요? 그럴 수도 있겠네요. **여러분이 그 당시 일본인들의 생각을 잘 추론했어요.** 그들도 여러분처럼 동아시아에서 일본의 힘을 다시 보여주고 싶어 했어요. 그러기 위해 적어도 조선만큼은 자기 세력권 안에 두고 싶어 했었죠. (그때 한 학생이 아, 이제 알겠어요! 하고 말하는 상황 가정) 그러면 ○○이가 설명해 볼까요? (듣는 척) 그렇죠. ○○이의 말대로 조선은 당시 친러파들이 정권을 장악하고 있었는데, 이런 상황을 타개하고자 일본은 당시 대표적인 친러 인물이었던 명성황후를 살해하는 만행을 저지르게 됩니다. 이 사건은 을미년에 일어났기 때문에 을미사변이라고 부릅니다. (을미사변 판서) 중단되었던 개혁은 을미사변 이후 형성된 내각에 의해 다시 시작되었습니다. 그것이 바로? (학생들의 답을 기다림) 그렇죠, 을미개혁이었죠. (을미개혁 판서)

자, 그럼 지금까지 공부한 사건들의 인과관계를 국제 정세와 관련하여 다시 한 번 정리해 봅시다. 일본은 동아시아의 중심국가로 여겨졌던 청나라와의 전쟁에서 승리하면서 시모노세키 조약을 맺고, 동아시아의 강자로 떠오르게 됩니다. 이에 러시아, 프랑스, 독일 3국은 일본의 세력 확장을 저지하려고 합니다. 그것이 바로 삼국간섭이라는 사건이었습니다. 세력 확장에 주춤하게 된 일본은 조선에서라도 주도권을 잡고자 을미사변이라는 만행을 저지르게 됩니다. 이후 조선에서는 친일내각에 의해 을미개혁이 시행되죠.

(블록타임제로 휴식 가정)
자, 모둠별로 잘 앉아있네요! 각 모둠 책상 위에 태블릿PC가 잘 작동하는지 확인해볼까요? (잠시 기다리기) 좋습니다! 이제 사전에 미리 예고했듯이 총 ×차시에 걸친 UCC 제작을 시작해 보겠습니다. 지금부터는 여러분이 조선의 관리가 되었다고 가정해 보세요! 여러분은 열심히 일해서 여러 가지 개혁안을 제시했습니다. 여러분은 조선의 관리가 되어 〈자료 2〉에 나와 있는 갑오, 을미개혁의 정책 홍보를 광고하기 위해 UCC 동영상을 만드는 거예요. 국가의 정책은 국민 모두에게 영향을 미치기 때문에 정책을 시행하는 이유와 장점, 즉 〈자료 4〉의 학습 목표 3에서 알 수 있듯이 그 개혁이 가지고 있는 근대적 의미를 잘 표현하는 것에 주안점을 두길 바랍니다. 〈자료 4〉의 유의사항과 평가기준표도 함께 확인해 봅시다. (키워드를 중심으로 소리 내면서 체크해준다.)

본격적으로 동영상을 제작하기에 앞서 첫 단계로 스토리보드를 제작해야 합니다. (학생이 손들고 질문) 아, 스토리보드가 무엇이냐는 질문이 들어왔네요! 우리 반에 ○○이가 유튜브 활동을 하는 걸로 아는데, 혹시 ○○이가 친구들에게 스토리보드가 무엇인지 설명해 줄 수 있을까요? (듣는 척) 고맙습니다. ○○이가 말해주었듯이, 실제 동영상을 제작하기에 앞서 동영상의 흐름을 그림과 글, 효과 등으로 간략하게 표현한 것입니다. 스토리보드가 어떤 것인지 여러분 모두 이해되었나요? (잠시 학생들 반응 대기) 좋습니다! 자, 그러면 스토리보드 제작에 활용할 〈자료 2〉를 같이 봅시다. 갑오개혁과 을미개혁의 다양한 개혁들이 나와 있습니다. 여러분은 각 개혁에 관해 직접 탐구하여 근대적 의미를 찾아내고, 이를 〈자료 3〉의 스토리보드에 반영하면 됩니다. 스마트폰, 태블릿PC 얼마든지 사용 가능해요.

자, 여러분 지금부터 스토리보드 제작을 시작하겠습니다! XX분 동안 진행하고, 작업을 마치면 모둠별로 발표하는 시간을 갖겠습니다! 제작 중 혹시 질문이 있으면 언제든 손을 들어 선생님에게 알려주세요! (돌아다니다가 채점관 왼쪽에서 멈춤) 아, 우리 ○○모둠은 조선시대 지방 통치 제도에 대해 잘 기억하고 있군요. 재판은 그동안 사또가 했는데 왜 2차 갑오개혁에서 또 재판소를 설치했어야 했느냐는 질문이죠? 재판소 설치 이전에는 사또 혼자서 행정일도 하고 사법 일도 합니다. 하지만 재판소가 따로 설치되면 행정과 사법이 명료하게 분리되겠지요? (학생의 반응 기다림) 그렇죠, 통합사회 시간에 배운 대로 삼권분립의 한 사례로 볼 수 있고, 이 점에서 근대적 의미가 있다고 할 수 있겠네요. (돌아다니다가 채점관 오른쪽에서 멈춤) 아, 스토리보드에 있는 음향효과에서 원래 있는 음향 말고 직접 녹음해서 써도 되겠느냐고요? 당연하죠! 촬영 때 스마트폰 녹음 기능을 활용할 모양이군요? 우리 ○○모둠에서 이 장면을 위해 어떤 소리를 녹음할지 정말 기대되네요!

(순회 지도 하다가 허리를 세워서) 자, 이제 X분 정도 남았습니다! 천천히 마무리해 주세요! (잠시 후) 자, 이제 시간이 다 되었습니다. 여러분이 제작한 스토리보드는 태블릿PC로 찍어서 선생님의 대표 태블릿으로 송출해주세요! (태블릿PC 보는 척) 좋습니다! 우리 반 모든 모둠의 스토리보드가 도착했습니다. 지금부터는 하나씩 화면에 띄워보고, 발표를 들어보도록 하겠습니다!

(발표 듣는 척하고 잠시 후 모두 함께 박수 유도) 첫 번째 모둠에서는 을미개혁을 홍보하는 영상을 제작했네요! 특히 우리 ○○모둠은 아까 제작 때 선생님이 돌아다니다 보니 모둠원 간 협력이 특히 돋보였습니다. 모둠장의 주도에 따라 모든 모둠원의 의견이 오고 가고, 그 의견을 경청하고 적극적으로 피드백하는 모습이 인상적이었습니다. 혹시 발표 내용 중에 아쉬웠던 점은 없을까요? (다른 모둠을 향해 시선 돌림) 그렇네요. ○○모둠에서는 군국기무처에서 을미개혁 내용을 홍보한다고 했는데, 우리 ○○이가 지적해 준 것처럼 군국기무처는 2차 갑오개혁 때 폐지되었죠? 이러한 오류를 수정하여 UCC에 반영하면 좋겠네요! (잠시 대기) 자, 이렇게 마지막 모둠의 발표까지 모두 들어보았습니다!

(초시계를 봤는데 시간이 남음) 자, 그러면 오늘 한 활동의 소감을 듣는 시간을 가져보겠습니다. 자유롭게 손을 들고 발표해볼까요? 네! (듣는 척하고 박수) 아아. 영상을 제작한다고 하니 이미 배운 지식을 활용까지 하게 되어 내용을 더 깊이 이해하게 된 점이 좋았군요. 좋습니다. 또 다른 친구 있을까요? (기다리고 듣는 척하고 박수) 와, 여러분. 잘 들었나요? 우리 ○○이는 앞으로 어떤 활동을 해보고 싶었대요? (듣는 척) 그렇죠. 유튜버가 되어 영상을 제작해보고 싶었대요. 이번 활동으로 직접 영상을 제작해 볼 기회가 생겨 설렌다고 하네요. 이번에 ○○이가 어떤 영상을 제작할지 기대되네요. 그리고 ○○이의 꿈도 응원할게요! (종료를 알리는 심사위원의 말)

이상 실연을 마치겠습니다. 감사합니다!

09 Q&A

2차 시험 준비를 시작할 때 이런저런 궁금증이 많이 들어서 카페에서 물어보기도 하고 주변에 경험자가 있으면 물어보기도 했던 것 같은데요! 누구에게 물어보기에는 사소하고 너무 많았던 궁금증! Q&A에서 해결해봅시다! Q&A는 '스터디에서', '시험장에서'로 구분됩니다.

01 스터디에서

Q 꼭 서로 다른 시·도 교육청끼리 스터디를 해야 할까요?

A 같은 시·도 교육청이면 안 그래도 좁은 문인데 경쟁력이 더 없어지는 것 같고, 스터디원이 경쟁상대로 느껴져 힘들 수 있다고 생각하실 것 같아요. 마음이 너무 불안하다면 다른 시·도 교육청 수험생끼리 스터디를 꾸리는 것도 방법입니다.
하지만 같은 교육청 수험생끼리 스터디를 하게 될 수도 있습니다. 이때는 스터디를 같이 하는 이상 합격공동체라고 생각해야 합니다! 같이 합격하겠다는 마음으로 피드백하고 서로 의견을 주고받다 보면 경쟁 그 이상으로 함께 성장할 거라고 믿습니다. 시험장에서 만나면 의지도 되고, 같은 교육청의 스타일을 함께 준비하면 더 큰 대비도 되니 같은 시·도 교육청끼리 스터디하는 걸 너무 두려워하지 마세요! 실제로 저희 3명도 모두 서울시교육청이었고, 함께 합격했습니다.

Q 어떤 출판사의 교과서가 좋은가요?

A 본인이 편하고 눈에 잘 들어오는 교과서를 보면 됩니다!

Q 교육과정은 어디서 다운받나요?

A 국가교육과정정보센터(http : //ncic.re.kr/) - 교육과정 자료실 - 2015 개정시기 - 고등학교(2018.7.) - 사회과

Q 지도안 작성 때 줄글로 쓸까요, 대화체로 쓸까요?

A 어떤 방법이나 상관없습니다. 지도안을 읽었을 때 수업이 선명하게 그려지는 것이 중요합니다. 저희 스터디에서는 대화체를 이용하였습니다.

예)
| T : 서옥제는 어느 나라의 혼인 풍습일까요? |
| S : 고구려입니다. |

| 학생 : 인터넷을 활용해도 될까요? |
| 선생님 : 네, 가능합니다. |

Q 지도안 작성 시 칸이 부족하면 어떻게 하나요?

A 시험 날 지도안을 작성하다 보면 칸이 많이 부족합니다. 이 경우 가로 선을 그어 답안란의 줄을 추가할 수 있습니다. 단, 가로선은 〈응시자 작성 부분〉란 내에서만 활용할 수 있습니다!

Q 물백묵으로 연습해야 하나요? 분필로 연습해야 하나요?

A 상관없습니다! 글씨가 많이 다를까 불안하시다면, 미리 두 타입을 다 대비해놓으면 마음이 더 편하겠죠?

Q 스터디원의 수업에 피드백을 어떻게 해야할지 모르겠어요

A 저희 책에 루브릭을 마련해놓았으니 기준을 참고하면 편리하게 피드백을 할 수 있습니다.

Q 스터디할 때 피드백하는 게 조심스러워요..

A 2차 스터디를 하기 위해 처음 만난 사람들끼리 수업에 대한 피드백을 하는 것이 매우 부담스러운 상황일 것이라 생각합니다. 그럼에도 불구하고 스터디원 모두의 성장을 위해서 서로 부족한 점을 알려주고, 스스로 고쳐야 하는 점이 2차 스터디에서 힘든 부분 중 하나였습니다.
2차 스터디에서 건강한 피드백을 위해 가장 필요한 것은 '존중과 배려'라고 생각합니다. 서로의 수업을 진지하게 경청하고, 이후 각자의 수업에서 좋은 점을 먼저 이야기하며 피드백을 하는 것이 좋습니다. 그 이후 부족한 점을 서로 이야기하면 불편한 마음이 상쇄되었던 기억이 있습니다.
스터디원의 피드백을 들을 때도 부족한 점으로 인해 마음 상하기보다는 '다른 사람이 보면 이렇게 느껴질 수 있구나! 조심해야겠다'라는 성찰의 마음으로 들어주세요! 짧은 만남이지만 각자의 성장을 응원해주는 관계를 만들어 스터디원 모두가 합격하는 스터디가 되길 응원하겠습니다.

Q 스터디할 때 찍은 영상을 어떻게 활용해야 할지 모르겠어요

A 본인이 말하고 수업하는 영상.. 너무 안보고싶으시죠. 후.. 하지만 마음을 굳세게 먹고 영상을 보셔야 합니다. 영상 시청은 부담이 되는 일이긴 하지만, 도움이 됩니다. 그렇다고 많은 시간을 투자해야 한다는 부담을 갖지 않으셔도 됩니다. 귀가하는 길에 스터디원에게 들었던 피드백 내용을 체크한다는 마음으로 적어도 한 번은 시청하기를 권장해 드립니다. 그리고 체크한 부분은 내일 스터디에서는 꼭 고쳐봐야지라는 마음이면 충분합니다.

Q 수업 준비하기 싫어요 손에 안 잡혀요

A 많이 지치시죠? 1차 준비와 다르게 역동적으로 움직이기까지 하니 체력 소모가 더욱 크지요. 하지만 수업은 선생님의 꽃! 2차 수업실연을 준비하며 연습해본 것들이 선생님들께 고스란히 남아 현장에 오셨을 때 선생님들께 큰 도움이 될 거예요! 교실에서 선생님을 기다리는 아이들을 생각하며 힘내세요. 응원하겠습니다!

Q 수업실연할 때 더 부를 학생 이름이 기억이 안나요.

A 친구들의 이름이나 좋아하는 가수 그룹의 이름을 활용해보세요. 저희 같은 경우에는 한 교실에 앉아 있는 학생을 가상으로 자리 배치 해놓고, 한 명씩 부르면서 시선을 줬어요! 그러면 이름을 부를 때 머뭇거리지 않고 동시에 시선 분배가 고루고루 돼서 좋았어요. 한 반 전체는 아니더라도 학생 10명 정도는 미리 이름을 만들어서 외워두는 것을 추천합니다. 추가 팁으로 다문화 학생을 고려해서 외국인 학생 한 명을 넣어두는 것도 추천합니다!(예 타쿠야, 알리 등)

02 시험장에서

Q 수업실연 당일에 무엇을 준비하면 좋을까요?
A [필수] - 꼭 필요해요!
- 칼라수험표
- 신분증
- 필기구
- 핫팩
- 양치도구
- 생수
- 보온병에 따뜻한 물
- 점심식사 : 평소에 먹던 간단한 식단(샌드위치, 김밥, 죽, 볶음밥 등)
- 간식 : 초콜릿, 사탕, 에너지바, 포도당 캔디 등
- 아날로그 손목시계 : 시계약을 미리 교체해 두세요.

[선택] - 있으면 든든해요!
- 대기실에서 편하게 신을 슬리퍼
- 무릎 담요
- 손거울
- 돌돌이
- (여성수험생의 경우) 여성용품, 스타킹 여분, 수정용 개인 화장품 등
- 안경닦이
- 인공눈물
- 방석

구체적인 준비물은 각 시·도 교육청 공고문을 꼼꼼히 확인하세요!

Q 복장과 헤어스타일은 어떻게 해야 하나요?
A 교사로서 단정하면서, 자신에게 어울리는 모습이 가장 좋다고 생각합니다.
참고로 말씀드리자면, 여 선생님들의 경우 정장이나 원피스가 많았습니다. 남 선생님들의 경우 넥타이에 정장을 입으신 분이 많았습니다. 복장의 색상 역시 본인에게 어울리는 단정한 색상이 가장 좋다고 생각합니다. 헤어스타일은 여 선생님들의 경우 단발, 올림머리(머리망 사용), 반 묶음, 포니테일 등 다양했습니다. 남 선생님들의 경우 장발보다는 최근에 이발한 짧은 머리가 많았습니다.

Q 실연 순서가 점수에 큰 영향을 미치나요?
A 저희는 1번도 해보고 마지막에서 두 번째도 해봤는데 사실 점수에 큰 영향을 미치지는 않는 것 같아요. 대신 1번은 깜짝 놀라고, 마지막은 너무 지겹습니다… 하지만 점수에 가장 큰 영향을 미치는 건 철저한 준비와 시험장에서 스스로를 믿는 것입니다! '나는 이미 교사다' 마인드로 수업실연에 임해주세요!(나는 1교시 수업이든 7교시 수업이든 완벽하게 해내는 교사다!!!!마인드)

Q 대기 중에 뭘 하면 좋을까요?
A 대기 중에는 아무것도 할 수 없습니다. 책상 위는 깨끗이 비우고 침묵을 지켜야 합니다. 지도안 지역이라면 머릿속으로 내가 쓴 지도안을 수 번도 더 복기하고, 비지도안 지역이라면 그동안 연습했던 수업 주제와 활동들을 다시 한 번 떠올려보세요. 지치면 엎드려 자기도 하고, 자리에서 일어나 돌아다니며 몸을 풀기도 합니다. 다만 올해도 코로나19 상황이니 방역 지침에 유의하여 주세요!

Q 식사는 어떻게 하나요?
A 물을 마시고, 간단한 도시락을 먹는 것 정도만 가능합니다. 다른 수험생들을 배려하여 냄새가 나지 않는 것들로 준비해주세요! 또 간식도 챙겨주세요! 평소 잘 먹는 것들, 그렇지만 당을 확실하게 보충해줄 수 있는 것들로 챙겨보세요. 초콜릿, 에너지바 등!

Q 시험장에 시계는 어떤가요? 시간 관리 팁이 있나요?
A 공고문을 꼼꼼히 읽으면 평가실에서 어떤 종류의 시계를 사용하는지 알 수 있습니다. 하지만 공고문에 나와 있지 않은 경우에는 전자시계일 수도 있고, 원형의 아날로그 시계일 수도 있습니다. 어떤 시계일지 확실하게 모르는 경우가 있을 수 있으니, 본인의 손목시계를 보는 습관을 만들어두셔야 합니다. 손목 아날로그 시계를 12시 정각으로 해놓고 들어가면서 시작 버튼을 눌러 스스로 시간을 체크하면 좋습니다. 스터디 때부터 이 방법을 연습해두면 시험장에서도 시간 조절을 잘하실 수 있습니다. 도입 몇 분, 전개 몇 분, 정리 몇 분을 대략적으로 생각하고 수업하며 예상 시간과 일치하는지 틈틈이 확인하며 조절하는 습관을 들이시길 바랍니다.

Q 순회지도는 몇 번 정도가 적당할까요?
A 정답은 없겠지만, 적어도 2번은 '충실히' 해야한다고 생각합니다. 2번 진행할 경우, 내용적인 피드백 한 번, 방법적 피드백 한 번 해서 교사로서의 소통 역량을 다양하게 보여주세요. 2번 진행할 경우, 1회 피드백 후 이동하면서 남은 시간을 안내해주고, 나머지 피드백을 이어간다면 좀 더 현실성 있겠습니다. 남은 시간이 충분하다면, 간단한 피드백을 한 번 더 추가해서 3번을 보여줘도 좋겠습니다.

Q 교수학습지도안에 표기하지 않은 활동을 하면 감점인지 궁금합니다.
A 2차는 정확한 채점기준이 공개되지 않기 때문에 감점 여부는 정확히 할 수 없지만 경험에 기반해 말씀드리겠습니다. 저는 시연 중 시간이 남아, 교수학습지도안에 적지 않았던 활동 후 소감 발표 시간을 추가해서 가졌으나 감점이 없었습니다. 이런 경험으로 추측해보자면, 수업에 적절한 활동이라면 감점이 될 것 같지 않습니다.

Q 2차 시험 전 너무 걱정돼요… 1차 시험 점수도 불안하고, 붙을 수 있을까요?
A 합격이 어려운 시험이라 걱정되는 마음 너무 이해합니다. 1차 시험 등수도 나오지 않는 시험이니 더 걱정이 크실 것 같아요! 그래도 2차 준비를 철저하게 하고 내가 떨어도 내 입이 움직일 수 있도록 반복해서 연습하시면 충분히 좋은 결과를 낼 수 있으리라 생각합니다. 수업이든 면접이든 어려운 조건에서 많이 연습해보면, 실제 2차 시험 문제를 막상 받으면 수월하게 느껴지실 거예요!

10 피드백을 위한 루브릭

 정확한 피드백을 위해 루브릭을 만들어보았습니다. 인쇄해서 스터디/자기 성찰에 활용하세요~
특히, 별 표시는 "필수"조건이니 더욱 신경써주세요!

영역	내용 요소	평가
도입	1. 전시학습 확인&본시 학습 주제와의 연결성	O / △ / X
	2. 학습 목표 명료하게 제시	O / △ / X
	3. 동기유발의 적절성	O / △ / X
전개 I (설명식 수업)	1. 발문 - 구체적이고 명확한 질문 - 다양한 형태(확산적 질문 필수) - 학생이 먼저 질문하는 상황	O / △ / X
	2. 학습 요소를 체계적, 효과적으로 전달	O / △ / X
	3. 자료의 수준 및 제시 방법의 적절성	O / △ / X
	4. 유추 사용	O / △ / X
	5. 학습 목표 달성 정도 확인 여부	O / △ / X
	★ 수업 조건 달성 여부	O / △ / X
전개 II (활동 중심 수업)	1. 활동 안내 - 활동의 목적&의미 - 활동 방법 안내(시간 안내) - 평가(채점기준 안내)	O / △ / X
	2. 순회 지도 : 구체적인 상황 및 적절한 비계 설정 예) 배움이 느린 학생, 다문화 학생, 통합 교육 대상자, 상위 학습자 등	O / △ / X
	3. 발표 및 피드백 : 채점기준에 따른 적절한 피드백, 학생-학생 연결 짓기	O / △ / X
	4. 과정 중심 평가 여부	O / △ / X
	★ 실제 교실 상황처럼 묘사	O / △ / X
정리	1. 형성평가 : 본시 학습의 중요 학습 요소 강조	O / △ / X
	2. 차시 예고 : 본시 학습과의 연계	O / △ / X
★ 수업 전반	1. 학습자 중심의 수업	O / △ / X
	2. 음성, 언어, 표정, 이동의 적절성	O / △ / X
	3. 학생별 수준을 배려한 수업	O / △ / X
자유 피드백	좋은 점	
	아쉬운 점	

11 한달 플래너

최종 합격, 한달 플래너(예시)

1일차	2일차	3일차	4일차	5일차	6일차	7일차
[한] 주제 1★	[한] 주제 5	[한] 주제 7	[한] 주제 9	[한] 주제 13★	[한] 주제 15	휴식 및 개인공부
[한] 주제 2★	[한] 주제 6	[한] 주제 8	[한] 주제 10	[한] 주제 14★	[한] 주제 16★	
[한] 주제 3	[동] 주제 1★	[세] 주제 2★	[한] 주제 11★	[동] 주제 2★	[세] 주제 5★	
[세] 주제 4★	[세] 주제 1★	[세] 주제 3	[세] 주제 12	[세] 주제 4	[세] 주제 6	

8일차	9일차	10일차	11일차	12일차	13일차	14일차
[한] 주제 17	[한] 주제 21★	[한] 주제 23	[한] 주제 25	[한] 주제 28	[한] 주제 30	휴식 및 개인공부
[한] 주제 18★	[한] 주제 22	[한] 주제 24	[한] 주제 26	[한] 주제 29	[한] 주제 31	
[한] 주제 19★	[동] 주제 3	[동] 주제 8	[한] 주제 10	[동] 주제 4★	[세] 주제 12★	
[한] 주제 20	[세] 주제 7	[세] 주제 9★	[세] 주제 27	[세] 주제 11★	[세] 주제 13	

15일차	16일차	17일차	18일차	19일차	20일차	21일차
[한] 주제 32★	[한] 주제 35	[한] 주제 37	[한] 주제 39	[한] 주제 42★	[한] 주제 44	휴식 및 개인공부
[한] 주제 33	[한] 주제 36	[한] 주제 38	[한] 주제 40	[한] 주제 43	[한] 주제 45	
[한] 주제 34	[동] 주제 5★	[한] 주제 16★	[한] 주제 41	[동] 주제 6★	[동] 주제 20	
[세] 주제 14★	[세] 주제 15	[세] 주제 17★	[세] 주제 18	[세] 주제 19	[세] 주제 21	

22일차	23일차	24일차	25일차	26일차	27일차	28일차
[한] 주제 46	[한] 주제 49★	[한] 주제 51★	[한] 주제 53	[한] 주제 56	[한] 주제 58	휴식 및 개인공부
[한] 주제 47★	[한] 주제 50	[한] 주제 52	[한] 주제 54	[한] 주제 57	[한] 주제 59★	
[한] 주제 48★	[동] 주제 7	[동] 주제 24	[한] 주제 55	[동] 주제 8★	[동] 주제 28★	
[세] 주제 22★	[세] 주제 23★	[세] 주제 25	[세] 주제 26★	[세] 주제 27	[세] 주제 29	

29일차	30일차	31일차				
[한] 주제 60	[한] 주제 63★	[한] 주제 65				
[한] 주제 61★	[한] 주제 64	[한] 주제 66★				
[한] 주제 62★	[동] 주제 9★					

- 한 달 스터디 계획 예시입니다.
- 스터디 인원을 고려하여 융통성 있게 활용하세요.
- ★ 가 표시된 주제는 중요 주제입니다.
- 한국사 → [한] / 세계사 → [세] → [동아시아 → 동]

01. 수업실연 전 몸풀기

2022 개정 교육과정 한국사

2022 개정 교육과정 중 고등학교에서 사용하는 한국사1, 한국사2 교과서는 2025학년도부터 바로 사용됩니다. 2015 교육과정과 비교했을 때 어떤 내용이 바뀌었을까요? 강조 표시된 부분을 중심으로 함께 살펴봅시다.

01 학습자 스스로 탐구 주제를 설정하는 활동 강조

1 성격
- 근현대 한국사를 중심으로 구성하되, 근대 이전 한국사는 전근대 시대별 주요 내용을 정치사 중심으로 살펴보고, 전근대의 국제 관계와 대외 교류, 경제, 사회, 문화의 주요 특징을 주제 탐구 중심으로 다룬다.
- '한국사'를 통해 학습자는 자료의 분석·해석 과정에서 탐구 능력을 기르고 역사 지식을 형성할 수 있다.

2 목표
- 학습자 스스로 탐구 주제를 설정하고, 역사 자료를 분석하고 해석하는 탐구 과정을 통해 역사적 사고력을 기른다.

3 내용 체계
- 지식·이해 영역에 '근대 이전 한국사의 탐구'를 새로 설정
- 과정·기능 영역에 '한국사의 다양한 자료를 바탕으로 탐구 주제 설정하기' 언급

4 성취기준
- 『한국사1』에 '근대 이전 한국사의 탐구' 단원 새로 설정하여 [10한사1-02-05]로 '근대 이전 한국사 주제를 설정하여 탐구하고, 그 결과를 다양한 방법으로 표현한다.' 성취기준 제시하고 '근대 이전 한국사를 둘러싸고 제기되는 역사 문제 등에 대해 질문을 구성하고 탐구하여 이를 표현하는 데 초점을 둔다'고 해설
- 성취기준 적용 시 역사적 사실에 대한 서로 다른 해석을 비교하면서 역사의 논쟁성을 인식하고, 자신의 역사 이해를 구성 및 표현하는 능력을 기를 방법을 고려하도록 제시

02 세계사의 흐름과 연관지어 파악하는 이해 강조

1 내용 체계
- 『한국사1』의 핵심 아이디어로 '한국사는 국제 질서의 변동과 맞물려 변화하였다'를 제시
- '근대 이전 한국사의 탐구' 영역에서 '국제 관계와 대외 교류'를 내용 요소로 제시

2 성취 기준
- [10한사1-02-04]에서 근대 이전의 사상과 문화를 국제 교류와 관련하여 탐구하도록 제시하였고, 불교와 유교를 중심으로 사상과 문화의 성격을 국제적인 문화 교류의 관점에서 탐구하도록 안내

- [10한사1-03-01] '조선의 개항을 국제 질서의 변동과 연관하여 분석한다'에 대해 근대 이전 조공·책봉 관계와 근대적 조약 체제에 입각한 국제 질서의 차이를 외교 관련 자료를 통해 분석하도록 함
- [10한사1-03-03] '개항 이후 사회·경제 변화를 파악하고, 서구 문물의 도입이 문화에 미친 영향을 탐구한다'에 대해 2015 개정 교육과정에서 우리나라 사례에 한정한 것과 달리 동아시아 여러 나라의 사례도 활용할 수 있다고 제시
- [10한사2-01-01] '일제의 식민 통치 정책을 제국주의 질서의 변동과 연관하여 이해한다'를 제시하며, 일제의 식민 통치 정책이 제국주의 체제의 형성, 세계 대전, 대공황 등 국제 질서의 변동과 연관지어 변화하였음을 자료를 통해 분석하도록 해설을 붙임
- [10한사2-02-02] '6·25 전쟁과 분단의 고착화 과정을 국내외의 정세 변화와 연관하여 이해한다.'로 제시

03 '근대 이전 한국사의 이해' 단원 변화 내용

1 서술 분량 증가
- 전반적으로 전근대사 서술 분량이 증가하였으며 해설도 2015 개정 교육과정에 비해 상세해짐

2 세부 강조 내용
- 고려사에서는 지배 세력의 변화를 시기별로 이해하되 정치적 변혁과 연관지어 이해하는 것과 지방의 자율성을 토대로 한 정치 체제가 운영되었음에 유의할 것을 안내
- 조선사의 경우 성취기준에 대한 해설이 존재하지 않았지만 조선의 성립, 유교적 통치 체제의 정비, 정치 운영의 변화, 왜란과 호란의 전개 과정 및 역사적 의미, 조선 후기에 나타난 새로운 변화의 양상을 파악할 것을 제시하면서 제도의 변화가 개별 사실의 나열이 되지 않도록 유의할 것을 안내

04 '일제의 식민 통치와 민족운동' 단원 변화 내용

1 일제의 식민 통치로 인한 경제 구조의 변화 강조
- 핵심 아이디어로 '일제의 식민 통치는 경제 구조와 생활의 변화를 가져왔다'고 제시
- 성취기준으로 [10한사2-01-02] '일제의 식민 통치가 초래한 경제 구조의 변화와 그것이 경제생활에 미친 영향을 분석한다.' 제시
- 위 성취기준과 관련하여 일제의 식민 통치로 인해 '식민지 경제 구조'가 형성되는 과정 및 그 변화가 사람들의 생활에 미친 경제적 영향을 분석하는 데 초점을 맞추도록 해설

2 다양한 자료 활용 강조
- 신문 기사, 문학 작품, 각종 통계 자료, 사진, 회고록, 디지털 아카이브, 자료집, 보고서, 신문 기사, 영상, 그림, 포스터, 도표, 구술자료, 일기, 광고, 만화 등 단원 전체에서 전반적으로 다양한 자료 활용을 강조

05 '대한민국의 발전' 단원 변화 내용

1 생태 전환 교육 반영
- [10한사2-02-04] '산업화의 성과를 파악하고, 그것이 사회 및 환경에 미친 영향을 인식한다.'에 대한 해설에서 산업화에 기반한 경제 성장과 그것이 사회 및 생태환경 등에 미친 영향과 해결 방안을 파악하는 데 초점을 맞추도록 해설

2 개인 삶 및 사회 문화 변화에 관심
- [10한사2-02-02] '6·25 전쟁과 분단의 고착화 과정을 국내외의 정세 변화와 연관하여 이해한다'에 대해 전쟁과 분단을 경험한 다양한 주체들의 삶, 분단 문화의 형성을 사례로 접근할 수 있음을 안내
- [10한사2-02-03] '4·19 혁명에서 6월 민주 항쟁에 이르는 민주화 과정을 탐구한다'에 대해 민주화 과정을 다양한 주체들의 참여 사례를 중심으로 탐구하고 민주주의가 개인과 사회에 미친 영향을 이해하도록 안내
- [10한사2-02-02]에 대해 산업화 과정에서 일어난 문화와 생활의 변화를 파악하고, 사람들의 삶을 다양한 방법으로 표현할 것을 제시

06 '오늘날의 대한민국' 단원 변화 내용

- 2015 개정 교육과정의 근대사 학습 요소로 제시되어 있던 '독도'를 현대사에 배치하며 '독도가 우리 영토임을 다양한 역사적 자료를 근거로 확인하고 홍보하는 활동을 수행'할 것을 제시

07 교수·학습 및 평가

1 역사 자료를 활용한 탐구 강조
- 학습자가 탐구 질문을 만들어 과제를 설정하고 직접 신뢰할 만한 자료를 찾아 탐구하고, 그 결과를 다양한 방법으로 표현하도록 지도
- 학습자가 역사 자료의 비교, 분석, 비판, 종합 등의 탐구 과정을 경험하도록 학습 계획·운영
- 역사 자료를 다루는 과정에서 역사 증거, 변화와 지속, 인과 관계, 역사적 중요성 등 역사 학습의 주요 개념을 습득하도록 함
- 논쟁적인 주제를 다루는 수업에서는 서로 다른 해석을 비교하여 역사에 대한 맥락적 이해 및 타당한 논거를 바탕으로 주장을 제시하고 있는지를 평가하고 학습자 자신의 관점을 명확하고 일관성 있게 제시하는 경험 제공

2 공동체 의식 강조
- 역사 학습 과정에서 학습자가 타인과 대화하며 의견을 조율하고 상호 존중의 태도를 함양하도록 함
- 학습자의 참여를 보장하고 협업할 수 있도록 지도

3 최소 성취수준 보장
- 최소 성취수준에 미도달하는 것을 예방하도록 개별 맞춤형 수업 실시
- 진단평가를 실시한 후 학생들의 역사 이해를 상시적으로 확인하고, 학생별 학습 수준에 맞춰 적절한 보충 학습 자료를 제공하여 추가 학습 기회 제공하도록 안내

4 학생 삶과 연계 강조
- 인간의 삶뿐 아니라 학생의 삶과 연계한 실생활 맥락 속에서 현재 문제에 적용해 보는 경험 갖도록 강조
- 학습자가 살고 있는 지역에서 일어났던 역사적 사건이나 지역의 인물, 장소, 기념물 등을 선정하여 프로젝트 학습을 지도하되, 창의적 체험 활동 또는 다른 과목과 연계하여 진행 가능함을 안내

5 디지털 기반 학습 제시
- 블렌디드 학습 및 디지털 기반의 의사소통 도구(공유문서, 온라인 플랫폼)를 적극 활용할 수 있음을 안내
- 수준과 특성에 따라 디지털 도구를 활용하여 과정 중심 평가 실시할 수 있음
- 그 외 디지털 도구에 기반한 실제적이고 창의적인 평가 방안 모색 권유

6 포용적 자세 함양
- 소외되는 학습자가 없도록 학습자의 참여를 보장하고 다양성을 존중하며 협업하도록 지도
- 동일한 수행 과제라고 할지라도 학습자의 특성을 고려해서 흥미와 수준에 따라 수행 활동을 다양화할 필요성 제시
- 장애, 이주 배경의 학습자 등 다양한 학습자의 특성을 고려하여 평가하도록 안내
- 위의 경우 평가 응답 시간이나 이중 언어 사용 등을 고려할 수 있음

13 수업 실연에 필요한 역사 교육 이론

역사 수업에서 활용할 수 있는 다양한 형태의 교재부터 반드시 알아둬야 하는 교수·학습 방법까지, 실제 수업 실연에 활용할 수 있는 역사 교육학 이론의 핵심을 정리해 봅시다. 활동 안내, 순회지도, 평가 등 수업 실연의 전반적인 장면에서 유용하게 활용할 수 있는 내용들입니다!

01 역사 교육의 교재

1 사료

1. 정의
   역사 연구에 필요한 문헌, 유물, 유적 등

2. 유용성
   (1) 사료 학습을 통해 역사학자의 역사 연구와 동일한 사고 과정을 통해 역사학의 성격을 이해하고 역사 지식을 획득할 수 있음
   (2) 역사적 사고력을 기르기 위한 수업 자료로 활용할 수 있음
   (3) 같은 역사적 사실에 대한 해석을 달리하거나 다른 역사인식을 보이는 사료를 비교함으로써 학생들이 자신의 역사적 관점을 가질 수 있음
   (4) 사료 학습은 같은 내용이 반복되는 것을 방지하고, 역사적 사실을 생생하게 전달하여 학생들이 다양한 사료를 접함으로써 개방적 태도를 가질 수 있음

3. 사료 선정 기준
   (1) 학습 내용과 관련이 깊어야 함
   (2) 학습 목표를 달성하는 데 유용해야 함
   (3) 학생들의 능력이나 발달 단계에 맞아야 함
   (4) 상대적으로 중요한 내용을 담고 있는 사료를 선택해야 함
   (5) 사료의 내용을 믿을 수 있어야 함
   (6) 번역된 사료의 경우, 번역 내용이 정확해야 함

4. 유의점
   (1) 학생들이 사료의 내용을 이해하는 데 어려움을 느끼는 경우
      → 교사가 내용을 검토해서 학생 수준에 적합하도록 표현을 바꾸고 편집해야 함
   (2) 사료가 역사적 사실을 압축적으로 서술하거나 비유적으로 표현하고 있는 경우
      → 교사가 추가 설명을 달거나 다른 관련 자료들을 활용함

5. 사료 학습 과정(비판적 역사 읽기)
   (1) 역사적 사실에 대한 의문을 갖기
   (2) 의문에 대한 가설 세우기
   (3) 가설과 관련된 사료 수집과 사료 해석
   (4) 사료를 보고 질문을 수정하여, 의문을 해결하기

2 역사연표

1. 정의
   역사적 사실과 사건을 시간의 흐름에 따라 체계적으로 배열한 표

2. 유용성
   (1) 역사적 사건의 연대 위치와 시간적 거리감을 파악하는 데 도움을 줌
   (2) 역사적 흐름을 계통적으로 이해할 수 있음
   (3) 역사적 사건을 다른 사건과 비교하여 인식함으로써 시대 관념을 기를 수 있음

3. 활용
   (1) 학습하고 있는 역사적 사실이 언제, 전후 사실들로 어떤 것이 있는지 정보 찾기
   (2) 단원 연표 : 단원의 학습을 본격적으로 시작하기에 앞서 내용을 개괄적으로 파악하는 데 활용
   (3) 백연표 : 일정한 단위의 학습을 끝낸 후 정리용이나 형성평가용으로 활용
   (4) 제한된 소재의 연표(나의 연표, 가계 연표, 학교 연표)
       자신의 삶에 중요하다고 생각하는 사건을 선택하는 과정을 통해 판단력과 사회의식을 기를 수 있음

3 역사지도

1. 정의
   역사적 사실을 하나의 평면 위에 창조적이고 종합적으로 담아서 인간 생활의 역사적, 시간적 변화를 구조적으로 제시해줌

2. 역사 지도의 특성(지리 지도와 차이점)
   (1) 대부분 인문 지도임
   (2) 시간적 변화를 포함하는 경우가 많음
   (3) 역사적 사실을 그대로 전달하는 것이 아니라 해석하고 편집한 것

3. 역사 지도의 기능
   (1) 역사적 사실을 지리적으로 파악
   (2) 일정한 공간과 관련된 역사 변화를 시간적, 계통적으로 파악
   (3) 한 지도를 통해 여러 역사적 사실 간의 관계를 파악하고 역사를 해석함
       → 학생들의 역사적 사고를 끌어내는 데 활용 가능

4 사진과 그림

1. 유용성
   (1) 사진 : 역사적 사실이 일어났던 당시 상황을 그대로 전달함
   (2) 그림
       ① 당시 사람들의 생활 모습 또는 사고방식을 전해줌
       ② 기록으로 알 수 없는 역사적 사실을 알게 해줌(예 동굴 벽화)

2. 활용
   (1) 문화재나 미술사를 설명할 때, 학습 효과를 높임
   (2) 만들어진 배경, 사회 상황, 관련 사실을 설명함으로써 당시 사회 이해
   (3) 학생들의 적극적, 창의적 사고 유도
   (4) Doing History
       ① 정의 : 사진/그림을 보여주고 이를 통해 알 수 있는 역사적 사실에 대해 이야기를 만들어보게 하는 방법
       ② 유용성 : 학생들의 역사 해석, 역사적 상상력, 표현력 증진. 역사가 만들어지는 과정에 대한 체험
           (예 생활 모습이 들어간 벽화를 보여주고, 사람들의 생활을 글로 쓰게 하는 것)

3. 멀티미디어
   (1) 정의 : 문자, 그림, 음성, 동영상 등 다양한 전달 방식이 혼합되어있는 매체
   (2) 동영상 자료 사용시 유의점 : 수업계획에 따라 편집해서 사용

5 시사 자료

1. 정의
   신문이나 방송 등 대중매체에서 전하는 뉴스를 교재로 활용한 것

2. 유용성
   (1) 학생들의 지적 호기심을 자극하고 사고 활동을 촉진
   (2) 학생들을 사회적 논의에 끌어들임으로써 사회 구성원으로서 참여의식을 기름

3. NIE(newspaper in education)
   (1) 정의 : 신문에 실린 다양한 분야의 새로운 정보를 교육에 활용
   (2) 유용성
      ① 읽고 쓰는 능력과 같은 기초 교육 향상
      ② 비판적 사고력과 의사 결정 능력을 높임
      ③ 시민의식을 기름

4. 역사 수업 활용 방안
   (1) 신문이나 방송에 나오는 역사 관련 소식들을 수업의 보조 자료로 활용
   (2) 시사 자료를 통해 학습과제를 해결하도록 함
   (3) 시사성을 띈 문제를 다루는 계기수업
      예) 경부고속철 경주구간에서 신라 초기의 유물이 다량 발굴되었다. 고속철의 노선을 바꾸어야 하는가?

5. 시사 자료를 역사 수업에 활용할 때 어려운 점
   (1) 수업의 내용과 관련 있는 시사 자료를 구하는 것이 어려움
   (2) 계기수업의 경우 본 수업의 연속성이 중단되며 학생들의 수업 부담이 가중됨
   (3) 아직 결론이 내려지지 않은 문제를 언론이 과장하거나 특정 견해를 사실인 양 소개하는 경우가 많음
      → 관련된 다른 자료를 함께 종합해서 제시해야 함

6 디지털 역사 교재

1. 디지털 시대에 학생에게 필요한 능력
   (1) 학습에 필요한 자료들이 어디에 있는지 알고 접근할 수 있는 기초 능력
   (2) 널려 있는 자료들을 평가하고 분석해서 필요한 자료를 선택하고 정보를 구하는 능력

2. 역사 교수·학습용 자료들을 제공하는 웹사이트
   (1) 에듀넷
   (2) 전국 역사 교사 모임
   (3) 국사편찬위원회
   (4) 한국학중앙연구원
   (5) 문화재청
   (6) 지방자치단체나 박물관 홈페이지들

3. 파워포인트
   (1) 유용성 : 글씨, 화면 표시 방식이나 효과음이 화려해지면서 학생의 관심을 끌 수 있음
   (2) 단점 : 미리 정리된 내용을 띄워놓고 수업을 하는 것은 학생들의 집중도를 떨어뜨림

4. 전자교과서
    (1) 정의 : 하이퍼링크 기능을 이용해 대량의 자료를 체계적으로 제공하는 교과서
    (2) 장점
        ① 기존 교과서의 양적 제한 극복, 다양한 자료를 풍부하게 제공
        ② 학습자가 흥미나 수준에 따라 학습량과 속도를 조절하고 반복, 심화학습을 함으로써 개별학습과 자기주도적 학습 용이
        ③ 인터넷이 연결된 어느 곳에서도 이용 가능
        ④ 멀티미디어 자료와 내러티브로 옛사람들의 생활과 생각을 전달하여, 학습자들이 흥미롭게 과거에 다가가게 함
    (3) 단점
        ① 학습자가 개인별로 컴퓨터와 인터넷을 사용할 수 있는 인프라가 구축되어야 함
        ② 일반 교과서에 비해 가독성이 떨어짐
        ③ 자료의 분석과 해석이라는 역사의 성격과 본질을 학습하기 어려움
        ④ 교사와 학생 간 즉각적인 상호작용이 어렵고 교사가 학생의 이해 수준을 확인하기 어려움

7 문학과 영상자료

1. 대중 역사서와 역사 교양물 활용시 유의점
    (1) 가급적 객관적 자료를 선택
    (2) 적절한 보충 설명을 추가하여 학생들의 비판적 사고 및 주체적 역사 해석 유도

2. 역사소설과 드라마
    (1) 유의점 : 작가적 상상력에 만들어진 창작품이므로 객관성에 유의할 것
    (2) 활용법 : 당시 사회상 파악 및 등장인물 탐구

3. 역사 영화
    (1) 유용성
        ① 어떤 사물/현상에 미시적으로 접근하므로, 생활 모습을 구체적으로 알 수 있음
        ② 생각/감정 묘사되므로 역사적 행위자의 내면을 감정이입적 이해 가능함
        ③ 역사적 사실 및 사건 이해에 도움이 됨
    (2) 활용시 유의점
        ① 필요한 부분 발췌 및 편집해서 사용
        ② 영화를 통해 알아야할 사실을 미리 제시하거나 읽기 자료를 함께 사용
        ③ 자료 또는 단서를 제공하여 역사적 사실과 허구를 구분
        ④ 영화 내용을 비판적으로 검토 및 자신의 관점에서 해석할 수 있도록 지도

02 교수학습 활동에 따른 유형

1 설명식 수업

1. 정의
    교사가 학습 내용을 설명, 전달하여 학생들이 학습 목표를 달성하도록 하는 방식

2. 유용성
    제대로 구조화되었을 경우 역사 용어, 제도, 개념, 총괄 등을 짧은 시간에 가르치는 데 효과적임

3. 필요성
    역사 용어 중 특정 시기와 연결될 때 그 의미가 달라질 경우 교사의 적극적인 설명이 필요함

4. 단점
   (1) 교사의 일방적인 설명 독주가 될 가능성이 높음
   (2) 장시간 집중이 어려운 학습자의 학습 의욕을 떨어뜨림

5. 보완
   (1) 문답법 도입
   (2) 멀티미디어 자료 사용
   (3) 간단한 학생 활동 첨가

2 이야기식 수업

1. 정의
   교사의 주도로 이야기를 전달하는 수업

2. 목표
   사건을 인물의 행위, 의도, 동기, 목적, 이유를 토대로 이해하는 수업

3. 유용성
   (1) 아동에게 친숙한 방법이며 역사가들도 주로 사용하는 방법이라는 점에서 역사 이해 능력을 키우는 데 적합함
   (2) 서술 형식이자 역사적 사고력에 적합한 인지 도구인 동시에 사고 양식임
   (3) 맥락적 이해에 도움
   (4) 다른 시대·사람·관점을 이해하고 인식하는 데 도움을 주어 역사적 인물의 입장에서 그 인물을 통찰하게 함

4. 문제점
   자료나 사건에 대해 분석 및 비판을 연습하기에 어려움 → 교사의 논리와 해석에 비판 없이 매몰되기 쉬움

5. 효과적 진행 방법
   긴장과 갈등으로 전개
   → 긴장과 갈등으로 학생들의 관심 유도, 클라이맥스로 메시지를 분명하게 전달 가능

6. 효과적 구조화 방법
   (1) 사건과 관련한 모순된 자료나 해석을 어떻게 하나로 엮을 것인지 고민
   (2) 전달하려는 메시지를 이야기 속에 어떻게 담을 것인지 고민
   (3) 이야기의 정서적, 정의적 측면을 비판적으로 이해할 수 있는 장치 마련

3 문답식 수업

1. 정의
   교사 및 학생의 질문과 대답을 중심으로 수업을 구성하는 방법

2. 설명식·이야기식 수업과의 차이

설명식·이야기식 수업	문답식 수업
- 설명이나 이야기가 주 전략 - 질문은 주위 환기를 위한 보조적인 방법	- 질문이 사고를 자극하는 주 전략

3. 질문의 활용
   (1) 수업을 부드럽게 진행하고 학생들을 집중시킴
   (2) 학생과 상호작용할 수 있음
   (3) 사고를 자극할 수 있음

4. 질문의 종류

인지 기억 질문	학생과의 상호작용을 위해 기억 여부를 확인하는 질문 예 상평통보는 어느 시대에 사용되었나요?
수렴적 질문	사고 내용을 정리하거나 결론을 내기 위해 설명, 대비, 대조, 분석을 요구하는 질문 예 대동법은 이전의 공납 제도와 어떤 차이가 있나요?
확산적 질문	다양한 각도에서 사고하도록 예측, 가설, 추론, 상상을 자극하는 질문 예 훈민정음 창제가 조선 시대 사람들에게 어떤 의미였는지를 다양한 집단의 관점에서 해석해 보세요.
평가적 질문	가치판단이 개입되는 질문 예 광해군의 중립 외교가 당시 상황에서 적절한 정책이었나요?

5. 수업 방법에 따른 질문의 전략
    (1) 토론식 수업 : 대조, 비교, 분석, 설명을 요구하는 수렴적 질문↑
    (2) 이야기식 수업 : 인물의 의도, 동기 등을 상상 및 추론하고, 행위의 결과를 예측하는 확산적 질문↑

6. 학생들의 사고활동을 자극하기 위한 방법
    사고의 실마리가 되도록 자료를 제공하여 '읽기', '보기', '듣기'가 함께 이루어져야 함

7. 수업 전 계획 요소
    (1) 질문의 취지 : 무엇을 탐구하고 이해하게 할까?
    (2) 질문의 유형 : 어떤 사고방식을 유도할까?
    (3) 질문의 내용 : 구체적으로 어떤 질문이 효과적일까?
    (4) 질문의 순서 : 어떤 순서로, 어떻게 질문할까?

4 글쓰기 수업

1. 방법
    (1) 역사가가 되어 글쓰기
        ① 정의 : 역사가가 글을 쓰는 방식을 교육적으로 시행
        ② 예상 독자 : 수업을 함께 하고 있는 교사와 동료 학생들
        ③ 사례 : 사건 보고서 쓰기, 답사 보고서 쓰기, 역사 이야기 쓰기 등
        ④ 전제 : 자료를 활용할 수 있는 능력
        ⑤ 효과
            - 비판적 사고 방법을 가르칠 수 있음
            - 논리적인 분석, 추론 및 종합, 역사적 용어로 표현할 수 있는 능력을 가르칠 수 있음
            - 역사적으로 사고하는 방법을 가르칠 수 있음
        ⑥ 지도 방안 : 먼저 글 쓰는 방법을 가르쳐야 함
    (2) 제3의 인물이 되어 글쓰기(다양한 매체를 역사 교육에 활용하는 방법)
        ① 예상 독자 : 해당 주제에 대한 전문적인 지식이 없는 사람
        ② 사례 : 안내책, 역사 신문 만들기 등
        ③ 역사 신문 만들기 수업 전제 : 신문의 기능과 목적, 형식을 먼저 이해시킨 다음 탐구한 내용을 쓰도록 함
    (3) 역사적 인물이 되어 쓰는 글
        ① 사례
            - 인물의 감정과 사고를 담은 독백 : 일기, 시, 수필, 편지
            - 자신의 생각을 널리 알리기 위해 쓴 글 : 벽보, 상소문, 신문 기사
            - 정보를 전달하기 위해 쓴 글 : 백과사전류, 의학서, 농학서
            - 가르치기 위해 쓴 글 : 음식 요리법, 예법 교육에 관한 글
            - 명령을 내리기 위해 쓴 글 : 교서
            - 재미를 주기 위해 쓴 글 : 소설
            - 교훈을 남기기 위해 쓴 글 : 행장

② 지도 방법
- 감정이입 하면서 글을 쓰도록 지도
- 독자 및 글을 쓰는 목적을 생각하면서 쓰도록 지도

5 극화수업

1. 정의
   줄거리를 가진 극의 형태로 진행되는 수업

2. 목적
   역사 탐구 및 이해

3. 수업 방식
   연극식, 다큐멘터리식, 뉴스 보도식, 시사토론식, 모의재판 형식, 모의국회 형식, 마당극 형식 등

4. 유의사항
   (1) 준비 과정 : 학생이 대본 작성 → 교사는 질문을 통해 탐구 내용 및 대본에 포함되어야 할 내용을 안내
   (2) 후속 토의 및 평가 과정 : 학생 체크리스트법(동료평가) 사용 가능
      ① 극의 준비과정에서 체크리스트 미리 제시
      ② 극의 형식에 따른 체크리스트 예시
         - 연극식 : 역사적 인물의 행위 의도/동기/목적 이해
         - 시사토론극 : 역사적 쟁점 파악, 주장 근거에 대한 설득력
      ③ 후속 토의 과정에서 교사 역할 : 극을 보면서 갖게 된 의문/의견 적극적 표현 장려
                              → 구체적 질문을 제시해 토론을 유도

6 토론식 수업

1. 형식
   대립 논쟁식(debate)수업, 토의식(discussion)수업

2. 대립 논쟁식 수업
   (1) 정의 : 논쟁점, 관점의 차이 파악하기 위한 수업
   (2) 효과 : 하나의 역사적 사건에 대해 존재하는 서로 다른 해석 이해
   (3) 토론 방식
      ① 모둠별 토론, 학급 전체 토론
      ② 지지하는 팀에서 토론 진행, 지지하지 않는 팀에서 토론 진행
         - 지지하지 않는 팀에서 토론 진행하는 방식의 장점 : 생각이 다른 사람들이 어떤 근거로 주장을 하는
                                                  지 생각해볼 수 있는 기회가 됨
         - 수업 반성에서 자신의 생각이 바뀌었는지 여부와 그 이유 발표 시 효과적임
   (4) 교사의 역할
      ① 사회자 역할 : 토론 내용을 정리하여 의견을 명확하게 구분
      ② 조정자 역할 : 토론 과정에서 말꼬리를 잡거나 초점이 쟁점에서 벗어나는 것을 조정

3. 토의식 수업
   (1) 정의 : 학생들에게 과제를 제시하고, 소모둠별로 토의하여 문제를 해결하게 하는 방법
   (2) 교사 역할
      ① 과제 해결에 필요한 자료는 학생이 준비/교사가 제시
      ② 교사 : 토의 과제 구체적 제시
         例 '신라의 골품제에 대해 토의해보자'보다는 '신라 골품제가 당시 신라인들의 신분관계에 어떤 영향을 주었는지 토의해보자'
      ③ 전혀 참여하지 못하는 학생이 있는 경우 해결방안 : 모든 모둠원이 돌아가며 발표
         例 모든 모둠원이 생각을 적어서 제출 → 교사가 분류 → 분류한 생각들을 중심으로 각 모둠원이 자신의 생각을 발표

7 만들기 수업

1. 정의
   글쓰기 이외에 다양한 활동이 포함된 수업

2. 지도 방안
   (1) 미술 활동(모형, 팜플렛, 광고, 패러디물, 만평, 앨범 등)으로 역사 표현
   (2) 음악 활동(노래 만들기)을 통해 역사 표현
   (3) 음식, 의류 만들기 활동을 통해 역사를 표현

3. 유용성
   (1) 모형 만들기
       - 학습해야 할 역사 지식과 탐구 기능 구체적 제시
       - 조사 탐구학습 병행 시 효과적임 : 조사 내용을 질문 형식의 목록으로 제공, 학생들이 각 질문 항목에 대답하는 방식으로 조사해오도록 지도
   (2) 그림 자료 만들기
       - 미술적 재능보다는 표현에 담긴 역사 이해 중심으로 평가
       - 앨범 만들기, 스크랩북 만들기 : 수집한 자료들에 대한 설명을 제시하도록 함
       - 앨범, 스크랩 북 제목 붙이기 : 역사 해석의 과정
   (3) 노래 개사하기, 표어 만들기
       - 사건, 상황, 인물에 대한 학생들의 생각을 표현 → 역사적 평가
       - 표현하려는 몇 가지 단어들을 마인드맵 등으로 표현하고 이를 설명하는 과정을 포함
         → 논리적 사고 자극

8 역사 신문 만들기

1. 정의
   신문 형식을 통해 역사를 이해, 표현하는 방식

2. 유용성
   (1) 역사적 사건, 현상을 한층 쉽게 접하고 그 시대에 대한 생생한 현장감
   (2) 기사 선택과 구성 과정에서 역사적 사고, 시대의 흐름이나 변화를 종합적으로 이해
   (3) 자료 수집, 검토, 선택, 종합하는 과정에서 자료 처리 능력 향상
   (4) 당 시대와 현재와의 연관성 및 영향을 파악

03 내용 구성에 따른 수업 유형

1 사건 학습

1. 정의
   사건을 단위로 역사를 이해하는 학습

2. 의의
   사건을 통해 당시 사회를 이해, 역사를 탐구할 수 있는 능력 향상

2 인물 학습

1. 정의
   인물을 중심으로 역사를 이해하는 방법

2. 인물의 행위 결정 분석 모형을 사용하는 방법
   (1) 개념 : 인물의 행동과 결과를 평가하기 이전에, 그 인물이 특정한 행동을 하게 되는 과정을 분석하며 인물을 이해하는 것
   (2) 교사의 지도방안
      - 인물의 관점에서 목적, 상황, 수단들을 상상할 수 있도록 수업을 구조화해야 함
      - 교사는 학생들이 이전의 경험을 통해 역사적 인물의 행위를 유추할 수 있도록 지도함
   (3) 주의점
      - 행위 결정에 영향을 미칠 수 있는 모든 요소들을 생각해볼 수 있도록 지도함
        예) 개인의 성향, 행위자의 상황에 대한 인식, 행위 결정을 제한할 수 있는 조건 등

3 개념 학습

1. 정의
   개념을 중심으로 역사를 이해하는 방법

2. 수업 방식(단계)

학습 과제의 제시	학습할 개념 제시
직관의 단계	잘못된 개념 드러내기 → 개념을 보고, 개념의 속성과 사례를 제시하도록 유도
자료 제시	사례 제시, 또는 사례가 담긴 자료 제시
갈등의 단계	과제 수행 → 개념이 상징하는 속성 확인 및 속성 간의 관계 확인
해결의 단계	직관의 단계에서 보였던 잘못된 개념과 갈등의 단계에서 확인한 개념의 모순에 대해 토론 → 개념을 확실하게 이해
적용의 단계	개념을 새로운 사례에 적용 → 개념의 수정 혹은 다층화

4 주제 학습

1. 정의
   서로 관련이 있는 여러 사건들을 하나의 주제로 엮어 학습함으로써 역사적 사건을 심화 탐구하는 것

2. 주제 선정 방법
   (1) 교과서 단원 주제를 활용하는 방법
   (2) 이미 학습한 소주제들이나 사건들을 연결시켜 주제를 선정하는 방법
       예) 고려·조선 시대 가족제도의 변화와 여성의 지위 변화

3. 주제 탐구학습의 과정
   (1) 교사와 학생이 탐구할 주제 결정
   (2) 자료 조사
   (3) 조사한 자료를 바탕으로 과제 해결
   (4) 토론이나 보고서 작성을 통해 주제 심화 이해

4. 주제 탐구학습 유의점
   심층적인 과제 탐구, 문제 해결이 어려운 상황
   → 과제를 해결하는 과정에 구체적인 예시들을 제시하고 분석하도록 지도

5 시기 학습

1. 정의
   일정한 시간을 단위, 왕조, 시대를 중심으로 역사를 이해하는 방법

2. 시기 학습 활동(학생 중심 소모둠 활동)

학습 시기 선정	학습할 시기, 시대를 선정
학습 시기의 사건 조사	학습할 시기에 발생한 사건들을 조사
탐구 질문 제작 I	학생들이 이미 아는 것을 중심으로 그 시기를 탐구할 수 있는 질문을 만들어 제시
탐구 질문 제작 II	학생들이 그 시기에 관련하여 알지 못하는 부분을 중심으로 그 시기를 탐구할 수 있는 질문을 만들어 제시
탐구 질문 선정(토론)	학생들이 스스로 만든 질문들을 중심으로 그 시기를 이해하는 데 중요한 질문들을 토론하여 결정
탐구 질문 조사	모둠원들이 질문을 분담하여 조사
토론	개별적으로 과제를 해결한 후 질문들에 대한 답을 의논하며 그 사건이나 인물이 그 시기를 이해하는데 왜 중요한지 토론
요약 및 제시	모둠에서 선정한 사건, 인물, 현상들을 종합하여 그 시기의 중요한 특징을 요약하여 제시

3. 교사의 지도 방안
   교사가 그 시대에 대한 충분한 지식과 자료들을 가지고 학생의 학습을 심화시킬 수 있도록 지도

6 비교학습

1. 정의
   서로 다른 역사적 경험을 비교 분석하여 공통점과 차이점을 밝히고, 어떻게 그러한 공통점과 차이점이 발생하게 되었는가에 대해 이해하는 학습

2. 방법
   비교의 대상, 비교의 준거를 선정하는 것이 중요함
   예) 유럽의 자유주의 운동을 비교하여, 각각의 특징을 분석할 수 있다.

3. 유의점
   (1) 비교의 범주와 초점을 명확하게 해야 한다.
   (2) '발전', '진보', '수준'을 비교하여 우열을 가리는 것은 편견 형성을 초래할 수 있다.
   (3) 비교의 방식으로 도출된 내용은 다른 준거에 따라 다르게 해석될 수도 있다.

〈역사과 핵심 역량 – 2015 개정 교육과정〉

1. 역사 사실 이해 : 과거의 사건, 인물, 구조, 변화 등에 대한 지식을 습득하고 중요한 역사 용어나 개념을 이해하는 능력
2. 역사 자료 분석과 해석 : 역사 자료를 읽고 이를 비판적으로 검토하여 역사 지식을 구성하는 능력
3. 역사 정보 활용 및 의사소통 : 다양한 매체를 통해 얻은 역사 정보를 분석, 토론, 종합·평가하는 능력
4. 역사적 판단력과 문제 해결 능력 : 과거 사례에 비추어 오늘날의 문제를 해결하는 능력
5. 정체성과 상호 존중 : 우리 역사와 세계 역사에 대한 이해를 바탕으로, 우리의 관점에서 오늘날 요구되는 역사 의식을 함양하고 타인을 이해하고 존중하는 태도를 갖는 능력

PART
02

수업실연
실전 문제

[30일 완성]
전공역사 2차
수 업 실 연
실전문제집

01 한국사

주제 01 선사 시대의 전개 ☆

해설 p.3

2025학년도 중등학교 교사 임용후보자 선정 경쟁시험(제2차 시험)

역사 수업 실연

문제 다음의 〈실연 방법〉, [교수·학습 조건], [자료]와 [교수·학습 지도안]을 반영하여 수업을 실연하시오.

〈실연 방법〉

[교수·학습 지도안]의 〈실연 부분 1~3〉에 해당하는 부분을 실연하시오.
1. 〈실연 부분 1〉: 수업 형태와 지난 차시 수업을 연계하여 학습 동기를 유발하시오.
2. 〈실연 부분 2〉: 구석기 시대와 신석기 시대에 대해 수업을 진행하시오.
   가. 〈자료 1〉에 대해 확산적 질문 1가지를 제시하시오.
   나. 다음 학습 요소를 토대로 구석기 시대와 신석기 시대를 비교하시오.
      [기후, 주거, 도구, 생활 방식, 유적지]
3. 〈실연 부분 3〉: 만화 그리기 활동을 진행하시오.
   가. 〈자료 2〉의 [수험생 작성 부분 1~3]을 작성하시오.
   나. 〈자료 3〉을 〈자료 2〉의 우수 사례로 가정하고 역사과 핵심 역량 1가지를 기준으로 피드백하시오.

교수·학습 조건

1. 과 목 명 : 역사
2. 대   상 : 중학교 3학년
3. 수업시간 : 45분
4. 단 원 명 : 선사 시대의 전개

   가. 단원의 성취기준

   [9역07-01] 만주와 한반도 지역의 선사 문화와 청동기 문화의 특징을 다른 지역과 비교하여 이해하고 고조선의 사회 모습을 파악한다.

   나. 단원의 구성

단원	차시	주요 내용 및 활용	수업형태	평가방법
선사 문화와 고대 국가의 형성	1	인류의 출현	만들기 수업	형성평가
	2(본시)	선사 시대의 전개	설명식 수업, 만들기 수업	포트폴리오
	3	고조선과 여러 나라의 성장	만들기 수업	포트폴리오
	4	삼국의 성립과 발전	비교학습	서술형 평가
	5	삼국의 문화와 대외교류	프로젝트 학습	다면평가

   다. 교수·학습 환경

학생수	지도장소	매체 및 기자재
28명	교실	칠판, 교사용 컴퓨터, 빔 프로젝트, 스크린, 색연필 등 그리기 도구

자료

자료 1

〈구석기 시대 자료〉

구석기 유적 / 주먹도끼 / 슴베찌르개

〈신석기 시대 자료〉

신석기 유적 / 빗살무늬 토기 / 가락바퀴

자료 2

〈만화 그리기 활동지〉

3학년 ___반 이름 : _____

① 구석기 또는 신석기를 골라 한 컷 만화로 표현해 보세요.

-1-

② 내가 선택한 시대와 그 이유는 무엇인가요?

③ 역사적 사실에 근거하여 만화를 해석해 보세요.

■ 활동 시 유의사항

1	[수험생 작성 부분 1]
2	[수험생 작성 부분 2]
3	[수험생 작성 부분 3]

-2-

자료 3

〈만화 그리기 활동지〉

3학년 <u>1</u>반 이름 : <u>김○○</u>

① 구석기 또는 신석기를 골라 한 컷 만화로 표현해 보세요.

-1-

② 내가 선택한 시대와 그 이유는 무엇인가요?
  : 저는 신석기 시대를 선택했습니다. 제 꿈은 디자이너가 되는 것인데 신석기 시대에 옷을 만들어 입었기 때문입니다.

③ 역사적 사실에 근거하여 만화를 해석해 보세요.
  : 여자가 들고 있는 뼈바늘은 신석기 시대에 옷을 지어 입었다는 사실을 알게 해주고, 남자는 작물을 수확하고 빗살무늬토기를 이용하겠다는 말을 하여 신석기 시대에 수수 농사가 이루어졌다는 것을 알려줍니다.

■ 활동 시 유의사항 (생략)

-2-

교수·학습 지도안

단원		선사 시대의 전개	차시	2/5
학습단계		교수·학습 활동	자료 및 유의점	시간(분)
도입	선수 학습 확인	• '인류의 출현' 단원에서 학습한 내용을 문답으로 확인한다.		5
	동기유발	〈실연 부분 1〉		
	학습 목표 제시	• 구석기 시대와 신석기 시대의 특징을 비교할 수 있다. • 구석기 및 신석기 시대의 특징을 만화로 표현할 수 있다.		
전개	[전개 1] 구석기 시대와 신석기 시대	〈실연 부분 2〉	〈자료 1〉	10

전개	[전개 2] 만화 그리기	〈실연 부분 3〉 ■ 활동 시 유의사항 	1	[수험생 작성 부분 1]
2	[수험생 작성 부분 2]
3	[수험생 작성 부분 3]		〈자료 2, 3〉	25
정리	학습 정리	• 교사는 학습한 내용에 대해 정리한다.		5
	차시 예고	• 교사는 다음 단원 학습에 대해 예고한다.		

주제 02 | 고조선과 여러 나라의 성장

해설 p.4

2025학년도 중등학교 교사 임용후보자 선정 경쟁시험(제2차 시험)

역사 수업 실연

문제 다음의 〈실연 방법〉, [교수·학습 조건], [자료]와 [교수·학습 지도안]을 반영하여 수업을 실연하시오.

〈실연 방법〉

[교수·학습 지도안]의 〈실연 부분 1~3〉에 해당하는 부분을 실연하시오.
1. 〈실연 부분 1〉 : 학습 목표를 고려하여 학습 동기를 유발하시오.
2. 〈실연 부분 2〉 : 고조선의 성립에 대해 사료학습을 진행하시오.
   가. 〈자료 1〉 탐구 활동에 어려움을 겪는 학생을 위해 비계를 설정하시오.
3. 〈실연 부분 3〉 : 여러 나라의 성장에 대해 마인드맵 그리기 활동을 실시하시오.
   가. 〈자료 2〉를 설명하시오.
   나. 학생들이 〈자료 3〉을 채우는 과정에서 순회 지도를 실시하시오.

교수·학습 조건

1. 과 목 명 : 역사
2. 대   상 : 중학교 3학년
3. 수업시간 : 90분(블록타임제)
4. 단 원 명 : 고조선의 성립과 여러 나라의 성장
   가. 단원의 성취기준

   [9역07-01] 만주와 한반도 지역의 선사 문화와 청동기 문화의 특징을 다른 지역과 비교하여 이해하고 고조선의 사회 모습을 파악한다.
   [9역07-02] 철기 문화를 바탕으로 만주와 한반도 지역에서 성립한 여러 나라의 생활 모습을 설명한다.

   나. 단원의 구성

단원	차시	주요 내용 및 활용	수업형태	평가방법
선사 문화와 국가의 등장	1	선사 시대의 전개	설명식 수업, 만들기 수업	포트폴리오
	2-3 (본시)	고조선의 성립	사료학습, 만들기 수업	형성평가
		여러 나라의 성장		

   다. 교수·학습 환경

학생수	지도장소	매체 및 기자재
28명	교실	칠판, 교사용 컴퓨터, 빔 프로젝트, 스크린, 색연필 등 그리기 도구

자료

자료 1

〈사료 탐구 학습지〉

1학년 ___반 이름 : _____

환인의 아들 환웅이 하늘 아래에 자주 뜻을 두고 인간 세상을 다스리고자 하였다. 환인이 아들의 뜻을 알고 인간 세상을 내려다보니 널리 이롭게 할 만하였다. …… 환웅은 무리 삼천 명을 거느리고 태백산 신단수(신성한 나무) 아래에 내려왔다. 환웅은 풍백, 우사, 운사를 거느리고 곡식, 수명, 질병, 형벌, 선악 등을 주관하였다. 이때 곰 한 마리와 호랑이 한 마리가 같은 굴에서 살았는데, 늘 사람이 되기를 환웅에게 빌었다. 곰은 삼칠일(21일) 동안 몸을 삼가 여자의 몸이 되었으나, 호랑이는 그렇지 못하여 사람의 몸을 얻지 못하였다. 환웅이 임시로 변하여 웅녀와 결혼하였다. 아들을 낳으니 이름을 단군왕검이라 하였다. 단군은 요임금이 왕위에 오른 지 50년째가 되는 경인년에 평양성에 도읍을 정하고, 나라 이름을 조선이라 하였다.

– 『삼국유사』

Q. 고조선 사회의 모습 3가지를 추론해 보자.

① _____
② _____
③ _____

자료 2

(가) 왕이 있다. 모두 가축 이름으로 관직명을 정하여 마가·우가·저가·구가 등이 있다. …… 제가들은 별도로 사출도를 주관하는데, 큰 곳은 수천 가구이며, 작은 곳은 수백 가구였다.

(나) 형벌이 엄하고 각박하여 사람을 죽인 자는 사형에 처하고, 그 집안 사람을 노비로 삼는다. 도둑질을 하면 12배를 변상하게 하였다.

(다) 본디 다섯 부족이 있었으니, …… 본래는 연노부에서 왕이 나왔으나 점점 미약해져서 지금은 계루부에서 왕위를 차지하고 있다.

(라) 혼인을 맺을 때 혼삿날이 결정되면 여자 집의 본채 뒤편에 작은 집을 지었는데, 이를 서옥이라고 부른다. …… 자식을 낳아서 장성하면 (신랑은) 아내를 데리고 자기 집으로 돌아간다.

(마) 왕이 없으며 읍락에는 각각 대를 잇는 우두머리가 있다. …… (동예에는) 대군장이 없고, 읍군·삼로 등이 있어 하호를 통치하였다.

(바) 읍락을 함부로 침범하면 노비와 소, 말로 배상하게 하는데, 이를 책화라고 한다.

(사) 마한이 가장 강대하였다. 그 종족들이 함께 왕을 세워 …… 목지국에 도읍하였는데, 전체 삼한 지역의 왕으로 군림하였다.

자료 3

〈여러 나라의 성장 마인드맵 그리기〉

3학년 __반 __번 모둠 : _____

1. 교과서를 참고하여 〈자료 2〉의 사료를 국가별로 분류하고 마인드맵을 확장하세요.

2. 공통된 의미를 가진 항목들을 같은 색으로 칠하고 이유를 쓰시오.

3. 마인드맵을 그려보세요.

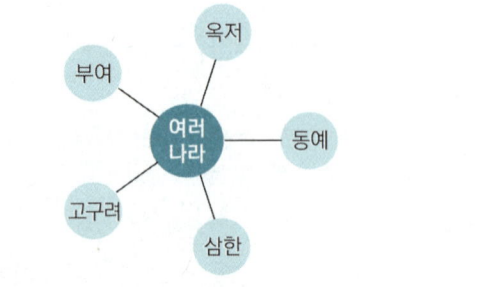

교수·학습 지도안

단원		고조선의 성립과 여러 나라의 성장	차시	2-3/3
학습단계		교수·학습 활동	자료 및 유의점	시간(분)
도입	선수 학습 확인	• 이전 차시에 학습한 내용을 문답으로 확인한다.		10
	동기유발	〈실연 부분 1〉		
	학습 목표 제시	• 고조선의 건국과 변화를 설명할 수 있다. • 여러 나라의 생활 모습을 마인드맵으로 표현할 수 있다.		
전개	[전개 1] 고조선의 성립	〈실연 부분 2〉	〈자료 1〉	25

전개	[전개 2] 여러 나라의 성장	〈실연 부분 3〉	〈자료 2, 3〉	45
정리	형성평가	• 교사는 학습한 내용에 대해 문답한다.		10
	차시 예고	• 교사는 다음 단원 학습에 대해 예고한다.		

주제 03   고대 국가의 성립과 발전

해설 p.5

2025학년도 중등학교 교사 임용후보자 선정 경쟁시험(제2차 시험)

역사 수업 실연

문제 다음의 〈실연 방법〉, [교수·학습 조건], [자료]와 [교수·학습 지도안]을 반영하여 수업을 실연하시오.

〈실연 방법〉

[교수·학습 지도안]의 〈실연 부분 1~3〉에 해당하는 부분을 실연하시오.
1. 〈실연 부분 1〉: 교수·학습 조건을 고려하여 학습 목표 2가지를 작성하시오.
2. 〈실연 부분 2〉: 고대 국가의 지배 체제에 대해 비교학습을 진행하시오.
   가. 〈자료 1〉을 토대로 초기 국가와 고대 국가의 비교 준거를 제시하시오.
   나. 학습 활동 중 예상 가능한 학생의 질문 및 교사의 대응을 포함하시오.
3. 〈실연 부분 3〉: 서술형 평가를 진행하시오.
   가. 〈자료 2〉의 [수험생 작성 부분]을 채워 평가 방안을 안내하시오.
   나. 우수한 사례와 미흡한 사례를 1가지씩 제시하고 각각 피드백하시오.

※ 유의점
   1. 개별 학습 및 개별 평가를 전제하시오.
   2. 교사와 학생의 활동이 구체적으로 드러나도록 실연하시오.

교수·학습 조건

1. 과 목 명: 한국사
2. 대   상: 고등학교 1학년
3. 수업시간: 50분
4. 단 원 명: 고대 국가의 성립과 발전
   가. 단원의 성취기준

[10한사01-01] 고대 국가의 성립·발전 과정을 파악하고, 지배 체제의 성격을 이해한다.

   나. 단원의 구성

단원	차시	주요 내용 및 활용	수업형태	평가방법
선사 문화와 고대 국가의 형성	1	선사 시대의 전개	설명식 수업, 만들기 수업	포트폴리오
	2	고조선과 여러 나라의 성장	사료학습, 만들기 수업	포트폴리오
	3(본시)	고대 국가의 성립과 발전	비교학습	서술형 평가
	4	남북국 시대의 전개	설명식 수업	포트폴리오

   다. 교수·학습 환경

학생수	지도장소	매체 및 기자재
28명	교실	칠판, 교사용 컴퓨터, 빔 프로젝트, 스크린 등

자료

자료 1

(가)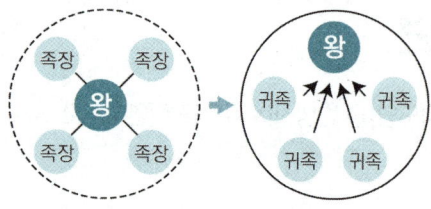

(나) (고구려 태조왕) 동옥저를 정벌하고 그 땅을 빼앗아 성읍으로 삼았다. 국경을 넓혔는데, 동으로는 창해(동해)에 이르고, 남으로는 살수(청천강)에 이르렀다.
- 『삼국사기』, 「고구려 본기」

(다) (백제 고이왕) 왕이 영을 내려 6품 이상은 자줏빛 옷, 11품 이상은 붉은 옷, 16품 이상은 푸른 옷을 입게 하였다.
- 『삼국사기』, 「백제 본기」

(라) (신라 법흥왕) 7년(520) 봄 정월 율령(律令)을 반포하고 …….
- 『삼국사기』, 「신라 본기」

자료 2

〈고대 국가의 성립과 발전 서술형 평가〉

1학년 __반 __번 이름 : _____

※ 유의사항
① (가)와 (나) 자료를 모두 활용
② 통치 방식의 변화에 초점을 맞출 것
③ 논리적으로 작성할 것

[문제] (가)와 (나)를 비교하여 신라 통치 방식의 변화를 서술해 보자. [2점]

(가) 포항 냉수리 신라비	(나) 단양 신라 적성비
사훼부의 지도로갈문왕(지증왕), 사덕지 아간지, 자숙지 거벌간지, 훼부의 이부지 일간지, 지심지 거벌간지, 본피부의 두복지 간지, 사피부의 모사지 간지, 이 일곱왕 등이 함께 의논하여 명령을 내리셨다.	왕이 대중등인 탁부 출신의 이사부지 이간지, …… 사탁부 출신의 무력지 아간지, 추문촌 당주인 사탁부 출신의 도설지 급간지, 물사벌인 탁부 출신의 조흑부지 급간지에게 명령하시었다.

: _____

※ 채점기준

핵심 역량	평가 요소	배점	채점기준
[수험생 작성 부분]	초기 국가와 고대 국가의 왕권 변화 서술하기	2	(가), (나) 자료를 모두 분석하여 초기 국가와 고대 국가의 왕권 변화를 알맞게 비교, 서술한 경우
		1	(가) 또는 (나) 자료 중 하나만 분석하여 초기 국가 또는 고대 국가 왕권의 특징 중 하나만 작성한 경우
		0	무응답 및 오답

교수·학습 지도안

단원		고대 국가의 성립과 발전	차시	3/4
학습단계		교수·학습 활동	자료 및 유의점	시간(분)
도입	선수 학습 확인	• 이전 차시에 학습한 내용을 문답으로 확인한다.		5
	동기유발	• 고대 국가와 관련된 동영상 자료로 동기유발을 한다.		
	학습 목표	〈실연 부분 1〉		
전개	[전개 1] 고대 국가의 지배 체제	〈실연 부분 2〉	〈자료 1〉	15

단계				
전개	[전개 2] 서술형 평가	〈실연 부분 3〉 ※ 채점기준 {표: 핵심 역량/평가 요소/배점/채점기준 [수험생 작성 부분] / 초기 국가와 고대 국가의 왕권 변화 서술하기 / 2 / (가), (나) 자료를 모두 분석하여 초기 국가와 고대 국가의 왕권 변화를 알맞게 비교, 서술한 경우 / / 1 / (가) 또는 (나) 자료 중 하나만 분석하여 초기 국가 또는 고대 국가 왕권의 특징 중 하나만 작성한 경우 / / 0 / 무응답 및 오답}	〈자료 2〉	15
	[전개 3] 고대 국가의 발전	· 교사는 삼국의 중앙 집권화와 정복 전쟁에 대해 설명한다.		10
정리	학습 정리	· 교사는 학습한 내용에 대해 정리한다.		5
	차시 예고	· 교사는 다음 단원 학습에 대해 예고한다.		

주제 04 신라의 삼국 통일과 발해의 건국

2025학년도 중등학교 교사 임용후보자 선정 경쟁시험(제2차 시험)

역사 수업 실연

문제 다음의 〈실연 방법〉, [교수·학습 조건], [자료]와 [교수·학습 지도안]을 반영하여 수업을 실연하시오.

〈실연 방법〉

[교수·학습 지도안]의 〈실연 부분 1~3〉에 해당하는 부분을 실연하시오.
1. 〈실연 부분 1〉: 신라의 삼국 통일 과정에 대한 설명식 수업을 진행하시오.
   가. [고구려 멸망, 나당 동맹, 나당 전쟁, 백제 멸망, 삼국 통일]을 활용하여 연표를 제작하시오.
   나. 삼국 통일의 과정과 의미를 동아시아적 관점에서 볼 수 있는 발문을 포함하시오.
2. 〈실연 부분 2〉: 발해의 건국에 대한 탐구학습을 진행하시오.
   가. 〈자료 1〉을 활용한 탐구학습을 위해 수렴적 질문을 제시하시오.
   나. 〈자료 1〉에 대해 예상 가능한 학생들의 질문 및 교사의 대응을 시연하시오.
3. 〈실연 부분 3〉: 글쓰기 평가를 진행하시오.
   가. 〈자료 2〉의 [수험생 작성 부분 1~3]을 채워 채점기준을 제시하시오.
   나. 학생들이 글쓰기 과정 중 비판적 사고를 할 수 있도록 순회 지도하시오.

※ 유의점
1. 학습 목표는 판서하지 마시오.
2. 교사와 학생의 활동이 구체적으로 드러나도록 실연하시오.

교수·학습 조건

1. 과 목 명 : 역사
2. 대   상 : 중학교 3학년
3. 수업시간 : 45분
4. 단 원 명 : 신라의 삼국 통일과 발해의 건국
   가. 단원의 성취기준

   [9역08-01] 삼국 통일의 과정과 의미를 동아시아의 관점에서 분석하고, 발해 성립의 역사적 의의를 파악한다.

   나. 단원의 구성

단원	차시	주요 내용 및 활용	수업형태	평가방법
선사 문화와 고대 국가의 형성	1	선사 시대의 전개	설명식 수업, 만들기 수업	포트폴리오
	2	고조선과 여러 나라의 성장	사료학습, 만들기 수업	포트폴리오
	3	고대 국가의 성립과 발전	비교학습	서술형 평가
	4(본시)	신라의 삼국 통일과 발해의 건국	설명식 수업, 탐구학습	글쓰기 평가

   다. 교수·학습 환경

학생수	지도장소	매체 및 기자재
27명	교실	칠판, 교사용 컴퓨터, 빔 프로젝트, 스크린 등

자료

자료 1

(가) 대조영은 본래 고(구)려의 별종이다. 고려가 멸망하자, 대조영은 가속을 이끌고 영주로 옮겨와 살았다.
- 「구당서」

(나) 발해왕(문왕)에게 칙서를 보냈다. "천황이 삼가 고려 국왕에게 문안한다."
- 「속일본기」

(다) 발해국은 고구려의 옛 땅이다. …… 그 백성은 말갈이 많고 토인(고구려인)이 적은데, 모두 토인을 촌장으로 삼는다.
- 「유취국사」

자료 2

〈신라의 삼국 통일과 발해의 건국〉

3학년 __반 __번 이름 : _____

1. 삼국의 통일 과정 혹은 발해의 건국 과정 중에 있었던 특정 사건을 선택하고 정리해 보자.
   : _____
   _____

2. 1번 질문에서 선정한 사건의 가상 뉴스 대본을 작성해 보자.

〈헤드라인〉 : _____

〈내용〉
_____
_____
_____
_____
_____
_____

※ 채점기준표

기준	배점
1. 역사적 사실에 오류가 없는가.	2 / 1 / 0
2. [수험생 작성 부분 1]	2 / 1 / 0
3. [수험생 작성 부분 2]	2 / 1 / 0
4. [수험생 작성 부분 3]	2 / 1 / 0

교수·학습 지도안

단원		신라의 삼국 통일과 발해의 건국	차시	4/4
학습단계		교수·학습 활동	자료 및 유의점	시간(분)
도입	선수 학습 확인	• 이전 차시에 학습한 내용을 문답으로 확인한다.		5
	동기유발	• 신라의 삼국 통일 과정을 묘사한 애니메이션 영상을 상영한다.	동영상 자료	
	학습 목표	• 신라의 삼국 통일과 발해의 건국에 대해 설명할 수 있다. • 신라의 삼국 통일 또는 발해의 건국에 대한 가상 뉴스 대본을 작성할 수 있다.		
전개	[전개 1] 신라의 삼국 통일	〈실연 부분 1〉		10
	[전개 2] 발해의 건국	〈실연 부분 2〉	〈자료 1〉	10

전개	[전개 3] 글쓰기 평가	⟨실연 부분 3⟩ ※ 채점기준표 <table><tr><th>기준</th><th>배점</th></tr><tr><td>1. 역사적 사실에 오류가 없는가.</td><td>2 / 1 / 0</td></tr><tr><td>2. [수험생 작성 부분 1]</td><td>2 / 1 / 0</td></tr><tr><td>3. [수험생 작성 부분 2]</td><td>2 / 1 / 0</td></tr><tr><td>4. [수험생 작성 부분 3]</td><td>2 / 1 / 0</td></tr></table>	⟨자료 2⟩	15
정리	학습 정리	• 교사는 학습한 내용에 대해 정리한다.		5
	차시 예고	• 교사는 다음 단원 학습에 대해 예고한다.		

주제 05 고대 사회와 경제

2025학년도 중등학교 교사 임용후보자 선정 경쟁시험(제2차 시험)
역사 수업 실연

문제 다음의 〈실연 방법〉, [교수·학습 조건], [자료]와 [교수·학습 지도안]을 반영하여 수업을 실연하시오.

〈실연 방법〉

[교수·학습 지도안]의 〈실연 부분 1~3〉에 해당하는 부분을 작성하시오.
1. 〈실연 부분 1〉: 수업 내용에 적절한 학습 목표 2가지를 제시하시오.
2. 〈실연 부분 2〉: 〈자료 1~4〉를 활용하여 수업을 시연하시오.
   가. 〈자료 1〉의 도표를 이용해 설명식 수업을 진행하시오.
   나. 〈자료 2〉를 이용하여 가상 일기 쓰기 활동을 진행하시오.
   다. 〈자료 3〉의 [수험생 작성 부분 1~4]를 채워 가상 일기 쓰기 활동에 대한 채점기준표를 제시하시오.
   라. 〈자료 4〉의 학생 답안을 역사과 핵심 역량 3가지에 기반하여 피드백하시오.
3. 〈실연 부분 3〉: 〈자료 5〉를 활용하여 설명식 수업을 시연하시오.
   가. 고대 경제를 경제 정책과 수취 제도로 나누어 설명식 수업을 하시오.
   나. 〈자료 5〉의 분석을 돕는 적절한 질문을 제시하시오.

※ 유의점
1. 설명식 수업 진행시 교사의 일방적인 설명 독주가 되지 않도록 유의하시오.
2. 교사와 학생의 활동이 구체적으로 드러나도록 작성하시오.

교수·학습 조건

1. 과 목 명: 한국사
2. 대   상: 중학교 3학년
3. 수업시간: 45분
4. 단 원 명: 고대 사회와 경제
   가. 단원의 성취기준

   [09역07-03] 삼국의 성장 과정을 파악하고, 삼국 통치 체제의 특징을 탐구한다.

   나. 단원의 구성

단원	차시	주요 내용 및 활용	수업형태	평가방법
고대 국가의 지배 체제	1	선사 문화의 전개	설명식 수업, 글쓰기 수업	형성평가
	2	초기 국가의 형성	설명식 수업, 비교 수업	수행평가
	3	중앙 집권 국가의 성립과 정복 전쟁의 전개	설명식 수업, 극화식 수업	수행평가
	4	삼국 통일 이후의 정치적 변화	설명식 수업, 글쓰기 수업	포트폴리오 평가
	5(본시)	고대 사회와 경제	설명식 수업, 글쓰기 수업	수행평가

   다. 교수·학습 환경

학생수	지도장소	매체 및 기자재
24명	교실	칠판, 교사용 컴퓨터, 빔 프로젝트, 스크린 등

자료

자료 1

등급	관등명	진골	6두품	5두품	4두품	복색
1	이벌찬					자색
2	이찬					
3	잡찬					
4	파진찬					
5	대아찬					
6	아찬					비색
7	일길찬					
8	사찬					
9	급벌찬					
10	대나마					청색
11	나마					
12	대사					황색
13	사지					
14	길사					
15	대오					
16	소오					
17	조위					

자료 2 활동지

활동 과제 : 고구려 무용총 벽화 속 인물을 선정하여, 가상 일기를 써보자.

1. 선택한 인물 번호는? (1번 / 2번)
2. 선택한 인물의 신분은? (   )
3. 인물의 신분이 드러나도록 가상 일기를 작성하시오.

자료 3 채점기준표

채점기준	배점
1. [수험생 작성 부분 1]	2점
2. [수험생 작성 부분 2]	2점
3. [수험생 작성 부분 3]	2점
4. [수험생 작성 부분 4]	2점

자료 4

제목 : 오늘도 귀족에게 굽신굽신
날씨 : 맑음

　　　　　　　　　　　　1학년 1반 1번 홍길동
　오늘도 귀족에게 맛있는 것을 바쳤다. 나는 천민이니까 귀족과 신분은 같지만, 할아버지가 귀족에게 진 빚을 갚지 못해 노비가 되었다고 들었다. 우리 가족은 주인의 집에서 생활하면서 주인에게 봉사하고 있다. 힘들고 억울하기도 하지만 우리 아버지와 함께이니 일이 끝나고 얘기를 나눌 수 있어서 기쁘다. 내 자식들은 귀족에게 천대받지 않고 지내서 이 슬픔을 몰랐으면 좋겠다.

자료 5 신라 촌락 문서

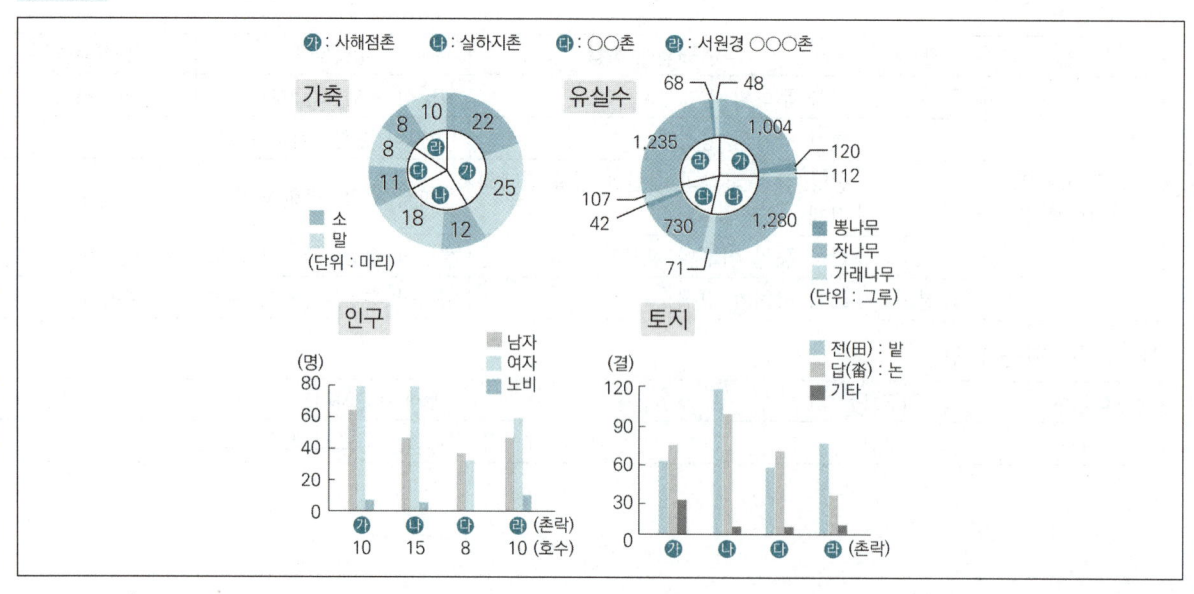

교수·학습 지도안

단원		고대 사회와 경제	차시	5/5
학습단계		교수·학습 활동	자료 및 유의점	시간(분)
도입	선수학습 확인	• 문답을 통해 지난 시간에 배운 내용을 확인한다.		5
	동기유발	• 고대의 사회와 경제에 대한 시청각 자료를 이용하여 동기유발을 한다.	시청각 자료	
	학습 목표 제시	〈실연 부분 1〉		
전개	[전개 1] 고대 사회	〈실연 부분 2〉 ※ 채점기준표 	채점기준	배점
---	---
1. [수험생 작성 부분 1]	2점
2. [수험생 작성 부분 2]	2점
3. [수험생 작성 부분 3]	2점
4. [수험생 작성 부분 4]	2점		〈자료 1~4〉	25

전개	[전개 2] 고대 경제	〈실연 부분 3〉	〈자료 5〉	10
정리	본시 학습 정리	• 교사는 본시 학습의 주요 내용을 문답으로 확인한다.		5
	차시 예고	• 다음 시간에는 고대 문화에 대해 학습할 것임을 안내한다.		

주제 06 외래 종교 및 사상의 수용

2025학년도 중등학교 교사 임용후보자 선정 경쟁시험(제2차 시험)
역사 수업 실연

문제 다음의 〈실연 방법〉, [교수·학습 조건], [자료]와 [교수·학습 지도안]을 반영하여 수업을 실연하시오.

〈실연 방법〉

[교수·학습 지도안]의 〈실연 부분 1~3〉에 해당하는 부분을 실연하시오.
1. 〈실연 부분 1〉: 재래신앙에 대해 설명식 수업을 하시오.
   가. 〈자료 1〉을 활용하되 [원시신앙, 천신사상, 독자적 천하관]을 학습 요소로 포함하시오.
2. 〈실연 부분 2〉: 〈자료 2〉를 활용하여, 사료 학습을 하시오.
3. 〈실연 부분 3〉: 〈자료 3, 4〉를 활용하여, 문화재 카드 만들기 수업을 하시오.
   가. 〈자료 3〉을 활용하여 문화재 카드 만들기 활동의 방법을 안내하시오.
   나. 〈자료 4〉의 [수험생 작성 부분]을 완성하시오.
   다. 학생이 완성한 경우를 가정하고 교사가 피드백하시오.

교수·학습 조건

1. 과 목 명 : 한국사
2. 대   상 : 고등학교 1학년
3. 수업시간 : 50분
4. 단 원 명 : 외래 종교 및 사상의 수용
   가. 단원의 성취기준

[10한사01-02] 고대 사회의 종교와 사상을 시기별로 살펴보고, 정치·사회적 기능을 파악한다.

   나. 단원의 구성

단원	차시	주요 내용 및 활용	수업형태	평가방법
고대 사회의 종교와 사상	1(본시)	외래 종교 및 사상의 수용	설명식 수업, 사료 학습, 문화재 카드 만들기	수행평가
	2	사회적 영향력을 확대한 종교와 사상	설명식 수업, 글쓰기 수업	수행평가

   다. 교수·학습 환경

학생수	지도장소	매체 및 기자재
24명	교실	칠판, 교사용 컴퓨터, 전자칠판, 태블릿PC

자료

자료 1

(가) 하백의 자손이며, 태양과 달의 자식인 추모(동명) 성왕은 본래 북부여에서 태어났다. 세상 모든 나라가 이 나라의 성스러움을 알지니 …….

- 「모두루 묘지명」

(나) 고구려 태왕 상왕공은 신라 매금(신라 왕)과 만나 영원토록 우호를 맺기 위해 이곳에 왔다. …… 동쪽 오랑캐인 매금에게 의복을 하사하였다.

- 「중주 고구려비」

자료 2

(가) 이차돈이 죽기 직전에 말하였다. "나는 불법을 위하여 형벌을 당하는 것이니, 부처의 신령스러움이 있다면 내가 죽고 나서 반드시 이상한 일이 있을 것이다."

- 『삼국사기』

(나) 진평왕이 왕위에 올랐다. 이름은 백정이고, 진흥왕의 태자 동륜의 아들이다. …… 왕비는 김씨 마야 부인이다.

- 『삼국사기』

자료 3

〈삼국시대 문화재 카드 만들기〉

– 학생 이름 :

(문화재 사진 선택)	◎ 명칭 : ◎ 소재지 : ◎ 설명 : ◎ 출처 :

자료 4

채점기준표

평가 항목	점수
주제와 관련된 문화유산을 선정했는가?(1점)	
문화유산의 명칭과 소재지를 서술하였는가?(1점)	
[수험생 작성 부분] (2점)	
명확한 출처를 제시하였는가?(1점)	

교수·학습 지도안

단원		외래 종교 및 사상의 수용	차시	1/2
학습단계		교수·학습 활동	자료 및 유의점	시간(분)
도입	선수 학습 확인	• 지난 시간에 배운 내용을 복습한다.		5
	동기유발	• 삼국시대의 여러 문화재 사진을 보여주며 흥미를 유발한다.	사진 자료	
	학습 목표 제시	1. 고대 종교와 사상을 설명할 수 있다. 2. 우리나라 고대 문화재를 설명할 수 있다.		
전개	[전개 1] 재래 신앙의 형성	〈실연 부분 1〉	〈자료 1〉	5
	[전개 2] 불교의 수용	〈실연 부분 2〉	〈자료 2〉	10

	[전개 3] 유학의 보급	• 삼국시대 교육기관의 설립과 유학의 보급에 대해서 설명한다.		5
	[전개 4] 도교의 전래	• 삼국시대 도교의 전래에 대해서 설명한다.		5
전개	[전개 5] 불교의 수용	〈실연 부분 3〉 ※ 채점기준표 | 평가항목 | 점수 | |---|---| | 주제와 관련된 문화유산을 선정했는가?[1점] | | | 문화유산의 명칭과 소재지를 서술하였는가?[1점] | | | [수험생 작성 부분][2점] | | | 명확한 출처를 제시하였는가?[1점] | |	〈자료 3~4〉	15
정리	본시 학습 정리	• 교사는 주요 내용을 문답으로 확인한다.		5
	차시 예고	• 교사는 다음 시간 내용을 간단히 예고한다.		

주제 07 | 통일 신라의 종교와 사상

해설 p.9

2025학년도 중등학교 교사 임용후보자 선정 경쟁시험(제2차 시험)
역사 수업 실연

문제 다음의 〈실연 방법〉, [교수·학습 조건], [자료]와 [교수·학습 지도안]을 반영하여 수업을 실연하시오.

〈실연 방법〉

[교수·학습 지도안]의 〈실연 부분 1~3〉에 해당하는 부분을 실연하시오.
1. 〈실연 부분 1〉: 〈자료 1, 2〉를 활용하여, 사료 학습을 하시오.
   가. 〈자료 1, 2〉를 활용한 적절한 발문을 제시하시오.
2. 〈실연 부분 2〉: 〈자료 3〉을 활용하여, 사료 학습을 하시오.
   가. 〈자료 3〉 탐구를 위해 질문을 제시하여 [수험생 작성부분 1, 2]를 완성하시오.
3. 〈실연 부분 3〉: 〈자료 4〉를 활용하여, 설명식 수업을 하시오.
   가. 〈자료 4〉의 지도를 활용하여 호족에 대한 발문을 제시하시오.
   나. [선종, 호족, 9산 선문, 풍수지리설]을 학습 요소로 포함하시오.

교수·학습 조건

1. 과 목 명: 한국사
2. 대   상: 고등학교 1학년
3. 수업시간: 50분
4. 단 원 명: 통일 신라의 종교와 사상
   가. 단원의 성취기준

   [10한사01-02] 고대 사회의 종교와 사상을 시기별로 살펴보고, 정치·사회적 기능을 파악한다.

   나. 단원의 구성

단원	차시	주요 내용 및 활용	수업형태	평가방법
고대 사회의 종교와 사상	1	외래 종교 및 사상의 수용	설명식 수업, 문화재 카드 만들기	수행평가
	2(본시)	통일 신라의 종교와 사상	설명식 수업, 사료 학습	형성평가

   다. 교수·학습 환경

학생수	지도장소	매체 및 기자재
24명	교실	칠판, 교사용 컴퓨터, 빔 프로젝트, 스크린

자료

자료 1

(가) 모든 경계가 무한하지만, 다 일심 안에 들어가는 것이다. 부처의 지혜는 모양을 떠나 마음의 원천으로 돌아가고, 지혜와 일심은 완전히 같아서 둘이 아니다.

- 원효, 「무량수경종요」

(나) 원효는 무애라 이름 붙인 박으로 만든 도구를 가지고 수많은 마을에서 노래하고 춤추며 교화하고 다녔으니, 가난한 사람들과 산골에 사는 아는 것이 없는 자들까지도 모두 다 부처의 이름을 알게 되었고 '나무아미타불'을 부르게 되었다.

- 『삼국유사』

자료 2

(가) 하나 안에 모두가 있고 모든 것 안에 하나가 있다. 하나가 곧 모두이며, 모두가 곧 하나이다. 한 작은 티끌 속에 우주 만물을 머금고 모든 티끌 속이 또한 이와 같다.

- 의상, 「화엄일승법계도」

(나) 의상이 열 곳의 절에 교리를 전하게 하였으니 태백산의 부석사, …… 남악의 화엄사 등이 그것이다. 「화엄일승법계도」를 저술하고 주석을 붙여 요긴한 알맹이를 포괄하였으니 …… 제자 오진, 지통 등은 우두머리가 되었는데, 모두 성인에 버금갔다.

- 『삼국유사』

자료 3

봄에 처음으로 독서삼품을 정하여 출사케 하였다. 『춘추좌씨전』이나 혹은 『예기』, 『문선』을 읽고 그 뜻에 능통하며 『논어』와 『효경』에 모두 밝은 자를 상품(上品)으로, 『곡례』와 『논어』, 『효경』을 읽은 자를 중품(中品)으로, 『곡례』와 『효경』을 읽은 자를 하품(下品)으로 삼았다. 혹 오경(五經), 삼사(三史), 제자백가의 글을 널리 통달한 자는 등급을 뛰어넘어 발탁 등용하였다.

- 『삼국사기』

탐구 질문1	[수험생 작성 부분 1]
탐구 질문2	[수험생 작성 부분 2]

자료 4

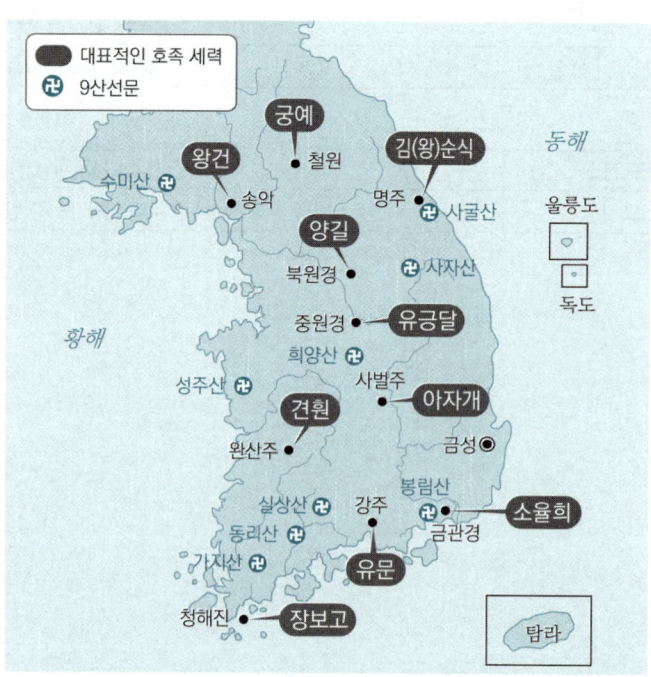

교수·학습 지도안

단원		통일 신라의 종교와 사상	차시	2/2
학습단계		교수·학습 활동	자료 및 유의점	시간(분)
도입	선수 학습 확인	• 지난 시간에 배운 내용을 복습한다.		5
	동기유발	• 원효대사 해골물에 대한 영상을 보여주며 흥미를 유발한다.	동영상 자료	
	학습 목표 제시	1. 통일 신라 불교의 대중화를 설명할 수 있다. 2. 통일 신라 유학의 확산을 설명할 수 있다.		
전개	[전개 1] 불교의 대중화	〈실연 부분 1〉	〈자료 1, 2〉	15

전개	[전개 2] 통일 신라의 유학	〈실연 부분 2〉 	탐구 질문1	[수험생 작성 부분 1]
탐구 질문2	[수험생 작성 부분 2]		〈자료 3〉	15
	[전개 3] 호족과 신라 말 새로운 사상	〈실연 부분 3〉	〈자료 4〉	10
정리	본시 학습 정리	• 교사는 주요 내용을 문답으로 확인한다.		5
	차시 예고	• 교사는 다음 시간 내용을 간단히 예고한다.		

주제 08 　고려의 통치 체제 정비　　해설 p.10

2025학년도 중등학교 교사 임용후보자 선정 경쟁시험(제2차 시험)
역사 수업 실연

문제　다음의 〈실연 방법〉, [교수·학습 조건], [자료]와 [교수·학습 지도안]을 반영하여 수업을 실연하시오.

〈실연 방법〉

[교수·학습 지도안]의 〈실연 부분 1~3〉에 해당하는 부분을 실연하시오.
1. 〈실연 부분 1〉: 단원의 성취기준을 참고하여 학습 목표 두 가지를 제시하시오.
2. 〈실연 부분 2〉: 〈자료 1~3〉을 활용하여 구조도 만들기 수업을 하시오.
　가. 〈자료 1〉, 〈자료 2〉를 활용해 구조도 만들기 수업을 지도하시오.
　나. 학생들이 완성한 경우를 〈자료 3〉으로 가정하고 피드백하시오.
3. 〈실연 부분 3〉: 〈자료 4〉를 활용해 설명식 수업을 하시오.
　가. 〈자료 4〉의 [중서문하성, 식목도감, 도병마사]를 학습 요소로 포함하시오.
　나. 동아시아 관점에서 고려의 제도를 볼 수 있는 발문을 포함하시오.

교수·학습 조건

1. 과 목 명 : 한국사
2. 대　　상 : 고등학교 1학년
3. 수업시간 : 50분
4. 단 원 명 : 고려의 통치 체제 정비
　가. 단원의 성취기준

> [10한사01-03] 고려 시대 통치 체제의 성립과 변화를 국제 질서의 변동과 연결 지어 파악한다.

　나. 단원의 구성

단원	차시	주요 내용 및 활용	수업형태	평가방법
고려의 통치 체제와 국제 질서의 변동	1(본시)	고려의 통치 체제 정비	구조도 만들기 수업, 설명식 수업	형성평가
	2	고려 전기의 대외 관계	설명식 수업, 백년표 만들기	수행평가
	3	무신정변과 몽골의 침입	설명식 수업	수행평가
	4	원 간섭기 고려 통치 체제의 변화	글쓰기 수업	형성평가

　다. 교수·학습 환경

학생수	지도장소	매체 및 기자재
24명	교실	칠판, 교사용 컴퓨터, 빔 프로젝트, 스크린

자료

자료 1

7조 왕이 백성을 다스린다고 하여 매일같이…… 그들을 살펴볼 수는 없습니다. ……호족들이 늘 공적인 업무를 핑계로 백성들을 괴롭혀 백성들이 고통을 겪고 있으니, 지방관을 파견하시기를 바랍니다.

13조 우리나라는 봄에 연등회를 열고 겨울에 팔관회를 개최하여 사람들을 동원하여 힘든 일을 많이 시키니, 원컨대 이를 대폭 줄여 백성의 수고를 덜어 주십시오.

20조 부처의 가르침을 행하는 것은 자기 자신을 닦는 근본이요, 유교의 가르침을 행하는 것은 나라를 다스리는 근원이니, 자신을 닦는 것은 다음 생을 위한 바탕이 되고, 나라를 다스리는 것은 곧 오늘날에 힘쓸 일입니다.

- 『고려사』, 「최승로 열전」

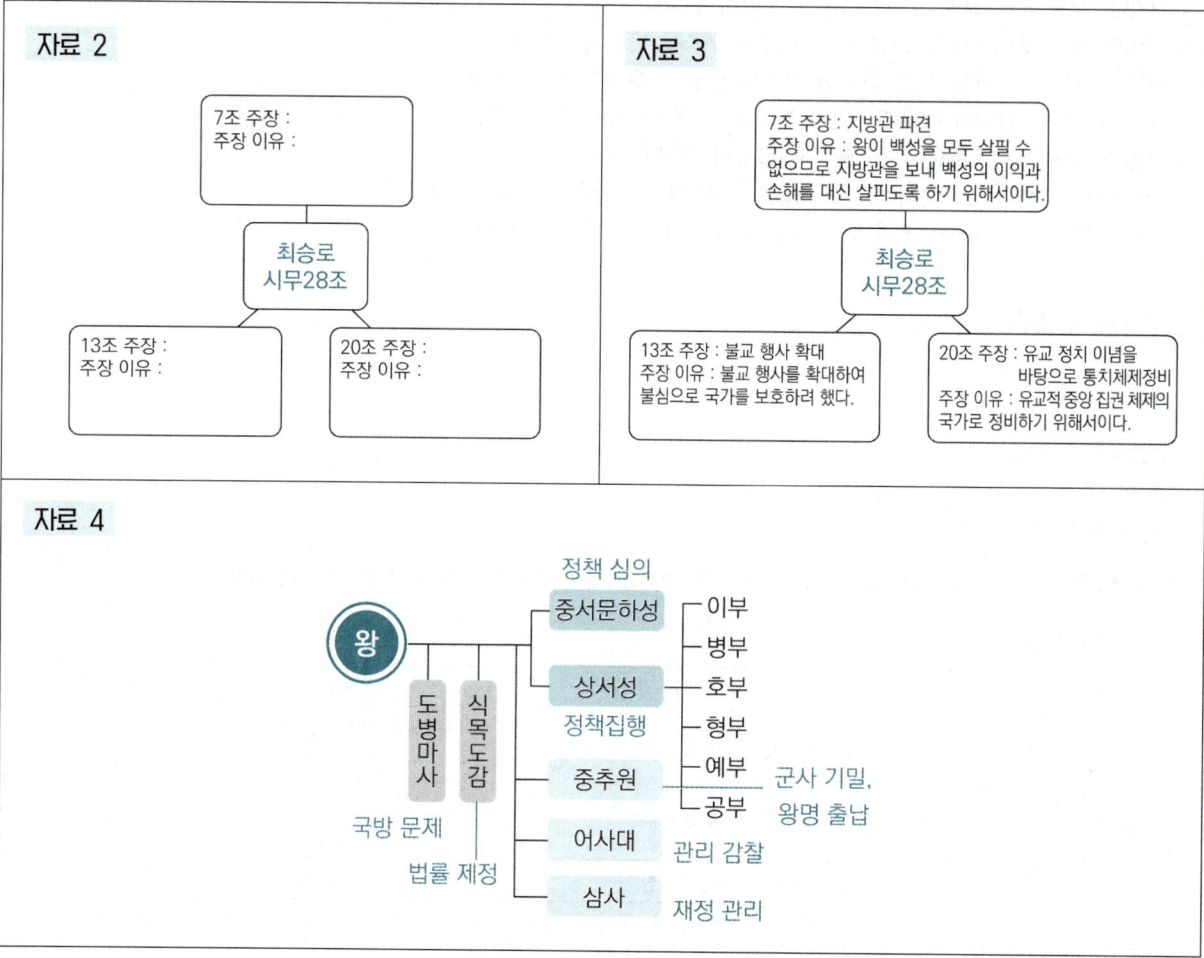

자료 2

- 7조 주장 :
  주장 이유 :
- 13조 주장 :
  주장 이유 :
- 20조 주장 :
  주장 이유 :
→ 최승로 시무28조

자료 3

- 7조 주장 : 지방관 파견
  주장 이유 : 왕이 백성을 모두 살필 수 없으므로 지방관을 보내 백성의 이익과 손해를 대신 살피도록 하기 위해서이다.
- 13조 주장 : 불교 행사 확대
  주장 이유 : 불교 행사를 확대하여 불심으로 국가를 보호하려 했다.
- 20조 주장 : 유교 정치 이념을 바탕으로 통치체제정비
  주장 이유 : 유교적 중앙 집권 체제의 국가로 정비하기 위해서이다.
→ 최승로 시무28조

자료 4

- 왕
  - 도병마사 : 국방 문제
  - 식목도감 : 법률 제정
  - 중서문하성 : 정책 심의
  - 상서성 : 정책집행
    - 이부
    - 병부
    - 호부
    - 형부
    - 예부
    - 공부
  - 중추원 : 군사 기밀, 왕명 출납
  - 어사대 : 관리 감찰
  - 삼사 : 재정 관리

교수·학습 지도안

단원		고려의 통치 체제 정비	차시	1/4
학습단계		교수·학습 활동	자료 및 유의점	시간(분)
도입	선수학습확인	• 지난 시간 내용을 다시 복습하며 회상한다.		5
	동기유발	• '태조왕건상'을 보여주며, 고려의 건국자에 대한 흥미를 유발한다.	사진자료	
	학습 목표 제시	〈실연 부분 1〉		
전개	[전개 1] 고려의 건국	• 고려의 건국 과정을 설명한다.		10
	[전개 2] 왕권의 안정과 유교 정치 이념의 채택	〈실연 부분 2〉	〈자료 1~3〉	10

전개	[전개 3] 중앙제도와 지방제도	〈실연 부분 3〉		〈자료 4〉	20
정리	본시 학습 정리	• 교사는 주요 내용을 문답으로 확인한다.			5
	차시 예고	• 교사는 다음 시간 내용을 간단히 예고한다.			

주제 09 고려 전기의 대외 관계

2025학년도 중등학교 교사 임용후보자 선정 경쟁시험(제2차 시험)
역사 수업 실연

문제 다음의 〈실연 방법〉, [교수·학습 조건], [자료]와 [교수·학습 지도안]을 반영하여 수업을 실연하시오.

〈실연 방법〉

[교수·학습 지도안]의 〈실연 부분 1~3〉에 해당하는 부분을 실연하시오.
1. 〈실연 부분 1〉: 〈자료 1〉을 활용하여, 설명식 수업을 하시오.
  가. [서희, 강동 6주]의 학습 요소를 포함하시오.
2. 〈실연 부분 2〉: 〈자료 2〉를 활용한 수업을 하시오.
  가. 교사가 〈자료 2〉를 활용하여 학생들의 역사적 상상력을 기를 수 있도록 지도하시오.
3. 〈실연 부분 3〉: 〈자료 3~5〉를 활용하여, 백연표 제작 수업을 하시오.
  가. 〈자료 3〉을 활용하여 백연표 제작 활동 방법, 유용성을 안내하시오.
  나. 〈자료 4〉의 [수험생 작성 부분]을 쓰시오.
  다. 학생이 완성한 경우를 〈자료 5〉로 가정하고 채점기준에 따라 피드백하시오.

교수·학습 조건

1. 과 목 명 : 한국사
2. 대   상 : 고등학교 1학년
3. 수업시간 : 50분
4. 단 원 명 : 고려 전기의 대외 관계
  가. 단원의 성취기준

  [10한사01-03] 고려 시대 통치 체제의 성립과 변화를 국제 질서의 변동과 연결 지어 파악한다.

  나. 단원의 구성

단원	차시	주요 내용 및 활용	수업형태	평가방법
고려의 통치 체제와 국제 질서의 변동	1	고려의 통치 체제 정비	구조도 만들기 수업, 설명식 수업	형성평가
	2(본시)	고려 전기의 대외 관계	설명식 수업, 백연표 제작수업	수행평가
	3	무신들의 권력 장악과 몽골의 침입	설명식 수업, 글쓰기 수업	수행평가
	4	원 간섭기 고려 통치 체제의 변화	설명식 수업, 사료 학습	수행평가

  다. 교수·학습 환경

학생수	지도장소	매체 및 기자재
24명	교실	칠판, 교사용 컴퓨터, 빔 프로젝트, 스크린

자료

자료 1

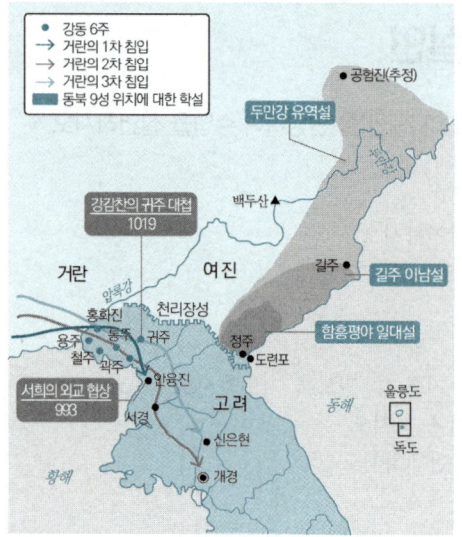

▲ 거란 격퇴와 여진정벌

자료 2

자료 3

[백연표 학습활동]

고려의 대외 관계에서 중요한 사실들을 정리해보자.

- 이름 : _____

시대구분	역사적 사실		
	송	거란	여진
10C			
11C			
12C			

자료 4

채점기준표

기준	점수 (총6점)
주요 사건을 제시했는가?[2점]	
역사적 사실에 오류는 없는가?[2점]	
[수험생 작성 부분][2점]	

자료 5

[백연표 학습활동]

고려의 대외 관계에서 중요한 사실들을 정리해보자.

- 이름 : 김하늘

시대구분	역사적 사실		
	송	거란	여진
10C	중국통일(979)	1차 고려침입(993) → 서희, 강동6주 확보	
11C		2차 고려침입(1010)	
12C		3차 고려침입(1018) → 강감찬, 귀주대첩	- 윤관의 별무반 창설(1104) - 고려에 군신관계 요구(1115) 　→ 이자겸 수용

교수·학습 지도안

단원		고려의 대외 관계	차시	2/4
학습단계		교수·학습 활동	자료 및 유의점	시간(분)
도입	선수 학습 확인	• 고려의 통치 체제 정비에 대해서 상기한다.		5
	동기유발	• 낙성대 공원의 강감찬 장군의 동상 사진을 보여주며 흥미를 유발한다.	사진자료	
	학습 목표 제시	1. 고려와 송, 거란, 여진과의 관계를 중심으로 대외 관계를 이해한다. 2. 고려의 대외 관계를 백연표로 정리할 수 있다.		
전개	[전개 1] 송과의 관계	• 고려의 친송북진 정책을 설명할 수 있다.		5
	[전개 2] 거란과의 관계	〈실연 부분 1〉	〈자료 1〉	10
	[전개 3] 여진과의 관계	〈실연 부분 2〉	〈자료 2〉	10

전개	[전개 4] 백연표 활동	⟨실연 부분 3⟩ ※ 채점기준표 | 기준 | 점수 (총6점) | |---|---| | 주요 사건을 제시했는가?[2점] | | | 역사적 사실에 오류는 없는가?[2점] | | | [수험생 작성 부분][2점] | |	⟨자료 3~5⟩	15
정리	본시 학습 정리	• 교사는 주요 내용을 문답으로 확인한다.		5
	차시 예고	• 교사는 다음 시간 내용을 간단히 예고한다.		

주제 10 무신 정권과 대몽 항쟁

2025학년도 중등학교 교사 임용후보자 선정 경쟁시험(제2차 시험)
역사 수업 실연

문제 다음의 〈실연 방법〉, [교수·학습 조건], [자료]와 [교수·학습 지도안]을 반영하여 수업을 실연하시오.

〈실연 방법〉

[교수·학습 지도안]의 〈실연 부분 1~3〉에 해당하는 부분을 실연하시오.
1. 〈실연 부분 1〉: 문벌 지배 체제의 동요에 대한 설명식 수업을 진행하시오.
   가. 〈자료 1〉을 활용하여 설명식 수업을 진행하시오.
   나. 설명에 집중하지 못하는 학생들을 학습에 참여시킬 방안을 마련하시오.
2. 〈실연 부분 2〉: 무신 정권의 등장 및 변천에 대한 설명식 수업을 진행하시오.
   가. 〈자료 2〉를 효과적으로 활용할 방안을 마련하시오.
   나. 학습 목표 2번을 달성하시오.
3. 〈실연 부분 3〉: 〈자료 3〉을 활용한 형성평가를 진행하시오.
   가. [수험생 작성 부분 1, 2]를 채워 선다형 문항을 완성하시오.
   나. 평가를 마친 후 해설을 하시오.

※ 유의점
1. 학습 목표는 판서하지 마시오.
2. 교사와 학생의 활동이 구체적으로 드러나도록 실연하시오.

교수·학습 조건

1. 과 목 명 : 한국사
2. 대   상 : 고등학교 1학년
3. 수업시간 : 50분
4. 단 원 명 : 무신 정권과 대몽 항쟁
   가. 단원의 성취기준

   [10한사01-03] 고려 시대 통치 체제의 성립과 변화를 국제 질서의 변동과 연결 지어 파악한다.

   나. 단원의 구성

단원	차시	주요 내용 및 활용	수업형태	평가방법
고려의 통치 체제와 국제 질서의 변동	1	고려의 통치 체제 정비	설명식 수업	형성평가
	2	고려 전기의 대외 관계	설명식 수업, 만들기 수업	다면평가
	3(본시)	무신 정권과 대몽 항쟁	설명식 수업	형성평가
	4	몽골의 간섭과 고려의 개혁	비교학습, 만들기 수업	다면평가
...				

   다. 교수·학습 환경

학생수	지도장소	매체 및 기자재
27명	교실	칠판, 교사용 컴퓨터, 빔 프로젝트, 스크린 등

자료

자료 1

(가) 서경 임원역의 땅은 큰 명당자리인데, 만약 이곳에 궁궐을 건축하여 옮기시면 가히 천하를 우리 것으로 만들 수 있을 것입니다. 또한 금이 스스로 항복할 것이고, 주변 36국이 모두 신하가 될 것입니다.
- 『고려사』

(나) 금년 여름 서경 대화궁의 30여 곳에 벼락이 떨어졌나이다. 만약 그곳이 길한 땅이라면 하늘은 그와 같지 않을 것입니다. 따라서 그곳에 재난을 피하러 간다는 것은 잘못된 것이 아닙니까?
- 『고려사』

자료 2 무신 정권 시기의 연표

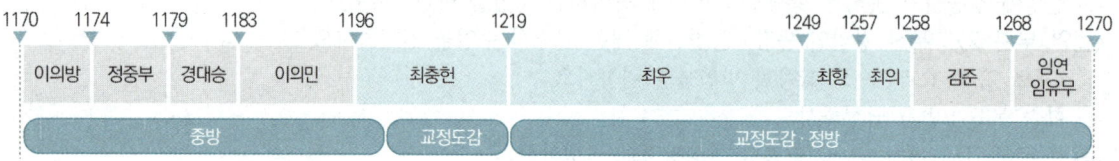

자료 3

〈무신 정권과 대몽 항쟁 형성평가〉

1학년 __반 __번 이름 : _____

1. [수험생 작성 부분 1]

- 근래 벼슬아치들이 공·사전을 빼앗아 토지를 겸병함으로써 국가의 수입이 줄고 군사가 부족하게 되었으니, 토지대장에 따라 원주인에게 돌려줄 것.
- 공사 조부(租賦)를 거두는데 향리의 횡포와 권세가의 거듭되는 징수로 백성의 생활이 곤란하니, 유능한 수령을 파견하여 금지케 할 것.
- 요사이 조정 신하들의 저택과 복식의 사치가 심하니, 검소한 생활을 할 것.
- 언론을 맡은 대성 관리는 요사이 그 임무를 다하지 못하니, 사람을 골라 임명할 것.
- 최충헌, 「봉사 10조」

① [수험생 작성 부분 2]
② 개혁으로 농민과 천민들의 봉기가 진정되었다.
③ 개혁안이 수용되어 최충헌이 집권할 수 있었다.
④ 최충헌은 이의민을 제거하기 위해 개혁안을 제시하였다.
⑤ 최충헌은 자신의 권력을 이용하여 개혁을 거의 실현하였다.

교수·학습 지도안

단원		무신 정권과 대몽 항쟁	차시	3/6
학습단계		교수·학습 활동	자료 및 유의점	시간(분)
도입	선수 학습 확인	• 이전 차시에 학습한 내용을 문답으로 확인한다.		5
	동기유발	• 무신 정권과 관련된 동영상 자료로 동기유발을 한다.	동영상 자료	
	학습 목표	1. 문벌 사회의 변동을 설명할 수 있다.		
		2. 무신 정권기의 정치 운영을 고려 초기의 정치 운영과 비교할 수 있다.		
전개	[전개 1] 문벌 사회의 변동	〈실연 부분 1〉	〈자료 1〉	10
	[전개 2] 무신 정권기	〈실연 부분 2〉	〈자료 2〉	10

전개	[전개 3] 대몽 항쟁	• 대몽 항쟁 과정에 대해 문답한다.		5
	[전개 4] 형성평가	〈실연 부분 3〉 1. [수험생 작성 부분 1] - 근래 벼슬아치들이 공·사전을 빼앗아 토지를 겸병함으로써 국가의 수입이 줄고 군사가 부족하게 되었으니, 토지대장에 따라 원주인에게 돌려줄 것. - 공사 조부(租賦)를 거두는데 향리의 횡포와 권세가의 거듭되는 징수로 백성의 생활이 곤란하니, 유능한 수령을 파견하여 금지케 할 것. - 요사이 조정 신하들의 저택과 복식의 사치가 심하니, 검소한 생활을 할 것. - 언론을 맡은 대성 관리는 요사이 그 임무를 다하지 못하니, 사람을 골라 임명할 것. 　　　　　　　　　- 최충헌, 「봉사 10조」 ① [수험생 작성 부분 2] ② 개혁으로 농민과 천민들의 봉기가 진정되었다. ③ 개혁안이 수용되어 최충헌이 집권할 수 있었다. ④ 최충헌은 이의민을 제거하기 위해 개혁안을 제시하였다. ⑤ 최충헌은 자신의 권력을 이용하여 개혁을 거의 실현하였다.	〈자료 3〉	15
정리	학습 정리	• 교사는 학습한 내용에 대해 정리한다.		5
	차시 예고	• 교사는 다음 단원 학습에 대해 예고한다.		

| 주제 11 | 몽골의 간섭과 고려의 개혁 ★ | 해설 p.14 |

2025학년도 중등학교 교사 임용후보자 선정 경쟁시험(제2차 시험)

역사 수업 실연

문제 다음의 〈실연 방법〉, [교수·학습 조건], [자료]와 [교수·학습 지도안]을 반영하여 수업을 실연하시오.

〈실연 방법〉

[교수·학습 지도안]의 〈실연 부분 1~3〉에 해당하는 부분을 실연하시오.
1. 〈실연 부분 1〉: 원의 내정 간섭에 대한 비교 학습을 진행하시오.
   가. 〈자료 1〉을 활용하여 원 간섭기 제도 운영의 양상을 이전 시기와 비교하시오.
   나. 예상되는 학생의 질문과 그에 대한 답을 포함하시오.
2. 〈실연 부분 2〉: 공민왕의 개혁에 대한 설명식 수업을 진행하시오.
   가. 〈자료 2〉와 〈자료 3〉을 활용하여 설명하시오.
   나. 교사의 설명을 보조하기 위한 멀티미디어 자료 활용을 가정하시오.
3. 〈실연 부분 3〉: 만평 그리기 활동을 진행하시오.
   가. 〈자료 4〉의 [수험생 작성 부분 1, 2]를 채우고 평가에 대해 안내하시오.
   나. 만평 그리기 활동 중 순회 지도를 실시하시오.
   다. 다면평가를 실시하고 모둠별 활동 결과물에 대해 피드백하시오.

※ 유의점
  1. 4개의 모둠이 조직되어 있다고 가정하시오.
  2. 교사와 학생의 활동이 구체적으로 드러나도록 실연하시오.

교수·학습 조건

1. 과 목 명: 역사
2. 대   상: 중학교 3학년
3. 수업시간: 90분(블록타임제)
4. 단 원 명: 몽골의 간섭과 고려의 개혁
   가. 단원의 성취기준

   [9역09-03] 원 간섭기 고려 사회의 변화를 파악하고, 개혁 정책의 특징과 신진 사대부의 성장을 이해한다.

   나. 단원의 구성

단원	차시	주요 내용 및 활용	수업형태	평가방법
고려의 통치 체제와 국제 질서의 변동	1	고려의 통치 체제 정비	설명식 수업	형성평가
	2	고려 전기의 대외 관계	설명식 수업, 만들기 수업	다면평가
	3	무신 정권과 대몽 항쟁	설명식 수업	형성평가
	4-5 (본시)	몽골의 간섭과 고려의 개혁	비교학습, 설명식 수업, 만들기 수업	다면평가
	...			

   다. 교수·학습 환경

학생수	지도장소	매체 및 기자재
24명	교실	칠판, 교사용 컴퓨터, 빔 프로젝트, 스크린, 그리기 도구 등

자료

자료 1

왕실 용어		관제 용어	
이전	원 간섭기	이전	원 간섭기
(가) [ ]	충○왕	중서문하성, 상서성	(라) [ ]
폐하	전하		
짐	(나) [ ]	중추원	밀직사
태자	세자	(다) [ ]	4사

자료 2

어머니가 노비 출신이었던 신돈은 원래 승려였으나 공민왕에게 발탁되어 정계에 진출하였다. 이후 신돈은 전민변정도감의 책임자가 되어 권세 있는 자신들이 빼앗은 토지와 노비를 원래 주인에게 돌려주니, 많은 백성들이 기뻐하고 성인이 나왔다고 말하는 자도 있었다.

- 『고려사』

자료 3

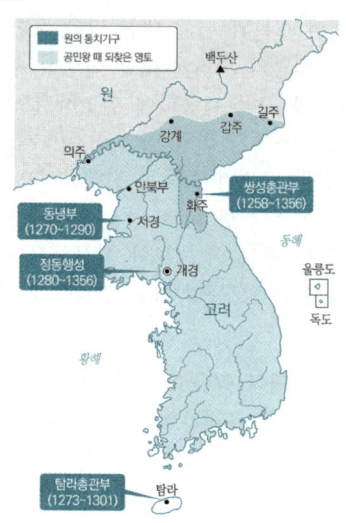

자료 4

〈만평 그리기 활동〉

3학년 __반 __번 모둠명 : _____

1. 4개의 제목 중 하나를 선정하자.

| 원나라의 간섭 | 권문세족의 성장 | 공민왕의 개혁 | 신진사대부의 등장 |

2. 1번에서 선택한 제목에 해당하는 역사적 내용을 만평으로 표현해보자.(단, 만평에 대사 1개를 반드시 포함한다)

3. 다면평가를 실시해 보자.(각 항목당 0~5점)

기준	자기	동료1	동료2	동료3	동료4	동료5
대사의 역사적 사실이 정확한가?						
[수험생 작성 부분 1]						
[수험생 작성 부분 2]						

※ 선생님의 평가는 별도로 진행됩니다.

교수·학습 지도안

단원		몽골의 간섭과 고려의 개혁	차시	4-5/7
학습단계		교수·학습 활동	자료 및 유의점	시간(분)
도입	선수 학습 확인	• 이전 차시에 학습한 내용을 문답으로 확인한다.		5
	동기유발	• 공민왕의 개혁과 관련된 동영상 자료로 동기유발을 한다.	동영상 자료	
	학습 목표	1. 원 간섭기에 나타난 변화를 정리할 수 있다.		
		2. 권문세족의 성장과 공민왕의 개혁을 설명할 수 있다.		
		3. 몽골의 간섭과 고려의 개혁에 대해 만평을 그릴 수 있다.		
전개	[전개 1] 원의 간섭	〈실연 부분 1〉	〈자료 1〉	10
	[전개 2] 권문세족의 성장	• 권문세족의 성장에 대해 설명한다.	사료	10
	[전개 3] 공민왕의 개혁	〈실연 부분 2〉	〈자료 2~3〉	15

전개	[전개 4] 다면평가	⟨실연 부분 3⟩	⟨자료 4⟩	45

기준	자기	……	동료5
대사의 역사적 사실이 정확한가?			
[수험생 작성 부분 1]			
[수험생 작성 부분 2]			

정리	학습 정리	• 교사는 학습한 내용에 대해 정리한다.		5
	차시 예고	• 교사는 다음 단원 학습에 대해 예고한다.		

| 주제 12 | 고려의 사회 구조 | 해설 p.16 |

2025학년도 중등학교 교사 임용후보자 선정 경쟁시험(제2차 시험)

역사 수업 실연

문제 다음의 〈실연 방법〉, [교수·학습 조건], [자료]와 [교수·학습 지도안]을 반영하여 수업을 실연하시오.

〈실연 방법〉

[교수·학습 지도안]의 〈실연 부분 1~3〉에 해당하는 부분을 실연하시오.
1. 〈실연 부분 1〉: 고려 시대의 신분 구조에 대해 설명식 수업을 진행하시오.
   가. 고려의 신분 제도를 [신분 구조, 지역별 구분, 직업별 구분]에 따라 구조도 3개를 그려 설명하시오.
2. 〈실연 부분 2〉: 고려 시대의 가족 제도에 대해 사료학습을 진행하시오.
   가. 〈자료 1〉을 활용하여 사료학습을 위한 질문 3가지를 제시하시오.
3. 〈실연 부분 3〉: 가상 일기 쓰기 활동을 실시하시오.
   가. 〈자료 2〉의 [수험생 작성 부분 1, 2]를 채워 채점기준을 안내하시오.
   나. 학생들의 발표를 듣고 이를 피드백하시오.

※ 유의점
1. 학습을 전개하며 학습 목표 달성 여부를 확인하시오.
2. 교사와 학생의 활동이 구체적으로 드러나도록 실연하시오.

교수·학습 조건

1. 과 목 명 : 한국사
2. 대   상 : 고등학교 1학년
3. 수업시간 : 50분
4. 단 원 명 : 고려의 사회 구조
   가. 단원의 성취기준

   [10한사01-04] 다원적인 사회 구조와 다양한 사상적 기반 위에 고려 사회가 운영되었음을 이해한다.

   나. 단원의 구성

단원	차시	주요 내용 및 활용	수업형태	평가방법
	...			
고려의 통치 체제와 국제 질서의 변동	3	무신 정권과 대몽 항쟁	설명식 수업	선다형평가
	4	몽골의 간섭과 고려의 개혁	비교학습, 설명식 수업, 만들기 수업	다면평가
	5(본시)	고려의 사회 구조	설명식 수업, 사료학습, 글쓰기 수업	수행평가
	...			

   다. 교수·학습 환경

학생수	지도장소	매체 및 기자재
23명	교실	칠판, 교사용 컴퓨터, 빔 프로젝트, 스크린 등

자료

자료 1

(가) (박유가) "청컨대 여러 신하·관료들에게 여러 처를 두게 하고, 품위에 따라 그 수를 점차 줄이도록 하십시오." …… 연등회 날 저녁 박유가 왕의 행차를 호위하여 따라갔는데, 어떤 노파가 그를 손가락질하면서 "첩을 두고자 요청한 자가 저놈의 늙은이다."라고 하였다. …… 당시 재상 중에 부인을 무서워하는 자들이 있었기 때문에 그 건의를 정지하여, 결국 실행하지 못하였다.

- 『고려사』

(나) 남부 덕산리 호주 낙랑군 부인 최씨는 나이 60세이다. 본관은 경주이다. …… 첫째 아들은 윤배이며, 나이 32세이다. 둘째 아들은 윤성으로, 나이 28세이다. 셋째 아들은 윤방으로, 나이 24세이다. 넷째 아들은 혜근으로, 나이 19세이다.

- 『여주 이씨 세보』

(다) 아버지가 죽으면서 어린 남동생에게는 옷과 갓, 신발과 종이만을 남겨 주고 모든 재산을 누나에게 물려주었다. 남동생이 성장한 후 억울하게 생각하여 재판을 신청하였는데 손변이 재판을 맡았다. 손변은 "자식에 대한 부모의 마음은 같은데 어찌 다 자라 혼인한 딸에게는 후하고, 어미 없는 어린 아들에게는 야박하겠는가? 어린 동생이 의지할 사람은 누나밖에 없으니, 만일 균등하게 재산을 물려주면 혹 동생에 대한 사랑함이 덜하여 잘 보살피지 못할까 염려한 것이다. 그런 까닭에 아들이 성장하면 의관을 갖추고 탄원서를 제출할 수 있게 종이를 유산으로 남긴 것이다."라고 하며 남매에게 재산을 똑같이 나누어 주었다.

- 『고려사』

자료 2

<고려 시대 가상 일기 쓰기>

1학년 __반 이름 : _____

※ **채점기준**(각 5점, 총 20점)

1. <자료 1>의 (가)~(다) 중 하나를 골라 소재로 삼았는가.
2. [수험생 작성 부분 1]
3. [수험생 작성 부분 2]
4. 300자 내외의 글을 작성하였는가.

교수·학습 지도안

단원		고려의 사회 구조	차시	5/6
학습단계		교수·학습 활동	자료 및 유의점	시간(분)
도입	선수 학습 확인	• 이전 차시에 학습한 내용을 문답으로 확인한다.		5
	동기유발	• 고려의 사회 구조와 관련된 동영상 자료로 동기유발을 한다.	동영상 자료	
	학습 목표 제시	1. 고려 시대 신분 구조에 대해 구조도를 그려 설명할 수 있다.		
		2. 고려 시대 가족 제도와 관련된 사료를 탐구할 수 있다.		
전개	[전개 1] 고려 시대의 신분 구조	〈실연 부분 1〉		10

전개	[전개 2] 고려 시대의 가족제도	〈실연 부분 2〉		〈자료 1〉	10
	[전개 3] 수행평가	〈실연 부분 3〉 ※ 채점기준(각 5점, 총 20점) 1. 〈자료 1〉의 (가)~(다) 중 하나를 골라 소재로 삼았는가. 2. [수험생 작성 부분 1] 3. [수험생 작성 부분 2] 4. 300자 내외의 글을 작성하였는가.		〈자료 2〉	20
정리	학습 정리	• 교사는 학습한 내용에 대해 정리한다.			5
	차시 예고	• 교사는 다음 단원 학습에 대해 예고한다.			

주제 13 고려의 종교와 사상

2025학년도 중등학교 교사 임용후보자 선정 경쟁시험(제2차 시험)
역사 수업 실연

문제 다음의 〈실연 방법〉, [교수·학습 조건], [자료]와 [교수·학습 지도안]을 반영하여 수업을 실연하시오.

〈실연 방법〉

[교수·학습 지도안]의 〈실연 부분〉을 실연하시오.
〈실연 부분〉: 역사 신문 만들기 활동으로 구성하시오.
  가. 6개의 모둠이 있다고 가정하시오.
  나. 각 모둠이 〈자료 1~6〉 중 1개 이상의 자료를 활용하여 1개의 기사를 완성하도록 하시오.
  다. 활동 방법을 구체적으로 안내하시오.
  라. 〈자료 7〉의 [수험생 작성 부분 1, 2]를 채워 수행평가 채점기준을 안내하시오.
  마. 활동이 진행되는 동안 순회 지도를 시행하시오.
  바. 각 모둠의 결과물을 공유하고 피드백하는 시간을 가지시오.

※ 유의점
  1. 학생들이 활동에 적극적으로 임하도록 독려하시오.
  2. 학생들이 〈고려의 종교와 사상〉에 대한 전반적인 지식을 습득하도록 수업을 구성하시오.
  3. 멀티미디어 자료를 적극적으로 활용하시오.

교수·학습 조건

1. 과 목 명: 역사
2. 대   상: 중학교 3학년
3. 수업시간: 90분(블록타임제)
4. 단 원 명: 고려의 종교와 사상

  가. 단원의 성취기준

  [9역09-04] 고려 시대 사회 모습과 문화의 특징을 유물이나 유적, 사례들에 기초하여 추론한다.

  나. 단원의 구성

단원	차시	주요 내용 및 활용	수업형태	평가방법
고려의 통치 체제와 국제 질서의 변동		...		
	4	몽골의 간섭과 고려의 개혁	비교학습, 설명식 수업, 만들기 수업	다면평가
	5	고려의 사회 구조	설명식 수업, 사료학습	서술형 평가
	6-7(본시)	고려의 종교와 사상	역사 신문 만들기	수행평가

  다. 교수·학습 환경

학생수	지도장소	매체 및 기자재
25명	교실	칠판, 교사용 컴퓨터, 빔 프로젝터, 스크린, 태블릿PC, 무선 마우스 및 무선 키보드 등

자료

자료 1

> 교리(敎理)를 배우는 이는 내적인 것(마음)을 버리고 외적인 것을 구하는 일이 많고, 참선(參禪)하는 사람은 밖의 인연을 잊고 내적으로 밝히기를 좋아한다. 이는 다 편벽된 집착이고 양 극단에 치우친 것이다.
>
> - 『대각 국사 문집』

자료 2

> 항상 선(禪)을 익혀 지혜를 고르는 데 힘쓰고, 예불하고 경전을 읽으며, 나아가서는 노동하기에 힘쓰자. 각자 맡은 바 임무에 따라 경영하고, 인연에 따라 심성을 수양하며 한평생을 자유롭고 호쾌하게 지내자.
>
> - 『권수정혜결사문』

자료 3

> 성인이 하늘과 사람을 감동시키는 까닭은 덕과 사사로움이 없는 마음이 있기 때문입니다. 만약 성상께서 마음을 다잡아 겸손히 하고, 항상 공경하고 두려워하며, 예로써 신하들을 대우하신다면, 그 누가 마음과 힘을 다하여 …… 보좌할 것을 생각하지 않겠습니까.
>
> - 『고려사』, 「최승로 열전」

자료 4

> 묘청 등이 왕에게 건의하기를 "신 등이 보건대 서경(평양)은 음양가가 말하는 번영을 누릴 땅으로, 만약 이곳에 궁궐을 세우고 도읍을 옮기면 나라의 혼란을 막을 수 있습니다. 금이 공물을 바치고 스스로 항복할 것이며, 36개 나라가 모두 신하가 될 것입니다."라고 하였다.
>
> - 『고려사』

자료 5

> "(인종께서는) 중국 역사서에 …… 삼국의 역사는 상세히 실리지 않았다. 또한, 삼국에 관한 옛 기록은 문체가 거칠고 졸렬하며 빠진 부분이 많으므로, …… 일관된 역사를 완성하고 만대에 물려주어 해와 별처럼 빛나도록 해야 하겠다."라고 하셨습니다.
>
> - 김부식, 「삼국사기를 올리는 글」

자료 6

> 대체로 옛 성인들은 …… 괴력난신(怪力亂神)을 말하지 않았다. 그러나 제왕이 장차 일어날 때는 부명을 받고 도록을 얻어 반드시 보통 사람과는 다른 점이 있으니 …… 삼국의 시조들이 모두 신기한 일로 탄생하였음이 어찌 괴이하겠는가.
>
> - 일연, 『삼국유사』

자료 7

※ 채점기준표

1. 역사적 사실이 정확한가. (5점)
2. [수험생 작성 부분 1] (4점)
3. [수험생 작성 부분 2] (3점)
4. 모둠원이 협력하였는가. (3점)

교수 · 학습 지도안

단원		고려의 종교와 사상	차시	6-7/7
학습단계		교수 · 학습 활동	자료 및 유의점	시간(분)
도입	선수 학습 확인	• 이전 차시에 학습한 내용을 문답으로 확인한다.		5
	동기유발	• 고려의 종교와 사상에 관한 동영상 자료로 동기유발을 한다.	동영상 자료	
	학습 목표 제시	1. 고려의 종교와 사상에 대해 설명할 수 있다. 2. 고려의 종교와 사상을 주제로 역사 신문을 만들 수 있다.		
전개	[전개 1] 고려의 종교와 사상	• 고려의 종교와 사상에 대해 설명한다.	〈자료 1~6〉	30
	[전개 2] 역사 신문 만들기	〈실연 부분〉	〈자료 1~7〉	50

전개		※ 채점기준표 1. 역사적 사실이 정확한가.(5점) 2. [수험생 작성 부분 1](4점) 3. [수험생 작성 부분 2](3점) 4. 모둠원이 협력하였는가.(3점)			
정리	학습 정리	• 교사는 학습한 내용에 대해 정리한다.			5
	차시 예고	• 교사는 다음 단원 학습에 대해 예고한다.			

주제 14 조선의 통치 체제와 대외 관계

해설 p.18

2025학년도 중등학교 교사 임용후보자 선정 경쟁시험(제2차 시험)

역사 수업 실연

문제 다음의 〈실연 방법〉, [교수·학습 조건], [자료]와 [교수·학습 지도안]을 반영하여 수업을 실연하시오.

〈실연 방법〉

[교수·학습 지도안]의 〈실연 부분 1~3〉에 해당하는 부분을 수업하시오.
1. 〈실연 부분 1〉: 성취기준을 반영한 질문으로 학생들의 동기를 유발하시오.
2. 〈실연 부분 2〉: 〈자료 1, 2〉를 이용하여 가상 인터뷰 수업을 실연하시오.
   가. 〈자료 1〉을 활용한 가상 인터뷰 수업을 평가와 연계하여 구성하시오.
   나. [수험생 작성 부분 1~4]를 채워 〈자료 2〉에 들어갈 평가 기준표를 구체적으로 제시하시오.
   다. 역사과 핵심 역량 중 '역사 정보 활용 및 의사소통' 역량을 증진하는 방향으로 수업하시오.
   라. 모둠별 태블릿PC를 활동 과정에 활용하시오.
3. 〈실연 부분 3〉: 〈자료 3〉을 이용하여 비교학습을 실연하시오.
   가. 비교의 범주와 초점을 명확하게 선정하시오.

※ 유의점
  1. 교사와 학생의 활동이 구체적으로 드러나도록 작성하시오.
  2. 학습 목표를 판서하지 마시오.

교수·학습 조건

1. 과 목 명: 역사
2. 대   상: 중학교 3학년
3. 수업시간: 90분(블록타임제)
4. 단 원 명: 조선의 통치 체제와 대외 관계
   가. 단원의 성취기준

   [9역10-01] 조선의 유교적 통치 이념을 통치체제의 정비와 대외 관계를 통해 탐구한다.

   나. 단원의 구성

단원	차시	주요 내용 및 활용	수업형태	평가방법
조선의 성립과 발전	1-2 (본시)	조선의 통치 체제와 대외 관계	글쓰기 수업, 비교 학습	다면평가
	3	사림 세력과 정치 변화	사료 탐구학습	수행평가
	4	문화의 발달과 사회 변화	주제 탐구학습	포트폴리오 평가
	5	왜란·호란의 발발과 영향	극화 학습	수행평가

   다. 교수·학습 환경

학생수	지도장소	매체 및 기자재
24명	교실	칠판, 교사용 컴퓨터, 스마트TV, 태블릿PC 등

자료

자료 1

가상 인터뷰 활동지

모둠명: _____

1. 조사 내용 정리
   - ○ 인터뷰 대상 :
   - ○ 생애와 업적 :

2. 인터뷰 대본
   - ○ 질문 :
   - ○ 대답 :

자료 2

평가 기준표

자기 평가	[수험생 작성 부분 1](5점)
	[수험생 작성 부분 2](5점)
집단 평가	[수험생 작성 부분 3](5점)
	[수험생 작성 부분 4](5점)

※ 활동지를 작성한 후 자기 평가를 실시하며, 모둠별 발표 시간에는 집단 평가를 실시함

자료 3

(가) 사대문서는 사신이 여정에 오르기 7~8일 전에 왕에게 보고한다. 진헌 예물은 본조에서 왕에게 보고하고, 호조에 공문을 보내어 해당 관사로 하여금 미리 준비하게 한다. 예물을 싸서 봉하는 날에는 의정부·육조·사헌부·승정원의 장관, 정사와 부사가 감독하여 봉하고, 표(황제에게 올리는 글)·전(황실가족에게 올리는 글)은 본조가 예문관에 공문을 보내어 글을 짓게 하며, 왕의 재가가 내려지면 승문원은 사신이 여정에 오르기 이틀 전까지 서사를 마치고 제조가 감수하여 올린다. 표를 올리는 날에는 의정부·육조·승문원의 제조와 정사·부사가 다시 검사·대조한다. 정사·부사·서장관이 데리고 갈 자제와 가노는 의정부가 이름을 기록하고, 사헌부가 검사·확인한다.
- 『경국대전』

(나) 세종 14년(1432) 국경이 공허한 틈을 타서 강계 여연구자에 돌입하여 군사와 백성을 살해하고 사람과 가축과 재산을 약탈하였으니, 베푼 은혜를 배반하고 극도로 흉악한 죄가 있어 죽임을 벗어날 수 없게 되었다. …… 올해 4월에 장수에 명하여 죄를 묻게 하고 동시에 길을 나누어 함께 진군하여 적의 소굴을 부수게 하였다. …… 장수에게 이르기를, "저들이 만약 손을 들고 항복하거든 곧 항복을 받고, 위엄을 보이어 뉘우치고 두려워하게 하며, 보복을 가하여 죄 없는 사람까지 죽이지 못하게 하라."라고 하였다.
- 『동문선』

(다) 대마도는 …… 그 땅이 심히 작고 또 바다 가운데에 있어서 왕래가 곤란함으로 인해 백성이 살지 않았다. 이에 제 나라에서 쫓겨나 돌아갈 곳이 없는 사람들이 모두 여기에 모여서 소굴을 만들었다. 그러고는 틈을 타서 몰래 쳐들어와, 백성을 협박하고 노략질하며 전곡을 빼앗아 가고, 학살을 자행하여 남의 처자를 고아와 과부로 만들며, 남의 가옥을 불태워 없애는 등 흉포하고 극악한 짓을 한 지가 여러 해가 되었다. …… 또 변방 장수에게 명하여 병선을 거느리고 나가 그 섬을 포위하고, 땅을 휩쓸어서 항복해 오기만을 기다리고 있다.
- 『동문선』

교수·학습 지도안

단원		조선의 통치 체제와 대외 관계	차시	1-2/5
학습단계		교수·학습 활동	자료 및 유의점	시간(분)
도입	선수학습 확인	• 문답을 통해 지난 시간에 배운 내용을 확인한다.		5
	동기유발	〈실연 부분 1〉		
	학습 목표 제시	• 조선의 유교적 통치 이념을 탐구할 수 있다. • 조선의 통치 체제 정비 과정을 가상 인터뷰로 표현할 수 있다.		
전개	[전개 1] 조선의 건국	• 조선의 건국과 기틀 마련 과정을 수업한다.		10
	[전개 2] 가상 인터뷰 수업	〈실연 부분 2〉 ※ 평가 기준표 자기 평가: [수험생 작성 부분 1](5점) / [수험생 작성 부분 2](5점) 집단 평가: [수험생 작성 부분 3](5점) / [수험생 작성 부분 4](5점)	〈자료 1~2〉	40

전개	[전개 3] 통치 체제	• 조선의 통치 체제 정비 내용을 수업한다.		10
	[전개 4] 대외 관계	〈실연 부분 3〉	〈자료 3〉	20
정리	본시 학습 정리	• 교사는 본시 학습의 주요 내용을 문답으로 확인한다.		5
	차시 예고	• 다음 시간에는 사림세력과 정치변화에 대해 학습할 것임을 안내한다.		

주제 15   사림 세력과 정치 변화

2025학년도 중등학교 교사 임용후보자 선정 경쟁시험(제2차 시험)

역사 수업 실연

문제 다음의 〈실연 방법〉, [교수·학습 조건], [자료]와 [교수·학습 지도안]을 반영하여 수업을 실연하시오.

〈실연 방법〉

[교수·학습 지도안]의 〈실연 부분 1~3〉에 해당하는 부분을 작성하시오.
1. 〈실연 부분 1〉: 성취기준을 고려하여 학습 목표 2가지를 작성하시오.
2. 〈실연 부분 2〉: 탐구 활동 및 보고서 작성 수업을 진행하시오.
   가. 〈자료 1〉의 사료 주제를 고려하여 탐구 활동을 진행하시오.
   나. 역사과 핵심 역량을 고려하여 〈자료 2〉의 [수험생 작성 부분 1, 2]를 채우고 보고서 작성 활동을 안내하시오.
   다. 모둠별 태블릿PC를 통한 자료 수집 과정에서 디지털 리터러시 소양을 증진하시오.
3. 〈실연 부분 3〉: 붕당의 형성을 사료 학습의 형태로 수업하시오.
   가. 〈자료 3〉을 탐구하기 위한 질문 2가지를 제시하시오.

※ 유의점: 교사와 학생의 활동이 구체적으로 드러나도록 작성하시오.

교수·학습 조건

1. 과 목 명: 역사
2. 대   상: 중학교 3학년
3. 수업시간: 45분
4. 단 원 명: 사림 세력과 정치 변화
   가. 단원의 성취기준

[9역10-02] 사림 세력의 성장 과정과 사림 세력의 집권에 따른 정치 변화 내용을 이해한다.

   나. 단원의 구성

단원	차시	주요 내용 및 활용	수업형태	평가방법
조선의 성립과 발전	1	통치 체제와 대외 관계	비교 학습	다면평가
	2(본시)	사림 세력과 정치 변화	보고서 수업, 사료 학습	수행평가
	3	문화의 발달과 사회 변화	주제 탐구학습	포트폴리오 평가
	4	왜란·호란의 발발과 영향	극화 학습	수행평가

   다. 교수·학습 환경

학생수	지도장소	매체 및 기자재
24명	교실	칠판, 교사용 컴퓨터, 스마트TV, 태블릿PC 등

자료

자료 1

(가) 김종직은 초야의 미천한 선비로 세조 때 과거에 급제하였다. 또 성종 때 발탁되어 경연에 두어 오랫동안 시종의 자리에 있었다. 형조 판서에 이르러서는 은총이 온 조정을 기울게 하였다. 병으로 물러나게 되자 성종은 소재지 관리에게 특별히 미곡을 내려주도록 하여 그 연한을 마치게 하였다. 지금 김종직의 제자 김일손이 찬수한 사초에 부도한 말로써 선왕의 일(세조의 왕위 찬탈)을 거짓으로 기록하고 스승 김종직의 「조의제문」을 실었도다.

- 『연산군일기』

(나) 연산군은 이때에 이르러 크게 형벌을 멋대로 내리며 언관들을 추궁하여, 대신부터 대간과 시종에 이르기까지 거의 다 죽이거나 귀양을 보내어 조정이 텅 비었다. (어머니를) 폐비한 일을 원망하며 선왕인 성종의 후궁들을 매질하여 죽이고 그 자녀는 귀양 보내거나 죽였으며, …… (어머니를) 폐비하는 의논에 참여한 자와 (어머니에게) 존호를 올려서는 안 된다고 주장한 자를 모두 중형으로 다스려, 이미 죽은 자는 그 시체를 베고 재산을 몰수하였으며, 그 가족이나 친족은 연좌하였다.

- 『연산군일기』

자료 2

〈인물 보고서〉

모둠명 _____

1. 무오사화, 갑자사화, 기묘사화, 을사사화 중 하나를 선택한다.
2. 선택한 사화와 관련된 핵심 인물을 선정한다.
3. 조사한 내용을 정리하여 보고서를 작성한다.

선택한 사화	
선택한 인물	
조사 내용	
참고 자료 출처	

※ 채점기준(총 10점)

1(4점)	[수험생 작성 부분 1]
2(4점)	[수험생 작성 부분 2]
3(2점)	역할 분담이 협력적으로 이루어졌는가.

자료 3

이때 전랑으로 있던 오건이 김효원을 추천하여 이조 전랑 자리를 맡기려 했으나 심의겸이 이를 막았다. …… 후에 김효원이 마침내 전랑이 되어 명망 있는 많은 사림들을 끌어들여 자기편으로 하면서 명성이 대단해졌다. 이때 심의겸의 동생 심충겸이 전랑 후임으로 적합하다면서 추천하는 사람이 있었다. 그러자 김효원이 이를 저지하였다. …… 당시 김우옹·류성룡·허엽·이산해·이발·정유길·정지연 등이 김효원을 지지했는데, 이들을 동인이라고 하였다. 이는 김효원이 한성의 동쪽인 건천동에 살고 있었기 때문이다. 박순·김계휘·정철·윤두수·구사맹·홍성민·신응시 등은 심의겸을 지지했는데, 이들을 서인이라고 하였다. 심의겸이 한성의 서쪽인 정동에 살고 있었기 때문이다.

- 『당의통략』

교수·학습 지도안

단원		사림 세력과 정치 변화	차시	2/4
학습단계		교수·학습 활동	자료 및 유의점	시간(분)
도입	선수학습 확인	• 문답을 통해 지난 시간에 배운 내용을 확인한다.		5
	동기유발	• 사화를 다룬 드라마 영상 자료를 활용하여 동기유발한다.	동영상 자료	
	학습 목표 제시	〈실연 부분 1〉		
전개	[전개 1] 사림 세력과 사화 발생	〈실연 부분 2〉 ※ 채점기준 ┌─────┬──────────────────────────┐ │ 1 │(4점) │ [수험생 작성 부분 1] │ ├─────┼──────────────────────────┤ │ 2 │(4점) │ [수험생 작성 부분 2] │ ├─────┼──────────────────────────┤ │ 3 │(2점) │ 역할 분담이 협력적으로 이루어졌는가. │ └─────┴──────────────────────────┘	〈자료 1〉	20

		⟨실연 부분 3⟩		
전개	[전개 2] 붕당의 형성		⟨자료 2⟩	15
정리	본시 학습 정리	• 교사는 본시 학습의 주요 내용을 문답으로 확인한다.		5
	차시 예고	• 다음 시간에는 문화의 발달과 사회 변화에 대해 학습할 것임을 안내한다.		

주제 16 　조선 문화의 발달과 사회 변화

2025학년도 중등학교 교사 임용후보자 선정 경쟁시험(제2차 시험)
역사 수업 실연

문제 다음의 〈실연 방법〉, [교수·학습 조건], [자료]와 [교수·학습 지도안]을 반영하여 수업을 실연하시오.

〈실연 방법〉

[교수·학습 지도안]의 〈실연 부분 1~3〉에 해당하는 부분을 작성하시오.
1. 〈실연 부분 1〉: 정체성과 상호 존중 역량을 증진하는 동기유발을 하시오.
2. 〈실연 부분 2〉: 〈자료 1〉을 이용하여 사료 탐구 수업을 진행하시오.
    가. 〈자료 1〉의 주제를 고려하여 탐구를 돕는 질문을 2가지 제시하시오.
3. 〈실연 부분 3〉: 〈자료 2~4〉를 이용하여 주제별 탐구 수업을 진행하시오.
    가. 〈자료 2〉 중 하나를 선택하여 조선 전기 문화 사업에 관한 주제별 탐구 수업을 진행하시오.
    나. 〈자료 3〉의 [수험생 작성 부분 1~3]을 채워 안내하시오.
    다. 〈자료 4〉를 작성하고 있는 학생에게 성취기준을 고려하여 적절한 순회 지도를 제시하시오.

※ 유의점
    1. 학습 목표를 판서하지 마시오.
    2. 교사와 학생의 활동이 구체적으로 드러나도록 작성하시오.

교수·학습 조건

1. 과 목 명 : 역사
2. 대 　　상 : 중학교 3학년
3. 수업시간 : 45분
4. 단 원 명 : 조선 문화의 발달과 사회 변화
    가. 단원의 성취기준

    [9역10-03] 조선 전기 문화 사업을 조사하여 조선 정부가 유교문화를 보급하려고 한 배경과 노력을 이해한다.

    나. 단원의 구성

단원	차시	주요 내용 및 활용	수업형태	평가방법
조선의 성립과 발전	1	조선 통치 체제와 대외 관계	가상 인터뷰 수업	다면평가
	2	사림 세력과 정치 변화	글쓰기 수업	수행평가
	3(본시)	조선 문화의 발달과 사회 변화	탐구 수업	수행평가
	4	왜란·호란의 발발과 영향	극화수업	수행평가

    다. 교수·학습 환경

학생수	지도장소	매체 및 기자재
24명	교실	칠판, 교사용 컴퓨터, 스마트TV, 스마트폰, 태블릿PC 등

자료

자료 1

(가) 나라의 말씀이 중국과 달라 문자와 서로 통하지 않는다. 이런 이유로, 백성이 말하고자 하는 바가 있어도 마침내 제 뜻을 펴지 못하는 사람이 많다. 내 이를 가엾게 여겨 새로 스물여덟 글자를 만드니 모든 사람들이 쉽게 익혀 날마다 씀에 편안하게 할 따름이니라.

- 『훈민정음』 해례본

(나) 지혜로운 사람은 아침이 끝나기 전에 한글을 이해하고, 어리석은 사람도 열흘이면 알 수 있다. 이로써 글을 해석하면 그 뜻을 알 수가 있으며, 바람 소리와 학의 울음이든지, 닭 울음소리나 개 짖는 소리까지도 모두 표현해 쓸 수 있게 되었다.

- 『훈민정음(해례본)』, 정인지 서문

자료 2

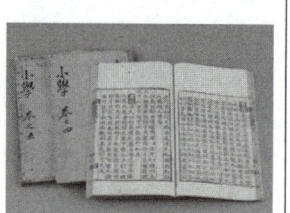
『소학』
(국립민속박물관)

혼천의
(고려대학교 박물관)

앙부일구
(국립고궁박물관)

측우기
(국립고궁박물관)

자료 3

〈탐구학습지〉

"문화유산과 과학 기술로 보는 조선"

3학년 ___반 ___번 이름 : _____

- 이름 :
- 선정 이유 :
- 연도 :
- 만든 목적 :
- 용도 및 특징 :
- 출처 :

※ 활동시 유의사항
: 자료 수집시 공신력 있는 출처를 활용할 것

※ 채점기준표

채점기준	배점
1. [수험생 작성 부분 1]	3점
2. [수험생 작성 부분 2]	3점
3. [수험생 작성 부분 3]	3점

자료 4

〈탐구학습지〉

"문화유산과 과학 기술로 보는 조선"

3학년 1반 1번 이름 : 홍길동

- 이름 : 측우기
- 선정 이유 : 기상청에서 나중에 일하고 싶어서 측우기를 선정했다.
- 연도 : 1440(세종)
- 만든 목적 : 강우량을 측정하기 위해 측우기를 제작하였다.
- 용도 및 특징 : 잘 모르겠습니다.
- 출처 : 네이버

교수·학습 지도안

단원		조선 문화의 발달과 사회 변화	차시	3/4
학습단계		교수·학습 활동	자료 및 유의점	시간(분)
도입	선수학습 확인	• 문답을 통해 지난 시간에 배운 내용을 확인한다.		5
	동기유발	〈실연 부분 1〉		
	학습 목표 제시	1. 조선 전기의 다양한 문화를 이해할 수 있다. 2. 조선 전기 문화 사업과 유교 문화의 관련성을 탐구할 수 있다.		
전개	[전개 1] 훈민정음 창제	〈실연 부분 2〉	〈자료 1〉	10

		⟨실연 부분 3⟩		
전개	[전개 2] 유교 윤리의 보급	※ 채점기준표 | 채점기준 | 배점 | |---|---| | 1. [수험생 작성 부분 1] | 3점 | | 2. [수험생 작성 부분 2] | 3점 | | 3. [수험생 작성 부분 3] | 3점 |	⟨자료 2~4⟩	25
정리	본시 학습 정리	• 교사는 본시 학습의 주요 내용을 문답으로 확인한다.		5
	차시 예고	• 다음 시간에는 왜란·호란의 발발과 영향에 대해 학습할 것임을 안내한다.		

주제 17 왜란·호란의 발발과 영향

2025학년도 중등학교 교사 임용후보자 선정 경쟁시험(제2차 시험)
역사 수업 실연

○ 특별한 무대 장치 없이 역할극을 발표하시오.

문제 다음의 〈실연 방법〉, [교수·학습 조건], [자료]와 [교수·학습 지도안]을 반영하여 수업을 실연하시오.

〈실연 방법〉

[교수·학습 지도안]의 〈실연 부분 1~3〉에 해당하는 부분을 작성하시오.
1. 〈실연 부분 1〉: 지식, 기능, 태도 중 2가지를 조합하여 학습 목표 2가지를 제시하시오.
2. 〈실연 부분 2〉: 설명식 수업을 진행하시오.
   가. 〈자료 1, 2〉를 활용하여 역사적 사고력의 구성요소 중 3가지 이상을 증진하는 수업을 실연하시오.
3. 〈실연 부분 3〉: 주전론과 주화론에 대한 극화 학습을 진행하시오.
   가. 〈자료 3〉을 참고자료로 제시하시오.
   나. 〈자료 4〉의 [수험생 작성 부분 1~4]를 채워 채점기준표를 미리 제시하시오.
   다. 학생들이 대본을 작성할 때 학생들의 역사적 사고를 자극하는 순회 지도를 하시오.
   라. 학생들의 발표 내용을 가상으로 설정하고, 이에 대한 피드백 1가지를 제시하시오.

※ 유의점
   1. 단원의 성취기준을 고려하시오.
   2. 교사와 학생의 활동이 구체적으로 드러나도록 작성하시오.
   3. 필요한 자료는 모둠별 태블릿PC를 통해 조사하시오.

교수·학습 조건

1. 과 목 명: 역사
2. 대   상: 중학교 3학년
3. 수업시간: 90분(블록타임제)
4. 단 원 명: 왜란·호란의 발발과 영향
   가. 단원의 성취기준

   [9역10-04] 왜란과 호란이 동아시아 정세에 미친 영향을 파악한다.

   나. 단원의 구성

단원	차시	주요 내용 및 활용	수업형태	평가방법
조선의 성립과 발전	1	통치 체제와 대외 관계	가상 인터뷰 수업	다면평가
	2	사림 세력과 정치 변화	글쓰기 수업	수행평가
	3	문화의 발달과 사회 변화	주제별 탐구 수업	수행평가
	4-5 (본시)	왜란·호란의 발발과 영향	설명식 수업, 극화수업	동료 평가

   다. 교수·학습 환경

학생수	지도장소	매체 및 기자재
24명	교실	칠판, 교사용 컴퓨터, 스마트TV, 태블릿PC 등

자료

자료 1

왕대비가 교서를 내려 중외에 선유하였다. "…… 우리나라가 명을 섬겨 온 것이 200여 년이라, 의리로는 곧 군신이며 은혜로는 부자와 같다. 그리고 임진년에 구해 준 그 은혜는 만세토록 잊을 수 없는 것이다. …… 광해는 배은망덕하여 천명을 두려워하지 않고 속으로 다른 뜻을 품고 오랑캐에게 성의를 베풀었으며, 기미년(1619) 오랑캐를 정벌할 때는 은밀히 장수를 시켜 동태를 보아 행동하게 하여 끝내 전군이 오랑캐에게 투항함으로써 추한 소문이 사해에 펼쳐지게 하였다. 명 사신이 본국에 왔을 때 그를 구속하여 옥에 가두듯이 했을 뿐 아니라 황제가 자주 칙서를 내려도 구원병을 파견할 생각을 하지 않아 예의의 나라인 삼한으로 하여금 오랑캐와 금수가 됨을 면치 못하게 하였으니, 그 통분함을 어찌 이루 다 말할 수 있겠는가. 천리를 거역하고 인륜을 무너뜨려 위로는 종묘사직에 죄를 짓고 아래로는 만백성에게 원한을 맺었다. 죄악이 이에 이르렀으니 어떻게 나라를 통치하고 백성에게 군림하면서 조종조의 천위(임금의 자리)를 누리고 종묘사직의 신령을 받들겠는가. 그러므로 이에 폐위하고 적당한 데 살게 한다."

- 『인조실록』

자료 2

용골대와 마부대가 성 밖에 와서 임금의 출성을 재촉하였다. 임금이 쪽빛으로 염색한 옷차림으로 백마를 타고 의장은 모두 제거한 채 시종 50여 명을 거느리고 서문을 통해 성을 나갔는데, 왕세자가 따랐다. …… 멀리 바라보니 칸(청 태종)이 황옥을 펼치고 앉아 있다. …… 임금이 걸어서 진 앞에 이르자 …… 용골대 등이 인도하여 들어가 단 아래에 북쪽을 향해 자리를 마련하고 임금에게 나가기를 청하였는데, …… 임금이 세 번 절하고 아홉 번 머리를 조아리는 예를 행하였다.

- 『인조실록』

자료 3

(가) 부교리 윤집이 상소하기를, "화의가 나라를 망친 것이 어제오늘의 일이 아니고 옛날부터 그러하였으나 오늘날처럼 심한 적은 없었습니다. 명은 우리나라에 대해 부모의 나라이고 노적(오랑캐)은 우리나라에 대해 부모의 원수입니다. 신하된 자로서 부모의 원수와 형제의 의를 맺고 부모의 은혜를 저버릴 수 있겠습니까?"라고 하였다.

- 『인조실록』

(나) 강화를 하여 (나라를) 보존하는 것보다 차라리 의를 지켜 망하는 것이 옳다고 했으나 이것은 신하가 절개를 지키는 데 쓰이는 말입니다. …… 자기의 힘을 헤아리지 않고 경망하게 큰소리를 쳐서 오랑캐의 노여움을 도발하고 마침내는 백성이 도탄에 빠지고 종묘와 사직에 제사 지내지 못하게 된다면 그 허물이 이보다 클 수 있겠습니까 …… 우리의 국력은 현재 바닥나 있고 오랑캐의 병력은 강성합니다. 정묘년의 맹약을 지켜서 몇 년이라도 화를 늦추고, 그동안을 이용하여 인정을 베풀어 민심을 수습하고 성을 쌓으며, 군량을 저축하여 변방의 방어를 더욱 튼튼히 하되 군사를 모아 움직이지 않으며 적의 허점을 노리는 것이 우리로서는 최상의 계책일 것입니다.

- 최명길, 『지천집』

자료 4

<동료 평가지>

3학년 __반 이름 _____

※ 채점기준표

채점기준	점수(각 1~3점)
1. [수험생 작성 부분 1]	
2. [수험생 작성 부분 2]	
3. [수험생 작성 부분 3]	
4. [수험생 작성 부분 4]	

교수·학습 지도안

단원		왜란·호란의 발발과 영향	차시	4-5/5
학습단계		교수·학습 활동	자료 및 유의점	시간(분)
도입	선수학습 확인	• 문답을 통해 지난 시간에 배운 내용을 확인한다.		5
	동기유발	• 양란과 관련한 동영상 자료를 이용하여 흥미를 유발한다.	동영상 자료	
	학습 목표 제시	〈실연 부분 1〉		
전개	[전개 1] 왜란의 발발과 영향	왜란의 발발과 영향에 대해 문답한다.		15
	[전개 2] 호란의 발발과 영향	〈실연 부분 2〉	〈자료 1, 2〉	15

전개	[전개 3] 학생 활동	〈실연 부분 3〉 ※ 채점기준표 	채점기준	점수 (각 1~3점)
1. [수험생 작성 부분 1]	
2. [수험생 작성 부분 2]	
3. [수험생 작성 부분 3]	
4. [수험생 작성 부분 4]			〈자료 3, 4〉	50
---	---	---	---	---
정리	본시 학습 정리	• 교사는 본시 학습의 주요 내용을 문답으로 확인한다.		5
	차시 예고	• 다음 시간 학습내용을 안내한다.		

주제 18 양 난 이후의 세계관 변화

2025학년도 중등학교 교사 임용후보자 선정 경쟁시험(제2차 시험)
역사 수업 실연

문제 다음의 〈실연 방법〉, [교수·학습 조건], [자료]와 [교수·학습 지도안]을 반영하여 수업을 실연하시오.

〈실연 방법〉

[교수·학습 지도안]의 〈실연 부분 1~3〉에 해당하는 부분을 실연하시오.
1. 〈실연 부분 1〉: 단원의 성취기준과 수업 내용을 참고하여 학습 목표 두 가지를 제시하시오.
2. 〈실연 부분 2〉: 〈자료 1〉을 활용하여 설명식 수업을 하시오.
    가. [통신사, 연행사]를 학습 요소로 포함하시오.
3. 〈실연 부분 3〉: 〈자료 2~4〉를 활용하여 글쓰기 수업을 하시오.
    가. 〈자료 2〉를 활용해 모둠별 대본작성을 안내하시오.
    나. 역사과 핵심역량을 참고하여 〈자료 3〉의 [수험생 작성 부분]을 채워서 안내하시오.
    다. 교사는 학생들의 모둠 활동 중 순회 지도를 하시오.
    라. 학생 모둠이 완성한 경우를 〈자료 4〉로 가정하고 피드백하시오.

교수·학습 조건

1. 과 목 명 : 한국사
2. 대   상 : 고등학교 1학년
3. 수업시간 : 100분(블록타임제)
4. 단 원 명 : 양 난 이후 세계관의 변화
   가. 단원의 성취기준

   [10한사01-05] 조선 시대 세계관의 변화를 국내 정치 운영과 국제 질서의 변동 속에서 탐구한다.

   나. 단원의 구성

단원	차시	주요 내용 및 활용	수업형태	평가방법
조선 시대 세계관의 변화	1	유교적 통치 이념의 확립	설명식 수업, 사료 학습	수행평가
	2	사림의 성장과 붕당의 형성	설명식 수업, 글쓰기 수업	수행평가
	3	조선의 대외 관계와 양 난의 발발	사료 탐구학습	수행평가
	4-5 (본시)	양 난 이후 세계관의 변화	설명식 수업, 극화수업	수행평가
	6-7	양 난 이후 정치 운영의 변화	거꾸로 수업, 사료 탐구 수업, 역사 뉴스 UCC만들기 수업	수행평가

   다. 교수·학습 환경

학생수	지도장소	매체 및 기자재
24명	교실	칠판, 교사용 컴퓨터, 빔 프로젝트, 스크린, 태블릿PC

자료

자료 1

→ 연행사 행로
→ 통신사 행로

자료 2

〈5분 연극 대본작성〉

- 모둠 이름 :
- 연극 주제 :
- 연극 등장인물 :
- 대본

- 참고자료

(가) 우리나라는 실로 명 신종 황제의 은혜를 입어 임진왜란 때 나라가 이미 폐허가 되었다가 다시 보존되고 백성이 거의 죽었다가 다시 소생하였으니 우리나라 나무 한 그루와 풀 한 포기와 백성의 터럭 하나하나에도 황제의 은혜가 미치는바 아님이 없습니다.

- 송시열, 『송자대전』

(나) 여기(청)에 있는 사람들을 모조리 오랑캐라 하고 중국의 법마저 폐기해 버린다면 크게 옳지 않다. 진실로 백성에게 이롭기만 한다면, 그 법이 비록 오랑캐에게서 나왔다 하더라도 성인은 취할 것이다. …… 명을 위해 원수를 갚아 주고 우리의 부끄러움을 씻으려면 20년 동안 힘껏 중국을 배운 다음, 함께 의논하여도 늦지 않을 것이다.

- 박제가, 『북학의』

자료 3

채점기준표

핵심역량	기준	점수
역사 사실 이해	5분 연극에 역사적 사실이 정확하게 반영되었는가?[2점]	
역사 자료 분석과 해석	자료의 내용을 적절하게 활용했는가?[2점]	
역사 정보 활용 및 의사소통	[수험생 작성 부분][2점]	

자료 4

〈5분 연극 대본작성〉

- 모둠 이름 : 부처핸섬
- 연극 주제 : 북벌론과 북학론의 대립
- 연극 등장인물 : 송시열, 박지원
- 대본

* 박지원 : 최근에 청나라에 다녀왔습니다. 연경의 휘황찬란한 건축물을 보니 내가 인간 세상에 있는 게 맞는지 의심이 들더군요. 그 내용을 〈열하일기〉에도 적었습니다.
* 송시열 : 오랑캐의 문화에 마음을 뺏기면 안 됩니다. 병자호란의 치욕을 잊으신 것입니까?
* 박지원 : 그렇지만 과거에 사로 잡혀 청에게 배울 것을 놓치는 것은 어리석은 일이라고 생각합니다.

교수·학습 지도안

단원		양 난 이후 세계관의 변화	차시	4-5/7
학습단계		교수·학습 활동	자료 및 유의점	시간(분)
도입	선수학습확인	• 조선의 대외관계와 양 난에 대해서 복습한다.		5
	동기유발	• 홍대용의 청나라 여행기에 관련된 만화를 보여주며 흥미를 유발한다.	만화자료	
	학습 목표 제시	〈실연 부분 1〉		
전개	[전개 1] 화이론적 세계관의 동요	• 양 난 이후 조선 성리학의 한계를 설명한다.		10
	[전개 2] 동아시아 국제 질서의 변화	〈실연 부분 2〉	〈자료 1〉	20

전개	[전개 3] 북벌론과 북학론	〈실연 부분 3〉 ※ 채점기준표 	핵심역량	기준	점수
역사 사실 이해	5분 연극에 역사적 사실이 정확하게 반영되었는가?[2점]	
역사 자료 분석과 해석	자료의 내용을 적절하게 활용했는가?[2점]	
역사 정보 활용 및 의사소통	[수험생 작성 부분][2점]			〈자료 2~4〉	60
정리	본시 학습 정리	• 교사는 주요 내용을 문답으로 확인한다.		5
	차시 예고	• 교사는 다음 시간 내용을 간단히 예고한다.		

| 주제 19 | 농민들의 봉기 ✯ | 해설 p.24 |

2025학년도 중등학교 교사 임용후보자 선정 경쟁시험(제2차 시험)
역사 수업 실연

문제 다음의 〈실연 방법〉, [교수·학습 조건], [자료]와 [교수·학습 지도안]을 반영하여 수업을 실연하시오.

〈실연 방법〉

[교수·학습 지도안]의 〈실연 부분 1~3〉에 해당하는 부분을 거꾸로 수업으로 실연하시오.
1. 〈실연 부분 1〉: 수업 내용과 학습 방법을 참고하여 학습 목표 두 가지를 제시하시오.
2. 〈실연 부분 2〉: 〈자료 1〉을 활용하여 사료 탐구 수업을 하시오.
   가. 〈자료 1〉을 활용하여 학생들의 질문이 드러나는 수업을 하시오.
3. 〈실연 부분 3〉: 〈자료 2~4〉를 활용해 글쓰기 수업을 하시오.
   가. 〈자료 2〉를 활용하여 역사 드라마 대본 작성 수업을 안내하시오.
   나. 학생들이 〈자료 3〉의 해석에 어려움을 겪는 상황을 가정하고, 순회 지도를 하시오.
   다. 학생들이 작성한 〈자료 4〉에 대해 교사가 피드백을 하시오.

교수·학습 조건

1. 과 목 명: 역사
2. 대   상: 중학교 3학년
3. 수업시간: 45분
4. 단 원 명: 농민들의 봉기
   가. 단원의 성취기준

   [9역11-02] 세도 정치 시기에 일어난 농민 봉기의 의미를 사례를 통해 파악한다.

   나. 단원의 구성

단원	차시	주요 내용 및 활용	수업형태	평가방법
사회 변화와 농민 봉기	1	조선 후기 사회, 경제의 변화	설명식 수업, 사료 학습	수행평가
	2 (본시)	농민들의 봉기	사료 탐구학습, 글쓰기 수업	수행평가

   다. 교수·학습 환경

학생수	지도장소	매체 및 기자재
24명	교실	칠판, 교사용 컴퓨터, 포스트잇, 스마트TV, 태블릿PC, 스마트폰

자료

자료 1

빌려주고 빌리는 건 양쪽 다 원해야지
억지로 시행하면 불편한 것이다.
온 땅을 돌아봐도 모두 고개를 저을 뿐
빌리겠다는 사람은 하나도 없는데
봄철에 좀먹은 쌀 한 말 받고서
가을에 온전한 쌀 두 말을 바치고

게다가 좀먹은 쌀값 돈으로 내라 하니
온전한 쌀 판 돈을 바칠 수밖에
이익으로 남는 것은 교활한 관리만 살을 찌워
한번 벼슬길에 천 마지기 밭이 생기고
쓰라린 고초는 가난한 자에게 돌아가니
휘두르는 채찍질에 살점이 떨어진다.

- 정약용, 「하일대주」

자료 2

"조선 후기 농민 봉기를 주제로
역사 드라마 대본을 작성해보자"

◎ 역사 드라마 주제 예시 : 홍경래의 난, 진주 농민 봉기

[역사 드라마 대본 작성]
_____
_____

※ 수행평가 기준

기준	점수
역사적 사실에 오류가 없는가?[2점]	
자료의 내용을 적절하게 활용했는가?[2점]	
역사적 상상력과 아이디어가 돋보이는가?[2점]	

자료 3

(가) 조정에서는 서쪽 땅을 버림이 더러운 흙과 다름없다. 권세 있는 집의 노비들도 보면 평안도 놈이라 일컫는다. …… 지금 나이 어린 임금이 위에 있어서 권신배의 간악한 짓이 날로 심해져 김조순, 박종경의 무리가 국가 권력을 제멋대로 하니 …… 이곳 평안도에서 병사를 일으켜 백성을 구하고자 한다.

- 『패림』

(나) 임술년 2월 19일, 진주민 수만 명이 머리에 흰 수건을 두르고 손에는 나무 몽둥이를 들고 무리를 지어 진주 읍내에 모여 서리들의 가옥 수십 호를 불태우고 부수었다. ……병사가 해산하고자 장시에 나가니 백성이 그를 둘러싸고 재물을 횡령한 조목, 아전들이 세금을 강제로 징수한 일들을 문책하였다.

- 『임술록』

자료 4

진주 농민 봉기

◎ 모둠이름 : 쇼미더 조선
- 농민1 : (울분에 찬 목소리로) 경상 우병사 백낙신의 수탈을 더 이상 견딜 수가 없소. 그가 부임한 후 6개의 조목에 걸쳐 세금을 수탈하는데, 정말 당해낼 수가 없소.
- 유계춘 : 옳소. 탐관오리들이 훔쳐 먹는 환곡에 대해 관청에 여러 번 호소했지만 소용이 없소. 우리끼리 통문을 돌려 마을 곳곳에 붙이는 게 어떻소? (주변 농민들의 반응을 살핀다)
- 홍경래 : (고개를 끄덕이며) 좋은 생각이오. 가만히 앉아서 당하기보다는 관청에 적극적으로 호소합시다.
- 농민2 : 그럽시다!(자리에서 일어나 장시 쪽으로 향한다)
- 나래이션 : 유계춘과 홍경래, 농민들은 마을 곳곳에 통문을 돌려, 농민들의 요구사항을 관청에 호소했다. 농민들의 봉기 소식을 듣고, 관청에서는 서둘러 병사를 보내 수습하려 하는데……

교수·학습 지도안

단원		농민들의 봉기	차시	2/2
학습단계		교수·학습 활동	자료 및 유의점	시간(분)
도입	선수 학습 확인	• 조선 후기 농민 봉기에 관련된 요약 영상을 본다.	동영상 자료	5
	동기유발	• 삼정의 문란을 주제로 한 사극의 한 장면을 본다.		
	학습 목표 제시	〈실연 부분 1〉		
전개	[전개 1] 새로운 종교와 사상의 유행	• 조선 후기 천주교와 동학에 대해서 설명한다.		5
	[전개 2] 삼정의 문란	〈실연 부분 2〉	〈자료 1〉	10

전개	[전개 3] 역사 드라마 대본 쓰기	〈실연 부분 3〉 ※ 수행평가 기준 	기준	점수
---	---
역사적 사실에 오류가 없는가?[2점]	
자료의 내용을 적절하게 활용했는가?[2점]	
역사적 상상력과 아이디어가 돋보이는가?[2점]			〈자료 2~4〉	20
정리	본시 학습 정리	• 교사는 주요 내용을 문답으로 확인한다.		5
	차시 예고	• 교사는 다음 시간 내용을 간단히 예고한다.		

| 주제 20 | 조선의 양반 중심사회 | 해설 p.26 |

2025학년도 중등학교 교사 임용후보자 선정 경쟁시험(제2차 시험)

역사 수업 실연

문제 다음의 〈실연 방법〉, [교수·학습 조건], [자료]와 [교수·학습 지도안]을 반영하여 수업을 실연하시오.

〈실연 방법〉

[교수·학습 지도안]의 〈실연 부분 1~3〉에 해당하는 부분을 실연하시오.
1. 〈실연 부분 1〉: 수업 내용과 관련하여 동기유발 하시오.
2. 〈실연 부분 2〉: 〈자료 1〉과 〈자료 2〉를 활용하여 사료 탐구 학습을 하시오.
   가. 〈자료 1, 2〉를 탐구할 수 있는 적절한 질문을 제시하시오.
3. 〈실연 부분 3〉: 〈자료 3~5〉를 활용하여 글쓰기 수업을 하시오.
   가. 〈자료 3〉을 활용하여 3컷 만화 기획안 쓰기 수업을 안내하시오.
   나. 〈자료 4〉의 [수험생 작성 부분]을 쓰고, 안내하시오.
   다. 학생들이 완성한 경우를 〈자료 5〉로 가정하고 피드백하시오.

※ 유의점: 실제 3컷 만화는 미술 시간에 완성하는 것을 안내한다.

교수·학습 조건

1. 과 목 명: 한국사
2. 대   상: 고등학교 1학년
3. 수업시간: 50분
4. 단 원 명: 조선의 양반 중심 사회
   가. 단원의 성취기준

   [10한사01-06] 조선 시대 신분의 구성과 특성을 살펴보고, 양난 이후 상품 화폐 경제가 발달하면서 신분제에 변동이 나타났음을 이해한다.

   나. 단원의 구성

단원	차시	주요 내용 및 활용	수업형태	평가방법
양반 신분제 사회와 상품 화폐 경제	1 (본시)	조선의 양반 중심 사회	사료 탐구 학습, 글쓰기 수업	수행평가
	2	상품 화폐 경제의 발달과 신분제의 변화	설명식 수업, 역사 앨범 만들기	수행평가

   다. 교수·학습 환경

학생수	지도장소	매체 및 기자재
24명	교실	칠판, 교사용 컴퓨터, 빔 프로젝트, 스크린, 태블릿PC

자료

자료 1

하느님이 백성을 낳으니 그 백성이 넷이다. 네 백성 가운데 선비가 가장 귀한 자이다. 양반이라고 부르며 이익이 이보다 큰 것이 없다. 농사를 짓지 않고, 장사도 하지 않으며, 글과 역사를 대강 섭렵하여 크게 되면 문과에 급제하고, 작게 되어도 진사가 된다. 문과 급제 증서인 홍패는 길이가 두 자에 불과함에도 불구하고 온갖 물건을 얻을 수 있으니, 이게 바로 돈 자루이다. …… 이웃 소를 가져다 먼저 밭을 갈고, 마을 사람들을 불러다 김을 매도 누가 감히 거역하겠는가?

- 박지원, 『양반전』

자료 2

- 무릇 노비의 매매는 관청에 신고해야 하며, 사사로이 사고팔았을 때는 노비와 그 대가로 받은 물건을 몰수한다.
- 나이 16세 이상 50세 이하는 값이 저화 4천 장이고, 15세 이하 51세 이상은 저화 3천 장이다.
- 공노비의 경우 1년 몸값은 남자 노비는 면포 1필과 저화 20장, 여자 종은 면포 1필과 저화 10장이다.

- 『경국대전』

자료 3

〈3컷 만화 기획안 쓰기〉

- 모둠 이름 :
- 우리 모둠이 선택한 신분은?
- 우리 모둠이 그 신분을 선택한 이유는?
- 우리 모둠이 선택한 신분의 일상 중의 주요 장면을 쓰시오.
  ◎ 1컷 : _____
  ◎ 2컷 : _____
  ◎ 3컷 : _____
- 참고 자료 출처 :

자료 4

채점기준표

핵심역량	기준	점수
역사 사실 이해	작품에 역사적 사실이 정확하게 반영되었는가?[2점]	
역사 자료 분석과 해석	[수험생 작성 부분][2점]	
역사 정보 활용 및 의사소통	다양한 자료를 활용했는가?[2점]	

자료 5

〈3컷 만화 기획안 쓰기〉

- 모둠 이름 : 해바라기
- 우리 모둠이 선택한 신분은? 천민
- 우리 모둠이 그 신분을 선택한 이유는? 오늘날에는 없는 신분이라 궁금했기 때문이다.
- 우리 모둠이 선택한 신분의 일상 중의 주요 장면을 쓰시오.
  ◎ 1컷 : 소과에 합격하고 백패를 받은 날
  ◎ 2컷 : 아씨를 짝사랑 하지만 신분의 차이로 단념한 날
  ◎ 3컷 : 주인이 몰락하여 다른 주인에게 팔려간 날
- 참고 자료 출처 : 교과서 및 우리역사넷

교수·학습 지도안

단원		조선의 양반 중심 사회	차시	1/2
학습단계		교수·학습 활동	자료 및 유의점	시간(분)
도입	선수학습확인	• 양 난 이후 조선 정치운영의 변화에 대해서 상기시킨다.		5
	동기유발	〈실연 부분 1〉		
	학습 목표 제시	1. 사족 중심의 향촌 지배 체제를 설명할 수 있다. 2. 조선 시대 4신분의 특성을 3컷 만화 기획안으로 표현할 수 있다.		
전개	[전개 1] 사족 중심의 향촌 지배 체제	• 유향소, 향회, 향약에 대해서 설명한다.		10
	[전개 2] 조선 시대 신분 제도	〈실연 부분 2〉	〈자료 1, 2〉	10

전개	[전개 3] 3컷 만화 기획안 쓰기 수업	〈실연 부분 3〉 ※ 수행평가 기준 	핵심역량	기준	점수
역사 사실 이해	작품에 역사적 사실이 정확하게 반영되었는가?[2점]	
역사 자료 분석과 해석	[수험생 작성 부분][2점]	
역사 정보 활용 및 의사소통	다양한 자료를 활용했는가?[2점]			〈자료 3~5〉	20
정리	본시 학습 정리	• 교사는 주요 내용을 문답으로 확인한다.		5
	차시 예고	• 교사는 다음 시간 내용을 간단히 예고한다.		

주제 21 상품 화폐 경제의 발달과 신분제 변화

2025학년도 중등학교 교사 임용후보자 선정 경쟁시험(제2차 시험)
역사 수업 실연

문제 다음의 〈실연 방법〉, [교수·학습 조건], [자료]와 [교수·학습 지도안]을 반영하여 수업을 실연하시오.

〈실연 방법〉

[교수·학습 지도안]의 〈실연 부분 1~3〉에 해당하는 부분을 실연하시오.
1. 〈실연 부분 1〉: 단원의 성취기준과 교수학습내용을 참고하여 학습 목표 두 가지를 제시하시오.
2. 〈실연 부분 2〉: 〈자료 1〉과 〈자료 2〉를 활용하여 수업을 하시오.
  가. [서얼, 납속, 공명첩, 노비 종모법]을 학습 요소로 포함하여 설명식 수업을 하시오.
  나. 학생의 질문을 중심으로 문답식 수업을 하시오.
3. 〈실연 부분 3〉: 〈자료 3~5〉를 활용하여 만들기 수업을 하시오.
  가. 〈자료 3〉을 활용하여 역사 앨범 만들기 방법을 안내하시오.
  나. 〈자료 4〉의 [수험생 작성 부분 1, 2]를 쓰고, 안내하시오.
  다. 학생들이 완성한 경우를 〈자료 5〉로 가정하고 피드백하시오.

교수·학습 조건

1. 과 목 명 : 한국사
2. 대   상 : 고등학교 1학년
3. 수업시간 : 50분
4. 단 원 명 : 상품 화폐 경제의 발달과 신분제 변화

   가. 단원의 성취기준

   [10한사01-06] 조선 시대 신분의 구성과 특성을 살펴보고, 양난 이후 상품 화폐 경제가 발달하면서 신분제에 변동이 나타났음을 이해한다.

   나. 단원의 구성

단원	차시	주요 내용 및 활용	수업형태	평가방법
양반 신분제 사회와 상품 화폐 경제	1	조선의 양반 중심 사회	사료 탐구학습, 3컷 만화 기획안 쓰기 수업	수행평가
	2(본시)	상품 화폐 경제의 발달과 신분제 변화	설명식 수업, 문답식 수업, 만들기 수업	수행평가

   다. 교수·학습 환경

학생수	지도장소	매체 및 기자재
24명	교실	칠판, 교사용 컴퓨터, 빔 프로젝트, 스크린, 스마트폰, 포스트잇

자료

자료 1 공명첩

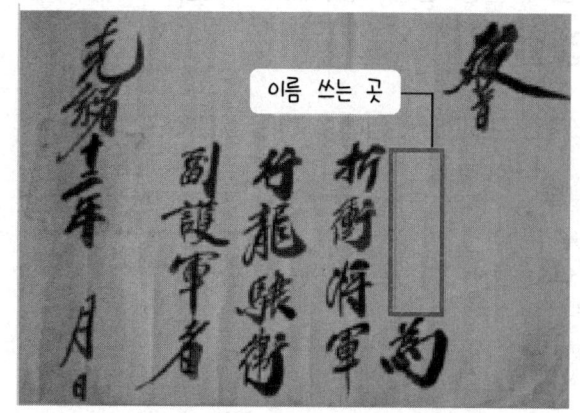

이름 쓰는 곳

자료 2

정선 고을에 한 양반이 살고 있었다. 그는 어질고 글 읽기를 매우 좋아하였다. …… 하지만 그는 매우 가난하여 환곡을 타 먹은 지 여러 해가 되어 천 섬의 빚을 지게 되어 옥에 갇히게 되었다. …… 때마침 그 동네에 부자가 이 소문을 듣고 가족끼리 비밀 회의를 열어 말하였다. "……이제 저 양반이 환곡을 갚을 길이 없어서 곤란한 모양이니 그 양반 자리를 더 유지할 수 없을 것이다. 이 기회에 내가 양반 신분을 사서 가지는 것이 어떨까?"

- 박지원, 『양반전』

자료 3

풍속화로 보는 조선후기 신분제 변동

1. 제목 :
2. 풍속화 :
3. 풍속화를 선택한 이유 :
4. 풍속화 속 조선후기 신분제 변동 설명 :

자료 4

채점기준표

평가기준	점수
주제에 적절한 제목을 선정했는가? [2점]	
주제에 적절한 풍속화를 선정했는가? [2점]	
[수험생 작성 부분 1] [2점]	
[수험생 작성 부분 2] [2점]	

자료 5

풍속화로 보는 조선후기 신분제 변동

1. 제목 : 생업에 뛰어든 몰락 양반
2. 풍속화 : 자리짜기(김홍도)

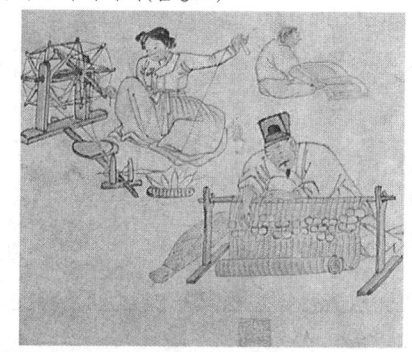

3. 풍속화를 선택한 이유 :
   부모님이 열심히 일하시고, 뒤에서 공부하는 아이의 모습이 마치 우리집 모습 같아서 선택했다.
4. 풍속화 속 조선후기 신분제 변동 설명 :
   몰락한 양반은 직접 물레도 돌리고, 자리도 짜서 경제적인 어려움을 극복하려 노력했다.

교수·학습 지도안

단원		상품 화폐 경제의 발달과 신분제 변화	차시	2/2
학습단계		교수·학습 활동	자료 및 유의점	시간(분)
도입	선수학습확인	• 조선시대 4신분에 대해서 상기시킨다.		5
	동기유발	• 조선 후기 신분 변화에 관련된 동영상 자료를 보여주며 흥미를 유발한다.	동영상 자료	
	학습 목표 제시	〈실연 부분 1〉		
전개	[전개 1] 상품 화폐 경제의 발달	• 상품 화폐 경제 발달을 설명한다.		10
	[전개 2] 신분 질서의 동요	〈실연 부분 2〉	〈자료 1, 2〉	10

전개	[전개 3] 역사 앨범 만들기	⟨실연 부분 3⟩ ※ 채점기준표 	평가기준	점수
주제에 적절한 제목을 선정했는가?[2점]	
주제에 적절한 풍속화를 선정했는가?[2점]	
[수험생 작성 부분 1][2점]	
[수험생 작성 부분 2][2점]			⟨자료 3~5⟩	20
---	---	---	---	---
정리	본시 학습 정리	• 교사는 주요 내용을 문답으로 확인한다.		5
	차시 예고	• 교사는 다음 시간 내용을 간단히 예고한다.		

주제 22 흥선대원군의 개혁

해설 p.28

2025학년도 중등학교 교사 임용후보자 선정 경쟁시험(제2차 시험)
역사 수업 실연

문제 다음의 〈실연 방법〉, [교수·학습 조건], [자료]와 [교수·학습 지도안]을 반영하여 수업을 실연하시오.

〈실연 방법〉

[교수·학습 지도안]의 〈실연 부분 1, 2〉에 해당하는 부분을 작성하시오.
1. 〈실연 부분 1〉: 〈자료 1〉을 통해 제국주의에 대해 사료 탐구 수업하시오.
   가. 〈자료 1〉에 대한 문답식 수업으로 사료의 본질을 가르치시오.
   나. 학습 목표에 입각하여 사료를 탐구하시오.
2. 〈실연 부분 2〉: 〈자료 2〉를 통해 흥선대원군의 대내외 개혁을 수업하시오.
   가. 흥선대원군 집권 당시 상황과 정책을 유기적으로 연결하여 설명식 수업을 하시오.
   나. 〈자료 2〉의 사료를 어려워하는 학생을 위한 비계를 설정하시오.
   다. 〈자료 2〉를 이용하여 서술형 평가를 시행하시오.

※ 유의점
  1. 단원의 성취기준을 고려하시오.
  2. 교사와 학생의 활동이 구체적으로 드러나도록 작성하시오.

교수·학습 조건

1. 과 목 명 : 한국사
2. 대   상 : 고등학교 1학년
3. 수업시간 : 100분(블록타임제)
4. 단 원 명 : 흥선대원군의 개혁

   가. 단원의 성취기준

   [10한사-02-01] 흥선대원군이 추진한 정책의 내용과 성격을 이해하고, 서구 열강의 침략적 접근에 대한 조선의 대응을 파악한다.

   나. 단원의 구성

단원	차시	주요 내용 및 활용	수업형태	평가방법
서구 열강의 접근과 조선의 대응	1-2 (본시)	흥선대원군의 개혁	사료 탐구 수업, 설명식 수업	서술형 평가
	3	통상수교 거부 정책과 양요	토론 수업	수행평가

   다. 교수·학습 환경

학생수	지도장소	매체 및 기자재
24명	교실	칠판, 교사용 컴퓨터, 빔 프로젝트, 스크린 등

자료

자료 1

(가) 대영 제국의 4천만 인구를 피비린내 나는 내란으로부터 지키기 위하여, 우리 식민 정치가는 과잉 인구를 수용하기 위해 새로운 영토를 개척해야 한다. 그리고 그들이 공장이나 광산에서 생산하는 상품을 위해 새로운 판로를 만들어 내야만 한다.
- 세실 로즈, 『유언집』

(나) 이것만은 말할 수 있습니다. 이것만큼 부정한 전쟁, 이것만큼 영국을 불명예로 빠뜨리게 될 전쟁을 나는 이제껏 보지도 못했고, 책에서 읽어 본 적도 없노라고.
- 윌리엄 글래드 스턴, '의회 연설'

(다) 난징조약(1842)
2. 광저우, 푸저우, 샤먼, 닝보, 상하이 등 다섯 항구에서 무역 통상을 하고, 이곳에 영사를 파견한다.
3. 영국에 홍콩섬을 할양하여 통치하게 한다.
10. 영국은 항구에서 편의대로 교역한다.

(라) 미·일 수호 통상 조약(1858)
3. 시모다와 하코다테 이외에 다음 장소를 개방한다. 가나가와, 나가사키, 니가타, 효고
4. 수출입품은 모두 일본의 세관을 경유한다.
6. 일본인에 대한 범죄를 저지른 미국인은 미국 영사 재판소에서 조사를 받고 미국법에 의해 처벌한다.

자료 2

(가) 나라의 제도로서 인정에 대한 세를 신포라고 하였는데, 충신과 공신의 자손에게는 모두 신포가 면제되었다. …… 대원군은 이를 시정하고자 동포라는 법(호포법)을 제정하였다. …… 이 때문에 예전에는 면제되던 자라도 신포를 바치지 않을 수가 없게 되었다.
- 『근세조선정감』

(나) 사족이 있는 곳마다 평민을 못살게 굴지만 가장 심한 곳이 서원이었다. …… 대원군이 영을 내려 나라 안의 서원을 죄다 허물고 서원 유생들을 쫓아내도록 하였다. …… 사족이 크게 놀라서 온 나라 안이 물 끓듯 하였고 대궐 문간에 나아가 울부짖는 자도 수십만이나 되었다. 조정에서는 어떤 변이라도 있을까 하여 대원군에게 간언하기를, "선현의 제사를 받드는 것은 선비의 기풍을 기르는 것이므로 이 명령만은 거두기를 청합니다."라고 하였다. 대원군이 크게 노하여 말하기를 "진실로 백성에게 해 되는 것이 있으면 비록 공자가 다시 살아난다 하더라도 나는 용서치 않겠다."
- 『근세조선정감』

(다) 에-에헤이야 얼널널 거리고 방에 홍애로다.
을축년 4월 초 3일에 경복궁 새 대궐 짓는데 헛방아 찧는 소리다.
조선의 여덟도 좋다는 나무는 경복궁 짓노라 다 들어간다.
도편수란 놈의 거둥 보소 막통 매고 갈팡질팡 한다.
남문 밖에 떡장수들아 한 개를 베어도 큼직큼직 베어라.
남문 밖에 막걸리 장수야 한 잔을 걸러도 큰 애기 솜씨로 걸러라.
에-나 떠난다고 네가 통곡 말고 나 다녀올 동안 네가 수절을 하여라.
에- 인생을 살면 몇 백 년 사나 생전 시절에 맘대로 노세
남문 열고 바라 둥당 치니 계명 삼천에 달이 살짝 밝았네.
경복궁 역사가 언제나 끝나 그리던 가족을 만나 볼까.
- 민요, 경복궁타령

1. (가)~(다)의 정책을 실시한 목적을 각각 정리해보자.[각2점, 총6점]
2. (가)~(다)의 정책을 반대했던 신분층을 각각 말해보자.[각2점, 총6점]
3. 흥선대원군의 정책 중 하나를 골라 지지하거나 반대하는 이유를 말해보자.[4점]

교수·학습 지도안

단원		흥선대원군의 개혁	차시	1-2/3
학습단계		교수·학습 활동	자료 및 유의점	시간(분)
도입	선수학습 확인	• 문답을 통해 지난 시간에 배운 내용을 확인한다.		5
	동기유발	• 제국주의에 대한 만평을 보여주며 동기유발 한다.	만평 자료	
	학습 목표 제시	1. 제국주의의 등장 배경과 속성을 파악할 수 있다.		
		2. 흥선대원군이 실시한 개혁 정치의 내용을 글로 표현할 수 있다.		
전개	[전개 1] 제국주의의 대두	〈실연 부분 1〉	〈자료 1〉	35

전개	[전개 2] 흥선대원군의 대내외 개혁	〈실연 부분 2〉		〈자료 2〉	55
정리	본시 학습 정리	• 교사는 본시 학습의 주요 내용을 문답으로 확인한다.			5
	차시 예고	• 다음 시간 학습내용을 안내한다.			

주제 23 | 통상수교 거부 정책과 양요

해설 p.30

2025학년도 중등학교 교사 임용후보자 선정 경쟁시험(제2차 시험)

역사 수업 실연

문제 다음의 〈실연 방법〉, [교수·학습 조건], [자료]와 [교수·학습 지도안]을 반영하여 수업을 실연하시오.

〈실연 방법〉

[교수·학습 지도안]의 〈실연 부분 1~3〉에 해당하는 부분을 작성하시오.
1. 〈실연 부분 1〉: 수업에 적절한 학습 목표 2가지를 제시하시오.
2. 〈실연 부분 2〉: 〈자료 1~3〉을 활용하여 설명식 수업을 진행하시오.
   가. 〈자료 1〉과 〈자료 2〉의 지도를 활용하여 프랑스와 미국의 침략적 접근에 조선이 어떻게 대응했는지 수업하시오.
   나. 〈자료 3〉의 연표를 활용하여 학생들이 역사의 흐름을 계통적으로 이해할 수 있도록 수업하시오.
3. 〈실연 부분 3〉: 흥선대원군의 대외 정책에 대한 학생 활동을 진행하시오.
   가. 〈자료 4〉와 〈자료 5〉를 참고하여 토론 활동을 진행하시오.
   나. 〈자료 6〉의 [수험생 작성 부분 1~3]을 채워 채점기준표를 제시하시오.
   다. 토론을 마친 후, '역사적 판단력과 문제 해결 능력' 역량을 증진하는 학생 활동을 추가로 진행하시오.

※ 유의점
   1. 활용하는 자료의 유용성을 제시하시오.
   2. 단원의 성취기준을 고려하시오.
   3. 교사와 학생의 활동이 구체적으로 드러나도록 작성하시오.

교수·학습 조건

1. 과 목 명: 한국사
2. 대   상: 고등학교 1학년
3. 수업시간: 100분(블록타임제)
4. 단 원 명: 통상수교 거부 정책과 양요
   가. 단원의 성취기준

   [10한사-02-01] 흥선대원군이 추진한 정책의 내용과 성격을 이해하고, 서구 열강의 침략적 접근에 대한 조선의 대응을 파악한다.

   나. 단원의 구성

단원	차시	주요 내용 및 활용	수업형태	평가방법
서구 열강의 접근과 조선의 대응	1	흥선대원군의 개혁	탐구 수업, 글쓰기 수업	서술형 평가
	2-3 (본시)	통상수교 거부 정책과 양요	설명식 수업, 토론식 수업 등	수행평가

   다. 교수·학습 환경

학생수	지도장소	매체 및 기자재
24명	교실	칠판, 교사용 컴퓨터, 스마트TV, 태블릿PC 등

자료

자료 1

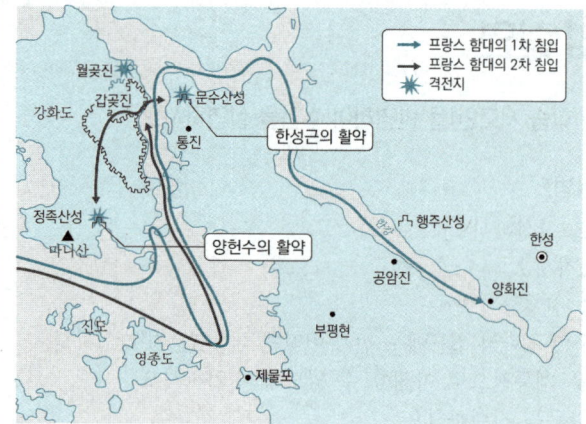

자료 2

자료 3

- 1866 병인박해 시작
- 1866 제너럴 셔먼호 사건
- 1866 병인양요 발발
- 1868 오페르트 도굴 사건
- 1871 신미양요 발발

자료 4

금년 6월 26일에 이양선 1척이 정박하여 달려가서 살펴보게 하였더니, 언어가 통하지 않아 문자를 사용하여 이곳에 오게 된 동기를 상세히 질문하였습니다. 그들 대답에 "우리들은 모두 영국 땅에 사는 사람들로 서양 포, 유리 그릇, 천리경 등의 물품을 가지고 조선의 산물을 사려고 이곳에 왔으니, 귀국의 대왕에게 알려 우호를 맺어 교역하게 해주기를 바란다."라고 하였습니다. 영국은 지리상으로 몇 만여 리가 되는지 모르는 처지에 망령되이 교린을 핑계하고 교역을 억지로 요구하였으니, 사리에 타당한 바가 전혀 아니고 실로 생각밖의 일이었습니다. 법에 의거하여 대처하였더니, 저들도 더 어쩌지 못함을 알고 바로 돌아갔습니다.

- 『순조실록』

자료 5

너희 나라와 우리나라의 사이에는 애당초 소통이 없었고, 또 서로 은혜를 입거나 원수진 일도 없었다. 그런데 이번 덕산 묘소에서 저지른 변고야말로 어찌 인간의 도리상 차마 할 수 있는 일이겠는가? 또 방비가 없는 것을 엿보고서 몰래 침입하여, 소동을 일으키고 무기를 약탈하며 백성들의 재물을 강탈한 것도 어찌 사리상 할 수 있는 일이겠는가? 이런 지경에 이르렀기 때문에 우리나라 신하와 백성들은 단지 힘을 다하여 한마음으로 너희 나라와는 한 하늘을 이고 살 수 없다는 것을 다짐할 따름이다.

- 『고종실록』

자료 6 채점기준표

채점기준	배점
1. [수험생 작성 부분 1]	2점
2. [수험생 작성 부분 2]	2점
3. [수험생 작성 부분 3]	2점

교수 · 학습 지도안

단원		통상수교 거부정책과 양요	차시	2-3/3
학습단계		교수 · 학습 활동	자료 및 유의점	시간(분)
도입	선수학습 확인	• 문답을 통해 지난 시간에 배운 내용을 확인한다.		5
	동기유발	• 흥선대원군의 대외 정책과 양요와 관련한 동영상 자료를 통해 흥미를 유발한다.	동영상 자료	
	학습 목표 제시	〈실연 부분 1〉		
전개	[전개 1] 통상 수교 거부정책	〈실연 부분 2〉	〈자료 1~3〉	25

단계					
전개	[전개 2] 토론 활동	〈실연 부분 3〉		〈자료 4, 5〉	65
		※ 채점기준표			
		채점기준	배점		
		1. [수험생 작성 부분 1]	2점		
		2. [수험생 작성 부분 2]	2점		
		3. [수험생 작성 부분 3]	2점		
정리	본시 학습 정리	• 교사는 본시 학습의 주요 내용을 문답으로 확인한다.			5
	차시 예고	• 다음 시간 학습 내용을 안내한다.			

| 주제 24 | 강화도 조약과 불평등 조약 체제 | 해설 p.32 |

2025학년도 중등학교 교사 임용후보자 선정 경쟁시험(제2차 시험)

역사 수업 실연

문제 다음의 〈실연 방법〉, [교수·학습 조건], [자료]와 [교수·학습 지도안]을 반영하여 수업을 실연하시오.

〈실연 방법〉

[교수·학습 지도안]의 〈실연 부분 1, 2〉에 해당하는 부분을 작성하시오.
1. 〈실연 부분 1〉: 〈자료 1~3〉을 이용한 수업을 진행하시오.
    가. 문호개방 당시 조선의 상황을 〈자료 1〉을 활용해 수업하시오.
    나. 〈자료 2, 3〉을 분석하는 사료 탐구 수업을 진행하시오.
2. 〈실연 부분 2〉: 〈자료 2, 4, 5〉를 이용한 서술형 평가를 진행하시오.
    가. 〈자료 2, 4, 5〉를 이용하여 활동 목표를 달성할 수 있도록 〈자료 5〉의 [수험생 작성 부분 1, 2]를 채우고 서술형 평가를 안내하시오.
    나. 서술형 평가를 진행하는 동안 순회 지도를 실시하시오.

※ 유의점
  1. 단원의 성취기준을 고려하시오.
  2. 교사와 학생의 활동이 구체적으로 드러나도록 작성하시오.

교수·학습 조건

1. 과 목 명 : 한국사
2. 대   상 : 고등학교 1학년
3. 수업시간 : 50분
4. 단 원 명 : 강화도 조약과 불평등 조약 체제
    가. 단원의 성취기준

    [10한사02-02] 강화도 조약의 성격을 살펴보고, 개화 정책의 내용과 이를 둘러싼 여러 세력의 대응을 다른 나라의 사례와 비교하여 파악한다.

    나. 단원의 구성

단원	차시	주요 내용 및 활용	수업형태	평가방법
동아시아 변화와 근대적 개혁의 추진	1(본시)	강화도 조약과 불평등 조약 체제	사료 탐구 수업	서술형 평가
	2	개화 정책의 추진과 반발	비교 수업	형성평가
	3	갑신정변과 국내외 정세의 변화	극화 학습	수행평가

    다. 교수·학습 환경

학생수	지도장소	매체 및 기자재
25명	교실	칠판, 교사용 컴퓨터, 빔 프로젝트, 스크린, 태블릿PC 등

자료 1

자료 1

(가) 저들이 왜인이라고 하나 실은 서양 오랑캐와 같습니다.……지금 온 왜인들은 서양 옷을 입고 서양 대포를 사용하며 서양 배를 탔으니, 이는 서양과 왜가 한 몸이 되었음을 보여 주는 분명한 증거입니다. - 최익현, 『면암집』

(나) 처음부터 지금까지 합하(흥선 대원군)께서 깊이 걱정하시는 것은 일본이 서양과 하나가 되었다는 점과 그들의 외교 문서를 받으면 약점 잡히지 않을까 하는 점입니다. 그러나……오히려 외교 문서를 받지 않아 그들에게 빌미를 줄 수 있다는 점입니다. - 박규수, 『환재집』

자료 2

제1관 조선은 자주국이며 일본과 평등한 권리를 갖는다.
제3관 양국 간에 오가는 공문의 경우, 일본은 자기 나라 글을 쓰되, 조선은 한문을 쓴다.
제4관 조선국 부산은 오래전에 양국 백성의 통상 지구가 되었다. 이 밖에 2개의 항구를 개항하고 일본인이 왕래 통상하도록 허가한다.
제7관 조선국 연해의 섬과 암초를 조사하지 않아 매우 위험하다. 일본국 항해자가 자유로이 해안을 측량하도록 한다.
제10관 일본국 인민이 조선국이 지정한 각 항구에서 죄를 범한 것이 조선 인민과 관계되는 사건일 때에는 모두 일본 관원이 심판한다.
- 『고종실록』

자료 3

제1관 대조선국 군주와 대미국 대통령 및 그 인민들은 각각 모두 영원히 화평하고 우애 있게 지낸다. 만약 타국이 어떤 불공평하고 경멸하는 일을 일으켰을 때는 일단 확인하고 서로 도와주며, 중간에서 잘 조정하여 두터운 우의를 보여 준다.
제5관 미국 상인과 상선이 조선에 와서 무역할 때 입출항하는 화물은 모두 세금(관세)을 바쳐야 하며, 그 수세권은 조선이 자주적으로 가진다.
제14관 조약을 체결한 뒤에 통상, 무역, 상호 교류 등에서 본 조약에 부여되지 않은 어떠한 권리나 특혜를 다른 나라에 허가할 때에는 자동적으로 미국 관민에게도 똑같이 주어진다.
- 『고종실록』

자료 4

(가) 후먼조약(1843)
제4조. 광저우, 푸저우, 샤먼, 닝보, 상하이가 개항하면 영국 상인은 오직 이 다섯 항구에서만 무역이 허용된다.
제8조. 청이 다른 나라와 새로운 조약을 체결할 경우, 그 조약이 영국과 맺은 것보다 유리하면 영국에도 그 조건을 인정한다.
제9조. 영국인이 청의 영토에서 죄를 범하면, 영국 관헌이 체포하여 조사한다.
- 『청과 서양 열강이 맺은 조약들』, 1902

(나) 미·일 수호 통상 조약(1858)
제3조. 시모다, 하코다테 외에도 나가사키, 니가타, 효고 등을 개항한다.
제4조. 일본에 수출입하는 모든 상품은 별도의 규정에 따라 관세를 낸다.
제6조. 일본인에게 죄를 지은 미국인은 미국 영사 재판소에서 미국 법에 따라 처벌받는다.
- 『막말 외교 관계 문서』, 2007

(다)
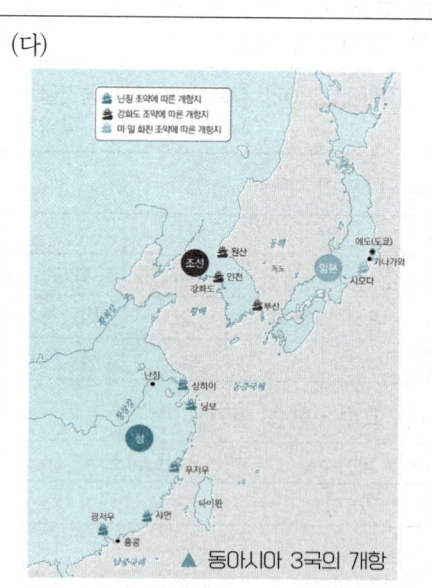
▲ 동아시아 3국의 개항

자료 5 서술형 평가 활동지

※ 활동 목표 : 동아시아 관점에서 조선의 문호개방을 파악할 수 있다.

| 평가 문항 1번 | [수험생 작성 부분 1] | 답안(5점) | |
| 평가 문항 2번 | [수험생 작성 부분 2] | 답안(5점) | |

교수·학습 지도안

단원		강화도 조약과 불평등 조약 체제	차시	1/3
학습단계		교수·학습 활동	자료 및 유의점	시간(분)
도입	선수학습 확인	• 문답을 통해 지난 시간에 배운 내용을 확인한다.		5
	동기유발	• 영종도를 침략하는 일본군 그림 자료를 이용하여 학생의 흥미를 유발한다.	그림 자료	
	학습 목표 제시	1. 강화도 조약과 조미 수호 통상 조약의 내용을 바탕으로 불평등 조약 체제를 설명할 수 있다. 2. 동아시아 관점에서 조선의 문호개방을 파악하여 글로 표현할 수 있다.		
전개	[전개 1] 조선의 문호 개방	〈실연 부분 1〉	〈자료 1~3〉	20

전개	[전개 2] 사료 탐구	〈실연 부분 2〉 ※ 학습 활동지 평가 문항 	평가 문항 1번	[수험생 작성 부분 1]
평가 문항 2번	[수험생 작성 부분 2]		〈자료 2, 4, 5〉	20
---	---	---	---	---
정리	본시 학습 정리	• 교사는 본시 학습의 주요 내용을 문답으로 확인한다.		5
	차시 예고	• 다음 시간 학습을 안내한다.		

주제 25　개화 정책의 추진과 반발

2025학년도 중등학교 교사 임용후보자 선정 경쟁시험(제2차 시험)
역사 수업 실연

문제 다음의 〈실연 방법〉, [교수·학습 조건], [자료]와 [교수·학습 지도안]을 반영하여 수업을 실연하시오.

〈실연 방법〉

[교수·학습 지도안]의 〈실연 부분 1~3〉에 해당하는 부분을 작성하시오.
1. 〈실연 부분 1〉: 개화 정책의 추진을 수업하시오.
　가. 〈자료 1〉의 자료를 참고하여 동아시아적 관점에서 개화 정책을 수업하시오.
　나. 조선의 개화 정책 사례를 제시하시오.
2. 〈실연 부분 2〉: 사료 학습과 글쓰기 수업을 진행하시오.
　가. 〈자료 2〉의 사료를 이용하여 위정척사 운동의 흐름을 수업하시오.
　나. 〈자료 2〉와 〈자료 3〉의 주장을 참고하여 〈자료 4〉를 활용한 가상 SNS 글을 작성하시오.
　다. 학습 활동과 SNS의 특수성을 고려하여 〈자료 4〉의 [수험생 작성 부분 1~3]을 채우고 평가 기준을 안내하시오.
3. 〈실연 부분 3〉: 〈자료 5, 6〉을 활용하여 임오군란에 대한 수업을 진행하시오.
　가. 〈자료 5〉의 지도를 통해 임오군란의 전개 과정을 수업하시오.
　나. 〈자료 6〉의 조약문을 통해 임오군란의 결과를 탐구하시오.

※ 유의점
　1. 단원의 성취기준을 고려하시오.
　2. 교사와 학생의 활동이 구체적으로 드러나도록 작성하시오.

교수·학습 조건

1. 과 목 명: 한국사
2. 대　　상: 고등학교 1학년
3. 수업시간: 50분
4. 단 원 명: 개화정책의 추진과 반발
　가. 단원의 성취기준

[10한사02-02] 강화도 조약의 성격을 살펴보고, 개화 정책의 내용과 이를 둘러싼 여러 세력의 대응을 다른 나라의 사례와 비교하여 파악한다.

　나. 단원의 구성

단원	차시	주요 내용 및 활용	수업형태	평가방법
동아시아 변화와 근대적 개혁의 추진	1	개항과 불평등 조약 체제	사료 탐구 수업	서술형 평가
	2(본시)	개화 정책의 추진과 반발	설명식 수업, 글쓰기 수업, 사료 학습	수행평가
	3	갑신정변과 국내외 정세의 변화	극화수업	수행평가

　다. 교수·학습 환경

학생수	지도장소	매체 및 기자재
24명	교실	칠판, 교사용 컴퓨터, 빔 프로젝트, 스크린, 태블릿PC 등

자료

자료 1

(가)    (나)

자료 2

(가) 적의 정세를 미리 살펴 분명하고 조리 있게 지금의 일을 논할 수는 없으나, 그 대강만을 들어 보기로 하겠습니다. 지금 서양인의 침입을 당하여 국론이 화친과 전쟁으로 양분되어 있습니다. 그런데 서양인을 공격해야 한다는 주장은 내 나라 쪽 사람의 주장이고, 서양인과 화친해야 한다는 주장은 적국 쪽 사람의 주장입니다. 전자를 따르면 나라의 문화와 전통을 보전할 수 있지만, 후자에 따른다면 조선인이 금수의 지경으로 빠지고 말 것입니다. — 이항로, 『화서집』

(나) 저들이 비록 왜인이라고 하지만 본질적으로는 서양 오랑캐와 다를 것이 없습니다. 강화가 이루어지면 사악한 서적과 천주교가 다시 들어와 사악한 기운이 온 나라를 덮게 될 것입니다. — 최익현, 『면암집』

(다) 수신사 김홍집이 가지고 와서 유포한 황준헌의 사사로운 책자를 보노라면 어느 새 털끝이 일어서고 쓸개가 떨리며 울음이 북받치고 눈물이 흐릅니다. …… 미국은 우리가 본래 모르던 나라입니다. 잘 알지 못하는데 공연히 타인의 권유로 불러들였다가 그들이 재물을 요구하고 우리의 약점을 알아차려 어려운 청을 하거나 과도한 경우를 떠맡긴다면 장차 이에 어떻게 응할 것입니까? 러시아는 본래 우리와 혐의가 없는 나라입니다. 공연히 남의 말만 듣고 틈이 생기게 된다면 우리의 위신이 손상될 뿐만 아니라 만약 이를 구실로 침략해 온다면 장차 이를 어떻게 막을 것입니까? — 『일성록』

자료 3

서구 열강이 군사력을 확장해 세계를 지배하는 근본 요인은 오로지 상업이 번성한데 있습니다. 우리가 부국강병을 이룰 것인지, 아니면 타국의 모욕을 받을 것인지는 오직 상업의 발전 여부에 달려 있습니다. — 유길준, 『유길준 전서』

자료 4

[학습 활동지]	■ 평가 기준(총 9점)	
1. 개화정책 추진에 대한 나의 입장은? (찬성/반대) 2. 나의 주장을 가상 SNS 글로 작성해보자. 3. 짝 친구의 SNS 글에 댓글을 달아보자.	1	[수험생 작성 부분 1](3점)
	2	[수험생 작성 부분 2](3점)
	3	[수험생 작성 부분 3](3점)

자료 5

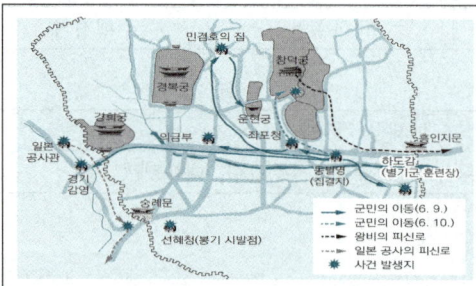

자료 6

(가) 제3조 조선국은 5만 원을 내어 해를 당한 일본 관리 유족, 부상자에게 주도록 한다.
　　제5조 일본 공사관에 군인 약간을 두어 경비한다. 비용은 조선국이 부담한다. — 『고종실록』

(나) 조선은 오랫동안 제후국에 있었으므로 …… 이 수륙 무역 장정은 중국이 속방을 우대한다는 뜻이며, 각국과 똑같은 이득을 보도록 하는 데 있지 않다. — 『고종실록』

교수·학습 지도안

단원		개화 정책의 추진과 반발	차시	2/3
학습단계		교수·학습 활동	자료 및 유의점	시간(분)
도입	선수학습 확인	• 문답을 통해 지난 시간에 배운 내용을 확인한다.		5
	동기유발	• 구식 군인과 별기군의 사진을 보여주며 학생들의 흥미를 유발한다.	사진 자료	
	학습 목표 제시	1. 정부가 추진한 개화 정책을 설명할 수 있다. 2. 개화에 반발하여 일어난 위정척사 운동과 임오군란에 대해 글로 표현할 수 있다.		
전개	[전개 1] 개화정책	〈실연 부분 1〉	〈자료 1〉	10
	[전개 2] 위정척사 운동	〈실연 부분 2〉 ※ 평가 기준(총 9점) 1. [수험생 작성 부분 1](3점) 2. [수험생 작성 부분 2](3점) 3. [수험생 작성 부분 3](3점)	〈자료 2~4〉	20

전개	[전개 3] 임오군란	⟨실연 부분 3⟩	⟨자료 5, 6⟩	10
정리	본시 학습 정리	• 교사는 본시 학습의 주요 내용을 문답으로 확인한다.		5
	차시 예고	• 다음 시간 학습 내용을 안내한다.		

주제 26 갑신정변과 국내외 정세의 변화

해설 p.35

2025학년도 중등학교 교사 임용후보자 선정 경쟁시험(제2차 시험)
역사 수업 실연

문제 다음의 〈실연 방법〉, [교수·학습 조건], [자료]와 [교수·학습 지도안]을 반영하여 수업을 실연하시오.

〈실연 방법〉

[교수·학습 지도안]의 〈실연 부분 1~3〉에 해당하는 부분을 작성하시오.
1. 〈실연 부분 1〉: 학습 목표를 2가지 제시하시오.
2. 〈실연 부분 2〉: 갑신정변에 대한 수업을 진행하시오.
   가. 온라인 수업 내용을 연계하시오.
   나. 〈자료 1〉의 사료를 바탕으로 갑신정변의 의의와 한계를 학생들이 직접 탐구하도록 적절한 질문을 하시오.
   다. 〈자료 2〉를 통해 갑신정변 이후의 국제 정세를 탐구하시오.
3. 〈실연 부분 3〉: 여러 정치 세력에 대한 홍보 포스터 만들기 수업을 진행하시오.
   가. 〈자료 3〉의 [수험생 작성 부분 1~3]을 채워 채점기준을 포함한 활동 안내를 실연하시오.

※ 유의점
   1. 개화파의 분화와 갑신정변의 전개까지 온라인 수업을 한 상황을 가정하시오.
   2. 단원의 성취기준을 고려하시오.
   3. 교사와 학생의 활동이 구체적으로 드러나도록 작성하시오.

교수·학습 조건

1. 과 목 명: 한국사
2. 대   상: 고등학교 1학년
3. 수업시간: 50분
4. 단 원 명: 갑신정변과 국내외 정세의 변화
   가. 단원의 성취기준

   [10한사02-02] 강화도 조약의 성격을 살펴보고, 개화 정책의 내용과 이를 둘러싼 여러 세력의 대응을 다른 나라의 사례와 비교하여 파악한다.

   나. 단원의 구성

단원	차시	주요 내용 및 활용	수업형태	평가방법
동아시아 변화와 근대적 개혁의 추진	1	개항과 불평등 조약 체제	사료 탐구 수업	서술형 평가
	2	개화 정책의 추진과 반발	비교 수업	포트폴리오 평가
	3	개화파의 분화와 갑신정변	온라인 수업	형성평가
	4(본시)	갑신정변과 국내외 정세의 변화	사료 수업, 만들기 수업	수행평가

   다. 교수·학습 환경

학생수	지도장소	매체 및 기자재
24명	교실	칠판, 교사용 컴퓨터, 스마트TV, 스마트폰, 태블릿PC 등

자료

자료 1

(가) 김옥균 일파는 청이 우리나라의 자주권을 침해하는 것을 분하게 여겨 드디어 일본 공사와 합력(合力)하여 갑신정변을 일으켜 마침내 일본당으로 지목되었다. 정변이 실패로 끝나자 온 나라가 그들을 역적으로 몰았다. 나는 정부에 있는 몸으로 같이 성토하지 않을 수 없었으나 그와 나는 서로 속마음을 훤히 아는 처지여서 그의 행동은 애국심에서 나온 것이지 다른 의도가 없었다는 것을 나는 안다. - 김윤식, 『속음청사』

(나) 현재 세계는 상업을 주로 하여 서로 산업의 크고 많음을 경쟁하고 있는데, 아직도 양반을 제거하여 뿌리를 뽑지 않는다면 국가의 패망은 기어코 앉아서 기다리는 꼴이 될 뿐입니다. 전하께서 이를 철저히 반성하시어 하루빨리 무식 무능하고 수구 완고한 대신배를 축출하시고, 문벌을 폐하고 인재를 골라 중앙 집권의 기초를 확립하여 백성들의 신용을 얻으시고, 널리 학교를 세워 백성이 지식을 깨우치게 하옵소서.
- 고균기념회, 『김옥균전』

(다) 임금을 위협한 것은 순리를 따르지 아니하고 거스르는 것이니 실패할 첫째 이유이다. 외세를 믿고 의지하였으니 반드시 오래가지 못할 것이 실패할 둘째 이유이다. 백성이 따르지 아니하여 변이 안에서부터 일어날 것이니 실패할 셋째 이유이다. …… 숫자가 적은 일본군이 어찌 많은 청군을 대적할 수 있겠는가? 이것이 실패할 넷째 이유이다. …… 이미 여러 민씨와 임금께서 친애하는 신하들을 죽였으니 이는 왕과 왕비의 뜻에 어긋나는 것이다. 임금과 부모의 뜻을 거스르고서 그 자리와 세력을 지킬 수 있겠는가? 이것이 실패할 다섯째 이유이다. …… 일이 반드시 실패할 터인데 도리어 스스로 깨닫지 못하고 있으니 어리석고 한스럽다.
- 윤치호, 『윤치호 일기』

자료 2

『Toboe』 창간호, 1887

자료 3

〈학습활동지〉

모둠명 : _____ 모둠원 : _____

1. 위정척사파, 온건 개화파, 급진 개화파 세력의 핵심 주장과 특징을 정리해보자.
   - 위정척사파 :
   - 온건개화파 :
   - 급진개화파 :
2. 후원하고 싶은 정치 세력을 택하여 표어를 만들어보자.
   _____
3. 2번의 표어를 활용하여 모둠별 태블릿PC를 이용한 홍보 포스터를 제작해보자.

채점기준	배점
[수험생 작성 부분 1]	5점
[수험생 작성 부분 2]	5점
[수험생 작성 부분 3]	5점

교수·학습 지도안

단원		갑신정변과 국내외 정세의 변화	차시	4/4
학습단계		교수·학습 활동	자료 및 유의점	시간(분)
도입	선수학습 확인	• 문답을 통해 지난 시간에 배운 내용을 확인한다.		5
	동기유발	• 중립화론과 관련한 영상을 통해 흥미를 유발한다.	시청각 자료	
	학습 목표 제시	〈실연 부분 1〉		
전개	[전개 1] 개화파의 분화	• 온라인 수업 내용을 문답하여 확인한다.		3
	[전개 2] 갑신정변과 국내외 정세 변화	〈실연 부분 2〉	〈자료 1, 2〉	10

전개	[전개 3] 학생 활동	〈실연 부분 3〉 ※ 채점기준표 <table><tr><th>채점기준</th><th>배점</th></tr><tr><td>[수험생 작성 부분 1]</td><td>5점</td></tr><tr><td>[수험생 작성 부분 2]</td><td>5점</td></tr><tr><td>[수험생 작성 부분 3]</td><td>5점</td></tr></table>	〈자료 3〉	27
정리	본시 학습 정리	• 교사는 본시 학습의 주요 내용을 문답으로 확인한다.		5
	차시 예고	• 다음 시간 학습 내용을 안내한다.		

주제 27 | 독립협회의 창립과 활동

2025학년도 중등학교 교사 임용후보자 선정 경쟁시험(제2차 시험)
역사 수업 실연

문제 다음의 〈실연 방법〉, [교수·학습 조건], [자료]와 [교수·학습 지도안]을 반영하여 수업을 실연하시오.

〈실연 방법〉

[교수·학습 지도안]의 〈실연 부분 1~3〉을 실연하시오.
1. 〈실연 부분 1〉: 단원의 성취기준 및 수업 방법을 고려하여 학습 목표 2가지를 세우시오.
2. 〈실연 부분 2〉: 독립협회의 창립에 대해 설명하시오.
   가. 〈자료 1〉을 활용하여 연대기에 따라 구조화된 판서를 하시오.
   나. 다음 차시와의 연계를 고려한 설명을 하시오.
3. 〈실연 부분 3〉: 역사적 인물이 되어 글쓰기 방법으로 수행평가를 실시하시오.
   가. 〈자료 3〉의 [수험생 작성 부분 1~4]를 채우시오.
   나. 〈자료 2, 3〉을 참고하여 평가 방안을 안내하시오.
   다. 평가 과정 중 순회 지도를 3회 실시하시오.
    - 주제 선택 과정에서 어려움을 겪는 학생을 위해 조언하시오.
    - 쓰기 활동에 집중하지 못하는 학생을 위해 조언하시오.
    - 자료의 수집 및 〈자료 2~3〉의 활용에 어려움을 겪는 학생에게 조언하시오.
   라. 평가를 마친 후 1가지 사례를 가정하고 긍정적인 부분, 아쉬운 부분을 1가지씩 피드백하시오.

※ 유의점
 1. 전후 차시가 유기적으로 연계된 수업을 구상하시오.
 2. 교사와 학생의 활동이 구체적으로 드러나도록 시연하시오.

교수·학습 조건

1. 과 목 명: 한국사
2. 대   상: 고등학교 1학년
3. 수업시간: 50분
4. 단 원 명: 독립협회의 창립과 활동
   가. 단원의 성취기준

   [10한사02-03] 열강의 침략이 가속화되는 가운데 여러 세력이 추진한 근대 국민 국가 수립 노력을 탐색한다.

   나. 단원의 구성

단원	차시	주요 내용 및 활용	수업형태	평가방법
근대 국민 국가 수립 운동	1	동학 농민 운동	극화 학습	다면평가
	2	갑오개혁	사료 학습, 설명식 수업	선다형 평가
	3(본시)	독립협회의 창립과 활동	설명식 수업, 사료 학습, 글쓰기 수업	수행평가
	4	대한 제국	설명식 수업	서술형 평가

   다. 교수·학습 환경

학생수	지도장소	매체 및 기자재
28명	교실	칠판, 교사용 컴퓨터, 스마트TV, 스마트폰 등

자료

자료 1

고종환궁 / 관민 공동회 / 대한 제국 선포 / 독립신문 창간 / 독립협회 창립 / 독립협회 해산 / 아관파천

자료 2

(가) 우리가 『독립신문』을 오늘 처음으로 출판하는데 조선에 있는 내외국 인민에게 우리 주의를 미리 말씀하여 알리려 한다. 우리는 …… 정부에서 하는 일을 백성에게 전할 것이요 백성의 정세를 정부에게 전할 것이니 …… 우리는 사실만을 다룰 것이고, 정부 관원이라도 잘못하는 사람이 있으면 우리가 말할 것이며, 탐관오리의 행적을 세상에 알릴 것이고, 백성이라도 불법을 저지르는 사람은 우리가 찾아서 신문에 설명할 것이다.
- 『독립신문』

(나) 의회가 따로 있어 나라 안에 학문 있고 지혜 있고 좋은 생각 있는 사람들을 뽑아 …… 좋은 의논을 날마다 공평하게 토론하여 …… 대황제 폐하께 …… 뜻을 품어 재가를 물은 후에는 그 일을 내각으로 넘겨 내각에서 그 결정한 의사를 가지고 규칙대로 시행만 할 것
- 『독립신문』

(다) 독립협회의 민권 보장책 5개조
1. 인민의 생명과 재산에 해당한 일은 어디까지 보호할 일
2. 무단히 사람을 잡거나 구류하지 못하며, 잡으려면 그 사람의 죄목을 분명히 공문에 써서 그 사람에게 보이고 포박할 일
3. 잡은 후에도 재판하여 죄상이 뚜렷하기 전에는 죄인으로 다스리지 못할 일
4. 잡힌 후에 24시간 내에 법관에게 넘겨서 재판을 청할 일
5. 누구든지 잡히면 그 당사자나 친척이나 친구가 즉시 법관에게 말하여 재판할 일

(라) 헌의 6조
1. 외국인에게 의지하지 말고 관리와 백성이 서로 합심하여 전제 황권을 굳건히 한다.
2. 광산, 철도, 석탄, 관림 및 차관, 차병은 정부와 외국인과 조약을 맺는 것이니, 각부 대신들과 중추원 의장이 합동하여 서명하고 날인한 것이 아니면 시행할 수 없다.
3. 전국의 재정은 모두 다 탁지부에서 관할하고, …… 예산과 결산을 사람들에게 공포한다.
4. 이제부터 중대한 범죄에 관계되는 것은 특별히 공판을 진행하되, 피고에게 철저히 설명해서 피고가 저지른 죄를 자백한 후에 형을 시행한다.
5. 칙임관은 황제 폐하가 의정부에 물어 과반수가 찬성하여 임명한다.
6. 규정을 실제로 시행한다.

자료 3

〈독립협회 단원 수행평가 - 역사적 인물이 되어 글쓰기〉

1학년 ____반 ____번 이름 : _____

[독립협회 회원이 되어 아래 주제 중 한 가지를 골라 입론서를 작성하시오.]

〈실제 독립협회가 개최한 토론 주제〉
1. 조선의 급선무는 인민의 교육에 있다.
2. 인민의 견문을 넓히려면 신문을 발간하는 일이 제일 중요하다.
3. 나라를 부강하게 하려면 광산을 확장하여야 한다.
4. 우리 국토를 남에게 빌려주는 것은 온당치 못하다.
5. 중추원을 개편하는 것이 정치상 제일 긴요하다.
6. 백성의 권리가 높아질수록 임금의 지위가 높아지고, 나라의 힘을 떨칠 수 있다.

〈유의사항〉

| 1. [수험생 작성 부분 1] |
| 2. [수험생 작성 부분 2] |
| 3. 평가 과정 중 교사에게 도움을 요청할 수 있다. |
| 4. 평가 기준에 유의하여 제작한다. |

〈채점기준표〉

내용	배점
1. [수험생 작성 부분 3]	0/1/2
2. [수험생 작성 부분 4]	0/1/2
3. 쓰기 활동에 적극적으로 참여하는가?	0/1

교수·학습 지도안

단원		독립협회의 창립과 활동	차시	3/4
학습단계		교수·학습 활동	자료 및 유의점	시간(분)
도입	선수 학습 확인	• 지난 차시 학습에 대해 확인한다.		5
	동기유발	• 독립협회에 대한 동영상 자료로 동기를 유발한다.		
	학습 목표 제시	〈실연 부분 1〉		
전개	[전개 1] 독립협회의 창립	〈실연 부분 2〉	〈자료 1〉	10
	[전개 2] 독립협회의 활동	• 독립협회에 대한 사료 탐구 학습을 진행한다.	〈자료 2〉	5

전개	[전개 3] 수행평가	⟨실연 부분 3⟩ ⟨유의사항⟩ 1. [수험생 작성 부분 1] 2. [수험생 작성 부분 2] 3. 평가 과정 중 교사에게 도움을 요청할 수 있다. 4. 평가 기준에 유의하여 제작한다. ⟨채점기준표⟩ <table><tr><td>내용</td><td>배점</td></tr><tr><td>1. [수험생 작성 부분 3]</td><td>0/1/2</td></tr><tr><td>2. [수험생 작성 부분 4]</td><td>0/1/2</td></tr><tr><td>3. 쓰기 활동에 적극적으로 참여하는가?</td><td>0/1</td></tr></table>		⟨자료 2, 3⟩	25
정리	학습 내용 정리	• 교사는 학습한 내용에 대해 정리한다.			5
	차시 예고	• 교사는 다음 단원에 대해 예고한다.			

주제 28 대한 제국과 광무개혁

2025학년도 중등학교 교사 임용후보자 선정 경쟁시험(제2차 시험)

역사 수업 실연

문제 다음의 〈실연 방법〉, [교수·학습 조건], [자료]와 [교수·학습 지도안]을 반영하여 수업을 실연하시오.

〈실연 방법〉

[교수·학습 지도안]의 〈실연 부분 1, 2〉를 실연하시오.
1. 〈실연 부분 1〉: 대한 제국과 광무개혁에 대해 설명하시오.
   가. 〈자료 1〉을 활용하여 설명하시오.
   나. 대한 제국의 개혁 방향성에 대한 학생들의 상반된 의견을 듣고 이를 종합하시오.
2. 〈실연 부분 2〉: 〈자료 2〉를 활용하여 중단원을 총정리하는 역사 신문 만들기를 실시하시오.
   가. 활동 전개 과정에 따라 [수험생 작성 부분 1~4]를 채우고 역사 신문 만들기 방법을 안내하시오.
   나. [수험생 작성 부분 5, 6]을 채우고 채점기준을 안내하시오.
   다. 신문 제작 중 다음 조건에 따라 순회 지도를 실시하시오.
      - 활동 방법 및 채점기준을 토대로 지도하시오.
      - 역사 신문 만들기 수업에 적절한 지도를 하시오.
      - 단원의 성취기준을 고려한 지도를 하시오.
   라. 가상의 신문 제작 결과를 토대로 피드백하시오.

※ 유의점
1. 매체 및 기자재를 적극 활용하시오.
2. 교사와 학생의 활동이 구체적으로 드러나도록 시연하시오.

교수·학습 조건

1. 과 목 명 : 한국사
2. 대   상 : 고등학교 1학년
3. 수업시간 : 100분(블록타임제)
4. 단 원 명 : 대한 제국과 광무개혁
   가. 단원의 성취기준

   [10한사02-03] 열강의 침략이 가속화되는 가운데 여러 세력이 추진한 근대 국민 국가 수립 노력을 탐색한다.

   나. 단원의 구성

단원	차시	주요 내용 및 활용	수업형태	평가방법
근대 국민 국가 수립 운동	1	동학 농민 운동	극화 학습	다면평가
	2	갑오개혁	사료 학습, 설명식 수업	선다형 평가
	3	독립협회의 창립과 활동	설명식 수업, 글쓰기 수업	서술형 평가
	4-5(본시)	대한 제국과 광무개혁	설명식 수업, 만들기 수업	수행평가

   다. 교수·학습 환경

학생수	지도장소	매체 및 기자재
23명	교실	칠판, 교사용 컴퓨터, 스마트TV, 태블릿PC, 스마트폰 등

자료

자료 1

(가) 대한국 국제
1. 대한국은 세계 만국에 공인된 자주독립한 제국이다.
2. 대한 제국의 정치는 과거 500년간 전래되었고, 앞으로 만세토록 불변할 전제 정치이다.
3. 대한국 대황제는 무한한 군권(君權)을 지니고 있다.
5. 대한국 대황제는 국내의 육해군을 통솔하고 편제를 정하며 계엄과 계엄 해제를 명한다.
9. 대한국 대황제는 각 조약국에 사신을 파견·주재하게 하고 선전 포고, 강화 및 제반 약조를 체결한다.
- 「고종실록」

(나)
제1조 지계아문은 한성부와 13도 각 부와 군의 산림, 토지, 전답, 가옥의 지계를 정리하기 위하여 임시로 설치한다.
제10조 대한 제국 인민이 아닌 사람은 산림, 토지, 전답, 가옥의 소유주가 될 수 없다. 단 개항장은 이 규정의 제한을 받지 않는다.
제11조 산림, 토지, 전답, 가옥의 소유주가 관계(官契)를 발급받지 않았다가 적발되었을 때는 그 가격의 10분의 4에 해당하는 벌금을 물리고 관계를 발급한다.
제22조 토지 매매 증권을 인출하여 절반을 나눠 오른쪽 편은 토지 주인에게 주고, 왼쪽 편은 해당 지방 관청에서 보존한다.
- 「지계아문 규정」

(다) 상공 학교 관제
제1조 상공 학교는 상업과 공업에 필요한 실학을 교육하는 곳으로 정한다.
제2조 상공 학교에 상업과와 공업과를 나누어 설치하며, 수업 연한은 4년으로 한정한다.
- 「고종실록」

자료 2

〈근대 국가 수립을 위한 노력 – 역사 신문 만들기〉

1학년 ____반 ____번 모둠 : _____

[활동 방법]

1.	[수험생 작성 부분 1]
2.	[수험생 작성 부분 2]
3.	[수험생 작성 부분 3]
4.	[수험생 작성 부분 4]

[채점기준표]

1.	역사적 사실에 오류가 없는가?	0~5점
2.	[수험생 작성 부분 5]	0~5점
3.	[수험생 작성 부분 6]	0~5점
4.	모둠원이 적극적으로 참여하였는가?	0~5점

[신문 구획도]

〈근대 국민 신문〉	
	2×년 ____월 ____일
1모둠 : 동학 농민 운동	2모둠 : 갑오개혁
3모둠 : 독립협회	4모둠 : 대한 제국

교수·학습 지도안

단원		대한 제국과 광무개혁	차시	4-5/5
학습단계		교수·학습 활동	자료 및 유의점	시간(분)
도입	선수 학습 확인	• 지난 차시 학습에 대해 확인한다.		5
	동기유발	• 대한제국에 대한 동영상 자료로 동기를 유발한다.	동영상 자료	
	학습 목표 제시	1. 대한 제국과 광무개혁에 대해 설명할 수 있다. 2. 여러 계층의 근대 국민 국가 수립을 위한 노력과 관련된 역사 신문을 만들 수 있다.		
전개	[전개 1] 대한 제국의 성립	• 대한 제국의 성립과 광무개혁의 원칙인 구본신참에 대해 설명한다.		10
	[전개 2] 대한국 국제 반포와 광무개혁	〈실연 부분 1〉	〈자료 1〉	20

전개	[전개 3] 역사 신문 만들기	⟨실연 부분 2⟩ [활동 방법]<table><tr><td>1.</td><td>[수험생 작성 부분 1]</td></tr><tr><td>2.</td><td>[수험생 작성 부분 2]</td></tr><tr><td>3.</td><td>[수험생 작성 부분 3]</td></tr><tr><td>4.</td><td>[수험생 작성 부분 4]</td></tr></table>[채점기준표]<table><tr><td>1.</td><td>역사적 사실에 오류가 없는가?</td><td>0~5점</td></tr><tr><td>2.</td><td>[수험생 작성 부분 5]</td><td>0~5점</td></tr><tr><td>3.</td><td>[수험생 작성 부분 6]</td><td>0~5점</td></tr><tr><td>4.</td><td>모둠원이 적극적으로 참여하였는가?</td><td>0~5점</td></tr></table>	⟨자료 2⟩	60
정리	학습 내용 정리	• 교사는 학습한 내용에 대해 정리한다.		5
	차시 예고	• 교사는 다음 단원에 대해 예고한다.		

주제 29 일본의 국권침탈

2025학년도 중등학교 교사 임용후보자 선정 경쟁시험(제2차 시험)
역사 수업 실연

문제 다음의 〈실연 방법〉, [교수·학습 조건], [자료]와 [교수·학습 지도안]을 반영하여 수업을 실연하시오.

〈실연 방법〉

[교수·학습 지도안]의 〈실연 부분 1~3〉에 해당하는 부분을 실연하시오.
1. 〈실연 부분 1〉: 학생들의 역사적 감정이입을 돕는 동기유발을 실시하시오.
2. 〈실연 부분 2〉: 일본의 국권 침탈 과정에 대해 사료 탐구 학습을 진행하시오.
   가. 〈자료 1〉의 [수험생 작성 부분 1, 2]를 채우시오.
   나. 학생들이 탐구 결과를 발표하도록 하고 이를 보완하며 답안을 제시하시오.
3. 〈실연 부분 3〉: 〈자료 2~4〉를 활용해 연표 만들기 수업을 하시오.
   가. 〈자료 2〉를 활용해 연표 만들기 수업을 안내하시오.
   나. 〈자료 3〉의 [수험생 작성 부분 3, 4]를 쓰시오.
   다. 학생이 완성한 경우를 〈자료 4〉라 가정하고 아쉬운 부분의 피드백 과정을 시연하시오.

교수·학습 조건

1. 과 목 명: 한국사
2. 대   상: 고등학교 1학년
3. 수업시간: 50분
4. 단 원 명: 일본의 국권침탈

   가. 단원의 성취기준

   [10한사02-04] 일본의 국권 침탈 과정과 이에 맞선 국권 수호 운동의 내용을 파악한다.

   나. 단원의 구성

단원	차시	주요 내용 및 활용	수업형태	평가방법
일본의 침략 확대와 국권 수호 운동	1(본시)	일본의 국권 침탈	설명식 수업, 사료 탐구 학습, 연표 만들기 수업	수행평가
	2	국권 수호를 위한 항일 의병	사료 학습, 극화수업	다면평가
	3	애국 계몽 운동의 전개	사료 학습, 주제 탐구학습	다면평가
	4	독도와 간도	설명식 수업, 글쓰기 수업	수행평가

   다. 교수·학습 환경

학생수	지도장소	매체 및 기자재
24명	교실	칠판, 교사용 컴퓨터, 스마트TV, 태블릿PC

자료

자료 1

일본의 국권 침탈 사료 탐구학습지

1학년 __반 __번 이름 : _____

(1) 〈한일 의정서〉

제4조 대한 제국 정부는 대일본 제국의 행동을 용이하게 하기 위하여 충분한 편의를 제공한다. 대일본 제국 정부는 군략상 필요한 지점을 상황에 따라 차지하여 이용할 수 있다.

> Q. 러일 전쟁 중 일본이 한일 의정서를 강제한 이유를 작성해 보자.
> :

(2) 〈을사늑약〉

제3조 일본국 정부는 한국 황제 폐하 아래 통감을 두되, 통감은 전적으로 외교에 관한 사항을 관리하기 위하여 경성에 주재하고 친히 한국 황제 폐하를 알현하는 권리를 가진다.

> Q. [수험생 작성 부분 1] (※태블릿PC 활용 가능)
> :

(3) 〈한일 병합 늑약〉

제1조 한국 황제 폐하는 한국 전부에 관한 일체 통치권을 완전히 또 영구히 일본 황제 폐하에게 양여한다.
제2조 일본국 황제 폐하는 제1조에 게재한 양여를 수락하고, 또 완전히 한국을 일본 제국에 병합하는 것을 승낙한다.

> Q. [수험생 작성 부분 2]
> :

자료 2

[일본의 국권 침탈 과정 연표 만들기]

- 연표 : 러·일전쟁(1904) ▶ (가) ▶ 을사늑약(1905) ▶ (나) ▶ 한·일병합조약(1910)

- 참고 자료

(가) 1. 한국 정부는 일본 정부가 추천한 일본인 1명을 재정 고문으로 삼아 …… 재무에 관한 사항은 일체 그의 의견을 물어 시행해야 한다.
2. 한국 정부는 일본 정부가 추천한 외국인 1명을 외교 고문으로 삼아 …… 외교에 관한 중요한 사무는 일체 그의 의견을 물어서 시행해야 한다.

(나) 1. 한국 정부는 시정 개선에 관하여 통감의 지도를 받는다.
5. 한국 정부는 통감이 추천하는 일본인을 한국 관리로 임명한다.

자료 3 채점기준표

핵심 역량	기준	점수
역사 사실 이해	[수험생 작성 부분 3][2점]	
역사 자료 분석과 해설	[수험생 작성 부분 4][2점]	

자료 4

[일본의 국권 침탈 과정 연표 만들기]

학생 이름 : 김지민

러·일전쟁(1904) ▶ 포츠머스 조약(1905) ▶ 을사늑약(1905) ▶ 한·일신협약(1907) ▶ 한·일병합조약(1910)

교수·학습 지도안

단원		일본의 국권침탈	차시	1/4
학습단계		교수·학습 활동	자료 및 유의점	시간(분)
도입	선수학습확인	・대한제국과 광무개혁에 대해서 복습한다.		
	동기유발	〈실연 부분 1〉		5
	학습 목표 제시	1. 일본의 국권 침탈 과정을 사료로 이해할 수 있다. 2. 일본의 국권 침탈 과정을 연표로 만들 수 있다.		
전개	[전개 1] 러·일 전쟁	・러·일 전쟁을 둘러싼 국내외 정세 및 포츠머스 조약을 설명한다.		10
	[전개 2] 국권침탈과정	〈실연 부분 2〉 [탐구학습지] [수험생 작성 부분 1] [수험생 작성 부분 2]	〈자료 1〉	10

전개	[전개 3] 연표 만들기	〈실연 부분 3〉 ※ 채점기준표 <table><tr><th>핵심역량</th><th>기준</th><th>점수</th></tr><tr><td>역사 사실 이해</td><td>[수험생 작성 부분 3][2점]</td><td></td></tr><tr><td>역사 자료 분석과 해석</td><td>[수험생 작성 부분 4][2점]</td><td></td></tr></table>		〈자료 2, 3〉	20
정리	본시 학습 정리	• 교사는 주요 내용을 문답으로 확인한다.			5
	차시 예고	• 교사는 다음 시간 내용을 간단히 예고한다.			

주제 30 항일 의병 운동

해설 p.41

2025학년도 중등학교 교사 임용후보자 선정 경쟁시험(제2차 시험)
역사 수업 실연

문제 다음의 〈실연 방법〉, [교수·학습 조건], [자료]와 [교수·학습 지도안]을 반영하여 수업을 실연하시오.

〈실연 방법〉

[교수·학습 지도안]의 〈실연 부분 1~3〉에 해당하는 부분을 실연하시오.
1. 〈실연 부분 1〉: 수업 내용과 방법을 참고하여 학습 목표 2가지를 제시하시오.
2. 〈실연 부분 2〉: 〈자료 1〉을 활용하여 사료 학습을 하시오.
   가. 〈자료 1〉을 활용하여 교사와 학생의 질문이 드러나는 수업을 하시오.
3. 〈실연 부분 3〉: 〈자료 2~4〉를 활용해 글쓰기 수업을 하시오.
   가. 〈자료 2〉를 활용해 드라마 기획안 작성을 안내하시오.
   나. 〈자료 3〉의 [수험생 작성 부분 1~4]를 쓰고, 안내하시오.
   다. 협력이 잘된 모둠이 완성한 경우를 〈자료 4〉라 가정하고 피드백 과정을 시연하시오.

교수·학습 조건

1. 과 목 명 : 한국사
2. 대   상 : 고등학교 1학년
3. 수업시간 : 50분
4. 단 원 명 : 항일 의병 운동
   가. 단원의 성취기준

   [10한사02-04] 일본의 국권 침탈 과정과 이에 맞선 국권 수호 운동의 내용을 파악한다.

   나. 단원의 구성

단원	차시	주요 내용 및 활용	수업형태	평가방법
일본의 침략 확대와 국권 수호 운동	1	일본의 국권 침탈	설명식 수업, 만들기 수업	수행평가
	2(본시)	항일 의병 운동 Ⅰ	사료 학습, 글쓰기 수업	다면평가
	3	항일 의병 운동 Ⅱ	극화수업	다면평가
	4	애국 계몽 운동의 전개	사료 학습, 주제 탐구학습	다면평가
	5	독도와 간도	설명식 수업, 글쓰기 수업	수행평가

   다. 교수·학습 환경

학생수	지도장소	매체 및 기자재
24명	교실	칠판, 교사용 컴퓨터, 빔 프로젝트, 스크린, 스마트폰

자료

자료 1

오호라, 작년 10월에 저들이 한 행위는 만고에 일찍이 없던 일로서, 억압으로 한 조각의 종이에 조인하여 5백 년 전해 오던 종묘사직이 드디어 하룻 밤 사이에 망하였으니, 천지신명도 놀라고 조종의 영혼도 슬퍼하였다. …… 이처럼 망해 갈진대 어찌 한번 싸우지 않을 수 있는가. 또 살아서 원수의 노예가 되기보다는 죽어서 충의의 혼이 되는 것이 나을 것이다.

- 최익현, 『면암집』

자료 2

[항일 의병 드라마 기획안 작성]

- 모둠 이름 : _____

1. 드라마 제목 :
2. 등장 인물 :
3. 참고자료 :
4. 각 회차 장면

회차	내용
1회	
2회	
3회	

자료 3

[다면평가지]

- 이름 : _____

구분	평가 기준	배점(10)	점수
모둠	[수험생 작성 부분 1]	3	
	[수험생 작성 부분 2]	2	
	[수험생 작성 부분 3]	3	
개인	[수험생 작성 부분 4]	2	

자료 4

[항일 의병 드라마 기획안 작성]

- 모둠 이름 : 다이너마이트

1. 드라마 제목 : 정미의병, 돌격 앞으로!
2. 등장 인물 : 이인영, 허위
3. 참고자료 : 교과서, 우리역사넷, 영상(지식채널E)
4. 각 회차 장면

회차	내용
1회	고종의 강제퇴위와 군대해산
2회	13도 창의군의 결성과 서울 진공 작전
3회	이인영의 갑작스러운 귀향

교수·학습 지도안

단원		항일 의병 운동	차시	2/5
학습단계		교수·학습 활동	자료 및 유의점	시간(분)
도입	선수학습확인	• 일본의 국권침탈과정에 대해 복습한다.		5
	동기유발	• 드라마 '미스터 선샤인'의 한 장면을 보여주며, 항일 의병에 대한 흥미를 유발한다.	영상 자료	
	학습 목표 제시	〈실연 부분 1〉		
전개	[전개 1] 을미 의병의 봉기	• 을미 의병의 전개과정을 설명한다.		10
	[전개 2] 을사 의병의 봉기	〈실연 부분 2〉	〈자료 1〉	10
	[전개 3] 정미 의병과 호남 의병	• 정미 의병과 호남 의병의 전개과정을 설명한다.		5

구분					
전개	[전개 4] 드라마 기획안 작성	〈실연 부분 3〉 ◎ 다면평가지 <table><tr><th>구분</th><th>평가 기준</th><th>배점(10)</th><th>점수</th></tr><tr><td rowspan="3">모둠</td><td>[수험생 작성 부분 1]</td><td>3</td><td></td></tr><tr><td>[수험생 작성 부분 2]</td><td>2</td><td></td></tr><tr><td>[수험생 작성 부분 3]</td><td>3</td><td></td></tr><tr><td>개인</td><td>[수험생 작성 부분 4]</td><td>2</td><td></td></tr></table>	〈자료 2~4〉	15
정리	본시 학습 정리	• 교사는 주요 내용을 문답으로 확인한다.			5
	차시 예고	• 교사는 다음 시간 내용을 간단히 예고한다.			

주제 31 애국 계몽 운동

2025학년도 중등학교 교사 임용후보자 선정 경쟁시험(제2차 시험)

역사 수업 실연

문제 다음의 〈실연 방법〉, [교수·학습 조건], [자료]와 [교수·학습 지도안]을 반영하여 수업을 실연하시오.

〈실연 방법〉

[교수·학습 지도안]의 〈실연 부분 1~3〉에 해당하는 부분을 실연하시오.
1. 〈실연 부분 1〉: 수업 내용과 방법을 고려하여 학습 목표 2가지를 제시하시오.
2. 〈실연 부분 2〉: 〈자료 1〉을 활용하여 사료 탐구 학습을 하시오.
   가. 〈자료 1〉을 활용하여 질문이 드러나는 수업을 하시오.
3. 〈실연 부분 3〉: 〈자료 2~4〉를 활용해 주제 탐구 학습(보고서 개요 작성)을 하시오.
   가. 〈자료 2〉를 활용해 주제 탐구 학습(보고서 개요 작성)을 안내하고, 학생들의 학습이 심화될 수 있도록 순회 지도하시오.
   나. 〈자료 3〉의 [수험생 작성 부분 1, 2]를 쓰시오.
   다. 완성도가 높은 사례를 〈자료 4〉라 가정하고 피드백 과정을 시연하시오.

교수·학습 조건

1. 과 목 명: 한국사
2. 대   상: 고등학교 1학년
3. 수업시간: 50분
4. 단 원 명: 애국 계몽 운동
   가. 단원의 성취기준

   [10한사02-04] 일본의 국권 침탈 과정과 이에 맞선 국권 수호 운동의 내용을 파악한다.

   나. 단원의 구성

단원	차시	주요 내용 및 활용	수업형태	평가방법
일본의 침략 확대와 국권 수호 운동	1	일본의 국권 침탈	설명식 수업, 만들기 수업	수행평가
	2	항일 의병 운동	사료 학습, 극화수업	다면평가
	3(본시)	애국 계몽 운동	사료 학습, 주제 탐구 학습	다면평가
	4	애국 계몽 운동(보고서 작성)	글쓰기 수업	수행평가
	5	독도와 간도	설명식 수업, 글쓰기 수업	수행평가

   다. 교수·학습 환경

학생수	지도장소	매체 및 기자재
24명	교실	칠판, 교사용 컴퓨터, 태블릿PC, 스마트TV, 스마트폰

자료

자료 1

1. 국민에게 민족의식과 독립사상 고취
2. 동지를 발견하고 단합하여 국민운동역량 축적
3. 상공업 기관 건설로 국민의 부력(富力) 증진
4. 교육 기관 설립으로 청소년 교육 진흥

- 『도산 안창호』, 1947.

자료 2

[애국 계몽 운동 보고서 개요]

- 모둠 이름 : _____

1. 주제 선정 :
2. 서론(주제 선정 이유) :
3. 본론(주제에 대한 탐구질문 리스트)

	내용	답
첫 번째 질문		
두 번째 질문		
세 번째 질문		

4. 결론 :
5. 참고 자료 :

자료 3

[다면평가지]

구분	평가 기준	배점(10)	점수
모둠	[수험생 작성 부분 1]	3	
모둠	[수험생 작성 부분 2]	2	
모둠	다양한 자료를 참고하였는가?	3	
개인	모둠 활동에 적극적으로 참여하였는가?	2	

자료 4

[애국 계몽 운동 보고서 개요]

- 모둠 이름 : 꼬마 역사가들

1. 주제 선정 : 신민회, 민족의 실력 양성에 힘쓰다.
2. 서론(주제 선정 이유) : 신민회는 계몽과 무장 투쟁을 모두 중시한 단체로서 역사적 의미가 있다.
3. 본론(주제에 대한 탐구질문 리스트)

	내용	답
첫 번째	신민회를 조직한 사람은 누구인가?	양기탁, 안창호 등
두 번째	신민회는 어떤 활동을 했을까?	교육활동(오산학교, 대성학교), 무장투쟁활동(신흥무관학교 설립) 등
세 번째	나라를 지키기 위해서 계몽운동과 무장투쟁 중 효과적인 것은 무엇일까?	우리 모둠은 우리가 스스로 힘을 기르는 계몽운동이 우선되고 이후 무장투쟁이 필요하다고 생각한다.

4. 결론 : 신민회는 우리나라 민중의 계몽과 무장 투쟁을 통한 독립 운동에 앞장선 단체이다.
5. 참고 자료 : 교과서, 우리 역사넷, 인터넷 신문기사 등

교수·학습 지도안

단원		애국 계몽 운동	차시	3/5
학습단계		교수·학습 활동	자료 및 유의점	시간(분)
도입	선수학습확인	• 지난 시간 의병운동에 대해서 복습한다.		5
	동기유발	• '문명적 진군' 삽화를 보여주며, 애국 계몽 운동의 의미를 추론하게 한다.	삽화 자료	
	학습 목표 제시	〈실연 부분 1〉		
전개	[전개 1] 애국 계몽 단체의 활동	• 애국 계몽 단체의 활동에 대해서 설명한다.		10
	[전개 2] 신민회의 결성	〈실연 부분 2〉	〈자료 1〉	10

전개	[전개 3] 조사 탐구학습 (보고서 개요 작성)	〈실연 부분 3〉 ◎ 다면평가지 	구분	평가 기준	배점(10)	점수
모둠	[수험생 작성 부분 1]	3	
	[수험생 작성 부분 2]	2	
개인	다양한 자료를 참고하였는가?	3	
	모둠 활동에 적극적으로 참여하였는가?	2			〈자료 2~4〉	20
정리	본시 학습 정리	• 교사는 주요 내용을 문답으로 확인한다.		5
	차시 예고	• 교사는 다음 시간 내용을 간단히 예고한다.		

주제 32 독도와 간도

2025학년도 중등학교 교사 임용후보자 선정 경쟁시험(제2차 시험)

역사 수업 실연

문제 다음의 〈실연 방법〉, [교수·학습 조건], [자료]와 [교수·학습 지도안]을 반영하여 수업을 실연하시오.

〈실연 방법〉

[교수·학습 지도안]의 〈실연 부분 1~3〉에 해당하는 부분을 실연하시오.
1. 〈실연 부분 1〉: 수업 내용과 관련하여 동기유발 하시오.
2. 〈실연 부분 2〉: 독도에 대해서 설명식 수업을 하시오.
   가. 〈자료 1〉과 학습 요소 [지증왕 시기, 안용복, 대한제국 칙령 제41호]를 설명하시오.
3. 〈실연 부분 3〉: 〈자료 2~5〉를 활용해 글쓰기 수업을 하시오.
   가. 〈자료 2〉를 활용해 글쓰기 수업을 안내하시오.
   나. 〈자료 3〉의 [수험생 작성 부분 1~3]을 제시하시오.
   다. 순회 지도에 〈자료 4〉를 활용하시오.
   라. 학생이 완성한 경우를 〈자료 5〉라 가정하고 피드백 과정을 시연하시오.

교수·학습 조건

1. 과 목 명 : 한국사
2. 대   상 : 고등학교 1학년
3. 수업시간 : 50분
4. 단 원 명 : 독도와 간도
   가. 단원의 성취기준

   [10한사02-04] 일본의 국권 침탈 과정과 이에 맞선 국권 수호 운동의 내용을 파악한다.

   나. 단원의 구성

단원	차시	주요 내용 및 활용	수업형태	평가방법
일본의 침략 확대와 국권 수호 운동	1	일본의 국권 침탈	설명식 수업, 만들기 수업	수행평가
	2	항일 의병 운동	사료 학습, 극화수업	다면평가
	3	애국 계몽 운동	사료 학습, 주제 탐구학습	다면평가
	4(본시)	독도와 간도	설명식 수업, 글쓰기 수업	수행평가

   다. 교수·학습 환경

학생수	지도장소	매체 및 기자재
24명	교실	칠판, 교사용 컴퓨터, 빔 프로젝트, 스크린, 스마트폰

자료

자료 1

(가) 지증왕 13년(512) 여름 6월에 우산국(于山國)이 항복하여, 해마다 토산물을 바쳤다. - 『삼국사기』

(나) 『여지지(輿地志)』에, "울릉·우산은 모두 우산국 땅이며, 이 우산을 왜인들은 송도(松島)라고 부른다."
- 『동국문헌비고』, 1770.

자료 2

[과제] 가상의 일본인에게 독도가 우리나라의 영토라는 것을 알리는 E-Mail을 작성해보자.

〈일본인의 입장〉

1. 한국이 옛날부터 독도를 인식하고 있었다는 근거는 없다.(일본 외무성의 주장)

2. '다케시마'는 ……1952년부터 한국이 일방적으로 '다케시마'를 자국의 영토라고 주장하고, 불법으로 점거하였기 때문에 …… 현재에 이르고 있다.(일본 고등학교 교과서)

자료 3 채점기준표

핵심 역량	채점기준
역사 사실 이해	[수험생 작성 부분 1][2점]
역사 자료 분석과 해석	[수험생 작성 부분 2][2점]
역사적 판단력과 문제 해결력	[수험생 작성 부분 3][2점]

자료 4 태정관 지령문

죽도(울릉도)와 그 외의 한 섬(독도)은 일본과 관계없음을 명심할 것

자료 5

안녕하세요? 오늘 학교에서 한국사 시간에 대다수의 일본 사람들은 독도를 일본 영토로 알고 있다고 들었습니다. 잘못된 역사는 바로 잡아야 합니다. 한국은 삼국시대부터 독도를 우리나라로 인식하고 있습니다. 이에 대해 삼국사기 등의 서적에 기록되어 있고, 조선 숙종 때 안용복의 이야기도 한번 찾아보시기 바랍니다. 더불어 일본 태정관 지령에는 독도가 일본의 영토가 아니라는 내용이 기록되어 있습니다. 잘못된 역사는 바로잡아야 합니다. 더 이상 우리 독도를 탐내지 마세요.

교수·학습 지도안

단원		독도와 간도	차시	4/4
학습단계		교수·학습 활동	자료 및 유의점	시간(분)
도입	선수학습확인	• 지난 시간에 배운 내용을 회상한다.		5
	동기유발	〈실연 부분 1〉		
	학습 목표 제시	1. 독도가 우리나라 영토인 이유를 설명할 수 있다. 2. 일본인의 독도 역사 인식을 바로잡는 편지를 작성할 수 있다.		
전개	[전개 1] 독도의 역사적 기원	〈실연 부분 2〉	〈자료 1〉	10

전개	[전개 2] 수행평가	⟨실연 부분 3⟩ ※ 채점기준표 	핵심 역량	채점기준
역사 사실 이해	[수험생 작성 부분 1][2점]
역사 자료 분석과 해석	[수험생 작성 부분 2][2점]
역사적 판단력과 문제 해결력	[수험생 작성 부분 3][2점]		⟨자료 2~5⟩	20
	[전개 3] 간도의 역사	• 백두산 정계비, 간도 협약에 대해서 설명한다.		10
정리	본시 학습 정리	• 교사는 주요 내용을 문답으로 확인한다.		5
	차시 예고	• 교사는 다음 시간 내용을 간단히 예고한다.		

주제 33　열강의 경제 침략

❧ 해설 p.44

2025학년도 중등학교 교사 임용후보자 선정 경쟁시험(제2차 시험)
역사 수업 실연

문제 다음의 〈실연 방법〉, [교수・학습 조건], [자료]와 [교수・학습 지도안]을 반영하여 수업을 실연하시오.

〈실연 방법〉

[교수・학습 지도안]의 〈실연 부분 1~3〉을 실연하시오.
1. 〈실연 부분 1〉: 청일 사이의 상권 경쟁에 대해 설명하시오.
   가. 〈자료 1〉의 내용을 설명하되 (가)~(다)를 유기적으로 연계하시오.
   나. 〈자료 2〉의 [수험생 작성 부분 1~3]을 채워 청일 사이의 상권 경쟁 양상을 정리하시오.
2. 〈실연 부분 2〉: 화폐 정리 사업에 대한 사료 탐구 학습을 실시하시오.
   가. 〈자료 3〉을 활용하여 사료 탐구 학습을 실시하시오.
   나. 탐구 중 순회 지도를 실시하시오.
   다. 탐구 후 학생들의 발표를 듣고 정답을 해설하시오.
3. 〈실연 부분 3〉: 이후 진행될 통합사회 수업을 예고하시오.
   가. 〈자료 4〉를 참고하여 이번 차시 수업이 고등학교 1학년 통합사회 수업과 어떻게 융합될지 예고하시오.

※ 유의점
1. 학습 목표는 판서하지 마시오.
2. 5개의 모둠이 구성된 상황을 가정하시오.
3. 통합사회 수업과 연계된 수업임을 가정하시오.

교수・학습 조건

1. 과 목 명: 한국사
2. 대　　상: 고등학교 1학년
3. 수업시간: 50분
4. 단 원 명: 열강의 경제 침략

　가. 단원의 성취기준

　[10한사02-05] 개항 이후 열강의 경제 침략과 이로 인한 경제적 변화를 살펴보고, 이를 저지하기 위한 노력을 파악한다.

　나. 단원의 구성

단원	차시	주요 내용 및 활용	수업형태	평가방법
개항 이후의 경제적 변화	1(본시)	열강의 경제 침략	설명식 수업, 사료 탐구 학습 등	형성평가
	2	경제 구국 운동	사료 탐구 학습	서술형 평가
	3	근대 문물의 수용	사료 탐구 학습	서술형 평가

　다. 교수・학습 환경

학생수	지도장소	매체 및 기자재
25명	교실	칠판, 교사용 컴퓨터, 스마트TV 등

자료

자료 1

(가) 조일 수호 조규 부록(1876)
  제4관 부산 항구에서 일본국 인민이 통행할 수 있는 도로의 거리는 부두로부터 계산하여 동서남북 각 직경 10리(4km)로 정한다.

(나) 조청 상민 수륙 무역 장정(1882)
  제1조 결정하기 어려운 일이 있을 때 북양 대신이 조선 국왕에게 공문을 보내 처리하게 한다.
  제2조 중국 상인이 조선 항구에서 개별적으로 소송을 제기할 일이 있을 경우 중국 상무위원에게 넘겨 심의 판결한다.
  제4조 조선 상인이 베이징에서 규정에 따라 교역하고, 청 상인이 조선의 양화진과 한성에 영업소를 개설한 경우를 제외하고, 각종 화물을 내지로 운반하여 파는 것을 허가하지 않는다.

(다) 조일 통상 장정(1883)
  제9관 입항하거나 출항하는 각 화물이 해관을 통과할 때는 응당 본 조약에 첨부된 세칙에 따라 관세를 납부해야 한다.
  제37관 조선에서 가뭄과 홍수, 전쟁 등의 일로 국내에 양식이 결핍할 것을 우려하여 일시 곡물 수출을 금지하려고 할 때는 1개월 전에 지방관이 일본 영사관에게 통지하여야 한다.
  제42관 앞으로 조선 정부에서 어떠한 권리와 특전 및 혜택과 우대를 다른 나라 관리와 백성에게 베풀 때는 일본국 관리와 백성도 마찬가지로 일체 그 혜택을 받는다.

자료 2

〈청일 사이의 상권 경쟁 양상〉

개항 이전	개항 직후	임오군란 직후	청일 전쟁 이후
청 상인 우세	[수험생 작성 부분 1]	[수험생 작성 부분 2]	[수험생 작성 부분 3]

자료 3

〈화폐 정리 사업 사료 탐구 학습〉

1학년 __반 __번 이름 : _____

백동화의 상태가 매우 양호한 갑종 백동화는 개당 (제일 은행권) 2전 5리의 가격으로 새 돈으로 바꾸어 주고, 상태가 좋지 않은 을종 백동화는 개당 1전의 가격으로 정부에서 사들이며, 팔기를 원하지 않는 자에 대해서는 정부가 절단하여 돌려준다. 단, 모양과 질이 조잡하여 화폐로 인정하기 어려운 병종 백동화는 사들이지 않는다.
- 『황성신문』

[질문1] 화폐 정리 사업의 문제점은 무엇일까?
_____

[질문2] 일본이 화폐 정리 사업을 추진한 이유는 무엇일까?
_____

자료 4

[10통사05-03] 자원, 노동, 자본의 지역 분포에 따른 국제 분업과 무역의 필요성을 이해하고, 무역의 확대가 우리 삶에 어떤 영향을 끼치는지 사례를 통해 탐구한다.

교수·학습 지도안

단원		열강의 경제 침략	차시	1/3
학습단계		교수·학습 활동	자료 및 유의점	시간(분)
도입	선수 학습 확인	• 지난 차시 학습에 대해 확인한다.		5
	동기유발	• 제국주의 열강의 경제 침략에 대한 동영상 자료로 동기를 유발한다.	동영상 자료	
	학습 목표 제시	• 여러 나라의 경제 침략에 대해 설명할 수 있다.		
전개	[전개 1] 청일 사이의 상권 경쟁	〈실연 부분 1〉 | 개항 이전	청 상인 우세 | | 개항 직후 | [수험생 작성 부분 1] | | 임오군란 직후 | [수험생 작성 부분 2] | | 청일 전쟁 이후 | [수험생 작성 부분 3] |	〈자료 1, 2〉	10
	[전개 2] 제국주의 열강의 이권 침탈	• 백지도 그리기 활동을 통해 제국주의 열강의 이권 침탈을 학습한다.		10

전개	[전개 3] 화폐 정리 사업	〈실연 부분 2〉	〈자료 3〉	15
정리	형성평가	• 학습한 내용에 대해 문답한다.		10
	차시 예고	〈실연 부분 3〉	〈자료 4〉	

주제 34　경제 구국 운동

2025학년도 중등학교 교사 임용후보자 선정 경쟁시험(제2차 시험)
역사 수업 실연

문제 다음의 〈실연 방법〉, [교수·학습 조건], [자료]와 [교수·학습 지도안]을 반영하여 수업을 실연하시오.

〈실연 방법〉

[교수·학습 지도안]의 〈실연 부분 1~4〉를 실연하시오.
1. 〈실연 부분 1, 2〉: 방곡령 선포, 이권 수호 운동에 대해 설명하시오.
   가. 이전 차시에 이미 학습한 〈자료 1〉을 활용하시오.
   나. 각 실연 부분에 예상되는 학생의 질문과 그에 대한 답을 포함하시오.
2. 〈실연 부분 3〉: 국채 보상 운동에 대해 설명하시오.
   가. 〈자료 2〉를 활용하여 국채 보상 운동의 전개 과정에 대해 설명하시오.
3. 〈실연 부분 4〉: 포트폴리오 평가를 실시하시오.
   가. 정체성과 상호 존중 역량을 파악할 수 있는 질문을 만들어 〈자료 3〉의 [수험생 작성 부분]을 채우시오.
   나. 학생들이 〈자료 3〉의 답을 서로 공유하도록 하시오.
   다. 교사가 생각하는 '기록'의 가치를 전달하시오.

※ 유의점
1. 학습 목표는 판서하지 마시오.
2. 교사와 학생의 활동이 구체적으로 드러나도록 시연하시오.

교수·학습 조건

1. 과 목 명: 한국사
2. 대　　상: 고등학교 1학년
3. 수업시간: 100분(블록타임제)
4. 단 원 명: 경제 구국 운동
   가. 단원의 성취기준

   [10한사02-05] 개항 이후 열강의 경제 침략과 이로 인한 경제적 변화를 살펴보고, 이를 저지하기 위한 노력을 파악한다.

   나. 단원의 구성

단원	차시	주요 내용 및 활용	수업형태	평가방법
개항 이후의 경제적 변화	1	열강의 경제 침략	설명식 수업, 사료 학습 등	형성평가
	2-3(본시)	경제 구국 운동	설명식 수업, 사료 학습	포트폴리오 평가
	4	근대 문물의 수용	프로젝트 학습	수행평가

   다. 교수·학습 환경

학생수	지도장소	매체 및 기자재
25명	교실	칠판, 교사용 컴퓨터, 스마트TV, 태블릿PC 등

자료

자료 1

(가) 조선국에서 …… 국내에 양식이 결핍할 것을 우려하여 일시 쌀 수출을 금지하려고 할 때에는 1개월 전에 지방관이 일본 영사관에 통지하여 미리 그 기간을 항구에 있는 일본 상인들에게 전달하여 일률적으로 준수하는 데 편리하게 한다.

- 「조·일 통상 장정」

(나) 1. 전국의 산림·천택·원야·진황의 토지를 청구한 일을 모여서 같이 의논할 것
    1. 회원의 발언권은 다만 위 항의 문제를 타정하는 것으로만 할 것
    1. 회를 폐하는 기한은 위 항의 문제가 귀결되는 그날로 정할 것

- 「보안회 운영 요강」

자료 2

(가) 지난날 우리 정부가 진보에 급급하여 들여온 국채가 1,300만 원이라. 그 마음에 어찌 차관으로 돈을 불려서 국가의 대사업을 일으킬 생각이 없었으리오. 그러나 오늘에 우리 2천만 동포들이 가령 한 사람이 1원을 낸다면 2천만 원이요, 50전씩이면 1천만 원이니 백성들이 진 빚을 갚는 일이 어찌 불가능하리오.

- 「황성신문」

(나) 나라 위하는 마음과 백성의 도리에 어찌 남녀가 다르리오. 듣자 하니 국채를 갚으려고 이천만 동포가 석 달 동안 담배를 아니 피우고, 금전을 모은다 하니 족히 사람으로 감동케 할지요, 앞날에 아름다움 있으리. …… 우리는 여자인 까닭에 이 몸에 값진 것이 다만 패물뿐이다. …… 적은 것으로 큰 것을 도우리오.

- 「대한매일신보」

자료 3

<1학년 한국사 포트폴리오>

1학년 ___반 ___번 이름 : _____

한국의 국채보상운동 기록물은 국가가 진 빚을 국민이 갚기 위해 1907년부터 1910년까지 일어난 국채보상운동의 전 과정을 보여주는 기록물이다.

……한국의 남성은 술과 담배를 끊고, 여성은 반지와 비녀를 내어놓았고, 기생과 걸인, 심지어 도적까지도 의연금을 내는 등 전 국민의 약 25%가 이 운동에 자발적으로 참여하였다. 한국 사람들은 전국민적 기부운동을 통해 국가가 진 외채를 갚음으로써 국민으로서의 책임을 다 하려 하였다.

한국의 국채보상운동은 영국 언론인이 한국에서 발행하는 영어신문에 의해도 서방세계로 알려지게 되었으며, 해외 유학생 및 해외 이주민이 외국에서 발행하는 신문을 통해서도 해외로 알려지게 되었다. 심지어 1907년 네델란드 헤이그에서 열린 「제2차 만국평화회의」에서 한국의 국채보상운동을 알림으로써 전세계에 알려지게 되어, 외채로 시달리는 다른 피식민지국에 큰 자극이 되었다.

그 후 중국(1909년), 맥시코(1938년), 베트남(1945년)등 제국주의 침략을 받은 여러 국가에서도 한국과 거의 유사한 방식으로 국채보상운동이 연이어 일어났다. 다만 한국의 국채보상운동은 이후에 일어난 운동과 비교하여 시기적으로 가장 앞섰으며 가장 긴 기간 동안 전 국민이 참여하는 국민적 기부운동이었다는 점에서 기념비적이며 당시의 역사적 기록물이 유일하게 온전히 보존되어 있다는 점에서도 역사적 가치가 크다.

- 유네스코와 유산(https://heritage.unesco.or.kr/)

질문	위 자료를 참고하여 [수험생 작성 부분]
답	

- 포트폴리오 25쪽 -

교수·학습 지도안

단원		경제 구국 운동	차시	2-3/4
학습단계		교수·학습 활동	자료 및 유의점	시간(분)
도입	선수 학습 확인	• 지난 차시 학습에 대해 확인한다.		10
	동기유발	• 국채 보상 운동에 관한 동영상 자료를 감상한다.	동영상 자료	
	학습 목표 제시	• 다양한 경제 구국 운동에 대해 설명할 수 있다.		
전개	[전개 1] 방곡령 선포	〈실연 부분 1〉	〈자료 1〉	15
	[전개 2] 이권 수호 운동	〈실연 부분 2〉	〈자료 1〉	15
	[전개 3] 상권 수호 운동	• 상권 수호 운동에 대해 설명한다.		10

전개	[전개 4] 국채 보상 운동	⟨실연 부분 3⟩	⟨자료 2⟩	15
	[전개 5] 포트폴리오 평가	⟨실연 부분 4⟩ 		[수험생 작성 부분]
---	---
질문	
답			⟨자료 3⟩	25
정리	형성평가	• 학습한 내용에 대해 문답한다.		10
	차시 예고	• 교사는 다음 단원 학습에 대해 예고한다.		

주제 35 근대 문물의 수용

→ 해설 p.47

2025학년도 중등학교 교사 임용후보자 선정 경쟁시험(제2차 시험)
역사 수업 실연

문제 다음의 〈실연 방법〉, [교수·학습 조건], [자료]와 [교수·학습 지도안]을 반영하여 수업을 실연하시오.

〈실연 방법〉

[교수·학습 지도안]의 〈실연 부분 1~3〉을 실연하시오.
1. 〈실연 부분 1〉: 동기유발을 포함하여 프로젝트 학습 방법을 안내하시오.
   가. 〈자료 1〉과 같은 내용으로 프로젝트의 대주제 안내 및 모둠별 소주제 분담, 자료 조사를 이전 차시에 마쳤다고 가정하시오.
   나. 〈자료 1〉의 [수험생 작성 부분 1, 2]를 채워 채점기준을 안내하시오.
   다. 원활한 프로젝트 학습 진행을 위해 학생들을 독려하시오.
2. 〈실연 부분 2〉: 모둠별 작품 제작 활동을 하시오.
   가. 〈자료 2〉에 묘사된 모둠별 상황을 보고 적절한 순회 지도를 실시하시오.
3. 〈실연 부분 3〉: 모둠별 작품 발표 활동을 하시오.
   가. 적어도 2개 모둠의 발표가 이루어지는 상황을 시연하시오.
   나. 선정한 2개 모둠의 발표에 자기 성찰 및 동료 간 소감 공유 시간을 포함하시오.
   다. 선정한 2개 모둠에 대해 교사의 피드백을 실시하되 잘한 점 1가지와 아쉬운 점 1가지를 꼭 포함하시오.
   라. 학생이 제작한 결과물을 활용할 구체적인 방안을 안내하시오.

※ 유의점: 학생 활동 과정 및 결과를 구체적으로 묘사하시오.

교수·학습 조건

1. 과 목 명: 한국사
2. 대   상: 고등학교 1학년
3. 수업시간: 100분(블록타임제)
4. 단 원 명: 근대 문물의 수용
   가. 단원의 성취기준

   [10한사02-06] 개항 이후 근대 문물 수용으로 나타난 사회·문화적 변화를 살펴본다.

   나. 단원의 구성

단원	차시	주요 내용 및 활용	수업형태	평가방법
개항 이후의 경제적 변화	1	열강의 경제 침략	설명식 수업, 사료 학습 등	형성평가
	2	경제 구국 운동	설명식 수업, 사료 학습	포트폴리오 평가
	3	근대 문물의 수용	프로젝트 학습	수행평가
	4-5(본시)	근대 문물의 수용	프로젝트 학습	수행평가

   다. 교수·학습 환경

학생수	지도장소	매체 및 기자재
25명	교실	칠판, 스마트TV, 모둠별 노트북, 스마트폰 등

자료

자료 1

〈1학년 8반 프로젝트 학습 안내지〉

1. 주제 : 근대 문물의 수용으로 인한 삶의 변화

2. 1학년 8반 소주제

모둠	주제	형식
1	근대 문물의 양면성 : 철도	UCC
2~3	신문물 소개 특집	역사신문
4	근대 건축 양식 탐사	리플렛
5	근대 학교 홍보지	포스터

3. 채점기준

핵심 역량	평가 요소	배점
역사 사실 이해	[수험생 작성 부분 1]	4
역사 정보 활용 및 의사소통	[수험생 작성 부분 2]	4
–	모둠 활동에 적극적으로 참여하였는가.	2

자료 2

1모둠	• 철도로 인해 빼앗긴 땅이 있음을 알리는 공익광고 제작 중 • 모둠원이 합심하여 사진, 영상 자료를 편집 • 모둠원 중 한 명이 주제에 어긋나지 않는지 의문을 제기함
2~3모둠	• 우편, 전신, 신문, 근대적 병원 등 여러 근대 문물에 대한 다양한 자료 수집 완료 • 신문물의 유입 및 그로 인한 삶의 변화에 대한 기사 및 광고를 작성 중 • 2모둠, 3모둠에서 모두 제중원에 대한 기사를 쓰고 싶은 학생이 있어 감정이 격해진 상황
4모둠	• 정동의 과거와 현재로 주제를 좁혀 정동 답사 안내 리플렛 제작 중 • 주제를 좁히게 되어 지난 차시에 준비한 자료를 대다수 사용하지 못하게 되었고, 새로운 자료 수집이 필요한 상황
5모둠	• 근대 학교인 원산학사에 입학을 권유하는 홍보 포스터를 제작하고 그 시안을 교사에게 검토받는 상황 • 포스터에 담긴 표어 중 원산학사 이외에 동문학과 관련된 내용이 포함되어 있음

교수·학습 지도안

단원		근대 문물의 수용	차시	4-5/5
학습단계		교수·학습 활동	자료 및 유의점	시간(분)
도입	선수 학습 확인	〈실연 부분 1〉	〈자료 1〉	5
	동기유발			
	학습 목표 제시	• 근대 문물의 수용을 다양한 방식으로 표현할 수 있다.		
전개	[전개 1] 작품 제작 활동	〈실연 부분 2〉	〈자료 2〉	45

전개	[전개 2] 작품 발표 활동	〈실연 부분 3〉 <table><tr><th>핵심 역량</th><th>평가 요소</th></tr><tr><td>역사 사실 이해</td><td>[수험생 작성 부분 1]</td></tr><tr><td>역사 정보 활용 및 의사소통</td><td>[수험생 작성 부분 2]</td></tr><tr><td>-</td><td>모둠 활동에 적극적으로 참여하였는가.</td></tr></table>		45
정리	형성평가	• 학습한 내용에 대해 문답한다.		5
	차시 예고	• 교사는 다음 단원 학습에 대해 예고한다.		

주제 36 | 근대 의식의 확대와 해외 이주

◈ 해설 p.49

2025학년도 중등학교 교사 임용후보자 선정 경쟁시험(제2차 시험)

역사 수업 실연

문제 다음의 〈실연 방법〉, [교수·학습 조건], [자료]와 [교수·학습 지도안]을 반영하여 수업을 실연하시오.

〈실연 방법〉

[교수·학습 지도안]의 〈실연 부분 1~3〉에 해당하는 부분을 작성하시오.
1. 〈실연 부분 1〉: 적절한 학습 목표를 2가지 제시하시오.
2. 〈실연 부분 2〉: 〈자료 1, 2〉를 이용하여 사료 탐구 수업을 진행하시오.
   가. 〈자료 1〉을 통해 당시 확대된 근대 의식에 대해 설명하시오.
   나. 학습 주제를 고려하여 〈자료 2〉 탐구를 위한 적절한 질문을 제시하시오.
3. 〈실연 부분 3〉: 〈자료 3, 4〉를 활용하여 역사 앨범 만들기를 진행하시오.
   가. 스케치 지도를 통해 해외 이주에 대해 간단하게 설명하시오.
   나. 〈자료 3〉의 [수험생 작성 부분 1~3]을 채워 채점기준표를 제시하시오.
   다. 태블릿PC를 이용하여 해외 이주 동포의 생활과 관련한 조사를 하고, 이를 활용하여 역사 앨범 만들기를 진행하시오.
   라. 〈자료 4〉를 학생의 발표 사례로 가정하고, 긍정적 피드백과 보완적 피드백을 제시하시오.

※ 유의점
1. 단원의 성취기준을 고려하시오.
2. 교사와 학생의 활동이 구체적으로 드러나도록 작성하시오.

교수·학습 조건

1. 과 목 명 : 한국사
2. 대   상 : 고등학교 1학년
3. 수업시간 : 50분
4. 단 원 명 : 근대 의식의 확대와 해외 이주
   가. 단원의 성취기준

   [10한사02-06] 개항 이후 근대 문물 수용으로 나타난 사회·문화적 변화를 살펴본다.

   나. 단원의 구성

단원	차시	주요 내용 및 활용	수업형태	평가방법
개항 이후 사회·문화적 변화	1	근대 문물의 수용	주제 탐구 수업	수행평가
	2(본시)	근대 의식의 확대와 해외 이주	사료 탐구 수업, 역사 앨범 만들기 수업	수행평가

   다. 교수·학습 환경

학생수	지도장소	매체 및 기자재
24명	교실	칠판, 교사용 컴퓨터, 빔 프로젝트, 스크린, 태블릿PC 등

자료

자료 1

(가) 나는 대한의 가장 천한 사람이고 배운 것도 없습니다. 그러나 충군애국의 뜻은 대강 알고 있습니다. 나라를 이롭게 하고 국민을 편안하게 하려면 관민이 합심해야 합니다.
- 박성춘의 관민 공동회 연설, 『대한계년사』

(나) 우리보다 먼저 문명개화한 나라들을 보면 남녀평등권이 있는지라. 어려서부터 각각 학교에 다니며, 각종 학문을 다 배워 이목을 넓히고, 장성한 후에 사나이와 부부의 의를 맺어 평생을 살더라도 그 사나이에게 조금도 압제를 받지 아니한다. 이처럼 후대를 받는 것은 다름 아니라 그 학문과 지식이 사나이 못지않은 까닭에 그 권리도 일반과 같으니 이 어찌 아름답지 않으리오. …… 이제는 옛 풍속을 모두 폐지하고 개명 진보하여 우리나라도 다른 나라와 같이 여학교를 설립하고, 각기 여자 아이들을 보내어 각종 재주를 배워 이후에 여성 군자들이 되게 할 목적으로 지금 여학교를 창설하오니, 뜻을 가진 우리 동포 형제, 여러 여성 영웅호걸 님들은 각기 분발하는 마음으로 귀한 여자 아이들을 우리 여학교에 들여 보내시려 하시거든, 바로 이름을 적어내시기 바라나이다.
- 『황성신문』

자료 2

(가) 국가의 역사는 민족의 흥망성쇠를 서술하는 것이다. 민족을 빼면 역사가 없을 것이며, 역사를 알지 못한다면 그 민족의 애국심이 사라질 것이니, 역사가의 책임이 얼마나 큰가?…… 역사를 먼저 쓰는 사람은 먼저 민족의 형성 과정을 적고, 정치는 어떻게 번영하고 어떻게 쇠퇴하였는지, 산업은 어떻게 융성하고 쇠퇴하였는지, 무공(武功)은 어떻게 나아가고 물러갔으며, 그 문화는 어떻게 변화하였으며, 다른 민족과의 관계는 어떠하였는지를 서술해야 한다. 만일 민족을 주체로 한 역사 서술이 이루어지지 않는다면 이는 무정신의 역사라.
- 신채호, 『대한매일신보』 1908.8.27.

(나) 영국, 미국, 프랑스, 독일 같은 나라들은 한문을 구경도 못 하였지만 저렇듯 부강함을 보시오. …… 지금 이후부터는 우리 국어와 국문을 업수이 여기지 말고 힘써 그 문법과 이치를 탐구하며, …… 우리 온 나라 사람이 다 국어와 국문을 우리나라 근본의 주장 글로 숭상하여 사랑하여 쓰기를 바라노라.
- 『서우』 제2호, 1907.1.

자료 3

〈역사 앨범 만들기 : 사진으로 보는 해외 이주〉

	채점기준	배점
1. 제목 :		
2. 사진 :	[수험생 작성 부분 1]	2점
3. 해당 사진을 선택한 이유 :	[수험생 작성 부분 2]	2점
4. 사진 속 해외 이주 상황 설명 :	[수험생 작성 부분 3]	2점

자료 4

〈역사 앨범 만들기 : 사진으로 보는 해외 이주〉

모둠명 : 역사란무엇인가모둠

1. 제목 : 하와이 사진 신부

2. 사진 :

3. 해당 사진을 선택한 이유 : 하와이 이주 후 사탕 수수 공장에서 힘든 노동을 하였음에도 결혼을 하는 일상에 대해 생각해보게 되었고, 사진 신부라는 표현이 재밌어서 선택하였다.

4. 사진 속 해외 이주 상황 설명 : 하와이 모집은 공식적인 모집이 아닌 지인 간 추천으로만 이루어져서 서로 간의 유대가 강했다. 이렇게 하와이로 이주한 남성들은 사진을 이용한 중매혼으로 결혼을 하여 이러한 신부를 '사진 신부'라고 한다.

교수·학습 지도안

단원		근대 의식의 확대와 해외 이주	차시	2/2
학습단계		교수·학습 활동	자료 및 유의점	시간(분)
도입	선수학습 확인	• 문답을 통해 지난 시간에 배운 내용을 확인한다.		5
	동기유발	• 개항 이후 사회 문화적 변화를 보여주는 사진 자료를 제시한다.	사진 자료	
	학습 목표 제시	〈실연 부분 1〉		
전개	[전개 1] 근대 의식의 확대	〈실연 부분 2〉	〈자료 1, 2〉	20

단계					
전개	[전개 2] 해외 이주	〈실연 부분 3〉 ● 채점기준표 	채점기준	배점
---	---
1. [수험생 작성 부분 1]	2점
2. [수험생 작성 부분 2]	2점
3. [수험생 작성 부분 3]	2점			〈자료 3, 4〉	20
정리	본시 학습 정리	• 교사는 본시 학습의 주요 내용을 문답으로 확인한다.			5
	차시 예고	• 다음 시간 학습 내용에 대해 안내한다.			

| 주제 37 | 일제의 무단 통치 | 해설 p.51 |

2025학년도 중등학교 교사 임용후보자 선정 경쟁시험(제2차 시험)
역사 수업 실연

문제 다음의 〈실연 방법〉, [교수·학습 조건], [자료]와 [교수·학습 지도안]을 반영하여 수업을 실연하시오.

〈실연 방법〉

[교수·학습 지도안]의 〈실연 부분 1~3〉에 해당하는 부분을 작성하시오.
1. 〈실연 부분 1〉: 〈자료 1〉을 이용하여 사료 수업하시오.
   가. 〈자료 1〉을 통해 무단 통치의 실상을 탐구하는 수업을 진행하시오.
2. 〈실연 부분 2〉: 〈자료 2~6〉을 이용하여 일제의 1910년대 경제 침탈을 수업하시오.
   가. 〈자료 2, 3〉을 통해 토지 조사 사업의 목적, 내용, 결과를 분석하는 수업을 하시오.
   나. 〈자료 4, 5〉를 통해 회사령의 목적, 내용, 결과를 분석하는 수업을 하시오.
   다. 〈자료 2~5〉를 참고하여 일제의 경제 침탈 정책 중 하나를 선택하여 이에 반대하는 손팻말 문구 만들기 활동을 진행하시오.
   라. 〈자료 6〉의 [수험생 작성 부분 1, 2]를 채운 후, 활동 시 유의사항을 문구 만들기 활동 이전에 제시하시오.
   마. 모둠별 발표 사례를 가정하고 피드백하시오.
3. 〈실연 부분 3〉: 미술 시간에 연계하여 손팻말을 직접 만들어 볼 것을 안내하시오.

※ 유의점
1. 단원의 성취기준을 고려하시오.
2. 교사와 학생의 활동이 구체적으로 드러나도록 작성하시오.

교수·학습 조건

1. 과 목 명: 한국사
2. 대   상: 고등학교 1학년
3. 수업시간: 50분
4. 단 원 명: 일제의 무단 통치
   가. 단원의 성취기준

   [10한사03-01] 1차 세계 대전 전후 세계 정세의 변화를 살펴보고, 일제의 식민지 지배 정책과 경제 구조 변화의 특징을 파악한다.

   나. 단원의 구성

단원	차시	주요 내용 및 활용	수업형태	평가방법
일제의 식민지 지배 정책	1	1차 세계대전과 전후 세계	설명식 수업, 탐구학습	수행평가
	2(본시)	일제의 무단 통치	사료 수업, 글쓰기 수업	형성평가
	3	일제의 민족 분열 통치	사료 탐구 수업, 제작 수업	수행평가

   다. 교수·학습 환경

학생수	지도장소	매체 및 기자재
24명	교실	칠판, 교사용 컴퓨터, 빔 프로젝트, 스크린, 태블릿PC 등

자료

자료 1

(가) 제1조 3개월 이하의 징역 또는 구류에 처해야 할 자는 그 정상에 따라 태형에 처할 수 있다.
　　제11조 태형은 감옥 또는 즉결 관서에서 비밀리에 행한다.
　　제13조 본령은 조선인에 한하여 집행한다.
　　　　　　　　　　　　　　　　　　　　　　　　　　　　　　　　　　　　- 『조선 총독부 관보』

(나) 다음의 각 호에 해당하는 자는 구류 또는 과료에 처한다.
　　제8조 단체 가입을 강요하는 자.
　　제14조 신청하지 않은 신문, 잡지, 기타의 출판물을 배부하고 그 대금을 요구하거나 또는 억지로 그 구독 신청을 요구하는 자.
　　제19조 함부로 대중을 모아 관공서에 청원 또는 진정을 남용하는 자.
　　제20조 불온한 연설을 하거나 또는 불온 문서, 도서, 시가를 게시, 반포, 낭독하거나 큰 소리로 읊는 자.
　　제21조 남을 유혹하는 유언비어 또는 허위 보도를 하는 자.
　　제32조 경찰관서에서 특별히 지시하거나 명령하는 사항을 위반하는 자.
　　제64조 관공서의 독촉을 받고도 굴뚝의 개조, 수선이나 청소를 게을리 하는 자.
　　　　　　　　　　　　　　　　　　　　　　　　　　　　　　　　　　　　- 『조선 총독부 관보』

(다) 제1조 조선에 있는 조선인의 교육은 본령에 따른다.
　　제2조 교육은 교육에 관한 칙어에 입각하여 충량한 국민을 육성하는 것을 본의로 한다.
　　제4조 교육은 크게 보통 교육과 실업 교육 및 전문 교육으로 나눈다.
　　제5조 보통 교육은 보통의 지식 기능을 부여하고, 특히 국민 된 성격을 함양하며 국어(일본어)를 보급하는 것을 목적으로 한다.
　　제6조 실업 교육은 농업, 상업, 공업 등에 관한 기능을 가르치는 것을 목적으로 한다.
　　　　　　　　　　　　　　　　　　　　　　　　　　　　　　　　　　　　- 『조선 총독부 관보』

자료 2

제1조. 토지의 조사 및 측량은 본령에 의한다.
제4조. 토지의 소유자는 조선 총독이 정하는 기간 내에 주소, 씨명, 명칭 및 소유지의 소재, 지목, 자번호, 사료, 등급, 지적, 결수를 임시 토지 조사 국장에게 신고해야 한다.
　　　　　　　　　　　　　　- 『조선 총독부 관보』

자료 3

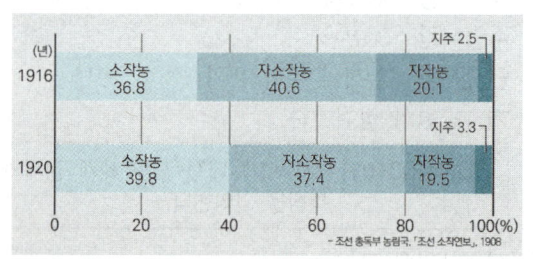

자료 4

제1조 회사의 설립은 조선 총독의 허가를 받아야 한다.
제5조 회사가 허가의 조건에 위반하거나 공공질서와 미풍에 위반한 행위를 했다고 판단될 때에 조선 총독은 사업의 정지와 폐쇄를 명할 수 있다.
　　　　　　　　　　　　　　- 『조선 총독부 관보』

자료 5

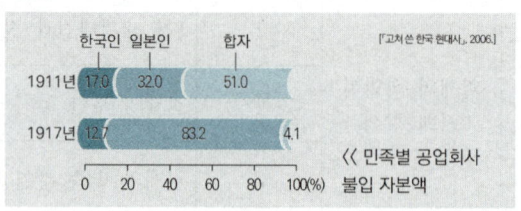

≪ 민족별 공업회사 불입 자본액 ≫

자료 6 ■ 활동 시 유의사항

1	[수험생 작성 부분 1]
2	[수험생 작성 부분 2]
3	모둠원끼리 협력적으로 참여할 것

교수·학습 지도안

단원		일제의 무단 통치	차시	2/3
학습단계		교수·학습 활동	자료 및 유의점	시간(분)
도입	선수학습 확인	• 문답을 통해 지난 시간에 배운 내용을 확인한다.		5
	동기유발	• 제복을 입은 교사 사진을 통해 학생들의 흥미를 유발한다.	사진 자료	
	학습 목표 제시	• 1910년대 일제의 무단 통치에 대해 설명할 수 있다.		
		• 1910년대 일제의 경제 침탈을 파악하고 이에 대해 문구로 표현할 수 있다.		
전개	[전개 1] 무단 통치	〈실연 부분 1〉	〈자료 1〉	15

전개	[전개 2] 1910년대 일제의 경제침탈	〈실연 부분 2〉 ■ 활동 시 유의사항<table><tr><td>1</td><td>[수험생 작성 부분 1]</td></tr><tr><td>2</td><td>[수험생 작성 부분 2]</td></tr><tr><td>3</td><td>모둠원끼리 협력적으로 참여할 것</td></tr></table>	〈자료 2~6〉	25
정리	본시 학습 정리	• 교사는 본시 학습의 주요 내용을 형성평가한다.		
	차시 예고	〈실연 부분 3〉		5

주제 38   일제의 민족 분열 통치

해설 p.53

2025학년도 중등학교 교사 임용후보자 선정 경쟁시험(제2차 시험)
역사 수업 실연

문제 다음의 〈실연 방법〉, [교수·학습 조건], [자료]와 [교수·학습 지도안]을 반영하여 수업을 실연하시오.

〈실연 방법〉

[교수·학습 지도안]의 〈실연 부분 1~3〉에 해당하는 부분을 작성하시오.
1. 〈실연 부분 1〉: 학습 내용에 적절한 동기유발을 제시하시오.
2. 〈실연 부분 2〉: 〈자료 1~4〉를 탐구하여 글쓰기 수업을 진행하시오.
   가. 〈자료 2~4〉에 기반해서 〈자료 1〉의 본질을 탐구하는 수업을 진행하시오.
   나. 〈자료 5〉의 [수험생 작성 부분 1~5]를 채워 가상 항의 서한 작성 수업을 안내하시오.
3. 〈실연 부분 3〉: 〈자료 6, 7〉을 이용해 산미증식계획을 수업하시오.
   가. 학습 목표 2번을 달성하시오.

※ 유의점
   1. 단원의 성취기준을 고려하여 수업 내용을 설계하시오.
   2. 역사과 핵심역량을 자극하는 수업을 진행하시오.
   3. 학습 목표를 판서했다고 가정하시오.

교수·학습 조건

1. 과 목 명: 한국사
2. 대 상: 고등학교 1학년
3. 수업시간: 50분
4. 단 원 명: 일제의 민족 분열 통치
   가. 단원의 성취기준

> [10한사03-01] 1차 세계 대전 전후 세계 정세의 변화를 살펴보고, 일제의 식민지 지배 정책과 경제 구조 변화의 특징을 파악한다.

   나. 단원의 구성

단원	차시	주요 내용 및 활용	수업형태	평가방법
일제의 식민지 지배 정책	1	1차 세계대전과 전후 세계	설명식 수업, 탐구학습	수행평가
	2	일제의 무단 통치	사료 수업, 글쓰기 수업	형성평가
	3(본시)	일제의 민족 분열 통치	탐구 수업, 글쓰기 수업	수행평가

   다. 교수·학습 환경

학생수	지도장소	매체 및 기자재
24명	교실	칠판, 교사용 컴퓨터, 스마트TV 등

자료

자료 1

총독은 문무관 중 어느 쪽에서나 임용할 수 있는 길을 열었고, 헌병에 의한 경찰 제도를 보통 경찰관에 의한 경찰 제도로 바꾸었다. 또한, 복제를 개정해서 일반 관리와 교원 등이 제복을 입고 칼을 차는 것을 폐지하고, 조선인의 임용과 대우 등을 고려하였다.
- 『조선 총독부 관보』, 1919.

자료 2

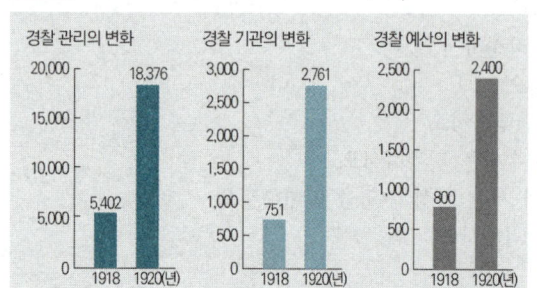

- 조선총독부, 『조선 총독부 통계 연보』

자료 3

〈기사가 삭제된 「조선일보」(1929. 12. 28.)〉

자료 4

제1조 국체를 변혁하거나 사유 재산 제도를 부인하는 것을 목적으로 결사를 조직하거나, 이에 가입한 자는 10년 이하의 징역 또는 금고에 처한다.
- 『조선 총독부 관보』, 1925.

자료 5 모둠 활동지

모둠명: _____

1. 문화 통치에 대해 항의하고 싶은 점 :
2. 근거 :
3. 조선 총독부에 보내는 항의 서한을 작성해보자.

■ 채점기준표

채점기준	배점
1. [수험생 작성 부분 1]	2점
2. [수험생 작성 부분 2]	2점
3. [수험생 작성 부분 3]	2점
4. 모둠원 간 역할을 분배하여 협력적으로 참여하였는가.	2점

■ 활동 시 유의사항

| 1 | [수험생 작성 부분 4] |
| 2 | [수험생 작성 부분 5] |

자료 6

대개 조선인들이 생산한 쌀을 수이출(輸移出) 할 때, 결코 자신들이 충분히 소비하고 남은 것을 수출하는 것이 아니다. 생계가 곤란하여 먹을 것을 먹지 못하고 파는 것이다. …… 그러므로 조선 쌀의 수이출이 증가하고 외국 쌀의 수입은 감소하는 반면, 속(만주산 잡곡)의 수입만이 증가하는 사실은 조선인의 생활난이 점점 심각해지고 있음을 실증하는 것이다.
- 『동아일보』, 1927. 4. 8.

자료 7

- 『동아일보』, 1924.11.28.

교수·학습 지도안

단원		일제의 민족 분열 통치	차시	3/3
학습단계		교수·학습 활동	자료 및 유의점	시간(분)
도입	선수학습 확인	• 문답을 통해 지난 시간에 배운 내용을 확인한다.		5
	동기유발	〈실연 부분 1〉		
	학습 목표 제시	1. 민족 분열 통치의 본질을 파악하여 글로써 표현할 수 있다. 2. 산미증식계획의 목적과 결과를 설명할 수 있다.		
전개	[전개 1] 민족 분열 통치	〈실연 부분 2〉	〈자료 1~5〉	25

전개	[전개 1] 민족 분열 통치	■ 채점기준표 	채점기준	배점
---	---
1. [수험생 작성 부분 1]	2점
2. [수험생 작성 부분 2]	2점
3. [수험생 작성 부분 3]	2점
4. 모둠원 간 역할을 분배하여 협력적으로 참여하였는가.	2점	 ■ 활동 시 유의사항 	1	[수험생 작성 부분 4]
---	---
2	[수험생 작성 부분 5]			
	[전개 2] 산미증식계획	〈실연 부분 3〉	〈자료 6, 7〉	15
정리	본시 학습 정리	• 교사는 본시 학습의 주요 내용을 문답으로 확인한다.		5
	차시 예고	• 다음 시간 학습 내용에 대해 안내한다.		

주제 39 | 1910년대 국내외 민족 운동

해설 p.55

2025학년도 중등학교 교사 임용후보자 선정 경쟁시험(제2차 시험)

역사 수업 실연

문제 다음의 〈실연 방법〉, [교수·학습 조건], [자료]와 [교수·학습 지도안]을 반영하여 수업을 실연하시오.

〈실연 방법〉

[교수·학습 지도안]의 〈실연 부분 1~3〉에 해당하는 부분을 작성하시오.
1. 〈실연 부분 1〉: 학생의 추체험을 자극하는 적절한 동기유발을 시행하시오.
2. 〈실연 부분 2〉: 〈자료 1~4〉를 활용하여 1910년대 국내 비밀 결사 운동을 수업하시오.
   가. 〈자료 1〉을 통해 국내 비밀 결사 운동 사례를 제시하시오.
   나. 〈자료 2, 3〉의 비밀 결사 운동의 정치적 방향성을 비교하시오.
   다. 〈자료 4〉의 [질문 1]을 학생들과 문답하시오.
3. 〈실연 부분 3〉: 1910년대 국외 독립 운동 기지 건설에 대한 보고서 작성 수업을 진행하시오.
   가. 〈자료 5〉의 지도를 통해 국외 독립 운동 기지 건설에 대해 수업하시오.
   나. 〈자료 5〉의 단체 중 하나를 골라 〈자료 6〉을 이용한 보고서 작성 수업하시오.

※ 유의점: 교사와 학생의 활동이 구체적으로 드러나도록 작성하시오.

교수·학습 조건

1. 과 목 명: 한국사
2. 대　　상: 고등학교 1학년
3. 수업시간: 100분(블록타임제)
4. 단 원 명: 1910년대 국내외 민족 운동
   가. 단원의 성취기준

   [10한사03-03] 3·1운동의 배경과 전개 과정을 이해하고, 대한민국 임시정부 수립의 의미를 파악한다.

   나. 단원의 구성

단원	차시	주요 내용 및 활용	수업형태	평가방법
3·1운동과 대한민국 임시정부	1-2(본시)	1910년대 국내외 민족 운동	사료 수업, 보고서 작성 수업	서술형 평가
	3	3·1운동	극화 학습	다면평가
	4	대한민국 임시정부의 수립	사료 탐구학습	형성평가

   다. 교수·학습 환경

학생수	지도장소	매체 및 기자재
24명	교실	칠판, 교사용 컴퓨터, 스마트TV, 태블릿PC, 스마트폰 등

자료

자료 1 대한 광복회 강령
1. 부호의 의연금 및 일본인이 불법 징수하는 세금을 압수하여 무장을 준비한다.
2. 남북 만주에 군관 학교를 세워 독립 전사를 양성한다.
3. 종래의 의병 및 해산 군인과 만주 이주민을 소집하여 훈련한다.
7. 무력이 완비되는 대로 일본인 섬멸전을 단행하여 최후의 목적을 이룬다.

자료 2 의친왕
우리 집안은 남달리 조선 5백 년 동안의 주인으로서 …… 그 이외의 한국인은 하인 또는 손발과 같은 관계인데, 그 하인·손발인 2천만 사람들이 주인을 생각하여 조선 독립을 위해 소요하고 있음에 그 주인이 모르는 체 하고 있을 수는 없다.
- 국사편찬위원회, 『한민족독립운동사 사료집 5』

자료 3 구춘선(대한 국민회 회장)
임시정부 이외에 복벽주의 단체들의 군인이 되어 죽는다는 것은 하등의 가치도 없고 어떠한 성공도 이룰 수 없을 것이다. 가치 있고 성공적으로 죽으려 한다면 공화 정부의 군적에 등록하여 공화 정부의 군인이 되어라.
- 김정명, 『명치백년사총서3』

자료 4
융희 황제(순종)가 삼보(三寶 : 토지, 인민, 정치)를 포기한 경술년(1910) 8월 29일은 우리 동지들이 이를 계승한 8월 29일이니, 그 사이에 순간의 쉼도 없다. 우리 동지들은 주권을 완전히 상속하였으니, 황제권이 소멸한 때가 곧 민권이 발생하는 때요, 구한국 최후의 하루는 곧 신한국 최초의 하루다. …… 그러므로 경술년 융희 황제의 주권 포기는 곧 우리 국민 동지들에 대한 묵시적 선위이니 우리 동지들은 당연히 주권을 계승하여 통치할 특권이 있고 또 대통을 상속할 의무가 있도다.
- 여러 곳의 단체들이 모두 모여 유일무이한 최고 기관을 만든다.
- 한곳에 본부를 두고, 한인을 통합하되 지역별로 지부를 두어 운영한다.
- 헌법에 준하는 규칙을 만들어 인민의 의지에 부합하는 방식으로 활동한다.
- 『한국학논총9』, 1987

※ [질문 1] : 〈자료 4〉의 관점에서 〈자료 2〉 복벽주의를 어떻게 생각할까요?

자료 5
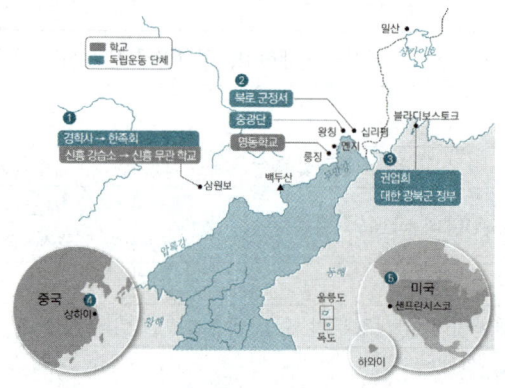

자료 6 모둠별 보고서 작성지
■ 조건(총20점)
- 위치[1점], 단체명[1점], 선택 이유[5점], 대표적 인물[3점], 대표적 활동[5점] 항목을 포함할 것
- 서론, 본론, 결론의 형식에 맞춰 논리적으로 작성할 것[4점]
- 참고 문헌 및 사이트의 출처를 명시할 것[1점]

■ 작성란

■ 출처

교수·학습 지도안

단원		1910년대 국내외 민족 운동	차시	1-2/4
학습단계		교수·학습 활동	자료 및 유의점	시간(분)
도입	선수학습 확인	• 문답을 통해 지난 시간에 배운 내용을 확인한다.		5
	동기유발	〈실연 부분 1〉		
	학습 목표 제시	1. 1910년대 국내 비밀결사운동의 정치적 방향을 설명할 수 있다.		
		2. 1910년대 국외 독립운동 기지 건설에 대한 보고서 작성을 할 수 있다.		
전개	[전개 1] 비밀결사 활동	〈실연 부분 2〉	〈자료 1~4〉	20

전개	[전개 2] 독립운동기지 건설	〈실연 부분 3〉		〈자료 5, 6〉	70
정리	본시 학습 정리	• 교사는 본시 학습의 주요 내용을 문답으로 확인한다.			5
	차시 예고	• 다음 시간 학습 내용에 대해 안내한다.			

주제 40 | 3·1운동

2025학년도 중등학교 교사 임용후보자 선정 경쟁시험(제2차 시험)
역사 수업 실연

문제 다음의 〈실연 방법〉, [교수·학습 조건], [자료]와 [교수·학습 지도안]을 반영하여 수업을 실연하시오.

〈실연 방법〉

[교수·학습 지도안]의 〈실연 부분 1~4〉에 해당하는 부분을 실연하시오.
1. 〈실연 부분 1〉: 수업내용과 활동을 참고하여 학습 목표 두 가지를 제시하시오.
2. 〈실연 부분 2〉: 〈자료 1〉을 활용하여 사료 학습을 하시오.
   가. 〈자료 1〉을 바탕으로 3·1운동의 성격 변화를 탐구할 수 있도록 적절한 질문을 하시오.
3. 〈실연 부분 3〉: 〈자료 2, 3〉을 활용하여 사료 학습을 하시오.
   가. 〈자료 2, 3〉을 바탕으로 3·1운동의 의의를 탐구할 수 있도록 적절한 질문을 하시오.
4. 〈실연 부분 4〉: 〈자료 4, 5〉를 활용해 3·1운동 구호 만들기(표어 만들기)를 하시오.
   가. 〈자료 4〉를 활용해 3·1운동 구호 만들기(표어 만들기) 방법을 안내하시오.
   나. 2015 역사과 핵심역량을 바탕으로 〈자료 5〉의 [수험생 작성 부분 1~3]을 작성하시오.
   다. 활동에 어려움을 겪는 학생이 있다고 가정하고 순회 지도를 하시오.

교수·학습 조건

1. 과 목 명 : 한국사
2. 대   상 : 고등학교 1학년
3. 수업시간 : 50분
4. 단 원 명 : 3·1운동
   가. 단원의 성취기준

   [10한사03-02] 3·1운동의 배경과 전개 과정을 이해하고, 대한민국 임시정부 수립의 의미를 파악한다.

   나. 단원의 구성

단원	차시	주요 내용 및 활용	수업형태	평가방법
3·1운동과 대한민국 임시정부	1	1910년대 국내외 민족 운동	설명식 수업	형성평가
	2(본시)	3·1운동	사료 학습, 구호 만들기 (표어 만들기)	수행평가
	3	대한민국 임시정부의 수립과 활동	만들기 수업	형성평가

   다. 교수·학습 환경

학생수	지도장소	매체 및 기자재
24명	교실	칠판, 교사용 컴퓨터, 빔 프로젝트, 스크린, 태블릿PC

자료

자료 1

(가) 시위를 목격한 외국인들의 말에 의하면, 이번 시위는 그들이 이제까지 목격한 것 중에서 가장 특이한 것 중의 하나였다고 한다. 새롭게 눈을 뜬 자유로 맥박이 고동치는 이 거대한 백의의 군중은, 그들에게 아무런 명분도 없이 고문과 약탈을 자행해 온 바로 그 일본인들에 의해 사방이 포위되었다. 그러나 시위대는 일본인들의 과오에 대해 보복을 하지 않았는데, 이는 그와 같은 행동을 하는 것은 조국의 명예를 더럽히는 것이라고 생각했기 때문이었다.

- C.W. 켄들, "한국 독립운동의 진상"

(나) 그때 인심은 극도로 동요되고 학생은 교복을 벗고 백의에 흰 헌팅(모자)을 쓰고 서로 만나는 대로 인사뿐이요, 말은 하나도 건네지 않고 학생들의 강한 의지는 불타고 있었다. 거리의 긴장은 무서웠고, 비밀신문 수십 종이 발행되어 돌며 거리마다 만세 소리가 물 끓듯 컸는지라 일경은 말을 타고 3척 가량이나 되는 철 망치를 휘두르며, 소방부는 몽둥이를 들고 발광하듯이 우리 동포를 사상케 하였고, 거리며 동리 어귀마다 변장한 왜경이 서서 가해를 하니.

- "신천지"(1946)

자료 2

(가) 1919년 4월 1일, 경남 밀양에서 윤수선이 "부산에서는 학생들이 독립을 위해 만세를 외친다."라고 하자, 김성선과 강덕수가 만세 시위를 제안하였다. 윤차암과 박소수도 이에 동의하였다. …… 모두 20~30명에 달하자 박차용은 나팔을 불며 선두에 서고, 다른 사람들은 독립 만세를 외치며 행진하였다.

- 학생 중심으로 만세 운동을 전개한 윤차암 등의 판결문(일부)

(나) 이장옥은 군중 약 1,500명과 함께 '조선 독립 만세'라고 쓴 깃발을 세우고 독립 만세를 외쳤으며, 헌병 주재소에 달려들어 돌을 던졌다.

- 밀양에서 만세 운동을 전개한 승려 이장옥 등의 판결문(일부)

자료 3

이번 조선 독립운동은 위대하고 간절하며 비장한 동시에 명료하고 정확한 관념을 갖추어 민의를 사용하되 무력을 사용하지 않음으로써 세계 혁명사의 신기원을 열었다. 우리는 이에 대해 찬미·비통·흥분·희망·부끄러움 등의 여러 가지 느낌을 갖게 된다. 우리는 조선의 자유사상이 이로부터 발전하기를 희망한다. 우리는 조선 민족이 머지않아 독립 자치의 영광을 발견할 수 있을 것으로 믿는다.

- 천두슈, '조선 독립운동의 감상'

자료 4

[3·1운동 구호 만들기]
- 모둠 이름 : _____

◎ 우리 모둠이 3·1운동에 참여한 학생이라면 어떤 구호(표어)를 외쳤을지 적어봅시다.

참고 자료	

자료 5

[채점기준표]

핵심역량	기준	점수
역사 사실 이해 [2점]	[수험생 작성 부분 1]	
역사 자료 분석과 해석 [2점]	[수험생 작성 부분 2]	
역사 정보 활용 및 의사소통 [2점]	[수험생 작성 부분 3]	

교수·학습 지도안

단원		독립을 향한 외침, 3·1운동	차시	2/3
학습단계		교수·학습 활동	자료 및 유의점	시간(분)
도입	선수학습확인	• 지난 시간에 배운 내용을 복습한다.		5
	동기유발	• 서대문 형무소에 수감된 독립 운동가들의 사진을 보여주며, 독립 운동의 분위기를 상기시킨다.	사진 자료	
	학습 목표 제시	〈실연 부분 1〉		
전개	[전개 1] 3·1운동의 배경	• 3·1운동의 국내외 발발배경을 설명한다.		5
	[전개 2] 3·1운동의 전개	〈실연 부분 2〉	〈자료 1〉	10

전개	[전개 3] 3·1운동의 의의	〈실연 부분 3〉	〈자료 2, 3〉	10
	[전개 4] 3·1운동 구호 만들기 (표어 만들기)	〈실연 부분 4〉 ◎ 채점기준표 <table><tr><th>핵심역량</th><th>기준</th><th>점수</th></tr><tr><td>역사 사실 이해 [2점]</td><td>[수험생 작성 부분 1]</td><td></td></tr><tr><td>역사 자료 분석과 해석[2점]</td><td>[수험생 작성 부분 2]</td><td></td></tr><tr><td>역사 정보 활용 및 의사소통[2점]</td><td>[수험생 작성 부분 3]</td><td></td></tr></table>	〈자료 4, 5〉	15
정리	본시 학습 정리	• 교사는 주요 내용을 문답으로 확인한다.		5
	차시 예고	• 교사는 다음 시간 내용을 간단히 예고한다.		

주제 41 임시정부

≫ 해설 p.58

2025학년도 중등학교 교사 임용후보자 선정 경쟁시험(제2차 시험)
역사 수업 실연

문제 다음의 〈실연 방법〉, [교수·학습 조건], [자료]와 [교수·학습 지도안]을 반영하여 수업을 실연하시오.

〈실연 방법〉

[교수·학습 지도안]의 〈실연 부분 1~3〉에 해당하는 부분을 실연하시오.
1. 〈실연 부분 1〉: 수업내용과 활동을 참고하여 학습 목표 두 가지를 제시하시오.
2. 〈실연 부분 2〉: 〈자료 1〉을 활용하여 비교 학습을 하시오.
   가. 〈자료 1〉에서 (가), (나)의 정치체제의 차이점이 드러나도록 수업을 전개하시오.
3. 〈실연 부분 3〉: 〈자료 2, 3〉을 활용하여 토론 학습(패널 토론)을 하시오.
   가. 〈자료 2〉를 국민대표회의 배경과 관련하여 수업을 전개하시오.
   나. 〈자료 3〉을 활용해 토론 학습을 안내하고, 공개 토론 직전 모둠별 토론 과정에서 문제가 될 수 있는 상황을 가정하고 교사가 순회 지도하시오.
   다. 모둠별로 대표 패널을 평가한다는 가정 하에 〈자료 3〉의 [수험생 작성 부분 1~3]을 작성하시오.

교수·학습 조건

1. 과 목 명 : 한국사
2. 대   상 : 고등학교 1학년
3. 수업시간 : 50분
4. 단 원 명 : 대한민국 임시정부의 수립과 활동

   가. 단원의 성취기준

   [10한사03-02] 3·1운동의 배경과 전개 과정을 이해하고, 대한민국 임시정부 수립의 의미를 파악한다.

   나. 단원의 구성

단원	차시	주요 내용 및 활용	수업형태	평가방법
3·1운동과 대한민국 임시정부	1	1910년대 국내외 민족 운동	설명식 수업, 글쓰기 수업	형성평가
	2	3·1운동	사료 학습, 구호 만들기 (표어 만들기)	수행평가
	3(본시)	대한민국 임시정부의 수립과 활동	비교 학습, 토론 학습	다면평가

   다. 교수·학습 환경

학생수	지도장소	매체 및 기자재
18명	교실	칠판, 교사용 컴퓨터, 빔 프로젝트, 스크린, 태블릿PC, 스마트폰

자료

자료 1

(가) 대한국 국제(1899)
    제1조 대한국은 세계 만국이 공인한 자주독립 제국이다.
    제2조 대한국의 정치는 만세불변의 전제 정치이다.
    제3조 대한국 대황제는 무한한 군권을 누린다.

(나) 대한민국 임시 헌장(1919. 4.)
    제1조 대한민국은 민주 공화제로 한다.
    제2조 대한민국은 임시정부가 임시 의정원의 결의에 의하여 이를 통치한다.
    제3조 대한민국 인민은 남녀 귀천 및 빈부의 계급이 없고 일체 평등하다.

자료 2

연합국 열강이 장래에 한국의 완전한 독립을 보장한다는 조건으로 현재와 같은 일본의 통치로부터 한국을 해방하여 국제 연맹의 위임 통치 아래에 두는 조치를 하도록 …… 간절히 청하는 바입니다. 이것이 이루어질 수 있다면 한반도는 모든 나라에 이익을 제공할 중립적 통상 지역으로 변할 것입니다. 아울러 이러한 조치는 극동에 새로운 하나의 완충국을 탄생시킴으로써 …… 평화를 유지하는 데 도움이 될 것입니다.

- 이승만의 위임 통치 청원서(1919)

자료 3

[패널 토론 활동지]

1. 토론 주제 : 효과적인 독립 운동의 방안
2. 토론 방법 : 모둠별로 하나의 민족 운동 노선 결정 → 함께 공부하기 → 전문가 패널 결정
        → 모둠별 대표 전문가 패널 공개 토론
3. 참고 자료

> (가) 이동휘 : "일제로부터 독립을 쟁취하는 길은 결국 무력으로 일본을 타도하는 방법밖에 없다. 우리 동포들이 많이 살고 있는 만주나 연해주를 민족 운동의 중심지로 삼아야 한다."
> (나) 안창호 : "우리가 지금 해야 할 것은 무기·자금·병력 등을 확보하여 앞으로 있을 독립 전쟁에 대비하는 일이다. 이를 위해 교육이나 경제면에서 우리의 실력을 양성하는 일이 필요하다."
> (다) 이승만 : "일본과의 직접적·물리적 충돌보다는 국제 사회에서 일본에 압력을 행사할 수 있는 나라들을 상대로 외교 활동을 전개해야 한다."

4. 우리 모둠의 민족 운동 노선 : _____
5. 이와 같은 민족 운동 노선을 선택한 이유? _____
_____

※ 다면평가지

구분	평가 기준	배점(10)	점수
동료 평가 (모둠 간)	[수험생 작성 부분 1]	2	
	[수험생 작성 부분 2]	2	
	[수험생 작성 부분 3]	2	
자기 평가 (모둠 내)	모둠별 토론에 적극적으로 참여하였는가?	2	
	공개 토론을 적극적으로 경청하였는가?	2	

교수·학습 지도안

단원		대한민국 임시정부의 수립과 활동	차시	3/3
학습단계		교수·학습 활동	자료 및 유의점	시간(분)
도입	선수학습확인	• 지난 시간에 배운 내용을 복습한다.		5
	동기유발	• 상하이 임시정부의 사진을 보여주며 흥미를 유발한다.	사진 자료	
	학습 목표 제시	〈실연 부분 1〉		
전개	[전개 1] 임시정부의 수립	〈실연 부분 2〉	〈자료 1〉	10

전개	[전개 2] 임시정부의 활동	• 대한민국 임시정부의 활동을 설명한다.			10
	[전개 3] 임시정부의 개편	〈실연 부분 3〉 ※ 다면평가지		〈자료 2, 3〉	20

※ 다면평가지

구분	평가 기준	배점(10)	점수
동료 평가 (모둠 간)	[수험생 작성 부분 1]	2	
	[수험생 작성 부분 2]	2	
	[수험생 작성 부분 3]	2	
자기 평가 (모둠 내)	모둠별 토론에 적극적으로 참여하였는가?	2	
	공개 토론을 적극적으로 경청하였는가?	2	

정리	본시 학습 정리	• 교사는 주요 내용을 문답으로 확인한다.			5
	차시 예고	• 교사는 다음 시간 내용을 간단히 예고한다.			

주제 42 | 항일 무장 독립 투쟁

해설 p.59

2025학년도 중등학교 교사 임용후보자 선정 경쟁시험(제2차 시험)

역사 수업 실연

문제 다음의 〈실연 방법〉, [교수·학습 조건], [자료]와 [교수·학습 지도안]을 반영하여 수업을 실연하시오.

〈실연 방법〉

[교수·학습 지도안]의 〈실연 부분 1~3〉에 해당하는 부분을 실연하시오.
1. 〈실연 부분 1〉: 수업내용과 활동을 참고하여 학습 목표 두 가지를 제시하시오.
2. 〈실연 부분 2〉: 〈자료 1, 2〉를 활용하여 사료 학습을 하시오.
   가. 〈자료 1, 2〉를 활용하여 적절한 질문이 드러나는 수업을 전개하시오.
3. 〈실연 부분 3〉: 〈자료 3~5〉를 활용하여 인물 학습을 하시오.
   가. 〈자료 3〉을 활용해 인물 학습의 방법을 안내하고, 인물 학습의 유용성도 안내하시오.
   나. 2015 역사과 핵심역량을 바탕으로 〈자료 4〉의 [수험생 작성 부분 1~4]를 완성하시오.
   다. 학생이 완성한 경우를 〈자료 5〉라고 가정하고 아쉬운 부분을 피드백하시오.

교수·학습 조건

1. 과 목 명 : 한국사
2. 대   상 : 고등학교 1학년
3. 수업시간 : 50분
4. 단 원 명 : 항일 무장 독립 투쟁
   가. 단원의 성취기준

   [10한사03-03] 3·1운동 이후 나타난 국내외 민족 운동의 흐름을 파악한다.

   나. 단원의 구성

단원	차시	주요 내용 및 활용	수업형태	평가방법
민족 운동의 성장	1(본시)	항일 무장 독립 투쟁	사료 학습, 인물 학습	수행평가
	2	의열 투쟁	설명식 수업, 글쓰기 학습	형성평가
	3	실력 양성 운동의 추진	극화 학습	수행평가
	4	민족 유일당 운동의 전개	설명식 수업, 사료 학습	형성평가

   다. 교수·학습 환경

학생수	지도장소	매체 및 기자재
24명	교실	칠판, 교사용 컴퓨터, 빔 프로젝트, 스크린, 태블릿PC

자료

자료 1

간도 용정촌에서 40리 정도 떨어진 한 마을을 일본군 1개 대대가 포위하였다. 남자라면 늙은이, 어린아이를 막론하고 끌어내어 죽이고, 못 다 죽으면 타오르는 집이나 짚더미에 던져 타 죽게 하였다. 이 상황을 바라보고 있어야만 하였던 그들의 아내와 어머니들 가운데에는 땅바닥을 긁어 손톱이 뒤집힌 사람도 있었다. …… 할머니와 며느리 둘이 잿더미 속에서 타다 남은 살덩이와 부서진 뼈를 줍고 있는 것을 보고 나는 신에게 기도를 드리며 시체 하나를 끌어내어 흩어진 팔과 다리를 주워 모은 후 사진을 찍었다. 어찌나 분통하였던지 사진기를 고정시킬 수 없어 네 번이나 사진을 찍었다.

- 조지훈, 『한국 민족 운동사』

자료 2

1. 한국인이 무기를 가지고 다니거나 한국으로 침입하는 것을 엄금하며 위반자는 검거하여 일본 경찰에 인도한다.
2. 만주에 있는 한인 단체를 해산하고 무장을 해제하며, 무기와 탄약을 몰수한다.
3. 일본이 지명하는 독립 운동가를 체포하여 일본 경찰에 인도한다.

- 미쓰야 협정(1925)

자료 3

[독립운동가의 삶을 따라서]

– 학생 이름 : _____

Q. 독립 운동가 한 명을 선택하고, 그 인물에 대해서 탐구하시오.

> 홍범도 / 김좌진 / 서일 / 양세봉 / 지청천

1. 내가 탐구할 독립 운동가?
   _____
2. 이 인물을 선택한 이유?
   _____
3. 독립 운동가의 업적?
   _____
4. 독립 운동가의 삶을 배우며, 내 삶에 적용하고 싶은 부분은 무엇인가?
   _____
5. 자료의 출처 :
   _____

자료 4

[인물 학습 수행평가지]

– 학생 이름 : 김하늘

핵심역량	평가 기준	점수
역사 사실 이해	[수험생 작성 부분 1](2점)	
역사 자료 분석과 해석	[수험생 작성 부분 2](2점)	
역사 정보 활용 및 의사소통	[수험생 작성 부분 3](2점)	
정체성과 상호존중	[수험생 작성 부분 4](2점)	

자료 5

[독립운동가의 삶을 따라서]

– 학생 이름 : 김하늘

1. 내가 탐구할 독립 운동가? 홍범도
2. 이 인물을 선택한 이유? 영화 '봉오동 전투'에서 홍범도 장군의 활약을 본적이 있음
3. 독립 운동가의 업적
   ① 1907년부터 의병 운동에 참여함
   ② 1920년대 봉오동 전투, 청산리 전투 주도
   ③ 1937년대 러시아의 한인 강제 이주가 시작되자 고국으로 귀국
4. 독립 운동의 삶을 배우며, 내 삶에 적용하고 싶은 부분은 무엇인가?

작성하지 않음

5. 자료의 출처 : 한국사데이터베이스, 교과서, 기사

교수·학습 지도안

단원		항일 무장 독립 투쟁	차시	1/4
학습단계		교수·학습 활동	자료 및 유의점	시간(분)
도입	선수학습확인	• 지난 시간에 배운 내용을 복습한다.		5
	동기유발	• 영화 봉오동 전투의 한 장면을 보여주며, 흥미를 유발한다.	동영상 자료	
	학습 목표 제시	〈실연 부분 1〉		
전개	[전개 1] 독립군의 활약	• 1920년대 독립군의 활약을 설명한다.		5
	[전개 2] 독립군의 시련	〈실연 부분 2〉	〈자료 1, 2〉	10

전개	[전개 3] 3부 성립과 통합	• 3부 성립과 통합에 대해서 설명한다.		5
	[전개 4] 한·중연합군의 활약	• 한·중 연합군의 활약상을 설명한다.		5
	[전개 5] 인물 학습	〈실연 부분 3〉 ※ 수행평가지 {수행평가표}	〈자료 3~5〉	15
정리	본시 학습 정리	• 교사는 주요 내용을 문답으로 확인한다.		5
	차시 예고	• 교사는 다음 시간 내용을 간단히 예고한다.		

※ 수행평가지

핵심역량	평가 기준	점수
역사 사실 이해	[수험생 작성 부분 1](2점)	
역사 자료 분석과 해석	[수험생 작성 부분 2](2점)	
역사 정보 활용 및 의사소통	[수험생 작성 부분 3](2점)	
정체성과 상호존중	[수험생 작성 부분 4](2점)	

주제 43 의열단과 한인 애국단

❧ 해설 p.61

2025학년도 중등학교 교사 임용후보자 선정 경쟁시험(제2차 시험)
역사 수업 실연

문제 다음의 〈실연 방법〉, [교수·학습 조건], [자료]와 [교수·학습 지도안]을 반영하여 수업을 실연하시오.

〈실연 방법〉

[교수·학습 지도안]의 〈실연 부분 1~3〉에 해당하는 부분을 실연하시오.
1. 〈실연 부분 1〉: 〈자료 1~3〉을 활용하여 수업을 전개하시오.
   가. 〈자료 1, 2〉를 활용하여 적절한 질문이 드러나는 수업을 전개하시오.
   나. 〈자료 3〉을 활용하여 백지도 만들기 수업을 하시오.
2. 〈실연 부분 2〉: 〈자료 4〉를 활용하여 사료 학습을 하시오.
   가. 〈자료 4〉를 활용하여 역사적 감정이입이 드러나는 수업을 전개하시오.
3. 〈실연 부분 3〉: 〈자료 5〉를 활용하여 글쓰기 수업을 하시오.
   가. 〈자료 5〉를 활용해서 발표를 진행하되, 잘못된 사례 1가지를 정하고 교정하는 부분을 포함하시오.

교수·학습 조건

1. 과 목 명 : 한국사
2. 대   상 : 고등학교 1학년
3. 수업시간 : 50분
4. 단 원 명 : 의열단과 한인 애국단
   가. 단원의 성취기준

   [10한사03-03] 3·1운동 이후 나타난 국내외 민족 운동의 흐름을 파악한다.

   나. 단원의 구성

단원	차시	주요 내용 및 활용	수업형태	평가방법
민족 운동의 성장	1	항일 무장 독립 투쟁의 전개	사료 학습, 인물 학습	수행평가
	2(본시)	의열단과 한인 애국단	사료 학습, 백지도 만들기, 글쓰기 수업	형성평가
	3	실력 양성 운동의 추진	설명식 수업, 극화 학습	수행평가
	4	민족 유일당 운동의 전개	설명식 수업, 글쓰기 수업	수행평가

   다. 교수·학습 환경

학생수	지도장소	매체 및 기자재
24명	교실	칠판, 교사용 컴퓨터, 빔 프로젝트, 스크린

자료

자료 1

목숨을 아끼지 않는 열혈 지사를 규합하여, 적의 군주 이하 각 대관과 일체의 관공리를 암살하자. 적의 일체 시설물을 파괴하자. 동포들의 애국심을 환기하고, 배일사상을 고취 하여, 일대 민중적 폭력을 일으키도록 하자. 끊임없는 폭력만이 강도 일본의 통치를 타도하고, 마침내는 조국 광복의 대업을 성취할 수 있다.

자료 2

우리는 외교론, 준비론 등의 미몽을 버리고 민중 직접 혁명의 수단을 취함을 선언하노라. 조선 민족의 생존을 유지하자면 강도 일본을 쫓아내야 할 것이며, 강도 일본을 쫓아내려면 오직 혁명으로써 할 뿐이니, 혁명이 아니고는 강도 일본을 내쫓을 방법이 없는 바이다. …… 민중은 우리 혁명의 대본영(大本營)이다. 폭력은 우리 혁명의 유일한 무기이다. 우리는 민중 속으로 가서 민중과 손을 맞잡아 끊임없는 폭력, 암살, 파괴, 폭동으로써 강도 일제의 통치를 타도하고, 우리 생활에 불합리한 일체의 제도를 개조하여 인류로써 인류를 압박하지 못하며, 사회로써 사회를 박탈하지 못하는 이상적 조선을 건설할지니라.

- 신채호, 「조선 혁명 선언」

자료 3

Q. 아래 도표를 보고, 백지도에 역사적 사건을 표시하시오.

1920	1920	1921	1923	1924	1926
박재혁 부산 경찰서에 폭탄 투척	최수봉 밀양 경찰서에 폭탄 투척	김익상 조선 총독부에 폭탄 투척	김상옥 종로 경찰서에 폭탄 투척	김지섭 일본 궁성에 폭탄 투척	나석주 동양 척식 주식회사에 폭탄 투척

자료 4

강보에 싸인 두 병정에게

  너희도 만일 피가 있고, 뼈가 있다면 반드시 조선을 위하여 용감한 투사가 되어라. 태극의 깃발을 높이 드날리고 나의 빈 무덤 앞에 찾아와 한잔 술을 부어 놓으라.……

- 윤봉길이 아들들에게 남긴 글(1932)

자료 5 한인 애국단 인터뷰

〈문〉 윤봉길씨의 처단 대상은 누구였나요?
〈답〉 윤봉길 :   (가)

〈문〉 이봉창씨가 의열 활동에 참여하게 된 계기가 무엇인가요?
〈답〉 이봉창 :   (나)

〈문〉 두 분이 생각하는 의열 투쟁의 의의와 한계는 무엇인가요?
〈답〉 윤봉길·이봉창 :   (다)

교수·학습 지도안

단원		의열단과 한인 애국단	차시	2/4
학습단계		교수·학습 활동	자료 및 유의점	시간(분)
도입	선수학습확인	• 지난 시간 배운 내용을 복습한다.		5
	동기유발	• 당시 의열단원 김원봉의 현상금이 320억이었다는 사실을 전달하며 흥미를 유발한다.	기사 자료	
	학습 목표 제시	1. 의열단과 한인 애국단의 활동을 설명할 수 있다.		
		2. 의열 투쟁의 의의와 한계를 설명할 수 있다.		
전개	[전개 1] 의열단의 활동	〈실연 부분 1〉	〈자료 1~3〉	15

전개	[전개 2] 한인 애국단의 활동	〈실연 부분 2〉	〈자료 4〉	10
	[전개 3] 가상 인터뷰 쓰기	〈실연 부분 3〉	〈자료 5〉	15
정리	본시 학습 정리	• 교사는 주요 내용을 형성평가를 한다.		5
	차시 예고	• 교사는 다음 시간 내용을 간단히 예고한다.		

| 주제 44 | 실력 양성 운동 | 해설 p.63 |

2025학년도 중등학교 교사 임용후보자 선정 경쟁시험(제2차 시험)
역사 수업 실연

문제 다음의 〈실연 방법〉, [교수·학습 조건], [자료]와 [교수·학습 지도안]을 반영하여 수업을 실연하시오.

〈실연 방법〉

[교수·학습 지도안]의 〈실연 부분 1~3〉에 해당하는 부분을 작성하시오.
1. 〈실연 부분 1〉: 3·1운동 이후 민족 운동의 두 흐름을 수업하시오.
   가. 학습 목표를 달성하기 위해 〈자료 1〉과 교과서를 탐구하는 비교 학습을 짝활동으로 실연하시오.
2. 〈실연 부분 2〉: 실력양성운동에 대해 사료 탐구 수업을 진행하시오.
   가. 〈자료 2~5〉를 보고 실력양성운동의 방향성과 사례에 대한 사료 탐구를 진행하시오.
   나. 〈자료 6〉을 활용하여 학생들의 사고 활동을 자극하는 질문을 제시하시오.
3. 〈실연 부분 3〉: 학습 내용을 학생과 함께 정리하고 차시 예고를 하시오.
   가. 간단한 문답을 이용하여 형성평가를 진행하시오.
   나. 본시 학습과 다음 차시의 연계성을 강조하여 차시 예고를 진행하시오.

※ 유의점: 교사와 학생, 학생과 학생 사이 상호작용을 보여주시오.

교수·학습 조건

1. 과 목 명: 한국사
2. 대   상: 고등학교 1학년
3. 수업시간: 50분
4. 단 원 명: 실력 양성 운동
   가. 단원의 성취기준

   [10한사03-03] 3·1운동 이후 나타난 국내외 민족 운동의 흐름을 파악한다.

   나. 단원의 구성

단원	차시	주요 내용 및 활용	수업형태	평가방법
민족 운동의 성장	1	항일 무장 독립 투쟁	글쓰기 수업	서술형 평가
	2	의열 투쟁	인물 학습	수행평가
	3(본시)	실력 양성 운동	사료 탐구 수업, 설명식 수업	형성평가
	4-6	모의 재판 수업	모의 재판 수업	수행평가
	7	민족 유일당 운동	가상 인터뷰 수업	포트폴리오 평가

   다. 교수·학습 환경

학생수	지도장소	매체 및 기자재
24명	교실	칠판, 교사용 컴퓨터, 빔 프로젝트, 스크린 등

자료

자료 1
현하 우리 사회에는 두 가지 조류가 있다. 하나는 민족 운동의 조류요, 또 하나는 사회 운동의 조류인가 한다. 이 두 가지 조류가 물론 해방의 근본적 정신에 있어서는 조금도 다를 것이 없다. 그러나 왕왕 운동의 방법과 이론적 해석에 이르러서 털끝의 차이로 천리의 차이가 생겨 도리어 운동의 전선을 혼란스럽게 하여 당파적 분규를 소생케 하여 결국은 어부의 이를 취하게 골육의 다툼을 일으키는 것은 어찌 우리 민족의 장래를 위하여 통탄할 바가 아니랴.
- 『동아일보』

자료 2
우리 생활에 제1의 조건은 곧 이 의식주의 문제, 즉 산업적 기초라. 이 산업적 기초가 파멸하여 우리에게 남은 것이 없으면 그 아무것도 없는 우리가 사람으로 사람다운 생활을 하지 못하고 사람다운 발전을 하지 못할 것은 당연하지 아니한가. …… 우리는 이와 같은 견지에서 우리 조선 사람의 물산을 장려하기 위하여 조선 사람은 조선 사람이 지은 것을 사 쓰고, 조선 사람은 단결하여 그 쓰는 물건을 스스로 제작하여 공급하기를 목적으로 한다.
- 『산업계』, 1923. 11.

자료 3
우리의 운명을 어떻게 개척할까? 정치냐, 외교냐, 산업이냐? 물론 이와 같은 일이 모두 필요하도다. 그러나 그 기초가 되고 요건이 되며, 가장 급한 일이 되고 가장 먼저 해결해야 할 필요가 있으며, 가장 힘 있고 필요한 수단은 교육이 아니면 아니 된다. …… 민중의 보편적 지식은 보통 교육으로도 가능하지만, 심오한 지식과 학문은 고등 교육이 아니면 불가하며 …… 오늘날 조선인이 세계 문화 민족의 일원으로 남과 어깨를 견주고 우리의 생존을 유지하며 문화의 창조와 향상을 기도하려면, 대학의 설립이 아니고는 다른 방도가 없도다.
- 「개회된 민대 총회」, 『동아일보』, 1923. 3. 30.

자료 4
가장 필요하고 긴급한 것을 들자면 지식 보급을 제외하고는 다시 없을 것이다.……전 인구의 1000분의 20밖에 문자를 이해하지 못하고, 취학 연령 아동의 30%밖에 학교를 갈 수 없는 오늘날 조선의 상황에서 간단하고 쉬운 문자의 보급은 우리 민족이 해결해야 할 가장 시급한 일이라 하겠다.
- 『조선일보』, 1934.6.10.

자료 5

자료 6
노동자들은 벌써 오랜 옛날부터 훌륭한 물산 장려 계급이다. 그들은 자본가 중산 계급이 양복이나 비단옷을 입는 대신 무명과 베옷을 입었고, 저들 자본가 위스키나 브랜디나 정종을 마시는 대신 소주나 막걸리를 먹지 않았는가? 실상 저들 자본가, 중산 계급이…… '민족적'이라는 미사여구로 동족 안에 있는 착취, 피착취의 상반하는 양극단의 계급적 의식을 가려 버리고, 일면으로는 '애국적'이라는 의미에서 외화 배척을 말하는 것이며, 그 이면에는 외래의 경제적 정복 계급을 축출하여 새로운 착취 계급으로서 자기들이 그 자리를 대신하려는 것이다.
- 『동아일보』, 1923. 3. 20.

교수·학습 지도안

단원		실력 양성 운동	차시	3/7
학습단계		교수·학습 활동	자료 및 유의점	시간(분)
도입	선수학습 확인	• 문답을 통해 지난 시간에 배운 내용을 확인한다.		5
	동기유발	• 경성 방직 주식회사의 광목 광고를 통해 학생들의 흥미를 유발한다.	광고 자료	
	학습 목표 제시	1. 1920년대 민족주의 운동의 흐름을 비교할 수 있다.		
		2. 실력 양성 운동의 방향성과 사례를 탐구할 수 있다.		
전개	[전개 1] 민족주의의 두 흐름	〈실연 부분 1〉	〈자료 1〉	15

전개	[전개 2] 실력 양성 운동	〈실연 부분 2〉	〈자료 2~6〉	25
정리	정리 및 차시 예고	〈실연 부분 3〉		5

주제 45　민족 유일당 운동

해설 p.65

2025학년도 중등학교 교사 임용후보자 선정 경쟁시험(제2차 시험)

역사 수업 실연

문제 다음의 〈실연 방법〉, [교수·학습 조건], [자료]와 [교수·학습 지도안]을 반영하여 수업을 실연하시오.

〈실연 방법〉

[교수·학습 지도안]의 〈실연 부분 1~3〉에 해당하는 부분을 작성하시오.
1. 〈실연 부분 1〉: 전체 수업의 흐름을 고려하여 학습 목표 3가지를 제시하시오.
2. 〈실연 부분 2〉: 〈자료 1, 2〉를 참고하여 가상 인터뷰 수업을 진행하시오.
   가. 〈자료 2〉의 [수험생 작성 부분 1, 2]를 채워 〈자료 1〉의 활동을 안내하시오.
   나. 순회 지도를 통해 학생들의 '역사 자료 분석과 해석' 역량을 자극하시오.
3. 〈실연 부분 3〉: 〈자료 3, 4〉를 활용하여 사료 탐구 수업을 진행하시오.
   가. 〈자료 3〉과 〈자료 4〉를 통해 광주 학생 항일 운동의 성격 변화를 탐구하시오.

※ 유의점
　1. 단원의 성취기준을 고려하시오.
　2. 교사와 학생의 활동이 구체적으로 드러나도록 작성하시오.

교수·학습 조건

1. 과 목 명 : 한국사
2. 대　　상 : 고등학교 1학년
3. 수업시간 : 50분
4. 단 원 명 : 민족유일당 운동
　가. 단원의 성취기준

[10한사03-03] 3·1운동 이후 나타난 국내외 민족 운동의 흐름을 파악한다.

　나. 단원의 구성

단원	차시	주요 내용 및 활용	수업형태	평가방법
민족 운동의 성장	1	항일 무장 독립 투쟁	글쓰기 수업	서술형 평가
	2	의열 투쟁	인물 학습	수행평가
	3	실력 양성 운동	사료 탐구 수업	형성평가
	4-6	모의 재판 수업	모의 재판 수업	수행평가
	7(본시)	민족 유일당 운동	극화 수업, 설명식 수업, 사료 탐구 수업	포트폴리오 평가

　다. 교수·학습 환경

학생수	지도장소	매체 및 기자재
24명	교실	칠판, 교사용 컴퓨터, 빔 프로젝트, 스크린, 태블릿PC 등

자료

자료 1

모둠명 : _____

1. (가)를 참고하여 (나)의 피고의 말을 채우시오.
2. (나)를 대본으로 모둠별 역할극을 발표하시오.

(가) 6·10만세 운동 당시 격문
- 대한 독립 만세! 대한 독립운동가여 단결하라!
- 군대와 헌병을 철수하라!
- 동양 척식 주식회사를 철폐하라!
- 일체의 납세를 거부하자!
- 일본 물화를 배척하자!
- 일본인 공장의 직공은 총파업하라!
- 일본인 지주에게 소작료를 바치지 말자!
- 언론·집회·출판의 자유를!

― 이석태, 『사회과학사전』

(나) 6.10 만세 운동 학생 공판 내용

재판장 : 피고(이병립 연희 전문학교 학생)는 6월 10일 국장일 관수교 위에서 국장 행렬이 지나갈 때 격문을 뿌리며 '조선 독립 만세'를 불렀는가?
피고 : 그렇소.
재판장 : 그것은 무슨 목적으로 불렀는가?
피고 : _____
재판장 : 피고는 조선 독립을 희망하는가?
피고 : 그렇소, 희망하오.

― 『동아일보』, 1926. 11. 3.

자료 2 다면평가지

※ 채점기준

모둠 내 평가	[수험생 작성 부분 1]	5점
모둠 간 평가	[수험생 작성 부분 2]	5점

자료 3 광주 학생 항일 운동 당시 격문(1929.11)

- 교내에 경찰의 침입을 절대 반대한다!
- 언론·출판·집회·결사·시위의 자유를 획득하라!
- 조선인 본위의 교육 제도를 확립하라!
- 식민지적 노예 교육 제도를 철폐하라!
- 사회 과학 연구의 자유를 획득하라!
- 전국 학생 대표자 회의를 개최하라!

― 독립운동사편찬위원회, 『독립운동사 9』

자료 4 광주 학생 항일 운동 당시 격문(1930.1월경)

경애하는 전 조선 피압박 계급 제군이여! 일본 제국주의는 전 조선 민족의 피를 착취하는 데 한순간도 쉬지 않고 있다. …… 피 끓는 용감한 학생 제군이여! 일어나라! 자유를 획득할 기회는 왔다. 우리들이 활동할 때도, 또한 모든 결함과 불평불만을 배제하고 혁명을 일으키는 것도 이때다. 학생, 청년, 교원 제군이여! 우리는 공장, 농촌, 광산, 학교로 몰려가서 우리의 슬로건을 철저히 관철할 것을 기약하자.

교수·학습 지도안

단원		민족 유일당 운동	차시	7/7
학습단계		교수·학습 활동	자료 및 유의점	시간(분)
도입	선수학습 확인	• 문답을 통해 지난 시간에 배운 내용을 확인한다.		5
	동기유발	• '학생독립운동기념일(11월3일)'의 유래가 광주 학생 항일 운동임을 이야기하며 학생들의 흥미를 유발한다.		
	학습 목표 제시	〈실연 부분 1〉		
전개	[전개 1] 6·10만세 운동	〈실연 부분 2〉 ※ 채점기준 ┌──────┬──────────────────┬────┐ │모둠 내│[수험생 작성 부분 1]│5점 │ │평가 │ │ │ ├──────┼──────────────────┼────┤ │모둠 간│[수험생 작성 부분 2]│5점 │ │평가 │ │ │ └──────┴──────────────────┴────┘	〈자료 1, 2〉	15
	[전개 2] 신간회	• 신간회 결성 배경과 활동, 해소까지의 흐름을 수업한다.		15

전개	[전개 3] 광주학생 항일운동	〈실연 부분 3〉	〈자료 3, 4〉	10
정리	본시 학습 정리	• 교사는 본시 학습의 주요 내용을 문답으로 확인한다.		5
	차시 예고	• 다음 시간 학습 내용을 안내한다.		

주제 46 | 도시와 농촌의 변화

해설 p.67

2025학년도 중등학교 교사 임용후보자 선정 경쟁시험(제2차 시험)

역사 수업 실연

문제 다음의 〈실연 방법〉, [교수·학습 조건], [자료]와 [교수·학습 지도안]을 반영하여 수업을 실연하시오.

〈실연 방법〉

[교수·학습 지도안]의 〈실연 부분 1, 2〉에 해당하는 부분을 작성하시오.
1. 〈실연 부분 1〉: 〈자료 1~3〉을 이용하여 일제 강점기 도시와 농촌의 변화를 수업하시오.
   가. 〈자료 1〉을 통해 식민지 도시화의 양면성을 주제로 수업하시오.
   나. 〈자료 2〉의 농촌의 변화를 선수학습과 연계하시오.
   다. 〈자료 3〉을 활용해 〈자료 2〉가 농민의 삶에 미친 영향에 초점을 두어 수업하시오.
2. 〈실연 부분 2〉: 〈자료 4〉를 활용하여 수행평가를 진행하시오.
   가. 역사과 핵심역량 두 가지를 고려하여 〈자료 4〉의 [수험생 작성 부분 1, 2]를 채우고, 채점기준을 안내하시오.
   나. 모둠별 자료 수집 과정에서 순회 지도를 시연하시오.

※ 유의점
   1. 단원의 성취기준을 고려하시오.
   2. 교사와 학생의 활동이 구체적으로 드러나도록 작성하시오.
   3. 모둠 내 역할 분담을 고려하시오.

교수·학습 조건

1. 과 목 명: 한국사
2. 대   상: 고등학교 1학년
3. 수업시간: 100분(블록타임제)
4. 단 원 명: 도시와 농촌의 변화

   가. 단원의 성취기준

   [10한사03-04] 사회 모습의 변화를 살펴보고, 다양한 사회 운동을 근대 사상의 확산과 관련지어 이해한다.

   나. 단원의 구성

단원	차시	주요 내용 및 활용	수업형태	평가방법
사회·문화의 변화와 사회운동의 전개	1-2 (본시)	도시와 농촌의 변화	설명식 수업, 만들기 수업	수행평가
	3	대중 운동의 확산	극화 학습	포트폴리오 평가
	4	다양한 문예 활동과 민족 문화 수호를 위한 노력	주제 탐구 수업	포트폴리오 평가

   다. 교수·학습 환경

학생수	지도장소	매체 및 기자재
24명	교실	칠판, 교사용 컴퓨터, 스마트TV, 태블릿PC 등

자료

자료 1

(가) 경성 본청(오늘날 충무로 일대)

(나) 경성 주변에 살던 토막민

자료 2

가난한 농민의 식량을 참고로 보면, 잡곡이 한 홉 정도에 풀뿌리나 나무껍질을 섞어 끓여서 먹는다. …… 나무껍질은 소나무 속껍질, 아카시아, 기타 모든 껍질을 잘게 하거나 도토리 열매로 가루를 낸 후 물을 넣어 단자(團子)를 만들어 소금을 쳐서 먹는다. 어떤 지방에서는 고령토를 먹는 경우도 있다. 그 상태는 일본에서는 전혀 보이지 않는 비참하고 진기한 현상이다.

- 『내외사정』, 1932

자료 3

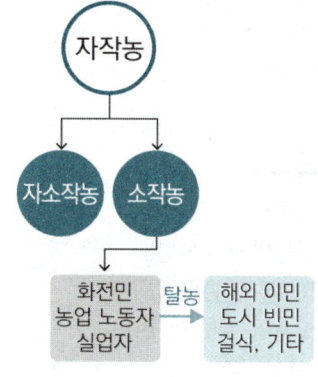

자료 4 수행평가

일제 강점기에 사회 모습에 여러 변화가 나타났다. 이를 잘 보여주는 사진 또는 그림 자료를 골라 스토리 보드를 채워보자. [각 스토리 보드당 7점, 총 21점]

〈스토리 보드 : 일제 강점기 도시와 농촌의 변화〉

헤드라인	헤드라인	헤드라인
그림(사진)자료	그림(사진)자료	그림(사진)자료
그림(사진)을 설명하는 대사	그림(사진)을 설명하는 대사	그림(사진)을 설명하는 대사

■ 채점기준

1	일제 강점기 사회 모습의 변화를 소재로 하여 '헤드라인'을 작성하였는가.	2점
2	[수험생 작성 부분 1]	2점
3	[수험생 작성 부분 2]	3점

교수·학습 지도안

단원		도시와 농촌의 변화	차시	1-2/4
학습단계		교수·학습 활동	자료 및 유의점	시간(분)
도입	선수학습 확인	• 문답을 통해 지난 시간에 배운 내용을 확인한다.		5
	동기유발	• 일제 강점기 생활양식의 변화를 보여주며 동기 유발한다.		
	학습 목표 제시	1. 일제 강점기 도시와 농촌의 변화를 설명할 수 있다. 2. 일제 강점기 사회 모습의 변화를 스토리보드로 표현할 수 있다.		
전개	[전개 1] 도시와 농촌의 변화	〈실연 부분 1〉	〈자료 1~3〉	25
	[전개 2] 생활양식의 변화	• 모던걸, 모던보이로 상징되는 대중문화의 유행과 생활양식의 변화를 수업한다.	만평 자료	20

전개	[전개 3] 수행평가	〈실연 부분 2〉 ■ 채점기준 <table><tr><td>1</td><td colspan="2">일제 강점기 사회 모습의 변화를 소재로 하여 '헤드라인'을 작성하였는가.</td><td>2점</td></tr><tr><td>2</td><td colspan="2">[수험생 작성 부분 1]</td><td>2점</td></tr><tr><td>3</td><td colspan="2">[수험생 작성 부분 2]</td><td>3점</td></tr></table>	〈자료 4〉	45
정리	본시 학습 정리	• 교사는 본시 학습의 주요 내용을 문답으로 확인한다.		5
	차시 예고	• 다음 시간 학습 내용에 대해 안내한다.		

주제 47 근현대 연표 제작 수업

2025학년도 중등학교 교사 임용후보자 선정 경쟁시험(제2차 시험)
역사 수업 실연

문제 다음의 〈실연 방법〉, [교수·학습 조건]과 [교수·학습 지도안]을 반영하여 수업을 실연하시오.

〈실연 방법〉

[교수·학습 지도안]의 〈실연 부분 1~3〉에 해당하는 부분을 작성하시오.
1. 〈실연 부분 1〉: 학생들의 출결을 확인하며 온라인 수업 환경을 정비하시오.
2. 〈실연 부분 2〉: 연표 제작 수업의 초안 결과물에 대한 동료 평가 및 교사 피드백을 수업하시오.
   가. 모둠별 연표 초안 사례를 가정하여 이에 대해 동료 평가와 교사 피드백을 진행하시오. 이때, 학생과 학생 간 활발한 상호작용을 유도하시오.
   나. [수험생 작성 부분 1, 2]를 채워 동료 평가 기준을 학생에게 제공하시오.
3. 〈실연 부분 3〉: 피드백 내용을 반영하여 근현대 연표 최종본을 제작하는 모둠 활동을 진행하시오.
   가. 모둠별로 화상 회의 플랫폼의 소회의실 기능을 활용하여 모둠 활동을 진행하시오.
   나. 모둠 활동에 대한 교사의 순회 지도를 실시하시오.

※ 유의점
   1. 온라인 수업 상황을 가정하시오.
   2. 단원의 성취기준을 고려하시오.
   3. 교사와 학생의 활동이 구체적으로 드러나도록 작성하시오.

교수·학습 조건

1. 과 목 명: 역사
2. 대   상: 중학교 3학년
3. 수업시간: 90분(블록타임제)
4. 단 원 명: 국민 국가의 수립
   가. 단원의 성취기준

   [9역12-01] 국민 국가를 건설하려는 다양한 노력을 살펴보고, 그 결과 대한민국 정부가 수립되었음을 이해한다.

   나. 단원의 구성

단원	차시	주요 내용 및 활용	수업형태	평가방법
국민 국가의 수립	1	문호 개방과 개화 정책	설명식 수업	형성평가
	2	국민 국가 수립 운동	글쓰기 수업	서술형 평가
	3	일제 강점기 민족 운동	인물 학습	포트폴리오 평가
	4	대한민국 정부 수립	극화수업	다면평가
	5	근현대 연표 초안 제작	연표 제작하기 수업	수행평가
	6-7 (본시)	발표 및 피드백	연표 제작하기 수업, 실시간 쌍방향 화상수업	동료 평가

   다. 교수·학습 환경

학생수	지도장소	매체 및 기자재
24명	교실	카메라가 내장된 노트북, 태블릿PC(필기용), 스마트폰, 헤드셋

교수·학습 지도안

단원		근현대 연표 제작 수업	차시	6-7/7
학습단계		교수·학습 활동	자료 및 유의점	시간(분)
도입	선수학습 확인	• 문답을 통해 지난 시간에 배운 내용을 확인한다.		5
	동기유발	〈실연 부분 1〉 • 연표의 유용성을 언급하며 학생들의 흥미를 유발한다.		
	학습 목표 제시	• 문호 개방 이후 대한민국 정부 수립까지의 일련의 사건이나 개념들의 큰 흐름을 연표로 표현할 수 있다.		
전개	[전개 1]	〈실연 부분 2〉		25

구분	평가 기준	배점 (총 4점)
동료 평가	[수험생 작성 부분 1]	2
	[수험생 작성 부분 2]	2

전개	[전개 2]	⟨실연 부분 3⟩		30
	[전개 3]	• 모둠별 근현대 연표 최종본을 학급 쌍방향 화상 회의를 통해 함께 보면서 동료 평가 및 교사 평가를 진행한다.		25
정리	본시 학습 정리	• 교사는 본시 학습의 주요 내용을 문답으로 확인한다.		5
	차시 예고	• 다음 시간 학습 내용에 대해 안내한다.		

주제 48 | 1920, 30년대의 대중 운동

해설 p.71

2025학년도 중등학교 교사 임용후보자 선정 경쟁시험(제2차 시험)
역사 수업 실연

문제 다음의 〈실연 방법〉, [교수·학습 조건], [자료]와 [교수·학습 지도안]을 반영하여 수업을 실연하시오.

〈실연 방법〉

[교수·학습 지도안]의 〈실연 부분 1~3〉을 실연하시오.
1. 〈실연 부분 1〉: 학생들의 학습 동기를 유발하시오.
   가. 단원의 성취기준을 고려하시오.
   나. 〈자료 1〉을 참고하여 학생들의 '역사적 판단력과 문제 해결 능력' 역량을 자극하시오.
2. 〈실연 부분 2〉: 농민 운동에 대해 사료 탐구학습을 전개하시오.
   가. 〈자료 2〉의 사료 탐구 질문을 학생들이 직접 제시하게 하시오.
   나. 학생들의 탐구 결과를 듣고 이에 대해 피드백하시오.
3. 〈실연 부분 3〉: 여성 운동에 대해 문제 해결 학습을 전개하시오.
   가. 〈자료 3〉을 활용하여 문제 해결 학습을 전개하시오.
   나. 모둠별 토의가 진행되는 동안 순회 지도를 실시하시오.
   다. 발표를 듣고 모둠 간 피드백이 이루어지도록 하시오.
※ 유의점: 학생 활동 과정 및 결과를 구체적으로 묘사하시오.

교수·학습 조건

1. 과 목 명: 한국사
2. 대   상: 고등학교 1학년
3. 수업시간: 100분(블록타임제)
4. 단 원 명: 1920, 30년대의 대중 운동
   가. 단원의 성취기준

   [10한사03-04] 사회 모습의 변화를 살펴보고, 다양한 사회 운동을 근대 사상의 확산과 관련지어 이해한다.

   나. 단원의 구성

단원	차시	주요 내용 및 활용	수업형태	평가방법
사회·문화의 변화와 사회 운동의 전개	1	도시와 농촌의 변화	사료 탐구 학습	서술형 평가
	2-3 (본시)	1920, 30년대의 대중 운동	사료 학습, 문제 해결 학습	형성평가
	4	민족 문화 수호 활동	만들기 학습	수행평가

   다. 교수·학습 환경

학생수	지도장소	매체 및 기자재
25명	교실	칠판, 스마트TV, 모둠별 노트북, 스마트폰 등

자료

자료 1

(가) 자유주의 : 사회와 집단보다는 개인의 자유와 개성을 보장하는 것을 가장 중요하게 여기는 사상
(나) 사회주의 : 생산 수단을 공동으로 소유하며 생산물을 공동으로 분배하는 사회를 지향하는 사상
(다) 페미니즘 : 성별에 상관없는 사회, 정치적 평등 및 여성의 권리와 이익을 옹호하는 이론 또는 운동

자료 2

(가) 지주에 대한 소작인의 불평과 불만은 가는 곳 마다 없는 곳이 없다. …… 이전에는 지세도 지주 측에서 부담할 뿐만 아니라 소출을 반반씩 나누어 주는 반 분작을 마다하고 도조로 주기를 희망할 만큼 후했는데, 지금에 와서는 오히려 그 반 분작을 바랄 수도 없다고 한다. 너야 굶어 죽든 말든 내 배만 부르면 그만이라는 셈으로, 한 번 매겨 놓은 도지는 수확이 좋든 나쁘든 조금도 감해주지 않고 그대로 받아 가는데, 작년 같은 흉년에도 불벼락같이 받아 갈 것을 받아 가고야 말았다.

- 『동아일보』(1925. 2. 22.)

(나) 1930년경부터 쟁의 형태가 차츰 전투적으로 변해 갔다. 그것은 단순히 경작권 확보를 위해서가 아니라 …… 농민 야학, 강습소 등을 개설하여 계급적 교육을 실시하고, …… 단체를 조직하여 지주에 대한 투쟁이 점차 정치 투쟁화하는 경향이 생겼다.

- 『조선 총독부 경무국 비밀 보고서』

자료 3

〈일제 강점기 문제 해결 학습지〉

1학년 ___반 ___번 모둠 : _____

다음은 근우회의 행동 강령이다. 질문을 읽고 답해보시오.

1. 여성에 대한 사회적·법률적 일체 차별 철폐	5. 농민 부인의 경제적 이익 옹호
2. 일체 봉건적 인습과 미신 타파	6. 부인 노동의 임금 차별 철폐 및 산전·산후 임금 지불
3. 조혼 폐지 및 결혼의 자유	
4. 인신 매매 및 공창(公娼) 폐지	7. 부인 및 소년공의 위험 노동 및 야업(夜業) 폐지

[질문1] 위 사료에서 볼 수 있는 일제 강점기의 여성 문제 중 가장 심각하다고 생각되는 문제를 선정하고 그 이유를 밝히시오.

[질문2] [질문1]에서 선정한 문제를 해결할 수 있는 방안을 구체적으로 제시해 보시오.

[질문3] 오늘날 우리 사회에서 볼 수 있는 여성 문제 한 가지를 선정하고 [질문2]의 해결 방안을 적용할 수 있을지 토의해 보시오.

교수·학습 지도안

단원		1920, 30년대의 대중 운동	차시	2-3/4
학습단계		교수·학습 활동	자료 및 유의점	시간(분)
도입	선수 학습 확인	• 이전 차시에 학습한 내용을 문답으로 확인한다.		
	동기유발	〈실연 부분 1〉	〈자료 1〉	5
	학습 목표 제시	1. 1920, 30년대의 대중 운동에 대해 설명할 수 있다. 2. 일제 강점기 여성 문제의 해결 방안을 모색할 수 있다.		
전개	[전개 1] 농민 운동	〈실연 부분 2〉	〈자료 2〉	10
	[전개 2] 여러 사회 운동	• 노동 운동에 대해 설명한다. • 청년 운동에 대해 설명한다. • 소년 운동에 대해 설명한다. • 여성 운동에 대해 설명한다. • 형평 운동에 대해 사료 탐구학습을 진행한다.		30

		〈실연 부분 3〉		
전개	[전개 3] 문제 해결 학습		〈자료 3〉	50
정리	형성평가	• 학습한 내용에 대해 문답한다.		5
	차시 예고	• 교사는 다음 단원 학습에 대해 예고한다.		

〈실연 부분 3〉

주제 49 | 민족 문화 수호 활동

해설 p.73

2025학년도 중등학교 교사 임용후보자 선정 경쟁시험(제2차 시험)

역사 수업 실연

문제 다음의 〈실연 방법〉, [교수·학습 조건], [자료]와 [교수·학습 지도안]을 반영하여 수업을 실연하시오.

〈실연 방법〉

[교수·학습 지도안]의 〈실연 부분 1~3〉을 실연하시오.
1. 〈실연 부분 1〉
  가. 〈자료 1〉과 관련된 영상물 상영을 가정하고 영상물 상영 시 유의사항을 안내하시오.
  나. 일제 강점기 한국어 수호 활동에 대해 설명하시오.
2. 〈실연 부분 2〉
  가. 식민 사관에 대해 설명하고 〈자료 2〉를 활용하여 식민 사관을 비판하시오.
3. 〈실연 부분 3〉
  가. 문학 작품을 통한 역사 학습의 유용성을 안내하시오.
  나. 〈자료 3〉의 [수험생 작성 부분 1~4]를 채워 채점기준을 안내하시오.
  다. 교수·학습 환경을 고려하여 〈자료 3〉의 [수험생 작성 부분 5]를 채우고 활동 방법을 안내하시오.
  라. 융합 수업의 1차시 학습을 진행하시오.

※ 유의점
 1. 학습 목표는 판서하지 마시오.
 2. 학생 활동은 그 과정 및 결과를 구체적으로 구현하시오.

교수·학습 조건

1. 과 목 명 : 한국사
2. 대   상 : 고등학교 1학년
3. 수업시간 : 100분(블록타임제)
4. 단 원 명 : 민족 문화 수호 활동
  가. 단원의 성취기준

  [10한사03-04] 사회 모습의 변화를 살펴보고, 다양한 사회 운동을 근대 사상의 확산과 관련지어 이해한다.

  나. 단원의 구성

단원	차시	주요 내용 및 활용	수업형태	평가방법
사회·문화의 변화와 사회 운동의 전개	1	도시와 농촌의 변화	설명식 수업	형성평가
	2-3	1920, 30년대의 대중 운동	주제 탐구 학습	서술형 평가
	4-5 (본시)	민족 문화 수호 활동, 융합 수업 1차시	설명식 수업, 융합 수업	수행평가
	6	융합 수업 5차시		

  다. 교수·학습 환경

학생수	지도장소	매체 및 기자재
25명	4차시 교실, 5차시 도서관	칠판, 교사용 노트북, 스마트TV, 태블릿PC 등

자료

자료 1

배경은 1940년대 경성. 직장에서 해고된 후 아들 학비 때문에 판수는 조선어 학회 대표 정환의 가방을 훔치게 된다. 일련의 사건 끝에 정환은 까막눈 판수가 읽고 쓰기를 떼는 조건으로 그를 조선어 학회의 '말모이' 활동에 동참시킨다. 돈만이 소중했던 판수는 읽고 쓰기를 공부하며 우리말의 소중함을 깨닫게 되고, 정환도 판수와 함께 하며 '우리'의 소중함을 깨닫는다. 우리말이 금지된 일제강점기. 일제의 감시를 피해 '말모이'를 끝내야 할 날이 얼마 남지 않았다.

- 영화 '말모이' 소개글

자료 2

(가) 무엇을 '아'라 하고, 무엇을 '비아'라 하는가? …… 무릇 주체적 위치에 선 것을 '아'라 하고, 그 밖에는 '비아'라 하는데, 이를테면 조선 사람은 조선을 '아'라 하고, 영국, 미국, 프랑스, 러시아 등을 '비아'라 하지만, 그들은 각기 제 나라를 '아'라 하고, 조선은 '비아'라 하며, …… 그러므로 역사는 '아'와 '비아'의 투쟁의 기록인 것이다.
- 『조선상고사』

(나) 조선 민족의 발전사는 그 과정이 아무리 아시아적이라고 하더라도 사회 구성의 내면적 발전 법칙 그 자체는 오로지 세계사적인 것이며, 삼국 시대의 노예제 사회, 통일 신라기 이래의 동양적 봉건 사회, 이식 자본주의 사회는 오늘날에 이르기까지 조선 역사의 기록적 총 발전 단계를 나타내는 보편사적인 특징이며, 그것들은 제각기 특유의 법칙을 갖고 있다.
- 『조선 사회 경제사』

자료 3

<서울고시고 국어, 한국사 융합 수업 - 일제 강점기 문학 독서 토론>

1학년 ___반 ___번 모둠: _____

1차시	한국사	(독서 전 활동) 작품 선정 및 관련 내용 자료 조사
2차시~4차시	국어	(독서 중 활동) 독서 및 독서 기록
5차시	한국사	(독서 후 활동) 독서 토론
6차시	국어	(독서 후 활동) 독서 토론

[한국사 채점기준]

1차시	[수험생 작성 부분 1]
	[수험생 작성 부분 2]
5차시	[수험생 작성 부분 3]
	[수험생 작성 부분 4]
공통	모둠 활동에 적극적으로 참여하며 각자 역할을 수행하였는가.

[1차시 활동 방법]

[수험생 작성 부분 5]

[6차시 활동 방법]

- 독서 토론은 총 2회에 걸쳐 진행
- 국어 시간에는 ……
- 한국사 시간에는 역사적 맥락을 근거로 작품 속 인물의 행동을 옹호하거나 비판하는 토론 활동을 전개한다.

교수·학습 지도안

단원		민족 문화 수호 활동	차시	4-5/6
학습단계		교수·학습 활동	자료 및 유의점	시간(분)
도입	선수 학습 확인	• 이전 차시에 학습한 내용을 문답으로 확인한다.		5
	동기유발	• 영화 '아리랑'과 나운규에 대해 소개한다.		
	학습 목표 제시	• 일제 강점기 민족 문화 수호 활동을 설명할 수 있다. • 일제 강점기 문학 작품에 대해 알아볼 수 있다.		
전개	[전개 1] 한국어 수호 활동	〈실연 부분 1〉	〈자료 1〉	20
	[전개 2] 한국사 수호 활동	〈실연 부분 2〉	〈자료 2〉	15
	[전개 3] 문화 예술 활동	• 일제 강점기의 다양한 문화 예술 활동에 대해 설명한다.		10

전개	[전개 4] 융합 수업 1차시	⟨실연 부분 3⟩		⟨자료 3⟩	45
		[한국사 채점기준]			
			1차시	[수험생 작성 부분 1]	
				[수험생 작성 부분 2]	
			5차시	[수험생 작성 부분 3]	
				[수험생 작성 부분 4]	
			공통	모둠 활동에 적극적으로 참여하며 각자 역할을 수행하였는가.	
		[1차시 활동 방법]			
		[수험생 작성 부분 5]			
정리	학습 정리	• 학습한 내용에 대해 문답한다.			5
	차시 예고	• 교사는 다음 단원 학습에 대해 예고한다.			

주제 50 | 일제의 침략 전쟁 확대와 민족 말살 정책

해설 p.75

2025학년도 중등학교 교사 임용후보자 선정 경쟁시험(제2차 시험)
역사 수업 실연

문제 다음의 〈실연 방법〉, [교수·학습 조건], [자료]와 [교수·학습 지도안]을 반영하여 수업을 실연하시오.

〈실연 방법〉

[교수·학습 지도안]의 〈실연 부분 1, 2〉를 실연하시오.
1. 〈실연 부분 1〉: 일본의 침략 전쟁 확대에 대해 설명하시오.
  가. 〈자료 1〉의 연표를 활용하시오.
2. 〈실연 부분 2〉: 민족 말살 정책에 대한 주제 탐구 학습을 진행하시오.
  가. 주제 탐구 학습의 목적을 설명하시오.
  나. 학습 목표 및 성취기준을 토대로 〈자료 2〉의 [수험생 작성 부분 1~5]를 채우고 안내하시오.
  다. 주제 탐구 학습 중 〈자료 3〉에 묘사된 모둠에 대해 적절한 피드백을 하시오.
  라. 학생들의 주제 탐구 학습 결과를 토대로 민족 말살 정책의 내용을 구조화하고 판서하시오.

※ 유의점
  1. 2학년 교육과정 선택 기간임을 가정하시오.
  2. 학생 활동은 그 과정 및 결과를 구체적으로 구현하시오.

교수·학습 조건

1. 과 목 명 : 한국사
2. 대   상 : 고등학교 1학년
3. 수업시간 : 100분(블록타임제)
4. 단 원 명 : 일제의 침략 전쟁 확대와 민족 말살 정책
  가. 단원의 성취기준

  [10한사03-05] 일제의 침략 전쟁 이후 식민지 지배 방식의 변화를 살펴보고, 전시 동원 체제로 달라진 민중의 삶을 사례 중심으로 파악한다.

  나. 단원의 구성

단원	차시	주요 내용 및 활용	수업형태	평가방법
전시 동원 체제와 민중의 삶	1-2 (본시)	일제의 침략 전쟁 확대	설명식 수업, 주제 탐구 학습	수행평가
		민족 말살 정책		
	3	전시 수탈과 식민 지배의 상처	문제 해결 학습	다면평가

  다. 교수·학습 환경

학생수	지도장소	매체 및 기자재
25명	교실	칠판, 스마트TV, 태블릿PC 등

자료

자료 1

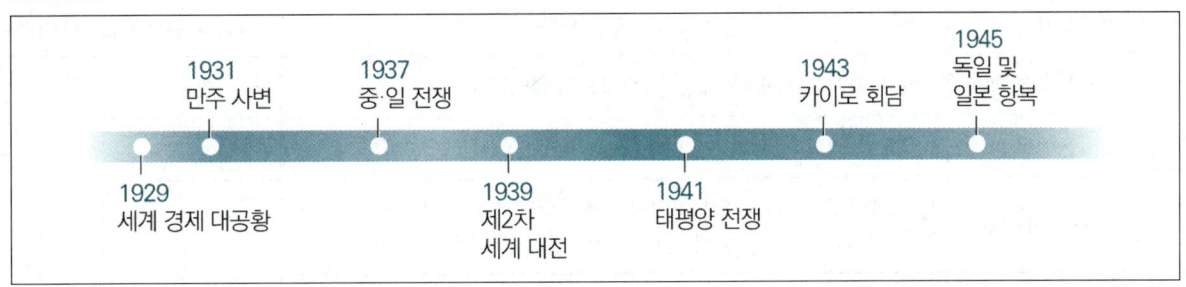

- 1929 세계 경제 대공황
- 1931 만주 사변
- 1937 중·일 전쟁
- 1939 제2차 세계 대전
- 1941 태평양 전쟁
- 1943 카이로 회담
- 1945 독일 및 일본 항복

자료 2

〈민족 말살 정책 – 주제 탐구 학습 안내〉

1. 주제

[수험생 작성 부분 1]

2. 탐구 방법

1. [수험생 작성 부분 2]
2. 태블릿PC를 활용하여 자료를 조사한다.
3. 조사한 내용을 종합하여 탐구 보고서를 작성하고 발표한다.

3. 유의사항

1. [수험생 작성 부분 3]
2. 참고 문헌에서 문단이나 문장을 단순히 오리거나 베끼지 않는다.

4. 채점기준

내용	1. 주제에 적합한 사례를 선택하였는가.(2점)
	2. 역사적 사실에 오류가 없는가.(2점)
	3. [수험생 작성 부분 4](2점)
태도	1. 탐구 중 모둠원이 서로 협력하였는가.(2점)
	2. [수험생 작성 부분 5](2점)

자료 3

3모둠은 민족 말살 정책 중 공출제에 대해 탐구하고 있다. 조용한 분위기 속에서 모든 모둠원이 각자 태블릿PC를 활용하여 자료 조사를 하고 내용을 정리하고 있다. 탐구 과정을 가까이서 보기 위해 다가갔더니 모둠원은 각각 서로 다른 포털 사이트에 공출제에 대해 검색하고 검색 결과를 읽고 있다. 이후 모둠장의 주도로 모든 모둠원이 검색 결과를 공유한 뒤 짜깁기하여 발표 자료를 만들고 있다. 모둠원 간 서로 대화는 오가지 않는 상황이다.

교수·학습 지도안

단원		일제의 침략 전쟁 확대와 민족 말살 정책	차시	1-2/3
학습단계		교수·학습 활동	자료 및 유의점	시간(분)
도입	선수 학습 확인	• 이전 차시에 학습한 내용을 문답으로 확인한다.		5
	동기유발	• 일제의 침략 전쟁과 관련된 다큐멘터리 영상을 감상한다.	영상 자료	
	학습 목표 제시	1. 세계사의 흐름 속에서 일제의 침략 전쟁 확대를 설명할 수 있다. 2. 주제 탐구학습을 통해 민족 말살 정책의 사례를 알아본다.		
전개	[전개 1] 일본의 침략 전쟁 확대	〈실연 부분 1〉	〈자료 1〉	25
	[전개 2] 병참 기지화 정책	• 병참 기지화 정책에 대해 설명한다.		10

전개	[전개 3] 민족 말살 정책	〈실연 부분 2〉 〈민족 말살 정책 – 주제 탐구 학습 안내〉 1. 주제 [수험생 작성 부분 1] 2. 탐구 방법 1. [수험생 작성 부분 2] 2. 태블릿PC를 활용하여 자료를 조사한다. 3. 조사한 내용을 종합하여 탐구 보고서를 작성하고 발표한다. 3. 유의사항 1. [수험생 작성 부분 3] 2. 참고 문헌에서 문단이나 문장을 단순히 오리거나 베끼지 않는다. 4. 채점기준 <table><tr><td rowspan="3">내용</td><td>1. 주제에 적합한 사례를 선택하였는가.(2점)</td></tr><tr><td>2. 역사적 사실에 오류가 없는가.(2점)</td></tr><tr><td>3. [수험생 작성 부분 4](2점)</td></tr><tr><td rowspan="2">태도</td><td>1. 탐구 중 모둠원이 서로 협력하였는가.(2점)</td></tr><tr><td>2. [수험생 작성 부분 5](2점)</td></tr></table>	〈자료 2, 3〉	55
정리	학습 정리	• 교사는 학습한 내용에 대해 정리한다.		5
	차시 예고	• 교사는 다음 단원 학습에 대해 예고한다.		

주제 51　전시 수탈과 식민 지배의 상처

2025학년도 중등학교 교사 임용후보자 선정 경쟁시험(제2차 시험)
역사 수업 실연

문제 다음의 〈실연 방법〉, [교수·학습 조건], [자료]와 [교수·학습 지도안]을 반영하여 수업을 실연하시오.

〈실연 방법〉

[교수·학습 지도안]의 〈실연 부분 1~3〉을 실연하시오.
1. 〈실연 부분 1〉: 동기유발을 시연하시오.
   가. 역사를 현재적 관점에서 이해하도록 도우시오.
   나. 교사의 동기유발에 대한 학생의 다양한 반응을 포함하시오.
2. 〈실연 부분 2〉: 전시 수탈에 대해 설명하시오.
   가. 〈자료 1〉을 활용하여 전시 수탈에 대해 설명하시오.
   나. 제시된 자료 이외에 교사가 이번 차시 학습 내용과 관련하여 개인적으로 제시하고 싶은 자료를 자유롭게 활용하시오.
   다. 확산적 발문을 활용하시오.
   라. 전시 수탈에 관한 한일 간의 역사적 갈등 사례를 소개하시오.
3. 〈실연 부분 3〉: 수행평가를 실시하시오.
   가. [전개 1]을 고려하여 〈자료 2〉의 [수험생 작성 부분 1, 2]를 채우시오.
   나. 편지글 작성 중 순회 지도를 실시하시오.
   다. 학생 1명의 발표를 듣는 상황을 가정하고 그에 대해 피드백하시오.

※ 유의점
1. 학습 목표의 달성 여부를 주기적으로 확인하시오.
2. 이번 차시 학습 내용에 대한 학생들의 역사적 감정이입을 중시하시오.

교수·학습 조건

1. 과 목 명 : 한국사
2. 대　　상 : 고등학교 1학년
3. 수업시간 : 50분
4. 단 원 명 : 전시 수탈과 식민 지배의 상처

　가. 단원의 성취기준

[10한사03-05] 일제의 침략 전쟁 이후 식민지 지배 방식의 변화를 살펴보고, 전시 동원 체제로 달라진 민중의 삶을 사례 중심으로 파악한다.

　나. 단원의 구성

단원	차시	주요 내용 및 활용	수업형태	평가방법
전시 동원 체제와 민중의 삶	1	일제의 침략 전쟁 확대	설명식 수업, 주제 탐구 학습	수행평가
	2	민족 말살 정책		
	3(본시)	전시 수탈과 식민 지배의 상처	설명식 수업, 글쓰기 학습	수행평가

　다. 교수·학습 환경

학생수	지도장소	매체 및 기자재
25명	교실	칠판, 스마트TV, 태블릿PC 등

자료

자료 1

(가)
경상북도 문경군의 면내 유력자인 OOO 씨는 가족 10명을 데리고 약 30두락(2정보)의 자작을 하고 있다. 그러나 벼 공출이 많아 4월 중순부터 식량이 끊어져 매일 같이 식량 구매를 위해 인접 군·면 등을 돌아다녔으나 빈손으로 집에 돌아왔다. 그는 굶주려 울고 있는 가족을 보고 참을 수 없어 자살을 기도하였다.
- 김정인 외, 「총독부 경찰 보고 자료」, 『한국 근대사 2』

(나)
신고산이 우루루 화물차 가는 소리에
지원병 보낸 어머니 가슴만 쥐뜯고요
어랑어랑 어하야
양곡 배급 적어서 콩 깨묵만 먹고사누나
……
신고산이 우루루 화물차 가는 소리에
금붙이 쇠붙이 밥그릇마저 모조리 긁어 갔고요
어랑어랑 어하야
이름 석 자 잃고서 족보만 들고 우누나

(다)
군함도에서는 … 3명씩 2교대로 12시간씩 나가 일하고 잠을 잤다. 일본식 속옷 차림에 장비를 들고 해저 1,000m로 석탄을 캐러 들어갔다. …… 구타는 일상적이었고, 사고를 당한 동료들은 시체가 돼 갱도를 나갔다. …… 시체 타는 냄새가 섬을 덮었다.
- 『중앙일보』

(라)
며칠 후 손님방에 들어가라고 하였다. 그러니 남자들이 버글버글 끓는 그 무서운 데를 어찌 들어가겠는가? …… 이리저리 숨어 다녔다. 그러다가 얼마나 두들겨 맞았는지. 남자를 받지 않는 여자들을 세워 놓고 작대기로 때렸다. …… 죽을 만큼 두들겨 맞으면서 울기도 많이 울었다. 그때 겪은 것은 말로 다할 수도 없다.
- 김분선 할머니의 증언, 2013

자료 2

〈'전시 수탈과 식민 지배의 상처' 수행평가〉

1학년 ___반 ___번 이름 : _____

1. 주제 : 식민지 피해 사과와 배상을 주제로 일본 정부에 보내는 편지글 쓰기
2. 평가 방법
   1. 물적 자원 수탈과 인적 자원 수탈 중 원하는 소주제를 선택한다.
   2. 선택한 소주제에 대한 사과와 배상을 요구하는 편지글을 작성한다.
   3. 자기 평가를 실시한다.
3. 유의사항 : 편지글 작성 시 한일 간 역사적 갈등 속에 내재된 주장이나 쟁점에 대해 언급한다.
4. 평가 기준

교사 평가	1. [수험생 작성 부분 1](3점)
	2. [수험생 작성 부분 2](3점)
	3. 글을 논리적으로 작성하였는가. (3점)
자기 평가	[위의 3가지 평가 기준을 참고하여 서술형으로 작성한다](1점)

5. 편지글

교수·학습 지도안

단원		전시 수탈과 식민 지배의 상처	차시	3/3
학습단계		교수·학습 활동	자료 및 유의점	시간(분)
도입	선수 학습 확인	• 이전 차시에 학습한 내용을 문답으로 확인한다.		5
	동기유발	〈실연 부분 1〉		
	학습 목표 제시	1. 전시 수탈과 일상적 궁핍에 대해 설명할 수 있다. 2. 식민지 피해 사과와 배상을 주제로 글을 쓸 수 있다.		
전개	[전개 1] 물적 수탈과 인적 수탈	〈실연 부분 2〉	〈자료 1〉	20

전개	[전개 2] 수행평가	〈실연 부분 3〉	〈자료 2〉	20
		교사 평가: 1. [수험생 작성 부분 1](3점) 2. [수험생 작성 부분 2](3점) 3. 글을 논리적으로 작성하였는가.(3점)		
정리	학습 정리	• 교사는 학습한 내용에 대해 정리한다.		5
	차시 예고	• 교사는 다음 단원 학습에 대해 예고한다.		

주제 52 | 항일 연합 전선

해설 p.79

2025학년도 중등학교 교사 임용후보자 선정 경쟁시험(제2차 시험)

역사 수업 실연

문제 다음의 〈실연 방법〉, [교수・학습 조건], [자료]와 [교수・학습 지도안]을 반영하여 수업을 실연하시오.

〈실연 방법〉

[교수・학습 지도안]의 〈실연 부분 1~3〉에 해당하는 부분을 실연하시오.
1. 〈실연 부분 1〉: 수업 내용과 활동을 참고하여 학습 목표 2가지를 작성하시오.
2. 〈실연 부분 2〉: 〈자료 1, 2〉를 활용하여 학생 중심 수업을 하시오.
   가. 〈자료 1〉을 활용하여 사료 학습을 하시오.
   나. 〈자료 2〉를 활용하여 조선 의용대의 이동 경로 그리기 활동 수업을 하시오.
3. 〈실연 부분 3〉: 〈자료 3〉을 활용하여 글쓰기 수업을 하시오.
   가. 〈자료 3〉을 활용하여 글쓰기 수업을 안내하시오.
   나. 우수한 글쓰기 사례가 있다고 가정하고, 피드백하는 과정을 포함하시오.

교수・학습 조건

1. 과 목 명: 한국사
2. 대   상: 고등학교 1학년
3. 수업시간: 50분
4. 단 원 명: 항일 연합 전선
   가. 단원의 성취기준

   [10한사03-06] 일제의 침략 전쟁에 맞선 민족 운동의 내용을 파악하고, 신국가 건설에 대한 구상을 탐구한다.

   나. 단원의 구성

단원	차시	주요 내용 및 활용	수업형태	평가방법
광복을 위한 노력	1(본시)	항일 연합 전선	사료 학습, 글쓰기 수업	수행평가
	2	새나라의 건설	강의식 수업, 사료 탐구 학습	형성평가

   다. 교수・학습 환경

학생수	지도장소	매체 및 기자재
24명	교실	칠판, 교사용 컴퓨터, 빔 프로젝트, 스크린

자료

자료 1

(가) 조선 의용대 성립 선언(1938. 10. 10.)

　이번 전쟁에서 조선 민족 내지 동방의 모든 약소민족은 마땅히 중국의 입장에 서서 모든 힘을 다하여 중국의 항전을 지원해야 한다. …… 우리의 진정한 적인 일본 파시스트 군벌을 타도함으로써 동아의 영구적인 평화를 실현해야 한다. …… 용감한 중국의 형제들과 손을 잡고 …… 항일 전선을 향해 용감히 전진하자!
- 『중앙일보』, 1938. 7. 12.

(나) 조선 의용대 확대 간부회의 결정 사항(1940. 11.)
　1. 조선 동포 다수 거주 지역(화북과 만주)으로 진출
　2. 부대 자체 무장화를 통한 항일 대오의 건립
　3. 종래의 분산적·유동적인 정치선전 공작으로부터 역량 집중과 근거리에 기반한 전투 공작으로 변경

자료 2

자료 3

중국의 국민당 간부를 설득하는 편지쓰기

**한국 광복군 행동 준승
9개항 중 일부(1941)**

1. 한국 광복군은 중국의 항일 작전 기간에 중국 군사 위원회에 직할 예속하며 참모 총장이 장악·운용함.
3. 중국 군사 위원회에서 한국 광복군을 원조하여 한국 내지나 한국 국경에 인접한 지역을 향하여 활동하게 하여서 …… 군사 훈련하는 것을 허락하되 우리 군 사령관의 절제를 받아야 함.

✓ 채점기준(10점)
　1. 대상을 중국의 국민당 간부로 할 것(2점)
　2. 왼쪽의 사료를 통해 알 수 있는 한국 광복군의 한계점을 극복할 수 있는 내용을 포함할 것(5점)
　3. 5줄 이상 쓸 것(3점)

교수·학습 지도안

단원		항일 연합 전선	차시	1/2
학습단계		교수·학습 활동	자료 및 유의점	시간(분)
도입	선수학습확인	• 지난 시간 내용을 복습한다.		5
	동기유발	• 한국 광복군의 창설의 기념하는 행사에 태극기와 중화민국의 국기가 함께 걸린 사진을 보여준다.	사진 자료	
	학습 목표 제시	〈실연 부분 1〉		
전개	[전개 1] 민족 연합 전선	• 민족 혁명당 형성에 대해서 설명한다.		5
	[전개 2] 조선 의용대	〈실연 부분 2〉	〈자료 1, 2〉	15

전개	[전개 3] 대한민국 임시정부와 한국 광복군	〈실연 부분 3〉	〈자료 3〉	20
정리	본시 학습 정리	• 교사는 주요 내용을 확인한다.		5
	차시 예고	• 교사는 다음 시간 내용을 간단히 예고한다.		

〈실연 부분 3〉

| 주제 53 | 새나라의 건설 |

해설 p.81

2025학년도 중등학교 교사 임용후보자 선정 경쟁시험(제2차 시험)

역사 수업 실연

문제 다음의 〈실연 방법〉, [교수·학습 조건], [자료]와 [교수·학습 지도안]을 반영하여 수업을 실연하시오.

〈실연 방법〉

[교수·학습 지도안]의 〈실연 부분 1~3〉에 해당하는 부분을 실연하시오.
1. 〈실연 부분 1〉: 수업내용과 활동을 참고하여 학습 목표 두 가지를 제시하시오.
2. 〈실연 부분 2〉: 〈자료 1, 2〉를 활용하여 강의식 수업 및 사료 탐구 학습을 하시오.
   가. 〈자료 1〉을 활용하여 학생들의 학업 수준 격차를 해결하는 강의식 수업을 하시오.
   나. 학생들이 〈자료 2〉를 푸는 동안 순회 지도를 하시오.
   다. 우수한 결과물 사례에 대한 피드백과 아쉬운 결과물 사례에 대한 피드백을 하시오.
3. 〈실연 부분 3〉: 〈자료 3〉을 활용하여 적절한 질문을 제시하시오.

교수·학습 조건

1. 과 목 명: 한국사
2. 대　　상: 고등학교 1학년
3. 수업시간: 50분
4. 단 원 명: 새나라의 건설
   가. 단원의 성취기준

   [10한사03-06] 일제의 침략 전쟁에 맞선 민족 운동의 내용을 파악하고, 신국가 건설에 대한 구상을 탐구한다.

   나. 단원의 구성

단원	차시	주요 내용 및 활용	수업형태	평가방법
광복을 위한 노력	1	항일 연합 전선	사료 학습, 글쓰기 수업	수행평가
	2(본시)	새나라의 건설	강의식 수업, 사료 탐구 학습	형성평가

   다. 교수·학습 환경

학생수	지도장소	매체 및 기자재
24명	교실	칠판, 교사용 컴퓨터, 빔 프로젝트, 스크린

자료

자료 1

(가) 대한민국 임시정부가 발표한 대한민국 건국 강령(일부)

제3장 건국

2. 삼균 제도를 골자로 한 헌법을 실시하여 정치·경제·교육의 민주적 시설로 실제상 균형을 도모하며, 전국의 토지와 대생산 기관의 국유가 완성되고 전국의 학령 아동 전체가 고급 교육의 무상 교육이 완성되고 보통 선거 제도가 구속 없이 완전히 실시되어 …….
4. 보통 선거제는 만 18세 이상 남녀로 선거권을 행사하되 신앙, 교육, 거주 기간, 사회 출신, 재정 상황과 과거 행동을 분별치 아니하며 …….
6. 대생산 기구의 공구와 수단을 국유로 하고 …… 대규모의 농, 상기업과 도시 공업 구역의 공용적 주요 건물과 산업은 국유로 하고 소규모 혹 중등 기업은 사영으로 함.

- 국사편찬위원회, 『대한민국 임시정부 자료집 1』

(나) 조선 독립 동맹이 발표한 강령(일부)

1. 본 동맹은 조선에 대한 일본 제국주의의 지배를 전복하고 독립 자유의 조선 민주 공화국을 수립할 목적으로 다음 임무를 실현하기 위하여 싸운다.
   (1) 전 국민의 보통 선거에 의한 민주 정권의 수립
   (2) 조선에 있는 일본 제국주의자의 일체 자산 및 토지를 몰수하고, 일본 제국주의와 밀접한 관계에 있는 대기업을 국영으로 귀속하며, 토지 분배를 실행한다.
   (3) 국민 의무 교육 제도를 실시하고, 이에 필요한 경비는 국가가 부담한다.
   (4) 법률적·사회생활적 남녀평등을 실현한다.
   (7) 8시간 노동제를 실시하고 노동의 사회 보호 제도를 실시한다.

- 국가보훈처, 『해외 한국 독립운동 사료 5』

(다) 조선 건국 동맹이 발표한 강령(일부)

1. 각인 각파를 대동단결하여 거국일치로 일본 제국주의의 제 세력을 구축하고 조선 민족의 자유와 독립을 회복할 것.
2. 반추축 제국(연합국)과 협력하여 대일 연합 전선을 형성하고 조선의 완전한 독립을 저해하는 일체 반동 세력을 박멸할 것.
3. 건설 부면에서 일체 시위(施爲)를 민주주의적 원칙에 의거하고, 특히 노농 대중의 해방에 치중할 것.

- 이만규, 『여운형 선생 투쟁사』

자료 2

[새나라의 건설 사료 탐구 학습지]

– 학생 이름 : _____

1. 〈자료 1〉의 (가), (나), (다)에 나타난 주요 정책을 정리해보자.

(가) 대한민국 임시정부	(나) 조선 독립 동맹	(다) 조선 건국 동맹

2. 〈자료 1〉의 (가), (나), (다) 단체의 공통적인 정치체제는 무엇인가?

3. 자신이 건국 강령을 만든다면 어떤 내용을 담고 싶은지 말해보자.

자료 3 카이로 선언(1943)

3국(미·영·중)은 한국 인민이 노예 상태에 놓여 있음을 상기하면서 한국을 적당한 시기(in due course)에 자유롭고 독립적인 국가로 만들 것을 결의한다.

- 『조선해방연보』, 1946

교수·학습 지도안

단원		새나라의 건설	차시	2/2
학습단계		교수·학습 활동	자료 및 유의점	시간(분)
도입	선수학습확인	• 지난 시간 배운 내용을 복습한다.		5
	동기유발	• 한국 광복군에서 활동하던 인물이 간직하던 태극기에 독립에 대한 염원이 적힌 글을 함께 읽는다.	사진 자료	
	학습 목표 제시	〈실연 부분 1〉		
전개	[전개 1] 신국가 건설	〈실연 부분 2〉	〈자료 1, 2〉	25

전개				
	[전개 2] 한국의 독립문제	〈실연 부분 3〉	〈자료 3〉	15
정리	본시 학습 정리	• 교사는 주요 내용을 형성평가로 확인한다.	형성평가	5
	차시 예고	• 교사는 다음 시간 내용을 간단히 예고한다.		

주제 54 | 8·15 광복

해설 p.83

2025학년도 중등학교 교사 임용후보자 선정 경쟁시험(제2차 시험)
역사 수업 실연

문제 다음의 〈실연 방법〉, [교수·학습 조건], [자료]와 [교수·학습 지도안]을 반영하여 수업을 실연하시오.

〈실연 방법〉

[교수·학습 지도안]의 〈실연 부분 1~3〉에 해당하는 부분을 실연하시오.
1. **〈실연 부분 1〉**: 〈자료 1〉을 활용하여 강의식 수업을 하시오.
    가. 〈자료 1〉을 활용하되 [냉전 체제, 중국의 공산화, 6·25 전쟁]을 학습 요소로 포함하시오.
2. **〈실연 부분 2〉**: 〈자료 2〉를 활용하여 비교 학습을 하시오.
    가. 〈자료 2〉를 활용해 미국과 소련의 통치방식을 비교하는 수업을 하시오.
3. **〈실연 부분 3〉**: 〈자료 3〉을 활용하여 하브루타 수업을 하시오.
    가. 〈자료 3〉을 활용하여 하브루타 수업을 안내하시오.
    나. 하브루타 수업에서 나타날 수 있는 문제점을 극복하기 위한 순회 지도를 하시오.
    다. 각 모둠의 발표 이후 우수한 모둠에 대한 피드백을 하시오.

교수·학습 조건

1. 과 목 명 : 한국사
2. 대   상 : 고등학교 1학년
3. 수업시간 : 50분
4. 단 원 명 : 8·15 광복
    가. 단원의 성취기준

    > [10한사04-01] 8·15 광복 이후의 정치적 상황을 세계 냉전 체제 형성과 관련하여 살펴보고, 통일 정부 수립을 위한 노력을 이해한다.

    나. 단원의 구성

단원	차시	주요 내용 및 활용	수업형태	평가방법
8·15 광복과 통일 정부 수립을 위한 노력	1(본시)	8·15 광복	강의식 수업, 비교 학습, 하브루타 수업	형성평가
	2	통일 정부 수립을 둘러싼 갈등 Ⅰ	사료 탐구학습, 릴레이툰 스토리 기획안 작성	수행평가
	3	통일 정부 수립을 둘러싼 갈등 Ⅱ	릴레이툰 완성	수행평가

    다. 교수·학습 환경

학생수	지도장소	매체 및 기자재
24명	교실	칠판, 교사용 컴퓨터, 빔 프로젝트, 스크린, 태블릿PC

자료

자료 1

자료 2

(가) 소련군 포고문
조선 사람들이여! 기억하라! 행복은 당신들의 수중에 있다. 당신들은 자유와 독립을 찾았다. 이제는 모든 것이 죄다 당신들에게 달렸다. 붉은 군대는 조선 인민이 자유롭게 창조적 노력에 착수할 만한 모든 조건을 지어 주었다. …… 공장·제조소 및 공작소 주인들과 상업과 또는 기업가들이여! 왜놈들이 파괴한 공장과 제조소를 회복시켜라!
- '소련 극동군 제25군 사령관 치스차코프 포고문' 제1호, 1945. 8. 15.(추정)

(나) 미군정 포고문
1. 북위 38도 이남의 조선 영토와 조선 인민에 대한 통치의 전 권한은 당분간 본관의 권한 하에서 시행된다.
2. …… 중요한 사업에 종사하는 자는 별도의 명령이 있을 때까지 종래의 정상적인 기능과 의무를 수행하고 모든 기록과 재산을 보존·보호하여야 한다.
3. …… 점령군에 대한 모든 반항 행위 또는 공공 안녕을 교란하는 행위를 감행하는 자에 대해서는 용서없이 엄벌에 처할 것이다.
- '태평양 미 육군 총사령관 맥아더 포고령' 제1호, 1945. 9. 9.

자료 3

[광복 전후 다양한 정치세력에 관한 '하브루타' 활동지]

– 모둠 이름 : _____

[질문 방식 예시] ① 사건, 인물, 단어에 대한 사실 확인 질문
② 표현이나 느낌, 의견에 대한 사고 확장 질문
③ 질문에 적용, 가정하거나 종합하는 질문

1. 나의 질문을 작성하고 모둠 내에서 질문과 답을 공유한다.

〈내 질문〉	〈답〉	〈모둠원 1의 질문〉	〈답〉
〈모둠원 2의 질문〉	〈답〉	〈모둠원 3의 질문〉	〈답〉

2. 우리 모둠 최고의 질문과 답을 선정하고 발표한다.

교수·학습 지도안

단원		8·15 광복	차시	1/3
학습단계		교수·학습 활동	자료 및 유의점	시간(분)
도입	선수 학습 확인	• 지난 시간에 배운 내용을 복습한다.		5
	동기유발	• 일왕이 라디오를 통해 연합국에 항복을 선언하는 방송을 학생들에게 들려준다.	영상 자료	
	학습 목표 제시	1. 냉전 체제가 동아시아 국제 정세에 미친 영향을 설명할 수 있다. 2. 8·15광복 이후 국제 정세 변화를 하브루타 활동을 통해 이해할 수 있다.		
전개	[전개 1] 냉전체제의 형성과 동아시아의 정세 변화	〈실연 부분 1〉	〈자료 1〉	10
	[전개 2] 미국과 소련의 한반도 분할 점령	〈실연 부분 2〉	〈자료 2〉	10

		⟨실연 부분 3⟩		
전개	[전개 3] 건국준비위원회와 다양한 정치 세력의 형성		⟨자료 3⟩	20
정리	형성평가	• 교사는 주요 내용을 형성평가로 확인한다.		5
	차시 예고	• 교사는 다음 시간 내용을 간단히 예고한다.		

주제 55 | 통일 정부 수립을 둘러싼 갈등

해설 p.84

2025학년도 중등학교 교사 임용후보자 선정 경쟁시험(제2차 시험)
역사 수업 실연

문제 다음의 〈실연 방법〉, [교수·학습 조건], [자료]와 [교수·학습 지도안]을 반영하여 수업을 실연하시오.

〈실연 방법〉

[교수·학습 지도안]의 〈실연 부분 1~3〉에 해당하는 부분을 실연하시오.
1. 〈실연 부분 1〉: 수업 내용과 방법을 포함하여 학습 목표 2가지를 작성하시오.
2. 〈실연 부분 2〉: 〈자료 1, 2〉를 활용하여 사료 탐구학습을 하시오.
3. 〈실연 부분 3〉: 통일 정부 수립을 위한 노력과 갈등에 대해 글쓰기 수업을 하시오.
   가. 교과서와 〈자료 3~5〉를 활용하여 릴레이툰 스토리 기획안 작성을 안내하시오.
   나. 〈자료 5〉의 [수험생 작성 부분 1, 2]를 채운 뒤, 수행평가 채점기준을 안내하시오.
   다. 학생 활동 중에 순회 지도를 하시오.
   라. 학생들의 발표 이후 아쉬운 사례에 대한 피드백을 하시오.
※ 유의점: 릴레이툰 그림의 완성은 미술 시간에 한다고 가정하고 수업을 진행할 것

교수·학습 조건

1. 과 목 명: 한국사
2. 대   상: 고등학교 1학년
3. 수업시간: 50분
4. 단 원 명: 통일 정부 수립을 둘러싼 갈등
   가. 단원의 성취기준

[10한사04-01] 8·15 광복 이후의 정치적 상황을 세계 냉전 체제 형성과 관련하여 살펴보고, 통일 정부 수립을 위한 노력을 이해한다.

   나. 단원의 구성

단원	차시	주요 내용 및 활용	수업형태	평가방법
8·15 광복과 통일 정부 수립을 위한 노력	1	8·15 광복	강의식 수업, 비교 학습, 하브루타 수업	형성평가
	2(본시)	통일 정부 수립을 둘러싼 갈등	사료 탐구학습, 글쓰기 수업	수행평가

   다. 교수·학습 환경

학생수	지도장소	매체 및 기자재
24명	교실	칠판, 교사용 컴퓨터, 빔 프로젝트, 스크린

자료

자료 1 이승만의 정읍 발언

이제 우리는 무기 휴회된 공위가 재개될 기색도 보이지 않으며 통일 정부를 고대하나 여의케 되지 않으니 남방만이라도 임시정부 혹은 위원회 같은 것을 조직하여 38 이북에서 소련이 철퇴하도록 세계 공론에 호소하여야 될 것이니 여러분도 결심하여야 될 것이다."

- 『서울신문』(1946. 6. 4.)

자료 2 좌·우 합작 7원칙

1. 조선의 민주 독립을 보장한 삼상 회의 결정에 의하여 남북을 통한 좌우 합작으로 민주주의 임시정부를 수립할 것
2. 미소 공동 위원회 속개를 요청하는 공동 성명을 발표할 것
3. 토지 개혁에 있어서 몰수, 유조건 몰수, 체감 매상 등으로 토지를 농민에게 무상으로 나누어 주며, …… 민주주의 건국 과업 완수에 매진할 것
4. 친일파 민족 반역자를 처리할 조례를 본 합작 위원회에서 입법 기구에 제안하여 입법 기구로 하여금 심리 결정하여 실시케 할 것

- 『동아일보』(1946. 10. 8.)

자료 3

['통일 정부 수립 과정' 릴레이툰 스토리 기획안]

– 모둠 이름 : _____

※ 조건 : 〈자료 4〉를 장면 안에 반드시 넣어 구성할 것

#장면1 모스크바 3상 회의 결정 사항이 발표된 이후 분열되는 민중의 반응을 바다가 갈라지는 모습으로 표현함	#장면2
#장면3	#장면4 유엔 소총회의 결의가 발표된 후 환호하는 한국 민주당의 모습을 표현함
#장면5	#장면6

자료 4

남이 일시적으로 분할해 놓은 조국을 우리가 우리의 관념이나 행동으로 영원히 분할할 필요가 있겠습니까. 비록 우리가 우리 몸을 반쪽 낼지언정 허리가 끊어진 조국을 어찌 차마 더 볼 수 있겠습니까. 그러한 까닭에 우리는 우리의 문제를 우리 자신만이 해결할 수 있다는 것을 확신하고 남북 지도자 회담을 주창하였습니다.

- 김구, 『백범어록』

자료 5 채점기준표

채점기준	점수
[수험생 작성 부분 1](2점)	
[수험생 작성 부분 2](2점)	
주제에 적절한 역사적 장면을 선정하였는가?(2점)	
모둠원이 함께 협력하였는가?(2점)	

교수·학습 지도안

단원		통일 정부 수립을 둘러싼 갈등	차시	2/2
학습단계		교수·학습 활동	자료 및 유의점	시간(분)
도입	선수 학습 확인	• 지난 시간에 배운 내용을 복습한다.		5
	동기유발	• 신탁통치를 둘러싼 갈등을 보여주는 신문기사를 학생들에게 보여주며 앞으로의 내용을 예측하게 한다.	사진 자료	
	학습 목표 제시	〈실연 부분 1〉		
전개	[전개 1] 모스크바 3국 외상 회의와 신탁 통치 문제	• 모스크바 3국 외상 회의의 결정 사항을 둘러싼 갈등에 대해서 설명한다.		5
	[전개 2] 미·소 공동 위원회의 결렬과 좌우 합작 운동	〈실연 부분 2〉	〈자료 1, 2〉	15

전개	[전개 3] 통일 정부 수립을 위한 노력과 갈등 (릴레이툰 스토리 기획안 작성)	〈실연 부분 3〉 ※ 채점기준표 	채점기준	점수
[수험생 작성 부분 1](2점)	
[수험생 작성 부분 2](2점)	
주제에 적절한 역사적 장면을 선정하였는가?(2점)	
모둠원이 함께 협력하였는가?(2점)			〈자료 3, 4〉	20
---	---	---	---	---
정리	본시 학습 정리	• 교사는 주요 내용을 형성평가로 확인한다.	형성평가	5
	차시 예고	• 교사는 다음 시간 내용을 간단히 예고한다.		

주제 56 대한민국 정부 수립 과정

◈ 해설 p.85

2025학년도 중등학교 교사 임용후보자 선정 경쟁시험(제2차 시험)
역사 수업 실연

문제 다음의 〈실연 방법〉, [교수·학습 조건], [자료]와 [교수·학습 지도안]을 반영하여 수업을 실연하시오.

〈실연 방법〉

[교수·학습 지도안]의 〈실연 부분 1~3〉에 해당하는 부분을 작성하시오.
1. 〈실연 부분 1〉: 단원에 적절한 동기유발을 실시하시오.
2. 〈실연 부분 2〉: 대한민국 정부의 수립 과정을 강의식 수업하시오.
   가. 적절한 발문을 통해 〈자료 1〉을 분석하시오.
   나. [5·10총선, 제헌 헌법, 대한민국 정부 수립]의 핵심 요소를 판서하시오.
3. 〈실연 부분 3〉: 자료를 통해 대한민국 정부 수립의 의의를 탐구하시오.
   가. 〈자료 2〉와 〈자료 3〉에서 공통적으로 구현된 민주주의에 대한 지향을 찾고, 그 역사적 의미를 수업하시오.
   나. 〈자료 3〉과 〈자료 4〉의 공통점을 통해 역사과 핵심역량 중 '정체성과 상호 존중' 역량을 증진하시오.

※ 유의점
   1. 단원의 성취기준을 고려하시오.
   2. 교사와 학생의 문답이 구체적으로 드러나도록 작성하시오.

교수·학습 조건

1. 과 목 명 : 한국사
2. 대   상 : 고등학교 1학년
3. 수업시간 : 50분
4. 단 원 명 : 대한민국 정부 수립 과정
   가. 단원의 성취기준

   [10한사04-02] 대한민국 정부 수립의 과정과 의의를 살펴보고, 식민지 잔재를 청산하기 위한 노력을 설명한다.

   나. 단원의 구성

단원	차시	주요 내용 및 활용	수업형태	평가방법
대한민국 정부 수립	1(본시)	대한민국 정부 수립 과정	강의식 수업, 사료 탐구 수업	형성평가
	2	식민지 잔재 청산을 위한 노력	주제 탐구 수업	수행평가

   다. 교수·학습 환경

학생수	지도장소	매체 및 기자재
24명	교실	칠판, 교사용 컴퓨터, 빔 프로젝트, 스크린, 태블릿PC 등

자료

자료 1 제헌 국회 소속 정당별 의석 수

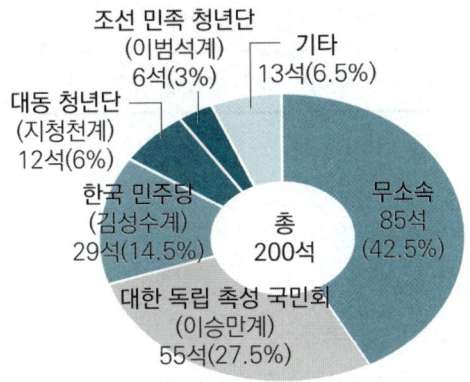

▲ 「역대 국회 의원 선거 상황」, 1963.

자료 2 대한민국 임시정부 헌법(1차 개헌, 1919.9.)

제1조 대한민국은 대한 인민으로 조직함.
제2조 대한민국의 주권은 대한 인민 전체에 재함.
제4조 대한민국의 인민은 일체 평등함.
제5조 대한민국의 입법권은 의정원이, 행정권은 국무원이, 사법권은 법원이 행사함.

자료 3 제헌 헌법(1948.7.12.)

유구한 역사와 전통에 빛나는 우리 대한 국민은 기미년 3·1운동으로 대한민국을 건립하여 세계에 선포한 위대한 독립 정신을 계승하여 민주 독립 국가를 재건하고 정의·인도와 동포애로써 민족의 단결을 공고히 하며, …… 안으로는 국민 생활의 균등한 향상을 기하고 밖으로는 항구적인 국제 평화의 유지에 노력하여 우리들과 우리들 자손의 안전과 자유와 행복을 영원히 확보할 것을 결의하고, 우리들의 정당, 또 자유로이 선거된 대표로서 구성된 국회에서 단기 4281년 7월 12일 이 헌법을 제정한다.
제1조 대한민국은 민주 공화국이다.
제2조 대한민국의 주권은 국민에게 있고 모든 권력은 국민으로부터 나온다.
제5조 대한민국은 정치, 경제, 사회, 문화의 모든 영역에 있어서 각인의 자유, 평등과 창의를 존중하고 보장하며 공공복리의 향상을 위하여 이를 보호하고 조정하는 의무를 진다.

- 대한민국 관보 제1호

자료 4 현행 대한민국 헌법(1987.10.)

유구한 역사와 전통에 빛나는 우리 대한 국민은 3·1운동으로 건립된 대한민국 임시정부의 법통과 불의에 항거한 4·19 민주 이념을 계승하고, 조국의 민주개혁과 평화적 통일의 사명에 입각하여 정의·인도와 동포애로써 민족의 단결을 공고히 하고, …… 안으로는 국민 생활의 균등한 향상을 기하고 밖으로는 항구적인 세계 평화와 인류 공영에 이바지함으로써 우리들과 우리들의 자손의 안전과 자유와 행복을 영원히 확보할 것을 다짐하면서 1948년 7월 12일에 제정되고 8차에 걸쳐 개정된 헌법을 이제 국회의 의결을 거쳐 국민 투표에 의하여 개정한다.
제1조 제1항 대한민국은 민주 공화국이다.
　　　제2항 대한민국의 주권은 국민에게 있고, 모든 권력은 국민으로부터 나온다.

- 대한민국 관보 제10744호

교수·학습 지도안

단원		대한민국 정부 수립 과정	차시	1/2
학습단계		교수·학습 활동	자료 및 유의점	시간(분)
도입	선수학습 확인	• 문답을 통해 지난 시간에 배운 내용을 확인한다.		5
	동기유발	〈실연 부분 1〉		
	학습 목표 제시	1. 대한민국 정부 수립의 과정을 이해할 수 있다. 2. 대한민국 정부 수립의 의의를 자료를 활용하여 탐구할 수 있다.		
전개	[전개 1] 대한민국 정부 수립	〈실연 부분 2〉	〈자료 1〉	10

전개	[전개 2] 탐구 수업	⟨실연 부분 3⟩	⟨자료 2~4⟩	20
	[전개 3] 북한 정권	• 북한 정권의 수립에 대해 수업한다.		10
정리	형성평가	• 교사는 본시 학습의 주요 내용을 확인하는 형성평가를 진행한다.		5
	차시 예고	• 다음 시간 학습 내용에 대해 안내한다.		

주제 57   식민지 잔재 청산 노력

        해설 p.87

2025학년도 중등학교 교사 임용후보자 선정 경쟁시험(제2차 시험)
역사 수업 실연

문제 다음의 〈실연 방법〉, [교수·학습 조건], [자료]와 [교수·학습 지도안]을 반영하여 수업을 실연하시오.

〈실연 방법〉

[교수·학습 지도안]의 〈실연 부분 1~3〉에 해당하는 부분을 작성하시오.
1. 〈실연 부분 1〉: 수업 전반을 고려한 학습 목표 2가지를 제시하시오.
2. 〈실연 부분 2〉: 대한민국 정부 수립 직후 식민지 잔재 청산을 위한 노력을 〈자료 1, 2〉를 활용하여 문답식 수업으로 진행하시오.
3. 〈실연 부분 3〉: 〈자료 3~6〉을 활용하여 서술형 평가를 진행하시오.
   가. 〈자료 3~5〉를 활용하여 평가 방안을 안내하고 순회 지도를 실시하시오.
   나. 〈자료 6〉을 학생의 답안이라 가정하고, 잘한 점과 아쉬운 점에 대해 역사과 핵심역량을 바탕으로 구체적으로 피드백하시오.

※ 유의점
   1. 단원의 성취기준을 고려하시오.
   2. 순회 지도 모습을 구체적으로 시연하시오.

교수·학습 조건

1. 과 목 명 : 한국사
2. 대 상 : 고등학교 1학년
3. 수업시간 : 100분(블록타임제)
4. 단 원 명 : 식민지 잔재 청산 노력
   가. 단원의 성취기준

[10한사04-02] 대한민국 정부 수립의 과정과 의의를 살펴보고, 식민지 잔재를 청산하기 위한 노력을 설명한다.

   나. 단원의 구성

단원	차시	주요 내용 및 활용	수업형태	평가방법
대한민국 정부 수립	1	대한민국 정부 수립 과정	강의식 수업, 사료 탐구 수업	형성평가
	2-3 (본시)	식민지 잔재 청산 노력	설명식 수업, 문답식 수업	서술형 평가

   다. 교수·학습 환경

학생수	지도장소	매체 및 기자재
24명	교실	칠판, 교사용 컴퓨터, 스마트TV, 스마트폰, 태블릿PC 등

자료

자료 1 「반민족 행위 처벌법」(1948. 9.)

제1조 일본 정부와 공모하여 국권 피탈에 적극적으로 협력한 자, 한국의 주권을 침해하는 조약 또는 문서에 조인한 자와 모의한 자는 사형 또는 무기 징역에 처하고, 그 재산과 유산의 전부 혹은 2분의 1 이상을 몰수한다.

제2조 일본 정부로부터 작위를 받은 자 또는 일본 제국 의회의 의원이 되었던 자는 무기 또는 5년 이상의 징역에 처하고, 그 재산과 유산의 전부 혹은 2분의 1 이상을 몰수한다.

제3조 일본 치하 독립운동가나 그 가족을 악의로 살상·박해한 자 또는 이를 지휘한 자는 사형·무기 또는 5년 이상의 징역에 처하고 그 재산의 전부 혹은 일부를 몰수한다. ― 『대한민국 관보』, 1948.

자료 2 「농지 개혁법」(1949. 6.)

2. 다음 농지는 적당한 보상으로 정부가 매수한다.
   가) 농가가 아닌 자의 농지
   나) 스스로 경작하지 않는 자의 농지. 단 질병, 공무, 취학, 기타 부득이한 사유로 인하여 일시 이농한 자의 농지는 소재지 위원회의 동의로서 시장, 군수가 일정 기한까지 보류를 인허한다.
   다) 본 법 규정의 한도를 초과하는 부분의 농지

자료 3 반민 특위 활동 결과

취급 건수	682건
영장 발부	408건
기소	221건
재판 종결	총 38건 • 사형 1건 • 징역 10건 • 무기징역 1건 • 공민권 정지 18건 • 무죄 6건 • 형 면제 2건

(특위 관계 연속 회의, 1949.9.)

자료 4 농지 개혁 전후 경작 형태의 변화

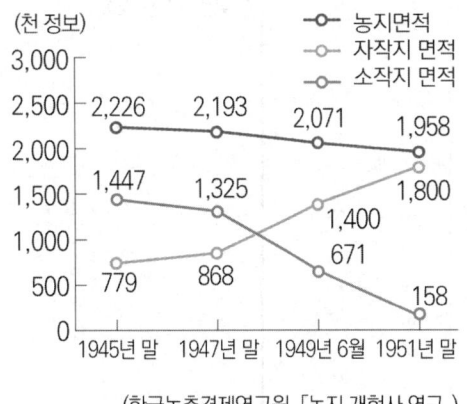

(한국농촌경제연구원, 「농지 개혁사 연구」)

자료 5

수행평가 : 서술형 평가   ____반 ____번 이름: _____

[질문1] 대한민국 정부 수립 직후 식민지 잔재를 청산하기 위한 노력의 결과를 〈자료 3, 4〉를 통해 설명하시오. [총 8점, 각4점]

[질문2] [질문1]에서 서술한 반민 특위 활동 결과와 해외 과거사 청산 사례를 비교하여, 오늘날 친일파 청산 문제에 대한 해결에 대해 자신의 생각을 서술하시오. [12점] ※ 조건 : 자료의 출처를 밝힐 것

자료 6

수행평가 : 서술형 평가   5반 17번 이름 : 최준이

[질문1] (생략)

[질문2] 2018년 10월 12일자『광주일보』를 보면 프랑스 과거사 청산 사례를 볼 수 있다. 드골 정권은 1950~1953년 나치 협력 혐의로 35만 명을 조사하고 12만 명 이상을 법정에 세웠다. 이에 반해 우리나라에서 행해진 반민 특위 활동은 정부의 지원을 받기보다는 국회 프락치 사건, 반민법 시효 축소 등에서 알 수 있듯 방해를 받는 면이 있다. 정말 아쉽고 별로다.

교수·학습 지도안

단원		식민지 잔재 청산 노력	차시	2-3/3
학습단계		교수·학습 활동	자료 및 유의점	시간(분)
도입	선수학습 확인	• 문답을 통해 지난 시간에 배운 내용을 확인한다.		5
	동기유발	• 반민족 행위 특별 조사 위원회를 보도한 신문 기사(『주간 서울』, 1949. 4. 4.)를 통해 학생들의 흥미를 유발한다.	시각 자료	
	학습 목표 제시	〈실연 부분 1〉		
전개	[전개 1] 식민지 잔재 청산 노력	〈실연 부분 2〉	〈자료 1, 2〉	25

전개	[전개 2] 서술형 평가	〈실연 부분 3〉	〈자료 3~6〉	65
정리	본시 학습 정리	• 교사는 본시 학습의 주요 내용을 문답으로 확인한다.		5
	차시 예고	• 다음 시간 학습을 안내한다.		

주제 58 | 6·25전쟁과 전후 남북 분단 고착화

해설 p.89

2025학년도 중등학교 교사 임용후보자 선정 경쟁시험(제2차 시험)
역사 수업 실연

문제 다음의 〈실연 방법〉, [교수·학습 조건], [자료]와 [교수·학습 지도안]을 반영하여 수업을 실연하시오.

〈실연 방법〉

[교수·학습 지도안]의 〈실연 부분 1~4〉에 해당하는 부분을 작성하시오.
1. 〈실연 부분 1〉
   가. 〈자료 1〉을 활용하여 6·25전쟁의 국내외 배경을 수업하시오.
   나. 〈자료 2〉를 참고하여 스케치 지도를 통해 전개 과정을 수업하시오.
2. 〈실연 부분 2〉
   가. 학습 목표 2번을 달성하는 방향으로 가상 편지 쓰기를 진행하시오.
   나. 〈자료 3〉의 [수험생 작성 부분 1~3]을 채워 평가 기준을 제시하시오.
3. 〈실연 부분 3〉 : 모둠 내 발표를 통해 동료 평가를 진행하시오.
4. 〈실연 부분 4〉
   가. [전후 복구와 생활의 변화, 반공주의와 독재, 원조 경제, 북한의 사회주의 독재 체제]의 핵심 요소를 판서에 포함하시오.
   나. 〈자료 4~6〉을 활용하여 설명식 수업하시오.
   다. 성취기준 및 학습 목표를 고려하여 수업하시오.

※ 유의점
1. 단원명 및 학습 목표를 판서하지 마시오.
2. 평가 과정을 구체적으로 시연하시오.
3. 학습 목표를 고려하여 수업 전체를 설계하시오.

교수·학습 조건

1. 과 목 명 : 한국사
2. 대   상 : 고등학교 1학년
3. 수업시간 : 100분(블록타임제)
4. 단 원 명 : 6·25전쟁과 전후 남북 분단 고착화
   가. 단원의 성취기준

   [10한사04-03] 6·25전쟁의 배경과 전개 과정을 살펴보고, 전후 남북 분단이 고착되는 과정을 파악한다.

   나. 단원의 구성

단원	차시	주요 내용 및 활용	수업형태	평가방법
6·25전쟁과 전후 남북 분단 고착화	1-2 (본시)	6·25전쟁의 배경과 전개과정	설명식 수업, 백지도 활용 수업	-
		전쟁의 상처와 전후 남북 분단의 고착화	글쓰기 수업, 설명식 수업	동료 평가

   다. 교수·학습 환경

학생수	지도장소	매체 및 기자재
24명	교실	칠판, 교사용 컴퓨터, 빔 프로젝트, 스크린, 태블릿PC 등

자료

자료 1

애치슨 라인 지도 (소련, 중국, 대한민국, 일본, 타이완, 베트남, 필리핀, 브루나이, 알류산 열도)

자료 2

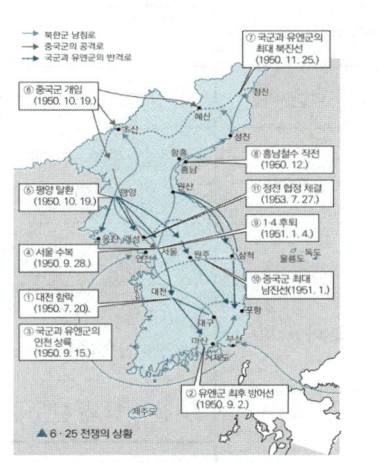

▲ 6·25 전쟁의 상황

자료 3 동료 평가지

구분	평가 기준	배점(6)	점수
동료 평가	[수험생 작성 부분 1]	2	
	[수험생 작성 부분 2]	2	
	[수험생 작성 부분 3]	2	

자료 4 6·25전쟁 사상자

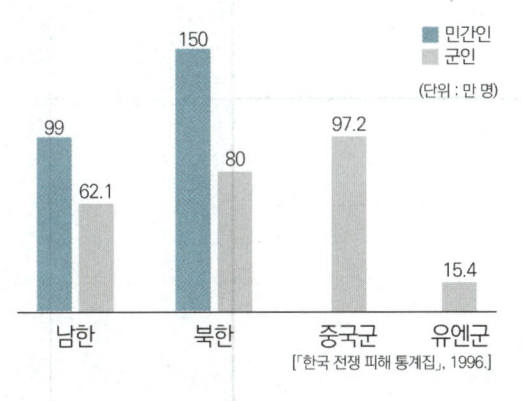

남한 민간인 99, 군인 62.1
북한 민간인 150, 군인 80
중국군 97.2
유엔군 15.4
(단위: 만 명)

「한국 전쟁 피해 통계집」, 1996.

자료 5 영화 '자유부인' 포스터(1956)

자료 6 1950년대 미국의 한국 원조 현황

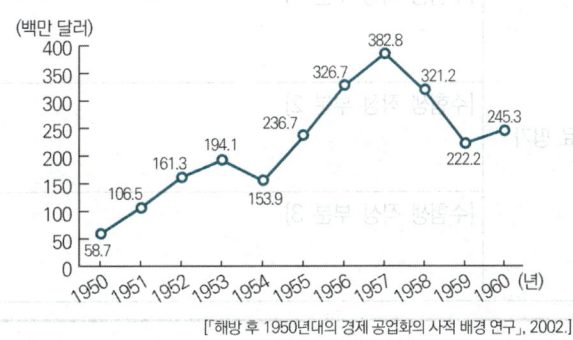

(백만 달러)
1950: 58.7, 1951: 106.5, 1952: 161.3, 1953: 194.1, 1954: 153.9, 1955: 236.7, 1956: 326.7, 1957: 382.8, 1958: 321.2, 1959: 222.2, 1960: 245.3

「해방 후 1950년대의 경제 공업화의 사적 배경 연구」, 2002.

교수·학습 지도안

단원		6·25전쟁과 전후 남북 분단 고착화	차시	1-2/2
학습 단계		교수·학습 활동	자료 및 유의점	시간(분)
도입	선수학습 확인	• 문답을 통해 지난 시간에 배운 내용을 확인한다.		5
	동기유발	• "결코 좋은 전쟁도 나쁜 평화도 없다"는 벤자민 프랭클린의 말을 인용하여 전쟁에 대해 발문하여 동기를 유발한다.		
	학습 목표 제시	1. 6·25전쟁의 배경과 전개과정을 이해할 수 있다.		
		2. 6·25전쟁으로 인한 전쟁의 상처를 당시 사람들의 마음에 감정이입하여 글로 표현할 수 있다.		
		3. 전후 남북 분단이 고착되는 과정을 사례를 통해 이해할 수 있다.		
전개	[전개 1] 6·25전쟁	〈실연 부분 1〉	〈자료 1, 2〉	20
	[전개 2] 가상 편지 쓰기	〈실연 부분 2〉 동료 평가 — 구분 / 평가 기준 [수험생 작성 부분 1] [수험생 작성 부분 2] [수험생 작성 부분 3] • 학생이 활동을 진행하는 동안 교사가 순회 지도를 실시한다.	〈자료 3〉	45

전개	[전개 2] 가상 편지 쓰기	〈실연 부분 3〉		
	[전개 3] 남북 분단 고착화	〈실연 부분 4〉	〈자료 4~6〉	25
정리	본시 학습 정리	• 교사는 본시 학습의 주요 내용을 문답으로 확인한다.		5
	차시 예고	• 다음 시간 학습 내용을 안내한다.		

주제 59　4·19혁명

2025학년도 중등학교 교사 임용후보자 선정 경쟁시험(제2차 시험)
역사 수업 실연

문제 다음의 〈실연 방법〉, [교수·학습 조건], [자료]와 [교수·학습 지도안]을 반영하여 수업을 실연하시오.

〈실연 방법〉

[교수·학습 지도안]의 〈실연 부분 1~3〉에 해당하는 부분을 작성하시오.
1. 〈실연 부분 1〉: 수업에 적절한 학습 목표 2가지를 작성하시오.
2. 〈실연 부분 2〉: 〈자료 1~3〉을 활용하여 4·19혁명을 설명식 수업하시오.
　가. 〈자료 1, 2〉를 활용하여 4·19혁명의 전개를 설명하시오.
　나. 〈자료 3〉을 활용하여 학생들이 4·19혁명의 의의를 이해할 수 있도록 도우시오.
3. 〈실연 부분 3〉: 〈자료 4〉를 활용하여 글쓰기 수업하시오.
　가. 〈자료 4〉의 [수험생 작성 부분 1~3]을 채워 가상 인터뷰 작성 활동을 진행하시오.
　나. 발표 및 피드백 시간을 포함하시오.

※ 유의점
　1. 단원의 성취기준을 고려하시오.
　2. 교사와 학생의 활동을 구체적으로 시연하시오.

교수·학습 조건

1. 과 목 명 : 한국사
2. 대　　상 : 고등학교 1학년
3. 수업시간 : 50분
4. 단 원 명 : 4·19혁명
　가. 단원의 성취기준

　　[10한사04-04] 4·19혁명과 그 이후의 정치 변화를 살펴보고, 독재에 맞선 민주화 운동과 그 의미를 탐구한다.

　나. 단원의 구성

단원	차시	주요 내용 및 활용	수업형태	평가방법
4·19혁명과 민주화 노력	1(본시)	4·19혁명	설명식 수업, 글쓰기 수업	수행평가
	2	박정희 정부 성립과 유신체제	사료 탐구 수업	형성평가
	3	5·18민주화 운동	극화 학습	다면평가

　다. 교수·학습 환경

학생수	지도장소	매체 및 기자재
24명	교실	칠판, 교사용 컴퓨터, 태블릿PC, 스마트TV 등

자료

자료 1
- 지역별로 4할 정도를 사전 기표하여 투표함에 미리 넣어 둘 것.
- 3~9인조를 편성하여 조장이 조원의 표를 확인하고 자유당 선거 운동원에게 보여 주고 투표함에 넣도록 할 것.

　　　　　　　- 내무부 장관 최인규의 지시 사항, 1959. 11.

자료 2 대학교수단 시국 선언문
1. 마산, 서울, 기타 각지의 학생 데모는 …… 학생들의 순진한 정의감의 발로이며 부정과 불의에 항거하는 민족정기의 표현이다.
4. 누적된 부패의 부정과 횡포로써 민권을 유린하고 민족적 참극과 국제적 수치를 초래케 한 현 정부와 집권당은 그 책임을 지고 속히 물러가라.
5. 3·15 선거는 부정 선거이다. 공명선거에 의하여 정·부통령 선거를 다시 시행하라.

　　　　　　　- 『광복 30년사』, 1977.

자료 3 한성여중 진영숙이 어머니께 남긴 편지(1960.4.19.)
끝까지 부정 선거 데모로 싸우겠습니다. 지금 저와 저의 모든 친구들 그리고 대한민국 모든 학생들은 우리나라 민주주의를 위하여 피를 흘립니다. 어머니, 데모에 나간 저를 책하지 마시옵소서. 우리들이 아니면 누가 데모를 하겠습니까. 저는 아직 철없는 줄 잘 압니다. 그러나 국가와 민족을 위하는 길이 어떻다는 것을 잘 알고 있습니다.

자료 4

4·19혁명 이후 터져나온 민주화 요구

1학년 ____반 이름 _____

아래 민주화 운동 키워드 중 하나를 택하여, 선택한 주제에 맞는 인터뷰 기사를 작성하시오.

민주화 요구 (택1)
교사들의 요구, 학생들의 요구, 노동자들의 요구, 민간인 학살 희생자 유족들의 요구

조건 : 인터뷰 질문을 3개 이상 포함할 것, 교과서 외 자료를 찾은 경우 출처를 표시할 것

기사 제목 :
인터뷰 :

* 채점기준

기준	점수
[수험생 작성 부분 1] [3점]	
[수험생 작성 부분 2] [3점]	
[수험생 작성 부분 3] [3점]	
인터뷰 질문이 3개 이상 포함되었는가.[3점]	

교수·학습 지도안

단원			4·19혁명	차시	1/3
학습단계			교수·학습 활동	자료 및 유의점	시간(분)
도입		선수학습 확인	• 문답을 통해 지난 시간에 배운 내용을 확인한다.		5
		동기유발	• 4·19혁명에 나온 고등학생의 사진 자료를 통해 학생들의 동기를 유발한다.	사진 자료	
		학습 목표 제시	〈실연 부분 1〉		
전개		[전개 1] 4·19혁명	〈실연 부분 2〉	〈자료 1~3〉	15

	[전개 2] 장면 정부	• 내각제와 장면 정부 수립, 당시 민주화 요구를 수업한다.			5
전개	[전개 3] 수행평가	〈실연 부분 3〉 ※ 채점기준 {	기준	점수
[수험생 작성 부분 1] [3점]	
[수험생 작성 부분 2] [3점]	
[수험생 작성 부분 3] [3점]	
인터뷰 질문이 3개 이상 포함되었는가. [3점]		}	〈자료 4〉	20
정리	본시 학습 정리	• 교사는 본시 학습의 주요 내용을 문답으로 확인한다.			5
	차시 예고	• 다음 시간 학습 주제를 안내한다.			

주제 60 | 박정희 정부 수립과 유신 체제

해설 p.92

2025학년도 중등학교 교사 임용후보자 선정 경쟁시험(제2차 시험)
역사 수업 실연

문제 다음의 〈실연 방법〉, [교수·학습 조건], [자료]와 [교수·학습 지도안]을 반영하여 수업을 실연하시오.

〈실연 방법〉

[교수·학습 지도안]의 〈실연 부분 1~3〉에 해당하는 부분을 실연하시오.
1. 〈실연 부분 1〉: 〈자료 1〉을 활용하여 설명식 수업을 하시오.
   가. [한·일 국교 정상화, 한·일 기본 조약]을 학습 요소로 포함하여 설명식 수업을 하시오.
2. 〈실연 부분 2〉: 〈자료 2〉의 (가)에서 (나)로 변화된 점을 중심으로 비교 학습을 하시오.
3. 〈실연 부분 3〉: 〈자료 3〉을 활용하여 글쓰기 수업을 하시오.
   가. 교과서와 〈자료 3〉을 활용하여 광고문 쓰기 활동을 안내하시오.
   나. 〈자료 3〉의 [수험생 작성 부분 1~3]을 쓰고, 수행평가 기준을 안내하시오.
   다. 학생들의 발표 후 학생들의 작품에 대한 긍정적인 피드백과 아쉬운 부분에 대한 피드백을 총 2회 하시오.

교수·학습 조건

1. 과 목 명: 한국사
2. 대 상: 고등학교 1학년
3. 수업시간: 50분
4. 단 원 명: 박정희 정부 수립과 유신 체제

   가. 단원의 성취기준

   [10한사04-04] 4·19혁명과 그 이후의 정치 변화를 살펴보고, 독재에 맞선 민주화 운동과 그 의미를 탐구한다.

   나. 단원의 구성

단원	차시	주요 내용 및 활용	수업형태	평가방법
4·19혁명과 민주화를 위한 노력	1	이승만 정부와 4·19혁명	설명식 수업, 극화수업	수행평가
	2(본시)	박정희 정부 수립과 유신 체제	설명식 수업, 비교 학습, 글쓰기 수업 (신문 광고)	수행평가
	3	5·18 민주화 운동 I	사료 학습, 구술사 활동 (인터뷰 준비)	다면평가
	4	5·18 민주화 운동 II	구술사 활동 (보고서 작성)	수행평가

   다. 교수·학습 환경

학생수	지도장소	매체 및 기자재
24명	교실	칠판, 교사용 컴퓨터, 빔 프로젝트, 스크린

자료

자료 1

(가) 한국과 일본의 기본 관계에 관한 조약

제1조 양국 간에 외교 및 영사 관계를 수립한다. 양국은 대사급 외교 사절을 지체 없이 교환한다. 양국은 또한 양국 정부가 합의하는 장소에 영사관을 설치한다.

제2조 1910년 8월 22일 및 그 이전에 대한 제국과 대일본 제국 간에 체결된 모든 조약 및 협정이 이미 무효임을 확인한다.

(나) 청구권·경제 협력에 관한 협정

제1조 1. 일본국은 대한민국에 대하여
      (a) 3억 불과 동등한…… 무상으로 제공한다.
      (b) 2억 불과 동등한…… 차관을…… 행한다.

제2조 1. 양 체약국은 양 체약국 및 그 국민(법인을 포함함)의 재산, 권리 및 이익과 양 체약국 및 그 국민 간의 청구권에 관한 문제가…… 완전히 그리고 최종적으로 해결된 것이 된다는 것을 확인한다.

- 「대한민국 관보」 제4225호, 1965. 12. 18.

자료 2

(가) 3선 개헌 헌법(1969)

제1조 ① 대한민국은 민주 공화국이다.
     ② 대한민국의 주권은 국민에게 있고, 모든 권력은 국민으로부터 나온다.
제64조 ① 대통령은 국민의 보통·평등·직접·비밀 선거에 의하여 선출한다.
제69조 ① 대통령의 임기는 4년으로 한다.
     ③ 대통령의 계속 재임은 3기에 한한다.

(나) 유신 헌법(1972)

제1조 ① 대한민국은 민주 공화국이다.
     ② 대한민국의 주권은 국민에게 있고, 국민은 그 대표자나 국민 투표에 의하여 주권을 행사한다.
제39조 ① 대통령은 통일 주체 국민 회의에서 토론 없이 무기명 투표로 선거한다.
제47조 대통령의 임기는 6년으로 한다.
제59조 ① 대통령은 국회를 해산할 수 있다.

자료 3

중학생도 참여한 〈동아일보〉 백지 광고 만들기

* 학생 이름 : _____

역사적 상황	- 박정희 정부는 정부에 비판적이던 『동아일보』에 광고를 싣던 기업에 압력을 가하여 광고를 해약하게 하였고, 국민들은 광고 여백을 광고료를 내고 응원 글로 채웠다. - 실제 예시 광고 : 동아는 영원토록 사회의 빛과 소금이 되어야 합니다. (모여고 2학년 일동)
조건 (평가 기준)	1. [수험생 작성 부분 1] 2. [수험생 작성 부분 2] 3. [수험생 작성 부분 3]
나의 광고글	

교수·학습 지도안

단원		박정희 정부 수립과 유신 체제		차시	2/4
학습단계		교수·학습 활동	자료 및 유의점		시간(분)
도입	선수 학습 확인	• 지난 시간에 배운 내용을 복습한다.			5
	동기유발	• 야간 금지 통행령, 미니스커트 단속에 대한 신문기사를 보여주며 당시 사회상을 예상하게 한다.	사진 자료		
	학습 목표 제시	1. 박정희 정부의 성립과 유신 체제 구축을 설명할 수 있다. 2. 유신 반대에 대한 광고문을 작성할 수 있다.			
전개	[전개 1] 5·16 군사정변과 박정희 정부의 성립	• 5·16 군사정변과 박정희 정부의 성립에 대해서 설명한다.			5
	[전개 2] 한·일 국교 정상화와 베트남 파병	〈실연 부분 1〉	〈자료 1〉		10
	[전개 3] 3선 개헌과 유신 체제의 성립	〈실연 부분 2〉	〈자료 2〉		10

전개	[전개 4] 유신 반대 운동 (광고문 쓰기)	〈실연 부분 3〉	〈자료 3〉	15
정리	형성평가	• 교사는 주요 내용을 형성평가로 확인한다.		5
	차시 예고	• 교사는 다음 시간 내용을 간단히 설명한다.		

주제 61 5·18 민주화 운동

2025학년도 중등학교 교사 임용후보자 선정 경쟁시험(제2차 시험)
역사 수업 실연

문제 다음의 〈실연 방법〉, [교수·학습 조건], [자료]와 [교수·학습 지도안]을 반영하여 수업을 실연하시오.

〈실연 방법〉

[교수·학습 지도안]의 〈실연 부분 1~3〉에 해당하는 부분을 실연하시오.
1. 〈실연 부분 1〉: 〈자료 1, 2〉를 활용하여 사료의 특징이 드러나는 사료 학습을 하시오.
2. 〈실연 부분 2〉: 〈자료 3, 4〉를 활용하여 구술사 인터뷰 준비활동을 하시오.
   가. 〈자료 3〉을 활용하여, 구술사 인터뷰 활동 안내를 하시오.
   나. 〈자료 4〉의 [수험생 작성 부분 1, 2]를 쓰고, 다면평가 기준을 안내하시오.
   다. 학생들의 발표 후 피드백하는 과정을 포함하시오.
3. 〈실연 부분 3〉: 다음 시간 차시 예고를 하시오.

교수·학습 조건

1. 과 목 명: 한국사
2. 대   상: 고등학교 1학년
3. 수업시간: 50분
4. 단 원 명: 5·18 민주화 운동
   가. 단원의 성취기준

   [10한사04-04] 4·19혁명과 그 이후의 정치 변화를 살펴보고, 독재에 맞선 민주화 운동과 그 의미를 탐구한다.

   나. 단원의 구성

단원	차시	주요 내용 및 활용	수업형태	평가방법
4·19혁명과 민주화를 위한 노력	1	4·19혁명	설명식 수업, 사료 학습	수행평가
	2	박정희 정부와 유신 체제	비교 학습, 글쓰기 학습 (신문 광고)	수행평가
	3(본시)	5·18 민주화 운동 I	사료 학습, 구술사 활동 (인터뷰 준비)	다면평가
	4	5·18 민주화 운동 II	구술사 활동 (보고서 작성)	수행평가

   다. 교수·학습 환경

학생수	지도장소	매체 및 기자재
24명	교실	칠판, 교사용 컴퓨터, 빔 프로젝트, 스크린, 태블릿PC

자료

자료 1 당시 국내 언론

- 광주 사태 10일 만에 진압되어 평정
- 불순분자들이 체제 전복을 기도한 사태
- 광주 사태는 극렬한 폭도들에 의해 악화되는 조짐이 보였다. 따라서 군은 생활고와 온갖 위협에 시달리는 시민 구출을 위해 군 병력을 광주에 투입하였다.

- 1980년 5월 27일 KBS 9시 뉴스

자료 2

우리는 왜 총을 들 수밖에 없었는가? 그 대답은 너무나 간단합니다. …… 정부 당국에서는 17일 야간에 계엄령을 확대 선포하고 일부 학생과 민주 인사, 정치인을 도무지 믿을 수 없는 구실로 불법 연행하였습니다. …… 20일 밤부터 계엄 당국은 발포 명령을 내려 무차별 발포를 시작하였다는 것입니다. 이 고장을 지키고자 이 자리에 모이신 민주 시민 여러분! 그런 상황에서 우리가 할 수 있는 일이 무엇이겠습니까?

- 『신동아』, 1990년 1월호 부록

자료 3

5·18 민주화 운동 구술사 인터뷰

1. 모둠 이름 : _____

2. 모둠 역할 분배

면담자	
촬영자	
자료 정리 1	
자료 정리 2	

3. 모둠별 인터뷰 예상 질문 만들기

〈구술자 정보〉
- 성명 :
- 출생 연도 :
- 성별 :
- 특징 :

〈예상 질문〉
1.
2.
3.

자료 4

다면평가지

	내용	점수
자기 평가	나는 역사적 주제를 잘 이해하였다. (2점)	
	[수험생 작성 부분 1](2점)	
	나는 모든 활동에 적극적으로 참여하였다. (2점)	
동료 평가	[수험생 작성 부분 2](2점)	
	모든 모둠원이 적극적으로 참여하였는가? (2점)	

교수·학습 지도안

단원		5·18 민주화 운동 I	차시	3/4
학습단계		교수·학습 활동	자료 및 유의점	시간(분)
도입	선수 학습 확인	• 지난 시간 수업 내용을 복습한다.		5
	동기유발	• 영화 〈택시 운전사〉의 한 장면을 보여주고, 당시 역사적 상황을 예상하게 한다.	사진 자료	
	학습 목표 제시	1. 5·18 민주화 운동의 전개 과정을 설명할 수 있다. 2. 5·18 민주화 운동에 대한 구술사 인터뷰 질문을 작성할 수 있다.		
전개	[전개 1] 12·12사태와 서울의 봄	• 12·12사태와 서울의 봄에 대해서 설명한다.		10
	[전개 2] 5·18 민주화 운동의 전개	〈실연 부분 1〉	〈자료 1, 2〉	15

전개	[전개 3] 전두환 정부의 강압 통치	• 전두환 정부의 강압 통치에 대해서 설명한다.		5
	[전개 4] 구술사 활동 (인터뷰 준비)	〈실연 부분 2〉 ※ 다면평가지 <table><tr><td colspan="2"></td><td>내용</td><td>점수</td></tr><tr><td rowspan="3">자기 평가</td><td></td><td>나는 역사적 주제를 잘 이해하였다. (2점)</td><td></td></tr><tr><td></td><td>[수험생 작성 부분 1](2점)</td><td></td></tr><tr><td></td><td>나는 모든 활동에 적극적으로 참여하 였다.(2점)</td><td></td></tr><tr><td rowspan="2">동료 평가</td><td></td><td>[수험생 작성 부분 2](2점)</td><td></td></tr><tr><td></td><td>모든 모둠원이 적극적으로 참여하였는 가?(2점)</td><td></td></tr></table>	〈자료 3, 4〉	10
정리	본시 학습 정리	• 교사는 주요 내용을 문답으로 확인한다.		
	차시 예고	〈실연 부분 3〉 		5

주제 62 경제, 사회, 문화의 변화 ★

해설 p.95

2025학년도 중등학교 교사 임용후보자 선정 경쟁시험(제2차 시험)
역사 수업 실연

문제 다음의 〈실연 방법〉, [교수·학습 조건], [자료]와 [교수·학습 지도안]을 반영하여 수업을 실연하시오.

〈실연 방법〉

[교수·학습 지도안]의 〈실연 부분 1~3〉에 해당하는 부분을 실연하시오.
1. 〈실연 부분 1〉: 〈자료 1~3〉을 활용하여 설명식 수업을 하시오.
   가. [경제 개발 5개년, 경제 성장의 한계점]을 학습 요소로 포함하시오.
2. 〈실연 부분 2〉: 〈자료 4〉를 활용하여 사료 학습을 하시오.
3. 〈실연 부분 3〉: 〈자료 5〉를 활용하여 글쓰기 수업을 하시오.
   가. 수행평가 기준표의 [수험생 작성 부분 1, 2]를 쓰고, 연구 보고서 쓰기 활동을 안내하시오.
   나. 〈자료 5〉를 학생들이 작성 중이라고 생각하고, 본론 작성에 대한 순회 지도를 하시오.
   다. 모둠들의 발표 후 교사가 아쉬운 사례에 대한 피드백을 하시오.

교수·학습 조건

1. 과 목 명: 한국사
2. 대   상: 고등학교 1학년
3. 수업시간: 100분(블록타임제)
4. 단 원 명: 경제, 사회, 문화의 변화
   가. 단원의 성취기준

   [10한사04-05] 경제 성장의 성과와 문제점을 살펴보고, 이에 따른 사회·문화의 변화를 파악한다.

   나. 단원의 구성

단원	차시	주요 내용 및 활용	수업형태	평가방법
경제, 사회, 문화의 변화	1-2 (본시)	경제 성장의 성과와 문제점 산업화로 나타난 사회·문화의 변화	설명식 수업, 글쓰기 수업, 사료 학습	수행평가

   다. 교수·학습 환경

학생수	지도장소	매체 및 기자재
24명	교실	칠판, 교사용 컴퓨터, 빔 프로젝트, 스크린, 태블릿PC

자료

자료 1 중화학 공업과 경공업 비중

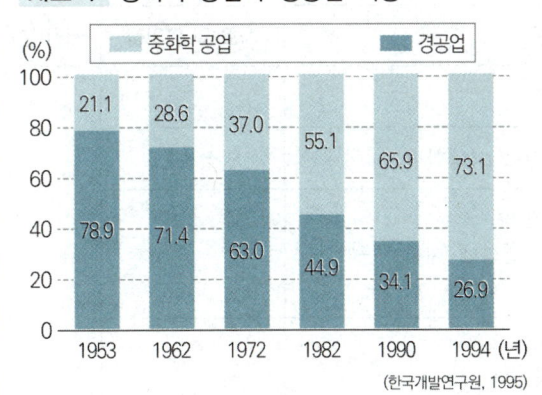

(한국개발연구원, 1995)

자료 2 외국 자본 도입과 경제 성장

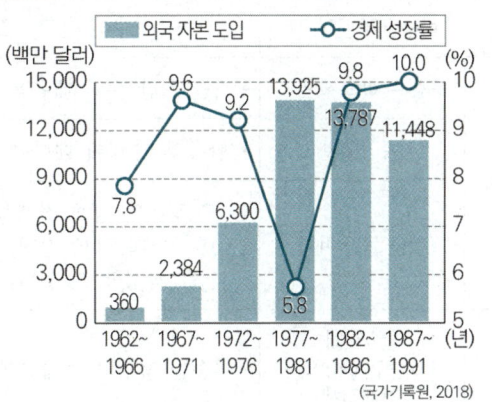

(국가기록원, 2018)

자료 3 한국의 무역 의존도

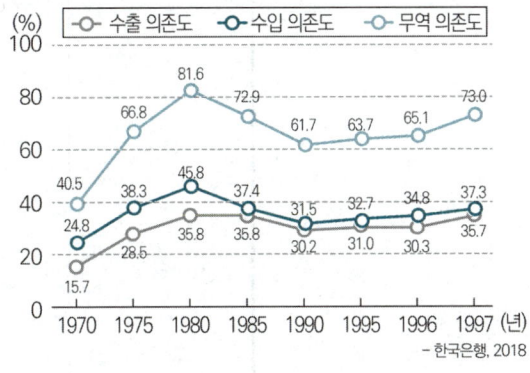

- 한국은행, 2018

자료 4

저희들은 근로 기준법의 혜택을 조금도 못 받으며 더구나 2만 명이 넘는 종업원의 90% 이상이 평균 연령 18세의 여성입니다. …… 40%를 차지하는 시다공들은 평균 연령 15세의 어린이들로서, …… 1주 98시간의 고된 작업에 시달립니다. …… 1일 15시간의 작업 시간을 1일 10~12시간으로 단축해 주십시오. 1개월 휴일 2일을 늘려서 일요일마다 쉬기를 원합니다. 건강 진단을 정확하게 하여 주십시오. …… 절대로 무리한 요구가 아님을 맹세합니다. 인간으로서의 최소한의 요구입니다.

- 대통령에게 드리는 글, 1969. 12.

자료 5 연구 보고서 활동

대한민국 성장의 빛과 그림자

- 모둠 이름 : 몽키 매직

※ 연구 보고서 주제에 알맞은 내용을 〈보기〉에서 2가지 선정하여 보고서 작성하시오.

〈보기〉
- 경부 고속 국도
- 삼백 산업
- 전태일 분신 사건
- 우루과이 라운드
- 3저 호황
- 무역 의존도 심화
- 외환 위기
- 석유 파동

※ 조건 : 본론에 선정내용, 선정이유, 참고 자료의 출처를 포함한다.

1. 서론(연구의 목적) : 우리 모둠은 박정희 정부 시기 경제정책에 대해서 ……
2. 본론(연구의 내용) :

박정희 정부의 경부 고속 국도 건설은 우리나라 교통망 건설의 신호탄이 되었다.

또한, 저임금을 활용한 경공업 발전은 수출 시장에서 경쟁력이 있었다.

3. 결론(정리 및 제언) :

교수·학습 지도안

단원		경제, 사회, 문화의 변화	차시	1-2/2
학습단계		교수·학습 활동	자료 및 유의점	시간(분)
도입	선수 학습 확인	• 지난 시간 수업 내용을 복습한다.		5
	동기유발	• '한강의 기적'에 대한 다큐멘터리 영상을 시청한다.	영상 자료	
	학습 목표 제시	1. 각 정부의 경제 정책을 설명할 수 있다. 2. 1960년대 이후 경제, 사회, 문화의 변화에 대한 연구 보고서를 작성할 수 있다.		
전개	[전개 1] 이승만 정부의 경제정책	• 이승만 정부의 경제정책에 대해 설명한다.		10
	[전개 2] 박정희 정부의 경제정책	〈실연 부분 1〉	〈자료 1~3〉	20

	[전개 3] 1980년대 이후 경제 변화	• 전두환 정부의 경제정책에 대해 설명한다.		15
	[전개 4] 노동운동, 농촌의 변화와 도시화, 대중문화 변화	〈실연 부분 2〉	〈자료 4〉	20
	[전개 5] 연구 보고서 작성	〈실연 부분 3〉 ◎ 수행평가 기준표 | 내용 | 점수(8점) | |---|---| | 보고서의 주제가 명확한가?(2점) | | | 글의 의미를 분명하게 나타냈는가?(2점) | | | [수험생 작성 부분 1](2점) | | | [수험생 작성 부분 2](2점) | |	〈자료 5〉	20
정리	본시 학습 정리	• 교사는 주요 내용을 문답으로 확인한다.		10
	차시 예고	• 교사는 다음 시간 내용을 간단히 예고한다.		

주제 63　6월 민주항쟁

2025학년도 중등학교 교사 임용후보자 선정 경쟁시험(제2차 시험)
역사 수업 실연

문제 다음의 〈실연 방법〉, [교수·학습 조건], [자료]와 [교수·학습 지도안]을 반영하여 수업을 실연하시오.

〈실연 방법〉

[교수·학습 지도안]의 〈실연 부분 1~3〉에 해당하는 부분을 실연하시오.
1. 〈실연 부분 1〉 : 〈자료 1〉을 활용하여 사료 학습을 하시오.
2. 〈실연 부분 2〉 : 〈자료 2, 3〉을 활용한 학생 중심의 수업을 진행하시오.
   가. 〈자료 2〉의 사진을 활용하여 수업을 실연하시오.
   나. 〈자료 3〉을 활용하여 사료 학습을 하시오.
3. 〈실연 부분 3〉 : 〈자료 4, 5〉를 활용하여 역사 신문 만들기를 하시오.
   가. 〈자료 4〉를 활용하여 역사 신문 만들기를 안내하시오.
   나. 〈자료 5〉의 [수험생 작성 부분 1, 2]를 쓰고, 수행평가 기준을 안내하시오.
   다. 학생들의 발표 후 피드백하는 과정을 포함하시오.

교수·학습 조건

1. 과 목 명 : 한국사
2. 대　　상 : 고등학교 1학년
3. 수업시간 : 50분
4. 단 원 명 : 6월 민주 항쟁
   가. 단원의 성취기준

   [10한사04-04] 4·19 혁명과 그 이후의 정치 변화를 살펴보고, 독재에 맞선 민주화 운동과 그 의미를 탐구한다.

   나. 단원의 구성

단원	차시	주요 내용 및 활용	수업형태	평가방법
6월 민주항쟁과 민주주의의 발전	1(본시)	6월 민주 항쟁	사료 학습, 역사 신문 만들기	수행평가
	2	시민의 참여로 발전한 민주주의	설명식 수업, 글쓰기 수업	형성평가

   다. 교수·학습 환경

학생수	지도장소	매체 및 기자재
24명	교실	칠판, 교사용 컴퓨터, 스마트TV, 스마트폰

자료

자료 1

오늘 우리는 전 세계 이목이 우리를 주시하는 가운데 40년 독재 정치를 청산하고 희망찬 민주 국가를 건설하기 위한 거보(巨步)를 전 국민과 함께 내딛는다. 국가의 미래요, 소망인 꽃다운 젊은이를 야만적인 고문으로 죽여 놓고 그것도 모자라 뻔뻔스럽게 국민을 속이려 했던 현 정권에게 국민의 분노가 무엇인지를 분명히 보여 주고, 국민적 여망인 개헌을 일방적으로 파기한 4·13 폭거를 철회시키기 위한 민주 장정을 시작한다.

- 1987. 6. 10.

자료 2

자료 3

- 대통령 직선제 개헌과 평화적 정권 이양
- 인권 침해 사례의 즉각적 시정
- 언론의 자율성을 최대한 보장
- 지방 자치 및 교육 자치 시행

- 『동아일보』, 1987. 6. 29.

자료 4

'6월 항쟁' 역사 신문 만들기 활동지
— 학생 이름 : _____

1. 본인이 원하는 신문의 요소를 정하시오.
   - ✓ 기사   ✓ 논설   ✓ 광고

2. 본인의 역사 신문 게시물을 완성하시오.

3. 본인의 작품을 우리반 역사 신문 패들렛에 게시하시오.

자료 5

역사 신문 만들기 채점기준표

기준	점수
제작물의 주제가 분명한가?[2점]	
[수험생 작성 부분 1][2점]	
[수험생 작성 부분 2][2점]	
제작 과정에 임하는 태도가 적극적인가?[2점]	

교수·학습 지도안

단원		6월 민주 항쟁	차시	1/2
학습단계		교수·학습 활동	자료 및 유의점	시간(분)
도입	선수 학습 확인	• 지난 시간에 배운 내용을 복습한다.		5
	동기유발	• 영화 1987의 시위장면을 보여주며, 학생들의 외치는 구호를 주목하게 한다.	영화	
	학습 목표 제시	1. 6월 민주항쟁의 배경과 전개과정을 설명할 수 있다. 2. 6월 민주항쟁을 주제로 역사 신문을 만들 수 있다.		
전개	[전개 1] 6월 민주 항쟁의 전개	〈실연 부분 1〉	〈자료 1〉	10

전개	[전개 2] 대통령 직선제	〈실연 부분 2〉	〈자료 2, 3〉	10
	[전개 3] 역사 신문 만들기	〈실연 부분 3〉 ※ 채점기준표 {채점표}	〈자료 4, 5〉	20
정리	본시 학습 정리	• 교사는 주요 내용을 문답으로 확인한다.		5
	차시 예고	• 다음 시간 내용을 간단히 예고한다.		

※ 채점기준표

기준	점수
제작물의 주제가 분명한가?[2점]	
[수험생 작성 부분 1][2점]	
[수험생 작성 부분 2][2점]	
제작 과정에 임하는 태도가 적극적인가?[2점]	

주제 64 | 평화적 정권 교체와 시민 사회의 성장

해설 p.98

2025학년도 중등학교 교사 임용후보자 선정 경쟁시험(제2차 시험)
역사 수업 실연

문제 다음의 〈실연 방법〉, [교수·학습 조건], [자료]와 [교수·학습 지도안]을 반영하여 수업을 실연하시오.

〈실연 방법〉

[교수·학습 지도안]의 〈실연 부분 1~3〉을 실연하시오.
1. 〈실연 부분 1〉: 동기유발을 시연하시오.
   가. 성취기준 또는 학습 목표를 고려하되 시의적절한 자료를 활용하여 학생들이 역사를 현재적 관점에서 접근할 수 있도록 도우시오.
2. 〈실연 부분 2〉: 김대중 정부 시기에 대해 설명하시오.
   가. 〈자료 1〉을 활용하여 (가) 시기가 갖는 의의에 대해 설명하시오.
   나. 김대중 정부 시기에 나타난 변화 3가지를 설명하고 구조화된 판서를 작성하시오.
3. 〈실연 부분 3〉: 지방 자치제의 발전과 시민 사회의 성장에 대한 탐구학습 및 수행평가를 실시하시오.
   가. 〈자료 2〉를 활용하여 지방 자치제의 발전에 대해 설명하되 〈자료 1〉 및 수행평가의 주제와 연계하시오.
   나. 정보화 사회에 요구되는 정보의 처리와 활용 능력을 배양할 수 있도록 〈자료 3〉의 [수험생 작성 부분]을 채우시오.
   다. 〈자료 3〉을 참고하여 시민 사회의 성장에 대한 탐구학습 및 수행평가를 실시하시오.

※ 유의점
   1. 통합사회 과목과의 융합수업이 진행되고 있는 주간임을 가정하시오.
   2. 학생들이 주체적으로 사고하고 활동할 수 있는 분위기를 조성하시오.

교수·학습 조건

1. 과 목 명 : 한국사
2. 대   상 : 고등학교 1학년
3. 수업시간 : 50분
4. 단 원 명 : 평화적 정권 교체와 시민 사회의 성장
   가. 단원의 성취기준

   [10한사04-06] 6월 민주 항쟁 이후 평화적 정권 교체가 이루어지고, 시민 사회가 성장하면서 민주주의가 발전하는 과정에 대해 파악한다.

   나. 단원의 구성

단원	차시	주요 내용 및 활용	수업형태	평가방법
민주주의의 발전	1	6월 민주 항쟁	사료 학습	서술형 평가
	2(본시)	평화적 정권 교체와 시민 사회의 성장	설명식 수업, 탐구학습	수행평가

   다. 교수·학습 환경

학생수	지도장소	매체 및 기자재
25명	교실	칠판, 교사용 노트북, 스마트TV, 태블릿PC, 스마트폰 등

자료

자료 1

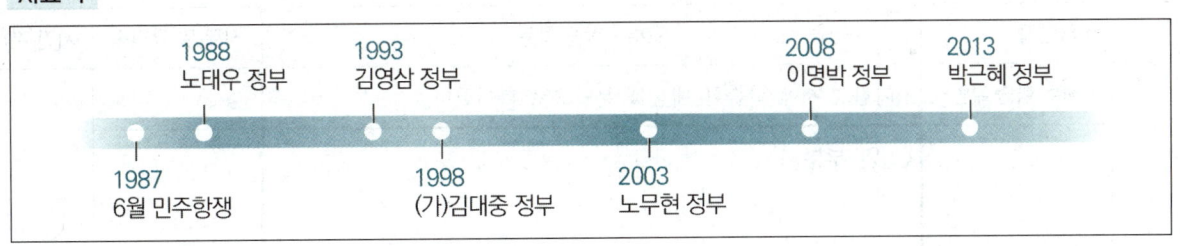

자료 2

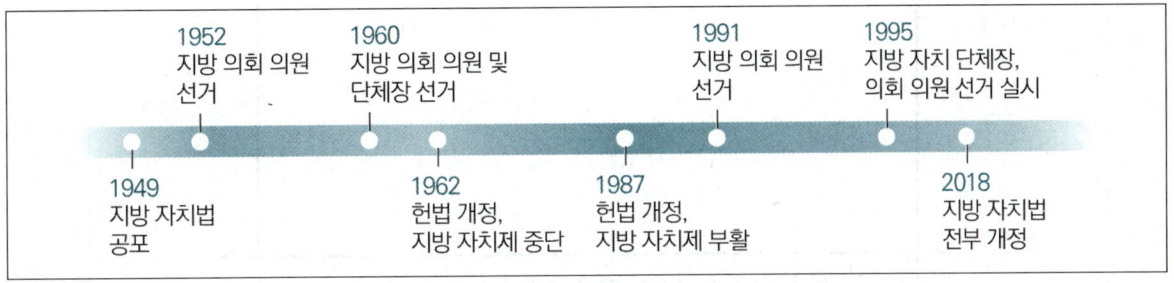

자료 3

<통합사회-한국사 융합 수행평가 : 시민 운동과 시민 단체>

1학년 ___반 ___번 이름 : _____

1. 차시별 평가 내용

1차시	한국사	6월 민주 항쟁 이후 시민 사회가 본격적으로 성장하게 된 이유 탐구
2차시	통합사회	내가 활동하고 싶은 시민 운동의 영역 및 시민 단체 선정
3차시	한국사	2차시에서 선정한 시민 운동 또는 시민 단체의 역사 탐구
4차시	통합사회	3차시에서 탐구한 내용을 바탕으로 시민 단체 활동 계획서 제작
5차시	통합사회	

2. 3차시 채점기준

1. 탐구한 내용의 역사적 사실에 오류가 없는가. (5점)
2. [수험생 작성 부분](5점)
3. 탐구한 내용에 본인의 의견을 덧붙였는가. (5점)

3. 탐구 내용정리

교수·학습 지도안

단원		평화적 정권 교체와 시민 사회의 성장	차시	2/2
학습단계		교수·학습 활동	자료 및 유의점	시간(분)
도입	선수 학습 확인	• 이전 차시에 학습한 내용을 문답으로 확인한다.		5
	동기유발	〈실연 부분 1〉		
	학습 목표 제시	1. 평화적 정권 교체 과정에 대해 설명할 수 있다. 2. 시민 운동의 역사에 대해 조사할 수 있다.		
전개	[전개 1] 노태우 정부와 김영삼 정부	• 노태우 정부와 김영삼 정부에 대해 설명한다.		5
	[전개 2] 김대중 정부	〈실연 부분 2〉	〈자료 1〉	5

전개	[전개 3] 이명박 정부와 박근혜 정부	• 이명박 정부와 박근혜 정부에 대해 설명한다.		5
	[전개 4] 지방 자치제의 발전과 시민 사회의 성장	〈실연 부분 3〉 ※ 채점기준표 1. 탐구한 내용의 역사적 사실에 오류가 없는가.(5점) 2. [수험생 작성 부분](5점) 3. 탐구한 내용에 본인의 의견을 덧붙였는가.(5점)	〈자료 2, 3〉	25
정리	학습 정리	• 교사는 학습한 내용에 대해 정리한다.		5
	차시 예고	• 교사는 다음 단원 학습에 대해 예고한다.		

주제 65 | 외환위기와 극복 이후의 과제

✎ 해설 p.100

2025학년도 중등학교 교사 임용후보자 선정 경쟁시험(제2차 시험)
역사 수업 실연

문제 다음의 〈실연 방법〉, [교수·학습 조건], [자료]와 [교수·학습 지도안]을 반영하여 수업을 실연하시오.

〈실연 방법〉

[교수·학습 지도안]의 〈실연 부분 1~3〉을 실연하시오.
1. 〈실연 부분 1〉: 외환 위기에 대해 사건 탐구학습을 전개하시오.
   가. 〈자료 1〉의 [수험생 작성 부분 1, 2]를 채우고 사건 탐구학습에 대해 안내하시오.
   나. 학생들이 〈자료 2〉를 활용하여 〈자료 1〉을 작성할 동안 순회 지도를 실시하시오.
   다. 학생들의 발표를 듣고 채점기준에 따라 2가지 이상 사례를 피드백하시오.
2. 〈실연 부분 2〉: 외환 위기 이후의 과제에 대해 설명하시오.
   가. 〈실연 부분 1〉의 사건 탐구학습 결과, 학생들이 제시한 외환 위기 이후의 과제 또는 한계를 토대로 설명하고 판서를 구조화하시오.
3. 〈실연 부분 3〉: 학습한 내용을 정리하시오.
   가. 〈실연 부분 1, 2〉에서 학습한 내용을 정리하시오.
   나. 〈실연 부분 2〉에서 다루지 않은 외환 위기 이후의 과제 중 교사가 개인적으로 학생이 관심을 가지길 원하는 분야와 그 이유에 대해 추가적으로 언급하시오.

※ 유의점
1. 학생들이 주체적으로 활동하는 수업을 구현하시오.
2. 교실 밖에서도 학습이 이루어지도록 돕는 발문을 하시오.

교수·학습 조건

1. 과 목 명: 한국사
2. 대   상: 고등학교 1학년
3. 수업시간: 100분(블록타임제)
4. 단 원 명: 외환 위기와 극복 이후의 과제
   가. 단원의 성취기준

   [10한사04-06] 외환위기를 극복하기 위한 노력을 살펴보고, 이 시기에 당면한 사회적 과제를 탐구한다.

   나. 단원의 구성

단원	차시	주요 내용 및 활용	수업형태	평가방법
외환 위기와 사회의 변화	1-2 (본시)	외환 위기와 극복	사건 탐구학습	수행평가
		외환 위기 극복 이후의 과제		

   다. 교수·학습 환경

학생수	지도장소	매체 및 기자재
25명	교실	칠판, 교사용 노트북, 스마트TV 등

자료

자료 1

〈외환 위기 사건 탐구 보고서〉

1학년 ___반 ___번 모둠: _____

1. 〈자료 2〉를 아래 항목에 따라 분류하시오.

원인	전개	결과	한계

2. 1에서 분류한 자료를 분석하고 사건 탐구 보고서의 개요를 작성하시오.

원인	
전개	
결과	
한계	
사건의 의미	

3. 2의 개요를 참고하여 한 편의 완성된 보고서를 작성하시오.

_____
_____

※ 채점기준

[수험생 작성 부분 1] (10점)
[수험생 작성 부분 2] (10점)
모둠이 협력적으로 사건 탐구학습에 임하였는가. (5점)

자료 2

(가) IMF 사태 직전 외채 현황

기준 연도	총외채	단기 외채	단기 외채 비율
1990	31,699	14,341	45%
1992	42,819	18,511	43%
1994	56,849	30,391	53%
1996	104,695	60,984	58%

자료: 한국은행(단위: 백만 달러)

(나)

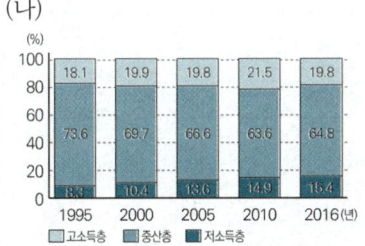

- 현대경제연구원(2017)

(다)
'국가 부도 위기'라는 거대한 파도에 휩쓸려 구조 조정이 시작되면서 실직자, 노숙자가 쏟아져 나왔습니다. 국제 통화 기금 빚을 모두 갚은 오늘, 터널을 빠져나왔지만, 최근의 경기침체는 국제 통화 기금의 구제 금융 졸업의 축배를 선뜻 들지 못하게 하고 있습니다.

- 문화 방송, 2001. 8. 23.

(라)

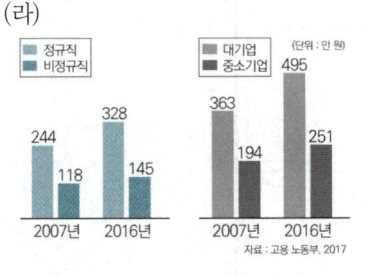

자료: 고용 노동부, 2017

(마) 외환 위기 당시 외부 지원금

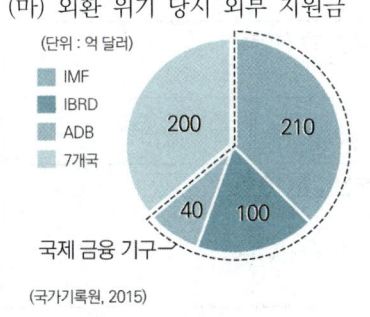

(국가기록원, 2015)

(바)

교수·학습 지도안

단원		외환 위기와 극복 이후의 과제	차시	1-2/2
학습단계		교수·학습 활동	자료 및 유의점	시간(분)
도입	선수 학습 확인	• 이전 차시에 학습한 내용을 문답으로 확인한다.		5
	동기유발	• 금 모으기 운동 당시 뉴스 영상을 본다.	영상 자료	
	학습 목표 제시	1. 외환 위기에 대해 사건 탐구 보고서를 작성할 수 있다. 2. 외환 위기 극복 이후의 과제에 대해 설명할 수 있다.		
전개	[전개 1] 경제 성장과 세계화	• 경제 성장과 세계화에 대해 설명한다.		10
	[전개 2] 외환 위기	〈실연 부분 1〉 ※ 채점기준 [수험생 작성 부분 1] (10점) [수험생 작성 부분 2] (10점) 모둠이 협력적으로 사건 탐구학습에 임하였는가.(5점)	〈자료 1, 2〉	60

전개	[전개 3] 외환위기와 극복 이후의 과제	〈실연 부분 2〉	〈자료 1, 2〉	20
정리	학습 정리	• 경제 성장과 세계화에 대해 정리한다. 〈실연 부분 3〉		5
	차시 예고	• 교사는 다음 단원 학습에 대해 예고한다.		

주제 66 | 평화 통일을 위한 노력

해설 p.102

2025학년도 중등학교 교사 임용후보자 선정 경쟁시험(제2차 시험)
역사 수업 실연

문제 다음의 〈실연 방법〉, [교수·학습 조건], [자료]와 [교수·학습 지도안]을 반영하여 수업을 실연하시오.

〈실연 방법〉

[교수·학습 지도안]의 〈실연 부분 1~3〉을 실연하시오.
1. 〈실연 부분 1〉: 현재적 관점에서 역사를 볼 수 있도록 동기유발을 시연하시오.
2. 〈실연 부분 2〉: 통일 관련 합의문을 분석하시오.
    가. 〈자료 1〉의 (가)~(라)를 활용하여 사료 탐구학습을 실시하고, 적어도 3가지 탐구 질문을 제시하고 학생들이 해결하도록 하시오.
    나. 사료 탐구 결과에 따라 판서를 구조화하시오.
3. 〈실연 부분 3〉: 포스터 기획안을 작성하는 수행평가를 실시하시오.
    가. 〈자료 2〉의 [수험생 작성 부분 1~3]을 채우고 채점기준을 안내하시오.
    나. 포스터 기획안을 작성하는 동안 순회 지도를 실시하시오.
    다. 〈자료 3〉을 학생들이 만든 결과물이라고 가정하고 역사과 핵심 역량에 따라 피드백하시오.

※ 유의점
 1. 학생들이 적극적으로 수업에 임할 수 있는 수업을 구현하시오.
 2. 수행평가의 경우 학생들이 미술 작업에 치중하지 않도록 조정하시오.

교수·학습 조건

1. 과 목 명: 역사
2. 대   상: 중학교 3학년
3. 수업시간: 90분(블록타임제)
4. 단 원 명: 평화통일을 위한 노력
    가. 단원의 성취기준

    [9역12-04] 통일을 위한 노력을 파악하고, 평화 통일의 방안에 대해 탐색한다.

    나. 단원의 구성

단원	차시	주요 내용 및 활용	수업형태	평가방법
평화 통일을 위한 노력	1	분단의 역사	설명식 수업	형성평가
	2-3 (본시)	평화 통일을 위한 노력	사료 탐구학습, 만들기 수업	수행평가

    다. 교수·학습 환경

학생수	지도장소	매체 및 기자재
25명	교실	칠판, 스마트TV, 태블릿PC 등

자료

자료 1

(가) 7·4 남북 공동 성명

쌍방은 다음과 같은 조국 통일 원칙들에 합의를 보았다.

첫째, 통일은 외세에 의존하거나 외세의 간섭을 받음이 없이 '자주'적으로 해결하여야 한다.

둘째, 통일은 서로 상대방을 반대하는 무력행사에 의거하지 않고 '평화'적으로 실현하여야 한다.

셋째, 사상과 이념·제도의 차이를 초월하여 하나의 민족으로서 '민족적 대단결'을 도모하여야 한다.

(나) 남북 사이의 화해와 불가침 및 교류·협력에 관한 합의서

제1조 남과 북은 서로 상대방의 체제를 인정하고 존중한다.

제4조 남과 북은 상대방을 파괴·전복하려는 일체 행위를 하지 아니한다.

제9조 남과 북은 상대방에 대하여 무력을 사용하지 않으며 상대방을 무력으로 침략하지 아니한다.

제15조 남과 북은 민족 경제의 통일적이며 균형적인 발전과 민족 전체의 복리 향상을 도모하기 위하여 자원의 공동개발, 민족 내부 교류로서의 물자 교류, 합작 투자 등 경제 교류와 협력을 실시한다.

(다) 6·15 남북 공동 선언

1. 남과 북은 나라의 통일 문제를 그 주인인 우리 민족끼리 서로 힘을 합쳐 자주적으로 해결해 나가기로 하였다.
2. 남과 북은 나라의 통일을 위한 남측의 연합제 안과 북측의 낮은 단계의 연방제 안이 공통성이 있다고 인정하고 앞으로 이 방향에서 통일을 지향해 나가기로 하였다.
3. 남과 북은 인도적인 문제를 조속히 풀어 나가기로 하였다.
4. 남과 북은 경제 협력을 통하여 민족 경제를 균형적으로 발전시키고, 사회, 문화, 체육, 보건, 환경 등 제반 분야의 협력과 교류를 활성화하여 서로의 신뢰를 다져 나가기로 하였다.

(라) 한반도의 평화와 번영, 통일을 위한 판문점 선언

1. 남과 북은 남북 관계의 전면적이며 획기적인 개혁과 발전을 이룩함으로써 끊어진 민족의 혈맥을 잇고 공동 번영과 자주 통일의 미래를 앞당겨 나갈 것이다.
2. 남과 북은 한반도에서 첨예한 군사적 긴장 상태를 완화하고 전쟁 위험을 실질적으로 해소하기 위하여 공동으로 노력해 나갈 것이다.
3. 남과 북은 항구적이며 공고한 평화 체제를 구축하기 위해 적극 협력한다.

자료 2

〈평화 통일 방안 포스터 기획안 작성〉

3학년 ___반 모둠 : _____

1. 앞서 배운 평화 통일을 위한 노력 중 한 가지를 골라 더 자세하게 조사하고 내용을 정리해 보자.

   〈우리 모둠이 고른 주제〉:
   〈주제를 선정한 이유〉:
   〈조사한 내용 및 정리〉:

2. 정리한 내용을 알리는 표어를 만들고 포스터의 밑그림을 그려보자.

※ 채점기준

[수험생 작성 부분 1](10점)
[수험생 작성 부분 2](10점)
[수험생 작성 부분 3](10점)

※ 실제 포스터 제작은 미술 시간에 이어집니다.

자료 3

1. 앞서 배운 평화 통일을 위한 노력 중 ……

판문점 선언
이산가족이라는 가장 슬픈 문제를 해결하여 평화 통일의 필요성을 알리고자 함
판문점 선언과 관련된 자료 검색 → 2018년 6월 남북이산가족 상봉 추진 예정 기사 발견 → 그러나 남북 관계가 악화되어 실행에 옮기지 못함

2. 정리한 내용을 알리는 표어를 만들고 ……

우리가 꿈꾸는 통일

가족의 통일부터 시작됩니다

교수·학습 지도안

단원		평화 통일을 위한 노력	차시	2-3/3
학습단계		교수·학습 활동	자료 및 유의점	시간(분)
도입	선수 학습 확인	• 이전 차시에 학습한 내용을 문답으로 확인한다.		
	동기유발	〈실연 부분 1〉	〈자료 1〉의 (라)	5
	학습 목표 제시	1. 평화 통일을 위한 정부와 시민의 노력을 탐구할 수 있다. 2. 평화 통일 방안을 소개하는 포스터 기획안을 작성할 수 있다.		
전개	[전개 1] 합의문을 통해 본 평화 통일 노력	〈실연 부분 2〉	〈자료 1〉	25
	[전개 2] 평화 통일을 위한 다양한 방식의 노력	• 이산 가족 상봉, 대북 지원 등 정부와 민간 차원의 다양한 방식의 평화 통일을 위한 노력을 설명한다.		15

전개	[전개 3] 수행평가	〈실연 부분 3〉 ※ 채점기준 [수험생 작성 부분 1](10점) [수험생 작성 부분 2](10점) [수험생 작성 부분 3](10점)	〈자료 2, 3〉	40
정리	학습 정리	• 교사는 학습한 내용에 대해 정리한다.		5
	차시 예고	• 교사는 다음 단원 학습에 대해 예고한다.		

02 세계사

주제 01 문명의 발생 ☆
해설 p.104

2025학년도 중등학교 교사 임용후보자 선정 경쟁시험(제2차 시험)

역사 수업 실연

문제 다음의 〈실연 방법〉, [교수·학습 조건], [자료]와 [교수·학습 지도안]을 반영하여 수업을 실연하시오.

〈실연 방법〉

[교수·학습 지도안]의 〈실연 부분 1, 2〉를 실연하시오.
1. 〈실연 부분 1〉: 도입을 시연하시오.
   가. 1~2차시의 선수 학습을 간단하게 확인하시오.
   나. 〈자료 1〉을 활용하여 학생들의 동기를 유발하시오.
   다. 성취기준을 고려하여 학습 목표 1가지를 제시하시오.
2. 〈실연 부분 2〉: 수행평가를 실시하시오.
   가. 〈자료 2〉의 [수험생 작성 부분 1~3]을 채워 채점기준 및 수행평가 방법을 안내하시오.
   나. 학생들이 탐구를 할 동안 순회 지도를 실시하시오.
   다. 〈자료 3〉을 학생들의 수행평가 결과물이라고 가정하고 모둠별 상호 피드백 및 교사의 피드백이 이루어지는 상황을 가정하시오.

※ 유의점: 개방형 선택 교육과정 운영으로 서로 다른 학급 학생들이 모인 경우를 가정하시오.

교수·학습 조건

1. 과 목 명: 세계사
2. 대   상: 고등학교 2학년
3. 수업시간: 50분
4. 단 원 명: 문명의 발생(탐구학습)
   가. 단원의 성취기준

   [12세사01-03] 여러 지역에서 탄생한 문명의 내용을 조사하여 공통점과 차이점을 설명한다.

   나. 단원의 구성

단원	차시	주요 내용 및 활용	수업형태	평가방법
문명의 발생	1	메소포타미아 문명과 이집트 문명	비교 학습	형성평가
	2	인도 문명과 중국 문명	설명식 수업	형성평가
	3(본시)	문명의 발생	탐구학습	수행평가

   다. 교수·학습 환경

학생수	지도장소	매체 및 기자재
25명	교실	칠판, 스마트TV, 태블릿PC, 스마트폰 등

자료

자료 1

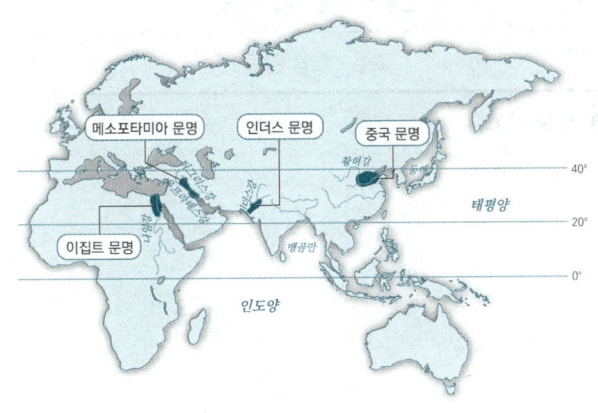

자료 2

<4대 문명 탐구 보고서>

2학년 세계사1반 모둠: _____

1. 4대 문명의 주요 내용을 정리해 보자.

	메소포타미아	이집트	인도	중국
지역				
특징				

2. 4대 문명의 공통점을 정리해 보자.

1.
2.
3.

3. 4대 문명 중 한 가지 문명을 골라 소개하는 글을 작성해 보자.
    (교과서에 소개되지 않은 문화유산 한 가지를 반드시 포함한다.)

※ 채점기준

[수험생 작성 부분 1](4점)
[수험생 작성 부분 2](4점)
[수험생 작성 부분 3](4점)
모둠원이 서로 협력하였는가.(3점)

자료 3

2. 4대 문명의 공통점을 정리해 보자.

1. 큰 강 유역에 위치하였다.
2. 청동기를 사용하였다.
3. 문자를 사용하였다.

3. 4대 문명 중 한 가지 문명을 골라 소개하는 글을 작성해 보자.
    (교과서에 소개되지 않은 문화유산 한 가지를 반드시 포함한다.)

인도 문명은 다른 문명과 마찬가지로 큰 강이었던 인더스 강 유역에서 탄생하였다. 인더스 문명을 건설한 드라비다인이 청동기를 사용하여 많은 사람들을 정복했고, 자신들의 지위를 굳건히 하기 위해 카스트제를 확립하고 브라만교를 성립시켰다. (중략) 인도 문명의 문화유산으로는 소가 수레를 끌고 있는 모습을 묘사한 조각상이 있는데, 이는 당시 인도 문명이 소를 활용하여 오가면서 교역을 하였음을 의미하며 …… (하략)

교수·학습 지도안

단원		문명의 발생(탐구학습)	차시	3/3
학습단계		교수·학습 활동	자료 및 유의점	시간(분)
도입	선수 학습 확인	〈실연 부분 1〉		10
	동기유발		〈자료 1〉	
	학습 목표 제시			
전개	수행평가	〈실연 부분 2〉	〈자료 2~3〉	35

전개					
		※ 채점기준			5
		[수험생 작성 부분 1](4점)			
		[수험생 작성 부분 2](4점)			
		[수험생 작성 부분 3](4점)			
		모둠원이 서로 협력하였는가.(3점)			
정리	학습 정리	• 교사는 학습한 내용에 대해 정리한다.			
	차시 예고	• 교사는 다음 단원 학습에 대해 예고한다.			

주제 02 진·한 제국의 발전

해설 p.106

2025학년도 중등학교 교사 임용후보자 선정 경쟁시험(제2차 시험)
역사 수업 실연

문제 다음의 〈실연 방법〉, [교수·학습 조건], [자료]와 [교수·학습 지도안]을 반영하여 수업을 실연하시오.

〈실연 방법〉

[교수·학습 지도안]의 〈실연 부분 1~3〉에 해당하는 부분을 실연하시오.
1. 〈실연 부분 1〉: 수업에 적절한 동기 유발을 제시하시오.
2. 〈실연 부분 2〉: 〈자료 1~3〉을 활용하여 설명식 수업을 진행하시오.
   가. 〈자료 1〉을 선수학습과 연계하여 설명하시오.
   나. 〈자료 2, 3〉을 학습 목표를 고려하여 설명하시오.
3. 〈실연 부분 3〉: 〈자료 4, 5〉를 활용하여 탐구식 수업 및 설명식 수업을 진행하시오.
   가. 〈자료 4, 5〉를 활용하여 탐구식 수업을 진행하시오.
   나. 〈자료 5〉의 [수험생 작성 부분 1~3]을 채워 〈자료 4〉를 활용한 탐구식 수업에 적절한 과제를 제시하시오.
   다. [유교, 불교, 역사서, 제지술]의 학습 요소를 활용하여 한이 중국 문화의 기틀을 마련한 과정을 설명하시오.

※ 유의점
  1. 단원의 성취기준을 고려하시오.
  2. 교사와 학생의 활동이 구체적으로 드러나도록 작성하시오.

교수·학습 조건

1. 과 목 명 : 세계사
2. 대업시상 : 고등학교 2학년
3. 수업시간 : 50분
4. 단 원 명 : 진·한 제국의 발전
   가. 단원의 성취기준

   [12세사-02-01] 춘추·전국 시대부터 수·당까지 중국사의 전개 과정과 일본 고대 국가의 형성 과정을 살펴보고, 동아시아 문화권의 성격을 이해한다.

   나. 단원의 구성

단원	차시	주요 내용 및 활용	수업 형태	평가 방법
동아시아 세계의 형성	1	춘추 전국 시대의 발전	비교 학습, 만들기 수업	수행평가
	2(본시)	진·한 제국의 발전	설명식 수업, 탐구식 수업	형성평가
	3	위진 남북조 시대	사료 탐구 수업, 비교 학습	형성평가
	4	수·당 제국의 발전	설명식 수업, 만들기 수업	형성평가
	5	고대 일본의 발전	탐구식 수업	수행평가

   다. 교수·학습 환경

학생 수	지도 장소	매체 및 기자재
24명	교실	칠판, 교사용 컴퓨터, 스마트TV, 태블릿PC 등

자료

자료 1

백성들의 서적 가운데 의학, 점복, 농업, 임업에 관계되는 것을 제외하고 모두 불태우고, 이러한 국가의 명을 거역하거나 황제의 정책을 비판한 자 460여 명을 수도 셴양에 묻어 죽였으며, 이를 온 천하에 알려 후세까지 경계하도록 하였다.
- 사마천, 『사기』

자료 2

(가)

(나) 시황제는 천하를 36군으로 나누어 군현제를 실시하였다. 각 군에는 수, 위, 감을 두고 천하를 직접 지배하였다.
- 사마천, 『사기』

자료 3

화폐 통일	도량형 통일	문자 통일
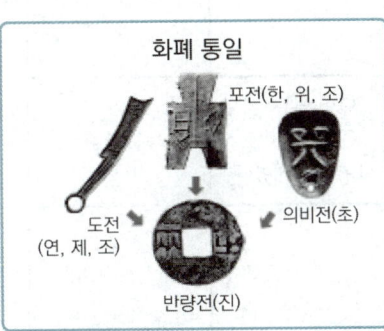		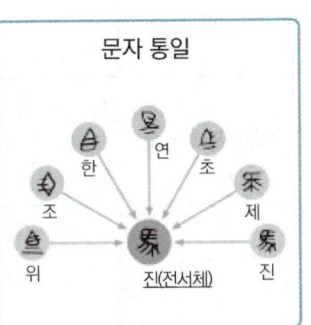

자료 4 한의 영역과 통제 경제

(가) [지도: 무제 즉위 시 한의 영역, 한의 최대 영역, 만리장성, 장건의 서역 원정로, 흉노의 세력 확장]

(나) 돈과 곡식을 담당하는 관리는 소금과 철을 담당하는 관리의 말을 빌려 "산과 바다는 천지의 보고로서 모두 황실 재정을 담당하는 관청에 속하는 것이 마땅합니다. …… 그러므로 감히 사적으로 동전을 주조하거나 소금을 만들거나 하는 자는 벌로 왼발에 쇠로 된 족쇄를 채우고 기물을 몰수하는 것이 좋겠습니다."라고 황제에게 아뢰어 청하였다.
- 사마천, 『사기』 평준서

자료 5

탐구 과제
1. 〈자료 4〉의 (가)에서 장건이 원정을 떠난 이유를 조사해보자.
2. [수험생 작성 부분 1]
3. [수험생 작성 부분 2]
4. [수험생 작성 부분 3]

교수·학습 지도안

단원		진·한 제국의 발전	차시	2/5
학습단계		교수·학습 활동	자료 및 유의점	시간(분)
도입	선수학습 확인	• 문답을 통해 지난 시간에 배운 내용을 확인한다.		5
	동기유발	〈실연 부분 1〉		
	학습 목표 제시	1. 진·한 시기에 황제 중심 중앙 집권 체제가 형성되었음을 설명할 수 있다. 2. 한 시기에 중국 문화의 기틀이 성립되는 과정을 설명할 수 있다.		
전개	[전개 1] 진의 중국 통일	〈실연 부분 2〉	〈자료 1~3〉	15

전개	[전개 2] 한의 성립과 발전	⟨실연 부분 3⟩ ※ 탐구 과제 | 탐구 과제 | | 1. ⟨자료 4⟩의 (가)에서 장건이 원정을 떠난 이유를 조사해보자. | | 2. [수험생 작성 부분 1] | | 3. [수험생 작성 부분 2] | | 4. [수험생 작성 부분 3] |	⟨자료 4, 5⟩	25
정리	형성평가	• 교사는 본시 학습의 주요 내용을 문답으로 확인한다.		5
	차시 예고	• 다음 시간 학습 내용을 안내한다.		

주제 03 위진 남북조 시대

해설 p.107

2025학년도 중등학교 교사 임용후보자 선정 경쟁시험(제2차 시험)
역사 수업 실연

문제 다음의 〈실연 방법〉, [교수·학습 조건], [자료]와 [교수·학습 지도안]을 반영하여 수업을 실연하시오.

〈실연 방법〉
[교수·학습 지도안]의 〈실연 부분 1~3〉에 해당하는 부분을 실연하시오.
1. 〈실연 부분 1〉: 호한융합과 관련하여 적절한 동기 유발을 제시하시오.
2. 〈실연 부분 2〉: 〈자료 1~3〉을 활용하여 설명식 수업을 진행하시오.
   가. 〈자료 1, 2〉를 활용해서 위진 남북조 시대의 전개 과정을 설명하시오.
   나. 〈자료 2, 3〉을 활용하여 효문제의 한화 정책을 설명하시오.
3. 〈실연 부분 3〉: 〈자료 4~6〉을 활용하여 탐구식 수업 및 비교 학습을 진행하시오.
   가. 〈자료 4〉를 활용한 사료 탐구 수업을 진행하시오.
   나. 〈자료 5, 6〉을 활용하여 학습 목표를 고려하여 비교 학습을 진행하시오.

※ 유의점
   1. 단원의 성취기준을 고려하시오.
   2. 교사와 학생의 활동이 구체적으로 드러나도록 작성하시오.

교수·학습 조건

1. 과 목 명 : 세계사
2. 대   상 : 고등학교 2학년
3. 수업시간 : 50분
4. 단 원 명 : 위진 남북조 시대
   가. 단원의 성취기준

   [12세사-02-01] 춘추·전국 시대부터 수·당까지 중국사의 전개 과정과 일본 고대 국가의 형성 과정을 살펴보고, 동아시아 문화권의 성격을 이해한다.

   나. 단원의 구성

단원	차시	주요 내용 및 활용	수업 형태	평가 방법
동아시아 세계의 형성	1	춘추 전국 시대의 발전	비교 학습, 만들기 수업	수행평가
	2	진·한 제국의 발전	설명식 수업, 탐구식 수업,	형성평가
	3(본시)	위진 남북조 시대	사료 탐구 수업, 비교 학습	형성평가
	4	수·당 제국의 발전	설명식 수업, 만들기 수업	형성평가
	5	고대 일본의 발전	탐구식 수업	수행평가

   다. 교수·학습 환경

학생 수	지도 장소	매체 및 기자재
24명	교실	칠판, 교사용 컴퓨터, 스마트TV, 태블릿PC 등

자료

자료 1

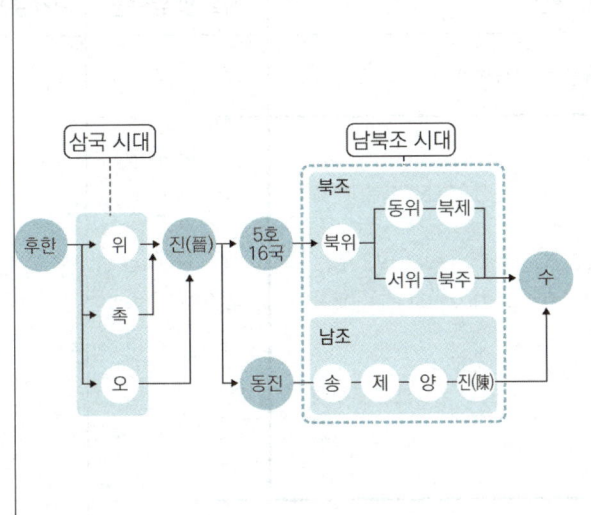

자료 2

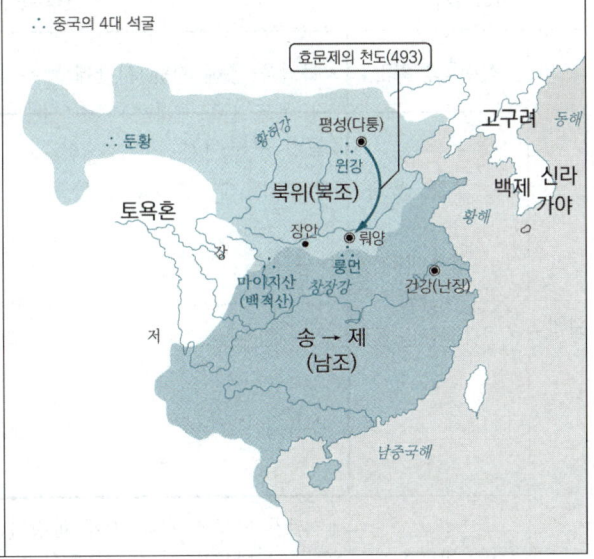

자료 3

효문제가 말하기를, "…… 여러 북방의 언어를 쓰지 못하게 하고 오로지 올바른 중원의 언어만 사용하도록 하려 한다. …… 올바른 언어에 익숙해지면 풍속이 새롭게 교화될 것이다."라고 하였다.

- 『위서』

자료 4

지금 중정관을 두어 9품을 정하고 있는데, 등급의 높고 낮음이 그의 뜻에 달려 있어, 임금의 권세와 은혜를 제멋대로 가지고 놀며 천자의 권한을 빼앗고 있습니다. …… 이런 까닭에 상품(上品)에는 천한 가문이 없으며, 하품(下品)에는 권세 있는 가문이 없다고 합니다.

- 『진서』

자료 5 룽먼 석굴

자료 6

돌아가련다.
세상 사람과 교류를 끊고
세상과 나는 서로 잊고 말지니
다시 한 번 관리가 되어도 거기 무슨 구할 것이 있으리오.
친척과 정겨운 이야기를 나누며 기뻐하고
거문고와 책을 즐기며 시름을 지우련다. ……
맑은 강물 흐르는 곳에서 시를 짓는다.
하늘에 맡겨 죽으면 죽으리니 천명을 즐기며 살면 그뿐,
근심할 일이 아무것도 없지 않은가.

- 도연명, 「귀거래사」

교수·학습 지도안

단원		위진 남북조 시대	차시	3/5
학습단계		교수·학습 활동	자료 및 유의점	시간(분)
도입	선수학습 확인	• 문답을 통해 지난 시간에 배운 내용을 확인한다.		5
	동기유발	〈실연 부분 1〉		
	학습 목표 제시	1. 위진 남북조 시대 전개 과정과 시대상을 설명할 수 있다. 2. 위진 남북조 시대의 문화를 남조와 북조로 비교하여 설명할 수 있다.		
전개	[전개 1] 위진 남북조 시대의 전개	〈실연 부분 2〉	〈자료 1~3〉	15

전개	[전개 2] 위진 남북조 시대 사회와 문화	〈실연 부분 3〉	〈자료 4~6〉	25
정리	형성평가	• 교사는 본시 학습의 주요 내용을 문답으로 확인한다.		5
	차시 예고	• 다음 시간 학습 내용을 안내한다.		

주제 04 수·당 제국의 발전

해설 p.108

2025학년도 중등학교 교사 임용후보자 선정 경쟁시험(제2차 시험)
역사 수업 실연

문제 다음의 〈실연 방법〉, [교수·학습 조건], [자료]와 [교수·학습 지도안]을 반영하여 수업을 실연하시오.

〈실연 방법〉

[교수·학습 지도안]의 〈실연 부분 1~3〉에 해당하는 부분을 실연하시오.
1. 〈실연 부분 1〉: 성취기준과 내용을 고려한 학습 목표를 2가지 제시하시오.
2. 〈실연 부분 2〉: 〈자료 1~3〉을 활용하여 설명식 수업을 진행하시오.
    가. 〈자료 1, 2〉를 활용할 때, [과거제, 대운하, 율령]의 학습 요소를 포함하여 판서하시오.
    나. 〈자료 3〉을 통해 당의 제도 변천을 배경과 결과에 중점을 두어 설명하시오.
3. 〈실연 부분 3〉: 〈자료 4〉를 활용하여 탐구 보고서 작성 수업을 진행하시오.
    가. 〈자료 4〉의 [수험생 작성 부분 1~3]을 채워 활동에 적절한 채점기준표를 제시하시오.
    나. 학생들의 발표 상황을 가정하여 긍정적 피드백과 부정적 피드백을 1가지씩 제시하시오.

※ 유의점
  1. 단원의 성취기준을 고려하시오.
  2. 교사와 학생의 활동이 구체적으로 드러나도록 작성하시오.

교수·학습 조건

1. 과 목 명 : 세계사
2. 대   상 : 고등학교 2학년
3. 수업시간 : 50분
4. 단 원 명 : 수·당 제국의 발전
   가. 단원의 성취기준

   > [12세사-02-01] 춘추·전국 시대부터 수·당까지 중국사의 전개 과정과 일본 고대 국가의 형성 과정을 살펴보고, 동아시아 문화권의 성격을 이해한다.

   나. 단원의 구성

단원	차시	주요 내용 및 활용	수업 형태	평가 방법
동아시아 세계의 형성	1	춘추 전국 시대의 발전	비교 학습, 만들기 수업	수행평가
	2	진·한 제국의 발전	설명식 수업, 탐구식 수업	형성평가
	3	위진 남북조 시대	사료 탐구 수업, 비교 학습	형성평가
	4 (본시)	수·당 제국의 발전	설명식 수업, 글쓰기 수업	수행평가
	5	고대 일본의 발전	탐구식 수업	수행평가

   다. 교수·학습 환경

학생 수	지도 장소	매체 및 기자재
24명	교실	칠판, 교사용 컴퓨터, 스마트TV, 태블릿PC 등

자료

자료 1

자료 2

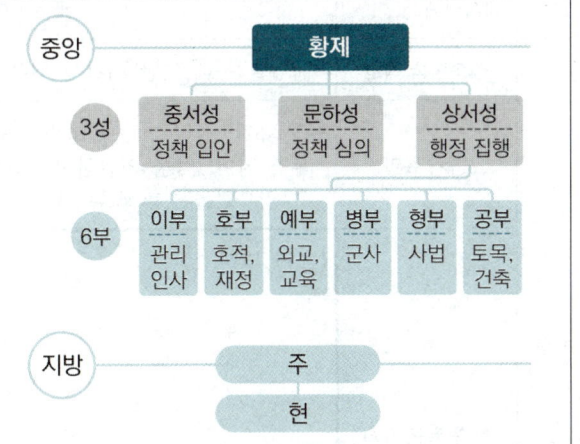

자료 3

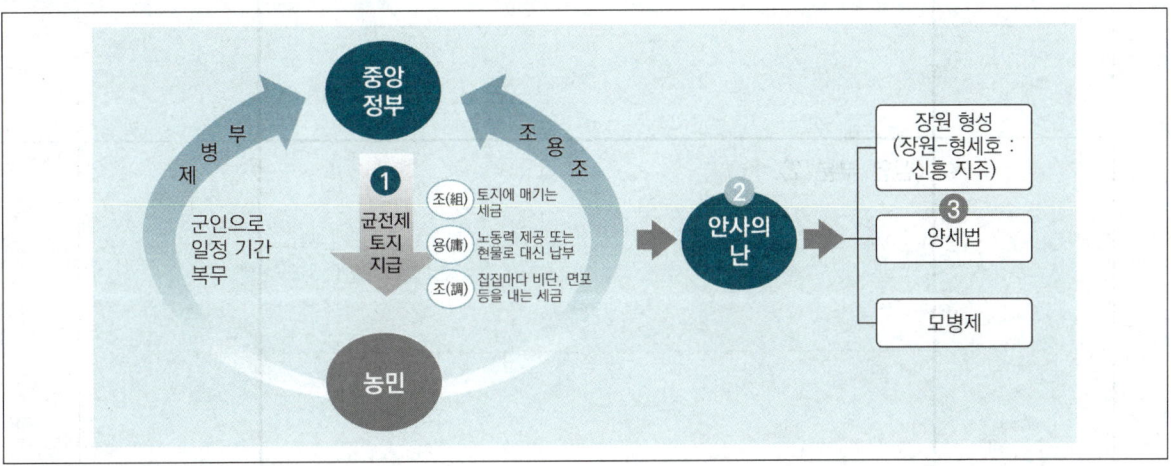

자료 4

<탐구 보고서 작성> 주제 : 동아시아 문화권 형성

모둠명 : _____

● 활동 방법

1. 각 모둠원이 동아시아 문화권 공통 요소 중 하나를 선정한다.

주제	유교	불교	율령	한자
이름				

2. 모둠원이 보고서에 포함될 내용을 조사한다.
3. 조사한 내용을 토대로 전체 보고서를 작성한다.
※ 보고서 작성시 주의 사항 : 동아시아 문화권의 공통 요소를 추출하되, 이 과정에서 각국의 독자적 발전 모습도 균형적으로 살펴봄으로써 중국 중심 시각에 매몰되지 않도록 한다.

● 채점기준표

평가 기준	배점(15)	점수
[수험생 작성 부분 1]	5	
[수험생 작성 부분 2]	5	
[수험생 작성 부분 3]	5	

교수·학습 지도안

단원		수·당 제국의 발전	차시	4/5
학습단계		교수·학습 활동	자료 및 유의점	시간(분)
도입	선수학습 확인	• 문답을 통해 지난 시간에 배운 내용을 확인한다.		5
	동기 유발	• "서유기" 삼장 법사 일행의 길을 통해 당대 동아시아 국가 간 교류가 일어났음을 언급하며, 이러한 교류가 동아시아에 어떤 영향을 일으켰을지 학생들에게 질문한다.		
	학습 목표 제시	〈실연 부분 1〉		
전개	[전개 1] 수·당 제국	〈실연 부분 2〉	〈자료 1~3〉	15

전개	[전개 2] 수·당대 발전한 동아시아 문화권	〈실연 부분 3〉 ※ 채점기준표 | 평가 기준	배점(15)	점수
---	---	---
[수험생 작성 부분 1]	5	
[수험생 작성 부분 2]	5	
[수험생 작성 부분 3]	5			〈자료 4〉	25
정리	본시 학습 정리	• 교사는 본시 학습의 주요 내용을 문답으로 확인한다.		5
	차시 예고	• 다음 시간 학습 내용을 안내한다.		

주제 05　송의 성장과 정복 왕조의 등장

2025학년도 중등학교교사 임용후보자 선정경쟁시험(제2차 시험)

역사 수업 실연

문제 다음의 〈실연 방법〉, [교수·학습 조건], [자료]와 [교수·학습 지도안]을 반영하여 수업을 실연하시오.

〈실연 방법〉

[교수·학습 지도안]의 〈실연 부분 1~3〉에 해당하는 부분을 실연하시오.
1. 〈실연 부분 1〉: 〈자료 1〉을 활용하여 사료 학습을 하시오.
   가. (가)를 활용하여 적절한 질문을 제시하시오.
   나. 학생들이 스스로 탐구할 수 있도록 (나) 활동을 실연하시오.
2. 〈실연 부분 2〉: 〈자료 2, 3〉을 활용한 설명식 수업을 진행하시오.
   가. 〈자료 2, 3〉을 활용하여 북방민족의 활동을 주체적인 입장에서 살펴볼 수 있는 적절한 질문을 제시하시오.
3. 〈실연 부분 3〉: 〈자료 4, 5〉를 활용하여 역사 신문 만들기를 하시오.
   가. 〈자료 4〉를 활용하여 역사 신문 만들기를 안내하시오.
   나. 〈자료 5〉의 [수험생 작성 부분 1, 2]를 쓰고, 수행평가 기준을 안내하시오.
   다. 학생들의 발표 후 피드백 하는 과정을 포함하시오.

교수·학습 조건

1. 과목명: 세계사
2. 대　상: 고등학교 2학년
3. 수업시간: 50분
4. 단원명: 송의 성장과 정복왕조의 등장

　가. 단원의 성취기준

   [12세사02-02] 송의 정치·사회적 변화를 살펴보고, 몽골의 팽창이 아시아와 유럽에 미친 영향을 탐구한다.

　나. 단원의 구성

단원	차시	주요 내용 및 활용	수업 형태	평가 방법
동아시아 세계의 발전	1(본시)	송의 성장과 정복 왕조의 등장	사료학습, 설명식 수업, 역사 신문 만들기	수행평가
	2	몽골 제국과 동서 교류	설명식 수업, 보고서 작성	수행평가
	3	일본 막부 정권의 성립	설명식 수업, 탐구학습	수행평가

　다. 교수·학습 환경

학생 수	지도 장소	매체 및 기자재
24명	교실	칠판, 교사용 컴퓨터, 스마트TV, 태블릿PC

자료

자료 1

(가) 한림학사 이방은 사사로운 정을 개입시켜 합격과 불합격을 결정하였다고 제소당하는 일이 있었다. 그렇기 때문에, 황제는 최종 시험장에서 불합격된 사람 360명의 이름을 명부에 기재한 뒤, 그들을 소견하고 195명을 선발하였다. …… 그리하여 전시가 통상의 제도로 되었다.

- 『적성집』, 선거권학문

(나) 왕안석의 신법

신법	스스로 내용 찾아 탐구하기
청묘법	
시역법	
모역법	
…	
내가 만들고 싶은 신법	

자료 2

▲ 거란 문자

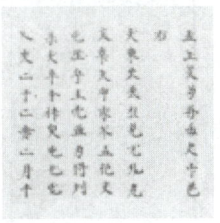
▲ 여진 문자

자료 3

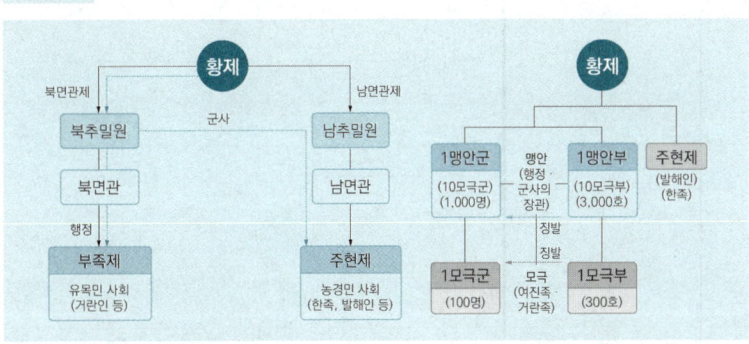

▲ 북면관제와 남면관제   ▲ 맹안 모극제

자료 4

'10~12C 중국사 신문' 만들기 활동지
– 학생 이름 : _____

1. 본인이 원하는 신문의 요소를 정하시오
   - ✓ 기사   ✓ 논설   ✓ 광고

2. 본인의 역사 신문 게시물을 완성하시오.

3. 본인의 작품을 우리반 역사 신문 패들렛에 게시하시오.

자료 5

역사 신문 만들기 채점기준표

기준	점수
제작물의 주제가 분명한가?[2점]	
[수험생 작성 부분 1][2점]	
[수험생 작성 부분 2][2점]	
제작 과정에 임하는 태도가 적극적인가?[2점]	

교수·학습 지도안

단원		송의 성장과 정복왕조의 등장	차시	1/3
학습단계		교수·학습 활동	자료 및 유의점	시간(분)
도입	선수 학습 확인	• 지난 시간에 배운 내용을 복습한다.		5
	동기유발	• '전연의 맹약'의 내용을 읽고, 송과 거란이 평등한 조약을 맺게 된 이유를 추론하게 한다.	사료	
	학습 목표 제시	1. 송의 문치주의와 정복왕조의 통치체제를 설명할 수 있다. 2. 10~12C 중국사 역사 신문으로 각 왕조의 특징을 정리할 수 있다.		
전개	[전개 1] 송의 건국과 문치주의 정책	〈실연 부분 1〉	〈자료 1〉	10

전개	[전개 2] 북방 민족의 등장과 통치체제	〈실연 부분 2〉	〈자료 2, 3〉	10
	[전개 3] 역사 신문 만들기	〈실연 부분 3〉 ※ 채점기준표 | 기준 | 점수 | |---|---| | 제작물의 주제가 분명한가?[2점] | | | [수험생 작성 부분 1][2점] | | | [수험생 작성 부분 2][2점] | | | 제작 과정에 임하는 태도가 적극적인가?[2점] | |	〈자료 4, 5〉	20
정리	본시 학습 정리	• 교사는 주요 내용을 문답으로 확인한다.		5
	차시 예고	• 다음 시간 내용을 간단히 예고한다.		

주제 06 | 몽골 제국과 동서 교류

❧ 해설 p.111

2025학년도 중등학교교사 임용후보자 선정경쟁시험(제2차 시험)
역사 수업 실연

문제 다음의 〈실연 방법〉, [교수·학습 조건], [자료]와 [교수·학습 지도안]을 반영하여 수업을 실연하시오.

〈실연 방법〉

[교수·학습 지도안]의 〈실연 부분 1, 2〉에 해당하는 부분을 실연하시오.
1. 〈실연 부분 1〉: 〈자료 1〉을 활용하여 탐구 학습을 하시오.
   가. 〈자료 1〉을 작성하도록 지도하시오.
   나. 학생이 〈자료 1〉을 완성했다고 가정하고, 피드백하는 과정을 실연하시오.
2. 〈실연 부분 2〉: 〈자료 2, 3〉을 활용하여 글쓰기 수업(보고서 작성)을 진행하시오.
   가. 〈자료 2〉를 활용하여 보고서 작성 수업을 지도하고, 유의점을 언급하시오.
   나. 〈자료 3〉의 [수험생 작성 부분 1, 2]를 쓰고, 수행평가 기준을 안내하시오.
   다. 학생이 〈자료 2〉를 완성했다고 가정하고, 피드백하는 과정을 실연하시오.

교수·학습 조건

1. 과 목 명: 세계사
2. 대   상: 고등학교 2학년
3. 수업시간: 100분(블록타임제)
4. 단 원 명: 몽골 제국과 동서 교류

   가. 단원의 성취기준

   [12세사02-02] 송의 정치·사회적 변화를 살펴보고, 몽골의 팽창이 아시아와 유럽에 미친 영향을 탐구한다.

   나. 단원의 구성

단원	차시	주요 내용 및 활용	수업 형태	평가 방법
동아시아 세계의 발전	1	송의 성장과 정복 왕조의 등장	사료 학습, 설명식 수업, 역사 신문 만들기	수행평가
	2-3 (본시)	몽골 제국과 동서 교류 Ⅰ	탐구 학습	수행평가
		몽골 제국과 동서 교류 Ⅱ	글쓰기 수업 (보고서 작성)	수행평가
	4	일본 막부 정권의 성립	설명식 수업, 탐구학습	수행평가

   다. 교수·학습 환경

학생 수	지도 장소	매체 및 기자재
24명	교실	칠판, 교사용 컴퓨터, 스마트TV, 태블릿PC

자료

자료 1

〈동서 교역로〉

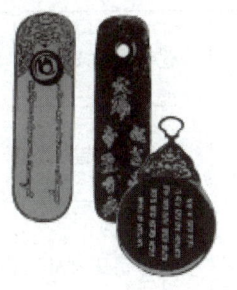

▲ 역참 통행증(패자)

1. 초원길, 사막길, 바닷길을 통해 교역된 물품과 학문의 사례를 찾아보자.

초원길	
사막길	
바닷길	

2. 역참의 기능에 대해 찾아보자.

자료 2

〈중국의 소수 민족 탐구 활동지〉

STEP1. 중국에서 공인된 56개 소수 민족의 종류 조사

묘족	몽골족	후이족	부이족	와족
서족	위구르족	조선족	만주족	……

STEP2. 하나의 민족을 선정하여 탐구 조사

- 내가 선정한 중국의 소수 민족 :
- 인구 :
- 주요 언어 :
- 종교 :

STEP3. 민족의 역사적 배경, 오늘날 민족이 처한 상황이 잘 드러나도록 보고서 작성(수행평가)

자료 3

〈중국의 소수 민족 탐구 보고서〉 채점기준표

기준	점수
보고서의 주제와 내용 연결이 적절한가?[2점]	
[수험생 작성 부분 1][2점]	
[수험생 작성 부분 2][2점]	
보고서 작성 과정에 임하는 태도가 적극적인가?[2점]	

교수·학습 지도안

단원		몽골 제국과 동서 교류	차시	2-3/4
학습단계		교수·학습 활동	자료 및 유의점	시간(분)
도입	선수 학습 확인	• 거꾸로 수업을 통해 '몽골의 세계 정복과 원제국'을 학습한 내용을 다시 확인한다.		10
	동기유발	• 마르코 폴로의 〈동방견문록〉의 한 구절을 읽으며, 당시 상황을 상상하게 한다.	사료	
	학습 목표 제시	1. 원의 동서 문화 교류에 대해서 탐구한다. 2. 오늘날 중국의 소수 민족이 처한 상황에 대해서 보고서를 통해 정리한다.		
전개	[전개 1] 원대 문화와 동서 문화의 교류	〈실연 부분 1〉	〈자료 1〉	40

전개	[전개 2] 보고서 작성	⟨실연 부분 2⟩ ※ 채점기준표 	기준	점수
---	---
보고서의 주제와 내용 연결이 적절한가?[2점]	
[수험생 작성 부분 1] [2점]	
[수험생 작성 부분 2] [2점]	
보고서 작성 과정에 임하는 태도가 적극적인가?[2점]			⟨자료 2, 3⟩	45
정리	본시 학습 정리	• 교사는 주요 내용을 문답으로 확인한다.		5
	차시 예고	• 다음 시간 내용을 간단히 예고한다.		

주제 07 　명·청의 건국과 발전

2025학년도 중등학교교사 임용후보자 선정경쟁시험(제2차 시험)
역사 수업 실연

문제 다음의 〈실연 방법〉, [교수·학습 조건], [자료]와 [교수·학습 지도안]을 반영하여 수업을 실연하시오.

〈실연 방법〉
[교수·학습 지도안]의 〈실연 부분 1, 2〉에 해당하는 부분을 실연하시오.
1. 〈실연 부분 1〉: 〈자료 1〉을 활용한 탐구 학습을 하시오.
   가. 〈자료 1〉을 활용하여 탐구 학습 방안을 안내하시오.
   나. 〈자료 1〉을 완성한 학생의 발표를 듣고, 교사가 피드백하는 과정을 실연하시오.
2. 〈실연 부분 2〉: 〈자료 2~4〉를 활용하여 토의 학습을 실연하시오.
   가. 〈자료 2~4〉를 활용하여 토의 학습을 안내하고, 순회 지도하시오.
   나. 〈자료 4〉의 [수험생 작성 부분 1, 2]를 채우시오.
   다. 토의 학습 과정에서 나타날 수 있는 문제 상황을 가정하고, 토의 학습을 실연하시오.

교수·학습 조건

1. 과목명: 세계사
2. 대　　상: 고등학교 2학년
3. 수업시간: 100분(블록타임제)
4. 단원명: 명·청의 건국과 발전
   가. 단원의 성취기준

   [12세사02-3] 명·청 시대와 에도 시대의 변화를 탐구하여 동아시아 세계의 변동 상황을 파악한다.

   나. 단원의 구성

단원	차시	주요 내용 및 활용	수업 형태	평가 방법
동아시아 세계의 변동	1-2 (본시)	명·청의 건국과 발전	탐구 학습, 토의 학습	수행평가
	3	명·청의 사회와 경제	설명식 수업, 탐구 학습	수행평가
	4	명·청의 사상과 문화	탐구 학습, 역사 신문 만들기	수행평가
	5	무로마치 막부와 에도 막부	설명식 수업, 이야기식 수업	수행평가

   다. 교수·학습 환경

학생 수	지도 장소	매체 및 기자재
24명	교실	칠판, 교사용 컴퓨터, 스마트TV, 태블릿PC

자료

자료 1

〈청 황제들의 주요 업적과 정책〉

강희제	옹정제	건륭제
- 삼번의 난, 반청 세력 진압 - 네르친스크 조약 체결 - 조세 개편 : 성세자생인정		

Q. 청대 3명의 왕의 업적과 정책을 비교해보고, 본인이 생각하는 최고의 황제를 쓰시오.
- 내가 생각하는 최고의 황제 : _____
- 그 이유 : _____

자료 2

(가) 중국과 외국이 통일되어 한집이 되었으니, …… 하나가 되지 못하고 두 마음을 품으면 다른 나라 사람이 되는 것이 아닌가? 지금부터 수도 내외는 10일, 그 밖은 명령서가 도착한 날로부터 10일 이내에 변발하라. 그에 따르는 자는 우리나라 백성으로 간주하고 거역하면 엄벌에 처할 것이다.
- 『세조실록』

(나) 관리 명부를 구해 보았다. 내각학사는 만주인 6명, 한인 4명이고, 시독학사는 만주인 4명, 한인 2명, 몽골인 2명이며, …… 문서와 예의에 관한 직무는 한인이 많이 임명된다고 한다.
- 최덕중, 『연행록』

(다) 문자 금지의 엄중함, 법률의 조밀함, 수단의 잔인함, 죄에 얽어 넣는 가혹함과 세밀함, 연좌의 광범함, 피해의 극렬함에는 청 대보다 초과한 것이 없다. ……청 대 문자의 옥의 억울한 사안은 강희·옹정·건륭 3조가 가장 심했는데, 3대 134년간 …… 108회에 달하는 문자의 옥이 일어났다.
- 고국항, 『중국사학사』

자료 3

〈청의 다민족 통치 체제〉 토의 학습지

1. 〈자료 2〉의 청의 통치방식을 정리하시오.

강압책	
회유책	

2. 〈자료 2〉의 청의 통치방식의 장단점을 쓰시오.

장점	
단점	

3. 다민족 사회에서 우리가 가져야 할 태도를 토의해봅시다.

자료 4

채점기준표

기준	점수
토의 준비를 위한 학습지를 성실하게 작성하였는가? [2점]	
[수험생 작성 부분 1][2점]	
[수험생 작성 부분 2][2점]	
토의에 임하는 태도가 적극적인가?[2점]	

교수·학습 지도안

단원		명·청의 건국과 발전	차시	1-2/5
학습단계		교수·학습 활동	자료 및 유의점	시간(분)
도입	선수 학습 확인	• 지난 시간에 배운 내용에 대해서 복습한다.		10
	동기유발	• '자금성 건청문' 현판 속에 담긴 의미를 설명한다.	사료	
	학습 목표 제시	1. 명, 청의 성립과 변천을 설명할 수 있다. 2. 청의 통치 방식을 통해 다민족 사회에서 가져야 할 태도에 대해서 토의할 수 있다.		
전개	[전개 1] 명의 성립과 변천	• 명의 성립과 변천에 대해서 설명한다.		15
	[전개 2] 청의 성립과 변천	〈실연 부분 1〉	〈자료 1〉	25

전개	[전개 3] 청의 중국 지배	⟨실연 부분 2⟩ ※ 채점기준표 <table><tr><th>기준</th><th>점수</th></tr><tr><td>토의 준비를 위한 학습지를 성실하게 작성하였는가? [2점]</td><td></td></tr><tr><td>[수험생 작성 부분 1][2점]</td><td></td></tr><tr><td>[수험생 작성 부분 2][2점]</td><td></td></tr><tr><td>토의에 임하는 태도가 적극적인가?[2점]</td><td></td></tr></table>		⟨자료 2~4⟩	40
정리	본시 학습 정리	• 교사는 주요 내용을 문답으로 확인한다.			10
	차시 예고	• 다음 시간 내용을 간단히 예고한다.			

주제 08 　 명·청의 사회와 경제 변화

📎 해설 p.113

2025학년도 중등학교 교사 임용후보자 선정 경쟁시험(제2차 시험)
역사 수업 실연

문제 다음의 〈실연 방법〉, [교수·학습 조건], [자료]와 [교수·학습 지도안]을 반영하여 수업을 실연하시오.

〈실연 방법〉

[교수·학습 지도안]의 〈실연 부분 1~3〉에 해당하는 부분을 실연하시오.
1. 〈실연 부분 1〉: 〈자료 1〉을 활용하여 개념학습 방법을 안내하고 학습 장면을 실연하시오.
2. 〈실연 부분 2〉: 〈자료 2〉를 활용하여 설명식 수업을 진행하되, 다양한 형태의 발문을 포함하시오.
3. 〈실연 부분 3〉: 〈자료 3〉을 활용하여 서술형 평가 방법을 안내하고 평가 및 피드백 활동을 진행하시오.

※ 유의점
 1. 학습 목표는 판서하지 마시오.
 2. 교사와 학생의 활동이 구체적으로 드러나도록 실연하시오.

교수·학습 조건

1. 과 목 명: 세계사
2. 대　　상: 고등학교 3학년
3. 수업시간: 50분
4. 단 원 명: 명·청의 사회와 경제 변화
   가. 단원의 성취기준

   [12세사02-03] 명·청 시대와 에도 시대의 변화를 탐구하여 동아시아 세계의 변동 상황을 파악한다.

   나. 단원의 구성

단원	차시	주요 내용 및 활용	수업 형태	평가 방법
동아시아 세계의 변동	1	한족 왕조 명, 만주족 왕조 청	탐구학습	포트폴리오
	2 (본시)	명·청의 사회와 경제 변화	개념학습, 설명식 수업	서술형 평가
	3	명·청의 학문과 문화 발전	만들기 수업	수행평가
	4	무로마치 막부와 에도 막부	설명식 수업	포트폴리오

   다. 교수·학습 환경

학생수	지도장소	매체 및 기자재
28명	교실	칠판, 교사용 컴퓨터, 스마트TV

자료

자료 1

〈'신사' 개념 학습 활동지〉

3학년 G반 이름 : _____

개념 학습 과정	가설 설정 → 가설 검증 → 가설 수정

1. 다음 자료를 읽고 내가 생각하는 신사의 개념을 제시해 보세요.

   신사 A : 명나라 ○○현 학교의 졸업생으로, 과거시험에 합격하여 관료로 재직 중이다.

   _____

2. 각 자료를 통해 알 수 있는 신사의 속성을 찾아보세요.

신사 B : 명나라 ○○현 공립학교의 졸업생으로, 과거에 합격하지 못하여 ○○현에 머무르며 백성을 교화하고 치안을 유지하고 있다.	신사 C : 명나라 ○○현 공립학교의 졸업생이자 전직 관료로, 은퇴 후 ○○현으로 돌아와 여러 특권을 누리며 여유로운 생활을 하고 있다.	신사 D : 청나라 10대 남성으로 ○○현의 공립학교에서 재학 중인 학생이며, 곧 과거시험에 응시하여 합격한다면 관료가 될 예정이다.

   (1) 신사 B :
   (2) 신사 C :
   (3) 신사 D :

3. 신사 B~D의 속성이 1번에서 작성한 신사의 개념에 부합하나요?   예   아니오

4. 신사 A~D의 속성을 종합하여 신사의 개념을 작성해보세요.

   _____

자료 2

일조편법	지정은제
조정과 지방 정부에 상납하는 각종 물자와 비용에서부터 각지의 특산품에 이르기까지 모두 합쳐 일조로 하여, 각 호의 토지와 성년 남자 수에 따라 은으로 관에 납부하게 하였다. - 『명사』, 식화지	천하가 평정된 지 오래되어 호구가 날로 번창하니 인정을 헤아려 정세를 부과하는 일이 어렵다. 인정은 늘더라도 토지는 늘지 않으니 현재의 세역 장부에 등재된 인정 수를 늘리거나 줄이지 말고 영구히 고정하라. 그리고 지금 이후 태어나는 인정은 꼭 정세를 거둘 필요가 없다. - 『성조실록』

자료 3

〈서술형 평가지〉

3학년 G반 이름 : _____

※ 조건 : 서술형으로 답할 것

1. 신사의 개념을 서술하시오.(2점)

2. 일조편법과 지정은제를 비교 서술하시오.(2점)

교수·학습 지도안

단원		명·청의 사회와 경제 변화	차시	2/4
학습단계		교수·학습 활동	자료 및 유의점	시간(분)
도입	선수 학습 확인	• 명나라, 청나라의 정치와 관련된 내용을 문답으로 확인한다.		5
	동기유발	• 명·청의 사회 및 경제와 관련된 타이포그래피를 보여준 뒤 학생들로부터 중요 개념을 탐색하도록 한다.		
	학습 목표 제시	1. 신사층의 개념을 탐구, 설명 및 서술할 수 있다. 2. 명·청 시대의 경제 제도를 설명 및 서술할 수 있다.		
전개	[전개 1] 명·청 시대의 신사	〈실연 부분 1〉	〈자료 1〉	15

전개	[전개 2] 명·청 시대의 경제 제도	〈실연 부분 2〉	〈자료 2〉	10
	[전개 3] 서술형 평가	〈실연 부분 3〉	〈자료 3〉	15
정리	학습 정리	• 교사는 학습한 내용에 대해 정리한다.		5
	차시 예고	• 교사는 다음 단원 학습에 대해 예고한다.		

주제 09 이슬람 세계의 형성 ⭐

해설 p.114

2025학년도 중등학교 교사 임용후보자 선정 경쟁시험(제2차 시험)
역사 수업 실연

문제 다음의 〈실연 방법〉, [교수·학습 조건], [자료]와 [교수·학습 지도안]을 반영하여 수업을 실연하시오.

〈실연 방법〉

[교수·학습 지도안]의 〈실연 부분 1~3〉을 실연하시오.
1. 〈실연 부분 1〉: 수업 내용과 수업 방법, 수행평가를 모두 아우르는 학습 목표 3가지를 제시하시오.
2. 〈실연 부분 2〉: 이슬람교의 성립과 문화를 주제로 모둠별 협동 학습을 전개하시오.
   가. 〈자료 1〉을 활용하여 모둠별 협동 학습을 안내하시오.
   나. 〈자료 2〉와 같이 작성하고 있는 학생들이 역사과 핵심 역량을 증진할 수 있도록 조언하시오.
   다. 모둠별 협동학습의 산출물을 가정하고, 그것을 토대로 구조화된 판서를 작성하시오.
3. 〈실연 부분 3〉: 수행평가를 안내하고 실시하시오.
   가. 〈자료 3〉의 [수험생 작성 부분 1~3]을 채우고 수행평가 방안을 안내하시오.
   나. 학생들이 수행평가를 할 동안 순회 지도를 실시하시오.

※ 유의점
1. 학생들이 적극적으로 수업에 참여하는 상황을 가정하시오.
2. 학생들의 디지털 기기 활용을 적극 권장하시오.

교수·학습 조건

1. 과 목 명: 세계사
2. 대   상: 고등학교 2학년
3. 수업시간: 100분(블록타임제)
4. 단 원 명: 이슬람 세계의 형성
   가. 단원의 성취기준

   [12세사03-01] 서아시아 여러 제국의 성립과 발전을 살펴보고, 이슬람교를 중심으로 이슬람 세계의 형성과 확장을 탐구한다.

   나. 단원의 구성

단원	차시	주요 내용 및 활용	수업형태	평가방법
서아시아의 여러 제국과 이슬람 세계	1	고대 서아시아의 제국	비교 학습	형성평가
	2-3 (본시)	이슬람 세계의 형성	모둠별 협동 학습, 설명식 수업	수행평가
	4	이슬람 세계의 확장	설명식 수업	수행평가

   다. 교수·학습 환경

학생수	지도장소	매체 및 기자재
25명	교실	칠판, 교사용 노트북, 스마트TV, 태블릿PC, 스마트폰 등

자료

자료 1

〈이슬람 세계 모둠별 협동 학습〉

2학년 세계사A반 모둠 : _____

1. 우리 모둠의 주제에 동그라미 쳐보자.

| 무함마드 | 오행 | 이슬람 상인 | 아랍어 | 과학기술 |

2. 선택한 주제에 관련된 역사적 내용을 조사해 보자.

| |
| |
| |
| |
| |

3. 조사한 내용에 대한 우리 모둠의 의견을 자유롭게 작성한다.

| |
| |
| |

자료 2

〈이슬람 세계 모둠별 협동 학습〉

2학년 세계사A반 모둠 : 코로나안녕

1. 우리 모둠의 주제에 동그라미 쳐보자.

| 무함마드 | ⊙행 | 이슬람 상인 | 아랍어 | 과학기술 |

2. 선택한 주제에 관련된 역사적 내용을 조사해 보자.

| (생략) |

3. 조사한 내용에 대한 우리 모둠의 의견을 자유롭게 작성한다.

| 이슬람교는 인간의 행동을 너무 엄격하게 규제한다. 예를 들어 하루 다섯 번 예배나 라마단 등이 그렇다. 아픈 사람들이나 나이 든 사람들은 어쩌란 말인가? 이슬람교는 이렇게 배려가 없는 종교이다. 이슬람교 때문에 서아시아 국가들은 경제적으로 발전하지도 못하는 것 같다. |

자료 3

〈서아시아의 분쟁 기사 스크랩하기〉

※ 아래 방법에 따라 온라인 클래스에 업로드한다.

| 1. 오늘날 서아시아 지역에서 벌어지고 있는 분쟁과 관련된 신문 기사의 링크를 공유한다. |
| 2. 해당 기사에서 종교적 편견이 담긴 부분을 찾아 고쳐 작성한다. |
| 3. 스크랩한 기사에 나타난 분쟁의 해결 방안을 작성해 본다. |

※ 채점기준

| [수험생 작성 부분 1](2점) |
| [수험생 작성 부분 2](4점) |
| [수험생 작성 부분 3](4점) |

교수·학습 지도안

단원		이슬람 세계의 형성	차시	2-3/4
학습단계		교수·학습 활동	자료 및 유의점	시간(분)
도입	선수 학습 확인	• 선수 학습을 확인한다.		5
	동기유발	• 이슬람교에 대한 편견을 모아둔 타이포그래피를 보여주고 학생들의 생각을 듣는다.	이미지 자료	
	학습 목표 제시	〈실연 부분 1〉		
전개	[전개 1] 이슬람교의 성립과 문화	〈실연 부분 2〉	〈자료 1~2〉	40

	[전개 2] 이슬람 제국의 성립	• 정통 칼리프 시대부터 아바스 왕조, 후우마이야 왕조, 파티마 왕조까지의 역사를 설명한다.			10
전개	[전개 3] 수행평가	〈실연 부분 3〉 • 활동 발표 및 피드백을 진행한다. ※ 채점기준 [수험생 작성 부분 1](2점) [수험생 작성 부분 2](4점) [수험생 작성 부분 3](4점)			40
정리	학습 정리	• 교사는 학습한 내용에 대해 정리한다.			5
	차시 예고	• 교사는 다음 단원 학습에 대해 예고한다.			

주제 10 | 굽타 왕조의 발전과 인도 고전 문화의 확산

해설 p.116

2025학년도 중등학교 교사 임용후보자 선정 경쟁시험(제2차 시험)
역사 수업 실연

문제 다음의 〈실연 방법〉, [교수·학습 조건], [자료]와 [교수·학습 지도안]을 반영하여 수업을 실연하시오.

〈실연 방법〉

[교수·학습 지도안]의 〈실연 부분 1~3〉에 해당하는 부분을 실연하시오.
1. 〈실연 부분 1〉: 〈자료 1〉을 활용하여 강의식 수업을 진행하되, 굽타 왕조의 북인도 통일 과정을 반드시 포함하시오.
2. 〈실연 부분 2〉: 인도 고전 문화에 대해 수업하시오.
   가. [산스크리트 문학, 굽타 양식, 0의 개념]을 학습 요소로 포함하시오.
   나. 〈자료 2〉를 활용하여 굽타 양식에 대해 설명하시오.
3. 〈실연 부분 3〉: 수행 평가를 실시하시오.
   가. 〈자료 3〉의 [수험생 작성부분 1, 2]를 작성하시오.
   나. 〈자료 4〉를 학생이 완성한 평가지로 가정하고, 역사과 핵심 역량에 따라 피드백하시오.

※ 유의점
1. 학습목표는 판서하지 마시오.
2. 교사와 학생의 활동이 구체적으로 드러나도록 실연하시오.

교수·학습 조건

1. 과 목 명 : 세계사
2. 대   상 : 고등학교 2학년
3. 수업시간 : 50분
4. 단 원 명 : 굽타 왕조의 발전과 인도 고전 문화의 확산
   가. 단원의 성취기준

   [12세사03-02] 고대 인도 왕조들의 성립과 발전을 알아보고, 다양한 종교와 문화가 등장한 배경을 파악함으로써 인도 사회의 성격을 이해한다.

   나. 단원의 구성

단원	차시	주요 내용 및 활용	수업형태	평가방법
인도의 역사	1	고대 인도 세계의 성립	탐구 학습	포트폴리오
	2 (본시)	굽타 왕조의 발전과 인도 고전 문화의 확산	설명식 수업, 탐구 학습	수행평가
	3	이슬람의 확산과 델리 술탄 왕조	설명식 수업	포트폴리오
	4	무굴 제국과 인도·이슬람 문화	만들기 수업	수행평가

   다. 교수·학습 환경

학생수	지도장소	매체 및 기자재
28명	교실	칠판, 교사용 컴퓨터, 스마트TV, 태블릿PC

자료

자료 1

▲ 굽타 왕조의 영역을 표시해 보세요!

자료 2

자료 3

<수행평가지>

2학년 1반 이름 : _____

※ 아래 채점기준에 따라 불가촉천민 입장에서 일기를 쓰세요.

채점기준	배점
1. [수험생 작성 부분 1]	4
2. [수험생 작성 부분 2]	4
3. 10줄 이상 완성도 있게 작성한다.	2

제목 :
내용 :

자료 4

<수행평가지>

2학년 1반 이름 : _____

※ 아래 조건에 따라 불가촉천민 입장에서 일기를 쓰세요.

채점기준	배점
……	……

제목 : 빨래터에서의 하루
내용 : 오늘도 눈 뜨자마자 빨래터로 갔는데 가는 길에 브라만의 행렬을 만나 지각을 ……
……
나는 중요한 일을 하는데도 왜 카스트제에도 포함되지 않고, 차별받는 불가촉천민으로 태어난 걸까? 나와 같은 불가촉천민이라 시체 처리를 하는 내 친구 굽타는 카스트제를 통해 오히려 브라만의 힘이 더욱 강해진다면서 카스트제 자체에 문제가 있다고 했다. 그렇다면 어떻게 우리의 불평등을 해결할 수 있을까? 아무리 수드라나 불가촉천민이라도 직업을 선택할 수 있는 자유는 있다는 규칙이 만들어지면 좋겠다. 우리도 인간이니까.

교수·학습 지도안

단원		굽타 왕조와 인도 고전 문화의 발달	차시	2/4
학습단계		교수·학습 활동	자료 및 유의점	시간(분)
도입	선수 학습 확인	• 불교와 자이나교에 대해 문답한다.		5
	동기유발	• 불가촉천민을 다룬 예능프로그램 편집 영상을 상영하고 학생들의 소감을 듣는다.		
	학습 목표 제시	1. 굽타 왕조와 인도 고전 문화에 대해 설명할 수 있다. 2. 카스트제와 불가촉천민에 대해 글을 쓸 수 있다.		
전개	[전개 1] 굽타 왕조의 등장	〈실연 부분 1〉	〈자료 1〉	10
	[전개 2] 힌두교의 성립과 카스트제의 변화	• 힌두교의 성립과 카스트제의 변화에 대해 탐구한다.		10

전개	[전개 3] 인도 고전 문화의 발달	〈실연 부분 2〉	〈자료 2〉	10
	[전개 4] 수행 평가	〈실연 부분 3〉 채점기준 1. [수험생 작성 부분 1] 2. [수험생 작성 부분 2] 3. 10줄 이상 완성도 있게 작성한다.	〈자료 3, 4〉	10
정리	학습 정리	• 교사는 학습한 내용에 대해 정리한다.		5
	차시 예고	• 교사는 다음 단원 학습에 대해 예고한다.		

주제 11 | 무굴 제국과 인도·이슬람 문화

2025학년도 중등학교 교사 임용후보자 선정 경쟁시험(제2차 시험)
역사 수업 실연

문제 다음의 〈실연 방법〉, [교수·학습 조건], [자료]와 [교수·학습 지도안]을 반영하여 수업을 실연하시오.

〈실연 방법〉

[교수·학습 지도안]의 〈실연 부분 1, 2〉에 해당하는 부분을 실연하시오.
1. 〈실연 부분 1〉: 단원의 1~3차 선수 학습을 스케치 지도를 통해 간단히 복습하시오.
2. 〈실연 부분 2〉: 무굴 제국의 성립에 대해 설명하시오.
    가. 〈자료 1〉을 활용하여 무굴 제국의 발전 과정에 대해 설명하시오.
3. 〈실연 부분 3〉: 수행평가를 실시하시오.
    가. 〈자료 2〉의 [수험생 작성 부분 1, 2]를 완성하시오.
    나. 다음 학생들에 대한 순회 지도를 실시하시오.
        - 전자기기 이용에 어려움을 겪는 학생
        - 역사적 사실 탐색에 어려움을 겪는 학생
        - 모둠 활동에 협조하지 않는 학생
    다. 한 개 모둠의 결과물을 가상으로 가정하고, 잘한 점 및 보완할 점을 피드백하시오.

교수·학습 조건

1. 과 목 명: 세계사
2. 대   상: 고등학교 2학년
3. 수업시간: 100분(블록타임제)
4. 단 원 명: 무굴 제국과 인도·이슬람 문화
    가. 단원의 성취기준

    [12세사03-02] 고대 인도 왕조들의 성립과 발전을 알아보고, 다양한 종교와 문화가 등장한 배경을 파악함으로써 인도 사회의 성격을 이해한다.

    나. 단원의 구성

단원	차시	주요 내용 및 활용	수업형태	평가방법
인도의 역사	1	고대 인도 세계의 성립	탐구학습	포트폴리오
	2	굽타 왕조의 발전과 인도 고전 문화의 확산	설명식 수업, 탐구학습	수행평가
	3	이슬람의 확산과 델리 술탄 왕조	설명식 수업	포트폴리오
	4-5 (본시)	무굴 제국과 인도·이슬람 문화	설명식 수업, 만들기 수업	수행평가

    다. 교수·학습 환경

학생수	지도장소	매체 및 기자재
28명	교실	칠판, 교사용 컴퓨터, 빔 프로젝터, 태블릿PC, 휴대용 프린터기

자료

자료 1

자료 2

〈종교의 나라, 인도를 여행하자!〉

주제 : 인도의 종교 유적지를 소개하는 관광 안내 리플릿을 만들어 봅시다.

2학년 A반 모둠명 : _____

※ 채점기준

내용	배점
1. [수험생 작성 부분 1]	2
2. 개별 모둠원이 주제에 맞는 유적지를 1가지씩 선정하였는가.	2
3. [수험생 작성 부분 2]	4
4. 모든 모둠원이 협동하여 완성하였는가.	2

제목 :			
1일차		2일차	
사진 또는 그림 :	설명 :	사진 또는 그림 :	설명 :
3일차		4일차	
사진 또는 그림 :	설명 :	사진 또는 그림 :	설명 :
우리 모둠만의 여행 꿀TIP!			

교수·학습 지도안

단원		무굴 제국과 인도·이슬람 문화	차시	4-5/5
학습단계		교수·학습 활동	자료 및 유의점	시간(분)
도입	선수 학습 확인	〈실연 부분 1〉		10
	동기유발	• 무굴 제국의 발전을 보여주는 영상을 시청한다.	동영상 자료	
	학습 목표 제시	1. 무굴 제국의 발전을 설명할 수 있다. 2. 인도의 종교 유적지를 소개하는 관광 안내 리플릿을 만들 수 있다.		
전개	[전개 1] 무굴 제국의 발전	〈실연 부분 2〉	〈자료 1〉	20
	[전개 2] 무굴 제국의 사회, 경제, 문화	• 무굴 제국의 사회, 경제, 문화에 대해 설명한다.		20

전개	[전개 3] 수행평가	〈실연 부분 3〉 　 | 내용 | |---| | 1. [수험생 작성 부분 1] | | 2. 개별 모둠원이 주제에 맞는 유적지를 1가지씩 선정하였는가. | | 3. [수험생 작성 부분 2] | | 4. 모든 모둠원이 협동하여 완성하였는가. |	〈자료 2〉	45
정리	학습 정리	• 교사는 학습한 내용에 대해 정리한다.		5
	차시 예고	• 교사는 다음 단원 학습에 대해 예고한다.		

주제 12 로마의 발전과 문화

해설 p.120

2025학년도 중등학교 교사 임용후보자 선정 경쟁시험(제2차 시험)
역사 수업 실연

문제 다음의 〈실연 방법〉, [교수·학습 조건], [자료]와 [교수·학습 지도안]을 반영하여 수업을 실연하시오.

〈실연 방법〉

[교수·학습 지도안]의 〈실연 부분 1, 2〉를 실연하시오.
1. 〈실연 부분 1〉: 로마 공화정의 발전과 쇠퇴에 대해 설명하시오.
   가. 〈자료 1〉을 활용하여 로마 공화정의 구조를 설명하시오.
   나. 평민권의 발전 과정을 설명하되, 구조화된 판서를 제시하시오.
   다. 〈자료 2〉를 활용하여 연설문을 작성하게 하시오.
2. 〈실연 부분 2〉: 수행평가를 실연하시오.
   가. 중단원 1차시 학습을 복습하기 위해 간단한 문답식 수업을 전개하시오.
   나. 역사과 핵심 역량을 고려하여 〈자료 3〉의 [수험생 작성 부분 1, 2]를 채우고 수행평가를 실시하시오.
   다. 학생들의 발표에 대해 피드백하는 과정을 포함하시오.

※ 유의점 : 학생들이 적극적으로 수업에 참여하는 상황을 가정하시오.

교수·학습 조건

1. 과 목 명 : 세계사
2. 대 상 : 고등학교 2학년
3. 수업시간 : 100분(블록타임제)
4. 단 원 명 : 로마의 발전과 문화
   가. 단원의 성취기준

   [12세사04-01] 그리스·로마 문명의 특징을 이해하고, 고대 지중해 세계의 형성과 발전에 대해 탐구한다.

   나. 단원의 구성

단원	차시	주요 내용 및 활용	수업형태	평가방법
고대 지중해 세계	1	고대 그리스 세계	설명식 수업, 글쓰기 학습	형성평가
	2	알렉산드로스 제국과 헬레니즘	설명식 수업	형성평가
	3-4 (본시)	로마의 발전과 문화	설명식 수업, 탐구학습, 문답식 수업	수행평가

   다. 교수·학습 환경

학생수	지도장소	매체 및 기자재
29명	교실	칠판, 스마트TV, 태블릿PC, 휴대용 프린터기 등

자료

자료 1

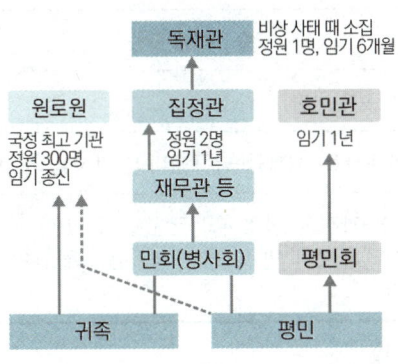

자료 2

(가)
　이탈리아를 위해 싸우고 죽은 사람들은 공기와 햇빛을 향유할 뿐, 아무것도 가진 것이 없습니다. 집도 없고 가정도 없이 처자식과 함께 떠돌아다닙니다. …… 그들은 다른 사람들의 부와 사치를 위해서 싸우다 죽지만 자기 소유라 할 단 한 조각의 땅도 없습니다.
　　　　　- 플루타르코스, 『영웅전』, 그라쿠스의 연설

(나)
　"그라쿠스여, 나는 그대가 내 재산을 사람들에게 나누어 주는 것을 원치 않소. 그러나 그대가 그렇게 할 것이라면 내 몫은 요구하겠소."
　　　　　- 플루타르코스, 『영웅전』, 그라쿠스의 연설

Q. 그라쿠스 형제의 연설문을 작성해 보자.

조건 1. (가)의 역사적 상황을 개혁하는 내용을 포함한다.
조건 2. 그라쿠스 형제의 연설에 (나)와 같은 반응을 보인 사람들까지 포섭하는 내용을 포함한다.
조건 3. 민주적인 연설문을 작성한다.

_____
_____
_____
_____
_____

자료 3

〈고대 지중해 세계 수행평가〉

2학년 세계사반 모둠 : _____

활동 1. 지금까지 배운 그리스·로마의 민주 정치 요소 중 한 가지를 골라 설명한다.
　　　: _____

활동 2. 1에서 선택한 민주 정치 요소가 오늘날 어떻게 반영되고 있는지 구체적인 사례와 함께 설명한다.
　　　: _____

※ 채점기준

역사 사실 이해	[수험생 작성 부분 1](5점)
역사적 판단력과 문제 해결 능력	[수험생 작성 부분 2](5점)
모든 모둠원이 적극적으로 협력하였는가.(5점)	

교수·학습 지도안

단원		로마의 발전과 문화	차시	3-4/4
학습단계		교수·학습 활동	자료 및 유의점	시간(분)
도입	선수 학습 확인	• 선수 학습을 확인한다.		5
	동기유발	• 로마의 문화유산을 소개한 다큐멘터리 영상을 시청한다.	동영상 자료	
	학습 목표 제시	1. 로마의 발전 과정을 설명하고 탐구할 수 있다. 2. 고대 그리스 세계의 민주 정치 요소를 오늘날에 비추어 활용할 수 있다.		
전개	[전개 1] 로마 공화정의 발전과 쇠퇴	〈실연 부분 1〉 〈실연 부분 1〉	〈자료 1, 2〉	20
	[전개 2] 로마 제국의 발전과 몰락	• 로마 제국의 성립, 발전과 멸망 과정에 대해 설명한다.		15

전개	[전개 3] 로마의 문화	• 로마의 문화에 대해 탐구한다.		15
	[전개 4] 수행평가	〈실연 부분 2〉 	역사 사실 이해	[수험생 작성 부분 1](5점)
역사적 판단력과 문제 해결 능력	[수험생 작성 부분 2](5점)	 모든 모둠원이 적극적으로 협력하였는가.(5점)	〈자료 3〉	40
정리	학습 정리	• 교사는 학습한 내용에 대해 정리한다.		5
	차시 예고	• 교사는 다음 단원 학습에 대해 예고한다.		

주제 13 서유럽 봉건 사회의 성립

※ 해설 p.121

2025학년도 중등학교 교사 임용후보자 선정 경쟁시험(제2차 시험)
역사 수업 실연

문제 다음의 〈실연 방법〉, [교수·학습 조건], [자료]와 [교수·학습 지도안]을 반영하여 수업을 실연하시오.

〈실연 방법〉

[교수·학습 지도안]의 〈실연 부분 1~3〉에 해당하는 부분을 실연하시오.
1. 〈실연 부분 1〉: [전개 3]과 관련한 동기 유발을 제시하시오.
2. 〈실연 부분 2〉: 〈자료 1, 2〉를 활용하여 봉건 사회의 구조를 설명하시오.
3. 〈실연 부분 3〉: 〈자료 3, 4〉를 활용하여 글쓰기 수업을 진행하시오.
   가. 〈자료 3〉의 [수험생 작성 부분 1~3]을 채워 채점기준표를 제시하시오.
   나. 순회 지도를 구체적으로 시행하시오.
   다. 〈자료 4〉를 학생의 답안이라 가정하고 학급 학생들과 피드백 시간을 가지시오.

※ 유의점
1. 단원의 성취기준을 고려하시오.
2. 교사와 학생의 활동이 구체적으로 드러나도록 작성하시오.

교수·학습 조건

1. 과 목 명 : 세계사
2. 대   상 : 고등학교 2학년
3. 수업시간 : 50분
4. 단 원 명 : 서유럽 봉건 사회의 성립
   가. 단원의 성취기준

   [12세사-04-02] 서유럽 봉건 사회의 전개 양상을 탐구하고, 르네상스에서 시작된 세계관의 변동을 설명한다.

   나. 단원의 구성

단원	차시	주요 내용 및 활용	수업 형태	평가 방법
유럽 사회의 형성과 동요	1(본시)	서유럽 봉건 사회의 성립	설명식 수업, 글쓰기 수업	수행평가
	2	비잔티움 제국	설명식 수업, 탐구식 수업	형성평가
	3	봉건 사회의 변화	사료 탐구 수업, 비교 학습	형성평가
	4	르네상스와 종교 개혁	설명식 수업, 만들기 수업	형성평가

   다. 교수·학습 환경

학생 수	지도 장소	매체 및 기자재
24명	교실	칠판, 교사용 컴퓨터, 스마트TV 등

자료

자료 1

자료 2

타인의 권력에 몸을 의탁한 자로서 …… 나는 다음과 같이 처신한다. 나의 봉사와 공로에 따라 당신은 나에게 음식과 의복을 주어 나를 부양해야 한다. …… 둘 중 한 명이 계약을 파기하려고 한다면, 그는 상대방에게 얼마간 돈을 지급해야 할 것이며, 그로써 계약은 모든 효력을 잃을 것이다.
- 메로베우스 왕조와 카롤루스 왕조 시대의 계약서

자료 3

〈활동지〉

학번_____ 이름_____

1. 영주/성직자/기사/농노 중 하나를 선택한다.
2. 해당 인물이 되었다고 생각하고 위 그림을 참고하여 장원 탐방기를 작성해보자

※ 채점기준표

채점기준	배점
1. [수험생 작성 부분 1]	5
2. [수험생 작성 부분 2]	5
3. [수험생 작성 부분 3]	5

자료 4

나는 농노이다. 장원의 주인인 영주의 지배를 받으며 영주의 땅을 경작하고 있다. 영주는 잔소리가 심하다. 그래도 하루 종일 일하면 세금은 따로 안내니까 다행이다. 이 와중에 오늘따라 꽃이 주변에 더 예쁘게 폈다. 다음 달에 이사나 가야겠다.

교수·학습 지도안

단원		서유럽 봉건 사회의 성립	차시	1/4
학습단계		교수·학습 활동	자료 및 유의점	시간(분)
도입	선수학습 확인	• 문답을 통해 지난 시간에 배운 내용을 확인한다.		5
	동기유발	〈실연 부분 1〉		
	학습 목표 제시	1. 봉건 사회의 구조를 설명할 수 있다. 2. 중세 서유럽 장원의 특징을 글로 표현할 수 있다. 3. 중세 크리스트교의 성장을 설명할 수 있다.		
전개	[전개 1] 봉건 사회 형성	〈실연 부분 2〉	〈자료 1, 2〉	15

단계					
전개	[전개 2] 수행평가	⟨실연 부분 3⟩ ※ 채점기준표 	채점기준	배점
---	---
1. [수험생 작성 부분 1]	5
2. [수험생 작성 부분 2]	5
3. [수험생 작성 부분 3]	5			⟨자료 3, 4⟩	15
	[전개3] 크리스트교의 성장	• 크리스트교의 성장 및 교황과 황제의 대립을 설명한다.			10
정리	본시 학습 정리	• 교사는 본시 학습의 주요 내용을 문답으로 확인한다.			5
	차시 예고	• 다음 시간 학습 내용을 안내한다.			

주제 14 　중세 유럽 사회의 동요 ★

해설 p.123

2025학년도 중등학교 교사 임용후보자 선정 경쟁시험(제2차 시험)
역사 수업 실연

문제 다음의 〈실연 방법〉, [교수·학습 조건], [자료]와 [교수·학습 지도안]을 반영하여 수업을 실연하시오.

〈실연 방법〉

[교수·학습 지도안]의 〈실연 부분 1~3〉에 해당하는 부분을 실연하시오.
1. 〈실연 부분 1〉: 〈자료 1〉을 활용하여 동기 유발을 제시하시오.
2. 〈실연 부분 2〉: 〈자료 2~4〉를 활용하여 도시발달과 상업 부활에 대한 수업을 진행하시오.
   가. 〈자료 2〉를 탐구하기 위한 질문을 제시하시오.
   나. 〈자료 3〉을 통해 십자군 전쟁의 전개 과정을 지리적으로 분석할 수 있도록 비계를 설정하시오.
   다. 〈자료 4〉의 [수험생 작성 부분 1~3]을 채워 가상 인터뷰 수업을 안내하시오.
   라. 모둠 간 발표 상황을 가정하여 순회 지도하시오.
3. 〈실연 부분 3〉: 〈자료 5〉를 활용하여 중세 유럽의 교역을 설명하시오.

※ 유의점
   1. 단원의 성취기준을 고려하시오.
   2. 교사와 학생의 활동이 구체적으로 드러나도록 작성하시오.

교수·학습 조건

1. 과 목 명 : 세계사
2. 대   상 : 고등학교 2학년
3. 수업시간 : 50분
4. 단 원 명 : 중세 유럽 사회의 동요
   가. 단원의 성취기준

   [12세사-04-02] 서유럽 봉건 사회의 전개 양상을 탐구하고, 르네상스에서 시작된 세계관의 변동을 설명한다.

   나. 단원의 구성

단원	차시	주요 내용 및 활용	수업 형태	평가 방법
유럽 사회의 형성과 동요	1	서유럽 봉건 사회의 성립	설명식 수업, 글쓰기 수업	수행평가
	2	비잔티움 제국	설명식 수업, 탐구식 수업	형성평가
	3(본시)	중세 유럽 사회의 동요	사료 탐구 수업, 역할극 수업	수행평가
	4	르네상스와 종교 개혁	설명식 수업, 만들기 수업	형성평가

   다. 교수·학습 환경

학생 수	지도 장소	매체 및 기자재
20명	교실	칠판, 교사용 컴퓨터, 스마트TV, 태블릿PC 등

자료

자료 1

(14세기 중엽) 그 무렵 (잉글랜드) 왕은 포고문을 내려, 전국 어디에서나 곡식 거두기를 비롯한 모든 삯일 일꾼들이 보통 때 받던 삯보다 더 많이 받아서는 안 되고, 이를 어기면 법령에 따라 벌을 내릴 것이라고 선포하였다. 그러나 일꾼들의 콧대가 높아지고 고집이 세어져서 일꾼들이 국왕의 명령도 아랑곳하지 않았기 때문에 그들을 쓰려는 사람은 그들이 요구하는 대로 품삯을 주어야 했다.

- 존 캐리, 『역사의 원전』

자료 2

예루살렘, 안티오크 및 그 밖의 도시들에서 크리스트교도가 박해를 받고 있다. 신을 믿지 않는 튀르크인의 진출은 그칠 줄 모르고 콘스탄티노폴리스로 다가오고 있으니, 성지의 형제들을 구하자. …… 예수의 성묘가 있는 곳으로 가지 않겠는가? 젖과 꿀이 흐르는 땅은 신이 그대들에게 내린 토지이다. 이 땅에서 불행한 자와 가난한 자는 그 땅에서 번영할 것이다.

- 교황 우르바누스 2세의 클레르몽 공의회 연설

자료 3

자료 4

〈모둠 활동지〉

모둠명 : _____

1. 십자군 전쟁 관련해서 교황, 기사, 상인, 농민의 가상 인터뷰를 진행한다.
2. 대본에서 인터뷰 질문 2가지와 각 인물의 답변을 정리해본다.
3. 5명이 한 모둠이 되어 가상 인터뷰 역할극을 진행해본다.

〈채점기준표〉

	채점기준	배점
모둠 내 평가	1. [수험생 작성 부분 1]	5
	2. [수험생 작성 부분 2]	5
모둠 간 평가	3. [수험생 작성 부분 3]	5

자료 5

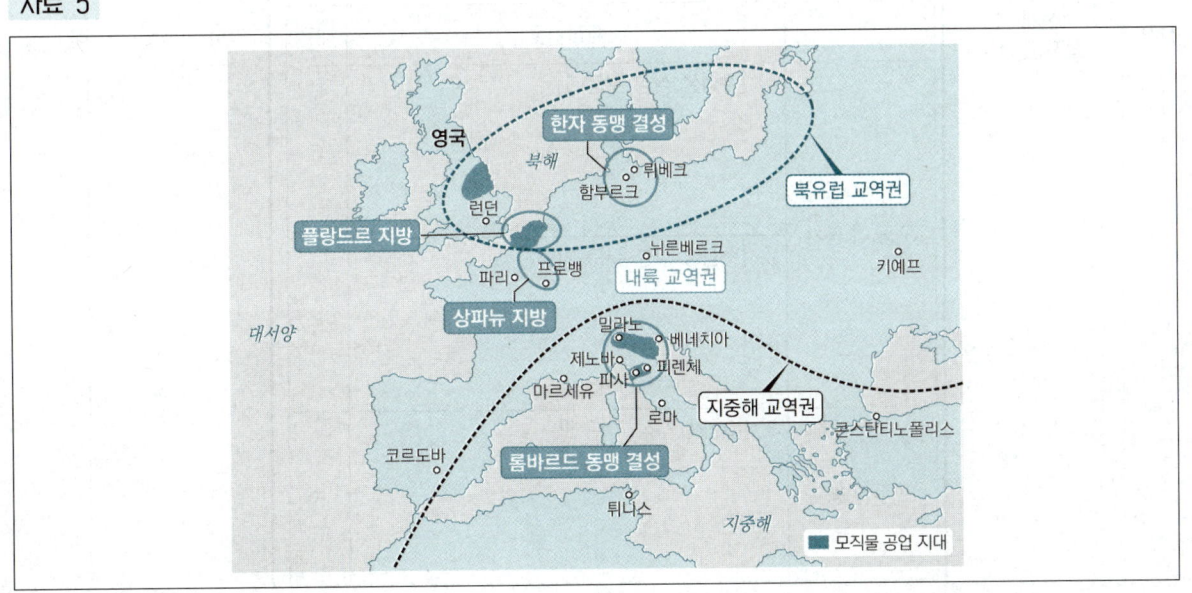

교수·학습 지도안

단원		중세 유럽 사회의 동요	차시	3/4
학습 단계		교수·학습 활동	자료 및 유의점	시간(분)
도입	선수학습 확인	• 문답을 통해 지난 시간에 배운 내용을 확인한다.		
	동기유발	〈실연 부분 1〉	〈자료 1〉	5
	학습 목표 제시	1. 십자군 전쟁을 가상 인터뷰 수업으로 표현할 수 있다. 2. 도시의 형성과 상업의 발달 과정을 설명할 수 있다. 3. 중앙 집권 국가 형성을 설명할 수 있다.		
전개	[전개 1] 십자군 전쟁	〈실연 부분 2〉 ※ 채점기준표 	채점기준	배점
---	---
모둠 내 평가	1. [수험생 작성 부분 1]	5
	2. [수험생 작성 부분 2]	5
모둠 간 평가	3. [수험생 작성 부분 3]	5		〈자료 2~4〉	25

전개	[전개 2] 도시발달과 상업 부활	〈실연 부분 3〉	〈자료 5〉	10
	[전개 3] 중앙 집권 국가의 등장	• 중앙 집권 국가를 설명한다.		5
정리	본시 학습 정리	• 교사는 본시 학습의 주요 내용을 문답으로 확인한다.		5
	차시 예고	• 다음 시간 학습 내용을 안내한다.		

주제 15 르네상스와 종교 개혁

해설 p.125

2025학년도 중등학교 교사 임용후보자 선정 경쟁시험(제2차 시험)
역사 수업 실연

문제 다음의 〈실연 방법〉, [교수·학습 조건], [자료]와 [교수·학습 지도안]을 반영하여 수업을 실연하시오.

〈실연 방법〉

[교수·학습 지도안]의 〈실연 부분 1~3〉에 해당하는 부분을 실연하시오.
1. 〈실연 부분 1〉: 〈자료 1〉을 통해 르네상스 사람들의 세계관에 대해 동기 유발하시오.
2. 〈실연 부분 2〉: 르네상스에 대한 온라인 전시기획 활동을 실연하시오.
   가. 패들렛 사이트를 이용하여 르네상스에 대한 온라인 전시기획 활동을 안내하시오.
   나. 순회 지도 2가지를 구체적으로 시연하시오.
3. 〈실연 부분 3〉: 〈자료 2~5〉를 활용하여 종교 개혁 수업을 진행하시오.
   가. 〈자료 2~4〉를 활용하여 설명식 수업을 진행하시오.
   나. 역사 자료 분석과 해석 역량을 증진하는 방향으로 〈자료 5〉의 [수험생 작성 부분 1, 2]를 채워 가상 SNS 작성 활동을 진행하시오.

※ 유의점
1. 단원의 성취기준을 고려하시오.
2. 교사와 학생의 활동이 구체적으로 드러나도록 작성하시오.

교수·학습 조건

1. 과 목 명: 세계사
2. 대   상: 고등학교 2학년
3. 수업시간: 100분(블록타임제)
4. 단 원 명: 르네상스와 종교 개혁

   가. 단원의 성취기준

   [12세사-04-02] 서유럽 봉건 사회의 전개 양상을 탐구하고, 르네상스에서 시작된 세계관의 변동을 설명한다.

   나. 단원의 구성

단원	차시	주요 내용 및 활용	수업 형태	평가 방법
유럽 사회의 형성과 동요	1	서유럽 봉건 사회의 성립	설명식 수업, 글쓰기 수업	수행평가
	2	비잔티움 제국	설명식 수업, 탐구식 수업	형성평가
	3	봉건 사회의 변화	사료 탐구 수업, 역할극 수업	수행평가
	4-5 (본시)	르네상스와 종교 개혁	설명식 수업, 만들기 수업, 글쓰기 수업	형성평가

   다. 교수·학습 환경

학생 수	지도 장소	매체 및 기자재
24명	교실	칠판, 교사용 컴퓨터, 스마트TV, 태블릿PC 등

자료

자료 1

"오 아담이여, …… 네가 어느 자리를 차지하고 어느 면모를 취하고 어느 임무를 맡을지는 너의 희망대로, 너의 의사대로 하라! …… 너는 그 어느 장벽으로도 규제받지 않고 있는 만큼 너의 자유의지에 따라서 네 본질을 규정하라. …… 네가 너 자신의 조형자요, 조각가로서 네가 원하는 대로 형상을 빚어내게 하기 위함이다. 너는 너 자신을 짐승 같은 하위의 존재로 퇴화시킬 수 있고, 그대 정신의 의사에 따라서는 '신적'이라 할 상위 존재로 재생 시킬 수도 있으리라."
- 피코 델라미란돌라, 「인간의 존엄성에 관한 연설」

자료 2

제6조. 교황은 신의 용서를 선언하거나 시인하는 이 외의 어떠한 죄도 용서할 권한이 없다.
제21조. 설교자가 교황의 면벌부에 의해 모든 형벌에서 벗어날 수 있다고 하는 것은 잘못이다.
제36조. 진실로 회개한 크리스트교도는 면벌부가 없어도 징벌이나 죄에서 완전히 해방되는 것이다.
- 루터의 「95개조 반박문」(1517)

자료 3

모든 사람은 동일한 상태로 창조된 것이 아니며, 어떤 사람에게는 영원한 벌이 예정되어 있다. 그러므로 성서가 명백히 밝히고 있는 바에 따라, 우리는 신이 그 영원의 섭리로서 누구를 구제하려고 원하고 또한, 누구를 멸망에 이르게 하려고 하는가를 그 영원불변의 섭리 속에 미리 정해 놓았다고 말하는 것이다.
- 칼뱅, 『크리스트교 강요』

자료 4

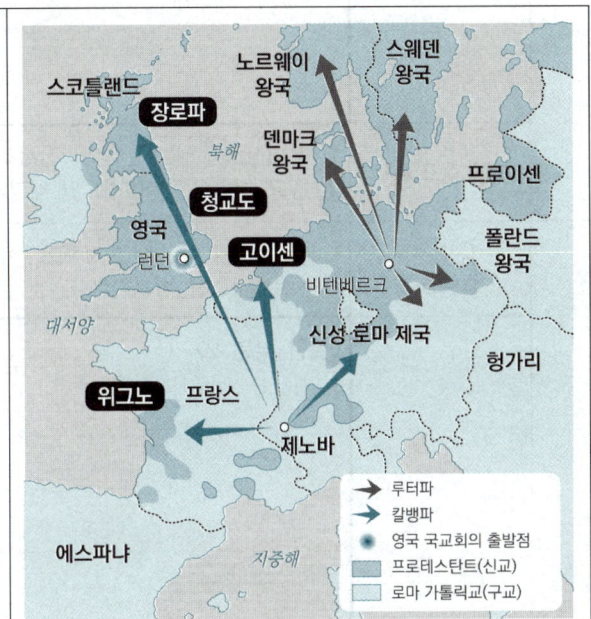

자료 5

〈가상 SNS 활동지〉

학번 _____ 이름 _____

*루터와 칼뱅 중 한 명을 선택하여 프로필사진 및 아이디 칸을 채우고, 주장을 전달하는 글을 써보자.

※ 작성시 유의사항

작성시 유의사항
1. [수험생 작성 부분 1]
2. [수험생 작성 부분 2]

교수·학습 지도안

단원			르네상스와 종교 개혁	차시	4-5/5
학습 단계			교수·학습 활동	자료 및 유의점	시간(분)
도입		선수학습 확인	• 문답을 통해 지난 시간에 배운 내용을 확인한다.		
		동기 유발	〈실연 부분 1〉	〈자료 1〉	5
		학습 목표 제시	1. 르네상스에 대해 온라인 전시로 표현할 수 있다. 2. 종교 개혁이 일어나게 된 배경과 전개를 설명할 수 있다.		
전개		[전개 1] 르네상스	• 르네상스의 특징을 설명하고, 이탈리아 르네상스와 알프스 이북의 르네상스를 비교한다.		20
		[전개 2] 전시기획 활동	〈실연 부분 2〉		35

전개	[전개 3] 종교 개혁	〈실연 부분 3〉	〈자료 2~5〉	35

※ 작성시 유의사항

작성시 유의사항
1. [수험생 작성 부분 1]
2. [수험생 작성 부분 2]

정리	형성평가	• 교사는 본시 학습의 주요 내용을 문답으로 확인한다.		5
	차시 예고	• 다음 시간 학습 내용을 안내한다.		

주제 16 | 크리스트교 문화의 형성과 확산

해설 p.126

2025학년도 중등학교 교사 임용후보자 선정 경쟁시험(제2차 시험)

역사 수업 실연

문제 다음의 〈실연 방법〉, [교수·학습 조건], [자료]와 [교수·학습 지도안]을 반영하여 수업을 실연하시오.

〈실연 방법〉

[교수·학습 지도안]의 〈실연 부분 1~3〉에 해당하는 부분을 작성하시오.
1. 〈실연 부분 1〉: 성취기준과 〈자료〉를 고려하여 적절한 학습 목표 2가지를 제시하시오.
2. 〈실연 부분 2〉: 〈자료〉의 활동지를 바탕으로 학생활동을 진행하시오.
   가. [수험생 작성 부분 1~5]를 채우시오.
   나. [활동시 유의사항]을 포함하여 활동을 소개하시오.
   다. 순회 지도를 통해 모둠원 간 적절한 역할 분배가 이루어질 수 있도록 조력하시오.
3. 〈실연 부분 3〉: 활동에 대한 발표 및 피드백을 실시하시오.
   가. [채점기준]에 기초하여 활동 피드백 시간을 가지시오.
   나. 피드백 반영 시간을 가진 후, 활동지를 제출하도록 하시오.

※ 유의점
1. 교사의 순회 지도 과정이 구체적으로 드러나도록 시연하시오.
2. 역사과 핵심역량을 증진시키는 방향으로 학생활동을 진행하시오.
3. 모둠별 태블릿PC를 통해 필요한 자료를 수집할 수 있도록 하시오.

교수·학습 조건

1. 과 목 명: 역사
2. 대   상: 중학교 2학년
3. 수업시간: 45분
4. 단 원 명: 크리스트교 문화의 형성과 확산

   가. 단원의 성취기준

   [9역02-04] 비잔티움 제국과 서유럽 세계의 교회가 사회에 미친 영향과 교권의 변화를 이해한다.

   나. 단원의 구성

단원	차시	주요 내용 및 활용	수업형태	평가방법
크리스트교 문화의 형성과 확산	1	서유럽 봉건 사회의 형성	강의식 수업, 글쓰기 수업	수행평가
	2	비잔티움 제국	강의식 수업, 사료 탐구 수업	형성평가
	3	크리스트교 중심의 서유럽 문화	강의식 수업, 극화 학습	수행평가
	4	십자군 전쟁	강의식 수업	형성평가
	5	르네상스와 종교 개혁	강의식 수업, 탐구 수업	수행평가
	6(본시)	중단원 정리 활동	비주얼 씽킹	수행평가

   다. 교수·학습 환경

학생수	지도장소	매체 및 기자재
24명	교실	칠판, 교사용 컴퓨터, 스마트TV, 태블릿PC 등

자료

활동지 : 교황권과 왕권의 변화 표현하기

모둠명 : _____
모둠원 : _____

[활동 1] 교황권과 왕권의 변화 사례를 모둠원이 함께 정리하기(배운 내용 참고)

주제 1. 서유럽 봉건 사회 형성 :

주제 2. 카노사의 굴욕 :

주제 3. 십자군 전쟁 :

주제 4. 종교개혁 :

[활동 2] 모둠원이 주제를 하나씩 선택하여 비주얼 씽킹으로 나타내기([활동 1]에서 찾은 사례 반영)

주제 1. 서유럽 봉건 사회 형성	주제 2. 카노사의 굴욕	주제 3. 십자군 전쟁	주제 4. 종교개혁

[활동시 유의사항]

1	[수험생 작성 부분 1]
2	[수험생 작성 부분 2]
3	[수험생 작성 부분 3]

[채점기준]

역사과 핵심 역량	배점	채점기준
역사 사실 이해	2	[수험생 작성 부분 4]
	0	무응답 및 오답
역사 정보 활용 및 의사소통	2	[수험생 작성 부분 5]
	0	무응답 및 오답

교수·학습 지도안

단원		크리스트교 문화의 형성과 확산	차시	6/6
학습 단계		교수·학습 활동	자료 및 유의점	시간(분)
도입	선수 학습 확인	• 문답을 통해 지난 시간에 배운 내용을 확인한다.		5
	동기유발	• 활동의 의미를 소개하여 학생의 흥미를 유발한다.		
	학습 목표 제시	〈실연 부분 1〉		
전개	[전개 1] 학생 활동	〈실연 부분 2〉 [활동시 유의사항] 1. [수험생 작성 부분 1] 2. [수험생 작성 부분 2] 3. [수험생 작성 부분 3]	〈자료〉	15

전개		[채점기준] 	역사과 핵심 역량	배점	채점기준
---	---	---
역사 사실 이해	2	[수험생 작성 부분 4]
	0	무응답 및 오답
역사 정보 활용 및 의사소통	2	[수험생 작성 부분 5]
	0	무응답 및 오답			
	[전개 2] 발표 및 피드백	〈실연 부분 3〉	〈자료〉	20
정리	본시 학습 정리	• 교사는 본시 학습의 주요 내용을 문답으로 확인한다.		5
	차시 예고	• 다음 시간 학습 내용에 대해 안내한다.		

주제 17 신항로 개척 ★

해설 p.128

2025학년도 중등학교 교사 임용후보자 선정 경쟁시험(제2차 시험)
역사 수업 실연

문제 다음의 〈실연 방법〉, [교수·학습 조건], [자료]와 [교수·학습 지도안]을 반영하여 수업을 실연하시오.

〈실연 방법〉

[교수·학습 지도안]의 〈실연 부분 1~3〉에 해당하는 부분을 실연하시오.
1. 〈실연 부분 1〉: 〈자료 1〉을 활용하여 강의식 수업을 하시오.
   가. 〈자료 1〉을 활용하고, [바스쿠 다가마, 콜롬버스, 마젤란]을 학습 요소로 포함하시오.
2. 〈실연 부분 2〉: 〈자료 2, 3〉을 활용하여 문답식 수업을 하시오.
   가. 〈자료 2, 3〉을 활용하여 학생들이 스스로 탐구할 수 있는 질문을 1가지씩 제시하시오.
3. 〈실연 부분 3〉: 〈자료 4, 5〉를 활용하여 토의식 수업을 하시오.
   가. 〈자료 4〉를 활용하여 '신항로 개척 이후 변화'에 대한 토의 학습을 준비하시오.
   나. 〈자료 5〉의 [수험생 작성 부분 1, 2]를 쓰고, 수행평가 기준을 안내하시오.
   다. 학생들의 토의 학습 이후 감상을 공유하는 수업을 하시오.

교수·학습 조건

1. 과 목 명 : 세계사
2. 대   상 : 고등학교 2학년
3. 수업시간 : 100분(블록타임제)
4. 단 원 명 : 신항로 개척
   가. 단원의 성취기준

   [12세사04-03] 신항로 개척이 가져온 유럽의 흥기와 절대 왕정의 등장에 대해 탐구하여 유럽 사회의 변화된 모습을 파악한다.

   나. 단원의 구성

단원	차시	주요 내용 및 활용	수업형태	평가방법
유럽 세계의 변화	1-2 (본시)	신항로 개척	강의식 수업, 문답식 수업, 토의식 학습	수행평가
	3	르네상스와 종교 개혁	강의식 수업, 글쓰기 수업	수행평가

   다. 교수·학습 환경

학생수	지도장소	매체 및 기자재
24명	교실	칠판, 교사용 컴퓨터, 빔 프로젝트, 스크린, 태블릿PC

자료

자료 1

그곳에는 벌거벗은 사람들이 있었다. …… 그들은 영리하고 훌륭한 노예로 적격이었다. 내가 그들에게 한 말을 하나도 빼놓지 않고 즉각 되풀이하는 것을 보면 알 수 있다. 나는 그들이 쉽게 크리스트교도가 되리라고 믿고 있다. 그들에게는 종교가 없는 것 같다.

- 콜럼버스, 『콜럼버스 항해록』

자료 2

자료 3

▲ 광산 노예로 전락한 아메리카 원주민

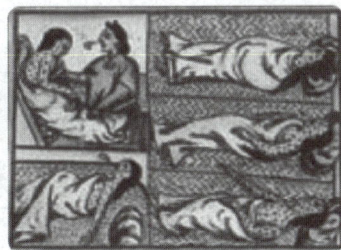
▲ 천연두에 감염된 아메리카 원주민

▲ 아프리카 노예 수송선의 내부

자료 4

'신항로 개척 이후의 변화' 토의 활동지
— 모둠 이름 : _____

1. 신항로 개척 이후의 변화

긍정적 변화	
부정적 변화	

2. 신항로 개척에 대한 우리 모둠의 생각

3. 모둠별 토의 이후의 우리 모둠의 생각

자료 5

수행평가지

	내용	점수
내용	토의의 핵심을 잘 파악하였는가?(2점)	
	[수험생 작성 부분 1](2점)	
	토의 규칙을 준수하였는가?(2점)	
태도	[수험생 작성 부분 2](2점)	
	토의에 적극적으로 참여하였는가?(2점)	

교수·학습 지도안

단원		신항로 개척	차시	1-2/3
학습단계		교수·학습 활동	자료 및 유의점	시간(분)
도입	선수 학습 확인	• 지난 시간에 배운 내용을 복습한다.		10
	동기유발	• 〈동방견문록〉의 한 구절을 읽으며 유럽인의 동양에 대한 환상에 대해서 이야기한다.	사료	
	학습 목표 제시	• 신항로 개척의 전개 과정을 설명할 수 있다. • 신항로 개척 이후의 변화를 주제로 토의할 수 있다.		
전개	[전개 1] 신항로 개척의 배경	• 신항로 개척의 배경을 설명한다.		10
	[전개 2] 신항로 개척의 전개	〈실연 부분 1〉	〈자료 1〉	10
	[전개 3] 신항로 개척의 결과	〈실연 부분 2〉	〈자료 2, 3〉	20

전개	[전개 4] 신항로 개척의 결과(토의 학습)	〈실연 부분 3〉 ※ 수행평가지 |	내용	점수
---	---	---
내용	토의의 핵심을 잘 파악하였는가?(2점)	
	[수험생 작성 부분 1](2점)	
	토의 규칙을 준수하였는가?(2점)	
태도	[수험생 작성 부분 2](2점)	
	토의에 적극적으로 참여하였는가?(2점)			〈자료 4, 5〉	45
정리	본시 학습 정리	• 교사는 주요 내용을 문답으로 확인한다.		5
	차시 예고	• 교사는 다음 시간의 내용을 예고한다.		

주제 18 절대 왕정

해설 p.129

2025학년도 중등학교 교사 임용후보자 선정 경쟁시험(제2차 시험)
역사 수업 실연

문제 다음의 〈실연 방법〉, [교수·학습 조건], [자료]와 [교수·학습 지도안]을 반영하여 수업을 실연하시오.

〈실연 방법〉

[교수·학습 지도안]의 〈실연 부분 1~3〉에 해당하는 부분을 실연하시오.
1. 〈실연 부분 1〉: 내용과 활동을 고려한 학습 목표를 3가지 제시하시오.
2. 〈실연 부분 2〉: 〈자료 1~4〉를 활용하여 설명식 및 글쓰기 수업을 진행하시오.
   가. 〈자료 1~3〉을 총괄적으로 설명하고, 이를 판서에 반영하시오.
   나. 〈자료 2〉를 활용하여 〈자료 4〉를 작성하는 글쓰기 수업을 진행하시오.
   다. 〈자료 4〉를 학생이 완성했다고 가정하고, 긍정적인 피드백을 시연하시오.
3. 〈실연 부분 3〉: 〈자료 5〉를 활용한 만들기 수업을 진행하시오.
   가. 〈자료 5〉의 [수험생 작성 부분 1~3]를 채워 활동을 안내하시오.
   나. 블렌디드 수업에서 일어날 수 있는 문제 상황을 가정하고 이에 대한 순회 지도를 실시하시오.
   다. 학생 간 피드백을 진행하시오.

※ 유의점
   1. 단원의 성취기준을 고려하시오.
   2. 교사와 학생의 활동이 구체적으로 드러나도록 작성하시오.

교수·학습 조건

1. 과 목 명: 세계사
2. 대   상: 고등학교 2학년
3. 수업시간: 100분(블록타임제)
4. 단 원 명: 절대 왕정
   가. 단원의 성취기준

   [12세사04-03] 신항로 개척이 가져온 유럽의 흥기와 절대 왕정의 등장에 대해 탐구하여 유럽 사회의 변화된 모습을 파악한다.

   나. 단원의 구성

단원	차시	주요 내용 및 활용	수업 형태	평가 방법
유럽 세계의 변화	1	신항로의 개척	비교 학습, 만들기 수업	수행평가
	2	유럽 교역망의 확장	설명식 수업, 만들기 수업	형성평가
	3-4 (본시)	절대 왕정	설명식 수업, 글쓰기 수업, 만들기 수업	형성평가

   다. 교수·학습 환경

학생 수	지도 장소	매체 및 기자재
24명	교실	칠판, 교사용 컴퓨터, 스마트TV, 태블릿PC 등

자료

자료 1

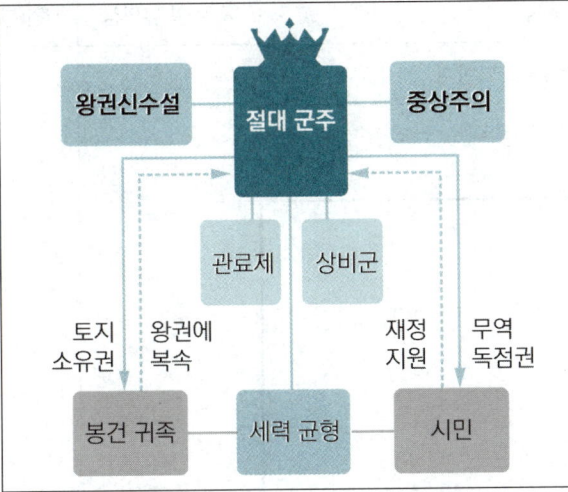

자료 2

모든 공업을 다시 살리거나 새로 세워야 합니다. 관세와 관련해서는 보호무역 제도를 확립해야 합니다. 생산자와 상인을 수공업 길드에 편입시켜야 합니다. …… 국가 재정 적자를 줄여야 합니다. 국산품의 해상운송을 프랑스가 다시 맡도록 해야 합니다. 식민지를 발전시켜 무역에서 프랑스에 종속시켜야 합니다.
- 콜베르가 재상 마자랭에게 보낸 편지

자료 3

권력은 신으로부터 나온다. 신은 국왕을 그의 사자로 만드셔서, 국왕을 통해 백성을 지배한다. …… 국왕은 절대적인 권위를 갖지 않고서는 선은 이룰 수도, 악을 막을 수도 없다. …… 그러므로 정의 그 자체에 복종하는 것처럼 국왕에게 복종하라.
- 보쉬에, 『성서에서 인용한 정치』

자료 4

〈글쓰기 활동〉

학번 _____ 이름 _____

* 절대 왕정의 재정을 담당하는 관리가 되었다고 생각하고 군주에게 가상 편지를 써보자.

자료 5

〈인물 카드 제작 활동지〉

학번 _____ 이름 _____

1. 인물을 선택한다.

서유럽의 절대 왕정	펠리페 2세 / 엘리자베스 1세 / 루이 14세
동유럽의 절대 왕정	표트르 대제 / 프리드리히 2세

2. 패들렛에 인물의 사진과 설명을 넣은 인물 카드를 제작한다.
3. 인물 카드 설명에 필수로 들어가야 할 내용은 다음과 같다.

필수 요소
1. [수험생 작성 부분 1]
2. [수험생 작성 부분 2]
3. [수험생 작성 부분 3]

교수·학습 지도안

단원		절대 왕정	차시	3-4/4
학습단계		교수·학습 활동	자료 및 유의점	시간(분)
도입	선수학습 확인	• 문답을 통해 지난 시간에 배운 내용을 확인한다.		5
	동기유발	• 봉건제는 지방 분권적인 반면, 절대 왕정은 중앙 집권적인 모습을 보인다는 차이점을 언급한다.		
	학습 목표	〈실연 부분 1〉		
전개	[전개 1]	〈실연 부분 2〉	〈자료 1~4〉	30
	[전개 2]	• 서유럽의 절대왕정과 동유럽의 절대왕정을 설명한다.		30

전개	[전개 3]	〈실연 부분 3〉 ※ 필수 요소 	필수 요소
1. [수험생 작성 부분 1]
2. [수험생 작성 부분 2]
3. [수험생 작성 부분 3]		〈자료 5〉	30
---	---	---	---	---
정리	형성평가	• 교사는 본시 학습의 주요 내용을 문답으로 확인한다.		5
	차시 예고	• 다음 시간 학습 내용을 안내한다.		

주제 19 영국 혁명

2025학년도 중등학교교사 임용후보자 선정경쟁시험(제2차 시험)
역사 수업 실연

문제 다음의 〈실연 방법〉, [교수·학습 조건], [자료]와 [교수·학습 지도안]을 반영하여 수업을 실연하시오.

〈실연 방법〉

[교수·학습 지도안]의 〈실연 부분 1~3〉에 해당하는 부분을 실연하시오.
1. 〈실연 부분 1〉: 〈자료 1〉을 활용하여 설명식 수업을 하시오.
   가. 〈자료 1〉을 활용하여 적절한 질문을 제시하시오.
   나. [젠트리, 권리청원, 왕당파와 의회파, 청교도 혁명]을 학습 요소로 포함하시오.
2. 〈실연 부분 2〉: 〈자료 2〉를 활용하여 사료 학습을 하시오.
3. 〈실연 부분 3〉: 〈자료 3, 4〉를 활용하여 제작 수업을 하시오.
   가. 〈자료 3〉의 그림을 활용한 팜플렛 제작 수업을 안내하시오.
   나. 〈자료 4〉의 [수험생 작성 부분 1, 2]를 제시하시오.
   다. 학생이 〈자료 4〉를 완성한 경우를 가정하고, 피드백 과정을 실연하시오.

교수·학습 조건

1. 과 목 명 : 세계사
2. 대   상 : 고등학교 2학년
3. 수업시간 : 50분
4. 단 원 명 : 영국 혁명
   가. 단원의 성취기준

   [12세사04-04] 시민 혁명과 국민 국가 형성 과정을 이해하고, 산업 혁명의 세계사적 의미를 해석한다.

   나. 단원의 구성

단원	차시	주요 내용 및 활용	수업 형태	평가 방법
시민 혁명과 산업 혁명	1 (본시)	영국 혁명	설명식 수업, 사료학습, 제작 수업	수행평가
	2	미국 혁명	사료학습, 설명식 수업, 역사 신문 만들기	수행평가
	3	프랑스 혁명	설명식 수업, 보고서 작성	수행평가
	4	국민 국가의 발전	설명식 수업, 탐구학습	수행평가

   다. 교수·학습 환경

학생 수	지도 장소	매체 및 기자재
24명	교실	칠판, 교사용 컴퓨터, 스마트TV, 태블릿PC

자료

자료 1 권리 청원
현재 의회에 소집된 성직자, 귀족, 평민은 지극히 높으신 국왕 폐하께 다음과 같이 탄원한다.
제1조 …… 폐하의 신민은 의회에서 만장일치로 동의한 것이 아니면 어떠한 세금, 차입금, 기부금 및 기타 이와 유사한 부조금을 내도록 강제당하지 않을 자유를 누린다.
제3조 …… 누구도 적법한 판결과 국법에 따르지 않고서 함부로 체포·구속되지 않는다. 자유인은 소유권과 특권 및 개인의 자유를 보장하는 관습을 침해당하거나, 법의 보호 밖에 방치되고 추방되는 …… 일이 없다.

자료 2 권리 장전
- '국왕은 의회의 동의 없이 법의 효력을 정지하거나 법의 집행을 정지할 수 있는 권력이 있다.'는 주장은 위법이다.
- 국왕이 의회의 승인 없이 세금을 징수하는 것은 위법이다.

자료 3

'영국 혁명' 전시 기획자가 되어 팜플렛 만들기

1. 청교도 혁명

- 제목 :
- 작품 설명 :

2. 명예혁명

- 제목 :
- 작품 설명 :

자료 4 채점기준표

기준	점수
제작물의 제목이 적절한가?[2점]	
[수험생 작성 부분 1][2점]	
[수험생 작성 부분 2][2점]	
제작 과정에 임하는 태도가 적극적인가?[2점]	

교수·학습 지도안

단원		영국 혁명	차시	1/4
학습단계		교수·학습 활동	자료 및 유의점	시간(분)
도입	선수 학습 확인	• 지난 시간에 배운 내용을 복습한다.		5
	동기유발	• 정치와 법 시간에 배운 '내각 책임제'의 개념을 상기시킨다.		
	학습 목표 제시	1. 영국 혁명의 전개 과정을 설명할 수 있다. 2. 영국 혁명과 관련된 그림들을 역사적 맥락에서 설명할 수 있다.		
전개	[전개 1] 청교도 혁명	〈실연 부분 1〉	〈자료 1〉	10
	[전개 2] 명예 혁명	〈실연 부분 2〉	〈자료 2〉	10

전개	[전개 3] 팜플렛 만들기	〈실연 부분 3〉 ※ 채점기준표 | 기준	점수 | |---|---| | 제작물의 제목이 적절한가?[2점] | | | [수험생 작성 부분 1][2점] | | | [수험생 작성 부분 2][2점] | | | 제작 과정에 임하는 태도가 적극적인가?[2점] | |	〈자료 3, 4〉	20
정리	본시 학습 정리	• 교사는 주요 내용을 문답으로 확인한다.		5
	차시 예고	• 다음 시간 내용을 간단히 예고한다.		

주제 20　미국 혁명

❈ 해설 p.132

2025학년도 중등학교교사 임용후보자 선정경쟁시험(제2차 시험)
역사 수업 실연

문제 다음의 〈실연 방법〉, [교수·학습 조건], [자료]와 [교수·학습 지도안]을 반영하여 수업을 실연하시오.

〈실연 방법〉

[교수·학습 지도안]의 〈실연 부분 1~3〉에 해당하는 부분을 실연하시오.
1. 〈실연 부분 1〉: 학생들의 흥미를 높일 수 있는 효과적인 동기유발을 하시오.
2. 〈실연 부분 2〉: 〈자료 1, 2〉를 활용하여 그림 연표 만들기 수업을 하시오.
  가. 〈자료 1〉을 활용하여 그림 연표 만들기 수업을 안내하시오.
  나. 〈자료 2〉의 [수험생 작성 부분 1, 2]를 쓰고, 수행평가 기준을 안내하시오.
  다. 학생들의 발표 후 피드백하는 과정을 포함하시오.
3. 〈실연 부분 3〉: 〈자료 3〉을 활용하여 사료 학습을 하시오.

※ 유의 사항: 학생들의 흥미를 높이기 위해 시민 혁명과 관련된 영화, 음악, 미술 등 다양한 매체를 활용하시오.

교수·학습 조건

1. 과 목 명: 세계사
2. 대　　상: 고등학교 2학년
3. 수업시간: 50분
4. 단 원 명: 미국 혁명
  가. 단원의 성취기준

  [12세사04-04] 시민 혁명과 국민 국가 형성 과정을 이해하고, 산업 혁명의 세계사적 의미를 해석한다.

  나. 단원의 구성

단원	차시	주요 내용 및 활용	수업형태	평가방법
시민 혁명과 산업혁명	1	영국 혁명	설명식 수업, 사료학습, 제작 수업	수행평가
	2 (본시)	미국 혁명	그림 연표 만들기 수업, 사료 학습	수행평가
	3	프랑스 혁명	설명식 수업, 보고서 작성	수행평가
	4	국민 국가의 발전	설명식 수업, 탐구학습	수행평가

  다. 교수·학습 환경

학생 수	지도 장소	매체 및 기자재
24명	교실	칠판, 교사용 컴퓨터, 스마트TV, 태블릿PC

자료

자료 1

〈그림 연표 만들기〉

※ 연표에 제시된 사건들을 그린 그림을 조사하고, 각 그림에 대한 설명을 작성하고, 그림과 연표를 화살표로 연결해봅시다.

(가) _____
_____

| 1765 |
| 인지세 부과에 대한 항의 |
| ↓ |
| 1773 |
| 보스턴 차 사건 |
| ↓ |
| 1776 |
| ? |
| ↓ |
| 1781 |
| ? |
| ↓ |
| 1783 |
| 파리 조약 체결 |

(나) _____
_____

(다) _____
_____

(라) _____
_____

자료 2 그림 연표 만들기 채점기준표

기준	점수
연표의 빈칸을 올바르게 채웠는가?[2점]	
[수험생 작성 부분 1][2점]	
[수험생 작성 부분 2][2점]	
연표 제작 과정에 임하는 태도가 적극적인가?[2점]	

자료 3

모든 인간은 평등하게 창조되었으며, 그들은 창조주로부터 양도할 수 없는 일정한 권리를 부여받았고, 그 권리 중에는 생명, 자유, 행복을 추구할 권리가 포함되어 있다. 이러한 권리를 확보하기 위해 정부를 조직하며, 정부의 정당한 권력은 국민의 동의에서 발생한다. 어떠한 형태의 정부라도 이러한 목적을 파괴할 때에는 언제든지 바꾸거나 없애고 국민의 안전과 행복을 가장 잘 이룩할 수 있는 새로운 정부를 조직하는 것이 국민의 권리이다.

- 미국 독립 선언문(1776)

교수·학습 지도안

단원		미국 혁명	차시	2/4
학습단계		교수·학습 활동	자료 및 유의점	시간(분)
도입	선수 학습 확인	• 거꾸로 수업을 통해 학습한 미국 혁명의 전개 과정을 확인한다.		5
	동기유발	〈실연 부분 1〉		
	학습 목표 제시	1. 그림 연표를 활용하여 미국 혁명의 전개 과정을 이해할 수 있다. 2. 미국 독립 선언서의 내용을 분석할 수 있다.		
전개	[전개 1] 미국 혁명의 전개 (그림 연표 제작)	〈실연 부분 2〉 ※ 채점기준표 | 기준 | 점수 | |---|---| | 연표의 빈칸을 올바르게 채웠는가?[2점] | | | [수험생 작성 부분 1][2점] | | | [수험생 작성 부분 2][2점] | | | 연표 제작 과정에 임하는 태도가 적극적인가?[2점] | |	〈자료 1, 2〉	30

		⟨실연 부분 3⟩		
전개	[전개 2] 미국의 독립선언서		⟨자료 3⟩	10
정리	본시 학습 정리	• 교사는 주요 내용을 문답으로 확인한다.		5
	차시 예고	• 다음 시간 내용을 간단히 예고한다.		

⟨실연 부분 3⟩

주제 21 　국민 국가의 발전

해설 p.133

2025학년도 중등학교교사 임용후보자 선정경쟁시험(제2차 시험)
역사 수업 실연

문제 다음의 〈실연 방법〉, [교수・학습 조건], [자료]와 [교수・학습 지도안]을 반영하여 수업을 실연하시오.

〈실연 방법〉

[교수・학습 지도안]의 〈실연 부분 1~4〉에 해당하는 부분을 실연하시오.
1. 〈실연 부분 1〉: 〈자료 1~3〉을 활용하여 글쓰기 수업을 하시오.
   가. 〈자료 1〉을 활용한 총괄적 설명을 하시오.
   나. 〈자료 2〉를 활용하여 글쓰기 수행평가를 안내하시오.
   다. 〈자료 3〉의 [수험생 작성 부분 1, 2]를 제시하시오.
   라. 학생이 〈자료 2〉를 완성한 것을 가정하고, 교사가 피드백하는 과정을 실연하시오.
2. 〈실연 부분 2〉: 〈자료 4〉를 활용하여 문답식 수업을 하시오.
3. 〈실연 부분 3〉: 〈자료 5〉를 활용하여 사료 학습을 하시오.
4. 〈실연 부분 4〉: 〈자료 6〉을 활용하여 사료 학습을 하시오.

교수・학습 조건

1. 과 목 명 : 세계사
2. 대　　상 : 고등학교 2학년
3. 수업시간 : 100분(블록타임제)
4. 단 원 명 : 국민 국가의 발전
   가. 단원의 성취기준

   [12세사04-04] 시민 혁명과 국민 국가 형성 과정을 이해하고, 산업 혁명의 세계사적 의미를 해석한다.

   나. 단원의 구성

단원	차시	주요 내용 및 활용	수업형태	평가방법
시민 혁명과 산업혁명	1	영국 혁명	설명식 수업, 사료학습, 제작 수업	수행평가
	2	미국 혁명	사료학습, 설명식 수업, 역사 신문 만들기	수행평가
	3	프랑스 혁명	설명식 수업, 보고서 작성	수행평가
	4-5 (본시)	국민 국가의 발전	글쓰기 수업, 문답식 수업, 사료학습	수행평가

   다. 교수・학습 환경

학생수	지도장소	매체 및 기자재
24명	교실	칠판, 교사용 컴퓨터, 스마트TV, 태블릿PC

자료

자료 1

자료 2

예술 작품으로 보는 19세기 자유주의 운동

- 이름 :

본인이 19세기 자유주의 운동을 주제로 하는 전시 기획자가 되었다고 생각하고, 탐구하고 싶은 주제와 관련된 예술 작품을 선택한 후 작품에 대한 설명을 적어주세요.

내가 선택한 작품	작품에 대한 설명
(예술 작품을 선택하여 붙이기)	- 역사적 사건 명칭 : - 당시 역사적 상황 :

자료 3

채점기준표

기준	점수
19세기 자유주의 운동에 해당하는 작품을 선정했는가?[2점]	
[수험생 작성 부분 1][2점]	
[수험생 작성 부분 2][2점]	
활동에 임하는 태도가 적극적인가?[2점]	

자료 4

1838년의 인민 헌장

1. 21세 이상 모든 남자의 선거권 인정
2. 유권자 보호를 위해 비밀 투표제 실시
3. 하원 의원의 재산 자격 조항 폐지
4. 하원 의원에게 보수 지급
5. 인구 비례에 의한 평등한 선거구의 결정
6. 의원의 임기를 1년으로 하여 매년 선거 실시

자료 5

현재 미국에 대하여 반란 상태에 있는 주의 노예들은 1863년 1월 1일 이후부터 영원히 자유의 몸이 될 것이다. …… 미국의 대통령인 나, 에이브러햄 링컨은 …… 자유가 선언된 노예들에게 ……적합한 임금을 벌기 위하여 성실히 노동할 것을 권유한다. 또한 적합한 조건을 갖춘 자는 미국 군대에 입대하여 요새, 진지 및 기타 부서에 배치되고 모든 종류의 선박에도 배치될 것임을 알린다.
- 노예 해방령(1863)

자료 6

귀족은 농노의 인신에 대한 권리를 자발적으로 포기하였다. …… 농민은 일정 기간 법에 따라 자유 경작인의 모든 권리를 부여받을 것이다. 지주들은 소유 토지에 대한 재산권을 보유하면서 농민들에게 고정된 임대료를 받고 토지 경작권을 부여할 것이다. …… 동시에 농민에게 토지를 구매 할 권리가 부여된다. …… 그리고 구매한 땅의 지주에 대한 의무에서 해방되어 자유 농민(토지 소유자)으로 편입된다.
- 농노 해방령(1861)

교수·학습 지도안

단원			국민 국가의 발전	차시	4-5/5
학습단계			교수·학습 활동	자료 및 유의점	시간(분)
도입	선수 학습 확인		• 지난 시간에 배운 내용을 복습한다.		5
	동기유발		• 학생들에게 '빈회의 풍자화'를 보여주며, 어떤 상황인지 유추하게 한다.	풍자화	
	학습 목표 제시		1. 19세기 자유주의 운동을 예술 작품을 활용하여 설명할 수 있다. 2. 미국, 러시아의 발전과정을 설명할 수 있다.		
전개	[전개 1] 빈체제와 자유주의· 민족주의 확산 (7월 혁명, 2월 혁명)		〈실연 부분 1〉 ※ 채점기준표 | 기준 | 점수 | |---|---| | 19세기 자유주의 운동에 해당하는 작품을 선정했는가? [2점] | | | [수험생 작성 부분 1][2점] | | | [수험생 작성 부분 2][2점] | | | 활동에 임하는 태도가 적극적인가?[2점] | |	〈자료 1~3〉	30
	[전개 2] 영국의 자유주의 운동		〈실연 부분 2〉	〈자료 4〉	10

	[전개 4] 이탈리아와 독일의 통일	• 이탈리아, 독일의 통일 과정을 설명할 수 있다.		15
	[전개 5] 미국의 발전	〈실연 부분 3〉	〈자료 5〉	15
전개	[전개 6] 러시아의 발전	〈실연 부분 4〉	〈자료 6〉	20
정리	본시 학습 정리	• 교사는 주요 내용을 문답으로 확인한다.		5
	차시 예고	• 다음 시간 내용을 간단히 예고한다.		

| 주제 22 | 산업 혁명 ☆ | 해설 p.135 |

2025학년도 중등학교 교사 임용후보자 선정 경쟁시험(제2차 시험)
역사 수업 실연

문제 다음의 〈실연 방법〉, [교수·학습 조건], [자료]와 [교수·학습 지도안]을 반영하여 수업을 실연하시오.

〈실연 방법〉

[교수·학습 지도안]의 〈실연 부분 1~3〉에 해당하는 부분을 실연하시오.
1. 〈실연 부분 1〉: 〈자료 1, 2〉를 활용하여 문답식 수업을 하시오.
   가. 〈자료 1, 2〉를 활용하고, [동력 혁명, 통신 혁명, 교통 혁명]의 학습 요소를 포함하시오.
2. 〈실연 부분 2〉: 〈자료 3, 4〉를 활용하여 사료 학습을 하시오.
   가. 〈자료 3, 4〉를 활용하여 교사가 학생들에게 스스로 탐구할 수 있는 질문을 제시하시오.
3. 〈실연 부분 3〉: 〈자료 5, 6〉을 활용하여 수행평가를 하시오.
   가. 〈자료 5〉를 활용하여 '산업 혁명의 빛과 그늘'에 대한 글쓰기 수행평가를 준비하시오.
   나. 〈자료 6〉이 학생이 쓴 글이라 가정하고 교사의 입장에서 피드백하시오.

※ 유의 사항 : 생태사적 관점을 반영하여 수업을 진행하시오.

교수·학습 조건

1. 과 목 명 : 세계사
2. 대   상 : 고등학교 2학년
3. 수업시간 : 50분
4. 단 원 명 : 산업 혁명
   가. 단원의 성취기준

   [12세사04-04] 시민 혁명과 국민 국가의 형성 과정을 이해하고, 산업 혁명의 세계사적 의미를 해석한다.

   나. 단원의 구성

단원	차시	주요 내용 및 활용	수업형태	평가방법
시민혁명과 산업 혁명	1	과학혁명과 계몽사상	강의식 수업, 탐구학습	수행평가
	2	영국 혁명	강의식 수업, 사료 학습	다면평가
	3	미국 혁명	강의식 수업, 글쓰기 수업	수행평가
	4	프랑스 혁명	만들기 수업	다면평가
	5	국민 국가의 발전	주제 학습	수행평가
	6(본시)	산업 혁명	문답식 수업, 사료 학습, 글쓰기 수업	수행평가

다. 교수·학습 환경

학생수	지도장소	매체 및 기자재
24명	교실	칠판, 교사용 컴퓨터, 빔 프로젝트, 스크린, 태블릿PC

| 자료 |

자료 1 제임스 와트의 증기기관	자료 2 모스의 전신기

자료 3

증기 기관으로 작동하는 공장의 아동 노동을 보면 …… 대부분 하는 일 없이 공장에서 빈둥거리는 시간이 많다. …… 빈민의 타락을 효율적으로 막고, 근면과 진취성과 지성이라는 고상한 정신을 불러일으킨 유일한 곳이 바로 공장 지역이다. …… 규칙적인 생활 습관 덕분에 공장에 고용된 사람의 건강 상태는 집에서 면직물을 짜는 사람보다 더 낫다.

- 『매뉴팩처의 철학』(1835) (이영효, 『사료로 읽는 서양사 4』)

자료 4

[질문] 지금 몇 살이고 언제부터 공장에서 일하였습니까?
[답변] 올해 스물세 살이고 여섯 살 때부터 일했습니다.
[질문] 하루에 몇 시간씩 일했습니까?
[답변] 아침 5시부터 저녁 7시까지인데, 바쁘면 9시까지 한 적도 있습니다.
[질문] 일을 게을리하면 채찍질을 당했다는데 사실입니까?
[답변] 예, 사실입니다.
[질문] 다리의 장애는 어쩌다 생겼습니까?
[답변] 방적기의 방추 멈추는 일을 하면서 다쳤습니다.

- 영국 의회에 제출된 『아동 노동 실태 보고서』, 1830.

자료 5

'산업 혁명의 빛과 그늘' 글쓰기
– 학생 이름 : _____

Q. 다음의 조건을 포함하여 글을 쓰시오.(총10점)

✓ 산업 혁명의 긍정적 측면(2점)
✓ 산업 혁명의 부정적 측면(2점)
✓ 사회 문제의 해결책(2점)
✓ 산업 혁명이 오늘날에 끼친 영향(2점)
✓ 4줄 이상의 분량(2점)

자료 6

'산업 혁명의 빛과 그늘' 글쓰기
– 학생 이름 : 이온유

Q. 다음의 조건을 포함하여 글을 쓰시오.(총10점)

✓ 산업 혁명의 긍정적 측면(2점)
✓ 산업 혁명의 부정적 측면(2점)
✓ 사회 문제의 해결책(2점)
✓ 산업 혁명이 오늘날에 끼친 영향(2점)
✓ 4줄 이상의 분량(2점)

증기 기관의 발명은 공장제 기계 공업으로 상품의 대량 생산을 가능하게 했다. 하지만 공장에서 일하는 노동자들은 저임금을 받으며 비위생적인 환경에 노출되어 힘든 삶을 살았다. 또한 산업 혁명 이후로 올라간 지구의 온도는 오늘날 기후위기의 근본적인 원인인 것 같다.

교수·학습 지도안

단원		산업 혁명	차시	6/6
학습단계		교수·학습 활동	자료 및 유의점	시간(분)
도입	선수 학습 확인	• 지난 시간 수업 내용을 복습한다.		5
	동기유발	• '산업 혁명기의 영국 셰필드'의 모습을 보여주며, 학생들에게 어떤 분위기가 느껴지는지 질문한다.	사진 자료	
	학습 목표 제시	• 산업 혁명의 전개과정을 설명할 수 있다. • 산업 혁명에 대해 균형있는 관점으로 글을 쓸 수 있다.		
전개	[전개 1] 산업 혁명의 전개	〈실연 부분 1〉	〈자료 1, 2〉	10
	[전개 2] 산업 혁명의 영향	〈실연 부분 2〉	〈자료 3, 4〉	15

전개	[전개 3] 산업 혁명의 영향 (글쓰기 학습)	〈실연 부분 3〉 〈실연 부분 3〉	〈자료 5, 6〉	15
정리	본시 학습 정리	• 교사는 주요 내용을 문답으로 확인한다.		5
	차시 예고	• 교사는 다음 시간의 내용을 예고한다.		

주제 23   제국주의의 등장과 식민지 분할 ☆

해설 p.136

2025학년도 중등학교 교사 임용후보자 선정 경쟁시험(제2차 시험)
역사 수업 실연

문제 다음의 〈수업실연 방법〉, [교수·학습 조건], [자료]와 [교수·학습 지도안]을 반영하여 수업을 실연하시오..

〈실연 방법〉

[교수·학습 지도안]의 〈실연 부분 1~3〉에 해당하는 부분을 실연하시오.
1. 〈실연 부분 1〉: 〈자료 1〉을 학생들이 스스로 탐구할 수 있도록 질문을 제시하시오.
2. 〈실연 부분 2〉: 〈자료 2〉를 활용한 탐구 학습을 진행하시오.
3. 〈실연 부분 3〉: 〈자료 3, 4〉를 활용하여 글쓰기 수업(보고서 작성)을 실연하시오.
   가. 〈자료 3〉을 활용하여 보고서 작성을 안내하고, 순회 지도하시오.
   나. 〈자료 4〉의 [수험생 작성 부분 1, 2]를 채우시오.
   다. 학생이 〈자료 3〉을 완성했다고 가정하고, 피드백하는 과정을 포함하시오.

교수·학습 조건

1. 과 목 명 : 세계사
2. 대   상 : 고등학교 2학년
3. 수업시간 : 50분
4. 단 원 명 : 제국주의의 등장과 식민지 분할
   가. 단원의 성취기준

[12세사05-01] 제국주의 열강의 침략과 이에 대항한 아시아·아프리카의 민족 운동에 대해 조사한다.

   나. 단원의 구성

단원	차시	주요 내용 및 활용	수업 형태	평가 방법
제국주의와 민족운동	1 (본시)	제국주의의 등장과 식민지 분할	탐구 학습, 글쓰기 수업 (보고서 작성)	수행평가
	2	중국의 개항과 민족 운동	설명식 수업, 보고서 작성	수행평가
	3	일본의 개항과 근대화 운동	설명식 수업, 탐구학습	수행평가

   다. 교수·학습 환경

학생 수	지도 장소	매체 및 기자재
24명	교실	칠판, 교사용 컴퓨터, 스마트TV, 태블릿PC

자료

자료 1

〈백인의 짐〉

〈식민지를 지배하는 방식〉

자료 2

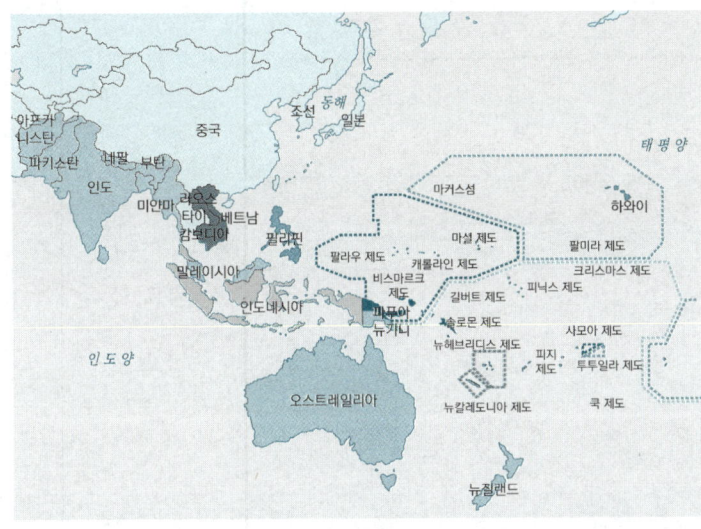

㉠, ㉡, ㉢에 들어갈 국가 이름을 써 보자.

- ㉠령과 그 영향권
- ㉡령
- 독일령
- ㉢령
- 미국령

자료 3

아프리카의 민족 운동 사례 보고서 작성
– 학생 이름 : _____

1. 국가 선정

   | 수단 / 나미비아 / 에티오피아 / 남아프리카 연방 |

2. 본인이 선정한 국가의 민족 운동을 주도한 인물과 전투의 명칭을 조사하시오.

3. 식민 지배의 영향으로 현재 아프리카에서 분쟁을 겪고 있는 나라를 찾아서 분쟁의 원인을 조사해봅시다.

자료 4

채점기준표

기준	점수
선정한 국가에 적합한 내용을 작성하였는가?[2점]	
[수험생 작성 부분 1][2점]	
[수험생 작성 부분 2][2점]	
보고서 작성을 성실하게 하는가?[2점]	

교수·학습 지도안

단원		제국주의의 등장과 식민지 분할	차시	1/3
학습단계		교수·학습 활동	자료 및 유의점	시간(분)
도입	선수 학습 확인	• 지난 시간에 배운 내용을 복습한다.		5
	동기유발	• 베트남에서 프랑스의 건축양식, 음식 문화를 볼 수 있는 이유를 식민지배와 연결하며 수업을 시작한다.		
	학습 목표 제시	1. 제국주의 열강이 아시아, 태평양 지역을 분할한 내용을 설명할 수 있다. 2. 아프리카 민족 운동 사례 보고서를 작성할 수 있다.		
전개	[전개 1] 제국주의의 등장	〈실연 부분 1〉	〈자료 1〉	10
	[전개 2] 제국주의 열강의 아시아· 태평양 분할	〈실연 부분 2〉	〈자료 2〉	10

전개	[전개 3] 제국주의 열강의 아프리카 분할	〈실연 부분 3〉 ※ 채점기준표 	기준	점수
선정한 국가에 적합한 내용을 작성하였는가?[2점]	
[수험생 작성 부분 1][2점]	
[수험생 작성 부분 2][2점]	
보고서 작성을 성실하게 하는가?[2점]			〈자료 3, 4〉	20
정리	본시 학습 정리	• 교사는 주요 내용을 문답으로 확인한다.		5
	차시 예고	• 다음 시간 내용을 간단히 예고한다.		

주제 24 | 아편전쟁과 중국의 민족 운동

해설 p.137

2025학년도 중등학교 교사 임용후보자 선정 경쟁시험(제2차 시험)
역사 수업 실연

문제 다음의 〈실연 방법〉, [교수·학습 조건], [자료]와 [교수·학습 지도안]을 반영하여 수업을 실연하시오.

〈실연 방법〉

[교수·학습 지도안]의 〈실연 부분1, 2〉에 해당하는 부분을 실연하시오.
1. 〈실연 부분 1〉: 〈자료 1〉의 모든 키워드를 활용하여 총괄적 설명으로 제시하되, 각 키워드가 상호 연관성을 갖도록 하시오.
2. 〈실연 부분 2〉: 연구 보고서 작성 활동을 실시하시오.
   가. 〈자료 2〉의 [수험생 작성 부분 1]을 채우고, 보고서 작성 전 자료 조사 활동을 실연하시오.
   나. 〈자료 3〉의 [수험생 작성 부분 2~4]에 보고서 작성의 채점기준을 제시하시오.
   다. 연구 보고서 작성을 위한 구체적인 글쓰기 방법을 안내하시오.

※ 유의점
   1. 교수·학습 과정과 관련된 교사와 학생의 활동이 구체적으로 드러나도록 실연하시오.
   2. 수업의 전개 과정부터 실연하므로 학습 목표는 판서하지 마시오.

교수·학습 조건

1. 과 목 명: 세계사
2. 대   상: 고등학교 2학년
3. 수업시간: 100분(블록타임제)
4. 단 원 명: 아편전쟁과 중국의 민족 운동
   가. 단원의 성취기준

   [12세사05-01] 제국주의 열강의 침략과 이에 대항한 아시아·아프리카의 민족 운동에 대해 조사한다.

   나. 단원의 구성

단원	차시	주요 내용 및 활용	수업형태	평가방법
제국주의와 두 차례 세계 대전	1	제국주의의 식민지 분할	설명식 수업, 만들기 학습	수행평가
	2-3 (본시)	아편전쟁과 중국의 민족 운동	설명식 수업, 탐구학습	수행평가
	4	일본의 개항과 근대화 운동	탐구학습	형성평가
	5	인도, 동남아, 서아시아의 민족 운동	설명식 수업	형성평가

   다. 교수·학습 환경

학생수	지도장소	매체 및 기자재
28명	교과교실	칠판, 교사용 컴퓨터, 빔 프로젝터, 태블릿PC

자료

자료 1

[키워드] 태평천국 운동, 양무운동, 변법자강 운동, 의화단 운동, 신해혁명

자료 2

'중국의 민족 운동 연구 보고서' 작성을 위한 자료 조사 활동지

2학년 F반 이름 : (　　　)

1. 나의 연구 보고서 주제

   예시) 태평천국 운동과 의화단 운동의 차이점

   ※ 작성한 주제는 예상 주제로 자료 조사 후 실제 보고서 작성 시간에 변경할 수 있음

2. 자료 조사

항목	형식	내용	출처
예시) 홍수전의 생애	글, 사료, 사진 등	……	인터넷 위키백과, 도서 하버드 중국사

※ 인터넷, 도서 등 적어도 2가지 이상의 다양한 출처를 활용하되 공신력 있는 출처를 사용할 것

영역	채점기준	배점
자료 조사 활동지	[수험생 작성 부분 1]	4점
	다양한 출처로부터 자료를 도출해낼 수 있는가?	2점

자료 3

'중국의 민족 운동 연구 보고서' 작성지

2학년 F반 이름 : (　　　)

〈제목〉 :
〈내용〉 :

영역	채점기준	배점
보고서 작성지	[수험생 작성 부분 2]	4점
	[수험생 작성 부분 3]	3점
	[수험생 작성 부분 4]	3점
	주어~서술어~목적어의 문장구조가 정확하고 논리적인가?	4점

교수·학습 지도안

단원		아편전쟁과 중국의 민족 운동	차시	2-3/5
학습단계		교수·학습 활동	자료 및 유의점	시간(분)
도입	선수 학습 확인	• 제국주의 시기 식민지 분할 지도를 재확인한다.		10
	동기유발	• 영화 '아편전쟁'의 한 장면을 시청한다.		
	학습 목표 제시	1. 아편전쟁으로 인한 중국의 개항 과정을 설명할 수 있다. 2. 중국의 민족 운동을 연구하고 보고서를 작성할 수 있다.		
전개	[전개 1] 아편전쟁	• 아편전쟁으로 인한 중국의 개항 과정을 설명한다.		10
	[전개 2] 중국의 민족 운동	〈실연 부분 1〉 〈실연 부분 2〉	〈자료 1〉	30

전개	[전개 3] 수행평가	⟨실연 부분2⟩	⟨자료 2, 3⟩	45
		자료 조사 활동지 채점기준 [수험생 작성 부분 1] 다양한 출처로부터 자료를 도출해낼 수 있는가?		
		보고서 작성지 채점기준 [수험생 작성 부분 2] [수험생 작성 부분 3] [수험생 작성 부분 4] 주어~서술어~목적어의 문장구조가 정확하고 논리적인가?		
정리	학습 정리	• 교사는 학습한 내용에 대해 정리한다.		5
	차시 예고	• 교사는 다음 단원 학습에 대해 예고한다.		

주제 25 일본의 개항과 메이지 유신

해설 p.139

2025학년도 중등학교 교사 임용후보자 선정 경쟁시험(제2차 시험)
역사 수업 실연

문제 다음의 〈실연 방법〉, [교수·학습 조건], [자료]와 [교수·학습 지도안]을 반영하여 수업을 실연하시오.

〈실연 방법〉

[교수·학습 지도안]의 〈실연 부분 1~3〉에 해당하는 부분을 실연하시오.
1. 〈실연 부분 1〉 : 도입 부분을 실연하시오.
    가. 이전 차시 학습과 연관되는 내용으로 학생들의 선수학습을 확인하시오.
    나. 가상의 사진 또는 영상 자료를 활용하여 동기유발을 실연하시오.
    다. 학습할 내용 및 방법을 전반적으로 고려하여 학습 목표 두 가지를 제시하시오.
2. 〈실연 부분 2〉 : 일본의 개항에 대해 수업하시오.
    가. 〈자료 1〉을 활용하여 비교 학습을 실연하시오.
    나. 〈자료 2〉를 활용하여 설명식 수업을 실연하시오.
3. 〈실연 부분 3〉 : 메이지 유신에 대해 수업하시오.
    가. 〈자료 3〉의 [수험생 작성 부분 1, 2]를 작성하시오.
    나. 완성된 〈자료 3〉을 활용하여 사료 탐구 학습을 전개하시오.

교수·학습 조건

1. 과 목 명 : 세계사
2. 대   상 : 고등학교 2학년
3. 수업시간 : 50분
4. 단 원 명 : 일본의 개항과 메이지 유신
    가. 단원의 성취기준

[12세사05-01] 제국주의 열강의 침략과 이에 대항한 아시아·아프리카의 민족 운동에 대해 조사한다.

    나. 단원의 구성

단원	차시	주요 내용 및 활용	수업 형태	평가방법
제국주의와 민족 운동	1	제국주의와 식민지 분할	탐구학습	포트폴리오
	2	아편 전쟁과 중국의 민족 운동	설명식 수업, 탐구학습	수행평가
	3 (본시)	일본의 개항과 메이지 유신	비교학습, 탐구학습, 설명식 수업	형성평가
	4	인도, 동남아, 서아시아의 민족 운동	설명식 수업	수행평가

    다. 교수·학습 환경

학생수	지도장소	매체 및 기자재
24명	교실	칠판, 교사용 컴퓨터, 빔 프로젝터, 태블릿PC

자료

자료 1

〈세계사 학습 카드〉

※ 집합 A, B를 다음과 같이 벤 다이어그램으로 표현했을 때 ㉠, ㉡, ㉢에 들어갈 내용을 작성해 보자.(교과서 및 태블릿PC 자료 사용 가능)

| A. 제1차 아편 전쟁을 종결짓기 위해 청과 영국 사이에 체결된 조약의 내용 |
| B. 페리 함대의 무력시위에 굴복하여 일본과 미국 사이에 체결된 조약의 내용 |

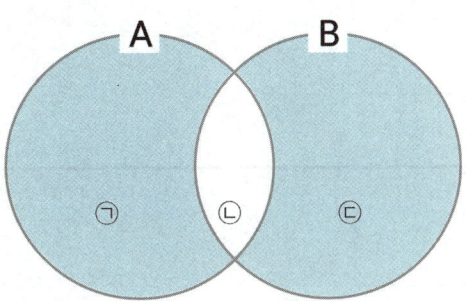

㉠ : _____
㉡ : _____
㉢ : _____

자료 2

제3조 시모다, 하코다테 외에 네 개 항구를 개항한다.
제4조 수출입 물품에 대해서 별책의 규정대로 관세를 부과한다.
제6조 영사 재판권을 인정한다.

- 미일수호통상조약(1858)

자료 3

〈사료 탐구 학습지〉

(가) 일본 제국 헌법(1889)	(나) 교육 칙어(1890)
대일본 제국은 만세 일계의 천황이 통치한다. 제3조 천황은 신성하여 누구라도 침범해서는 안 된다. 제4조 천황은 국가의 원수이며, 통치권을 장악하고 이 법률의 조규에 의하여 이를 거행한다. 제5조 천황은 제국 의회의 협조를 받아 입법권을 행사한다. 제7조 천황은 제국 의회를 소집하고 그 개회, 폐회, 정회 및 중의원의 해산을 명할 수 있다. 제11조 천황 육해군을 통수한다.	나의 신민들은 충과 효로 모든 사람이 마음을 하나로 해서 대대로 그 아름다움을 이루는 것이 국체의 정화이며, 교육의 근원도 여기에 있다. …… 항상 국헌을 존중하고 국법을 지키며 위급할 때는 충의와 용기로 황실의 운명을 받들어야 한다. 이렇게 한다면 그대들은 짐의 충량한 신민이 될 뿐만 아니라 족히 그대들 선조의 유풍을 기릴 수 있을 것이다.

| 탐구과제 1. 일본 제국 헌법 속 천황의 권력과 오늘날 대통령의 권한을 비교해 보자. |
| 탐구과제 2. [수험생 작성 부분 1] |
| 탐구과제 3. [수험생 작성 부분 2] |

교수·학습 지도안

단원		일본의 개항과 메이지 유신		차시	3/4
학습단계		교수·학습 활동	자료 및 유의점		시간(분)
도입	선수 학습 확인	〈실연 부분 1〉			5
	동기유발				
	학습 목표 제시				
전개	[전개 1] 일본의 개항	〈실연 부분2〉	〈자료 1, 2〉		20

전개	[전개 2] 메이지 유신	〈실연 부분 3〉 ※ 탐구과제 1. 일본 제국 헌법 속 천황의 권력과 오늘날 대통령의 권한을 비교해 보자. 2. [수험생 작성 부분 1] 3. [수험생 작성 부분 2]	〈자료 3〉	15
	[전개 3] 일본의 제국주의적 침략	・일본의 제국주의적 침략에 대해 설명한다.		5
정리	형성평가	・교사는 학습한 내용에 대해 평가한다.		5
	차시 예고	・교사는 다음 단원 학습에 대해 예고한다.		

주제 26 | 인도, 동남아, 서아시아의 민족 운동

해설 p.140

2025학년도 중등학교 교사 임용후보자 선정 경쟁시험(제2차 시험)
역사 수업 실연

문제 다음의 〈실연 방법〉, [교수·학습 조건], [자료]와 [교수·학습 지도안]을 반영하여 수업을 실연하시오.

〈실연 방법〉

[교수·학습 지도안]의 〈실연 부분 1~3〉을 실연하시오.
1. 〈실연 부분 1〉: 인도의 민족 운동에 대해 설명하시오.
   가. 〈자료 1~3〉을 활용하여 설명하시오.
   나. 인도 민족 운동의 흐름을 전개도로 표현하여 설명하시오.
   다. 열강의 침략으로 인한 민중의 고통에 주목하는 발문을 하시오.
2. 〈실연 부분 2〉: 서아시아의 민족 운동에 대해 설명하시오.
   가. 〈자료 4, 5〉를 활용하여 설명하시오.
   나. 백지도를 활용하여 지리적인 개념을 이해하도록 도우시오.
3. 〈실연 부분 3〉: 중단원 마무리 수행평가를 구상하고 방법을 안내하시오.
   가. 아래 요소를 고려하여 〈자료 6〉의 [수험생 작성 부분 1~5]를 작성하시오.
      [제국주의에 대한 경각심, 민족 운동 사례, 제국주의 국가와 피지배 국가의 관계, 사용 가능한 매체 및 기자재, 분량]

※ 유의점
   1. 학습 목표는 판서하지 마시오.
   2. 교사와 학생의 활동을 구체적으로 시연하시오.

교수·학습 조건

1. 과 목 명: 세계사
2. 대   상: 고등학교 2학년
3. 수업시간: 100분(블록타임제)
4. 단 원 명: 인도, 동남아, 서아시아의 민족 운동
   가. 단원의 성취기준

   [12세사05-01] 제국주의 열강의 침략과 이에 대항한 아시아·아프리카의 민족 운동에 대해 조사한다.

   나. 단원의 구성

단원	차시	주요 내용 및 활용	수업형태	평가방법
제국주의와 민족 운동	1	제국주의의 등장과 식민지 분할	설명식 수업, 글쓰기 학습	형성평가
	2	중국의 개항과 민족 운동	사료 탐구학습	형성평가
	3	일본의 개항과 근대화 운동	설명식 수업	형성평가
	4-5 (본시)	인도, 동남아시아, 서아시아의 민족 운동	설명식 수업, 사료 학습	수행평가

   다. 교수·학습 환경

학생수	지도장소	매체 및 기자재
25명	교과교실	칠판, 세계사 관련 도서, 스마트TV, 태블릿PC 등

자료

자료 1

제1조 현재 동인도 회사가 점유·지배하고 있는 영역에 대한 통치와, 통치와 관련하여 위 회사에 부여된 모든 권리는 더 이상 행사되거나 부여되지 않는다.
제2조 인도는 폐하에 의하여, 폐하의 이름으로 통치된다.
제3조 별도의 규정이 없는 한, 폐하의 주요 국무장관 중 한명이 동인도 회사가 수행하였던 모든 권력과 의무를 수행한다.

자료 2

자료 3

나는 벵골 분할과 스와데시 운동에 관련된 문제를 말하려고 합니다. 벵골 분할에 벵골인은 아주 큰 불만을 품고 있습니다. 그것은 영국인의 잔인하고도 어리석은 행동입니다. 이러한 어리석은 행동은 언젠가는 바로잡힐 것입니다. …… 나는 '스와데시'가 경제적 혼란 상태에 있는 인도에서 강력해질 필요가 있다고 생각합니다. 인도인들의 희생과 빈곤을 대가로 외국인의 봉급과 연금 등은 매년 2억 루피 정도 제공됩니다. 이 때문에 인도의 경제 상황이 빈궁한 상태로 머물러 있는데, 이러한 인도의 상황에 (영국의) 경제법을 적용하는 것은 위험할 뿐만 아니라 모욕을 주려는 것과 같은 것입니다.

자료 4

- 술탄의 권한 일부를 의회에 넘기고, 의회는 술탄의 승인을 얻어 법률을 제정한다.
- 백성의 생명, 명예, 재산에 대한 충분한 안전을 보장한다.
- 조세 징수에 관한 원칙을 마련한다.
- 군대의 징집에 대한 정식 규정 및 근무 기간을 설정한다.

자료 5

자료 6

〈제국주의와 민족 운동 중단원 마무리 수행평가〉

2학년 ___반 모둠 : _____

※ 도입 시간에 본 학생 강연처럼 직접 강연자가 되어 강의안을 준비해봅시다.

〈조건〉(각 조건당 1점)
1. [수험생 작성 부분 1]
2. [수험생 작성 부분 2]
3. [수험생 작성 부분 3]
4. [수험생 작성 부분 4]
5. [수험생 작성 부분 5]

교수·학습 지도안

단원		인도, 동남아, 서아시아의 민족 운동	차시	4-5/5
학습단계		교수·학습 활동	자료 및 유의점	시간(분)
도입	선수 학습 확인	• 선수 학습을 확인한다.		5
	동기유발	• 모TV 프로그램의 학생 강연 영상을 재생하고, 학생의 강연 태도에 주목한다.	영상 자료	
	학습 목표 제시	1. 인도, 동남아, 서아시아의 민족 운동에 관해 설명할 수 있다. 2. 제국주의 국가와 이에 저항한 국가의 과거와 현재에 대한 강의안을 작성할 수 있다.		
전개	[전개 1] 인도의 민족 운동	〈실연 부분 1〉	〈자료 1~3〉	20
	[전개 2] 동남아시아의 민족 운동	• 동남아시아의 민족 운동에 대해 설명한다.		10

전개	[전개 3] 서아시아의 민족 운동	〈실연 부분 2〉	〈자료 4, 5〉	15
	[전개 4] 수행평가	〈실연 부분 3〉 〈조건〉(각 조건당 1점) 1. [수험생 작성 부분 1] 2. [수험생 작성 부분 2] 3. [수험생 작성 부분 3] 4. [수험생 작성 부분 4] 5. [수험생 작성 부분 5]	〈자료 6〉	40
정리	학습 정리	• 교사는 학습한 내용에 대해 정리한다.		10
	차시 예고	• 교사는 다음 단원 학습에 대해 예고한다.		

주제 27 | 제1차 세계 대전과 러시아 혁명

해설 p.142

2025학년도 중등학교 교사 임용후보자 선정 경쟁시험(제2차 시험)
역사 수업 실연

문제 다음의 〈실연 방법〉, [교수·학습 조건], [자료]와 [교수·학습 지도안]을 반영하여 수업을 실연하시오

〈실연 방법〉

[교수·학습 지도안]의 〈실연 부분 1~3〉에 해당하는 부분을 실연하시오.
1. 〈실연 부분 1〉
   가. 제국주의의 세계 분할이 제1차 세계 대전으로 이어지는 과정을 살펴보시오.
   나. 〈자료 1〉과 〈자료 2〉를 활용하여 제1차 세계 대전의 배경을 수업하시오.
2. 〈실연 부분 2〉: 〈자료 3〉과 〈자료 4〉를 통해 제1차 세계 대전의 결과를 탐구하시오. 이때, 역사 자료 분석과 해석 역량을 증진시키는 발문을 포함하시오.
3. 〈실연 부분 3〉
   가. 〈자료 5〉의 수행평가지를 활용하여 가상 일기 쓰기 활동을 시연하시오.
   나. 학습 목표 2번을 고려하여 [수험생 작성 부분 1~3]을 채워 채점기준표를 완성하시오.

※ 유의점
   1. 단원의 성취기준을 고려하시오.
   2. 교사와 학생의 활동을 구체적으로 시연하시오.

교수·학습 조건

1. 과 목 명 : 세계사
2. 대   상 : 고등학교 2학년
3. 수업시간 : 100분(블록타임제)
4. 단 원 명 : 제1차 세계 대전과 러시아 혁명
   가. 단원의 성취기준

[12세사05-02] 제1, 2차 세계 대전의 원인과 결과를 알아보고, 세계 평화를 실현하기 위한 방법에 대해 토론한다.

   나. 단원의 구성

단원	차시	주요 내용 및 활용	수업형태	평가방법
두 차례의 세계 대전	1-2 (본시)	제1차 세계 대전과 러시아 혁명	사료 탐구 수업, 글쓰기 수업	수행평가
	3	제1차 세계 대전 이후의 세계	강의식 수업, 사료 탐구 수업	수행평가
	4	대공황과 전체주의	강의식 수업, 문답식 수업	형성평가
	5	제2차 세계 대전	강의식 수업, 극화수업	수행평가

   다. 교수·학습 환경

학생수	지도장소	매체 및 기자재
24명	교실	칠판, 교사용 컴퓨터, 빔 프로젝트, 스크린 등

자료

자료 1

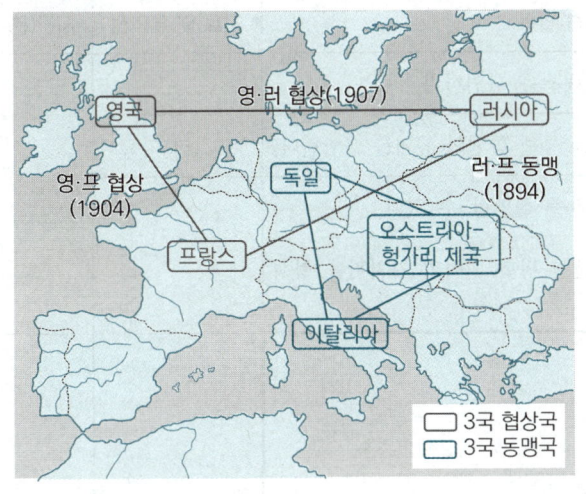

자료 2 사라예보 사건

자료 3 윌슨의 14개조 평화 원칙

제1조 강화 조약은 공개적으로 진행하며, 비밀 외교와 비밀회담을 금지한다.
제2조 국제 협약을 시행하기 위한 국제적 조처에 따라 공해상에서 항해의 절대적 자유가 주어진다.
제5조 모든 식민지 문제는 식민지 주민의 의사를 존중하여 공평무사하고 자유롭게 처리되도록 한다.
제14조 국가 간 연합 기구를 만들어 각국의 정치적 독립과 영토 보전을 보장한다.

자료 4 베르사유 조약

제45조 독일은 자르 유역의 탄광 지대에 대한 모든 소유권과 독점 채굴권을 프랑스에 넘겨준다.
제119조 독일은 해외 식민지에 관한 모든 권리와 요구를 동맹국과 연합국의 주요 국가에 넘겨준다.
제173조 독일에서 일반 의무병제는 폐지된다. 독일 육군은 지원병제로만 조직하고 보충할 수 있다.
제235조 독일은 동맹국과 연합국의 청구액이 확정되기 전에 우선 배상 위원회가 정하는 지급 방법에 따라 …… 200억 마르크 금화에 해당하는 액수를 지급해야 한다.

자료 5 제1차 세계 대전의 특징과 전쟁의 영향

모둠명: _____

[활동] 아래 전쟁의 새로운 양상 중 하나를 선택하여 내용을 조사한 후, 당시 참전병사가 되어 가상일기를 쓰시오.

전쟁의 새로운 양상(택1)
신무기의 등장, 참호전, 총력전

일기 제목: _____ ____년 ____월 ____일
일기 내용:

[채점기준]

기준	점수
[수험생 작성 부분 1] [3점]	
[수험생 작성 부분 2] [3점]	
[수험생 작성 부분 3] [1점]	
일기의 내용이 5줄 이상인가?[3점]	

교수 · 학습 지도안

단원		제1차 세계 대전과 러시아 혁명	차시	1-2/5
학습단계		교수 · 학습 활동	자료 및 유의점	시간(분)
도입	선수학습 확인	• 문답을 통해 지난 시간에 배운 내용을 확인한다.		5
	동기유발	• 제1차 세계 대전의 참전 포스터를 통해 학생의 동기를 유발한다.	포스터 자료	
	학습 목표 제시	1. 제1차 세계 대전의 원인과 결과를 설명할 수 있다. 2. 가상 일기 쓰기 활동을 통해 반전 평화 의식의 가치관을 형성할 수 있다.		
전개	[전개 1] 제1차 세계 대전의 원인	〈실연 부분 1〉	〈자료 1, 2〉	15
	[전개 2] 제1차 세계 대전의 경과	• 제1차 세계 대전의 경과를 수업한다.		15
	[전개 3] 러시아 혁명	• 러시아 혁명의 배경, 전개, 결과를 수업한다.		15
	[전개 4] 종전과 베르사유 체제	〈실연 부분 2〉	〈자료 3, 4〉	15

	[전개 4] 종전과 베르사유 체제			〈자료 3, 4〉	
전개	[전개 5] 수행평가	〈실연 부분 3〉 	기준	점수
---	---
[수험생 작성 부분 1] [3점]	
[수험생 작성 부분 2] [3점]	
[수험생 작성 부분 3] [1점]	
일기의 내용이 5줄 이상인가?[3점]				〈자료 5〉	30
정리	본시 학습 정리	• 교사는 본시 학습의 주요 내용을 문답으로 확인한다.			5
	차시 예고	• 다음 시간 학습 내용에 대해 안내한다.			

주제 28 냉전 ☆

해설 p.143

2025학년도 중등학교 교사 임용후보자 선정 경쟁시험(제2차 시험)
역사 수업 실연

문제 다음의 〈실연 방법〉, [교수·학습 조건], [자료]와 [교수·학습 지도안]을 반영하여 수업을 실연하시오.

〈실연 방법〉

[교수·학습 지도안]의 〈실연 부분 1~3〉에 해당하는 부분을 실연하시오.
1. 〈실연 부분 1〉: 〈자료 1, 2〉를 활용하여 강의식 수업을 하시오.
  가. 〈자료 1, 2〉를 활용하되 [트루먼 독트린, 마셜계획, 코민포름, 코메콘]을 학습 요소로 포함하시오.
2. 〈실연 부분 2〉: 〈자료 3〉을 활용하여 동서 진영 대립으로 발생한 각국의 사건을 지리적 위치와 함께 강의식 수업을 하시오.
3. 〈실연 부분 3〉: 〈자료 4, 5〉를 활용하여 역사 신문 만들기를 하시오.
  가. 〈자료 4〉를 활용하여 역사 신문 만들기를 안내하시오.
  나. 〈자료 5〉의 [수험생 작성 부분 1, 2]를 쓰고, 수행평가 기준을 안내하시오.
  다. 작품을 완성했으나 자신의 작품을 우리반 역사 신문 패들렛에 게시하지 못한 학생을 지도하는 상황을 실연하시오.

교수·학습 조건

1. 과 목 명: 세계사
2. 대   상: 고등학교 2학년
3. 수업시간: 50분
4. 단 원 명: 냉전
  가. 단원의 성취기준

  [12세사06-01] 냉전 체제의 배경과 특징을 알아보고, 냉전 종식 이후 세계 질서의 재편에 대해 조사한다.

  나. 단원의 구성

단원	차시	주요 내용 및 활용	수업형태	평가방법
냉전과 탈냉전	1(본시)	냉전	강의식 수업, 역사 신문 만들기	수행평가
	2	사회주의 체제의 변화	강의식 수업, 글쓰기 수업	수행평가

  다. 교수·학습 환경

학생수	지도장소	매체 및 기자재
24명	교실	칠판, 교사용 컴퓨터, 스마트TV, 스마트폰

자료

자료 1

미국은 그리스 정부로부터 재정적·경제적 지원을 해 달라는 긴급한 요청을 받고 있다. 지금 그리스에서 활동 중인 미국 경제 사절단과 그리스 주재 미국 대사가 보내온 보고서는 그리스가 자유 국가로 살아남기 위해서는 원조가 절대적으로 필요하다는 그리스 정부의 주장이 타당하다는 사실을 확인해 주고 있다.

- 트루먼 대통령의 미국 의회 연설 (교육과학기술부, 『사료로 보는 세계사』)

자료 2 철의 장막과 마셜 계획

자료 3 냉전 당시 진영 대립

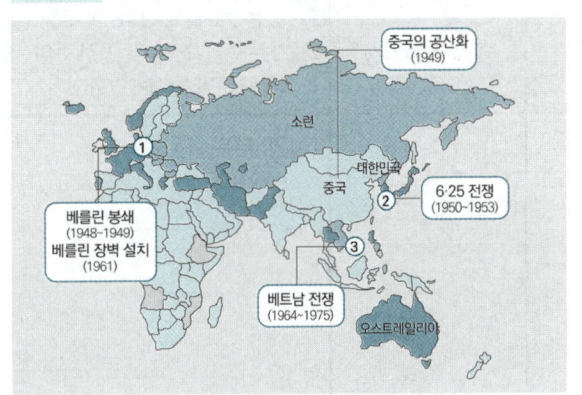

자료 4

'자본주의 진영과 공산주의 진영의 대립'
역사 신문 활동지

– 학생 이름 : _____

1. 본인이 원하는 신문의 형식을 정하시오
   - ✓ 기사   ✓ 논설   ✓ 광고

2. 본인의 역사 신문 게시물을 완성하시오.

3. 본인의 작품을 우리반 역사 신문 패들렛에 게시하시오.

자료 5

역사 신문 만들기 채점기준표

기준	점수
제작물의 주제가 분명한가?[2점]	
[수험생 작성 부분 1][2점]	
[수험생 작성 부분 2][2점]	
제작 과정에 임하는 태도가 적극적인가?[2점]	

교수·학습 지도안

단원		냉전	차시	1/2
학습단계		교수·학습 활동	자료 및 유의점	시간(분)
도입	선수 학습 유발	• 지난 시간에 배웠던 내용을 복습한다.		5
	동기유발	• 쿠바 미사일 사건에 대한 풍자화를 보고, 당시 상황을 유추하게 한다.	풍자화	
	학습 목표 제시	1. 냉전 체제 형성과 전개를 설명할 수 있다. 2. 자본주의 진영과 공산주의 진영의 대립을 주제로 학급의 역사 신문을 만들 수 있다.		
전개	[전개 1] 냉전 체제 형성	〈실연 부분 1〉	〈자료 1, 2〉	10
	[전개 2] 냉전 체제 전개	〈실연 부분 2〉	〈자료 3〉	10

전개	[전개 3] 역사 신문 만들기	⟨실연 부분 3⟩ ※ 수행평가지 | 기준	점수 | |---|---| | 제작물의 주제가 분명한가?[2점] | | | [수험생 작성 부분 1][2점] | | | [수험생 작성 부분 2][2점] | | | 제작 과정에 임하는 태도가 적극적인가?[2점] | |	⟨자료 4, 5⟩	20
정리	본시 학습 정리	• 교사는 주요 내용을 문답으로 확인한다.		5
	차시 예고	• 교사는 다음 시간의 내용을 예고한다.		

주제 29 | 탈냉전 시대의 전개와 탈냉전 이후의 갈등

해설 p.144

2025학년도 중등학교 교사 임용후보자 선정 경쟁시험(제2차 시험)
역사 수업 실연

문제 다음의 〈실연 방법〉, [교수·학습 조건], [자료]와 [교수·학습 지도안]을 반영하여 수업을 실연하시오.

〈실연 방법〉

[교수·학습 지도안]의 〈실연 부분 1, 2〉에 해당하는 부분을 실연하시오.
1. 〈실연 부분 1〉: 〈자료 1〉을 토대로 교사의 질문 및 학생들의 질문을 활용하여 문답식으로 실연하시오.
2. 〈실연 부분 2〉: 성취기준을 참고하여 〈자료 2〉의 [수험생 작성 부분]을 완성하고, 완성된 〈자료 2〉를 활용하여 학생 활동을 실연하시오.

※ 유의점
 1. 수업의 전개 과정부터 실연하므로 학습 목표는 판서하지 마시오.
 2. 교수·학습 과정과 관련된 교사와 학생의 활동이 구체적으로 드러나도록 실연하시오.

교수·학습 조건

1. 과 목 명: 세계사
2. 대　　상: 고등학교 2학년
3. 수업시간: 100분(블록타임제)
4. 단 원 명: 탈냉전 시대의 전개와 탈냉전 이후의 갈등
   가. 단원의 성취기준

   [12세사06-02] 세계화와 과학·기술 혁명이 가져온 현대 사회의 변화를 파악하고, 지구촌의 갈등과 분쟁을 해결하려는 태도를 기른다.

   나. 단원의 구성

단원	차시	주요 내용 및 활용	수업형태	평가방법
냉전과 탈냉전	1	냉전의 전개	탐구학습	포트폴리오
	2-3 (본시)	탈냉전 시대의 전개	문답식 수업, 탐구학습, 글쓰기 수업	수행평가
		탈냉전 이후의 갈등		

   다. 교수·학습 환경

학생수	지도장소	매체 및 기자재
24명	교실	칠판, 교사용 컴퓨터, 빔 프로젝터, 태블릿PC

자료

자료 1

(가)
1. 미국은 앞으로 베트남 전쟁과 같은 군사적 개입을 피한다.
2. 미국은 강대국의 핵에 의한 위협의 경우를 제외하고는 내란이나 침략에 대하여 각국이 스스로 협력하여 그에 대처하도록 한다.
3. 미국은 '태평양 국가'로서 그 지역에서 중요한 역할을 계속하지만 직접적·군사적·정치적 과잉 개입은 하지 않는다.
4. 아시아 여러 나라에 대한 원조는 경제 중심으로 바꾸며 다수국에 대한 원조 방식을 강화하여 미국의 과중한 부담을 피한다.

- 닉슨 독트린

(나)
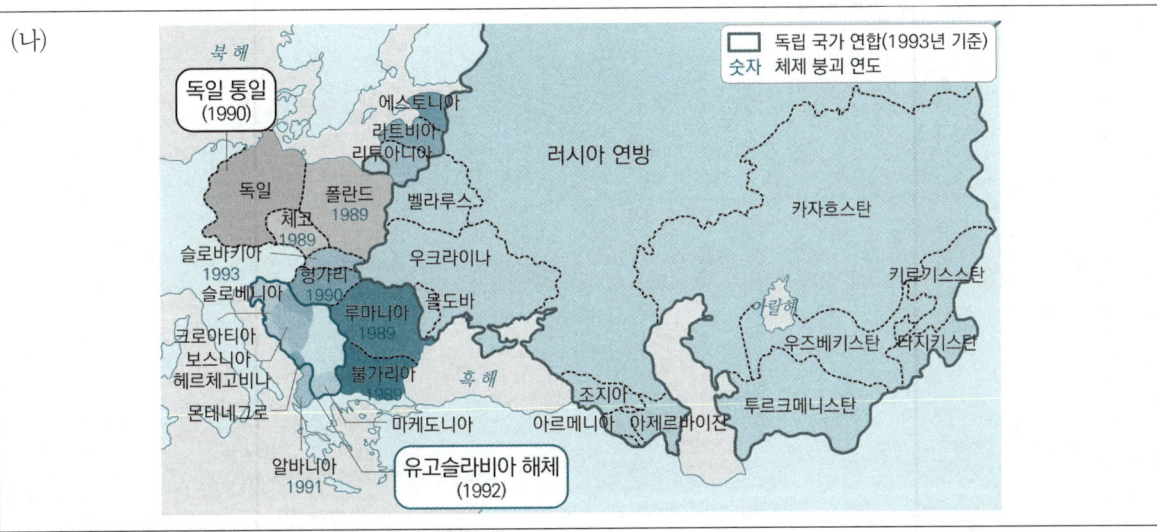

자료 2

○ 개별 과제 : 지도의 분쟁들 중 한 가지를 골라 보고서를 작성한다.

채점기준	배점
1. 분쟁을 선택한 이유를 명료하게 밝혔는가?	2점
2. 분쟁의 원인을 적절하게 탐구하였는가?	5점
3. 분쟁의 과정을 잘 설명하였는가?	5점
4. [수험생 작성 부분]	6점
5. 전체적으로 논리적이며, 완성도 있는 글을 작성하였는가?	2점

교수·학습 지도안

단원		탈냉전의 전개와 탈냉전 이후의 갈등	차시	2-3/3
학습단계		교수·학습 활동	자료 및 유의점	시간(분)
도입	선수 학습 확인	• 냉전 시대의 전개에 대해 문답한다.		10
	동기유발	• 톈안먼 사건 당시의 사진 자료를 보여주고 상황 및 이후 내용을 추론하게 한다.		
	학습 목표 제시	1. 탈냉전 시대의 전개를 탐구 및 설명할 수 있다. 2. 탈냉전 이후의 갈등을 탐구하고 보고서로 작성할 수 있다.		
전개	[전개 1] 탈냉전 시대의 미국, 소련, 독일	〈실연 부분 1〉	〈자료 1〉	20
	[전개 2] 탈냉전 시대의 중국	• 마오쩌둥의 문화대혁명과 덩샤오핑의 개혁·개방 정책에 대해 설명한다.		10

전개	[전개 3] 탈냉전 이후의 갈등	〈실연 부분2〉 〈채점기준〉 1. 분쟁을 선택한 이유를 명료하게 밝혔는가? 2. 분쟁의 원인을 적절하게 탐구하였는가? 3. 분쟁의 과정을 잘 설명하였는가? 4. [수험생 작성 부분] 5. 전체적으로 논리적이며, 완성도 있는 글을 작성하였는가?	〈자료 2〉	50
정리	학습 정리	• 교사는 학습한 내용에 대해 평가한다.		10
	차시 예고	• 교사는 다음 단원 학습에 대해 예고한다.		

03 동아시아사

주제 01 불교의 전파 ☆

                                해설 p.145

2025학년도 중등학교 교사 임용후보자 선정 경쟁시험(제2차 시험)
역사 수업 실연

문제 다음의 〈실연 방법〉, [교수·학습 조건], [자료]와 [교수·학습 지도안]을 반영하여 수업을 실연하시오.

〈실연 방법〉

[교수·학습 지도안]의 〈실연 부분 1~3〉을 실연하시오.
1. 〈실연 부분 1〉: 대승불교의 전파에 대해 강의식 수업을 진행하시오.
   가. 〈자료 1〉의 백지도를 활용하여 대승불교의 전파 경로를 표현하시오.
2. 〈실연 부분 2〉: 일본의 불교 전파에 대해 시연하시오.
   가. 〈자료 2〉를 활용하여 사료 탐구학습을 실시하시오.
   나. 〈자료 3〉을 활용하여 일본에 전파된 불교의 특징을 설명하시오.
3. 〈실연 부분 3〉: 수행평가를 시연하시오.
   가. 〈자료 4〉의 [수험생 작성 부분 1, 2]를 채우시오.
   나. 〈자료 4〉를 활용하여 수행평가의 방법을 안내하시오.
   다. 〈자료 4〉 작성을 마친 후 발표 및 피드백 장면을 시연하시오.

※ 유의점
  1. 수행평가 중 실제 제작은 미술 시간에 이어지는 융합 수업을 가정하시오.
  2. 교사와 학생의 활동을 구체적으로 시연하시오.

교수·학습 조건

1. 과 목 명 : 동아시아사
2. 대   상 : 고등학교 2학년
3. 수업시간 : 100분(블록타임제)
4. 단 원 명 : 불교의 전파
   가. 단원의 성취기준

> [12동사02-03] 율령 체제의 특징을 파악하고, 각 지역에서 유교·불교·성리학이 수용되는 과정과 영향을 비교한다.

   나. 단원의 구성

단원	차시	주요 내용 및 활용	수업형태	평가방법
동아시아 문화권	1	율령 체제의 형성	설명식 수업	다면평가
	2	유교의 전파	사료 탐구학습	형성평가
	3-4 (본시)	불교의 전파	설명식 수업, 사료 탐구학습,	수행평가
	5	성리학의 전파	비교학습	형성평가

   다. 교수·학습 환경

학생수	지도장소	매체 및 기자재
25명	교과 교실	칠판, 스마트TV, 노트북, 도서 등

자료

자료 1

자료 2

백제 성왕 때, 태자상 …… 등을 보내고 …… 천황이 받고는 여러 신하에게 "…… 써야 하겠는가, 쓰지 않아야 하겠는가? ……"라고 말했다. 신하들은 "…… 다른 나라 신을 예배해서는 안 됩니다."라고 하였는데 다만 소아대신도목숙녜(소가씨) 홀로 "다른 나라에서 귀하게 여기는 것은, 우리나라에서도 또한 귀하게 여겨야 합니다."라고 하였다. …… 이에 그곳(모구원 후궁)에 두고 모시기 시작하였다. - 『원흥사연기』

자료 3 하치만 대보살

자료 4

<불교 문화유산 홍보 포스터 기획>

2학년 동아시아반 모둠 : _____

1. 불교 문화유산 또는 유적지에 대한 자료를 조사하고 분석한다.

- 주제 :
- 조사 내용 :

2. 포스터의 구도 및 문구를 결정한다.

※ 유의사항

동아시아사 시간에는 역사적 요소를, 미술 시간에는 심미적 요소를 평가한다.

모든 모둠원은 포스터 기획 및 제작에 적극적으로 참여한다.

[수험생 작성 부분 1]

※ 채점기준(동료평가/교사평가 동시 진행)

포스터 주제로 선택한 문화유산 또는 유적지가 적절한가?(5점)

조사한 내용에 역사적 오류는 없는가?(5점)

[수험생 작성 부분 2](5점)

교수·학습 지도안

단원		불교의 전파	차시	3-4/5
학습단계		교수·학습 활동	자료 및 유의점	시간(분)
도입	선수 학습 확인	• 선수 학습을 확인한다.		5
	동기유발	• 각국의 불교 문화유산을 소개한 다큐멘터리 편집 영상을 상영한다.	영상 자료	
	학습 목표	1. 동아시아에 전파된 불교의 특징에 대해 설명할 수 있다.		
		2. 불교 문화유산 또는 유적지를 홍보하는 포스터를 기획할 수 있다.		
전개	[전개 1] 대승불교의 전파	〈실연 부분 1〉	〈자료 1〉	10
	[전개 2] 중국 불교의 특징	• 중국 불교의 특징에 대해 설명한다.		10
	[전개 3] 한반도에 전파된 불교	• 한반도에 전파된 불교에 대해 설명한다.		10
	[전개 4] 일본에 전파된 불교	〈실연 부분 2〉	〈자료 2~3〉	15

전개	[전개 5] 수행평가	⟨실연 부분 3⟩ ※ 유의사항 동아시아사 시간에는 역사적 요소를, 미술 시간에는 심미적 요소를 평가한다. 모든 모둠원은 포스터 기획 및 제작에 적극적으로 참여한다. [수험생 작성 부분 1] ※ 채점기준(동료평가/교사평가 동시 진행) 포스터 주제로 선택한 문화유산 또는 유적지가 적절한가? (5점) 조사한 내용에 역사적 오류는 없는가?(5점) [수험생 작성 부분 2] (5점)		⟨자료 4⟩	45
정리	학습 정리	• 교사는 학습한 내용에 대해 정리한다.			5
	차시 예고	• 교사는 다음 단원 학습에 대해 예고한다.			

주제 02 조공·책봉 체제

2025학년도 중등학교 교사 임용후보자 선정 경쟁시험(제2차 시험)
역사 수업 실연

문제 다음의 〈실연 방법〉, [교수·학습 조건], [자료]와 [교수·학습 지도안]을 반영하여 수업을 실연하시오.

〈실연 방법〉

[교수·학습 지도안]의 〈실연 부분 1~3〉을 실연하시오.
1. 〈실연 부분 1〉: 동기유발을 시연하고 학습 목표 2가지를 작성하시오.
   가. 〈자료 1〉을 활용하여 동기유발을 실시하시오.
   나. 단원의 성취기준, 학습 내용 및 학습 활동 등을 고려하여 학습 목표 2가지를 작성하시오.
2. 〈실연 부분 2〉: 조공·책봉 체제의 형성에 대해 시연하시오.
   가. 〈자료 2, 3〉을 활용하여 사료 탐구학습을 실시하시오.
   나. 사료 탐구학습 중 〈자료 4〉의 학생 의견에 대해, 〈자료 5〉를 고려하여 대응하시오.
3. 〈실연 부분 3〉: 조공·책봉 체제의 다원화에 대해 시연하시오.
   가. 스케치지도를 활용하여 6세기 후반 조공·책봉 체제의 다원화에 대해 설명하시오.
   나. 학생들의 한국사 교과 배경지식을 적절히 활용하시오.

※ 유의점: 교사와 학생의 활동을 구체적으로 시연하시오.

교수·학습 조건

1. 과 목 명: 동아시아사
2. 대   상: 고등학교 2학년
3. 수업시간: 50분
4. 단 원 명: 조공·책봉 체제의 형성
   가. 단원의 성취기준

   [12동사02-02] 조공·책봉을 포함한 동아시아의 다양한 외교 형식이 끼친 영향과 의미를 상호적 관점에서 해석한다.

   나. 단원의 구성

단원	차시	주요 내용 및 활용	수업형태	평가방법
다양한 형태의 국제 관계	1(본시)	조공·책봉 체제	사료 탐구학습, 설명식 수업	형성평가
	2	국제 관계의 다원화	설명식 수업	형성평가
	3	국제 질서의 일원화	사료 탐구학습	수행평가

   다. 교수·학습 환경

학생수	지도장소	매체 및 기자재
25명	교실	칠판, 스마트TV, 태블릿PC 등

| 자료 |

자료 1 문성공주

문성공주(文成公主)가 당나라 황실 누구의 딸인지 분명하지 않다. 당시 중국 서쪽의 티베트를 토번(吐藩)이라고 불렀으며 변방에는 이들의 침략으로 피해와 혼란이 많았다. 토번은 당나라와 전투를 벌였다가 양측의 화의(和議)가 성립하여, 641년 손챈감포와의 혼인이 이루어졌다. 문성공주는 티베트 불교의 공로자로서 라마교(敎)의 존상(尊像)이 되었다.

자료 2

(가)
선우가 한나라에 글을 보낼 때는 …… 그 문구도 거만스럽게 "하늘과 땅이 낳으시고 해와 달이 세우신 흉노의 대선우는 삼가 한나라 황제에게 문안하노니 별일 없으신지? 그리고 보내 주는 물건은 …… 용건은 ……." 이라고 쓰여 있다.

- 『사기』, 흉노열전

(나)
(한 문제가) 흉노에게 사신을 보내며 …… "황제는 삼가 흉노의 대선우에게 문안하노니 그간 평안하신지? …… 한나라와 흉노는 서로 이웃한 대등한 나라요 …… 선우에게 해마다 일정한 수량의 차조, 누룩, 금, 비단, 명주솜 등 물건들을 보내겠소 ……." 이에 선우도 화친을 약속하였다.

- 『사기』, 흉노열전

자료 3 한위노국왕인

건무 중원 2년(57), 왜 노국의 사신이 공물을 가지고 와서 스스로 신하라 칭하였고, 광무제는 관직을 하사하였다.

- 『후한서』, 동이전

자료 4

- 학생1 : 동아시아사는 뭐든 중국 중심으로 돌아가는 것 같아요.
- 학생2 : 어쨌든 조공·책봉 관계는 중국이 위, 다른 나라들이 아래라는 거 아닌가요?
- 학생3 : 중국에 한 나라가 아니라 여러 나라가 있으면 어떻게 되나요?

자료 5

〈'동아시아사' 과목의 구체적인 목표〉(「2015개정 교육과정, 제2018-162호」, p.195.)
가. 통합적이고 균형 잡힌 시각으로 동아시아 역사를 파악하여 이 지역의 특성을 이해하는 안목을 기른다.
나. 시기별 사회와 문화의 특징을 드러내는 공통적인 요소와 함께 각국의 독자적 요소를 주제별로 접근하여 이해한다.
다. 동아시아 역사와 문화의 다양성을 탐구하여 그 특징을 파악하고, 타자를 이해하고 존중하는 태도를 함양한다.
라. 동아시아 역사 전개 과정에서 나타난 갈등 요소를 탐구하고, 이를 해소하여 상호 발전을 모색하는 자세를 갖는다.
마. 주제와 관련된 자료를 비교·분석·비판·종합하는 활동을 통해 역사적 사고력을 신장한다.

교수·학습 지도안

단원		조공·책봉 체제	차시	1/3
학습단계		교수·학습 활동	자료 및 유의점	시간(분)
도입	선수 학습 확인	• 선수 학습을 확인한다.		
	동기유발	〈실연 부분 1〉	〈자료 1〉	5
	학습 목표 제시			
전개	[전개 1] 조공·책봉 체제의 형성	〈실연 부분 2〉	〈자료 2~4〉	15

전개	[전개 2] 조공·책봉 체제의 다원화	〈실연 부분 3〉		15
	[전개 3] 수·당의 외교 관계	• 수·당 시기 외교 관계에 대해 설명한다.	〈자료 1〉	10
정리	형성평가	• 교사는 학습한 내용에 대해 형성평가를 실시한다.		5
	차시 예고	• 교사는 다음 단원 학습에 대해 예고한다.		

주제 03 동아시아 각국의 교역 관계

2025학년도 중등학교 교사 임용후보자 선정 경쟁시험(제2차 시험)

역사 수업 실연

문제 다음의 〈실연 방법〉, [교수·학습 조건], [자료]와 [교수·학습 지도안]을 반영하여 수업을 실연하시오.

〈실연 방법〉

[교수·학습 지도안]의 〈실연 부분 1~3〉에 해당하는 부분을 실연하시오.
1. 〈실연 부분 1〉: 〈자료 1, 2〉를 활용하여 강의식 수업을 하시오.
2. 〈실연 부분 2〉: 〈자료 3〉을 활용하여 비교 학습을 하시오.
3. 〈실연 부분 3〉: 〈자료 4~6〉을 활용하여 모둠별 조사 탐구학습을 하시오.
   가. 〈자료 4〉를 활용하여 모둠별 조사 탐구학습을 안내하시오.
   나. 〈자료 5〉는 모둠이 완성한 것이라 가정하고, 교사가 피드백하시오.
   다. 〈자료 6〉의 [수험생 작성 부분 1, 2]를 쓰고, 수행평가 기준을 안내하시오.

※ 참고: 모둠 활동시 스마트TV를 적극적으로 활용하는 교사의 모습을 실연하시오.

교수·학습 조건

1. 과 목 명: 동아시아사
2. 대   상: 고등학교 2학년
3. 수업시간: 50분
4. 단 원 명: 동아시아 각국의 교역 관계
   가. 단원의 성취기준

   [12동사03-02] 동아시아 지역의 교역망 발달과 서양과의 교역 확대로 인한 은 유통의 활성화 과정을 이해한다.

   나. 단원의 구성

단원	차시	주요 내용 및 활용	수업형태	평가방법
교역망의 발달과 은 유통	1(본시)	동아시아 각국의 교역 관계	강의식 수업, 비교 학습, 모둠별 조사 탐구학습	다면평가
	2	유럽의 진출과 교역망의 확대	모둠별 조사 탐구학습, 토론학습	다면평가

   다. 교수·학습 환경

학생수	지도장소	매체 및 기자재
24명	교실	칠판, 교사용 컴퓨터, 스마트TV, 스크린, 태블릿PC

자료

자료 1

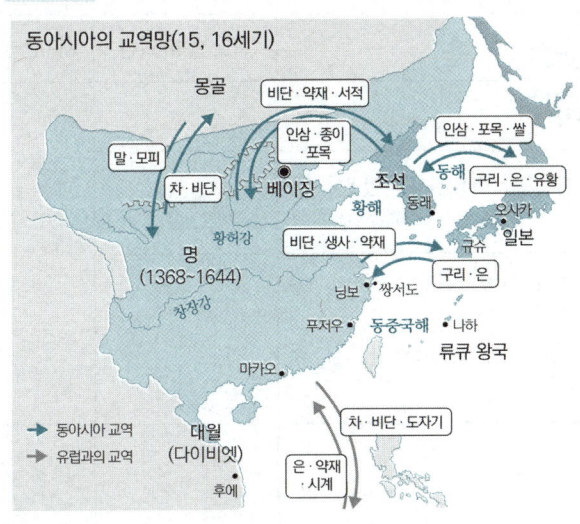

동아시아의 교역망(15, 16세기)

자료 2 류쿠의 중계무역

나라는 남해(동중국해)의 가운데 있는데, 남북으로는 길고 동서로는 짧다. …… 그 땅에서는 유황이 산출되는데, 1년 만이면 다시 구덩이가 차, 아무리 파내어도 한이 없다. 해마다 중국에 사신을 보내고 유황 6만 근과 말 40필을 바친다. …… 해상 무역을 업으로 삼는다. 서쪽으로는 남만, 중국과 교통하고, 동쪽으로는 일본, 우리나라와 교통한다. 일본과 남만의 상선이 국도와 해변 포구에 모이므로, 백성이 포구에 술집을 설치하여 서로 교역한다.

- 신숙주, 『해동제국기』 유구국기(신용호 역)

자료 3

(가) 슈인장

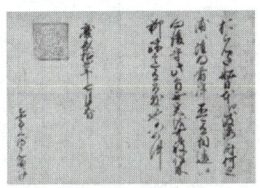

(나) 신패

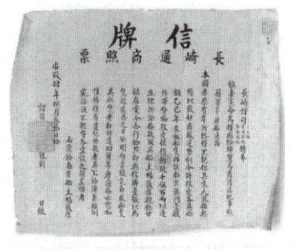

자료 4

'동아시아 교역망의 발달' 모둠 활동지

- 모둠이름 : _____

1. 우리 모둠이 정한 탐구 질문

2. 질문에 대한 조사 탐구 결과(출처 명시)

3. 다른 모둠의 발표를 듣고, 새롭게 알게 된 점

자료 5

'동아시아 교역망의 발달' 모둠 활동지

- 모둠이름 : _____

1. 우리 모둠이 정한 탐구 질문
   - 에도 막부가 슈인장 무역을 시행한 이유?

2. 질문에 대한 조사 탐구 결과(출처 명시)

   당시 일본의 상선은 동남아시아에 일본산 은을 수출하고 명나라의 물품을 수입하였다. 에도 막부는 슈인장으로 무역을 통제하여 재정을 확보하기 위해서 슈인장 무역을 시행했다.(출처 : 교과서, 지식백과)

3. 다른 모둠의 발표를 듣고, 새롭게 알게 된 점

   17세기 조선에서는 일본으로의 인삼 수출이 급증하여 갑부가 된 사람이 있었다.

자료 6

다면평가

	내용	점수
모둠 평가	탐구 질문이 적절한가?(2점)	
	[수험생 작성 부분 1](2점)	
	발표 자세가 올바른가?(2점)	
개인 평가	[수험생 작성 부분 2](2점)	
	다른 모둠의 발표를 경청하였는가? (2점)	

교수·학습 지도안

단원		동아시아 각국의 교역 관계	차시	1/2
학습단계		교수·학습 활동	자료 및 유의점	시간(분)
도입	선수 학습 확인	• 지난 시간에 배운 내용을 복습한다.		5
	동기유발	• 감합의 실제 모습을 보여주며, 어떤 방식으로 사용되었을지 유추하게 한다.	사진 자료	
	학습 목표 제시	1. 명의 해금 정책이 동아시아 교역에 미친 영향을 설명할 수 있다. 2. 동아시아 교역망을 주제로 모둠별 조사 탐구학습을 할 수 있다.		
전개	[전개 1] 명의 해금 정책과 동아시아 교역	〈실연 부분 1〉	〈자료 1, 2〉	10
	[전개 2] 동아시아 교역망의 활성화와 각국의 규제	〈실연 부분 2〉	〈자료 3〉	10

		〈실연 부분 3〉		
전개	[전개 3] 모둠별 조사 탐구학습		〈자료 4~6〉	20
		※ 다면평가		

	내용	점수
모둠 평가	탐구 질문이 적절한가?(2점)	
	[수험생 작성 부분 1](2점)	
	발표 자세가 올바른가?(2점)	
개인 평가	[수험생 작성 부분 2](2점)	
	다른 모둠의 발표를 경청하였는가?(2점)	

정리	본시 학습 정리	• 교사는 주요 내용을 문답으로 확인한다.		5
	차시 예고	• 교사는 다음 시간의 내용을 예고한다.		

주제 04 　유럽의 진출과 교역망의 확대

해설 p.150

2025학년도 중등학교 교사 임용후보자 선정 경쟁시험(제2차 시험)
역사 수업 실연

문제 다음의 〈실연 방법〉, [교수·학습 조건], [자료]와 [교수·학습 지도안]을 반영하여 수업을 실연하시오.

〈실연 방법〉
[교수·학습 지도안]의 〈실연 부분 1, 2〉에 해당하는 부분을 실연하시오.
1. 〈실연 부분 1〉: 〈자료 1, 2〉를 활용하여 모둠별 조사 탐구학습을 하시오.
   가. 〈자료 1〉을 활용하여 모둠별 조사 탐구학습을 안내하시오.
   나. 〈자료 2〉를 모둠이 완성한 것이라 가정하고, 교사가 피드백하시오.
2. 〈실연 부분 2〉: 〈자료 3, 4〉를 활용하여 토론 학습을 하시오.
   가. 광둥무역체제에 대해 간단히 설명하고, 〈자료 3〉을 활용하여 토론 학습을 안내하시오.
   나. 〈자료 4〉의 [수험생 작성 부분 1, 2]를 쓰고, 수행평가 기준을 안내하시오.
   다. 학생들의 토론 과정을 실연하고, 후속 토의를 진행하시오.

교수·학습 조건

1. 과 목 명 : 동아시아사
2. 대　　상 : 고등학교 2학년
3. 수업시간 : 50분
4. 단 원 명 : 유럽의 진출과 교역망의 확대

　가. 단원의 성취기준

[12동사03-02] 동아시아 지역의 교역망 발달과 서양과의 교역 확대로 인한 은 유통의 활성화 과정을 이해한다.

　나. 단원의 구성

단원	차시	주요 내용 및 활용	수업형태	평가방법
교역망의 발달과 은 유통	1	동아시아 각국의 교역 관계	강의식 수업, 비교 학습, 모둠별 조사 탐구학습	다면평가
	2(본시)	유럽의 진출과 교역망의 확대	모둠별 조사 탐구학습, 토론 학습	다면평가

　다. 교수·학습 환경

학생수	지도장소	매체 및 기자재
24명	교실	칠판, 교사용 컴퓨터, 스크린, 태블릿PC, 스마트폰

자료

자료 1

'은 교역망의 확대와 변화' 모둠 활동지

— 모둠이름 : _____

▲ 동아시아 일대의 은 유통

1. 은의 대량 유입이 중국 경제에 끼친 영향은?

2. 16세기 이후 일본의 은 생산량이 비약적으로 증가한 배경은?

3. 16세기 말 이후 조선에서 은 유통이 활발해진 계기는?

자료 2

'은 교역망의 확대와 변화' 모둠 활동지

— 모둠이름 : 모둠튀김모둠

▲ 동아시아 일대의 은 유통

1. 은의 대량 유입이 중국 경제에 끼친 영향은?

   중국은 은본위 경제 체제를 확립하였다. 명은 일조편법을 시행하고, 청은 지정은제를 시행하였다.

2. 16세기 이후 일본의 은 생산량이 비약적으로 증가한 배경은?

   일본에서 이와미 은광이 개발되고, 조선에서 회취법이라는 은 제련기술이 도입되었기 때문이다.

3. 16세기 말 이후 조선에서 은 유통이 활발해진 계기는?

   정묘호란 때 명군의 봉급과 군수 물자 구매 비용 등으로 대량의 은을 들여왔고, 농민과 소상인들은 명군과 접촉하면서 은 사용에 익숙해졌다.

자료 3

'19세기 광둥 무역 체제와 아편 전쟁' 토론 활동지

— 모둠이름 : _____

1. 각 국가의 입장

청 정부	
영국 정부	
유럽의 상황	

2. 모둠별로 각 국가의 입장을 생각해보고, 우리 모둠의 입장을 1가지 정해봅시다.

자료 4

다면평가지

	내용	점수
모둠 간 평가	토론의 핵심을 잘 파악하였는가?(2점)	
	[수험생 작성 부분 1](2점)	
	토론 규칙을 준수하였는가?(2점)	
모둠 내 평가	[수험생 작성 부분 2](2점)	
	토론에 적극적으로 참여하였는가?(2점)	

교수·학습 지도안

단원		유럽의 진출과 교역망의 확대		차시	2/2
학습단계		교수·학습 활동	자료 및 유의점		시간(분)
도입	선수 학습 확인	• 지난 시간에 배운 내용을 복습한다.			5
	동기유발	• 마제은, 에스파냐 은화 등을 보여주며, 흥미를 유발한다.	사진 자료		
	학습 목표 제시	1. 은유통의 확산과 변화를 설명할 수 있다. 2. 광동무역체제와 아편전쟁을 주제로 토론할 수 있다.			
전개	[전개 1] 유럽의 동아시아 진출과 은 유통의 확산	〈실연 부분 1〉	〈자료 1, 2〉		15
	[전개 2] 동아시아와 유럽의 교류	• 동아시아와 유럽의 문물 교류에 대해 설명한다.			10

단계					
전개	[전개 3] 동아시아의 제한 무역과 유럽의 대응	〈실연 부분 2〉 ◎ 다면평가지 <table><tr><th colspan="2">내용</th><th>점수</th></tr><tr><td rowspan="3">모둠 간 평가</td><td>토론의 핵심을 잘 파악하였는가?(2점)</td><td></td></tr><tr><td>[수험생 작성 부분 1](2점)</td><td></td></tr><tr><td>토론 규칙을 준수하였는가?(2점)</td><td></td></tr><tr><td rowspan="2">모둠 내 평가</td><td>[수험생 작성 부분 2](2점)</td><td></td></tr><tr><td>토론에 적극적으로 참여하였는가?(2점)</td><td></td></tr></table>	〈자료 3, 4〉	15
정리	본시 학습 정리	• 교사는 주요 내용을 문답으로 확인한다.			5
	차시 예고	• 교사는 다음 시간의 내용을 예고한다.			

주제 05 동아시아 각국의 개항

해설 p.152

2025학년도 중등학교 교사 임용후보자 선정 경쟁시험(제2차 시험)

역사 수업 실연

문제 다음의 〈실연 방법〉, [교수·학습 조건], [자료]와 [교수·학습 지도안]을 반영하여 수업을 실연하시오.

〈실연 방법〉

[교수·학습 지도안]의 〈실연 부분 1~3〉에 해당하는 부분을 작성하시오.
1. 〈실연 부분 1〉: 단원과 관련한 적절한 동기유발을 제시하시오.
2. 〈실연 부분 2〉
   가. [난징 조약, 베이징 조약, 미·일 화친 조약, 미·일 수호 통상 조약, 강화도 조약, 사이공 조약]의 학습 요소를 판서하시오.
   나. 〈자료 1, 2〉를 활용하여 서양 열강의 침략적 진출로 동아시아의 국가들은 불평등 조약을 체결하여 개항하였음을 이해하는 방향으로 시연하시오.
3. 〈실연 부분 3〉
   가. 〈자료 6〉의 [수험생 작성 부분 1, 2]를 채우시오. 이 때, 학습 목표 2번을 고려하여 〈자료 3~5〉를 활용한 탐구 과제를 제시하여 학생의 사료 분석 능력을 기르시오.
   나. 역사교육에서 사료의 유용성을 언급하며 수행평가를 안내하시오.
   다. 〈자료 6〉을 활용한 학생의 답안을 가정하고, 이를 발표하는 시간과 피드백하는 시간을 가지시오.

※ 유의점
1. 학습 목표는 판서하지 말 것
2. 교사와 학생의 활동이 구체적으로 시연될 것

교수·학습 조건

1. 과 목 명: 동아시아사
2. 대   상: 고등학교 2학년
3. 수업시간: 50분
4. 단 원 명: 동아시아 각국의 개항
   가. 단원의 성취기준

   [12동사04-02] 개항 이후 나타난 국제 관계의 변동을 살펴보고, 동아시아에서 일어난 근대화 운동을 비교한다.

   나. 단원의 구성

단원	차시	주요 내용 및 활용	수업형태	평가방법
동아시아의 근대화운동과 반제국주의 민족운동	1(본시)	동아시아 각국의 개항	설명식 수업, 사료 학습	수행평가
	2	근대화 운동의 전개	인물학습, 사료학습, 강의식 수업	형성평가
	3	근대 국민 국가의 수립 노력	극화 학습	수행평가

   다. 교수·학습 환경

학생수	지도장소	매체 및 기자재
24명	교실	칠판, 교사용 컴퓨터, 빔 프로젝트, 스크린, 태블릿PC 등

자료

자료 1

출처: 「문명의 교류와 충돌」, 2008.

자료 2 동아시아 3국의 개항장

자료 3 난징 조약(1842)

제2조 영국 국민이 가족이나 하인을 데리고 광저우·아모이·푸저우·닝보·상하이에서 박해나 구속을 받지 않고 상업에 종사하기 위해 자유롭게 거주하는 것을 보장한다.
제3조 청은 영국에 홍콩을 양도하고, 영국은 적당하다고 인정하는 법률로써 통치한다.
제8조 무릇 대영국인은 본국인이든 속국의 군민(軍民)이든 상관없이 중국의 관할 아래 있는 각 지방에서 구금되어 있는 경우 대청 황제가 즉각 석방을 승인한다.
제10조 제2조에 따라 영국 상인에게 개방한 항구에서 공평하게 정해진 출입 관세를 설정한다.

- 「중외구약장휘편」 제1책, 1956.

자료 4 미·일 수호 통상 조약(1858)

제3조 시모다와 하코다테 외에 다음 항구를 개항한다. 가나가와, 나가사키, 니가타, 효고(고베) 등
제4조 일본에 수출입하는 모든 상품은 미국과 일본정부가 협의하여 정한 세율에 따라 일본 정부에 관세를 납부한다.
제6조 일본에 대하여 범법 행위를 한 미국인은 미국영사 재판소에서 조사한 후 미국의 법으로 벌한다.

- 「일본사 사료집」, 1994.

자료 5 강화도 조약(조·일 수호 조규, 1876)

제1관 조선국은 자주의 나라이며 일본국과 평등한 권리를 가진다.
제4관 조선국은 부산 외에 두 곳의 항구를 개항하고 일본인이 와서 통상하도록 허가한다.
제7관 조선국 연해를 일본국의 항해자가 자유롭게 측량하도록 허가한다.
제10관 일본국 인민이 조선국 항구에서 죄를 지었거나 조선국 인민에게 관계되는 사건은 모두 일본국 관원이 심판한다.

- 「고종실록」

자료 6 수행평가지

2학년 ___반 ___번 이름 _____

탐구 과제 1 (3점)	〈자료 3~5〉를 읽고 공통점과 차이점을 정리해보자.
탐구 과제 2 (3점)	[수험생 작성 부분 1]
탐구 과제 3 (4점)	[수험생 작성 부분 2]

교수·학습 지도안

단원		동아시아 각국의 개항	차시	1/3
학습단계		교수·학습 활동	자료 및 유의점	시간(분)
도입	선수 학습 확인	• 문답을 통해 지난 시간에 배운 내용을 확인한다.		
	동기유발	〈실연 부분 1〉	자료	5
	학습 목표 제시	1. 동아시아 각국의 개항을 설명할 수 있다. 2. 동아시아 각국의 개항을 초래한 조약의 원문을 탐구하여 불평등한 요소를 파악할 수 있다.		
전개	[전개 1] 동아시아 개항	〈실연 부분 2〉	〈자료 1, 2〉	15

전개	[전개 2] 수행평가	〈실연 부분 3〉 〈실연 부분 3〉 	탐구 과제 1 (3점)	〈자료 3~5〉를 읽고 공통점과 차이점을 정리해보자.
탐구 과제 2 (3점)	[수험생 작성 부분 1]
탐구 과제 3 (4점)	[수험생 작성 부분 2]		〈자료 3~6〉	25
정리	본시 학습 정리	• 교사는 본시 학습의 주요 내용을 문답으로 확인한다.		5
	차시 예고	• 다음 시간 학습 내용에 대해 안내한다.		

주제 06 | 근대화 운동의 전개

해설 p.154

2025학년도 중등학교 교사 임용후보자 선정 경쟁시험(제2차 시험)

역사 수업 실연

문제 다음의 〈실연 방법〉, [교수·학습 조건], [자료]와 [교수·학습 지도안]을 반영하여 수업을 실연하시오.

〈실연 방법〉

[교수·학습 지도안]의 〈실연 부분 1~3〉에 해당하는 부분을 작성하시오.
1. 〈실연 부분 1〉: 학생의 동기를 유발할 수 있는 적절한 질문을 제시하시오.
2. 〈실연 부분 2〉: 학습 목표 1번을 고려하여 동아시아 근대화 운동의 전개를 설명하시오.
   가. [양무운동, 변법자강운동, 메이지 유신, 갑신정변]의 학습 요소를 포함하여 판서하시오.
   나. 설명식 수업에 〈자료 1~4〉를 활용하시오.
3. 〈실연 부분 3〉 학습 목표 2번을 고려하여 인물학습을 진행하시오.
   가. 역사교육에서 인물학습의 의미를 강조하여 활동을 안내하시오.
   나. 〈자료 5〉를 학습 활동지로 사용한 학생 활동을 구체적으로 시연하시오.
※ 유의점
   1. 성취기준을 고려하시오.
   2. 학습 목표는 판서하지 마시오.

교수·학습 조건

1. 과 목 명 : 동아시아사
2. 대   상 : 고등학교 2학년
3. 수업시간 : 50분
4. 단 원 명 : 근대화 운동의 전개
   가. 단원의 성취기준

   [12동사04-02] 제국주의 침략의 실상과 일본 군국주의로 인한 전쟁의 확대 과정을 살펴보고, 그에 대항한 각국의 민족 운동을 비교하여 설명한다.

   나. 단원의 구성

단원	차시	주요 내용 및 활용	수업형태	평가방법
동아시아의 근대화운동과 반제국주의 민족 운동	1	동아시아 각국의 개항	설명식 수업, 사료 학습	수행평가
	2(본시)	근대화 운동의 전개	인물학습, 사료학습, 설명식 수업	형성평가
	3	근대 국민 국가의 수립 노력	극화 학습	수행평가

   다. 교수·학습 환경

학생수	지도장소	매체 및 기자재
24명	교실	칠판, 교사용 컴퓨터, 스마트TV, 스마트폰, 태블릿PC 등

자료

자료 1

기계 제조는 현재 외부의 침략을 막아내기 위해 기댈 수 있는 곳이며 자강의 근본입니다. …… 신이 뜻을 다해 말씀드리는 것은 서양 기계가 농경, 직포, 인쇄, 도자기 등의 용구를 모두 만들 수 있고 민생의 일상생활에 유익한 것이지, 오로지 군사 무기만을 만드는 것이 아니라는 것입니다.

- 『이홍장 전집』

자료 2

일본 유신의 발단을 살펴보니 세 가지가 있습니다. 첫째 여러 신하에게 구습을 고칠 목적으로 여론을 모아 각국의 좋은 법 도입을 약속한 것, 둘째 조정에 제도국을 신설하고 인재를 발탁하여 정치 요건과 제도를 쇄신한 것, 셋째 천하의 인사들에 상서를 허용하고 국왕이 이를 열람하여 적절한 방안을 제출한 자는 제도국에 소속시킨 것입니다.

- 『캉유웨이 전집』

자료 3

현재 세계 각국은 모두 친목과 예의를 유지하면서 교제하고 있다. 하지만 이것은 어디까지나 표면적인 것에 불과할 뿐 그 이면에서는 서로 은밀하게 강약의 다툼을 하며 크고 작은 각국이 서로 믿지 못하는 것이 본래의 모습이다. …… 우리 일본도 언젠가는 국력을 강화하여 어떤 나라와도 대등한 입장에서 외교를 할 수 있도록 만들고자, 애국심을 가지고 분발한지 수십 년, 드디어 근래에 이르러 그 바람을 이루었다.

- 『특명전권대사 미구회람실기』(박삼헌, 「이와쿠라 사절단의 역사적 의미 재고찰」)

자료 4

1. 대원군을 가까운 시일 안에 돌아오게 하고 청에 조공하는 허례를 폐지할 것.
2. 문벌을 폐지하여 인민 평등의 권리를 제정하고 능력에 따라 관리를 등용할 것.
3. 지조법을 개혁하여 아전의 부정을 막고 백성을 구제하며 재정을 넉넉하게 할 것.
12. 재정은 모두 호조에서 관할케 하고 그 밖의 재무 관청은 폐지할 것.
13. 대신과 참찬은 합문 안의 의정소에서 의논해 아뢰어 결정하고 정령을 공포해 시행할 것.

- 김옥균, 『갑신일록』

자료 5 인물의 연대기 작성하기

동아시아 나라(택1)	조선, 청, 일본, 베트남
선택한 근대화 운동	
선택한 인물	

[활동 1] 선택한 인물과 관련한 근대화 운동 내용을 정리하시오.
[활동 2] 선택한 인물의 주된 활동을 3가지 이상 적으시오.
[활동 3] [활동 1, 2]에서 정리한 내용을 바탕으로 인물의 연대기를 작성하시오.

교수·학습 지도안

단원		근대화 운동의 전개	차시	2/3
학습단계		교수·학습 활동	자료 및 유의점	시간(분)
도입	선수학습 확인	• 문답을 통해 지난 시간에 배운 내용을 확인한다.		5
	동기유발	〈실연 부분 1〉		
	학습 목표 제시	1. 동아시아 각국이 전개한 근대적 움직임의 공통점과 차이점을 파악할 수 있다. 2. 각국의 근대화 운동을 주도했던 인물의 연대기를 작성할 수 있다.		
전개	[전개 1] 근대화 운동의 전개	〈실연 부분 2〉	〈자료 1~4〉	20

전개	[전개 2] 인물 학습	〈실연 부분 3〉	〈자료 5〉	20
정리	본시 학습 정리	• 교사는 본시 학습의 주요 내용을 형성평가한다.		5
	차시 예고	• 다음 시간 학습 내용에 대해 안내한다.		

주제 07 서양 문물의 수용

2025학년도 중등학교 교사 임용후보자 선정 경쟁시험(제2차 시험)

역사 수업 실연

문제 다음의 〈실연 방법〉, [교수·학습 조건], [자료]와 [교수·학습 지도안]을 반영하여 수업을 실연하시오.

〈실연 방법〉

※ 다음 방법에 따라 중단원 4-5차시 수업의 전개 부분을 축약하여 시연하시오.
1. 〈자료 1〉을 1-3차시에 학습하였다고 가정하고 이번 차시 활동과 연계하시오.
2. 〈자료 2〉의 수행평가 방법 및 유의사항, 채점기준에 대해 안내하시오.
   - [수험생 작성 부분 1]에는 유의사항 2가지를 쓰시오.
   - [수험생 작성 부분 2]에는 채점기준 2가지를 쓰시오.
3. 학생들이 대본을 작성할 동안 다음 모둠에 순회 지도를 실시하시오.
   - 대본을 작성하기에 앞서 극의 형식을 정하지 못한 모둠
   - 자료 조사에 어려움을 겪는 모둠
   - 대본의 내용이 빈약하거나 비문이 많은 모둠
4. 학생들이 다음과 같은 극을 진행하였다고 가정하고 후속 토론하는 모습을 시연하시오.
   - [대낮토론] 만국공법, 도입해야 하는가? 편
   - [모의재판] 가토 히로유키의 사회진화론
   - [걸어서 근대 속으로] 근대 도시, 요코하마 편
   - [드라마 추근] 마지막 회 중 지난 이야기

※ 유의점 : 교사와 학생의 활동을 구체적으로 시연하시오.

교수·학습 조건

1. 과 목 명 : 동아시아사
2. 대   상 : 고등학교 2학년
3. 수업시간 : 100분(블록타임제)
4. 단 원 명 : 서양 문물의 수용
   가. 단원의 성취기준

   [12동사04-03] 동아시아 각국에서 서양 문물의 수용으로 나타난 사회·문화·사상적 변화 사례를 비교한다.

   나. 단원의 구성

단원	차시	주요 내용 및 활용	수업형태	평가방법
서양 문물의 수용	1	서구적 세계관의 전파	사료 탐구학습	형성평가
	2	근대 도시의 형성	설명식 수업	형성평가
	3	근대적 주체의 성장	주제학습	형성평가
	4-5(본시)	서양 문물의 수용	극화수업	수행평가

   다. 교수·학습 환경

학생수	지도장소	매체 및 기자재
26명	사회과 교과교실	칠판, 스마트TV, 태블릿PC, 무선키보드, 도서 등

자료

자료 1

(가) 국가를 다스리는 일상의 권리를 일러 주권이라 하는데, 이 주권은 안에서 행해지기도 하고 밖에서 행해지기도 한다. 주권이 안에서 행해지는 것은 각국의 법도에 따르며, 그것은 백성에게 맡겨지기도 하고 군주에 귀속되기도 한다. …… 주권이 밖에서 행해지는 데는 반드시 타국의 승인이 필요하며 …… 각국은 그 승인 여부를 모두 자주적으로 결정하며 그에 따른 책임을 진다.

- 『만국 공법』

(나) 백인이라는 우월한 인종이 야만스러운 미개인들과 침략, 약탈 전쟁을 벌이는 것은 결국 세계 전체의 진화를 촉진하는 자연 선택 법칙에서 나온 것이다. 열등 인종들이 멸종에 이르고 우월 인종들이 전쟁으로 그 문명을 더욱 발전시킬 수 있는 것이 진화의 모습이다.

- 가토 히로유키, 『천칙백화』

(다) 요코하마의 외국인 교역소

(라) 추근(1877~1907)

청나라 말기의 혁명가 및 여성 운동가다. 시인이면서도 사격과 무술 등에 모두 능통했으며, 일본의 홍문천지회, 공애회, 중국혁명동지회, 중국의 광복회 등 단체에서 활동했다. 1907년 반청봉기를 준비하다 발각되어 체포되었고, 33살의 이른 나이에 처형되었다.

자료 2

〈서양 문물의 수용 극화수업〉

2학년 동아시아A반 모둠명 : _____

1. 수행평가 방법
   ① 서양 문물의 수용 단원에서 배운 내용 중 소주제를 선택한다.

   | 만국 공법 | 사회 진화론 | 과학 기술 | 신문과 학교 | 시간과 교통 | 도시 | 여성 | 청년 |

   ② 선택한 주제에 대해 자료 조사를 실시한다.
   ③ 극의 형식을 정하고 대본을 작성한다.
   ④ 준비한 극을 발표한다.
   ⑤ 후속 토론을 통해 극을 평가하고 역사 이해를 심화시킨다.
2. 유의사항 : [수험생 작성 부분 1]
3. 채점기준 : [수험생 작성 부분 2]

교수·학습 지도안

단원		서양 문물의 수용	차시	4-5/5
학습단계		교수·학습 활동	자료 및 유의점	시간(분)
도입	선수 학습 확인	• 선수 학습을 확인한다.		5
	동기유발	• 극화수업의 한 장면을 담은 영상을 공유하고, 극화수업의 유용성을 안내한다.	영상 자료	
	학습 목표	• 동아시아에서 서양 문물을 수용하는 장면을 담은 대본을 작성하고 극으로 표현한다.		
전개	수행평가		〈자료 1, 2〉	90

전개		2. 유의사항 : [수험생 작성 부분 1] 3. 채점기준 : [수험생 작성 부분 2]		
정리	학습 정리	• 교사는 학습한 내용에 대해 정리한다.		5
	차시 예고	• 교사는 다음 단원 학습에 대해 예고한다.		

주제 08 | 냉전체제의 확립과 변화

해설 p.157

2025학년도 중등학교 교사 임용후보자 선정 경쟁시험(제2차 시험)

역사 수업 실연

문제 다음의 〈실연 방법〉, [교수·학습 조건], [자료]와 [교수·학습 지도안]을 반영하여 수업을 실연하시오.

〈실연 방법〉

[교수·학습 지도안]의 〈실연 부분 1~3〉에 해당하는 부분을 시연하시오.
1. 〈실연 부분 1〉: 수업 내용에 적절한 학습 목표를 2가지를 제시하시오.
2. 〈실연 부분 2〉: 냉전체제의 확립과 변화를 수업하시오.
   가. 아래의 학습 요소를 포함하여 판서를 구조화하시오.

   > 국·공 내전, 6·25전쟁, 베트남 전쟁, 파리 평화 협정, 닉슨 독트린, 중·일 수교, 미·중 수교, 한·중 수교

   나. 냉전의 심화 및 탈냉전 과정을 이해하는 방향으로 〈자료 1~5〉를 활용하여 수업하시오.
3. 〈실연 부분 3〉: 〈자료 6〉을 활용하여 보고서 작성 수업을 진행하시오.
   가. [수험생 작성 부분 1~3]을 채워 활동에 적절한 채점기준표를 제시하시오.
   나. 교사의 순회 지도를 구체적으로 시연하시오.

※ 유의점
   1. 성취기준을 고려하시오.
   2. 모둠별 태블릿PC가 있는 상황을 가정하시오.

교수·학습 조건

1. 과 목 명 : 동아시아사
2. 대 상 : 고등학교 2학년
3. 수업시간 : 50분
4. 단 원 명 : 냉전체제의 확립과 변화

가. 단원의 성취기준

> [12동사05-01] 제2차 세계 대전의 전후 처리 과정을 알아보고, 동아시아에서 냉전의 심화·해체 과정과 그 영향을 분석한다.

나. 단원의 구성

단원	차시	주요 내용 및 활용	수업형태	평가방법
제2차 세계 대전 전후 처리와 냉전 체제	1	제2차 세계 대전의 전후 처리와 냉전	강의식 수업, 사료 탐구 수업	형성평가
	2(본시)	냉전 체제의 확립과 변화	강의식 수업, 보고서 작성	수행평가

다. 교수·학습 환경

학생수	지도장소	매체 및 기자재
24명	교실	칠판, 교사용 컴퓨터, 스마트TV, 태블릿PC 등

자료

자료 1 6.25전쟁의 전개

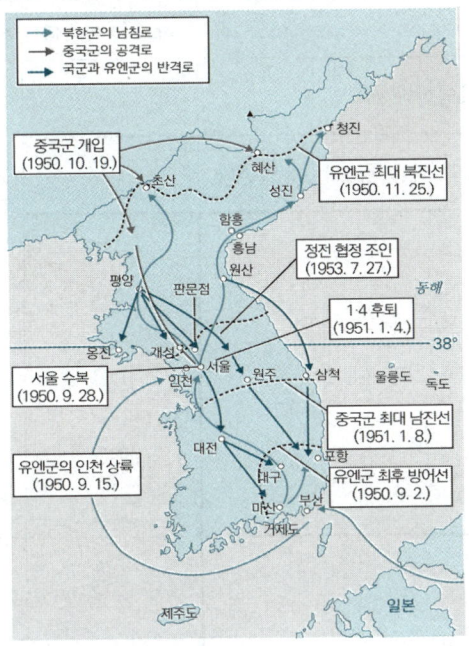

▲ 6·25 전쟁의 전개

자료 2 한·일 기본 조약(1965. 6. 22.)

제2조 1910년 8월 22일 및 그 이전에 대한 제국과 대일본 제국 간에 체결된 모든 조약 및 협정이 이미 무효임을 확인한다.

제3조 대한민국 정부가 국제 연합 총회의 결의 제195(Ⅲ)호에 명시된 바와 같이, 한반도에 있어서의 유일한 합법 정부임을 확인한다.

- 『한일 관계 자료집』

자료 3 베트남 전쟁의 전개

▲ 베트남 전쟁의 전개

자료 4 파리 평화 협정

제2조 휴전은 1973년 1월 27일 그리니치 표준시로 24 : 00 시 남베트남 전역에서 준수된다.

제6조 남베트남에 있는 미군과 다른 동맹국들의 군사 기지는 조약 서명 후 60일 이내에 철거되어야 한다.

제15조 베트남의 재통일은 남·북베트남 간의 논의와 협의에 따라 평화적인 방법으로 서서히 이루어져야 한다. …… 17도선에 의한 두 지역 사이의 군사 분계선은 1954년 제네바 협정에 따라 잠정적일 뿐이며 정치적이거나 영토상의 경계는 아니다. …… 남·북베트남은 1954년 제네바 협정에 따라 군사 동맹에 참여하지 못하며, 다른 나라에 군사 기지나 군대의 주둔을 허용해서는 안 된다.

- 『평화를 거부하다 : 미국, 베트남, 그리고 파리 협정』, 1975.

자료 5 닉슨 독트린

- 미국은 앞으로 베트남 전쟁과 같은 군사적 개입을 피한다.
- 강대국의 핵에 의한 위협의 경우를 제외하고는 내란이나 침략에 대하여 아시아 각국이 스스로 협력하여 그에 대처하도록 한다.

자료 6 보고서 작성 "동아시아 냉전"

모둠명 : _____

1. 냉전을 상징하는 사건을 선정한다.
2. 모둠원이 보고서에 포함될 내용을 조사한다.
3. 조사한 내용을 토대로 보고서를 작성한다.

평가 기준	배점(10)	점수
[수험생 작성 부분 1]	3	
[수험생 작성 부분 2]	3	
[수험생 작성 부분 3]	3	
모둠 간 협력하였는가.	1	

교수·학습 지도안

단원		냉전 체제의 확립과 변화		차시	2/2
학습단계		교수·학습 활동		자료 및 유의점	시간(분)
도입	선수학습 확인	• 문답을 통해 지난 시간에 배운 내용을 확인한다.			5
	동기유발	• 6·25전쟁과 관련한 사진을 통해 학생들의 학습 동기를 유발한다.			
	학습 목표 제시	〈실연 부분 1〉			
전개	[전개 1] 냉전체제의 확립과 변화	〈실연 부분 2〉		〈자료 1~5〉	20

		〈실연 부분 3〉		
전개	[전개 2] 보고서 작성	◎ 채점기준표 | 평가 기준 | |---| | [수험생 작성 부분 1] | | [수험생 작성 부분 2] | | [수험생 작성 부분 3] | | 모둠 간 협력하였는가. |	〈자료 6〉	20
정리	본시 학습 정리	• 교사는 본시 학습의 주요 내용을 문답으로 확인한다.		5
	차시 예고	• 다음 시간 학습 주제를 안내한다.		

주제 09 동아시아 각국의 경제 성장

2025학년도 중등학교 교사 임용후보자 선정 경쟁시험(제2차 시험)

역사 수업 실연

문제 다음의 〈실연 방법〉, [교수·학습 조건], [자료]와 [교수·학습 지도안]을 반영하여 수업을 실연하시오.

〈실연 방법〉

[교수·학습 지도안]의 〈실연 부분 1, 2〉에 해당하는 부분을 실연하시오.
1. 〈실연 부분 1〉: 한국과 타이완의 경제 성장에 대해 문답식 수업을 하시오.
   가. 〈자료 1, 2〉의 통계자료를 통해 각국의 경제 성장을 강조하시오.
2. 〈실연 부분 2〉: 중국의 경제 성장에 대해 인물 학습을 하시오.
   가. 〈자료 3, 4〉를 활용하여 인물 학습을 안내하시오.
   나. 〈자료 5〉의 [수험생 작성 부분]을 쓰고, 수행평가 기준을 안내하시오.
   다. 〈자료 6〉을 학생이 완성한 것으로 가정하고, 교사가 피드백하시오.

교수·학습 조건

1. 과 목 명: 동아시아사
2. 대   상: 고등학교 2학년
3. 수업시간: 50분
4. 단 원 명: 동아시아 각국의 경제 성장
   가. 단원의 성취기준

   [12동사05-02] 동아시아 각국에서 나타난 정치·경제·사회적 발전 모습을 비교하여 파악한다.

   나. 단원의 구성

단원	차시	주요 내용 및 활용	수업형태	평가방법
경제 성장과 정치·사회의 발전	1(본시)	동아시아 각국의 경제 성장	문답식 수업, 인물 학습	수행평가
	2	동아시아 경제의 과제	강의식 수업, 글쓰기 수업	수행평가
	3	정치·사회의 발전	강의식 수업, 주제 탐구학습	수행평가

   다. 교수·학습 환경

학생수	지도장소	매체 및 기자재
24명	교실	칠판, 교사용 컴퓨터, 스마트TV, 스크린, 태블릿PC

자료

자료 1 한국의 경제 성장

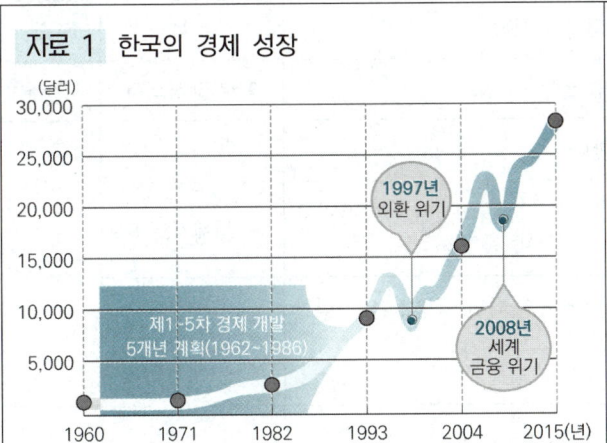

출처 : 세계은행(2016)

자료 2 한국과 타이완의 경제 성장

출처 : 통계청, 2016.
타이완 통계청, 2016.

자료 3 중국 경제의 성장

대약진 운동

▲ 대약진 운동 당시 농촌 각지에 설치된 용광로

자료 4

새로운 역사 시기에 우리 당이 분투해야 할 목표는 우리나라를 현대적 농업, 현대적 공업, 현대적 국방, 현대적 과학 기술을 갖추고 고도의 민주주의와 고도의 문명을 가진 사회주의 강국으로 한 걸음 한 걸음 건설해 나가는 것이다.

- 『건국 이래 당의 약간의 역사 문제에 관한 결의』
(1981년 6월 27일, 중국 공산당 중앙 위원회 11기 6중 전회)

자료 5

수행평가 채점기준표

평가 기준	배점 (총8점)
인물 선정이 적절한가?	2
	0
역사적 사실을 잘 반영하였는가?	2
	0
다양한 매체에서 자료를 활용하였는가?	2
	0
[수험생 작성 부분]	2
	0

자료 6

[동아시아 경제 성장 인물 탐구]

— 학생 이름 : 김은수

1. 내가 탐구할 인물? 덩샤오핑
2. 인물의 업적
   ① 마오쩌둥의 대약진 운동 비판
   ② 중국의 개혁·개방 정책 추진
   ③ 톈안먼 사태 이후 남순 강화
3. 인물의 삶에 대한 나만의 역사적 평가

   사회주의 국가에서 경제적으로는 시장 경제 체제를 도입했다는 것이 참신하다. 그러나 톈안먼 사태에 대한 대처는 아쉽다.

4. 참고 자료
   동북아 역사넷, 교과서, 지식백과

교수·학습 지도안

단원		동아시아 각국의 경제 성장	차시	1/3
학습단계		교수·학습 활동	자료 및 유의점	시간(분)
도입	선수 학습 확인	• 지난 시간에 배운 내용을 복습한다.		5
	동기유발	• 동아시아 국가의 교역량에 대한 그래프를 보고, 각자의 생각을 나눈다.	통계자료	
	학습 목표 제시	1. 한국과 타이완의 경제 성장 과정에서 나타난 공통점을 설명할 수 있다. 2. 덩샤오핑의 업적을 설명할 수 있다.		
전개	[전개 1] 일본의 경제 성장	• 2차 세계 대전 이후 일본의 경제 성장을 설명할 수 있다.		5
	[전개 2] 한국과 타이완의 경제 성장	〈실연 부분 1〉	〈자료 1, 2〉	15

전개	[전개 3] 중국의 경제 성장	⟨실연 부분 2⟩ ※ 수행평가 채점기준표 {표: 평가 기준 / 배점(총8점) 인물 선정이 적절한가? / 2, 0 역사적 사실을 잘 반영하였는가? / 2, 0 다양한 매체에서 자료를 활용하였는가? / 2, 0 [수험생 작성 부분] / 2, 0}	⟨자료 3~6⟩	15
	[전개 4] 북한과 베트남의 경제 성장	• 북한과 베트남의 경제 성장 과정을 설명할 수 있다.		5
정리	본시 학습 정리	• 교사는 주요 내용을 형성평가로 확인한다.		5
	차시 예고	• 교사는 다음 시간의 내용을 예고한다.		

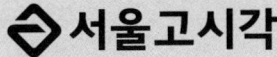

공편자약력

민정화
- 고려대학교 사범대학 역사교육과 졸
- 서울 소재 중·고등학교 재직 중
- draculaeire@gmail.com

송유진
- 숙명여자대학교 문과대학 역사문화학과 졸
- 서울 소재 중·고등학교 재직 중
- cliosong@sen.go.kr

최수연
- 숙명여자대학교 문과대학 교육학부 졸
- 서울 소재 중·고등학교 재직 중
- csy5228@sen.go.kr

전공역사 "2차 수업실연" 실전문제집
수업만점자의 비밀노트

인쇄일 2024년 11월 20일
발행일 2024년 11월 25일

공편자 민정화 · 송유진 · 최수연
발행인 김용관
발행처 ㈜서울고시각
주　소 서울시 마포구 양화로7길 83 2층(데이비드 빌딩)
대표전화 02.706.2261
상담전화 02.706.2262~6 | FAX 02.711.9921
인터넷서점·동영상강의 www.edu-market.co.kr
E-mail gosigak@gosigak.co.kr
표지디자인 이세정
편집디자인 김수진, 황인숙
편집·교정 서승희

ISBN 978-89-526-4923-2
정　가 35,000원

• 이 책에 실린 내용에 대한 저작권은 ㈜서울고시각에 있으므로 무단으로 전재하거나 복제, 배포할 수 없습니다.

전공역사 2차 수업실연 실전문제집

2025 최신판

전공역사
"2차 수업실연"
실전문제집

수업만점자의 비밀노트

수업실연 해설

서울고시각

수험가의 새로운 신화!
당신의 미래를 서울고시각 수험서로 시작하십시오.

전공역사
"2차 수업실연"
실전문제집
수업만점자의 비밀노트

PART
03

수업실연
해설

[30일 완성]
전공역사 2차
수업실연
실전문제집

이 해설지에 포함된 답들은 완벽한 정답이 아니라 하나의 예시에 불과합니다. 문제지와 해설지를 비교해 보시면서, 조건에 맞되(必) 선생님들의 스타일이 살아있는 수업을 만들어보시기를 바랍니다. 더 완벽한 정답은 선생님들 안에 있습니다.

01 수업실연 해설 - 한국사

주제 01 선사 시대의 전개 ✦

1. 〈실연 부분 1〉: 수업 형태와 지난 차시 수업을 연계하여 학습 동기를 유발하시오.

'인류의 출현'을 묘사한 한 컷 만화를 보여주고 지난 시간에 학습한 내용이 잘 담겨있는지 확인하고, 그림 또는 만화로 배운 내용을 표현하는 것의 장점에 대해 생각해 보고 공유한다.

2. 〈실연 부분 2〉

가. 〈자료 1〉에 대해 확산적 질문 1가지를 제시하시오.
  예시 : 신석기 시대 사람들에게 **왜** 가락바퀴가 필요했을까요? 신석기 사람들은 토기에 **왜** 빗살무늬를 넣었을까요?

나. 다음 학습 요소를 토대로 구석기 시대와 신석기 시대를 비교하시오.
  [기후, 주거, 도구, 생활 방식, 유적지]
  판서 참고

3. 〈실연 부분 3〉

가. 〈자료 2〉의 [수험생 작성 부분 1~3]을 작성하시오.
  예시
  ① 선택한 시대와 그 이유가 합당한가.
  ② 선택한 시대의 특징이 잘 드러났는가.
  ③ 역사적 사실에 오류가 없는가.

나. 〈자료 3〉을 〈자료 2〉의 우수 사례로 가정하고 역사과 핵심 역량 1가지를 기준으로 피드백하시오.
  예시 : 뼈바늘로 옷을 지어 입은 것, 수수 농사가 이루어졌다는 것 등을 잘 적었습니다. **역사 사실 이해 역량**이 뛰어납니다.

판서

〈선사 시대의 전개〉

1. 구석기 시대와 신석기 시대

	구석기 시대	신석기 시대
기후	빙하기와 간빙기	빙하기 종료→기온 상승
주거	이동 생활	정착 생활
도구	뗀석기 등	간석기 등
생활 방식	무리 사회	씨족, 부족 형성
유적지	전곡리 등	암사동 등

2. 만화 그리기
  (1) 유의사항
   • ~.
   • ~.
   • ~.

  (2) 발표
   (학생 사례 및 피드백)

주제 02 고조선과 여러 나라의 성장

1. 〈실연 부분 1〉: 학습 목표를 고려하여 학습 동기를 유발하시오.

예시 : 사진에서 보듯이 **세계 여러 나라에는 다양한 형태의 혼인 풍습**이 있습니다. 고대 우리나라에도 다양한 형태의 혼인 풍습이 있었는데요. 어떤 혼인 풍습이 있을지 궁금하지 않나요?

2. 〈실연 부분 2〉

가. 〈자료 1〉 탐구 활동에 어려움을 겪는 학생을 위해 비계를 설정하시오.
- 예시 : 사료에서 **바람, 비, 구름**이 등장하네요. 이것들은 어떤 활동에 필수적인 요소일까요?
- 탐구 문제 답 : 판서 참고

3. 〈실연 부분 3〉

가. 〈자료 2〉를 설명하시오.
(가)-부여의 정치, (나)-부여의 법, (다)-고구려의 정치, (라)-고구려의 서옥제,
(마)-옥저와 동예의 정치, (바)-동예의 책화, (사)-삼한의 정치

나. 학생들이 〈자료 3〉을 채우는 과정에서 순회 지도를 실시하시오.
예시
- 교사 : 우리 ○○모둠은 (나)와 (라)를 같은 색으로 칠했네요? 어떤 공통점이 있어서 그렇게 칠했는지 설명해줄래요?
- 학생 : 그 시대 사회의 모습을 보여준다고 생각했어요.
- 교사 : 좋아요. 혼인 풍습, 법 등 세부적으로 나누면 사회의 다양한 면을 더 보여줄 수 있답니다.

판서

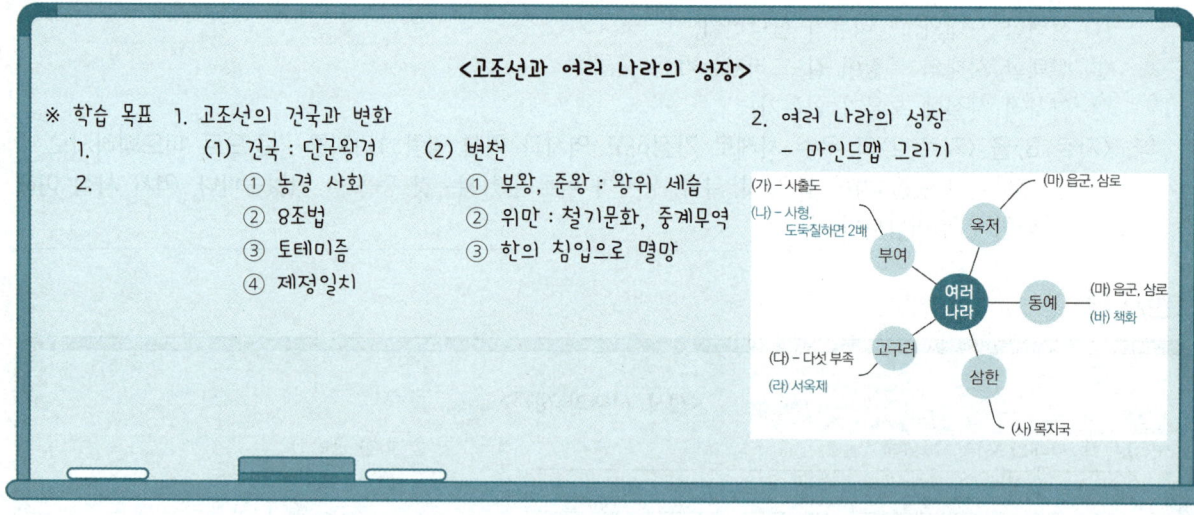

주제 03 　 고대 국가의 성립과 발전

1. 〈실연 부분 1〉: 교수·학습 조건을 고려하여 학습 목표 2가지를 작성하시오.

예시
(1) 초기 국가와 고대 국가의 통치 방식을 **비교**할 수 있다.
(2) **고대 국가의 발전**에 대해 설명할 수 있다.

2. 〈실연 부분 2〉

가. 〈자료 1〉을 토대로 초기 국가와 고대 국가의 비교 준거를 제시하시오.
　(1) 비교학습 유의사항 : 비교학습은 **비교의 대상, 비교의 준거 또는 초점**을 선정하는 것이 중요하다.
　(2) 예시 : (가) 족장 세력의 중앙 귀족화, (나) 영토 확장, (다) 관등제와 관복제 정비, (라) 율령 반포

	초기 국가	고대 국가
족장 세력	독자적 세력	중앙 귀족화
영토 확장	×	○
관등제와 관복제 정비	×	○
율령 반포	×	○

나. 학습 활동 중 예상 가능한 학생의 질문 및 교사의 대응을 포함하시오.
예시
Q1. (나)에서 말하는 성읍이란 무엇인가요?
A1. 일종의 마을, 도시를 의미합니다.
Q2. 고구려 말고 백제나 신라도 영토 확장을 했나요?
A2. 좋은 질문입니다. 〈자료 1〉의 특징들은 해당 국가만의 특징이 아니라 고대 국가 전부에서 볼 수 있는 특징입니다.

3. 〈실연 부분 3〉

가. 〈자료 2〉의 [수험생 작성 부분]을 채워 평가 방안을 안내하시오.
　역사 자료 분석과 해석 : (가)와 (나)의 사료를 분석하여 답안을 작성하므로 **역사 자료 분석과 해석** 역량을 평가하고자 하는 것이다.

나. 우수한 사례와 미흡한 사례를 1가지씩 제시하고 각각 피드백하시오.(※유의점 1 고려)
　① 우수한 사례 : (가) 자료는 초기 국가, (나) 자료는 고대 국가에 해당한다는 것을 명료하게 서술하였어요. (가)에서는 왕이 족장들과 함께 논의하여 의사결정을 하고, (나) 자료에서는 (가)와 다르게 왕이 결정하고 명령하는 것을 통해 왕권이 강화되었다는 점을 잘 **비교 서술**하였습니다.
　② 미흡한 사례 : (가) 자료가 왕이 족장들과 함께 논의하여 의사결정하고 있다는 것을 잘 찾아 적었습니다. 하지만 (나) 자료에서 왕이 족장들에게 명령하고 있는 장면과 **비교 서술**하지 못한 점이 아쉽습니다. 이 부분을 보완하면 좋겠습니다.

판서

〈고대 국가의 성립과 발전〉

※ 학습 목표
1.
2.

1. 고대 국가의 지배체제
　(1) 초기 국가와의 비교
　　① 족장 세력의 중앙 귀족화
　　② 영토 확장
　　③ 관등제와 관복제 정비
　　④ 율령 반포

　(2) 서술형 평가
　　※ 유의사항
　　① (가)와 (나) 자료를 모두 활용
　　② 통치 방식의 변화에 초점을 맞출 것
　　③ 논리적으로 작성할 것

주제 04 신라의 삼국 통일과 발해의 건국 ✦

1. 〈실연 부분 1〉

가. [고구려 멸망, 나당 동맹, 나당 전쟁, 백제 멸망, 삼국 통일]을 활용하여 연표를 제작하시오.
　　판서 참고

나. 삼국 통일의 과정과 의미를 동아시아적 관점에서 볼 수 있는 발문을 포함하시오.
　　예시 : 삼국 통일 과정에는 어떤 나라들이 참여했고, 왜 참여했을까요? 삼국 통일 이후 동아시아의 정세는 어땠을까요? 삼국 통일에 대한 주변 국가들의 입장은 어땠을까요?

2. 〈실연 부분 2〉

가. 〈자료 1〉을 활용한 탐구학습을 위해 수렴적 질문을 제시하시오.
　　예시 : 〈자료 1〉을 **분석**하여 발해가 우리나라 역사라는 근거를 밝히시오.

나. 〈자료 1〉에 대해 예상 가능한 학생들의 질문 및 교사의 대응을 시연하시오.
　　Q1. 가속이 무엇인가요? 칙서가 무엇인가요?
　　A1. 가속은 집안의 구성원들을 의미하며, 칙서는 왕이 쓴 글을 의미합니다.
　　Q2. 고려 국왕이라는 단어가 고구려 국왕을 의미한다고 볼 수 있나요?
　　A2. 맞습니다. 고려는 고구려를 지칭하는 또 다른 말입니다.

3. 〈실연 부분 3〉

가. 〈자료 2〉의 [수험생 작성 부분 1~3]을 채워 채점기준을 제시하시오.
　　예시
　　① **헤드라인**이 적절한가.
　　② **전달력** 있는 대본을 작성하였는가.
　　③ **6하 원칙**의 뉴스 형식을 지켰는가.

나. 학생들이 글쓰기 과정 중 비판적 사고를 할 수 있도록 순회 지도하시오.
　　(학생이 역사적 사건만 시간 순서대로 나열하고 있는 상황을 보고) 안승을 보덕왕으로 임명한 사건에 대해서 보도하고 있군요. 살펴보니 지금까지 작성한 대본에 역사적 사실의 오류는 없지만 그 사건이 가지고 있는 **의미**는 보이지 않는 것 같아요. 이 사건이 갖는 **역사적 의미**는 무엇이 있을까요? **의의와 한계를 모두 고민한 다음 종합**하면 더욱 좋은 답을 찾을 수 있을 거예요.

판서

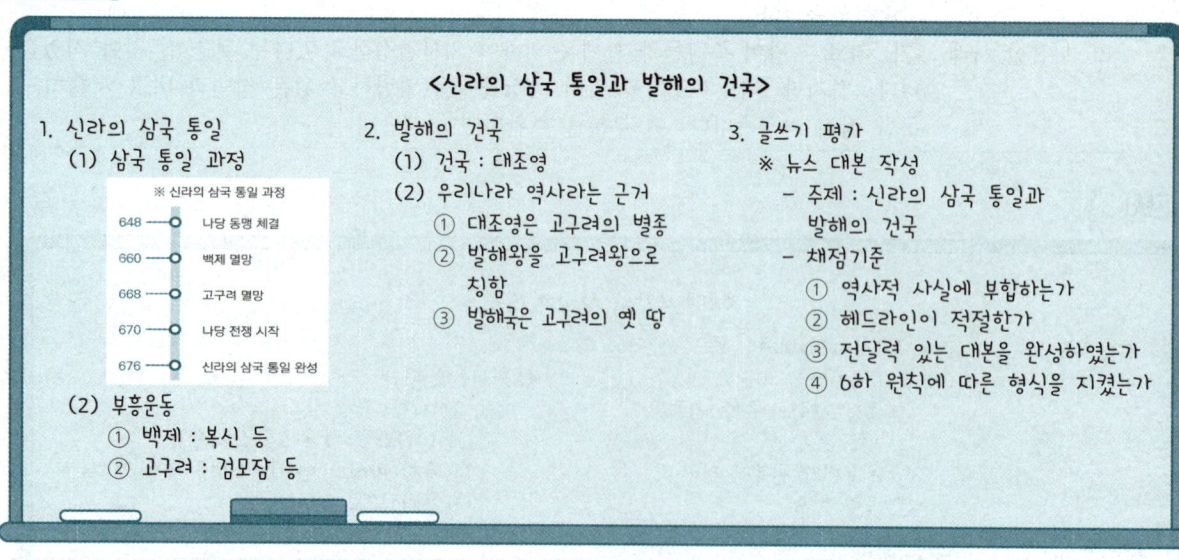

| 주제 05 | 고대 사회와 경제 |

1. 〈실연 부분 1〉: 수업 내용에 적절한 학습 목표 2가지를 제시하시오.

　예시 - 고대 사회, 경제 내용을 이해할 수 있다.
　　　 - 고대 사회 신분제 형성을 가상 일기 쓰기로 표현할 수 있다.

2. 〈실연 부분 2〉

　가. 〈자료 1〉의 도표를 이용해 설명식 수업을 진행하시오.
　　 - 〈자료 1〉 신라의 골품제와 관등표
　　 - **짝 활동**을 진행하여, 각 골품이 승진할 수 있는 최고 관등이 다른 점, 각 관등의 복색이 다른 점 등을 도표에서 확인할 수 있습니다.(※ 유의점 고려 - 본 교재 Part1 설명식 수업 참고)
　나. 〈자료 2〉를 이용하여 가상 일기 쓰기 활동을 진행하시오.
　　　활동 안내, 평가 및 채점기준표 안내 → 순회 지도 → 피드백
　다. 〈자료 3〉의 [수험생 작성 부분 1~4]를 채워 가상 일기 쓰기 활동에 대한 채점기준표를 제시하시오.
　　　예시

채점기준	배점
1. [수험생 작성 부분 1] 인물의 신분 특징이 드러나는가.	2점
2. [수험생 작성 부분 2] 선정한 인물의 내면이 드러나는가.	2점
3. [수험생 작성 부분 3] 시대적 상황에 적절한가.	2점
4. [수험생 작성 부분 4] 역사적 사실에 오류가 없는가.	2점

　라. 〈자료 4〉의 학생 답안을 역사과 핵심 역량 3가지에 기반하여 피드백하시오.
　　　〈자료 4〉 피드백 사례 : 역사 사실 이해, 역사 자료 분석과 해석, 정체성과 상호 존중 활용
　　 - 나는 천민이니까 귀족과 신분이 같다고 표현한 부분이 **'역사 사실 이해'** 역량에 기반했을 때 오류가 있네요. 신분제 형성에 대해 배웠으니 신분이 다르다고 수정해볼까요?
　　 - 천민으로서 귀족에게 봉사하고 있다고 표현한 부분이 〈자료 2〉의 봉사하는 모습을 잘 활용한 부분이네요. **'역사 자료 분석과 해석'** 역량이 돋보이는 부분이었어요.
　　 - 마지막 줄에 내 자식들은 귀족에게 천대받지 않고 지내서 이 슬픔을 몰랐으면 좋겠다는 부분은 오늘날 우리에게도 의미가 있는 부분이에요. 신분제가 사라진 지금도 차별 받는 사례는 없는지 생각해볼 수 있는 좋은 지점입니다. **'정체성과 상호 존중'** 역량이 돋보이네요.

3. 〈실연 부분 3〉

　가. 고대 경제를 경제 정책과 수취 제도로 나누어 설명식 수업을 하시오.
　　　판서 참고
　나. 〈자료 5〉의 분석을 돕는 적절한 질문을 제시하시오.
　　　예시 - 신라 촌락 문서를 작성한 이유가 무엇일까요, 신라 촌락 문서에는 어떤 내용들이 기록되어 있나요 등

| 판서 |

```
                        <고대 사회와 경제>

※ 학습 목표    1. 고대 사회 : 신분제 형성        2. 고대 경제
  1.             (1) 지배층 : 귀족               (1) 경제 정책 : 철제 농기구 보급, 우경 장려
  2.             (2) 피지배층 : ① 평민           (2) 수취 제도 : 조세, 공물, 역
                              ② 천민

               ※ 골품제 (신라)                 ※ 신라 촌락 문서 : 수취 대상 파악
```

주제 06 외래 종교 및 사상의 수용

1. 〈실연 부분 1〉 : 재래신앙에 대해 설명식 수업을 하시오.

   가. 〈자료 1〉을 활용하되 [원시신앙, 천신사상, 독자적 천하관]을 학습 요소로 포함하시오.
      : 판서 참고
      〈자료 1〉을 활용한 질문(예시)
      Q. 고구려가 신라를 '동쪽의 오랑캐'라고 한 이유는 무엇일까?

2. 〈실연 부분 2〉 : 〈자료 2〉를 활용하여, 사료 학습을 하시오.

   〈자료 2〉를 활용한 적절한 질문(예시)
   Q1. 이차돈은 6세기 인물이다. 신라에서 불교 수용이 늦어진 이유는 무엇인가요?
   Q2. 동륜은 전륜성왕 중 한 명, 백정은 석가모니의 아버지, 마야 부인은 석가모니 어머니의 이름이다. 신라 왕실에서 불교와 관련된 이름을 지은 이유는 무엇인가요?

3. 〈실연 부분 3〉 : 〈자료 3, 4〉를 활용하여, 문화재 카드 만들기 수업을 하시오.

   가. 〈자료 3〉을 활용하여 문화재 카드 만들기 활동의 방법을 안내하시오.
      안내 : 문화재 카드 제작의 구성요소 설명 → 수행평가 기준 설명 → 태블릿PC를 활용하여 자료 조사 및 문화재 카드 완성 → 발표 및 피드백
   나. 〈자료 4〉의 [수험생 작성 부분]을 완성하시오.

평가항목	점수
주제와 관련된 문화유산을 선정했는가?[1점]	
문화유산의 명칭과 소재지를 서술하였는가?[1점]	
[수험생 작성 부분] : 문화유산에 대한 설명에 **역사적 오류**가 없는가?[2점]	
명확한 출처를 제시하였는가?[1점]	

   다. 학생이 완성한 경우를 가정하고 교사가 피드백하시오.
      교사의 피드백(예시) : 김보라 학생은 금동미륵보살반가사유상을 주제로 문화재 카드를 만들었네요. 보라 학생이 만든 카드를 보니 문화유산의 명칭과 소재지가 정확합니다. 금동미륵보살반가사유상의 경우 중생을 구제하는 미륵 신앙과 관련이 있는데, 이 부분이 잘 드러나게 설명을 적어주었네요. 더불어 보라 학생이 문화재 카드를 만들 때 참고한 출처도 명시한 점이 훌륭합니다.

판서

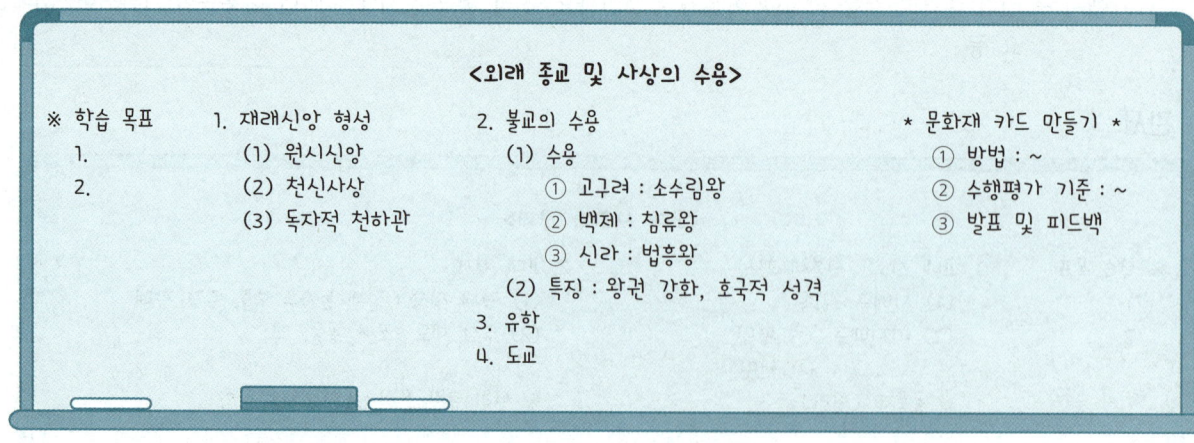

주제 07 통일 신라의 종교와 사상

1. 〈실연 부분 1〉: 〈자료 1, 2〉를 활용하여, 사료 학습을 하시오.

    가. 〈자료 1, 2〉를 활용한 적절한 발문을 제시하시오.
    - Q1. 〈자료 1, 2〉에서 알 수 있는 두 인물의 **핵심 사상**은 무엇인가?
        A1. 원효 - 일심사상, 의상 - 화엄사상 혹은 일즉다다즉일이다.
    - Q2. 〈자료 1, 2〉를 토대로 **통일 신라 불교의 특징**은 무엇인가?
        A2. 신라의 불교가 이론적으로 심화되었고, 원효와 의상이 불교의 대중화를 위해 노력하였다.

2. 〈실연 부분 2〉: 〈자료 3〉을 활용하여, 사료 학습을 하시오.

    가. 〈자료 3〉 탐구를 위해 질문을 제시하여 [수험생 작성부분 1, 2]를 완성하시오.
    예시

탐구 질문1	[수험생 작성 부분 1] 통일 신라에서 관리 선발 제도를 마련한 **이유**가 무엇인가?
탐구 질문2	[수험생 작성 부분 2] 독서삼품을 결정하는 기준이 무엇인가?

3. 〈실연 부분 3〉: 〈자료 4〉를 활용하여, 설명식 수업을 하시오.

    가. 〈자료 4〉의 지도를 활용하여 호족에 대한 발문을 제시하시오.
    Q. 통일 신라 후기 각지에서 호족들이 성장하게 된 **이유**는 무엇인가?
    A. 끊임없는 왕위 쟁탈전으로 중앙 정부의 지방 통제력이 약화되었다.
    나. [선종, 호족, 9산 선문, 풍수지리설]을 학습 요소로 포함하시오. : 판서 참고

판서

〈통일 신라의 종교와 사상〉

※ 학습 목표
1.
2.

1. 불교의 대중화
   (1) 원효 : 일심 사상, 화쟁 사상
   (2) 의상 : 화엄 사상, 일즉다다즉일

2. 통일 신라의 유학
   (1) 원성왕 : 독서삼품과
   (2) 6두품 : 강수, 설총

3. 신라 말 새로운 사상
   (1) 선종
      ① 배경 : 교종의 보수화, 호족의 선종 후원
      ② 특징 : 참선을 통한 깨달음 중시
      ③ 중심지 : 9산 선문
   (2) 풍수지리설 보급

주제 08 고려의 통치 체제 정비

1. 〈실연 부분 1〉: 단원의 성취기준을 참고하여 학습 목표 두 가지를 제시하시오.
① 고려 통치 체제의 성립을 설명할 수 있다.
② 최승로의 주장을 구조도로 표현할 수 있다.

2. 〈실연 부분 2〉

가. 〈자료 1〉, 〈자료 2〉를 활용해 구조도 만들기 수업을 지도하시오.
  - 안내 : 〈자료 1〉의 내용 분석 → 구조도 제작 방법 안내 → 활동 → 발표
  - 구조도 제작 방법(예시) : 최승로의 「시무 28조」를 분석하여 최승로가 생각한 이상적인 국가의 모습을 추론하고, 각 조항이 뜻하는 내용을 정리하도록 함

나. 학생들이 완성한 경우를 〈자료 3〉으로 가정하고 피드백하시오.
  - 교사의 피드백(예시) : 최승로의 시무28조의 각 내용을 분석했네요. 7조, 13조, 20조의 주요 주장과 이유가 잘 드러나는 구조도입니다. 다만, 13조에서 불교 행사 확대는 역사적 오류가 있으니 다시 살펴보시기 바랍니다.

3. 〈실연 부분 3〉

가. 〈자료 4〉의 [중서문하성, 식목도감, 도병마사]를 학습 요소로 포함하시오. : 판서 참고
나. 동아시아 관점에서 고려의 제도를 볼 수 있는 발문을 포함하시오.
  - 예시 : Q. 중국 송나라의 정치제도와 고려의 정치제도의 공통점을 찾아볼까요?
    A. 송나라에도 중추원이라는 조직이 있었습니다. 고려의 중추원은 송나라 중앙 제도의 영향을 받아 만들어진 것이라고 볼 수 있습니다.

판서

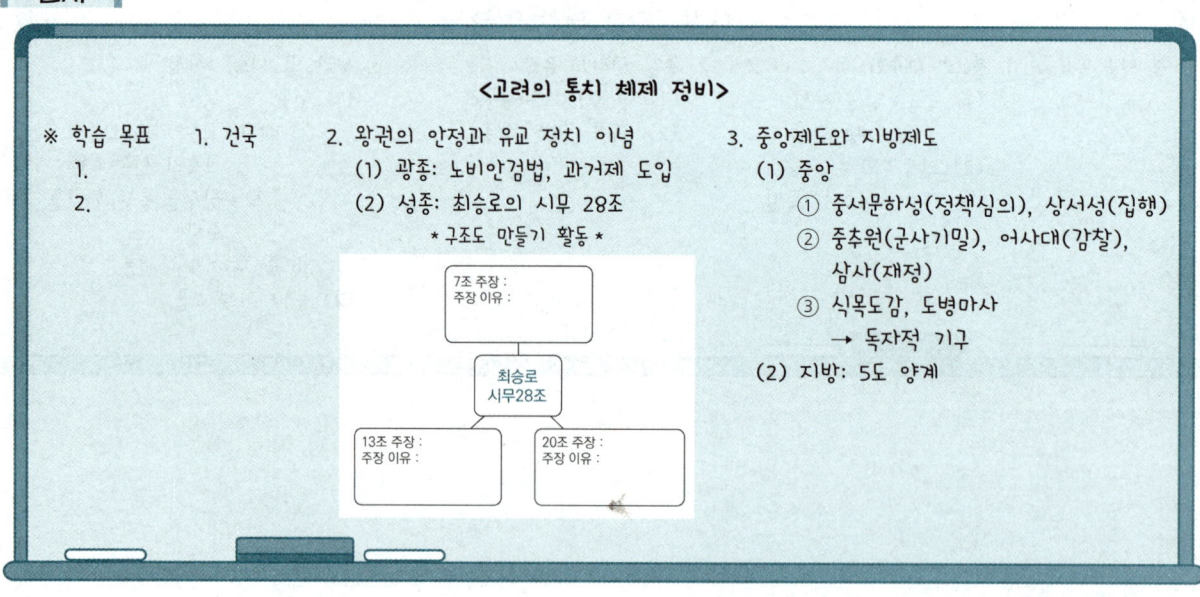

| 주제 09 | 고려 전기의 대외 관계 |

1. 〈실연 부분 1〉

　가. [서희, 강동 6주]의 학습 요소를 포함하시오.
　　　〈자료 1〉에서 강동 6주의 위치를 강조한다.

2. 〈실연 부분 2〉

　가. 교사가 〈자료 2〉를 활용하여 학생들의 역사적 상상력을 기를 수 있도록 지도하시오.
　　　예시 : 여러분이 〈자료 2〉의 사진을 보고, 윤관이 비석이 세운 당시 **상황**에 대한 이야기를 만들어 볼
　　　　　까요?

3. 〈실연 부분 3〉

　가. 〈자료 3〉을 활용하여 백연표 제작 활동 방법, 유용성을 안내하시오.
　　　- 활동 방법 : 각 역사적 사건들의 발생 연도를 파악하기 → 시대 순에 맞게 배열하기
　　　- 백연표 제작 활동의 유용성
　　　　① 백연표는 학습을 끝낸 다음 **학습 내용 정리**와 **형성평가용**으로 효과적이다.
　　　　② 역사의 전체적인 흐름을 파악하기 힘든 경우에 역사적 사실의 **관련성**을 정리하는 데 효과적이다.
　나. 〈자료 4〉의 [수험생 작성 부분]을 쓰시오.

기준	점수(총6점)
주요 사건을 제시했는가?[2점]	
역사적 사실에 오류는 없는가?[2점]	
[수험생 작성 부분] 사건의 **시기**가 연표에 적절하게 제시되었는가?[2점]	

　다. 학생이 완성한 경우를 〈자료 5〉로 가정하고 채점기준에 따라 피드백하시오.
　　　예시 : 선생님이 살펴보니 시대마다 중요한 사건들을 제시하였고, 역사적 오류도 없습니다. 연표에서
　　　　　가장 중요한 부분인 시간 순서 배열도 잘 나타나 있습니다.

| 판서 |

```
                        <고려의 대외 관계>

※ 학습 목표    1. 송과의 관계        2. 거란과의 관계           3. 여진과의 관계
  1.                  : 친송북진 정책      (1) 1차 침입 : 서희        (1) 윤관의 별무반
  2.                                        → 강동 6주 확보            → 동북 9성 축조
                                         (2) 2차 침입 : 양규        (2) 금의 군신관계 요구
                                         (3) 3차 침입 : 강감찬의       → 이자겸 수용
                                                     귀주대첩
```

주제 10   무신 정권과 대몽 항쟁

1. 〈실연 부분 1〉

가. 〈자료 1〉을 활용하여 설명식 수업을 진행하시오.
　판서 참고
　cf. (가) – 묘청의 주장
　　　(나) – 김부식의 주장

나. 설명에 집중하지 못하는 학생들을 학습에 참여시킬 방안을 마련하시오.
　① 방안
　　– 문답법 활용
　　– 멀티미디어 자료 사용
　　– 간단한 학생 활동 추가
　② 예시
　　– 김부식과 묘청의 주장을 보여주는 짧은 **애니메이션 영상**을 상영한다.
　　– 사료 분석을 돕는 **질문**을 주고, **짝활동**을 진행한다.

2. 〈실연 부분 2〉

가. 〈자료 2〉를 효과적으로 활용할 방안을 마련하시오.
　① 방안
　　– 역사적 **사실**에 관한 정보를 얻는 것
　　– 사건 사이의 관련성과 사건의 의의를 당시의 전체적 시대상 속에서 다면적으로 고찰
　② 예시
　　– 교사 : 연표를 보면 무엇을 알 수 있나요?
　　– 학생1 : 사람이 매번 바뀌어요.
　　– 학생2 : 시기에 따라 집권 기구도 달라져요.
　　– 교사 : 맞습니다. 여러분이 이렇게 연표를 보는 것만으로도 무신 집권기의 중요한 **사실**들을 콕콕 집어낼 수 있네요. 그러면 이제부터 무신 집권기에 대해 자세하게 공부해 볼까요?

나. 학습 목표 2번을 달성하시오.
　– 무신 정권기 정치 운영과 고려 초기 정치 운영의 비교 예시
　교사 : **고려 초기** 중앙 통치 제도의 기본 틀은 무엇이었나요?
　학생 : 3성 6부 제도요.
　교사 : 맞습니다. 그 중심 기구가 중서문하성이었죠. **무신 집권기**에는 어떻게 바뀌었나요?
　학생 : 시기에 따라 중방, 교정도감으로 바뀌었습니다.

3. 〈실연 부분 3〉

　cf. 선다형 문항의 제작 방안
　① 문두 작성의 유의점
　　– 정확하고 구체적인 낱말을 선택, 표현은 명료하게
　　– 가능한 긍정문으로 표현하고, 부정문을 사용할 때는 밑줄
　　– 답지마다 반복되는 문구는 문두에 삽입
　② 답지 작성의 유의점
　　– 문법적, 논리적으로 문두와 일치
　　– 정답은 분명하고 오답은 그럴듯하게
　　– 답지 사이의 중첩을 피함
　　– 절대적인 어구로 정답에 대한 단서를 주어서는 안 됨

- 답지의 길이는 비슷해야
- 논리적 서열에 따라 답지 배열

가. [수험생 작성 부분 1, 2]를 채워 선다형 문항을 완성하시오.
　예시
　[수험생 작성 부분 1] : 다음 자료에 대한 설명으로 옳은 것은?
　[수험생 작성 부분 2] : 개혁안을 통해 당시 사회의 문제점을 알 수 있다.
나. 평가를 마친 후 해설을 하시오.
- 사료를 적절하게 해석할 수 있는지를 평가하는 문항임을 안내
- 사료의 내용을 그대로 믿어서는 안 됨
- 역사적 상황이나 다른 사실을 근거로 사료의 적절성을 판단해야 함
- 사료 비판의 결과 답지 ②~⑤는 답이 될 수 없음

판서

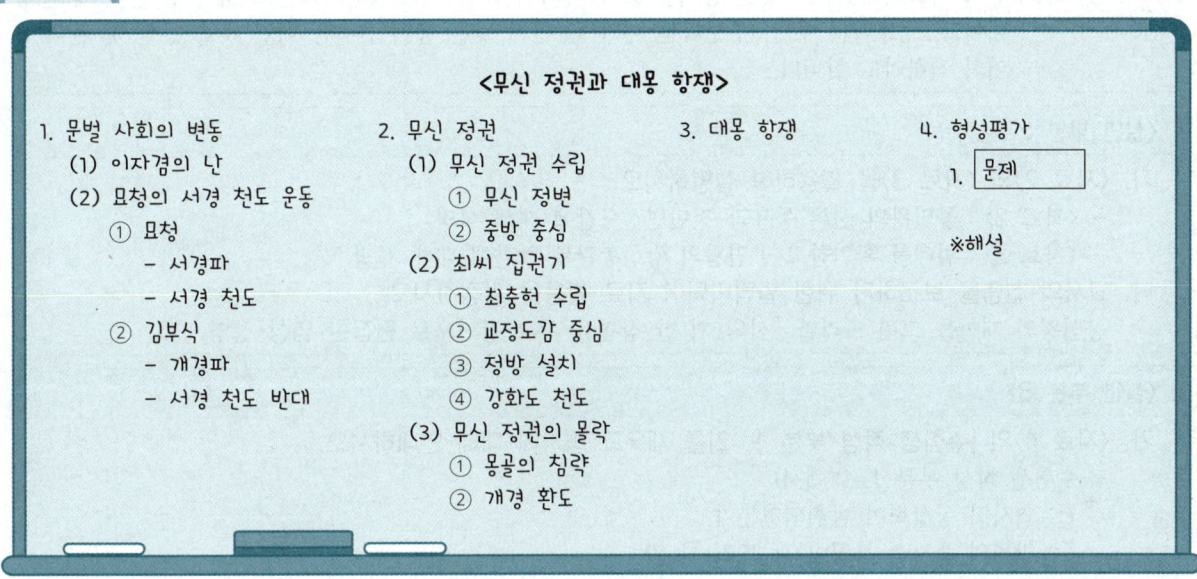

<무신 정권과 대몽 항쟁>

1. 문벌 사회의 변동
　(1) 이자겸의 난
　(2) 묘청의 서경 천도 운동
　　① 묘청
　　　- 서경파
　　　- 서경 천도
　　② 김부식
　　　- 개경파
　　　- 서경 천도 반대

2. 무신 정권
　(1) 무신 정권 수립
　　① 무신 정변
　　② 중방 중심
　(2) 최씨 집권기
　　① 최충헌 수립
　　② 교정도감 중심
　　③ 정방 설치
　　④ 강화도 천도
　(3) 무신 정권의 몰락
　　① 몽골의 침략
　　② 개경 환도

3. 대몽 항쟁

4. 형성평가
　1. 문제

　※해설

주제 11 몽골의 간섭과 고려의 개혁

1. 〈실연 부분 1〉

가. 〈자료 1〉을 활용하여 원 간섭기 제도 운영의 양상을 이전 시기와 비교하시오.

왕실 용어		관제 용어	
이전	원 간섭기	이전	원 간섭기
(가) 조, 종	충○왕	중서문하성, 상서성	(라) 첨의부
폐하	전하		
짐	(나) 고	중추원	밀직사
태자	세자	(다) 6부	4사

나. 예상되는 학생의 질문과 그에 대한 답을 포함하시오.
- 학생 : 용어가 이렇게 바뀐 이유는 무엇인가요?
- 교사 : 원과 비교해 한 단계 낮은 용어를 쓰게 하기 위함입니다. 폐하보다는 전하가 한 단계 낮은 용어이고, 성보다는 부가, 부보다는 사가 한 단계 낮은 용어입니다. 이런 것을 왕실 및 관제 용어의 격하라고 합니다.

2. 〈실연 부분 2〉

가. 〈자료 2〉와 〈자료 3〉을 활용하여 설명하시오.
- 〈자료 2〉 : 공민왕의 신돈 등용과 전민변정도감에 대해 설명
- 〈자료 3〉 : 범례를 확인하고 공민왕의 쌍성총관부 탈환에 대해 설명

나. 교사의 설명을 보조하기 위한 멀티미디어 자료 활용을 가정하시오.
  공민왕의 개혁을 그린 드라마 「신의」의 한 장면을 주요 장면으로 **편집한 영상** 상영

3. 〈실연 부분 3〉

가. 〈자료 4〉의 [수험생 작성 부분 1, 2]를 채우고 평가에 대해 안내하시오.
- 수험생 작성 부분 1, 2(예시)
  ① 역사적 상상력이 발휘되었는가.
  ② 만평의 풍자적 특징이 잘 드러나는가.
- 활동 안내 : 〈자료 4〉를 토대로 제목 선정 → 만평 그리기 → 다면평가 순서 안내
- 다면평가 : 자기 자신과 동료들, 선생님까지 총 3명의 평가자가 제시된 기준에 따라 평가함을 안내

나. 만평 그리기 활동 중 순회 지도를 실시하시오.
- 교사 : 역사천재 모둠은 아직 그림 그리기를 시작하지 못했네요? 무슨 일인가요?
- 학생 : 정연이는 공민왕이 영토를 되찾은 것을 더 강조하고 싶어 하고, 다형이는 전민변정도감 설치를 더 강조하고 싶어 해요. 지금 3 : 3이에요.
- 교사 : 두 가지 모두 중요한 공민왕의 업적이네요. 의견이 좁혀지지 않고 경중을 따지기 어려울 때는 만평 칸에 대각선을 그어 두 가지 장면을 모두 넣을 수도 있어요.

다. 다면평가를 실시하고 모둠별 활동 결과물에 대해 피드백하시오.
- 다면평가 실시 : 다면평가지에 자기 자신/동료1~5의 평가 점수를 적는다.
- 피드백 예시
  ① 원의 내정간섭 : 공녀의 대사에서 고향을 떠나는 깊은 슬픔이 느껴져요. 역사적 인물에 감정이입을 아주 잘 했습니다.
  ② 권문세족의 성장 : 권문세족의 모습을 우스꽝스럽게 표현하면서 만평의 풍자적 특징을 잘 살렸어요. 다만 매를 기르는 곳은 '은방'이 아니라 '응방'입니다. 오류가 있었네요.
  ③ 공민왕의 개혁 : 공민왕의 개혁 의지를 아주 잘 담았습니다. 활동을 하면서 모둠 안에서 의견을 조율하려고 했던 모습이 멋졌어요.
  ④ 신진사대부의 입장 : 개혁 실패의 아쉬움이 대사에 고스란히 드러납니다. 신진사대부의 입장에서 역사적 상상력을 잘 발휘한 것 같습니다.

판서

<몽골의 간섭과 고려의 개혁>

1. 원의 간섭
   (1) 왕실, 관제 용어 격하
       (충○왕, 첨의부 등)
   (2) 정동행성 설치
   (3) 쌍성총관부, 동녕부,
       탐라총관부 상실
   (4) 인적, 물적 자원 수탈

2. 권문세족의 성장

3. 공민왕의 개혁
   (1) 친원 세력 제거
   (2) 정동행성 이문소 폐지
   (3) 전민변정도감 설치
   (4) 쌍성총관부 회복

4. 만평 그리기
   ※ 평가 기준
     1. 역사적 사실성
     2. [작성 부분 1]
     3. [작성 부분 2]
   ※ 주제
     1. 원나라의 간섭
     2. 권문세족의 성장
     3. 공민왕의 개혁
     4. 신진사대부의 입장
   ※ 발표

주제 12 고려의 사회 구조

1. 〈실연 부분 1〉

가. 고려의 신분 제도를 [신분 구조, 지역별 구분, 직업별 구분]에 따라 구조도 3개를 그려 설명하시오.
   판서 참고

2. 〈실연 부분 2〉

가. 〈자료 1〉을 활용하여 사료학습을 위한 질문 3가지를 제시하시오.
   - (가) : 고려 시대의 혼인 형태는 어땠을까?
   - (나) : 고려 시대 여성의 지위는 어땠을까?
   - (다) : 고려 시대 재산 분배 방식은 어땠을까?

3. 〈실연 부분 3〉

가. 〈자료 2〉의 [수험생 작성 부분 1, 2]를 채워 채점기준을 안내하시오.

1. 〈자료 1〉의 (가)~(다) 중 하나를 골라 소재로 삼았는가.
2. [수험생 작성 부분 1] : 역사적 사실 2가지 이상을 포함하였는가.
3. [수험생 작성 부분 2] : 역사적 인물에 감정이입하여 글을 작성하였는가.
4. 300자 내외의 글을 작성하였는가.

나. 학생들의 발표를 듣고 이를 피드백하시오.
   예시 : 자료 (가)에서 박유의 입장으로 일기 쓰는 것을 선택했군요. 역사적 사실로 고려 시대의 일부일처제를 포함하였군요. 잘 했습니다. 1가지 더 추가한다면, 당시 몽골의 간섭을 받고 있었다는 상황을 고려하여, 박유가 첩을 두고자 요청한 이유를 적어준다면 더욱 좋겠습니다. 사람들로부터 손가락질 받은 박유의 억울함을 표현하는 등 감정이입도 잘 하였네요. 분량도 채점기준에 맞춰 잘 작성하였습니다.

판서

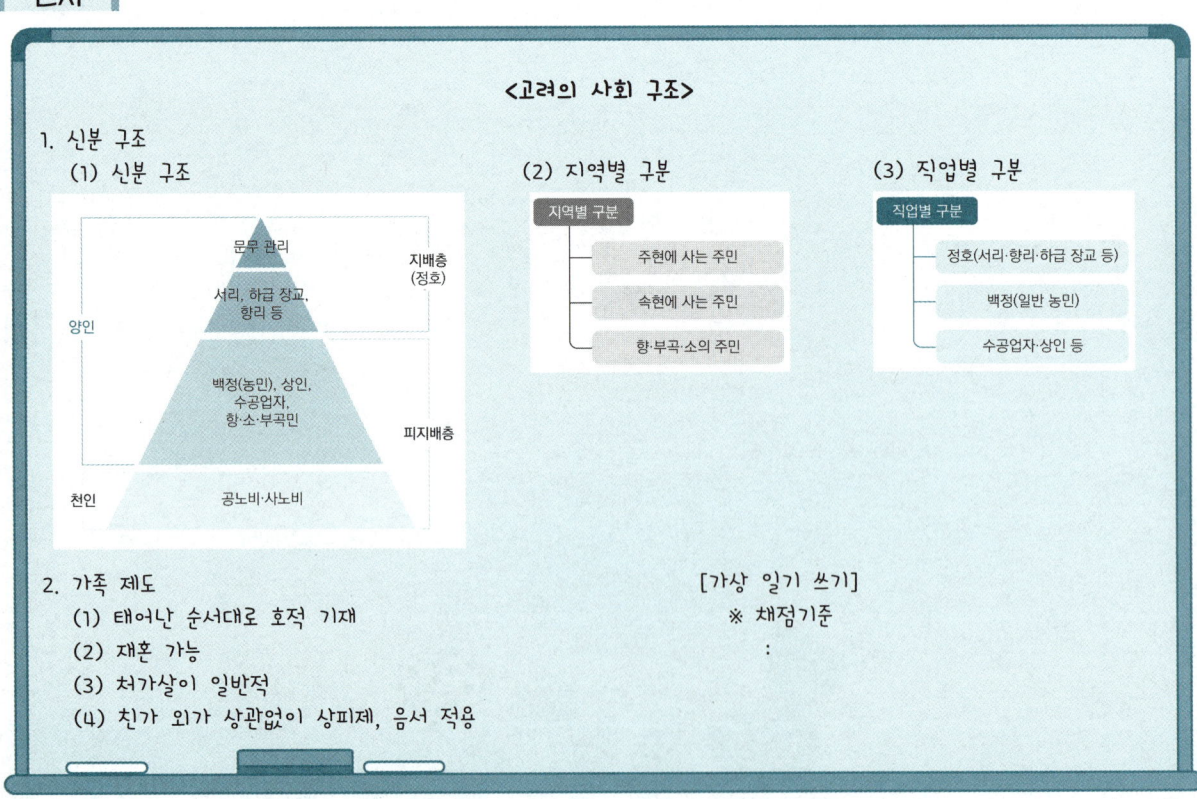

| 주제 13 | 고려의 종교와 사상 ★

⟨실연 부분⟩

가. 6개의 모둠이 있다고 가정하시오.
　① 총 25명이므로 4명~5명의 6개 모둠 가정
　② ⟨자료 1~6⟩ 중 마음에 드는 자료에 모이도록 함
　③ 최대 인원을 초과한 모둠의 경우 모둠 내 협의를 거치거나 교사와 상의하여 조정
나. 각 모둠이 ⟨자료 1~6⟩ 중 1개 이상의 자료를 활용하여 1개의 기사를 완성하도록 하시오.
　① 역사 신문의 제목을 ⟨고려의 종교와 사상 특집호⟩(예시)로 제시
　② 각각 1개의 기사를 완성하여 한 페이지의 신문을 완성하는 것이 활동 목표임을 안내
다. 활동 방법을 구체적으로 안내하시오.
　① 각각 맡은 자료에 대해 모둠 내 재학습
　② 멀티미디어 등 추가 자료 활용 안내(※유의점 3 고려)
　③ 한 편의 기사를 태블릿 및 무선 마우스・키보드를 활용하여 작성하기(※매체 및 기자재 활용)
　　- 6하원칙에 따라 작성하도록 안내
　　- 일반 기사 외에도 인터뷰, 사설 등 다양한 형식 소개
　④ 패들렛 또는 구글 클래스룸 등 온라인 교실에 업로드
　⑤ 모둠별 발표 및 피드백 시간
라. ⟨자료 7⟩의 [수험생 작성 부분 1, 2]를 채워 수행평가 채점기준을 안내하시오.
　예시
　① 신문의 형식을 잘 갖추었는가.
　② 자료의 내용을 잘 전달하였는가.
마. 활동이 진행되는 동안 순회 지도를 시행하시오.
　예시
　① 활동에 참여하지 못하는 학생에게 이유를 묻고 역할 부여하기(※유의점 1 고려)
　② 참선, 괴력난신 등 단어를 오용하고 있거나 사료의 내용을 잘못 인용하고 있는 경우 조언(※유의점 2 고려)
　③ 블로그 자료를 보고 있는 학생에게 우리 역사넷 또는 지식백과 등 공신력 있는 사이트를 소개하기 (※유의점 3 고려)
바. 각 모둠의 결과물을 공유하고 피드백하는 시간을 가지시오.
　예시
　① 지눌의 수선사 결사 운동을 11세기 말로 잘못 표현한 것을 12세기 말 무신 집권기로 정정
　② 묘청의 서경천도운동을 육하원칙에 따라 논리적으로 작성한 점을 칭찬

| 판서 |

```
                          <고려의 종교와 사상>

1. 고려의 종교와 사상    2. 역사 신문 만들기              ※ 발표(예시)
                          ※ 수행평가 채점기준              ① 의천, 교관겸수를 주장하다
                            ① 역사적 사실                  ② 수선사 결사에 동참하세요
                            ② <작성 부분 1>                ③ 최승로, 유교 정치 이념을 표방하다
                            ③ <작성 부분 2>                ④ 풍수지리설, 과연 받아들여질 것인가?
                            ④ 협력                         ⑤ 김부식 선생과의 심층 인터뷰
                                                           ⑥ 문제의 화제작, 삼국유사를 낱낱이 파헤치다
```

주제 14 조선의 통치 체제와 대외 관계 ✦

1. 〈실연 부분 1〉: 성취기준을 반영한 질문으로 학생들의 동기를 유발하시오.

질문 예시 – 조선의 통치 이념은 무엇이었을까요?
　　　　　– 조선의 왕에게 유교 공부가 중시된 이유는 무엇일까요?

2. 〈실연 부분 2〉

가. 〈자료 1〉을 활용한 가상 인터뷰 수업을 평가와 연계하여 구성하시오.
　　예시 : 인터뷰 대본에 대한 자기평가 + 발표 관련 집단 평가 실시
나. [수험생 작성 부분 1~4]를 채워 〈자료 2〉에 들어갈 평가 기준표를 구체적으로 제시하시오.
　　예시

자기 평가	[수험생 작성 부분 1] 왕의 주요 업적을 질문으로 표현하였는가.
	[수험생 작성 부분 2] 사실에 기반하여 대답 작성하였는가.
집단 평가	[수험생 작성 부분 3] 인터뷰 내용이 잘 전달되게 발표하였는가.
	[수험생 작성 부분 4] 모둠원 모두 적극적으로 참여하였는가.

다. 역사과 핵심 역량 중 '역사 정보 활용 및 의사소통' 역량을 증진하는 방향으로 수업하시오.
　　예시 : 모둠별 태블릿PC를 이용한 다양한 매체를 통해 얻은 정보를 종합하여 인터뷰 형식으로 풀어내
　　　　　는 가상 인터뷰 수업 과정에서 '역사 정보 활용 및 의사소통' 역량이 증진됨을 강조한다.
라. 모둠별 태블릿PC를 활동 과정에 활용하시오.
　　TIP : 태블릿PC를 통해 정보를 조사할 때는 출처의 중요성을 강조하는 피드백이 유용해요!

3. 〈실연 부분 3〉

가. 비교의 범주와 초점을 명확하게 선정하시오.
　– 비교 학습은 서로 다른 역사적 경험을 비교 분석하여 공통점과 차이점을 밝히고, 그러한 공통점과
　　차이점이 발생하게 된 과정을 이해하는 것을 목적으로 한다.
　– 비교학습은 비교의 대상, 비교의 준거 또는 초점을 선정하는 것이 중요하다.
　– 〈자료 3〉 (가) 명 – 사대 정책 / (나) 여진, (다) 일본 – 교린 정책
　– 예시 : 사대 정책과 교린 정책의 공통점과 차이점이 드러나게 수업을 설계해주세요.
　　　　　(사대 정책과 교린 정책은 둘 다 조선 전기에 대외 관계를 맺던 정책이다. 사대 정책은 명에
　　　　　게 책봉을 받고 조공을 바치는 체제이다. 이와 달리, 교린 정책은 여진과 일본에 대해서 맺은
　　　　　정책으로 온건책과 강경책을 병행하는 양면 정책을 펼친다. 즉, 사대 정책과 교린 정책은 조선
　　　　　의 대외 정책이라는 점에서 공통적이지만, 대상으로 하는 나라와 그 내용에서 차이가 있다.)

판서

```
                  <조선의 통치 체제와 대외 관계>

1. 조선의 건국                    ※ 가상 인터뷰 수업
                                  ① 활동 순서 : 조사 → 대본 → 발표
                                  ② 활동시 유의사항 : 중요 사건을 선정할 것
                                  ③ 평가 방식 : 다면평가(자기 평가+집단 평가)

2. 통치 체제 정비                 3. 조선의 대외 관계
                                  ① 사대 정책 : 명
                                  ② 교린 정책 : 여진, 일본
```

| 주제 15 | 사림 세력과 정치 변화 |

1. 〈실연 부분 1〉: 성취기준을 고려하여 학습 목표 2가지를 작성하시오.

   예시 – 사림 세력의 성장과 정치 변화 내용을 이해할 수 있다.
   　　　– 사화에 관련된 핵심 인물을 바탕으로 보고서를 작성할 수 있다.

2. 〈실연 부분 2〉: 탐구 활동 및 보고서 작성 수업을 하시오.

   가. 〈자료 1〉의 사료 주제를 고려하여 탐구 활동을 진행하시오.
   　　① 〈자료 1〉 사료 주제 : 사화 – (가) 무오사화 (나) 갑자사화
   　　② 탐구 예시 – 사료를 읽고 교과서를 참고해서 주제를 찾아볼까요?
   　　　　　　　　– 각 사화가 일어나게 된 계기를 사료에서 탐구해봅시다.

   나. 역사과 핵심 역량을 고려하여 〈자료 2〉의 [수험생 작성 부분 1, 2]를 채우고 보고서 작성 활동을 안내하시오.
   　　예시

1(4점)	역사적 사실 이해	[수험생 작성 부분 1] 보고서의 내용이 사화에 대한 이해를 바탕으로 하였는가.
2(4점)	역사 자료 분석과 해석	[수험생 작성 부분 2] 적절한 자료를 수집하여 보고서를 구성하였는가.

   다. 모둠별 태블릿PC를 통한 자료 수집 과정에서 디지털 리터러시 소양을 증진하시오.
   　　예시 : 출처를 밝혀서 저작권 보호하기, 정보의 진위 파악 등을 제시

   > 참고 : 브리티시 컬럼비아의 디지털 리터러시의 여섯 가지 특성
   > 　　(「디지털리터러시의 교육과정 적용 방안 연구」, pp.24-25, 한국교육학술정보원)
   > 　1. 연구 및 정보 리터러시　　2. 비판적 사고력, 문제해결, 의사결정　　3. 창의성 및 혁신성
   > 　4. 디지털 시민의식　　5. 의사소통 및 협력　　6. 기술의 작동 및 개념

3. 〈실연 부분 3〉: 붕당의 형성을 사료 학습의 형태로 수업하시오.

   가. 〈자료 3〉을 탐구하기 위한 질문 2가지를 제시하시오.
   　　① 〈자료 3〉 붕당의 형성(동인, 서인)
   　　② 사료 활용 Tip : 학생들에게 적절한 질문을 던져주어 직접 사료를 탐구하는 시간을 주면 좋아요.
   　　③ 탐구 질문 예시
   　　　– 동인과 서인이 형성되는 계기를 찾아볼까요?
   　　　– 동인과 서인 이름의 유래는 무엇일까요?

| 판서 |

```
                         〈사림 세력과 정치 변화〉
※ 학습 목표    1. 사림 세력의 등장      2. 사화의 발생        ※ "사화 속 인물" 보고서    3. 붕당의 형성
  1. ~            (1) 중앙 정계 진출       (1) 무오사화 : 연산군    작성                      (1) 계기 : 이조전랑
  2. ~               : 성종때 훈구를       (2) 갑자사화 : 연산군    – 활동 유의 사항 : ~                임명
                     견제하기 위해        (3) 기묘사화 : 중종      – 모둠별 주제              (2) 분열 : ① 동인
                     사림 등용             (4) 을사사화 : 명종        노랑 모둠 : 유자광                   ② 서인
                 (2) 경향 : 왕도 정치                                  역사 모둠 : 김일손
                                                                      ~
```

주제 16 조선 문화의 발달과 사회 변화 ✩

1. 〈실연 부분 1〉: 정체성과 상호 존중 역량을 증진하는 동기유발을 하시오.

"정체성과 상호 존중 역량"을 고려한 동기유발 예시
: 유네스코 세종 대왕 문해상(UNESCO King Sejong Literacy Prize)을 통해 오늘날 소외 계층의 문해 교육에 대해 환기하기

2. 〈실연 부분 2〉: 〈자료 1〉을 이용하여 사료 탐구 수업을 진행하시오.

가. 〈자료 1〉의 주제를 고려하여 탐구를 돕는 질문을 2가지 제시하시오.
  예시
  – 〈자료 1〉 (가) 탐구 질문 : '훈민정음 창제의 **목적**'이 무엇일까요?
  – 〈자료 1〉 (나) 탐구 질문 : '훈민정음 창제의 **의의**'는 무엇일까요?

3. 〈실연 부분 3〉

가. 〈자료 2〉 중 하나를 선택하여 조선 전기 문화 사업에 관한 주제별 탐구 수업을 진행하시오.
  ① 활동 안내 : 활동 방법 안내(〈자료 2〉 중 하나를 선택하여 〈자료 3〉을 활동지로 주제별 탐구 활동 진행) → 채점기준 안내 → 활동(순회 지도) → 발표 및 피드백
  ② 자료를 수집할 때 스마트폰, 태블릿PC를 활용하라고 안내해주세요.(교수·학습 환경 참고)

나. 〈자료 3〉의 [수험생 작성 부분 1~3]을 채워 안내하시오.
  예시

채점기준	배점
1. [수험생 작성 부분 1] 탐구 대상 **선정 이유가 적절**한가.	3점
2. [수험생 작성 부분 2] 조사 내용이 정확한 **사실**을 바탕으로 하는가.	3점
3. [수험생 작성 부분 3] 각 **항목에 적절한 답**을 제시하는가.	3점

다. 〈자료 4〉를 작성하고 있는 학생에게 성취기준을 고려하여 적절한 순회 지도를 제시하시오.
  ① **성취기준**을 고려한 순회 지도 예시
    성취기준을 고려하라는 조건에 따라, **조선 정부가 유교 문화를 보급하려 한 배경**에 입각한 순회 지도를 제시해야 한다. 〈자료 4〉의 측우기의 용도를 모르겠다고 적은 학생에게 **'당시 조선 정부가 중시했던 유교 문화를 강우량 측정 목적과 연결해볼까요?'**와 같은 질문을 할 수 있다. 적절한 질문을 통해 '조선 정부는 유교 이념에 따라 백성이 근본이 되는 정치를 추구하였기에 백성의 농사에 도움이 되고자' 강수량을 측정하는 기계를 활용했음을 용도로 학생이 답변할 수 있다.
  ② 참고 : 그 외 순회 지도로 "〈자료 4〉의 출처를 네이버로 적었는데, 좀 더 구체적으로 적어주면 어떨까요?" 등을 제시할 수 있습니다.

판서

<조선 문화의 발달과 사회 변화>

1. 훈민정음 창제
  (1) 목적
    : 유교 윤리 보급
  (2) 의의
    : 민족 문화 발달

2. 유교 윤리 보급
  (1) 정부 : 『삼강행실도』
    효자비·열녀문
  (2) 사립 : 향약 시행
    『소학』 보급

3. 과학 기술 발달
  (1) 천문학 : 혼천의,
    『칠정산』
  (2) 농업 : 측우기,
    앙부일구

※ 주제별 탐구 수업
  – 채점기준 : ~

| 주제 17 | 왜란·호란의 발발과 영향 |

1. 〈실연 부분 1〉: 지식, 기능, 태도 중 2가지를 조합하여 학습 목표 2가지를 제시하시오.

예시 - 양란의 전개 과정을 설명할 수 있다.
     - 주전론과 주화론의 역사적 상황을 역할극을 통해 표현할 수 있다.

2. 〈실연 부분 2〉

가. 〈자료 1, 2〉를 활용하여 역사적 사고력의 구성요소 중 3가지 이상을 증진하는 수업을 실연하시오.
   수업 설계 예시
   - 〈자료 1〉의 인조반정 이후 실시한 친명배금 정책이 원인이 되어 호란이 일어났고, 두 차례 호란의 결과 〈자료 2〉의 상황이 펼쳐졌음을 설명함으로써 **연대기 파악력**을 자극하는 수업
   - 〈자료 1, 2〉 사료를 증거로 삼아 사건에 대한 설명을 함으로써 **역사적 탐구력**이 드러나게 수업
   - 〈자료 2〉의 병자호란 항복 당시 모습을 묘사하면서 그들의 감정을 느끼게 하면서 **역사적 상상력**을 자극하는 수업
   - 〈자료 1〉을 보고 인조반정에 대해 역사적 평가를 스스로 해보게 함으로써 **역사적 판단력**을 증진하는 수업

3. 〈실연 부분 3〉: 주전론과 주화론에 대한 극화 학습을 진행하시오.

가. 〈자료 3〉을 참고자료로 제시하시오.
   (가) 주전론 (나) 주화론
나. 〈자료 4〉의 [수험생 작성 부분 1~4]를 채워 채점기준표를 미리 제시하시오.
   예시

채점기준	점수 (각 1~3점)
1. [수험생 작성 부분 1] 역사적 **사실**에 오류가 없는가.	
2. [수험생 작성 부분 2] 각 **주장**이 논리적으로 타당하게 전개되는가.	
3. [수험생 작성 부분 3] **발표**가 역사 이해에 도움이 되는가.	
4. [수험생 작성 부분 4] 모둠별로 **협력**하는가.	

다. 학생들이 대본을 작성할 때 학생들의 역사적 사고를 자극하는 순회 지도를 하시오.
   ① 예시: 주전론의 주장을 교과서 문장 그대로 대사에 넣은 모둠을 설정 → "〈자료 3〉을 보면 당시 인물의 말이 생생하게 나와있지요~ 같이 한번 읽어보면서 역사적 상황을 상상해보고 그 사람들의 마음에 감정이입 해볼까요? 이러한 **역사적 상상력**을 살려서 당시 사람이 되었다고 생각하고 대사를 써보면 더 자연스럽게 우리 ○○모둠만의 말로 표현할 수 있을 거예요. 혹시 추가 자료가 필요하다면 모둠별 태블릿PC를 이용해서 찾아도 좋아요!"
   ② 극화 수업: 줄거리를 가진 극의 형태로 진행되는 수업이다. 교사는 학생이 대본을 쓸 때 필요한 **자료**를 제공하고, '**질문**'을 통해 대본을 다듬고 수정하는 데 도움을 주는 것이 학생들의 역사적 사고를 자극하는 데 효과적이다.
라. 학생들의 발표 내용을 가상으로 설정하고, 이에 대한 피드백 1가지를 제시하시오.
   피드백 예시: 서로 진지한 주장을 주고받을 때 태블릿PC를 활용해서 긴장감 있는 음향을 튼 게 더 몰입하게 하네요~ 실제로 주장 내용도 논리적으로 타당하게 전개되었어요!

판서

<왜란·호란의 발발과 영향>

※ 학습 목표
1.
2.

1. 왜란

2. 호란
   (1) 배경 : 중립외교(광해군)
       → 친명배금(인조반정)
   (2) 과정 : 정묘호란
       → 청의 군신관계 요구
       → 병자호란

3. 극화 학습 (주전론과 주화론)
   - 방법 : 장면 선정 → 자료 조사
           → 대본 작성 → 발표 및 평가
   - 동료 평가 기준 : 사실/주장/발표/협력

주제 18 양 난 이후의 세계관 변화

1. 〈실연 부분 1〉: 단원의 성취기준과 수업 내용을 참고하여 학습 목표 두 가지를 제시하시오.
   ① 양 난 이후 동아시아 국제 질서 변화를 설명할 수 있다.
   ② 북벌론과 북학론의 주장을 연극을 통해 표현할 수 있다.

2. 〈실연 부분 2〉
   가. [통신사, 연행사]를 학습 요소로 포함하시오.
      판서 참고

3. 〈실연 부분 3〉
   가. 〈자료 2〉를 활용해 모둠별 대본작성을 안내하시오.
      안내 : 모둠별로 역할을 분담하여, 5분 연극의 대본 작성 지도
         → 대본 작성 시 참고 자료 (가)・(나)와 태블릿PC로 찾은 자료 활용하도록 지도
         → 채점기준 안내 → 발표 → 피드백
   나. 역사과 핵심역량을 참고하여 〈자료 3〉의 [수험생 작성 부분]을 채워서 안내하시오.

핵심역량	기준	점수
역사 사실 이해	5분 연극에 역사적 사실이 정확하게 반영되었는가?[2점]	
역사 자료 분석과 해석	자료의 내용을 적절하게 활용했는가?[2점]	
역사 정보 활용 및 의사소통	[수험생 작성 부분] 주어진 자료 이외의 다양한 자료를 활용했는가?[2점]	

   다. 교사는 학생들의 모둠 활동 중 순회 지도를 하시오.
      순회 지도(예시)
      ① 모둠별 역할 분배 시 갈등 상황 → 민주적인 방식으로 해결하도록 지도
      ② 자료(가), 자료(나) 해석의 어려움을 겪는 상황 → 교사가 문답을 통해 학생이 답을 찾도록 지도
   라. 학생 모둠이 완성한 경우를 〈자료 4〉로 가정하고 피드백하시오.
      교사의 지도(예시) : 부처핸섬 모둠의 경우 모든 기준에 만족하는 대본을 작성했네요. 특히, 주어진 자료 이외에 조선시대 실학자 박지원과 관련된 자료를 찾고, 이를 반영하여 참신한 대본을 작성했습니다.

판서

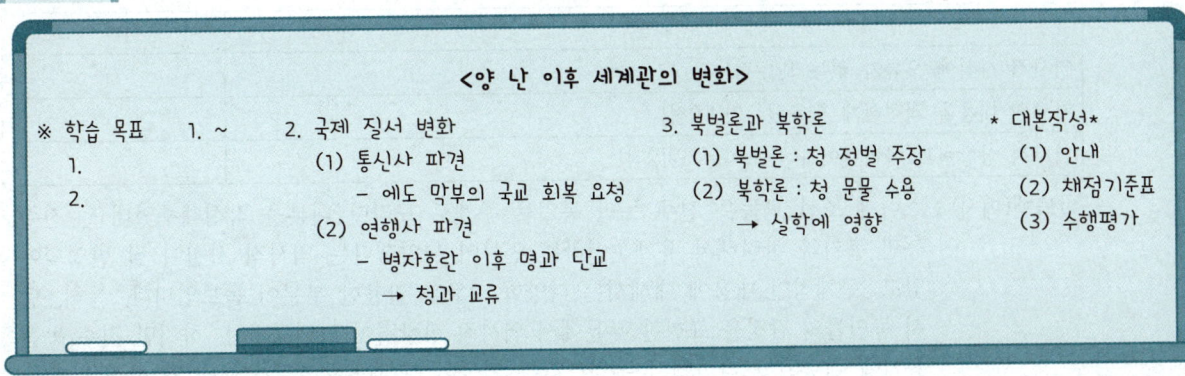

〈양 난 이후 세계관의 변화〉

※ 학습 목표
1. ~
2.

2. 국제 질서 변화
   (1) 통신사 파견
      - 에도 막부의 국교 회복 요청
   (2) 연행사 파견
      - 병자호란 이후 명과 단교
         → 청과 교류

3. 북벌론과 북학론
   (1) 북벌론 : 청 정벌 주장
   (2) 북학론 : 청 문물 수용
         → 실학에 영향

* 대본작성 *
   (1) 안내
   (2) 채점기준표
   (3) 수행평가

주제 19 농민들의 봉기 ★

[교수·학습 지도안]의 〈실연 부분 1~3〉에 해당하는 부분을 거꾸로 수업으로 실연하시오.
- 본 수업은 **거꾸로 수업**이라는 것을 강조하며 수업을 해야 한다. 따라서 학생들이 집에서 오늘 수업과 관련된 핵심 내용을 미리 동영상을 통해 공부했다고 가정하고 수업을 진행한다.
- 교사의 질문(예시) : 여러분, 집에서 홍경래의 난에 관련한 영상 잘 보고 왔나요? 가정에서 학습한 내용을 바탕으로 학교에서는 여러분의 활동을 중심으로 수업을 하려고 합니다. 다들 준비 되었나요?

1. 〈실연 부분 1〉: 수업 내용과 학습 방법을 참고하여 학습 목표 두 가지를 제시하시오.
① **삼정의 문란**을 사료로 탐구할 수 있다.
② 조선 후기 농민 봉기를 주제로 **드라마 대본**을 작성할 수 있다.

2. 〈실연 부분 2〉
가. 〈자료 1〉을 활용하여 학생들의 질문이 드러나는 수업을 하시오.
- 학생들이 〈자료 1〉을 읽어보고, 스스로 생각나는 **질문**을 포스트잇에 적도록 지도한다(매체 및 기자재 참고). 이후 학생들의 질문을 해결하며 탐구하는 수업을 진행한다.
- 학생들의 질문(예시) : 〈자료 1〉에서 나타난 조세 제도는 무엇일까?

3. 〈실연 부분 3〉
가. 〈자료 2〉를 활용하여 역사 드라마 대본 작성 수업을 안내하시오.
안내 : 〈자료 2〉를 활용해 모둠별 주제 선정 → 자료 수집(스마트폰, 태블릿PC 사용 가능) → 대본 작성 → 역사 드라마 대본 제작 → 발표 → 피드백

나. 학생들이 〈자료 3〉의 해석에 어려움을 겪는 상황을 가정하고, 순회 지도를 하시오.
교사의 지도(예시) : (가)에서 평안도가 지역 차별을 당하는 이유에 대해서 질문을 해주었네요. 아주 좋은 질문입니다. 다양한 이유가 있지만 우선, 평안도는 성리학의 보급이 늦었다는 이유로 무시를 당하는 사회적인 분위기가 있었습니다. 그래서 평안도 출신은 과거에 급제해도 좋은 관직을 얻을 수 없었어요.

cf. 〈자료 3〉 (가) 홍경래의 난, (나) 임술농민봉기

다. 학생들이 작성한 〈자료 4〉에 대해 교사가 피드백을 하시오.
- 수행평가 기준

기준	점수
역사적 사실에 오류가 없는가?[2점]	
자료의 내용을 적절하게 활용했는가?[2점]	
역사적 상상력과 아이디어가 돋보이는가?[2점]	

- 피드백(예시) : 쇼미더 조선 모둠은 진주 농민 봉기를 주제로 드라마 대본을 작성해주었네요. 진주 농민 봉기와 관련해서 유계춘이라는 인물이 활약했다는 역사적 사실이 잘 반영되어 있고, 구체적인 내용에 대해서는 다양한 자료를 활용한 부분이 돋보입니다. 특히, 당시 농민들의 감정을 표현한 부분에서 역사적 상상력이 느껴집니다. 하지만 진주 농민 봉기에 관련된 드라마에서 홍경래라는 인물이 등장하는 것은 역사적인 사실에 오류가 있습니다. 〈자료 3〉을 참고하여 그 부분을 수정한다면 더 좋은 드라마 대본이 될 것 같습니다.

※ 참고 : 거꾸로 교실(거꾸로 수업)
1. 개념 : 거꾸로교실(flipped classroom/classroom flip or inverted classroom)은 교육 테크놀로지의 도움을 받아 고전적인 수업의 형식을 뒤집은 일종의 교육혁신 모델이다. 교실에서 이루어지던 교사의 강의를 동영상을 통해 교실 밖으로 이동하고, 기존에 집에서 이루어지던 과제 활동을 교실로 옮겼다는 점에서 전통적인 수업 방식을 뒤집은 수업 방식이라고 할 수 있다.
2. 단계
    - 1단계 : 교재 연구단계
    - 2단계 : 교재의 내용과 기타자료(이미지, 사운드, 텍스트 등)를 이용하여 동영상 강의 저작도구를 활용한 동영상 강의 제작
    - 3단계 : SNS에 탑재하는 단계
    - 4단계 : 학생들의 동영상 강의 시청 단계
    - 5단계 : 학생들의 동영상 강의 내용을 확인하는 단계
    - 6단계 : 창의적 문제해결 단계
    - 7단계 : 모둠별 결과발표 단계
    - 8단계 : 배움 영역 확장 단계
3. 출처 : 1) 『행복한 교육 2015년 8월호-수업을 뒤집어 보다, 거꾸로 교실』
          2) 교육부 공식 블로그(https://if-blog.tistory.com/6505)

판서

<농민들의 봉기>

※ 학습 목표   1. 새로운 종교와 사상의 유행   2. 삼정의 문란   3. 드라마 대본 작성
1.   - 사료 탐구 질문   - 안내 : ~
2.   ① ~   - 수행평가 기준 : ~
                                                    ② ~

주제 20 조선의 양반 중심사회

1. 〈실연 부분 1〉 : 수업 내용과 관련하여 동기유발 하시오.

조선시대를 배경으로 하는 영화, 드라마에서 각 신분의 생활 모습을 짧게 보여준다.

2. 〈실연 부분 2〉

가. 〈자료 1, 2〉를 탐구할 수 있는 적절한 질문을 제시하시오.
- 〈자료 1〉을 활용한 질문(예시) : 자료에서 '백성 네 명'은 각각 어떤 신분을 상징할까요?
- 〈자료 2〉를 활용한 질문(예시) : 자료를 통해서 알 수 있는 조선 시대 노비의 특징은 무엇인가요?

3. 〈실연 부분 3〉

가. 〈자료 3〉을 활용하여 3컷 만화 기획안 쓰기 수업을 안내하시오.
   안내 : 〈자료 3〉을 바탕으로 모둠별 토의(주제선정&역할분담) → 자료 수집(태블릿PC사용) → 기획안 작성 → 발표&피드백 → 미술 시간에 3컷 만화 완성 예정 안내

나. 〈자료 4〉의 [수험생 작성 부분]을 쓰고, 안내하시오.

핵심역량	기준	점수
역사 사실 이해	작품에 역사적 사실이 정확하게 반영되었는가?[2점]	
역사 자료 분석과 해석	[수험생 작성 부분] : 주어진 자료의 내용을 적절하게 활용했는가?[2점]	
역사 정보 활용 및 의사소통	다양한 자료를 활용했는가?[2점]	

다. 학생들이 완성한 경우를 〈자료 5〉로 가정하고 피드백하시오.
   피드백(예시) : 〈자료 5〉 기획안에서 소과에 합격한 후 백패를 받았다는 내용은 역사적 사실과 다릅니다. 천민은 과거시험을 볼 수 없었습니다. 하지만 선생님이 수업에서 활용한 자료 이외의 조선시대 과거 자료를 우리역사넷에서 스스로 찾아서 한 것은 훌륭합니다. 또한, 기획안을 작성할 때 태블릿PC를 사용하기 어려워하는 모둠원을 돕는 모습이 훌륭했습니다.

판서

```
                      <조선의 양반 중심 사회>

※ 학습 목표    1. 사족 중심의 지배체제    2. 조선의 신분제도        * 3컷 만화 기획안 쓰기 *
  1.                                      (1) 양천제              1. 평가 기준
  2.                                      (2) 반상제(4신분)          : 사실, 자료분석, 정보활용
                                            ① 양반 : 관료         2. 수행평가
                                            ② 중인 : 서얼, 기술관    : 학생 발표 내용 판서(자유)
                                            ③ 상민 : 농민, 상인 등
                                            ④ 천민 : 노비
```

주제 21 | 상품 화폐 경제의 발달과 신분제 변화 ☆

1. 〈실연 부분 1〉: 단원의 성취기준과 교수학습내용을 참고하여 학습 목표 두 가지를 제시하시오.
   ① 조선 후기 상품 화폐 경제 발달을 설명할 수 있다.
   ② 조선 후기 신분 질서의 동요를 **역사 앨범 만들기**로 표현할 수 있다.

2. 〈실연 부분 2〉
   가. [서얼, 납속, 공명첩, 노비 종모법]을 학습 요소로 포함하여 설명식 수업을 하시오.
      판서 참고
   나. 학생의 질문을 중심으로 문답식 수업을 하시오.
      - 학생들이 〈자료 1, 2〉를 읽어보고, 스스로 생각나는 **질문**을 포스트잇에 적도록 지도한다. 이후 학생들의 질문을 해결하는 방식으로 수업을 진행한다.
      - 학생들의 질문(예시) : 조선 후기 양반이 몰락한 이유가 무엇인가?

3. 〈실연 부분 3〉
   가. 〈자료 3〉을 활용하여 역사 앨범 만들기 방법을 안내하시오.
      안내 : 〈자료 3〉을 바탕으로 모둠별 주제 선정 → 자료 수집(스마트폰 활용) → 앨범 만들기(순회 지도) → 피드백

      > ※ 앨범 만들기 지도방안
      > ① 그림이나 사진들을 활용하여 앨범으로 만들 때는 그 자료들이 무엇에 대한 것이고, 왜 수집하는지에 대해 간단하게 **설명**을 붙이도록 한다.
      > ② 앨범이나 스크랩북의 **제목**을 붙이면 효과적이다.

   나. 〈자료 4〉의 [수험생 작성 부분 1, 2]를 쓰고, 안내하시오.
      수행평가 기준(예시)

평가기준	점수
주제에 적절한 제목을 선정했는가?[2점]	
주제에 적절한 풍속화를 선정했는가?[2점]	
[수험생 작성 부분 1] 풍속화를 선택한 이유가 적절한가?[2점]	
[수험생 작성 부분 2] 조선시대 신분변동에 대해 역사적 오류 없이 설명했는가?[2점]	

   다. 학생들이 완성한 경우를 〈자료 5〉로 가정하고 피드백하시오.
      교사의 지도 : 모둠원들의 창의력이 돋보이는 제목이고, 시대에 맞는 적절한 풍속화를 선정했습니다. 조선시대 신분이 변동하여 몰락양반이 발생하였고, 그들이 생활의 어려움을 극복하는 방법도 적절하게 잘 작성해주었습니다.

판서

〈상품 화폐 경제의 발달과 신분제 변화〉

※ 학습 목표
1.
2.

1. 조선 후기 상품화폐경제 발달
2. 신분 질서 동요
   (1) 양반 : 양반층 분화
   (2) 중인 : 서얼의 신분상승운동
   (3) 상민 : 공명첩, 납속
   (4) 노비 : 노비 종모법

* 역사 앨범 만들기 *
1. 평가 기준 : ~
2. 수행평가
   : 학생 발표 내용 판서(자유)

주제 22 흥선대원군의 개혁

1. 〈실연 부분 1〉

가. 〈자료 1〉에 대한 문답식 수업으로 사료의 본질을 가르치시오.
  ① 사료의 본질을 가르치기 위해 교사는 **사료를 비판**할 때 검토할 측면, **사료를 해석**할 때 검토해야 하는 측면을 질문하거나 학생이 질문을 만들어보게 할 수 있다.
  ② 〈자료 1〉 관련 문답 예시
     Q. (가)는 누구의 입장에서 쓰인 사료일까요?
     A. 제국주의 입장입니다.
     Q. (나) 사료의 주장은 받아들여졌을까요?
     A. 아니요. 아편전쟁이 일어난 사실을 보면 받아들여지지 않았어요.
     Q. (다)와 (라)의 공통점을 찾아볼까요? 제국주의 열강의 입김이 어떻게 반영되었나요?
     A. 영사재판권이 인정되어 제국주의 열강에게 유리하게 반영되었습니다.

나. 학습 목표에 입각하여 사료를 탐구하시오.
  '**제국주의 등장 배경과 속성**을 파악할 수 있다'라는 학습 목표 1번에 입각하여 사료에 접근한다.
  – 제국주의 등장 배경 : 〈자료 1〉 (가), (나) 사료 탐구 – 독점 자본주의, 배타적 민족주의 등
  – 제국주의의 속성 : 〈자료 1〉 (다), (라) 사료 탐구 – 불평등 조약 체제

2. 〈실연 부분 2〉

가. 흥선대원군 집권 당시 상황과 정책을 유기적으로 연결하여 설명식 수업을 하시오.
  ① **세도정치에 대한 저항과 열강의 침략적 접근이 심화되는 상황**에서 흥선대원군이 집권하였음을 이해한다.
  ② 유기적 연결 예시
     – 대내적 상황 : **세도정치에 대한 저항** → 통치체제 정비, 삼정의 개혁 등
     – 대외적 상황 : **열강의 침략적 접근 심화** → 통상수교 거부 정책

나. 〈자료 2〉의 사료를 어려워하는 학생을 위한 비계를 설정하시오.
  ① 〈자료 2〉 (가) 호포법, (나) 서원 철폐, (다) 경복궁 재건
  ② 비계 설정 예시(* 본교재 Part 1 '수업 실연에 필요한 역사 교육 이론' 참고)
     – **사료 표현 해설** : 〈자료 2〉의 (가)에서 '인정'은 16~60세 양인 남자, '신포'는 군역 대신 내는 군포를 뜻합니다.
     – **배경 지식 제공** : 〈자료 2〉의 (나)에서 왜 서원이 백성에게 해가 되었는지 교과서에서 찾아볼까요? 당시 서원은 면세와 면역의 특권을 누리면서 백성들을 수탈하였습니다.

다. 〈자료 2〉를 이용하여 서술형 평가를 시행하시오.
  평가 답변 예시
  – A1 (가), (나) 목적 : 백성의 생활을 안정시키고 국가 재정을 확충, (다) 목적 : 왕실의 권위를 높임
  – A2 (가), (나) 반대 신분층 : 양반과 유생층, (다) 반대 신분층 : 양반, 농민 등 대다수의 백성
  – A3. (생략)

판서

<흥선대원군의 개혁>

※ 학습 목표
1.
2.

1. 제국주의의 대두
   (1) 제국주의 : 산업 혁명 이후 독점 자본주의, 배타적 민족주의 → 서구 열강의 식민지 쟁탈전
   (2) 동아시아 진출
      ① 청 : 영국 아편전쟁
         → 난징조약(불평등조약) → 개항
      ② 일본 : 미국 함대의 무력 시위
         → 미·일화친조약, 미·일수호통상조약
         (불평등 조약, 개항)

2. 흥선대원군의 개혁
   (1) 집권 상황
      ① 대내 : 전국적 농민 봉기(세도 정치, 삼정의 문란)
      ② 대외 : 서양 열강의 통상 요구
   (2) 개혁 정치
      ① 통치 체제 개편 : 비변사 혁파
      ② 경복궁 중건 : 원납전, 당백전
      ③ 서원 철폐
      ④ 삼정의 개혁 : 양전 사업, 호포제, 사창제

주제 23 통상수교 거부 정책과 양요

1. 〈실연 부분 1〉: 수업에 적절한 학습 목표 2가지를 제시하시오.

예시
- 병인양요와 신미양요를 통해 통상수교 거부 정책을 설명할 수 있다.
- 흥선대원군의 통상수교 거부 정책에 대한 의견을 바탕으로 토론할 수 있다.

2. 〈실연 부분 2〉

가. 〈자료 1〉과 〈자료 2〉의 지도를 활용하여 프랑스와 미국의 침략적 접근에 조선이 어떻게 대응했는지 수업하시오.
  ① 병인양요와 신미양요에 대한 **조선군의 저항**에 초점
    〈자료 1〉 병인양요의 전개 - 한성근이 활약한 문수산성, 양헌수가 활약한 정족산성의 지리적 위치 확인
    〈자료 2〉 신미양요의 전개 - 어재연이 활약한 광성보의 지리적 위치 확인
  ② 역사 지도 활용 수업의 유용성(※유의점 1)
    - 역사적 사실의 지리적 파악
    - 공간 관련 역사 변화의 시간적, 계통적 파악
    - 여러 역사적 사실들 간의 관계 파악, 역사 해석

나. 〈자료 3〉의 연표를 활용하여 학생들이 역사의 흐름을 계통적으로 이해할 수 있도록 수업하시오.
  ① 〈자료 3〉에서 **사건 간의 관련성** 파악하기 : 병인박해 → 병인양요, 제너럴 셔먼호 사건 → 신미양요
  ② 연표 활용의 유용성(※유의점 1)
    - 역사적 사건의 연대적 위치와 시간적 거리감 파악
    - 연표를 통해 역사적 사실들 간의 종적·횡적 관련성 파악, 역사의 흐름의 계통적 이해

3. 〈실연 부분 3〉

가. 〈자료 4〉와 〈자료 5〉를 참고하여 토론 활동을 진행하시오.
  ① 토론식 수업(※ 본 교재 Part 1 참고)
    - 모둠별 토론인지 학급 전체 토론인지 방식을 정확하게 정한다.
    - 팀 결정 → 팀별 토론 준비(태블릿PC 이용) → 토론 진행
  ② 〈자료 4, 5〉: 찬성 및 반대 사료로 활용 가능
    - 반대 활용 예시 : 〈자료 4〉 이양선 출몰 당시 사료를 통해 제국주의 열강의 통상 요구에 대해 신중하게 고려하기보다는 거부하는 당시 모습을 보며, 당시 국제정세의 흐름을 잘 파악하지 못한 모습을 짚을 수 있다.
    - 찬성 활용 예시 : 〈자료 5〉 오페르트 도굴 사건과 관련한 사료를 통해 통상 요구를 받아들이기에는 제국주의 열강의 폭력적 개항 요구가 있었음을 지적할 수 있다.
  ③ 사료 활용의 유용성(※유의점 1)
    - 역사 연구와 동일한 사고 과정을 통해 역사학의 성격을 이해하고 역사 지식을 획득할 수 있음
    - 같은 역사적 사실에 대한 해석을 달리 하거나 다른 역사인식을 보이는 사료를 비교함으로써 학생들이 자신의 역사적 관점을 가질 수 있음

나. 〈자료 6〉의 [수험생 작성 부분 1~3]을 채워 채점기준표를 제시하시오.
  예시

채점기준	배점
1. [수험생 작성 부분 1] **토론 준비**에 다양한 자료를 참고했는가.	2점
2. [수험생 작성 부분 2] 상대방의 입장을 **경청**하였는가.	2점
3. [수험생 작성 부분 3] 의견의 **논거가 역사적 사실에 부합**하는가.	2점

다. 토론을 마친 후, '역사적 판단력과 문제 해결 능력' 역량을 증진하는 학생 활동을 추가로 진행하시오.
  예시
    – 흥선대원군의 대외 정책이 현재 우리나라의 대외적 상황에 주는 시사점을 생각해보는 방향으로 설계
    – 글쓰기나 토론 활동 등 자유롭게 선택 가능
    – 현재 우리나라의 대외적 상황을 조사할 때, 모둠별 태블릿PC를 이용하여 추가 자료 조사 가능

| 판서 |

<흥선대원군의 통상수교 거부 정책>

※ 학습 목표
1.
2.

1. 병인양요(1866)
  (1) 배경 : 병인박해
  (2) 경과 : 프랑스 함대 강화도 침략 → 조선군 항전(문수산성-한성근, 정족산성-양헌수)
  (3) 결과 : 프랑스군 철수, 외규장각 도서 약탈

2. 오페르트 도굴사건(1868)
  (1) 전개 : 오페르트 통상 요구 거절 → 통상 요구 위해 남연군 묘 도굴 시도(실패)
  (2) 영향 : 서양인에 대한 반감 확산

3. 신미양요(1871)
  (1) 배경 : 제너럴 셔먼호 사건 (1866)
  (2) 경과 : 미국 함대 강화도 침략 → 광성보(어재연 부대) 항전 → 미군 철수
  (3) 영향 : 전국에 척화비 건립

※ 토론 채점기준 : 1~2~3~

주제 24 　강화도 조약과 불평등 조약 체제

★ 강화도 조약이나 조미수호통상조약과 같은 중요한 조약문 사료는 꼭 알아두세요!

1. 〈실연 부분 1〉

가. 문호개방 당시 조선의 상황을 〈자료 1〉을 활용해 수업하시오.
　〈자료 1〉의 (가), (나)는 일본의 통상 요구와 관련하여 상반된 입장을 보여줌. **통상수교 거부 정책**을 지지하는 최익현의 입장과 **통상 개화론자**인 박규수의 의견을 비교하여 당시 개항과 관련하여 **상반된 입장이 공존**하는 조선의 상황을 바라볼 수 있음

나. 〈자료 2, 3〉을 분석하는 사료 탐구 수업을 진행하시오.
　① 〈자료 2〉의 강화도 조약, 〈자료 3〉의 조·미 수호 통상 조약의 성격에 대한 **가설**을 세우고 〈자료 2, 3〉을 분석하여 가설이 맞는지 검토하는 사료 탐구 수업을 진행할 수 있음. 수집한 사료를 분석해서 필요한 정보를 찾아내고, 찾아낸 정보를 토대로 가설이 맞는지 확인하는 수업을 통해 학생들은 역사적 사실에 대한 나름의 결론을 내리면서 동시에 다른 견해를 비판하거나 발전적으로 수용할 수 있음
　② 예시
　　- 가설 : 강화도 조약과 조미수호통상조약은 불평등 조약의 성격을 지닐 것이다.
　　- 사료 분석 : 〈자료 2〉 제7관, 제10관의 해안 측량권과 치외 법권 허용
　　　　　　　　〈자료 3〉 제14관의 최혜국 대우
　　- 결론 : 강화도 조약과 조미수호통상조약은 불평등 조약의 성격을 지닌다.

2. 〈실연 부분 2〉

가. 〈자료 2, 4, 5〉를 이용하여 활동 목표를 달성할 수 있도록 〈자료 5〉의 [수험생 작성 부분 1, 2]를 채우고 서술형 평가를 안내하시오.
　① 〈자료 4〉 (가) : 후먼조약 - 청과 영국 사이 조약(난징조약의 후속 조약)
　　　　　　　(나) : 일본과 미국 간 통상 조약 체결
　　　　　　　(다) : 동아시아 개항 지도
　② 조선을 비롯한 **동아시아** 국가들이 체결한 조약과 지도를 살펴보며 공통적으로 **불평등**한 요소가 담겨있음을 탐구할 수 있도록 평가 문항을 구성해주세요.
　　- 예시

평가 문항 1번	[수험생 작성 부분 1] 〈자료 4〉의 (가),(나)와 〈자료 2〉의 공통점은 무엇일까요?
평가 문항 2번	[수험생 작성 부분 2] 〈자료 4〉의 (다)를 통해 알 수 있는 강화도 조약만의 특징은 무엇일까요?

　③ 서술형 평가 안내(문항, 배점, 시간 안내) → 순회 지도(태블릿PC 이용) → 활동지 제출

나. 서술형 평가를 진행하는 동안 순회 지도를 실시하시오.
　예시
　① S : 〈자료 4〉의 후먼조약이 뭔지 모르겠어요.
　　 T : 태블릿PC를 통해 조약국을 찾아볼까요? 태블릿PC를 이용할 때는 수업 관련 내용만 찾도록 하는 거 알고 있죠?
　② T : 평가 문항 1번에 대한 답으로 '죄를 지은 내용이 있다'로 적어주었네요. 좋은 발견이지만, 우리 학습 목표를 따라 이 분석이 문호개방과 어떤 관련이 있는지 생각해볼까요?
　　 S : 조선의 문호개방이 다른 동아시아 국가처럼 불평등한 성격이 있는 것 같아요.
　　 T : 네 좋은 탐구입니다. 기존의 답안을 우리가 오늘 배운 불평등 조약의 요소를 생각하며 정리해주면 좋겠습니다.

cf. 답안 예시

1번 답안	영사재판권을 허용한 공통점을 통해 불평등 조약의 성격을 확인할 수 있다.
2번 답안	중국과 일본은 서구 열강을 대상으로 개항한 것과 달리, 조선은 동아시아 국가인 일본을 대상으로 개항하였다는 점이 특징이다.

판서

<강화도 조약과 불평등 조약 체제>

※ 학습 목표
1.
2.

1. 조선의 문호 개방
  (1) 배경
    - 국내 : 통상개화론, 고종의 친정
    - 국외 : 정한론, 운요호 사건
  (2) 강화도 조약(1876)
    ① 성격 : 최초의 근대적 조약, 불평등 조약
    ② 내용 : 조선은 자주국, 부산과 두 개 항구 개항, 조선 연안에 측량권, 영사 재판권 허용 → 일본의 정치적·경제적·군사적 침략 의도 반영

2. 서양 열강에 대한 문호 개방
  (1) 조·미 수호 통상 조약 체결 (1882)
    ① 배경 : 『조선책략』 유포
    ② 내용
      - 거중조정, 관세 부과
      - 영사재판권, 최혜국 대우 인정 → 불평등 조약
    ③ 의의 : 서양과 맺은 최초의 근대적 조약

3. 서술형 평가
  - 평가 문항 1~
    2~

| 주제 25 | 개화 정책의 추진과 반발 |

1. 〈실연 부분 1〉

가. 〈자료 1〉의 자료를 참고하여 동아시아적 관점에서 개화 정책을 수업하시오.
  〈자료 1〉 (가) 양무운동, (나)메이지 유신을 연결하여 둘의 차이점을 비교하고, 1880년대에 조선의 개화정책은 양무운동을 참고한 동도서기론의 자세를 가짐을 연결하여 동아시아적 시각을 보여준다.
나. 조선의 개화 정책 사례를 제시하시오.
  판서 참고

2. 〈실연 부분 2〉

가. 〈자료 2〉의 사료를 이용하여 위정척사 운동의 흐름을 수업하시오.

1860년대	이항로, 기정진	통상 반대(척화 주전론)
1870년대	최익현 등	개항 반대(왜양 일체론)
1880년대	이만손, 홍재학	개화 반대(미국과 수교 반대)

→ 1890년대 항일의병운동으로 계승됨

나. 〈자료 2〉와 〈자료 3〉의 주장을 참고하여 〈자료 4〉를 활용한 가상 SNS 글을 작성하시오.
  활동 방법 : 개화 정책 추진 찬성〈자료 3〉, 반대〈자료 2〉를 참고하여 〈자료 4〉의 질문 1번 진행 → 질문 2번 활동 진행(순회 지도) → 질문 3번 활동 진행(순회 지도)

다. 학습 활동과 SNS의 특수성을 고려하여 〈자료 4〉의 [수험생 작성 부분 1~3]을 채우고 평가 기준을 안내하시오.
  예시

1	[수험생 작성 부분 1] 역사적 사실을 바탕으로 작성하였는가.(3점)
2	[수험생 작성 부분 2] 역사적 상황에 맞게 주장하였는가.(3점)
3	[수험생 작성 부분 3] 글과 댓글 작성시 사이버 예절을 지켰는가.(3점)

3. 〈실연 부분 3〉

가. 〈자료 5〉의 지도를 통해 임오군란의 전개 과정을 수업하시오.
나. 〈자료 6〉의 조약문을 통해 임오군란의 결과를 탐구하시오.
  ① 자료 안내 : 〈자료 5〉 임오군란 전개과정 지도
         〈자료 6〉 (가) 제물포 조약, (나) 조청상민수륙무역장정
  ② 수업 내용 : 판서 참고

판서

〈개화정책의 추진과 발발〉

1. 개화정책
  (1) 청·일의 근대화
    ① 청 : 양무운동(중체서용)
    ② 일본 : 메이지 유신(문명개화)
  (2) 개화파 형성 : 김옥균, 박영효 등
  (3) 개화정책 추진
    ① 통리기무아문 설치
    ② 별기군 설치
    ③ 국제 정세 파악
      - 수신사, 조사시찰단(일본)
      - 영선사(청)

2. 위정척사 운동
  ① 의미 : 위정(유교 전통)+척사(서양)
  ② 전개 : 통상 반대 운동(척화 주전론) → 개항 반대 운동(왜양 일체론) → 개화 반대(영남 만인소) → 1890년대 이후 항일 의병으로 계승

  * 평가 기준 : 1~ 2~ 3~

3. 임오군란(1882)
  (1) 배경 : 개화정책에 대한 불만
  (2) 전개 : 구식 군인 봉기, 도시 하층민 가세 → 흥선대원군 재집권 → 청군 개입으로 진압
  (3) 영향
    ① 일본 : 제물포 조약
    ② 청 : 군대 주둔, 조청 상민수륙무역장정, 고문 파견

| 주제 26 | 갑신정변과 국내외 정세의 변화 |

1. 〈실연 부분 1〉: 학습 목표를 2가지 제시하시오.

예시
- 갑신정변의 의의와 한계를 설명할 수 있다.
- 개항기 정치 세력에 대한 홍보 포스터를 제작할 수 있다.

2. 〈실연 부분 2〉

가. 온라인 수업 내용을 연계하시오.
  갑신정변 배경과 전개는 온라인 수업을 했다는 가정이 ※유의점 1번에 적혀있습니다.
  문답으로 간단히 내용을 언급해주세요.
나. 〈자료 1〉의 사료를 바탕으로 갑신정변의 의의와 한계를 학생들이 직접 탐구하도록 적절한 질문을 하시오.
  탐구 질문 예시
  - (가)와 (나)를 토대로 알 수 있는 갑신정변의 **목적**은 무엇일까요?
  - (다)를 토대로 알 수 있는 갑신정변의 **한계/실패 이유**는 무엇일까요?
  - (가)~(다)를 참고하여 갑신정변의 **의의와 한계**를 말해볼까요?
다. 〈자료 2〉를 통해 갑신정변 이후의 국제 정세를 탐구하시오.
  갑신정변 이후 열강의 각축 상황이 된 점, 그런 와중에 **중립화론**도 등장했던 점을 언급해주세요.

3. 〈실연 부분 3〉

가. 〈자료 3〉의 [수험생 작성 부분 1~3]을 채워 채점기준을 포함한 활동 안내를 실연하시오.
  ① 예시

채점기준	배점
[수험생 작성 부분 1] 정치 세력의 핵심 주장이 잘 드러났는가?	5점
[수험생 작성 부분 2] 역사적 상황의 맥락에 맞는가?	5점
[수험생 작성 부분 3] 활동에 협력적으로 참여했는가?	5점

  ② 평가 기준을 사전에 강조하며 활동 유의사항처럼 제시해주면 좋아요.
  강조의 방법에는 판서에 적어주거나, PPT에 띄웠다고 가정하고 따라 읽는 등의 방법을 이용할 수 있겠죠?

〈포스터, 표어 만들기 활동 소개〉

* **그림 자료 만들기**: 그림을 그리거나 그래픽을 이용하여 자신이 이해한 역사를 표현하는 방법. 그림은 만화, 포스터 등 모든 종류의 미술 작품 형태를 포함함
* **표어 만들기**: 사건, 상황, 인물에 대한 학생들의 생각을 상징적, 은유적으로 표현하는 방법. 사건이나 인물에 대한 역사적 평가, 정의적 느낌까지 표현할 수 있음. 단어들을 마인드맵으로 표현하고, 그 단어를 선정한 이유를 설명하면 논리적 사고도 자극할 수 있음

| 판서 |

〈갑신정변과 국내외 정세의 변화〉

※ 학습 목표
1.
2.

1. 개화파의 분화

2. 갑신정변과 국내외 정세 변화
 ① 청의 내정 간섭 심화
 ② 한성 조약(조선-일본), 톈진조약(청-일본)
 ③ 열강의 각축 상황 : 거문도 점령, 중립화론 등장

3. 학생 활동
 - 채점기준 : 1~ 2~ 3~
 - 유의사항 : 검색 과정에서 공신력 있는 사이트 이용하기

주제 27　독립협회의 창립과 활동

1. 〈실연 부분 1〉: 단원의 성취기준 및 수업 방법을 고려하여 학습 목표 2가지를 세우시오.

예시
① 독립협회가 **근대 국민 국가 수립을 위해 어떤 노력을** 했는지 설명할 수 있다.
② 독립협회의 일원이 되어 **토론문**을 작성할 수 있다.

2. 〈실연 부분 2〉

가. 〈자료 1〉을 활용하여 연대기에 따라 구조화된 판서를 하시오.
　　판서 참고
나. 다음 차시와의 연계를 고려한 설명을 하시오.
　　전제 군주권을 강조한 대한 제국과 민권을 강조한 독립협회의 활동이 동시기적으로 이루어졌음을 설명
　　→ 다양한 계층이 서로 다른 방식으로 근대 국민 국가 수립을 위해 노력하였음을 안내

3. 〈실연 부분 3〉

가. 〈자료 3〉의 [수험생 작성 부분 1~4]를 채우시오.
　① 역사적 인물이 되어 글쓰기 유의사항
　　예시

| 1. [수험생 작성 부분 1] 글쓴이와 독자를 과거 사람으로 설정한다. |
| 2. [수험생 작성 부분 2] 〈자료 2〉 또는 스마트폰을 활용하여 자료를 수집하되 출처를 명확하게 표기한다. |
| 3. 평가 과정 중 교사에게 도움을 요청할 수 있다. |
| 4. 평가 기준에 유의하여 제작한다. |

　② 역사 주제에 대해 다양한 글을 쓰도록 하는 수행평가의 채점기준표 예시

내용	배점
1. [수험생 작성 부분 3] 선택한 주제에 초점을 맞추어 글의 의미를 명료하게 나타내었는가?	0/1/2
2. [수험생 작성 부분 4] 자료의 수집과 활용이 적절한가?	0/1/2
3. 쓰기 활동에 적극적으로 참여하는가?	0/1

나. 〈자료 2, 3〉을 참고하여 평가 방안을 안내하시오.
　– [수험생 작성 부분]이 다 채워진 유의사항 및 채점기준표를 학생들에게 명료하게 전달
다. 평가 과정 중 순회 지도를 3회 실시하시오.
　① 주제 선택 과정에서 어려움 : 진로와 연계하여 생각해 보게 하기(예 기자가 꿈일 경우 2번 주제)
　② 쓰기 활동에 집중하지 못하는 학생 : 드라마를 보며 인물에 감정이입하듯, 감정이입하도록 유도
　③ 자료의 수집 및 활용에 어려움 : 〈자료 2, 3〉에서 질문을 받았다고 가정하거나 우리 역사넷 등 공신
　　　　　　　　　　　　　　　　력 있는 사이트를 활용하도록 유도
라. 평가를 마친 후 1가지 사례를 가정하고 긍정적인 부분, 아쉬운 부분을 1가지씩 피드백하시오.
　① 긍정적인 점 피드백 : 백정 신분으로서 만민공동회에 참여한 감격을 표현하는 문단이 역사적 인물에
　　　　　　　　　　　얼마나 잘 **감정이입**이 되었는지를 보여줌
　② 아쉬운 점 피드백 : 자료를 활용하여 선택한 주제에 대한 내용은 상세하게 설명하였으나 학생 개인
　　　　　　　　　　의 **의견**이 반영되어 있지 않음

판서

<독립협회의 창립과 활동>

※ 학습 목표
1.
2.

1. 독립협회의 창립
　(1) 서재필 등 관료와 지식인이 함께 창립
　(2) 전개
　　아관파천 → 독립신문 창간 →
　　독립협회 창립 → 고종 환궁 →
　　대한 제국 선포 → 만민 공동회
　　시작 → 관민 공동회 개최 →
　　독립협회 해산

2. 독립협회의 활동

3. 독립협회 토론문 쓰기
　※ 유의사항
　　1.
　　2.
　　3. 교사에게 도움 요청
　　4. 평가 기준에 유의
　※ 채점기준
　　1.
　　2.
　　3. 적극적으로 참여

주제 28　대한 제국과 광무개혁

1. 〈실연 부분 1〉

가. 〈자료 1〉을 활용하여 설명하시오.
- (가) 대한국 국제
- (나) 양전사업과 지계사업
- (다) 상공업 및 교육 진흥

나. 대한 제국의 개혁 방향성에 대한 학생들의 상반된 의견을 듣고 이를 종합하시오.
근대적 개혁을 자주적으로 추진함 ↔ 황제권 강화에 치우친 전근대적 개혁
→ 광무개혁에 대한 평가가 이렇게 갈릴 수 있으나 어느 한쪽이 옳고 어느 한쪽이 그른 것이 아니며 역사 신문 만들기에서 이런 상반된 의견을 반영하도록 안내

2. 〈실연 부분 2〉

가. 활동 전개 과정에 따라 [수험생 작성 부분 1~4]를 채우고 역사 신문 만들기 방법을 안내하시오.
예시

1.	[수험생 작성 부분 1] 소재 및 형식(기사, 논설, 인터뷰 등)을 선정한다.
2.	[수험생 작성 부분 2] 소재와 관련된 자료를 조사한다.(스마트폰, 태블릿PC 활용 가능)
3.	[수험생 작성 부분 3] 태블릿PC를 활용하여 기사를 작성한다.
4.	[수험생 작성 부분 4] 완성된 기사를 온라인 게시글에 첨부한다.

나. [수험생 작성 부분 5, 6]을 채우고 채점기준을 안내하시오.
예시

1.	역사적 사실에 오류가 없는가?	0~5점
2.	[수험생 작성 부분 5] 선택한 소재에 적합한 내용을 다루었는가?	0~5점
3.	[수험생 작성 부분 6] 신문 글쓰기의 형식을 갖추었는가?	0~5점
4.	모둠원이 적극적으로 참여하였는가?	0~5점

다. 신문 제작 중 다음 조건에 따라 순회 지도를 실시하시오.
① 활동 방법 및 채점기준을 토대로 지도하시오.
태블릿PC를 활용해 갑오개혁과 관련된 추가 자료를 모은 모둠 → 모든 자료를 담기보다는 **선택한 소재에 적합한 내용이 담긴 자료만** 집중적으로 활용할 수 있도록 조언
② 역사 신문 만들기 수업에 적절한 지도를 하시오.
평소처럼 자기 생각을 담은 글을 써 내려가는 모둠 → 단순한 글쓰기가 아닌 **신문 글쓰기의 형식**을 지킬 수 있도록 조언, '육하원칙'에 따라 개요를 작성하고 기사를 쓰도록 함
③ 단원의 성취기준을 고려한 지도를 하시오.
고종의 커피 사랑에 대한 기사를 준비하는 모둠 → 이번 역사 신문의 주제가 '**근대 국가 수립을 위한 노력**'에 관련된 것임을 일깨워주고 방향을 전환하도록 함

라. 가상의 신문 제작 결과를 토대로 피드백하시오.
① '근대 국민 국가 수립을 위해 다양한 계층에서 했던 노력들'을 한 데 모아 신문을 만들었음을 칭찬
② 학생들이 다양한 형식의 글쓰기에 도전했음을 알려주고 글로 자기 생각을 표현하는 활동의 중요성 강조

판서

<대한 제국과 광무개혁>

※ 학습 목표
1.
2.

1. 대한 제국의 성립

2. 대한국 국제와 광무개혁
  (1) 대한국 국제
    - 자주 독립 국가
    - 전제 국가
  (2) 광무개혁
    - 양전 사업, 지계 발급
    - 식산흥업 정책
    - 근대적 학교 설립 등

3. 역사 신문 만들기
  ※ 활동 방법
    1.
    2.
    3.
    4.
  ※ 채점기준
    1.
    2.
    3.
    4.

주제 29 일본의 국권침탈

1. 〈실연 부분 1〉 : 학생들의 역사적 감정이입을 돕는 동기유발을 실시하시오.

예시 : 드라마의 한 장면을 시청하고 감상 공유하기, 일본 국권 침탈 과정 중 당시 사람들의 글(시일야방성대곡 등) 읽고 소감 나누기

2. 〈실연 부분 2〉

가. 〈자료 1〉의 [수험생 작성 부분 1, 2]를 채우시오.
  예시
  ① [수험생 작성 부분 1] : 위 사료가 불법이라고 판단할 수 있는 이유를 찾아보자.
  ② [수험생 작성 부분 2] : 일본의 국권 침탈 과정에서 위와 같은 조약의 형식을 따른 이유를 찾아보자.

나. 학생들이 탐구 결과를 발표하도록 하고 이를 보완하며 답안을 제시하시오.
  예시
  ① 한일 의정서 답 : 한반도 내에서 전략상 필요한 지역을 군사 기지로 확보하고자 함
  ② 을사늑약 답 : 을사늑약을 체결할 당시 고종의 위임장도 없이 외부대신 박제순이 날인하고, 고종의 비준 절차를 거치지 않음 등
  ③ 한일 병합 늑약 답 : 일제는 한일 병합 늑약 체결에 대한 양국의 합의가 있었고, 한일 병합 늑약을 통한 합법적 과정임을 주장하며 국제 사회의 동의를 얻고자 함

3. 〈실연 부분 3〉

가. 〈자료 2〉를 활용해 연표 만들기 수업을 안내하시오.
  안내 : 〈자료 2〉의 참고 자료 분석 → 채점기준 안내 → 연표 완성 → 발표 → 피드백

나. 〈자료 3〉의 [수험생 작성 부분 3, 4]를 쓰시오.
  예시

핵심 역량	기준	점수
역사 사실 이해	[수험생 작성 부분 3] 역사적 사건들이 시간 순서대로 제시되었는가?[2점]	
역사 자료 분석과 해석	[수험생 작성 부분 4] (가), (나) 자료가 잘 반영되었는가?[2점]	

다. 학생이 완성한 경우를 〈자료 4〉라 가정하고 아쉬운 부분의 피드백 과정을 시연하시오.
  피드백 : 〈자료 4〉는 시간 순서대로 역사적 사건이 제시되어 있으나, 자료(가)의 분석이 적절하지 않습니다. (가)는 제1차 한·일 협약이고, (나)는 한·일신협약입니다.

판서

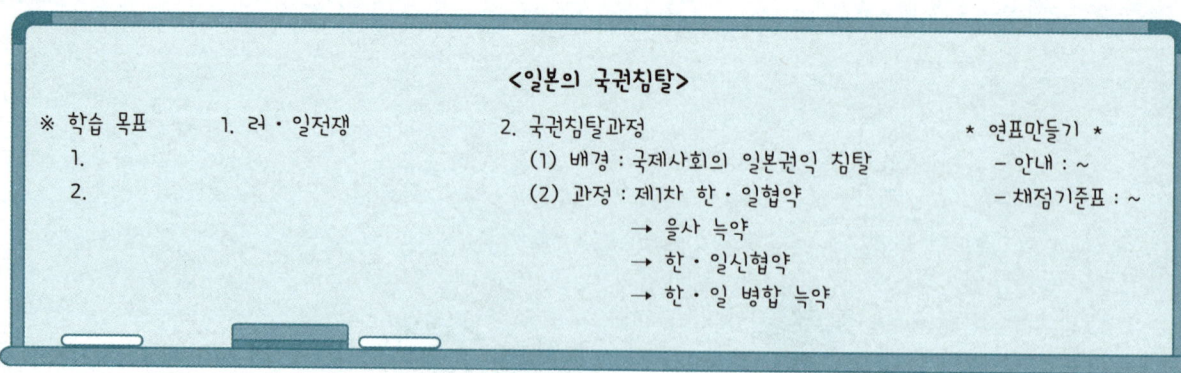

주제 30   항일 의병 운동

1. 〈실연 부분 1〉: 수업 내용과 방법을 참고하여 학습 목표 2가지를 제시하시오.
   ① 각 항일 의병 운동의 특징을 설명할 수 있다.
   ② 항일 의병 운동에 대한 드라마 기획안을 작성할 수 있다.

2. 〈실연 부분 2〉

   가. 〈자료 1〉을 활용하여 교사와 학생의 질문이 드러나는 수업을 하시오.
      예시 질문 : Q. 밑줄 친 ㉠의 역사적 사건은 무엇일까요? → A. 을사늑약

   > **자료 1**
   >
   > 오호라, ㉠작년 10월에 저들이 한 행위는 만고에 일찍이 없던 일로서, 억압으로 ㉠한 조각의 종이에 조인하여 5백 년 전해 오던 종묘사직이 드디어 하룻 밤 사이에 망하였으니, 천지신명도 놀라고 조종의 영혼도 슬퍼하였다. …… 이처럼 망해 갈진대 어찌 한번 싸우지 않을 수 있는가. 또 살아서 원수의 노예가 되기보다는 죽어서 충의의 혼이 되는 것이 나을 것이다.
   >
   > - 최익현, 『면암집』

3. 〈실연 부분 3〉

   가. 〈자료 2〉를 활용해 드라마 기획안 작성을 안내하시오.
      안내 : 다양한 자료를 활용하여 〈자료 2〉를 모둠별 작성(스마트폰 사용) → 채점기준 안내 → 발표 → 피드백

   나. 〈자료 3〉의 [수험생 작성 부분 1~4]를 쓰고, 안내하시오.

구분	평가 기준	배점(10)	점수
모둠	[수험생 작성 부분 1] 해당 내용에 맞는 자료를 수집하였는가?	3	
	[수험생 작성 부분 2] 역사적 사실을 잘 반영하였는가?	2	
	[수험생 작성 부분 3] 장면의 구성이 창의적인가?	3	
개인	[수험생 작성 부분 4] 모둠에서 맡은 역할을 성실히 수행하였는가?	2	

   다. 협력이 잘된 모둠이 완성한 경우를 〈자료 4〉라 가정하고 피드백 과정을 시연하시오.
      정미 의병에 대해서 3회 분량으로 알맞게 구성했습니다. 다른 의병과 달리 해산된 군인이 합류하여 군사력이 강화된 정미 의병의 특징이 드라마 기획안에 잘 드러납니다. 더불어 이인영 의병장의 봉건적 의식의 한계점을 강조하는 마무리가 인상 깊습니다.

판서

〈항일 의병 운동〉

※ 학습 목표   1. 을미 의병   2. 을사 의병   3. 정미 의병   ★ 드라마 기획안 작성 ★
1.   (1) 배경 : 을사늑약 체결   ① 모둠별 작성
2.   (2) 특징 : 평민 의병장 참여   ② 채점기준 안내
                                                                                              ③ 발표

주제 31 애국 계몽 운동

1. 〈실연 부분 1〉: 수업 내용과 방법을 고려하여 학습 목표 2가지를 제시하시오.

예시
① 애국 계몽 운동 단체의 활동을 설명할 수 있다.
② 애국 계몽 운동 단체에 대해 주제 탐구학습을 할 수 있다.

2. 〈실연 부분 2〉

가. 〈자료 1〉을 활용하여 질문이 드러나는 수업을 하시오.
예상 질문 : 〈자료 1〉의 강령을 통해 예상할 수 있는 신민회의 활동 내용은 무엇일까요?

3. 〈실연 부분 3〉

가. 〈자료 2〉를 활용해 주제 탐구 학습(보고서 개요 작성)을 안내하고, 학생들의 학습이 심화될 수 있도록 순회 지도하시오.
- 안내 : 모둠별 주제 선정 → 자료 조사 → 〈자료 2〉 개요 작성(순회 지도) → 발표 → 피드백
- 순회 지도(예시) : 과제를 해결하는 과정에 구체적인 사례를 제시하고 분석하여, 이해를 심화시킴 → '신민회가 교육활동을 위해 설립한 학교는 어떤 학교일까?', '독립을 위해 계몽운동이 효과적인 이유는 무엇일까?'

나. 〈자료 3〉의 [수험생 작성 부분 1, 2]를 쓰시오.

구분	평가 기준	배점(10)	점수
모둠	[수험생 작성 부분 1] 탐구 주제 선정이 적절한가?	3	
	[수험생 작성 부분 2] 탐구 주제에 대한 질문 선정과 답이 적절한가?	2	
	다양한 자료를 참고하였는가?	3	
개인	모둠 활동에 적극적으로 참여하였는가?	2	

다. 완성도가 높은 사례를 〈자료 4〉라 가정하고 피드백 과정을 시연하시오.
피드백 : 꼬마 역사가들 모둠은 신민회를 주제로 선정했네요. 세 가지 질문이 다 적절하고, 그 중에서도 마지막 질문에 꼬마 역사가들 모둠의 생각이 드러나는 부분이 인상적입니다. 활동 과정에서 모둠원들의 협력도 돋보였습니다.

판서

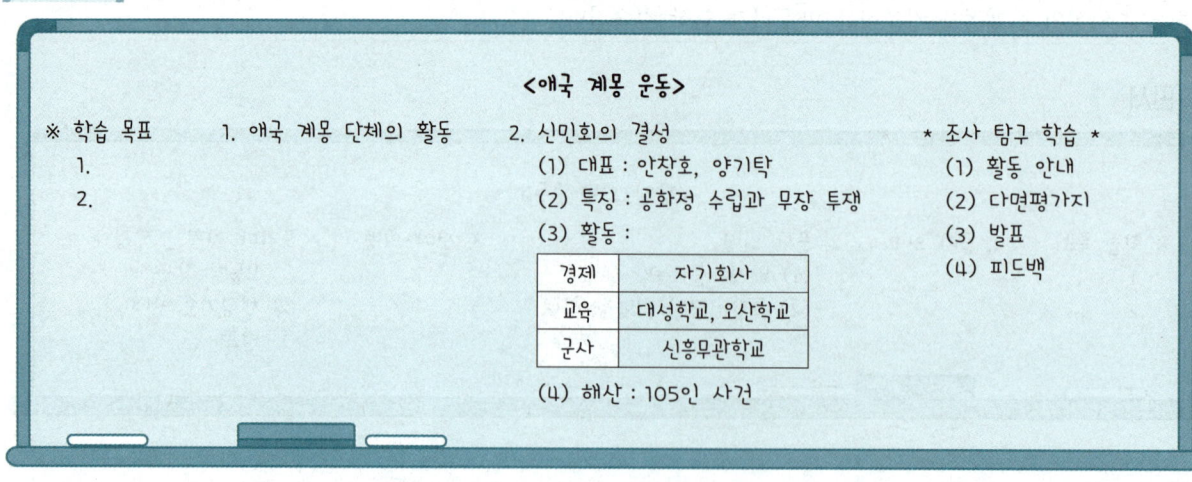

| 주제 32 | 독도와 간도 ☆ |

1. 〈실연 부분 1〉: 수업 내용과 관련하여 동기유발 하시오.

   일본 뉴스에서 '다케시마의 날'을 보도하는 영상을 보여주며 일본의 역사 왜곡의 심각성을 상기시킨다.

2. 〈실연 부분 2〉

   가. 〈자료 1〉과 학습 요소 [지증왕 시기, 안용복, 대한제국 칙령 제41호]를 설명하시오.
      판서를 참고하되, 고대시기~근현대 시기의 독도의 역사적 기원을 중심으로 설명한다.

3. 〈실연 부분 3〉

   가. 〈자료 2〉를 활용해 글쓰기 수업을 안내하시오.
      안내 : 〈자료 2〉에서 나타난 일본인들의 생각에 논리적으로 반박하는 내용으로 편지 작성 지도 → 순회 지도 → 발표 및 피드백
   나. 〈자료 3〉의 [수험생 작성 부분 1~3]을 제시하시오.

핵심 역량	채점기준
역사 사실 이해	[수험생 작성 부분 1] 반박 내용에 사실적 오류나 논리적 모순은 없는가?[2점]
역사 자료 분석과 해석	[수험생 작성 부분 2] 독도와 관련된 주장을 타당하게 뒷받침하는 자료를 활용했는가?[2점]
역사적 판단력과 문제해결력	[수험생 작성 부분 3] 과거의 사례에 비추어 오늘날 일본의 역사 왜곡을 해결할 수 있는 설득력 있는 글을 작성했는가?[2점]

   다. 순회 지도에 〈자료 4〉를 활용하시오.
      순회 지도(예시) : 1877년에 발표된 태정관 지령문에서 울릉도와 독도가 일본과 관계없다는 사실이 등장하는데, 이는 일본이 한국의 독도 영유권을 인정한 중요한 증거입니다. 이를 활용하여 일본인들의 주장에 반박하는 글을 작성해봅시다.
   라. 학생이 완성한 경우를 〈자료 5〉라 가정하고 피드백 과정을 시연하시오.
      피드백(예시) : 독도가 우리나라의 영토인 이유를 역사적 기원에 따라 오류 없이 잘 설명하고 있습니다. 더불어 일본인들의 주장에 반박하기 위해서 태정관 지령문을 사용한 것은 매우 적절했습니다. 추가적으로 일본 교과서의 내용을 수정하라는 구체적인 해결방안이 제시된다면 더욱 좋을 것 같습니다.

| 판서 |

〈독도와 간도〉

※ 학습 목표
1.
2.

1. 독도의 역사적 기원
   (1) 삼국 : 지증왕때 우산국 복속(삼국사기)
   (2) 고려 : 우산이라는 표기(고려사)
   (3) 조선 : 숙종때 안용복
   (4) 대한제국 : 대한제국 칙령 제41호

* 수행평가 *
1. 안내
2. 평가기준

2. 간도의 역사

주제 33 열강의 경제 침략

1. 〈실연 부분 1〉

가. 〈자료 1〉의 내용을 설명하되 (가)~(다)를 유기적으로 연계하시오.
  〈자료 1〉의 (가)~(다)를 **단계적으로 설명**할 것
  (가) 1876년 강화도 조약 이후 거류지 무역 설명
  (나) 조청상민수륙무역장정을 계기로 내지 통상이 허용되었음을 설명
  (다) 조일통상장정의 최혜국 대우로 일본도 (가)와 같은 거류지 무역이 아니라 (나)와 같은 내지 통상이 허용되었음을 설명

나. 〈자료 2〉의 [수험생 작성 부분 1~3]을 채워 청일 사이의 상권 경쟁 양상을 정리하시오.

개항 이전		개항 직후		임오군란 직후		청일 전쟁 이후
청 상인 우세	→	일본과 본격적인 무역 시작	→	청, 일 상인의 경쟁	→	일본 상인 우세

2. 〈실연 부분 2〉

가. 〈자료 3〉을 활용하여 사료 탐구 학습을 실시하시오.
  〈자료 3〉 : 구 백동화 교환에 관한 건
나. 탐구 중 순회 지도를 실시하시오.
  예시
  – 학생들이 모둠에서 서로 **적극적으로 소통**하도록 조언
    : 교사가 먼저 자신의 의견을 말하거나 첫 번째 학생의 의견을 듣고 다른 학생에게 그에 대한 의견을 묻는 **연결짓기** 하기(※유의점 2 고려)
  – 학생들이 탐구 결과를 단순 명사가 아닌 구체적인 문장으로 쓸 수 있도록 지도
  – 이전 차시에 배운 제1차 한일협약 및 재정 고문 메가타와 연결할 수 있도록 지도
다. 탐구 후 학생들의 발표를 듣고 정답을 해설하시오.
  – [질문 1]의 답 : 대한 제국 사람들이 가진 백동화가 제값을 받지 못해 많은 상공업자가 몰락하였다.
  – [질문 2]의 답 : 한국 화폐 대신 제일 은행권을 사용하게 함으로써 한국의 금융을 장악하고자 하였다.

3. 〈실연 부분 3〉

가. 〈자료 4〉를 참고하여 이번 차시 수업이 고등학교 1학년 통합사회 수업과 어떻게 융합될지 예고하시오.
  한국사 시간에 학습한 근대기 국제 무역의 확대가 끼친 긍정적인 영향과 부정적인 영향을 정리해보고 통합사회 시간에는 **현재의 국제 무역의 사례**들도 탐구 학습을 진행할 예정임을 안내

판서

```
                        <열강의 경제 침략>

1. 청일 사이의 상권 경쟁      2. 제국주의 열강의 이권 침탈     3. 화폐 정리 사업
  (1) 개항 직후                                              (1) 주체 : 메가타
    - 개항장 10리 이내 무역                                   (2) 목적 : 대한 제국의 금융 장악
    - 중간 상인 성장                                          (3) 내용 : 백동화를 제일은행권으로 교환
  (2) 조청 상민 수륙 무역 장정                                (4) 영향 : 상공업자 몰락,
    - 임오군란 이후 체결                                                일본의 금융 장악
    - 내지 통상 가능
  (3) 조일 통상 장정
    - 관세 부과, 방곡령,
      최혜국 대우
```

주제 34   경제 구국 운동

1. 〈실연 부분 1〉

가. 이전 차시에 이미 학습한 〈자료 1〉을 활용하시오.
    〈자료 1〉의 (가) : 조일통상장정 중 방곡령에 관한 규정

나. 각 실연 부분에 예상되는 학생의 질문과 그에 대한 답을 포함하시오.
    예시 : 〈자료 1〉의 규정을 지켰는데도 방곡령이 철회된 이유는 무엇인가요?
          → 일본이 함경도, 황해도 지역의 방곡령 통보를 늦게 받았다는 구실을 내세웠기 때문입니다.

2. 〈실연 부분 2〉

가. 이전 차시에 이미 학습한 〈자료 1〉을 활용하시오.
    〈자료 1〉의 (나) : 보안회 운영 요강

나. 각 실연 부분에 예상되는 학생의 질문과 그에 대한 답을 포함하시오.
    예시 : 보안회 이외에 이권을 수호한 단체들은 없나요?
          → 이전에 배운 독립협회도 만민 공동회를 열어 이권 수호 운동을 전개하였습니다.

3. 〈실연 부분 3〉

가. 〈자료 2〉를 활용하여 국채 보상 운동의 전개 과정에 대해 설명하시오.
    - 판서 참고
    - 〈자료 2〉 : ① (가) : 국채 보상 운동 취지서
               ② (나) : 대구 남일동 패물 폐지 부인회의 선언

4. 〈실연 부분 4〉

가. 정체성과 상호 존중 역량을 파악할 수 있는 질문을 만들어 〈자료 3〉의 [수험생 작성 부분]을 채우시오.
    ① 정체성과 상호 존중 역량 : 우리 역사와 세계 역사에 대한 이해를 바탕으로, 우리의 관점에서 오늘날 요구되는 역사의식을 함양하고 타인을 이해하고 존중하는 태도를 갖는 능력
    ② 예시 : 위 자료를 참고하여 국채 보상 운동의 세계사적 의의를 작성해 보자.

나. 학생들이 〈자료 3〉의 답을 서로 공유하도록 하시오.
    - 답 예시
      제국주의 열강의 경제적 침략에 대해 대항하는 최초의 국민적 기부 운동으로 다른 국가에도 영향을 주어 식민지에 반제국주의의 열의를 불어넣었다는 점에서 의의가 있다.
    - 방법 예시
      ① 모둠 내에서 의견 공유 : 교사는 순회 지도를 하며 학생들의 발언을 독려
      ② 반 전체 대상 발표 : 한 명씩 발표할 때마다 피드백 제공(학생 간 피드백, 교사의 피드백 등 다양한 형태의 피드백 제공)

다. 교사가 생각하는 '기록'의 가치를 전달하시오.
    열린 답안으로 스터디원끼리 답안을 공유해 보세요.

> [참고] 〈유네스코 세계 기록 유산 등재 기준(https : //heritage.unesco.or.kr/)〉
>
> - 시간(Time) : 국제적인 일의 중요한 변화의 시기를 현저하게 반영하거나 인류 역사의 특정한 시점에서 세계를 이해할 수 있도록 이바지하는 경우
> - 장소(Place) : 세계 역사와 문화의 발전에 중요한 기여를 했던 특정 장소와 지역에 관한 주요한 정보를 담고 있는 경우
> - 사람(People) : 전 세계 역사와 문화에 현저한 기여를 했던 개인 및 사람들의 삶과 업적에 특별한 관련을 갖는 경우
> - 대상/주제(Subject/Theme) : 세계 역사와 문화의 중요한 주제를 구현하고 있는 경우
> - 형태 및 스타일(Form and Style) : 뛰어난 미적, 형식적, 언어적 가치를 가지거나 형태 및 스타일에서 중요한 표본이 된 경우

판서

<경제 구국 운동>

1. 방곡령 선포
   (1) 배경 : 개항 이후 곡물 유출
   (2) 선포 근거 : 조일통상장정
   (3) 결과 : 일본은 통보를 늦게
              받았다는 구실로 항의
           → 방곡령 철회 및 배상금

2. 이권 수호 운동
   (1) 보안회
       : 황무지 개간권
         반대
   (2) 독립협회
       : 절영도 조차
         요구 저지 등

3. 상권 수호 운동

4. 국채 보상 운동
   (1) 발단 : 서상돈, 국채
              보상 기성회
   (2) 전개 : 『대한매일신보』
              통해 확산
   (3) 결과 : 통감부의
              탄압으로 중단

※ 질문 : [수험생 작성 부분]

주제 35 근대 문물의 수용

1. 〈실연 부분 1〉

가. 〈자료 1〉과 같은 내용으로 프로젝트의 대주제 안내 및 모둠별 소주제 분담, 자료 조사를 이전 차시에 마쳤다고 가정하시오.(선수 학습 확인)

예시
- 투표 등 민주적인 방식을 통해 주제를 선정했음을 언급
- 이전 차시에 각 모둠이 어떤 방식으로 자료 조사를 했는지 언급하고 지난 시간 미진했던 부분에 대한 자료 조사를 마쳤는지 확인

나. 〈자료 1〉의 [수험생 작성 부분 1, 2]를 채워 채점기준을 안내하시오.

채점기준 예시

핵심 역량	평가 요소	배점
역사 사실 이해	[수험생 작성 부분 1] 근대 문물과 관련된 역사적 사실을 잘 활용하였는가.	4
역사 정보 활용 및 의사소통	[수험생 작성 부분 2] 다양한 역사 정보를 분석 및 활용하였는가.	4
-	모둠 활동에 적극적으로 참여하였는가.	2

다. 원활한 프로젝트 학습 진행을 위해 학생들을 독려하시오.(동기유발)

작품을 만드는 과정에서 근대 문물 유입으로 인한 우리나라 사람들의 삶의 변화를 직접 체감할 수 있게 될 것이며, 프로젝트 학습인 만큼 모든 모둠의 작품이 모여 거대한 하나의 작품이 된다는 사실을 잊지 말고 자기 작품에 책임감을 갖기를 바란다고 말한다.

2. 〈실연 부분 2〉

가. 〈자료 2〉에 묘사된 모둠별 상황을 보고 적절한 순회 지도를 실시하시오.
- 1모둠 : '근대 문물의 양면성'을 보여주어야 하는데 단점에 치중한 것 같으니 UCC 초반에 긍정적인 변화를 먼저 보여주고 중반부터 철도 건설의 제국주의적 의도로 넘어가면 어떨지 조언
- 2~3모둠 : 학생들을 분리하여 진정시키고, 각 모둠의 의견을 먼저 들음. 2모둠은 기사를 쓰고 3모둠은 광고를 만들도록 조정
- 4모둠 : 시간이 부족한 만큼 이미 수집한 자료 중 살릴 수 있는 부분을 빠르게 선별하고 역할 분담을 다시 하여 자료 조사에 차질이 없도록 조정
- 5모둠 : 역사적 오류를 짚어주며 포스터에 들어갈 원산학사 관련 정보가 부족해 보임을 지적. 원산학사에 대해 추가 정보를 찾아볼 수 있도록 안내

3. 〈실연 부분 3〉

가. 적어도 2개 모둠의 발표가 이루어지는 상황을 시연하시오.
   원하는 모둠 2개 선택

나. 선정한 2개 모둠의 발표에 자기 성찰 및 동료 간 소감 공유 시간을 포함하시오.
   가.에서 선택한 모둠의 활동 결과물을 구체적으로 묘사하고 자기 성찰, 다른 모둠 학생의 감상 공유
   예) - 자기 성찰 예시 : 의견이 안 맞았지만 서로 배려해서 잘 조율했기 때문에 좋은 경험이었다.
       - 다른 모둠 감상 : 근대 병원이 생겨 기뻐하는 당시 사람들의 마음을 잘 표현한 것 같다.

다. 선정한 2개 모둠에 대해 교사의 피드백을 실시하되 잘한 점 1가지와 아쉬운 점 1가지를 꼭 포함하시오.
   교사 피드백은 채점기준을 토대로 하나 순회 지도에서 발견된 모습이나 별도의 상황을 가정하여 추가해도 됨(총 4가지 피드백 제시)
   예) 제작 활동 중에 발견한 역사적 오류를 잘 고쳤습니다. 다만 시간이 부족해서 추가 자료를 조사하지 못한 점이 아쉽습니다. 시간이 충분했다면 분명 더 나은 결과물을 제작할 수 있었을 거예요.

라. 학생이 제작한 결과물을 활용할 구체적인 방안을 안내하시오.
   예시
   - 학교 역사 전시관에 일정 기간 전시
   - 투표를 거쳐 선정된 작품을 마을 축제에 전시

판서

〈근대 문물의 수용〉

※ 근대 문물의 수용으로 인한 삶의 변화

1모둠	근대 문물의 양면성 : 철도
2-3모둠	신문물 소개 특집
4모둠	근대 건축 양식 탐사
5모둠	근대 학교 홍보지

※ 발표
1모둠 -
2모둠 -
3모둠 -
4모둠 -
5모둠 -

※ 채점기준

[수험생 작성 부분 1]
[수험생 작성 부분 2]
모둠 활동에 적극적으로 참여하였는가.

주제 36   근대 의식의 확대와 해외 이주

1. 〈실연 부분 1〉: 적절한 학습 목표를 2가지 제시하시오.

예시 - 사료를 통해 근대 의식의 확대에 대해 탐구할 수 있다.
      - 해외 이주 당시 사진 자료를 활용하여 역사 앨범 만들기로 표현할 수 있다.

2. 〈실연 부분 2〉

가. 〈자료 1〉을 통해 당시 확대된 근대 의식에 대해 설명하시오.
   〈자료 1〉을 통해 알 수 있는 근대 의식 : **평등의식**
   (가) 백정 출신 박성춘이 연사가 된 사료는 민권의식의 향상, 평등의식을 향해 나아가는 모습을 확인할 수 있다.
   (나) 여권통문 : 최초의 여권 선언문으로 평가받고 있는 여권통문을 통해 여권의식의 향상, 평등의식의 확대를 연결할 수 있다.

나. 학습 주제를 고려하여 〈자료 2〉 탐구를 위한 적절한 질문을 제시하시오.
   예시 : 〈자료 2〉 (가)와 (나)의 공통된 의미는 무엇일까요?
         〈자료 2〉 (가)에서 한국사를, (나)에서 국어를 중요하게 여긴 이유는 무엇일까요?

3. 〈실연 부분 3〉

가. 스케치 지도를 통해 해외 이주에 대해 간단하게 설명하시오.
   ① **스케치 지도** : 교사가 수업 중에 학생들의 이해를 돕기 위해 칠판에 간단하게 그리는 지도
   ② 문제에 적용 : 해외 이주의 주요 위치(간도, 연해주, 하와이, 멕시코)를 표시한 스케치 지도를 칠판에 간단히 그린다. (판서 참고)

나. 〈자료 3〉의 [수험생 작성 부분 1~3]을 채워 채점기준표를 제시하시오.
   예시

채점기준	배점
1. [수험생 작성 부분 1] 주제에 적합한 자료를 제시하였는가.	2점
2. [수험생 작성 부분 2] 자료에 대한 설명이 적절한가.	2점
3. [수험생 작성 부분 3] 모둠원이 활동 과정에 적극적으로 참여하였는가.	2점

다. 태블릿PC를 이용하여 해외 이주 동포의 생활과 관련한 조사를 하고, 이를 활용하여 역사 앨범 만들기를 진행하시오
   Tip. 태블릿PC를 활용해서 조사하는 조건이 나오면 몇 개 요소를 반갑게 떠올릴 수 있습니다.
     '공신력 있는 사이트를 추천한다던지, 조사 출처를 언급하는 순회 지도 피드백, 학습 이외의 용도로 태블릿PC를 사용하지 말 것, 조심히 사용할 것 등을 현실적인 유의사항으로 언급해볼까?'라든지, '평가 기준에 조사 관련한 조건 넣어야겠다!' 등등을 신나게 떠올려서 활용해 주세요!

라. 〈자료 4〉를 학생의 발표 사례로 가정하고, 긍정적 피드백과 보완적 피드백을 제시하시오.
   - 긍정 피드백 예시 : 하와이 해외 이주라는 주제에 맞는 적절한 사진을 선택한 점이 좋습니다.
   - 보완 피드백 예시 : 하와이 해외 이주에 대해 사실적인 오류가 있습니다. 하와이 이주는 최초로 정부가 이민자를 모집하여 공식적으로 파견한 특징이 있지요.
   - 접근 Tip : 좀 어려운 사례이긴 했지만, 사실적 오류와 관련해서 보완하는 피드백을 주세요. 수험생 입장에서 피드백 사례가 나온 경우, 오류가 없는지 살피는 습관을 들여봅시다!

[참고] 유교구신론 사료도 교과서에 많이 나오니 한번 읽어놓아요!

이른바 3대 문제는 무엇인가. 첫째는, 유교파의 정신이 오로지 제왕의 편에 있고 인민 사회에 보급할 정신이 부족한 것이다. 둘째는, 여러나라를 돌면서 천하의 주의들을 강구하려 하지 않고, 내가 어린이를 구하는 것이 아니라 어린이가 나를 구한다는 주의만을 지키는 것이다. 셋째는, 우리 대한의 유가에서는 쉽고 정확한 법문을 구하지 아니하고 질질 끌고 되어 가는 대로 내버려 두는 공부(주자학)를 전적으로 숭상하는 것이다.
- 박은식, 『서북 학회 월보 제10호』, 1909.3.

판서

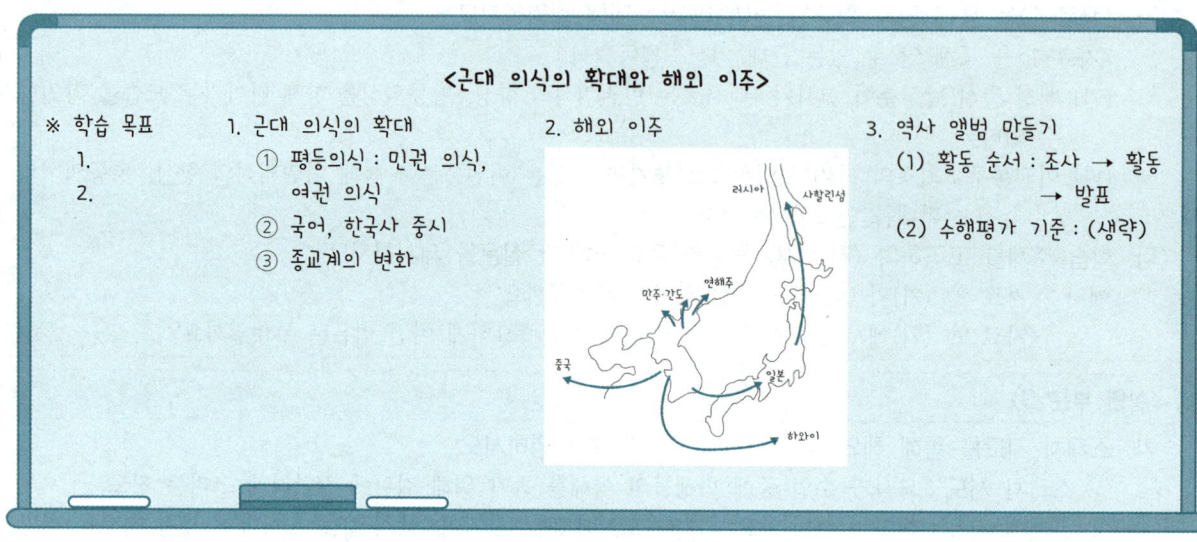

<근대 의식의 확대와 해외 이주>

※ 학습 목표
1.
2.

1. 근대 의식의 확대
   ① 평등의식 : 민권 의식, 여권 의식
   ② 국어, 한국사 중시
   ③ 종교계의 변화

2. 해외 이주

3. 역사 앨범 만들기
   (1) 활동 순서 : 조사 → 활동 → 발표
   (2) 수행평가 기준 : (생략)

주제 37 일제의 무단 통치

1. 〈실연 부분 1〉

가. 〈자료 1〉을 통해 무단 통치의 실상을 탐구하는 수업을 진행하시오.
  ① 자료 설명 : 〈자료 1〉 (가) 조선태형령 (나) 경찰범 처벌 규칙 (다) 제1차 조선 교육령
  ② 무단 통치의 실상 탐구 예시
    - 조선태형령을 통해 강압적인 1910년대 무단 통치의 실상을 탐구한다.
    - 경찰범 처벌 규칙으로 인해 언론·집회·출판·결사의 자유가 제한된 당시 우리 민족의 생활을 생각해본다.
    - 제1차 조선교육령 사료를 통해 알 수 있는 교육의 목적을 질문하여, 보통 교육과 실습 교육 위주로 순응적인 사람을 키우려는 일본의 목적을 생각해볼 수 있다.

2. 〈실연 부분 2〉

가. 〈자료 2, 3〉을 통해 토지 조사 사업의 목적, 내용, 결과를 분석하는 수업을 하시오.
  - 목적 : 일본인의 토지 소유를 쉽게 하고 지세를 안정적으로 확보하기 위함
  - 내용 : 신고주의 원칙 등 설명
  - 결과 : 소작농 증가
    (특히, 〈자료 3〉의 수치를 언급하며 실제 분석 모습을 보여주세요. - 예 36.8%에서 39.8%로 소작농이 증가했지요~?)
나. 〈자료 4, 5〉를 통해 회사령의 목적, 내용, 결과를 분석하는 수업을 하시오.
  - 목적 : 일본 기업의 한국 진출 지원, 한국인의 기업 활동 제한
  - 내용 : 회사를 세우려면 총독의 허가를 받아야 함
  - 결과 : 일본 자본의 한국 지배 토대 마련
    (특히, 〈자료 5〉의 수치를 언급하며 실제 분석 모습을 보여주세요. - 예 일본인 공업 회사 자본액의 변화를 찾아볼까요? 32%에서 83.2%로 증가했어요~ 이를 통해 알 수 있는 회사령의 결과는 무엇일까요?)
다. 〈자료 2~5〉를 참고하여 일제의 경제 침탈 정책 중 하나를 선택하여 이에 반대하는 손팻말 문구 만들기 활동을 진행하시오.
  활동 방법 : 활동 방법 및 유의사항 안내 → 자료 선택(〈자료 2~5〉의 자료를 분석하여 토지 조사 사업과 회사령 중 택1, 자료 분석시 태블릿PC 사용 가능) → 선택한 정책을 비판하는 손팻말 문구 만들기 진행(순회 지도) → 발표 및 피드백
라. 〈자료 6〉의 [수험생 작성 부분 1, 2]를 채운 후, 활동 시 유의사항을 문구 만들기 활동 이전에 제시하시오.
  예시(활동 시 유의사항)

1	[수험생 작성 부분 1] 자료를 참고하여 선택한 정책의 본질을 파악할 것
2	[수험생 작성 부분 2] 논리적인 표현을 사용하여 비판할 것
3	모둠원끼리 협력적으로 참여할 것

마. 모둠별 발표 사례를 가정하고 피드백하시오.
  - 학생 사례 : 누구를 위한 회사령인가
  - 피드백 사례 : 회사령 실시의 본질을 정확히 파악한 점이 돋보입니다.

3. 〈실연 부분 3〉 : 미술 시간에 연계하여 손팻말을 직접 만들어 볼 것을 안내하시오.

미술 시간과 **융합 수업**을 할 것을 차시 예고로 언급("오늘 만든 문구를 바탕으로 실제 손팻말은 미술 시간에 제작해볼 예정입니다. 오늘 배운 내용을 떠올리며 미술 시간에 멋지게 완성해봅시다")

| 판서 |

<일제의 무단 통치>

※ 학습 목표
1.
2.

1. 무단 통치
  (1) 조선총독부 설치
  (2) 헌병 경찰 제도
  (3) 조선 태형령
  (4) 경찰범처벌규칙
  (5) 제1차 조선교육령

2. 1910년대 경제 침탈
  (1) 토지 조사 사업
    - 목적 : 일본인 토지 소유 지원
    - 내용 : 신고주의
    - 결과 : 소작농 증가
  (2) 회사령 제정
    - 목적 : 일본 기업 진출 지원
    - 내용 : 회사 설립시 총독 허가
    - 결과 : 일본 자본의 한국 침투
      토대 마련

* 손팻말 문구 작성하기
  - 활동 유의사항 : ~

주제 38 일제의 민족 분열 통치

1. 〈실연 부분 1〉: 학습 내용에 적절한 동기유발을 제시하시오.

① 예시 : 군산항의 사진을 통해 학생들의 동기를 유발한다.
　　　　(이렇게 일본으로 다량의 쌀이 수출되면 조선에 어떤 변화가 생길까요?)
② TIP : 모든 차시마다 나만의 동기유발을 하나씩 정리해두세요!

2. 〈실연 부분 2〉

가. 〈자료 2~4〉에 기반해서 〈자료 1〉의 본질을 탐구하는 수업을 진행하시오.
　① 문화 통치는 15개정 교육과정의 학습 요소이니 꼭 숙지해둡시다.
　② 문화 통치의 표면적 내용과 실제 내용(본질) 비교하여 문화 통치의 본질 탐구 : 판서 참고
　③ 〈자료 1〉 사이토 마코토의 「시정 방침 훈시」, 〈자료 4〉 치안유지법

나. 〈자료 5〉의 [수험생 작성 부분 1~5]를 채워 가상 항의 서한 작성 수업을 안내하시오.
　① 채점기준 예시

채점기준	배점
1. [수험생 작성 부분 1] 문화통치의 본질을 잘 파악하였는가.	2점
2. [수험생 작성 부분 2] 근거가 역사적 사실에 입각하였는가.	2점
3. [수험생 작성 부분 3] 글을 논리적으로 작성하였는가.	2점
4. 모둠원 간 역할을 분배하여 협력적으로 참여하였는가.	2점

　② 활동 시 유의사항 예시 : 조건에 따라 글 작성과 관련한 유의사항을 써주세요.

1	[수험생 작성 부분 4] 지나치게 감정적인 표현을 쓰지 말 것
2	[수험생 작성 부분 5] 문제의식이 드러나게 작성할 것

3. 〈실연 부분 3〉: 〈자료 6, 7〉을 이용해 산미증식계획을 수업하시오.

가. 학습 목표 2번을 달성하시오.
　① **산미증식계획**은 15개정 교육과정의 학습 요소이니 꼭 숙지해둡시다.
　② 학습 목표 2번(산미증식계획의 목적과 결과를 설명할 수 있다.) 달성이라는 조건을 충족하기 위해 **목적**과 **결과**에 주목해서 수업하세요.
　③ 〈자료 6〉을 통해 산미증식계획으로 인한 증산량보다 수출량이 많아 어려움을 겪는 농민들의 모습을 결과로 확인할 수 있습니다. 또한 일본의 쌀 부족 문제를 해결하는 데 **목적**이 있었음을 설명할 수 있습니다.
　④ 〈자료 7〉을 통해 산미증식계획으로 지주는 부를 축적하지만, 농민은 지주가 떠넘긴 수리 조합비 등으로 어려움을 겪는 **결과**를 설명할 수 있습니다.

※ **유의점 1. 단원의 성취기준을 고려하여 수업 내용을 설계하시오.**

설계 예시 : 성취기준에 나온 **1차 세계 대전과 관련한 세계정세의 변화**를 연결하는 수업을 진행할 수 있습니다. 1차 세계 대전 이후 민족 자결주의의 영향을 받은 3.1운동의 결과로 소위 '문화 통치'가 등장하였다는 점, 산미증식계획 실시 배경으로 제시하는 쌀소동을 1차 세계 대전과 연결하는 지점 등을 생각할 수 있습니다.

※ **유의점 2. 역사과 핵심역량을 자극하는 수업을 진행하시오.**

역사과 핵심역량을 자극하는 수업 요소는 여러 군데 넣을 수 있습니다. 예를 들면, "**역사 자료 분석과 해석**" 역량은 자료를 탐구할 때 증진될 것입니다. 항의 서한을 작성할 때는 "**역사적 판단력과 문제 해결력**"이 증진될 수 있겠지요? 수업 때 자연스럽게 언급해주세요!

판서

<일제의 민족 분열 통치>

1. 문화통치(민족 분열 통치)
   (1) 배경 : 3·1운동
   (2) 목적 : 민족 분열
   (3) 내용

표면	실제
문관 총독 임명 가능	0명
보통 경찰제	기관·수·비용↑ 치안유지법 제정
조선일보· 동아일보 발간	검열↑

※ 모둠 활동
   (1) 내용 : 조선 총독부에 항의 서한 작성하기
   (2) 활동시 유의사항 : (생략)
   (3) 수행평가 채점기준표 : (생략)

2. 산미 증식 계획
   (1) 배경 : 일본 쌀 소동
   (2) 목적 : 한국에서 쌀 확보
   (3) 내용 : 농토 개간, 수리 시설 확충
   (4) 결과 : 증산량 이상 쌀 유출로 한국 식량 사정 악화, 농민 몰락

주제 39 1910년대 국내외 민족 운동

1. **〈실연 부분 1〉**: 학생의 추체험을 자극하는 적절한 동기유발을 시행하시오.
   ① 추체험 : 다른 사람의 체험을 상상적으로 다시 체험하거나 재구성하는 것
   ② 동기유발 예시 : 1910년대의 무단통치 상황을 함께 떠올리며 당시 독립운동가가 되었다고 상상하고, 1910년대 국내에서 독립운동이 어떤 방식으로 이루어질 수 있었을지 생각해본다.

2. **〈실연 부분 2〉**
   가. 〈자료 1〉을 통해 국내 비밀 결사 운동 사례를 제시하시오.
      독립의군부, 대한광복회(〈자료 1〉) 정도는 꼭 언급해주세요!
   나. 〈자료 2, 3〉의 비밀 결사 운동의 정치적 방향성을 비교하시오.
      - 〈자료 2〉 복벽주의, 〈자료 3〉 공화주의
      - 〈자료 2, 3〉은 일제 무단 통치를 피해 독립운동을 하는 인물 또는 단체라는 **공통점**이 있으나, 복벽주의는 군주제를 지향하고, 공화주의는 공화제를 지향하였다는 **차이점**이 있다는 점을 비교합시다.
   다. 〈자료 4〉의 [질문 1]을 학생들과 문답하시오.
      ① [질문 1] : 〈자료 4〉의 관점에서 〈자료 2〉복벽주의를 어떻게 생각할까요?
      ② 방향 : 〈자료 4〉「대동단결선언」 학생들과 탐구 → 공화주의 이념임을 확인 → 공화주의 입장에서 〈자료 2〉의 복벽주의를 어떻게 생각할지 문답
      ③ 학생 예상 답 : 의친왕이 왕실을 주인, 국민을 하인이라고 표현하는 건 공화주의 입장에서 옳지 않습니다.

3. **〈실연 부분 3〉**
   가. 〈자료 5〉의 지도를 통해 국외 독립 운동 기지 건설에 대해 수업하시오.
      〈자료 5〉의 지도에서 서간도, 북간도, 연해주, 상하이, 미주로 지역을 구분하고 그 속에서 이루어지는 독립운동 기지 건설 운동을 설명할 수 있습니다. 국외로 망명한 독립운동가가 독립전쟁론을 구현하기 위해 독립운동 기지 건설 운동을 하였다는 점, 만주나 연해주와 같이 한국인이 많이 이주하였던 지역을 중심으로 전개되었다는 점 등을 수업할 수 있습니다.
   나. 〈자료 5〉의 단체 중 하나를 골라 〈자료 6〉을 이용한 보고서 작성 수업하시오.
      보고서 작성+서술형 평가 진행(〈자료 6〉의 활동지 이용) : 활동 및 평가 안내(조건을 미리 강조해주세요) → 보고서 작성(스마트폰, 태블릿PC 활용하여 자료 수집) → 순회 지도 → 종료(평가 피드백은 이후 진행할 것임을 예고)

판서

〈1910년대 국내외 민족 운동〉

※ 학습 목표
1.
2.

1. 국내 비밀 결사 활동
   (1) 복벽주의 : 독립의군부
                  (임병찬)
   (2) 공화주의 : 대한광복회
                  (박상진)

2. 국외 독립운동 기지 건설
   (1) 서간도 : 경학사, 신흥강습소
              (→ 신흥 무관 학교)
   (2) 북간도 : 간민회, 서전서숙,
              중광단(→ 북로 군정서)
   (3) 연해주 : 권업회(대한 광복군
              정부)
   (4) 상하이 : 신한청년단
   (5) 미주 : 대한인 국민회

* 보고서 작성 *
   - 평가 : 서술형 평가

| 주제 40 | 3·1운동 |

1. 〈실연 부분 1〉: 수업내용과 활동을 참고하여 학습 목표 두 가지를 제시하시오.

학습 목표(예시) : ① 3·1운동의 전개 과정을 사료를 통해 탐구할 수 있다.
② 3·1운동 당시 민중의 요구사항을 **표어**로 표현할 수 있다.

2. 〈실연 부분 2〉

가. 〈자료 1〉을 바탕으로 3·1운동의 성격 변화를 탐구할 수 있도록 적절한 질문을 하시오.
Q1. (가)는 3·1운동 초기의 자료입니다. 3·1운동 초기의 성격은 어땠는지 알 수 있는 문장을 찾아볼까요?
A1. 일본인들의 과오에 보복하지 않았다는 것에서 평화적으로 폭력을 쓰지 않았음을 알 수 있습니다.
Q2. (나)는 3·1운동 후반의 자료입니다. 초기와 달리 후반에는 운동의 성격이 어떻게 달라졌는지 알 수 있는 문장을 찾아볼까요?
A2. 거리의 긴장이 무서웠다, 일본 경찰이 철망치를 휘둘렀다는 것에서 폭력적으로 변화한 것을 알 수 있습니다. 일경의 탄압이 심해졌습니다.

3. 〈실연 부분 3〉

가. 〈자료 2, 3〉을 바탕으로 3·1운동의 의의를 탐구할 수 있도록 적절한 질문을 하시오.
- 〈자료 2〉의 질문 예시
Q1. 교과서와 자료를 통해 알 수 있는 3·1운동 참여자의 **구성적 특징**은 무엇인가?
A1. 학생, 승려 등 신분의 구분 없이 모든 계층이 참여하였다.
- 〈자료 3〉의 질문 예시
Q1. 교과서와 자료를 통해 알 수 있는 3·1운동이 국제 사회에 미친 **영향**은 무엇인가?
A1. 중국의 5·4운동 발발에 영향을 주었다.

4. 〈실연 부분 4〉

가. 〈자료 4〉를 활용해 3·1운동 구호 만들기(표어 만들기) 방법을 안내하시오.
안내 : 〈자료 4〉보며 활동 안내 → 〈자료 5〉의 채점기준 안내 → 교과서, 태블릿PC로 정보 검색을 하며 〈자료 4〉 작성 → 발표 → 피드백

나. 2015 역사과 핵심역량을 바탕으로 〈자료 5〉의 [수험생 작성 부분 1~3]을 작성하시오.

채점기준표 예시

핵심역량	기준	점수
역사 사실 이해[2점]	[수험생 작성 부분 1] **역사적 사실**이 정확하게 반영되었는가?	
역사 자료 분석과 해석[2점]	[수험생 작성 부분 2] 교과서 **자료**의 내용을 적절하게 활용했는가?	
역사 정보 활용 및 의사소통[2점]	[수험생 작성 부분 3] **다양한 자료**를 참고하여 작성했는가?	

다. 활동에 어려움을 겪는 학생이 있다고 가정하고 순회 지도를 하시오.
순회 지도(예시) : 어떤 표어를 작성해야 할지 막막한 상황이네요. 학생이 표현하고자 하는 사건에 대해서 마인드맵을 한번 그려보고, 그 중에서 표현하고 싶은 단어를 활용하여 표어를 작성해보는 건 어떨까요?

※ 표어 만들기 지도방안
표어 만들기는 하나의 사건이나 상황, 인물에 대한 학생들의 생각을 상징적으로 표현하는 활동이다. 표어 만들기 수업을 진행할 때는 인물이나 사건을 표현할 수 있는 몇 가지 단어들을 **마인드맵**을 활용하여 표현해보게 하고, 왜 그러한 단어들로 표현했는지 설명하는 과정을 포함하면 학생들의 사고를 자극할 수 있다.

판서

<3·1운동>

※ 학습 목표
1.
2.

2. 전개
(1) 독립선언 → 비폭력시위 시작
(2) 도시 중심 → 성인, 노동자 중심
(3) 농촌 확대 → 일제의 과잉진압
　　　　　　 → 무력 투쟁화

3. 의의
(1) 모든 계층이 참여한 최대 규모 운동
(2) 임시정부 수립의 계기
(3) 식민통치정책 변화
(4) 5·4운동에 영향

* 표어 만들기
1. 안내
2. 채점기준

주제 41 임시정부

1. 〈실연 부분 1〉: 수업내용과 활동을 참고하여 학습 목표 두 가지를 제시하시오.

학습 목표(예시) : ① 임시 정부가 지향하는 민주 공화정을 전제 군주정과 비교하여 설명할 수 있다.
② 임시정부 개편 과정에서 논의된 민족 운동 노선에 대해 **토론**할 수 있다.

2. 〈실연 부분 2〉

가. 〈자료 1〉에서 (가), (나)의 정치체제의 차이점이 드러나도록 수업을 전개하시오.
- Q1. (가)와 (나)의 정치 체제를 이야기해볼까요?
  A1. (가)는 전제 군주제, (나)는 민주 공화정입니다.
- Q2. (가)와 (나)의 체제에서 국가의 주인은 누구일까요?
  A2. (가)에서는 황제, (나)에서는 국민입니다.
- Q3. (가)에서 (나)로 변화할 수 있었던 결정적인 역사적 사건은 무엇일까요?
  A3. 국민의 중요성이 강조된 3·1운동입니다.

3. 〈실연 부분 3〉

가. 〈자료 2〉를 국민대표회의 배경과 관련하여 수업을 전개하시오.
  Q. 왜 이승만 대통령은 탄핵되었나요?
  A. 이승만의 위임통치론과 관련된 외교론이 한계에 봉착했기 때문입니다. 이후 대한민국 임시정부의 민족 운동 노선과 관련하여 국민대표회의가 개최되었습니다.

나. 〈자료 3〉을 활용해 토론 학습을 안내하고, 공개 토론 직전 모둠별 토론 과정에서 문제가 될 수 있는 상황을 가정하고 교사가 순회 지도하시오.
  ① 안내 : 모둠별로 하나의 민족 운동 노선 결정 → 함께 공부하기(태블릿PC, 스마트폰 사용) → 전문가 패널 결정 → 모둠별 대표 전문가 패널 공개 토론
  ② 순회 지도
   - 문제 상황(예시) : 토론의 주도권을 잡고 말을 많이 하는 학생과 토론에 전혀 참여하지 못하는 학생들이 있는 상황이 있다.
   - 해결 방안(예시) : 모든 모둠원이 자신의 생각을 적어서 제출하고, 각 모둠원이 자신의 생각을 돌아가며 순서대로 발표하도록 한다.

다. 모둠별로 대표 패널을 평가한다는 가정 하에 〈자료 3〉의 [수험생 작성 부분 1~3]을 작성하시오.

구분	평가 기준	배점(10)	점수
동료 평가 (모둠 간)	[수험생 작성 부분 1] 대표 패널의 주장이 **역사적 사실**을 잘 반영하였는가?	2	
	[수험생 작성 부분 2] 대표 패널의 주장이 **논리적**인가?	2	
	[수험생 작성 부분 3] 대표 패널이 토론에 참여하는 **자세**가 성실한가?	2	
자기 평가 (모둠 내)	모둠별 토론에 적극적으로 참여하였는가?	2	
	공개 토론을 적극적으로 경청하였는가?	2	

판서

〈대한민국 임시정부〉

※ 학습 목표
1.
2.

1. 수립
 (1) 배경 : 대한국민의회, 대한민국 임시정부, 한성정부 설립
 (2) 통합 : 한성정부 법통 계승, 상하이 위치함
 (3) 의의 : 최초의 민주 공화제 정부

2. ~

3. 개편
 (1) 배경 : 외교론과 무장투쟁론 갈등
 (2) 전개 : - 창조파
        - 개조파
 (3) 결과 : 국민대표회의 결렬
* 민족 운동 노선 패널 토론 *

| 주제 42 | 항일 무장 독립 투쟁 |

1. 〈실연 부분 1〉: 수업내용과 활동을 참고하여 학습 목표 두 가지를 제시하시오.

학습 목표(예시): ① 1920년대 항일 무장 투쟁을 사료를 통해 탐구할 수 있다.
② 항일 무장 투쟁에서 활약한 독립 운동가의 삶을 설명할 수 있다.

2. 〈실연 부분 2〉

가. 〈자료 1, 2〉를 활용하여 적절한 질문이 드러나는 수업을 전개하시오.
 ① 〈자료 1〉의 적절한 질문
  - Q1. 우리나라 사람들이 간도 지역에 살게 된 이유는 무엇인가요?
   A1. 자료를 검색해 보니 빈곤한 조선 농민들이 경제적 곤란으로 떠난 사례가 많았습니다.
  - Q2. 〈자료 1〉에 나타난 간도 참변은 왜 발생했을까요?
   A2. 일본이 봉오동 전투, 청산리 전투에서 패배한 후 보복성으로 우리나라 사람들을 공격했습니다.
  - Q3. 〈자료 1〉의 사건 이후 우리나라 독립군은 어떤 활동을 전개했을까요? 만약 여러분이라면 어떻게 했을 것 같나요?
   A3. 전력이 충분하다면 맞서 싸우는 방법도 있지만 일단 일보 후퇴하여 전력을 다듬는 방법도 있다고 생각합니다.
 ② 〈자료 2〉의 적절한 질문
  - Q1. 〈자료 2〉를 체결한 주체는 어떤 사람들이었나요?
   A1. 조선 총독부 경무국장 미쓰야와 만주 군벌 사이의 조약이었습니다.
  - Q2. 〈자료 2〉는 우리 독립군의 활동에 어떤 영향을 미쳤을까요?
   A2. 이 협정의 체결로 만주의 중국 관리들이 독립 운동가를 체포하여 일본에 넘겨주면 포상금을 받았습니다. 따라서 한국인 독립 운동가들은 일본 관리, 중국 관리들의 탄압을 받았습니다.

3. 〈실연 부분 3〉

가. 〈자료 3〉을 활용해 인물 학습의 방법을 안내하고, 인물 학습의 유용성도 안내하시오.
 ① 안내: 인물 학습의 유용성 안내 → 본인이 탐구하고 싶은 독립 운동가 선택
  → 독립 운동가의 업적 탐구(교과서 혹은 태블릿PC 활용) → 발표 → 피드백

 ※ 인물 학습의 유용성
  ① 한 인물의 삶의 과정을 통해 연대기적 사고를 가르칠 수 있다.
  ② 인물의 삶의 변화를 통해 역사 변화의 개념과 원동력을 가르칠 수 있다.

나. 2015 역사과 핵심역량을 바탕으로 〈자료 4〉의 [수험생 작성 부분 1~4]를 완성하시오.

핵심역량	평가 기준	점수
역사 사실 이해	[수험생 작성 부분 1] 역사적 사실을 잘 반영하였는가?(2점)	
역사 자료 분석과 해석	[수험생 작성 부분 2] 자료의 내용을 적절하게 분석하였는가?(2점)	
역사 정보 활용 및 의사소통	[수험생 작성 부분 3] 다양한 매체에서 자료를 활용하였는가?(2점)	
정체성과 상호존중	[수험생 작성 부분 4] 독립 운동가의 삶에서 느낀 점을 현재의 나의 삶과 연결시켜 적절하게 표현하였는가?(2점)	

다. 학생이 완성한 경우를 〈자료 5〉라고 가정하고 아쉬운 부분을 피드백하시오.
 - 독립 운동가의 업적 ③은 역사적 사실에 맞지 않음
  → 수정: 러시아의 한인 이주로 카자흐스탄에 정착
 - 독립 운동가의 삶에서 내가 느낀 점을 작성하지 않음
  → 수정: 독립 운동가에 대해서 탐구하며 본인이 느낀 생각을 자유롭게 적으면 된다는 것을 지도하고, 정답이 있는 것은 아니니 부담을 느끼지 않도록 함

판서

<항일 무장 독립 투쟁>

※ 학습 목표
1.
2.

1. ~

2. 독립군의 시련
   (1) 간도 참변 : 청산리, 봉오동 전투 이후 일본의 보복
   (2) 자유시 참변
   (3) 미쓰야 협정
      → 중국 군벌과 일본의 탄압을 받게 됨

3. ~

4. ~

인물학습
1. 안내
2. 채점기준표

| 주제 43 | 의열단과 한인 애국단 |

1. 〈실연 부분 1〉

   가. 〈자료 1, 2〉를 활용하여 적절한 질문이 드러나는 수업을 전개하시오.
   ① 〈자료 1〉의 적절한 질문
   Q1. 〈자료 1〉을 작성한 **사람**은 누구인가요?
   A1. 의열단을 설립한 김원봉입니다.
   Q2. 일체의 관공리에 해당하는 것은 무엇일까요?
   A2. 관공리는 관리와 공리를 아울러 이르는 말입니다. 일제 강점기 당시 고위 관료들로 해석할 수 있습니다.
   ② 〈자료 2〉의 적절한 질문
   Q1. 〈자료 2〉에서 알 수 있는 **의열단의 투쟁 방식**은 무엇인가요?
   A1. 〈자료2〉의 '폭력은 우리 혁명의 유일한 무기'라는 구절에서 과격한 방식으로 투쟁했다는 것을 알 수 있습니다.
   Q2. 의열단이 폭력적인 독립 운동 방식을 선택한 이유는 무엇일까요?
   A2. 외교론, 준비론의 한계를 느꼈기 때문입니다.

   나. 〈자료 3〉을 활용하여 백지도 만들기 수업을 하시오.
   교과서를 읽고, 〈자료 3〉의 내용을 백지도에 표시해보는 활동을 할 수 있다. 백지도 활동을 통해서 의열 투쟁이 어느 지역에서 발생하였고, 의열 투쟁이 **전국적인 규모**로 발생했다는 것을 학생 스스로 알 수 있다.

2. 〈실연 부분 2〉

   가. 〈자료 4〉를 활용하여 역사적 감정이입이 드러나는 수업을 전개하시오.
   – Q1. 〈자료 4〉에서 느껴지는 감정은 무엇인가요?
      A1. 나라를 위해 목숨을 바치는 결연한 의지가 느껴진다.
   – Q2. 내가 만약 〈자료 4〉의 편지를 받은 주인공이라면 어떤 생각이 들었을까?
      A2. 아버지가 자랑스럽고, 나도 나라를 위해 목숨을 바칠 수 있는 사람이 되어야겠다는 생각이 들 것 같다.

3. 〈실연 부분 3〉

   가. 〈자료 5〉를 활용해서 발표를 진행하되, 잘못된 사례 1가지를 정하고 교정하는 부분을 포함하시오.

   〈자료 5〉 한인 애국단 인터뷰
   〈문〉 윤봉길씨의 처단 대상은 누구였나요?
   〈답〉 윤봉길 : 일왕에게 폭탄을 투척했습니다.(예시)
   〈문〉 이봉창씨가 의열 활동에 참여하게 된 계기가 무엇인가요?
   〈답〉 이봉창 : 용산역에서 열심히 일했지만 조선인이라는 이유로 월급과 승진에서 차별 받으면서 조선의 독립에 관심을 갖게 되었습니다.(예시)
   〈문〉 두 분이 생각하는 의열 투쟁의 의의와 한계는 무엇인가요?
   〈답〉 윤봉길·이봉창 : 의열 투쟁은 식민 통치 기관이나 일제 고위 관리를 제거하여 독립 의지를 알릴 수 있다는 데 의의가 있습니다. 그러나 의열 투쟁은 개인의 목숨을 걸고 실시하는 의거 활동으로, 이러한 개인 차원의 의거 활동으로는 조선의 독립을 쟁취하기가 어렵다는 한계점이 있습니다.(예시)

   ☞ 수정 피드백 : 윤봉길의 처단 대상은 상하이 사변을 축하하는 자리에 참여한 일본인 고위 관료입니다.

판서

<의열단과 한인 애국단>

※ 학습 목표
1.
2.

1. 의열단
   (1) 성립 : 김원봉
   (2) 특징 : 개인 폭력 투쟁
   (3) 활동
       ① 김상옥 : 종로 경찰서 공격
       ② 김익상 : 조선 총독부 공격
       ③ 나석주 : 동양척식 주식회사 공격

2. 한인 애국단
   (1) 배경 : 임시정부 활동침체
   (2) 내용
       ① 이봉창 의거
       ② 윤봉길 의거

* 한인 애국단 인터뷰 *
(가) :
(나) :
(다) :

주제 44 실력 양성 운동

1. 〈실연 부분 1〉

가. 학습 목표를 달성하기 위해 〈자료 1〉과 교과서를 탐구하는 비교 학습을 짝활동으로 실연하시오.
  ① 제1차 세계 대전을 전후하여 국내에 다양한 사상들이 들어오면서, 여러 사상들은 서로 갈등을 겪기도 하였다. 특히, 대표적인 두 흐름인 민족주의와 사회주의를 비교하여 그 차이점과 공통점을 〈자료 1〉을 통해 짚어줄 수 있다.
  ② 짝토의를 통해 ※유의점의 '학생과 학생 사이 상호작용'을 보여줄 수 있습니다. 짝끼리 〈자료 1〉과 교과서를 함께 읽으며 공통점과 차이점을 찾아내는 시간을 가집니다. 이 때 교사는 짧은 순회 지도로 실연 상황에서 짝토의 모습을 드러내 주세요. (예) 첫 번째 줄에 있는 '두 가지 조류'가 무엇인지 자료에서 찾아서 짝과 함께 동그라미 쳐볼까요?)
  ③ 비교 예시
    - 차이점 : 사회주의의 목표는 계급 투쟁과 혁명을 통해 차별 없는 평등 사회 건설이지만, 민족주의의 목표는 역사와 언어를 공유하는 구성원들을 민족으로 여겨 그 민족의 독립인 차이점을 짚어줄 수 있다.
    - 공통점 : 사회주의와 민족주의는 그럼에도 일본 제국주의의 타도와 독립이라는 공동의 목표를 가지고 있음을 공통점으로 짚어주며, 이후 나오는 민족유일당 운동의 흐름과도 연계시킬 수 있다.

2. 〈실연 부분 2〉

가. 〈자료 2~5〉을 보고 실력양성운동의 방향성과 사례에 대한 사료 탐구를 진행하시오.
  예시
    - Q. 실력양성운동의 사례를 사료를 보고 말해볼까요?
      A. 〈자료 2〉는 물산장려운동, 〈자료 3〉은 민립대학설립운동, 〈자료 4, 5〉는 문자보급운동입니다.
    - Q. 물산장려운동(〈자료 2〉)의 목표는 무엇인가요?
      A. 민족 기업과 자본 보호입니다.
    - Q. 민립대학설립운동(〈자료 3〉)의 목표는 무엇인가요?
      A. 고등교육 실현입니다.
    - Q. 문자 보급 운동(〈자료 4, 5〉)의 목표는 무엇인가요?
      A. 문맹 퇴치, 민중 계몽입니다.
    - Q. 실력양성운동의 전체 지향은 무엇일까요?
      A. 경제·문화적 측면에서 실력을 양성하여 독립을 준비하는 것입니다.

나. 〈자료 6〉을 활용하여 학생들의 사고 활동을 자극하는 질문을 제시하시오.
  실력양성운동에 대한 사회주의 세력의 비판 : 적절한 발문을 통해 학생들의 생각을 이끌어낸다.
    - 발문 예시
    Q1. 〈자료 6〉에서 물산 장려 운동을 비판한 이유는 무엇인가요?
    Q2. 〈자료 6〉의 비판에 대해서 여러분은 어떻게 생각하나요?

3. <실연 부분 3>

가. 간단한 문답을 이용하여 형성평가를 진행하시오.
   예시 Q : 1920년대 민족 운동의 두 흐름이 무엇이었죠?
        A : 민족주의, 사회주의입니다.

나. 본시 학습과 다음 차시의 연계성을 강조하여 차시 예고를 진행하시오.
   ① 본시에서 학습한 실력양성운동에 대한 모의재판 수업을 이용하여 수행평가를 진행할 것을 예고해주세요.
   ② 모의재판 수업 예고시 교수·학습 조건에 나온 단원의 구성을 참고해야 합니다. 현재 3차시 수업이고, 이를 바탕으로 4~6차시 모의재판 수업이 예정되어 있습니다. 이를 예고할 때는 오늘 배운 내용을 바탕으로 모의재판 대본을 작성(4차시)하고 대본 피드백 및 동료 평가(5차시), 모의재판 진행 및 평가(6차시) 이런 식으로 차시별 학습을 간략하게 구성해보고 이를 안내해주는 디테일이 있으면 수업이 훨씬 현장감 있겠습니다.

※ 문제지 구석구석 다 조건이라는 생각을 가지고, 언제나 문제를 꼼꼼히 봐주세요!

단원	차시	주요 내용 및 활용	수업 형태	평가 방법
민족 운동의 성장	1	항일 무장 독립 투쟁	글쓰기 수업	서술형 평가
	2	의열 투쟁	인물 학습	수행평가
	3(본시)	실력 양성 운동	사료 탐구 수업, 설명식 수업	형성평가
	4-6	모의재판 수업	모의재판 수업	수행평가
	7	민족유일당 운동	가상 인터뷰 수업	포트폴리오 평가

판서

<실력 양성 운동>

※ 학습 목표
1.
2.

1. 1920년대 민족 운동
   (1) 민족주의 운동 : 민족 독립 목표
   (2) 사회주의 운동 : 민족+계급 해방 목표

2. 실력 양성 운동
   (1) 경제 : 물산 장려 운동 → 사회주의자 비판
   (2) 교육 : 민립 대학 설립 운동
   (3) 문화 : 문맹 퇴치 운동

주제 45　민족 유일당 운동

1. 〈실연 부분 1〉: 전체 수업의 흐름을 고려하여 학습 목표 3가지를 제시하시오.

예시 : ① 6·10만세 운동배경을 역할극으로 표현할 수 있다.
　　　② 신간회를 통해 민족 유일당 운동의 전개 과정을 파악할 수 있다.
　　　③ 광주 학생 항일 운동의 성격 변화와 의의를 탐구할 수 있다.

2. 〈실연 부분 2〉

가. 〈자료 2〉의 [수험생 작성 부분 1, 2]를 채워 〈자료 1〉의 활동을 안내하시오.
　　예시

모둠 내 평가	[수험생 작성 부분 1] (가)를 활용하여 (나)의 빈칸을 적절하게 채웠는가.	5점
모둠 간 평가	[수험생 작성 부분 2] 각자 역할에서 역사적 대사를 상황에 맞게 발표했는가.	5점

나. 순회 지도를 통해 학생들의 '역사 자료 분석과 해석' 역량을 자극하시오.
　① (가)의 격문을 참고하여 6·10만세 운동의 배경과 목적을 탐구한다. 이 과정에서 **자료 분석과 해석 역량**을 자극하는 순회 지도를 활용할 수 있다.
　　　예 (가)의 주장을 봤을 때, 어떤 주장이 가장 와닿나요? 왜 이런 주장이 나왔을까요? 이 주장을 통해 이루고자 하는 게 무엇일까요? 등
　② (나)의 빈칸 참고 (6·10만세 운동 재판 당시 실제 참여 학생들의 답)
　　 - 이선호(중앙고보 5학년생) : 자유를 절규하면 자유가 생긴다는 결심으로 거사에 임하였다.
　　 - 이병립(연희문과 2학년생) : 거사의 목적과 동기는 삼척동자라도 다 알고 있는 말인데 새삼 물어 볼 것이 어디 있느냐.
　　 - 유면희(중앙고보 4학년생) : 오로지 기미년의 경험으로 재기하려 하였다.

3. 〈실연 부분 3〉

가. 〈자료 3〉과 〈자료 4〉를 통해 광주 학생 항일 운동의 성격 변화를 탐구하시오.
　〈자료 3〉을 통해서 **민족 차별, 식민지 교육 비판적인 성격**에서 출발한 점을, 〈자료 4〉를 통해서는 **반제국주의 항일 투쟁**으로 발전한 점을 찾을 수 있다.

※ 신간회는 2018출제라 내용은 생략하였지만 민족 유일당 운동의 흐름은 성취기준에서도 강조하는 꼭 알아둬야 할 중요 내용이랍니다. 타협적 민족주의와 자치론의 등장도 알아두세요.(이광수, "민족적 경륜" 참고)

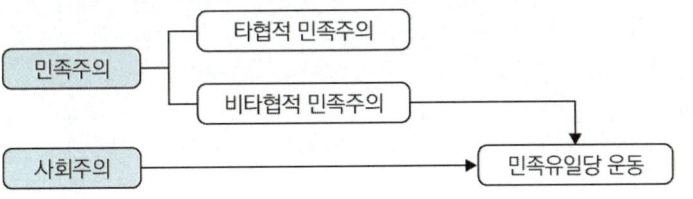

판서

<민족 유일당 운동>

※ 학습 목표
1.
2.

1. 6·10만세 운동(1926)
   (1) 배경 : 학생운동의 활성화, 순종의 서거
   (2) 전개 : 학생 단체 주도, 시민 합세
   (3) 의의 : 민족 협동 전선의 토대 마련
   ※ 가상 인터뷰 수업

2. 신간회

3. 광주학생항일운동(1929)
   (1) 배경 : 학생들이 비밀 결사 조직, 동맹 휴학 투쟁 전개
   (2) 전개 : 광주 지역 학생들 대규모 시위
       → 신간회 지원 아래 전국적 확대
   (3) 성격 : 민족 차별, 식민지 교육 비판
       → 반제국주의 항일 투쟁으로 발전
   (3) 의의 : 3·1운동 이후 최대 규모의 항일 민족 운동

주제 46 도시와 농촌의 변화

1. 〈실연 부분 1〉

가. 〈자료 1〉을 통해 식민지 도시화의 양면성을 주제로 수업하시오.
   ① 〈자료 1〉을 통해 식민지 도시화의 양면성, 빈부 격차를 설명할 수 있습니다.(판서 참고)
   ② 예시 : 두 사진은 일제 강점기 당시 경성이라는 같은 공간에서 경제적 차이가 도드라지는 사진입니다. 이를 통해 식민지 도시화의 양면성을 보여줄 수 있습니다. 이 두 사진의 모습을 비교해볼까요? 같은 도시에서 왜 이렇게 다른 모습이 나타났을까요? 등등

나. 〈자료 2〉의 농촌의 변화를 선수학습과 연계하시오.
   〈자료 2〉를 통해 일제 강점기 농촌이 굉장히 가난해졌음을 설명할 수 있습니다. **〈자료 2〉의 상황의 배경**을 질문해봄으로써 지난 시간 배운 내용(토지 조사 사업, 산미증식계획 등 총독부 농촌 정책)을 학생이 스스로 연계할 수 있도록 해주세요.

다. 〈자료 3〉을 활용해 〈자료 2〉가 농민의 삶에 미친 영향에 초점을 두어 수업하시오.
   〈자료 3〉을 통해 〈자료 2〉의 농촌의 변화가 농민의 삶에 어떤 영향을 미쳤는지 알 수 있습니다. (총독부의 농촌 정책으로 소수 대지주에 토지가 집중되면서 자작농은 자소작농 또는 소작농이 되면서 가난해지게 됩니다. 이로 인해 탈농하여 해외 이민을 가거나 도시 빈민이 되는 경우도 생깁니다.)

2. 〈실연 부분 2〉

가. 역사과 핵심역량 두 가지를 고려하여 〈자료 4〉의 [수험생 작성 부분 1, 2]를 채우고, 채점기준을 안내하시오.

채점기준 예시
- **역사 정보 활용 및 의사소통 역량** → 일제 강점기 사회 변화를 보여주는 자료를 제시
- **역사 사실 이해 역량** → 일제 강점기 사회 변화를 대사를 통해 설명

1	일제 강점기 사회 모습의 변화를 소재로 하여 '헤드라인'을 작성하였는가.	2점
2	[수험생 작성 부분 1] 일제 강점기 시기에 알맞은 자료(그림 또는 사진)을 찾아서 붙여넣었는가.	2점
3	[수험생 작성 부분 2] 자료(그림 또는 사진)를 설명하는 대사에는 일제 강점기 사회 변화를 적절하게 나타내었는가.	3점

나. 모둠별 자료 수집 과정에서 순회 지도를 시연하시오.
   모둠별 태블릿PC를 활용해서 자료 수집을 하도록 해주세요. 이때, 순회 지도를 하면서 수업과 관련 없는 내용에 사용하지 않도록 충분히 주의 주세요.

※ 유의점 3. 모둠 내 역할 분담을 고려하시오.

- 모둠 내 역할 분담을 순회 지도나 피드백 단계에서 한 번 더 언급해서 강조해주세요.
- 예시 : 역사왕 모둠은 중요 내용을 기록하는 친구부터 태블릿PC로 자료를 수집하는 친구까지 역할을 잘 분담하여 체계적으로 활동을 진행해주었네요~ 등등

판서

<도시와 농촌의 변화>

※ 학습 목표
1.
2.

1. 도시의 변화
   (1) 교통의 발달 : 철도
       - 경제 수탈 및 대륙침략 목적
   (2) 식민지 도시화의 문제점
       : 빈부 격차
       ① 남촌과 북촌의 경제 격차
       ② 도시 빈민층 형성 : 토막민

2. 농촌의 변화
   (1) 농촌 붕괴
       ① 배경 : 총독부 농촌 정책으로 소수 대지주에 토지 집중
       ② 대응 : 해외 이민, 도시 빈민, 소작쟁의 등

3. 생활 양식 변화

※ 수행평가
   (1) 형식
       : 스토리 보드 만들기
   (2) 조건 : 1~2~3~

주제 47 근현대 연표 제작 수업 ✎

1. 〈실연 부분 1〉: 학생들의 출결을 확인하며 온라인 수업 환경을 정비하시오.

① 인터넷 연결, 플랫폼 활용 방법 등 <u>원격수업의 물리적, 기술적 환경 점검</u>이 이루어져야 한다.
　(예) 학생들 플랫폼 화면이 잘 보이나요?)
② 교사는 평가 제반사항을 먼저 안내하고, 평가 시행 중 기기오류나 접속환경 장애 등으로 평가 실시가 어려울 경우에 대한 대비책을 미리 준비하고 안내해야 한다.
　(예) 오늘은 근현대 연표 제작하기 수업을 이어서 진행하겠습니다. 지난 수업에 말한 대로 수행평가 과정에 있습니다. 혹시 접속환경 장애가 있는 경우, 그 오류화면을 촬영하여 선생님에게 증빙 자료로 보내주세요. 평가가 어려울 경우, 오프라인 수업 때 개별 과제로 대체하겠습니다.)

2. 〈실연 부분 2〉

가. 모둠별 연표 초안 사례를 가정하여 이에 대해 동료 평가와 교사 피드백을 진행하시오. 이때, 학생과 학생 간 활발한 상호작용을 유도하시오.

① 연표 예시

연도	사건	사진	내용 및 의의
1884년	갑신정변	(사진 생략)	김옥균, 박영효 등 급진 개화파가 정변을 일으켰다. 근대적 자주 독립 국가 건설을 꿈꿨다.
1876년	강화도 조약 체결	…	최초의 근대적 조약이다.
1894년	동학농민운동	…	농민들은 전라도 일대에 집강소를 설치하고 개혁을 추진하였다.
…(생략)	…(생략)	…	…(생략)

● 연표의 구성 형식도 다양해지고 있습니다. 사건에 설명을 덧붙인 해설 연표, 관련 사진을 첨부한 사진 연표 등도 많이 사용되니 참고하세요.

② 피드백 진행 예시
　- S : 강화도 조약과 갑신정변의 순서를 바꿔 연도순으로 연표가 구성되지 않아서 아쉬워요.
　- S : 강화도 조약의 내용에 일본과 맺은 조약이라는 점, 의의에 불평등 조약이라는 점을 넣으면 더 좋을 것 같아요.
　- T : 피드백을 잘 기록해두고 최종본을 제작할 때 반영하면 더 멋진 연표가 되겠습니다.

③ 학생 간 활발한 상호 작용 유도 : 교사가 먼저 피드백을 하기보다는 <u>학생들에게 먼저 피드백을 받는다</u>. 이때 피드백이 활발히 나올 수 있도록 '좋았던 점을 말해볼까요? 아쉬운 점을 말해볼까요?'같이 <u>구체적인 질문</u>을 던져주면 좋다.

나. [수험생 작성 부분 1, 2]를 채워 동료 평가 기준을 학생에게 제공하시오.

예시

구분	평가 기준	배점
동료 평가	[수험생 작성 부분 1] <u>주요 사건</u>을 표시했는가.	2
	[수험생 작성 부분 2] 사건이 <u>시간 순서</u>대로 되어 있는가.	2

3. 〈실연 부분 3〉

가. 모둠별로 화상 회의 플랫폼의 소회의실 기능을 활용하여 모둠 활동을 진행하시오.

ZOOM과 같은 화상회의 플랫폼에는 소회의실 기능이 있습니다. 소회의실은 **모둠별로 화상회의를 진행할 수 있는 기능**으로 모둠원간 서로 문서를 공유하고 편집할 수 있습니다. **교사는 각 소회의실을 방문하여 순회 지도**를 할 수 있으며, 모둠 활동이 종료된 후에는 **소회의실을 종료하여 다시 전체 화상회의로 진행**할 수 있습니다.

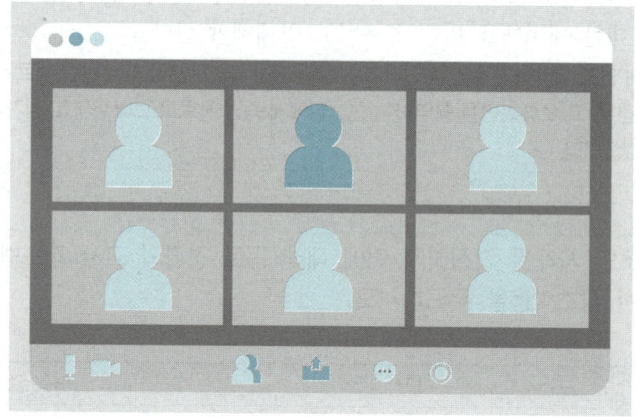

〈소회의실 화상회의 모습〉

나. 모둠 활동에 대한 교사의 순회 지도를 실시하시오.

온라인상에서의 모둠 활동에서도 순회 지도가 중요합니다. **교사는 각 모둠 활동이 진행되는 소그룹방을 방문**하여 모둠원 간 역할이 잘 분배되고 모두 협력적으로 참여하는지를 확인해야 합니다. 특히, 〈실연 부분 2〉에서 제시된 피드백을 반영하는지 체크합니다.

주제 48 1920, 30년대의 대중 운동

1. 〈실연 부분 1〉

가·나. 단원의 성취 기준과 〈자료 1〉을 참고하여 학생들의 '역사적 판단력과 문제 해결 능력' 역량을 자극하시오.
- 단원의 성취 기준 및 〈자료 1〉 참고 예시
  〈자료 1〉의 3가지 근대 사상이 일제 강점기에 확산되었고, 당시 청년, 농민, 노동 등 다양한 형태의 대중 운동이 이 근대 사상에 입각하여 전개되었음을 인식하게 한다.
- 역사적 판단력과 문제 해결 능력 자극 예시
  T : 일제 강점기에 어떤 문제가 있었길래 이런 사상들이 나왔을까요?
  S : 여성의 권익이 보호받지 못했나 봐요.
  T : 맞아요. 여성 문제 이외에도 일제 강점기 사회에는 다양한 문제들이 있었습니다. 당시 사람들은 그 문제들을 어떻게 해결했을까요? 흔히 역사를 공부하면 교훈을 얻을 수 있다고 하죠? 때때로 과거의 사건이 오늘날에도 반복되기 때문입니다. 오늘 수업을 하면서 일제 강점기 당시 사람들이 문제를 해결한 방법을 오늘날에도 적용할 수 있을지, 고민해 볼까요?

2. 〈실연 부분 2〉

가. 〈자료 2〉의 사료 탐구 질문을 학생들이 직접 제시하게 하시오.
  사료 탐구 질문 예시 : 1920년대와 1930년대 농민 운동의 성격이 어떻게 달라졌나요?
나. 학생들의 탐구 결과를 듣고 이에 대해 피드백하시오.
  - 학생 : 처음에는 자료 (가)처럼 세금이나 경작권 확보와 관련된 것이었는데 나중에는 자료 (나)처럼 정치적인 투쟁으로 변화하였습니다.
  - 교사 : 맞습니다. 20년대에는 농민들이 세금이나 경작권, 즉 생존권을 요구하는 성격이 강했으나 30년대에는 항일 투쟁으로 그 성격이 변화하였습니다. 또한 자료 (나)의 계급적 교육이란 단어에서 알 수 있듯 20년대에 유입된 사회주의 사상이 30년대에도 지속·강화된 모습도 보입니다.
  TIP. 학생이 올바른 답을 이야기하더라도 불명확한 용어를 쓴 것으로 가정하고, 교사가 더 정돈된 단어를 써주면 현장감이 up!

3. 〈실연 부분 3〉

가. 〈자료 3〉을 활용하여 문제 해결 학습을 전개하시오.
  ① (참고) 문제 해결 학습 과정 : Bransford와 Stein에 따르면 문제를 확인하고 → 문제를 정의한 뒤 → 대안을 탐색하고 → 계획을 실행하여 → 효과를 확인하는 것이 문제해결의 일반적인 과정이라고 제시하고 있습니다.
  ② [질문1 : 문제의 확인 및 정의] → [질문2 : 대안의 탐색] → [질문3 : 현재에의 적용]의 과정으로 문제 해결 학습을 전개할 수 있습니다.
나. 모둠별 토의가 진행되는 동안 순회 지도를 실시하시오.
  예시 : 아무것도 대화하지 않는 모둠에게 다가가 교사의 생각을 먼저 밝히고 다른 학생에게 교사의 생각에 대한 의견을 물어보면서 분위기 환류
다. 발표를 듣고 모둠 간 피드백이 이루어지도록 하시오.
  예시
  [질문1] : 저희는 여성에 대한 사회적, 법률적 차별이 가장 심각한 문제라고 생각하였습니다. 이 문제는 나머지 6개의 문제를 모두 아우르는 문제라고 생각했기 때문입니다.
  [질문2] : 또한 이 문제를 해결할 수 있는 대안으로는 두 가지를 생각해 보았습니다. 첫째, 사회적으로는 차별 철폐에 대한 교육을 학교에서 실시하는 것입니다. 둘째, 법률적으로는 국민 참여 재판을 열어 여성에 대한 차별적인 법을 폐지하는 것입니다.

[질문3] : 요즘 우리 사회에서도 여전히 여성에 대한 차별을 찾아볼 수 있습니다. 저희 모둠에서 태블릿PC를 통해 검색해 본 결과 최근 이러한 문제도 있었습니다. 이 문제의 경우 [질문2]에서 제시한 대안을 적용하면 해결될 수 있을 것 같습니다.
→ 다른 모둠 피드백 예시 : [질문2]에 대한 답변 중 일제 강점기에 현실적으로 실천하기 어려운 문제들이 있습니다. 하지만 제시하신 해결책을 현재에는 적용할 수 있다고 생각합니다.

| 판서 |

<1920, 30년대의 대중 운동>

※ 학습목표

1. 농민 운동
   (1) 1920년대
     : 소작 쟁의 등 생존권 투쟁
     ex. 암태도 소작 쟁의
   (2) 1930년대
     : 사회주의의 영향
     → 혁명적 농민 조합 운동

2. 노동운동

3. 청년 운동

4. 소년 운동

5. 여성 운동

6. 형평 운동

※ 문제 해결 학습
- 자료 : 근우회 행동 강령
- 방법
  [질문1] 문제 확인 및 정의
  [질문2] 대안의 탐색
  [질문3] 오늘날에의 적용

주제 49 민족 문화 수호 활동 ✭

1. 〈실연 부분 1〉

가. 〈자료 1〉과 관련된 영상물 상영을 가정하고 영상물 상영 시 유의사항을 안내하시오.
   역사 영화 활용 예시
   ① 필요한 부분만 10분 남짓 **편집**
   ② 영상을 통해 **알아야 할 사실들 미리 제시**
   ③ **허구인 부분 안내**

나. 일제 강점기 한국어 수호 활동에 대해 설명하시오.
   판서 참고

2. 〈실연 부분 2〉

가. 식민 사관에 대해 설명하고 〈자료 2〉를 활용하여 식민 사관을 비판하시오.
   ① 식민 사관
      - **타율성론** : 한국사는 주변 국가의 자극과 지배로 이루어졌다.
      - **정체성론** : 한국사는 세계사의 보편적 발전 법칙에서 보았을 때 고대 사회 단계에 해당한다.
      - **당파성론** : 조선 시대는 당쟁으로 점철되어 있으며 이런 파벌과 정쟁은 한국인의 정체성이다.
   ② 〈자료 2〉
      (가) 신채호, 『조선상고사』 : 민족주의 역사학으로 주체성을 강조하여 **타율성론 비판**
      (나) 백남운, 『조선 사회 경제사』 : 사회 경제 사학, 한국사가 세계사의 발편 법칙에 따라 보편적으로 발전하였다고 강조하여 **정체성론 비판**
      cf. 조선 시대 단원에서 학습한 붕당정치의 원리(공론 등)를 되새기며 당파성론에 대한 비판을 추가적으로 언급해주세요.

3. 〈실연 부분 3〉

가. 문학 작품을 통한 역사 학습의 유용성을 안내하시오.
   역사 소설의 유용성
   - 교과서에서 소홀하게 **다루어진 계층들의 생활상**을 알 수 있음
   - 위 계층이 당시 사회를 바라본 **시각**과 당시 사회의 문제점에 어떻게 **대처**하였는지도 알 수 있음

나. 〈자료 3〉의 [수험생 작성 부분 1~4]를 채워 채점기준을 안내하시오.
   예시

1차시	[수험생 작성 부분 1] 작품을 적절히 선정하였는가.
	[수험생 작성 부분 2] 작품과 관련된 다양한 자료를 조사하였는가.
5차시	[수험생 작성 부분 3] 작품의 역사적 맥락을 근거로 적절하게 제시하였는가.
	[수험생 작성 부분 4] 주장의 근거가 되는 역사적 사실에 오류가 없는가.
공통	모둠 활동에 적극적으로 참여하며 각자 역할을 수행하였는가.

다. 교수·학습 환경을 고려하여 〈자료 3〉의 [수험생 작성 부분 5]를 채우고 활동 방법을 안내하시오.
   예시

[수험생 작성 부분 5]
- 도서관 내 도서 검색PC 및 태블릿PC를 활용하여 일제 강점기의 다양한 인간 군상을 볼 수 있는 작품 선정
- 작품 선정 후 작품과 관련된 시대적 배경에 대한 자료 조사
- 자료 조사를 마친 후 모둠별 작품 및 작품의 배경 발표

cf. 일제 강점기 문학 작품

- 강경애, 『인간 문제』	- 염상섭, 『삼대』
- 나도향, 『벙어리 삼룡이』	- 조정래, 『아리랑』
- 박태원, 『소설가 구보씨의 일일』	- 채만식, 『태평천하』

| 판서 |

<민족 문화 수호 활동>

1. 한국어 수호 활동
   (1) 조선어 연구회
      ① 가갸날 제정
      ② 잡지 한글 간행
   (2) 조선어 학회
      ① 한글 맞춤법 통일
         안과 표준어 제정
      ② 우리말 큰사전
         편찬 시도
      ③ 조선어 학회 사건

2. 한국사 수호 활동
   (1) 식민사관
      ① 타율성론
      ② 정체성론
      ③ 당파성론
   (2) 한국사 연구의 다양화
      ① 민족주의 사학
      ② 사회 경제 사학
      ③ 진단 학회

3. 문화 예술 활동

※ 융합 독서 토론
[한국사 채점기준]

1차시	
5차시	
공통	모둠 활동

[1차시 활동 방법]

주제 50 일제의 침략 전쟁 확대와 민족 말살 정책

1. 〈실연 부분 1〉

가. 〈자료 1〉의 연표를 활용하시오.

대공황 이후 전체주의가 확산되고, 2차 세계 대전이 발발하였으며, 일본 또한 침략 전쟁을 확대해 나갔음을 연대기에 따라 설명

> ※ 유의점 1.(2학년 교육과정 선택 기간임을 가정하시오.)
> ① 세계사와 연계(「2015 개정 교육과정 제2018-162호」, p.213, 215.)
> － 세계사의 성격 : …… 이제껏 학습해 온 역사에 대한 이해를 바탕으로 학습자의 시야를 세계 전반으로 넓힐 수 있도록 하는 과목 ……
> － 교수 학습 방법 및 유의사항 : …… 두 차례의 세계 대전을 전체적 흐름과 역사적 의미를 중심으로 학습하되, 지엽적인 사건과 사실을 암기하는 것은 지양한다. 다양한 **시청각 자료**를 활용하여 세계 대전의 참상을 이해하고 평화의 소중함을 깨닫도록 한다. ……
> － 평가 방법 및 유의사항 : …… 세계 대전이 갖는 **세계사적 의미**를 이해하고 있는지 종합적으로 평가하기 위해 마인드맵, **보고서 쓰기** 등의 수행평가를 실시해 본다. …… 반전 평화 의식, 공존공영의 가치관 형성을 돕는다.
> ② 예시 : 오늘 학습한 2차 세계 대전과 관련한 내용은 내년에 세계사를 선택한 학생들은 다시 한번 공부하게 됩니다. 그때는 **세계사적 관점**에서 더욱 **다큐멘터리, 영화 등 다양한 자료**를 연구해보고 **보고서**까지 써보게 될 거예요.

2. 〈실연 부분 2〉

가. 주제 탐구 학습의 목적을 설명하시오.

인간 생활 중 한 국면의 변화를 시간의 흐름에 따라 심층적으로 탐구

나. 학습 목표 및 성취기준을 토대로 〈자료 2〉의 [수험생 작성 부분 1~5]를 채우고 안내하시오.(예시)

〈민족 말살 정책 – 주제 탐구 학습 안내〉

1. 주제

[수험생 작성 부분 1] 민족 말살 정책이 초래한 삶의 변화

2. 탐구 방법

1. [수험생 작성 부분 2] 주제와 관련하여 조사해야 할 세부적 사례를 결정한다.
2. 태블릿PC를 활용하여 자료를 조사한다.
3. 조사한 내용을 종합하여 발표한다.

3. 유의사항

1. [수험생 작성 부분 3] 사례를 통해 민중의 삶을 깊이 있게 이해하려 시도한다.
2. 참고 문헌에서 문단이나 문장을 단순히 오리거나 베끼지 않는다.

4. 채점기준

내용	1. 주제에 적합한 사례를 선택하였는가.(2점)
	2. 역사적 사실에 오류가 없는가.(2점)
	3. [수험생 작성 부분 4] 완성도 있는 글을 작성하였는가.(2점)
태도	1. 탐구 중 모둠원이 서로 협력하였는가.(2점)
	2. [수험생 작성 부분 5] 발표 자세와 태도가 올바른가.(2점)

다. 주제 탐구 학습 중 <자료 3>에 묘사된 모둠에 대해 적절한 피드백을 하시오.
   ① 주제 탐구 학습 문제점 : 단순하게 주제만 제시할 경우 해당 주제에 대한 여러 참고 문헌을 토대로 복사 붙여넣기하는 단순한 정리 수준에 그치게 된다.
   ② 해결 : 주제와 관련된 **구체적인 사례들을 제시하고 분석**하도록 한다.
      예) 교사 : 놋그릇, 수저 등 공출 대상에는 일상 용품이 많았습니다. 이러한 일상 용품들을 강제로 빼앗겼을 때 사람들의 삶의 변화와 감정의 변화에 대해 고려해 보세요.
라. 학생들의 주제 탐구 학습 결과를 토대로 민족 말살 정책의 내용을 구조화하고 판서하시오.
   판서 참고

| 판서 |

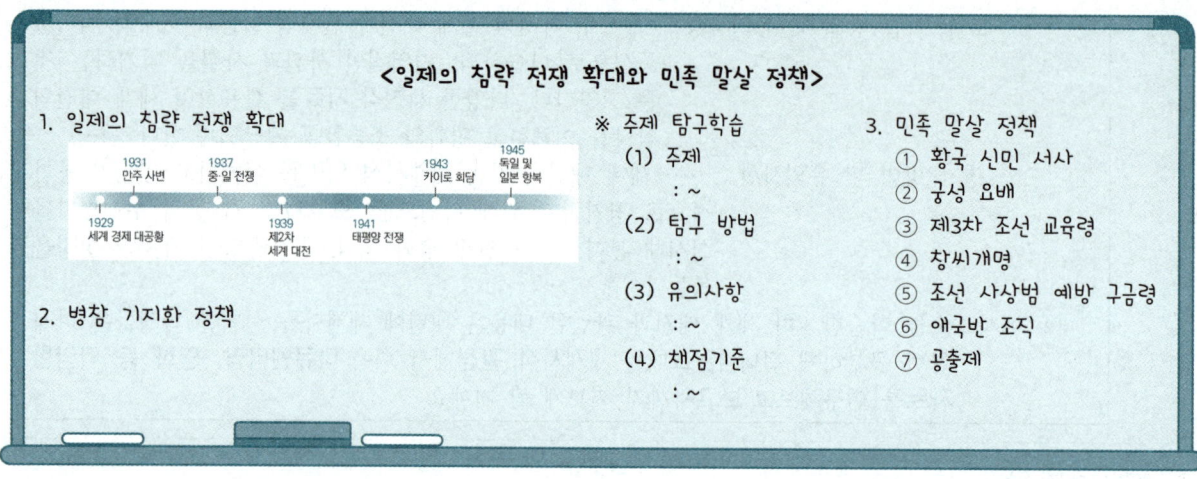

<일제의 침략 전쟁 확대와 민족 말살 정책>

1. 일제의 침략 전쟁 확대
   1929 세계 경제 대공황
   1931 만주 사변
   1937 중·일 전쟁
   1939 제2차 세계 대전
   1941 태평양 전쟁
   1943 카이로 회담
   1945 독일 및 일본 항복

2. 병참 기지화 정책

※ 주제 탐구학습
   (1) 주제
      : ~
   (2) 탐구 방법
      : ~
   (3) 유의사항
      : ~
   (4) 채점기준
      : ~

3. 민족 말살 정책
   ① 황국 신민 서사
   ② 궁성 요배
   ③ 제3차 조선 교육령
   ④ 창씨개명
   ⑤ 조선 사상범 예방 구금령
   ⑥ 애국반 조직
   ⑦ 공출제

주제 51　전시 수탈과 식민 지배의 상처 ✩

TIP. 유의점 1을 고려하여 학습 목표를 미리 간단하게 판서하고 전개 1, 2가 끝날 때마다 학습 목표 달성 여부를 확인한다.

1. 〈실연 부분 1〉

가. 역사를 현재적 관점에서 이해하도록 도우시오.
　　예시 : 강제 징용과 관련한 대법원 판결(2019)에 대해 전문가들이 토론하는 영상을 보여주며 식민지 피해가 현재까지 지대한 영향을 끼치며, 일제 강점기에 대한 올바른 역사 인식 추구하도록 안내

나. 교사의 동기유발에 대한 학생의 다양한 반응을 포함하시오.
　　예시 : 그동안은 잘 모르고 화만 낼 줄 알았는데 저렇게 토론에 참가해서 시시비비를 가리려면 잘 알아야겠다는 생각이 든다. 등

2. 〈실연 부분 2〉

가. 〈자료 1〉을 활용하여 전시 수탈에 대해 설명하시오.
　　(가) 미곡 공출제나 식량 배급제로 일상적 궁핍에 시달리는 상황
　　(나) 가사에서 지원병제도, 식량 배급제도, 금속 공출제, 창씨개명을 짚어줌

> 신고산 타령
> 신고산이 우루루 화물차 가는 소리에
> 지원병(**지원병제도**) 보낸 어머니 가슴만 쥐뜯고요
> 어랑어랑 어하야
> 양곡 배급(**식량 배급제도**) 적어서 콩 깨묵만 먹고사누나
> ……
> 신고산이 우루루 화물차 가는 소리에
> 금붙이 쇠붙이 밥그릇마저 모조리 긁어 갔고요(**금속 공출제**)
> 어랑어랑 어하야
> 이름 석 자 잃고서(**창씨개명**) 족보만 들고 우누나

　　(다) 군함도 징용 생존자 이인우 님의 증언
　　(라) 일본군 '위안부' 피해자 김분선 님의 증언

나. 제시된 자료 이외에 교사가 이번 차시 학습 내용과 관련하여 개인적으로 제시하고 싶은 자료를 자유롭게 활용하시오.
　　예시 : TV 프로그램 무한도전 중 하시마섬 관련 부분 편집 영상, 일본 방송에 출연해 식민지 피해와 혐한에 대해 토론하는 이영채 교수의 영상, 일본군 '위안부' 피해자 고 김덕순 님의 그림 '끌려감', 일본군 '위안부' 피해자 e-역사관 사이트 소개 등

다. 확산적 발문을 활용하시오.
　　예시 : 만약 여러분이 이런 **상황**에 놓였다면 어떤 **마음**이 들었을까요?(※유의점 2 고려)

라. 전시 수탈에 관한 한일 간의 역사적 갈등 사례를 소개하시오.
　　예시 : 박정희 정권 시기 한일협정을 둘러싼 갈등, 박근혜 정권 시기 외교부 합의와 위로금 10억엔에 대한 논란, 독일 베를린 평화의 상 철거를 둘러싼 논란 등

3. 〈실연 부분 3〉

가. [전개 1]을 고려하여 〈자료 2〉의 [수험생 작성 부분 1, 2]를 채우시오.
예시

> 1. [수험생 작성 부분 1] 식민 지배로 인한 피해 및 당시 역사적 상황을 구체적으로 이해하였는가.(3점)
> 2. [수험생 작성 부분 2] 한일 간 역사적 갈등의 쟁점이나 각각의 주장을 제대로 인식하였는가.(3점)
> 3. 글을 논리적으로 작성하였는가.(3점)

나. 편지글 작성 중 순회 지도를 실시하시오.
예시 : 태블릿PC를 활용하는 모둠이 공신력 있는 출처를 사용하도록 안내(교수·학습 환경 고려)

다. 학생 1명의 발표를 듣는 상황을 가정하고 그에 대해 피드백하시오.
① 발표 전 학생의 발표에 주의집중 하도록 안내
② 피드백은 잘한 부분 1가지와 아쉬운 부분 1가지 제시
　예) 일본군 '위안부' 피해에 대해 위로금이 아닌 배상금이 필요한 부분을 논리적으로 지적한 점 칭찬, 다만 해당 내용은 1965년 한일협정과 관련된 내용이 아닌 박근혜 정부 시절의 이야기로 시기적 오류가 있음을 지적 → 대단원 4 '대한민국의 발전'에서 다시 학습하게 될 부분임을 안내

| 판서 |

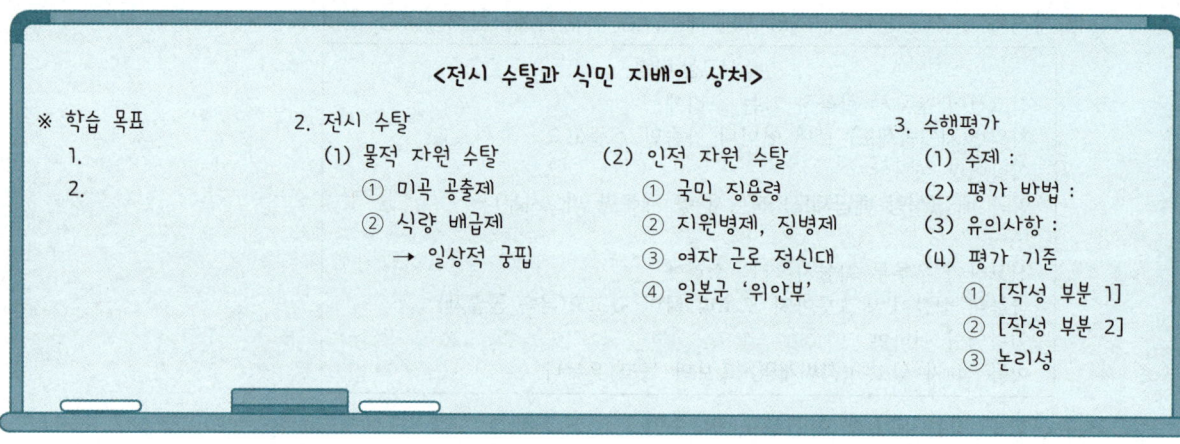

주제 52 항일 연합 전선

1. 〈실연 부분 1〉: 수업 내용과 활동을 참고하여 학습 목표 2가지를 작성하시오.

학습 목표(예시) : ① 조선 의용대의 활동 과정을 설명할 수 있다.
　　　　　　　　② 한국 광복군의 입장에서 국민당 간부를 설득하는 편지를 작성할 수 있다.

2. 〈실연 부분 2〉

가. 〈자료 1〉을 활용하여 사료 학습을 하시오.
　- S1 : 자료 (가)에서 언급하는 '이번 전쟁'은 무엇인가요?
　　T1 : 자료가 1938년에 발표되었고, 우리나라가 중국의 입장에 서서 항일을 한다는 구절을 통해서 1937년 중・일 전쟁임을 유추할 수 있습니다.
　- S2 : (나)의 결정 이후 조선 의용대는 어떤 활동을 전개했나요?
　　T2 : 화북 지방으로 이동하여 치열한 항일전을 수행하였습니다.

나. 〈자료 2〉를 활용하여 조선 의용대의 이동 경로 그리기 활동 수업을 하시오.
　　학생이 스스로 교과서를 읽고, 조선 의용대의 이동 경로를 지도에 표시하게 한다.

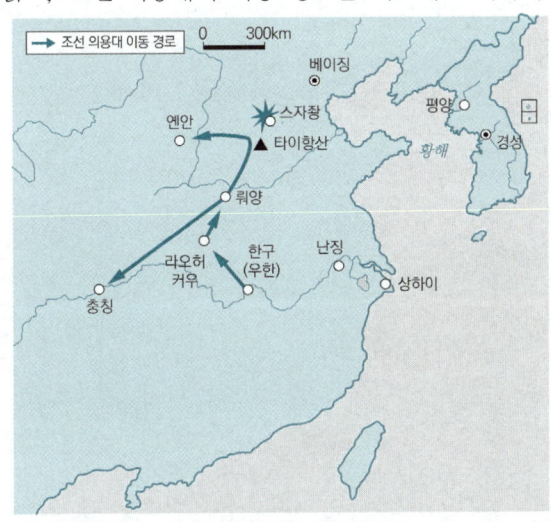

3. 〈실연 부분 3〉

가. 〈자료 3〉을 활용하여 글쓰기 수업을 안내하시오.
　　안내 : 〈자료 3〉의 사료 분석 → 3가지 조건에 맞추어 글쓰기 지도 → 발표 → 피드백

> **한국 광복군 행동 준승 9개항 중 일부(1941)**
> 1. 한국 광복군은 중국의 항일 작전 기간에 중국 군사 위원회에 직할 예속하며 참모 총장이 장악・운용함.
> 3. 중국 군사 위원회에서 한국 광복군을 원조하여 한국 내지나 한국 국경에 인접한 지역을 향하여 활동하게 하여서 …… 군사 훈련하는 것을 허락하되 우리 군 사령관의 절제를 받아야 함.
> ☞ 사료 분석 : 한국 광복군은 당시 중국 지역에서 활동하고 있어 중국 국민당 정부의 승인과 지원이 필요했기 때문에 밑줄 친 내용과 같이 한국군의 자주성을 침해하는 협약을 체결할 수밖에 없었다.

나. 우수한 글쓰기 사례가 있다고 가정하고, 피드백하는 과정을 포함하시오.
　　A학생이 쓴 글에서는 편지의 대상이 국민당 정부로 잘 드러나 있고, 한국군의 자주성을 침해하는 조항은 폐지하자는 내용이 잘 드러나 있습니다. 더불어 5줄 이상의 분량도 잘 지켰습니다.

판서

<항일 연합 전선>

※ 학습 목표
1.
2.

2. 조선 의용대
   (1) 배경 : 중·일 전쟁 이후 민족 혁명당 주도로 결성
   (2) 활동 : 중국군 지원
   (3) 변화 : 중국 국민당의 소극적 태도
      → 화북지대로 북상

3. 대한민국 임시정부와 한국 광복군
   (1) 변화 : 충칭으로 이동
   (2) 정당 : 한국 독립당(1940)
   (3) 군대 : 한국 광복군(1940)
      ① 연합군과 합동 작전
      ② 국내 진공 작전 계획

* 글쓰기 수업 *
 - 주제 : ~
 - 조건 : ~

주제 53 　새나라의 건설

1. 〈실연 부분 1〉: 수업내용과 활동을 참고하여 학습 목표 두 가지를 제시하시오.

　학습 목표(예시) : ① 광복 직전 독립 운동 단체들의 신국가 건설 이념을 사료를 통해 이해할 수 있다.
　　　　　　　　　② 국제 사회에서 전개된 한국 독립 논의를 사료를 통해 이해할 수 있다.

2. 〈실연 부분 2〉

　가. 〈자료 1〉을 활용하여 학생들의 학업 수준 격차를 해결하는 강의식 수업을 하시오.
　　① 〈자료 1〉을 짝토의를 하면서 읽고, 모르는 내용을 서로 질문하고, 답하는 방식으로 학생들 간의 학업 수준 격차를 해결할 수 있다.
　　② 예시
　　　Q1. 지금까지 배운 내용을 사료로 확인해봅시다. 옆에 있는 짝꿍과 〈자료 1〉의 내용을 서로 질문하고 답해보면서 학습해볼까요?
　　　A1. (학생들끼리 짝토의를 하며 학습한다)
　　　Q2. (짝토의를 빠르게 끝낸 모둠에게는 심화 문제를 제시하고, 짝토의에 어려움을 느끼는 모둠에게는 추가 자료를 제시한다)
　　　A2. (학생들끼리 짝토의를 하며 학습한다)
　　　Q3. 짝토의에서 나온 질문에 대해서 발표해 봅시다.
　　　A3. 삼균주의의 의미에 대한 질문이 있었습니다. 삼균주의는 정치·경제·교육의 균등을 통해 개인과 개인의 균등을 실현하고, 이를 토대로 민족과 민족, 국가와 국가의 균등을 추구하자는 주장입니다.
　　　Q4. 심도 있는 질문이네요. 여러분의 질문 덕에 반 전체 친구들도 삼균주의의 의미에 대해 한번 더 이해할 수 있었습니다.

　나. 학생들이 〈자료 2〉를 푸는 동안 순회 지도를 하시오.
　　- 순회 지도(예시) : 여러분들이 생각하는 시민으로서의 권리에 해당하는 것은 무엇인가요?
　　- 〈자료 2〉의 답안(예시)

　　　[새나라의 건설 사료 탐구 학습지]
　　　　　　　　　　　　　　　　　　　　- 학생 이름 : ＿＿＿＿＿＿＿

　　　1. 〈자료 1〉의 (가), (나), (다)에 나타난 주요 정책을 정리해보자.

(가) 대한민국 임시정부	(나) 조선 독립 동맹	(다) 조선 건국 동맹
보통 선거에 기초한 민주 공화국 건설, 토지와 중요 산업 국유화, 무상 교육 실시	민주 공화국 건설, 보통 선거, 대기업 국유화, 토지 분배, 의무 교육 등	민주주의 원칙에 바탕을 둔 국가 건설, 노농 대중 해방

　　　2. 〈자료 1〉의 (가), (나), (다) 단체의 공통적인 정치체제는 무엇인가?
　　　　민주 공화정
　　　3. 자신이 건국 강령을 만든다면 어떤 내용을 담고 싶은지 말해보자.
　　　　예시 : 국가의 구성원 모두가 정치, 경제, 사회, 문화적으로 소외받지 않는 나라를 만들고 싶다.

　다. 우수한 결과물 사례에 대한 피드백과 아쉬운 결과물 사례에 대한 피드백을 하시오.
　　- 우수한 사례 : A학생은 학습지의 3문항 답변이 인상적입니다. 국가의 모든 구성원이 소외받지 않는 나라를 만들고 싶다는 포부가 드러나고, 당시 독립 운동가들의 입장과 일맥상통한다는 면에서 인상적입니다.
　　- 아쉬운 사례 : B학생은 대부분의 내용을 잘 써주었지만 한 부분만 수정하면 될 것 같습니다. 각 단체의 정책 내용을 정리하는 내용에서 8시간 노동제를 강조한 단체는 대한민국 임시정부가 아니라 조선 독립 동맹입니다.

3. 〈실연 부분 3〉: 〈자료 3〉을 활용하여 적절한 질문을 제시하시오.

Q1. 카이로 회담에는 어떤 국가들이 참여했을까요?

Q2. 카이로 회담에 참여한 국가들이 우리나라의 독립을 적당한 시기에 추진한다고 규정한 이유는 무엇일까요?

판서

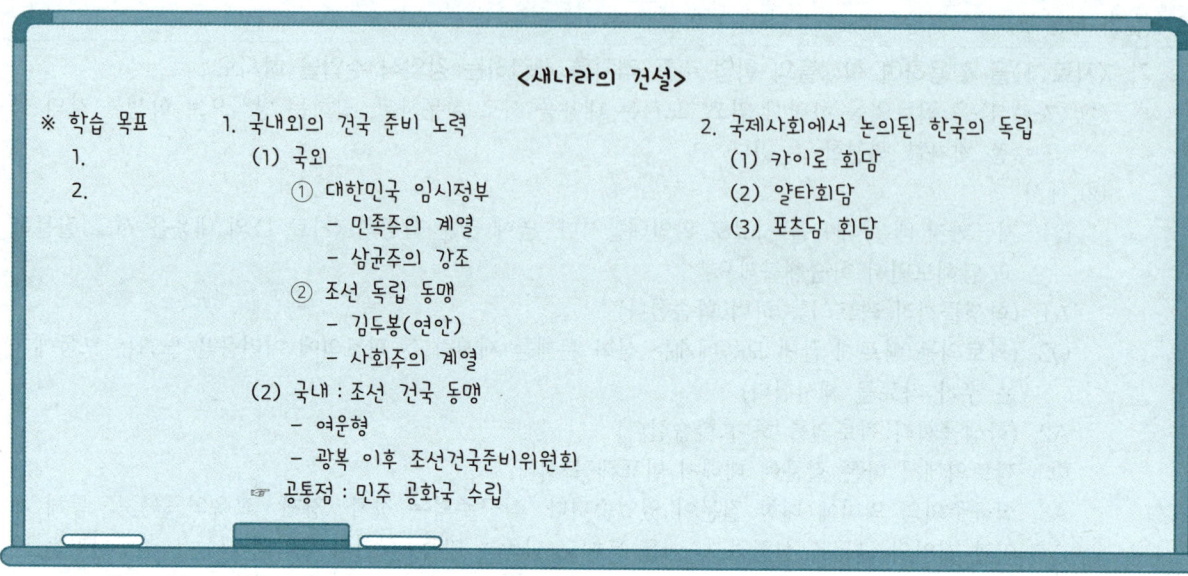

<새나라의 건설>

※ 학습 목표
1.
2.

1. 국내외의 건국 준비 노력
   (1) 국외
      ① 대한민국 임시정부
         - 민족주의 계열
         - 삼균주의 강조
      ② 조선 독립 동맹
         - 김두봉(연안)
         - 사회주의 계열
   (2) 국내 : 조선 건국 동맹
      - 여운형
      - 광복 이후 조선건국준비위원회
   ☞ 공통점 : 민주 공화국 수립

2. 국제사회에서 논의된 한국의 독립
   (1) 카이로 회담
   (2) 얄타회담
   (3) 포츠담 회담

주제 54   8·15 광복

1. 〈실연 부분 1〉: 〈자료 1〉을 활용하여 강의식 수업을 하시오.

   가. 〈자료 1〉을 활용하되 [냉전 체제, 중국의 공산화, 6·25 전쟁]을 학습 요소로 포함하시오.
   〈자료 1〉을 학생들에게 제시하며 당시 어떤 **상황**이었을지 예측하게 하고, 학습 요소를 판서한다.
   (판서 참고)

2. 〈실연 부분 2〉

   가. 〈자료 2〉를 활용해 미국과 소련의 통치방식을 비교하는 수업을 하시오.
   Q1. 〈자료 2〉를 바탕으로 미국과 소련의 통치 방식이 어떤 점에서 다른지 찾아볼까요?
   A1. 소련군은 일본군의 무장 해제라는 군사적 목적뿐 아니라 한국인을 지원하는 것을 목적으로 하고 있습니다. 그러므로 한국인이 기존에 만들어 놓은 인민 위원회, 치안대 등 조직을 인정하고 지원하면서 간접 통치하는 방식을 택하였습니다. 반면 미국의 통치 방식은 여운형의 인민 공화국 등을 부정하면서 남한 지역과 남한 주민들을 직접 통치하는 방식을 택하였습니다.
   Q2. 미국과 소련이 우리나라를 통치하려고 한 이유가 무엇일까요?
   A2. 국제적으로 냉전체제가 유지되는 상황에서 각 나라가 한반도에서 자신들의 영향력을 강화하려 자료와 같은 통치 방식을 채택하였습니다.

3. 〈실연 부분 3〉

   가. 〈자료 3〉을 활용하여 하브루타 수업을 안내하시오.
   안내 : 4명씩 한 모둠으로 책상 배치
   → 교과서를 참고하여, 개인 활동지에 질문 작성
   → 질문 작성이 끝난 후 **모둠 내에서 1 : 1로 각자의 질문**을 묻고 답함
   (답을 찾기 어려운 문제는 챗GPT 활용 가능)
   → 모둠별 활동이 끝난 후 **모둠 내 최고의 질문**을 선정하고, 발표하기
   나. 하브루타 수업에서 나타날 수 있는 문제점을 극복하기 위한 순회 지도를 하시오.
   – 문제점(예시) : 학생들끼리 서로 **오개념**을 설명할 가능성이 있다.
   – 순회 지도(예시) : 하브루타 수업 중 교사는 끊임없이 모둠을 돌며 오개념을 서로 설명하고 있지는 않은지 점검해야 한다.
   다. 각 모둠의 발표 이후 우수한 모둠에 대한 피드백을 하시오.
   예시 : A모둠에서는 모둠 최고의 질문으로 '만약 미군정이 조선 건국 준비 위원회를 공식적으로 인정했다면 어땠을까?'를 선정하였네요. '질문에 적용, 가정하거나 종합하는 질문'으로 적합하고, 조선 건국 준비 위원회의 활동으로 광복 이후 정부 수립이 보다 수월했을 가능성이 있다는 생각을 공유했네요.

판서

```
                        <8 · 15 광복>
※ 학습 목표   1. 냉전이후 동아시아 정세    2. 미·소의 한반도 점령    3. 건국준비위원회와 다양한
   1.            (1) 배경 : 미국과 소련의 대립   (1) 배경 : 38도선 기준으로      정치세력형성
   2.                 → 냉전 체제                    분할 점령           * 하브루타 수업 *
                 (2) 내용 :                   (2) 내용                  1. 사실 확인 질문
                    ① 중국의 공산화              ① 북한 : 소련의 간접통치    2. 사고 확장 질문
                    ② 6·25 전쟁 발발            ② 남한 : 미국의 직접통치    3. 종합하는 질문
```

| 주제 55 | 통일 정부 수립을 둘러싼 갈등 |

1. 〈실연 부분 1〉: 수업 내용과 방법을 포함하여 학습 목표 2가지를 작성하시오.

   학습 목표(예시): ① 광복 직후 좌익과 우익을 대립을 설명할 수 있다.
   ② 통일 정부 수립 노력을 **릴레이툰 기획안**으로 작성할 수 있다.

2. 〈실연 부분 2〉: 〈자료 1, 2〉를 활용하여 사료 탐구학습을 하시오.

   ① 〈자료 1〉을 활용한 적절한 질문(예시)
   Q1. 이승만이 남한만의 단독 정부 수립을 주장한 이유는 무엇인가요?
   Q2. 이승만과 정치적 입장을 함께한 사람들은 주로 어떤 계층인가요?
   ② 〈자료 2〉를 활용한 적절한 질문(예시)
   Q1. 좌우 합작 7원칙의 내용 중 좌익과 우익의 주장이 서로 달랐던 항목은 무엇일까요?
   Q2. 만약 내가 이 당시의 인물이었다면 좌익과 우익 중 어느 쪽을 지지했을 것 같나요?

3. 〈실연 부분 3〉

   가. 교과서와 〈자료 3~5〉를 활용하여 릴레이툰 스토리 기획안 작성을 안내하시오.
   안내: 모둠 구성 → 교과서를 통해서 통일 정부 수립 과정 공부하기
   → 〈자료 3〉을 보고, 모둠별 토의를 통해서 릴레이툰 장면 6개 구성(〈자료 4〉 활용) → 발표
   → 피드백 → 추후 미술 시간에 릴레이툰 스토리&그림 완성 (융합수업)

   나. 〈자료 5〉의 [수험생 작성 부분 1, 2]를 채운 뒤, 수행평가 채점기준을 안내하시오.

채점기준	점수
[수험생 작성 부분 1] **역사적 사실**에 오류가 없는가?(2점)	
[수험생 작성 부분 2] **〈자료 4〉를 적절하게 활용**하였는가?(2점)	
주제에 적절한 역사적 장면을 선정하였는가?(2점)	
모둠원이 함께 협력하였는가?(2점)	

   다. 학생 활동 중에 순회 지도를 하시오.
   예시
   - S: 〈자료 4〉에서 김구가 남북 협상을 추진하게 된 배경은 무엇인가요?
   - T: 남한에서 단독 정부가 생기는 것을 막고, 통일 정부를 세우기 위해서입니다.

   라. 학생들의 발표 이후 아쉬운 사례에 대한 피드백을 하시오.
   아쉬운 사례: A모둠은 6가지 장면을 다채로운 주제로 꾸민 점이 매우 훌륭합니다. 하지만 #2 장면에서 좌익이 신탁통치를 반대하고, 우익이 신탁통치를 찬성했다는 내용은 역사적인 사실과 맞지 않습니다. 우익은 신탁통치 반대, 좌익은 신탁통치를 찬성했다는 내용으로 수정해주세요.

| 판서 |

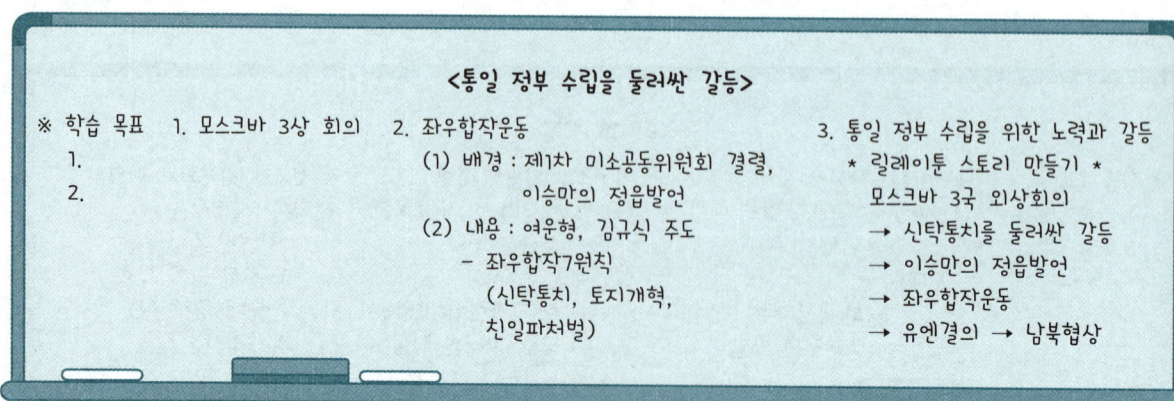

주제 56 　대한민국 정부 수립 과정

1. 〈실연 부분 1〉 : 단원에 적절한 동기유발을 실시하시오.

　예시 : 「대한민국 관보」 1호 사진 자료 제시
　　　　Q. 「대한민국 관보」 1호가 '대한민국 30년 9월 1일'로 표시된 의미가 무엇일까요?
　　　　A. 대한민국 임시정부 계승을 의미합니다.

2. 〈실연 부분 2〉

　가. 적절한 발문을 통해 〈자료 1〉을 분석하시오.
　　예시(발문)
　　Q. 〈자료 1〉은 5·10총선거 결과 구성된 국회 의석 비율입니다. 이 중 가장 많은 의석 수를 담당하는 건 어디 소속인가요?
　　Q. 무소속이 가장 많은 의석 수를 담당하는 이유는 무엇일까요?
　나. [5·10총선, 제헌 헌법, 대한민국 정부 수립]의 핵심 요소를 판서하시오.
　　판서 참고

3. 〈실연 부분 3〉

　가. 〈자료 2〉와 〈자료 3〉에서 공통적으로 구현된 민주주의에 대한 지향을 찾고, 그 역사적 의미를 수업하시오.
　　① 관련 성취기준 : [9역12-03] 대한민국 임시정부 헌법과 대한민국 제헌헌법에서 '주권재민'과 '공화정'으로 구현된 민주주의에 대한 지향이 갖는 역사적 의미를 살펴본다.
　　② 〈자료 2〉의 대한민국 임시정부 헌법과 〈자료 3〉의 제헌헌법의 공통적인 지향은 주권재민과 공화정이다. 이를 사료에서 각각 찾아보고 그 역사적 의미를 도출할 수 있다.
　　　예 T : 〈자료 2〉와 〈자료 3〉의 공통점을 찾아볼까요?
　　　　　 S : 주권이 국민한테 있다고 해요!
　　　　　 T : 맞아요. 민주주의에서 중시하는 주권재민의 지향이 두 헌법에 들어가 있습니다.
　　　　　　 그리고 〈자료 2〉의 제1조, 〈자료 3〉의 제1조를 보면 두 헌법에서 모두 공화정을 지향하고 있다는 것을 알 수 있습니다.
　　　　　 S : 왜 이렇게 같은 점이 나타나요?
　　　　　 T : 제헌 국회는 대한민국 임시정부의 정신을 계승해서 제헌 헌법을 공포했습니다.
　　　　　　 따라서 〈자료 2〉의 대한민국 임시정부 헌법에서 말한 민주주의에 대한 지향점들이 〈자료 3〉의 제헌 헌법에도 나타나는 거예요. 이 법에 따라 초대 대통령이 선출되고, 8월 15일 대한민국 정부가 수립됩니다.
　나. 〈자료 3〉과 〈자료 4〉의 공통점을 통해 역사과 핵심역량 중 '정체성과 상호 존중' 역량을 증진하시오.
　　① 〈자료 3〉과 〈자료 4〉는 공통적으로 대한민국 정부가 대한민국 임시정부의 법통을 계승한 정부임을 분명하게 밝히고 있다.
　　② 현재 대한민국 정부의 헌법(〈자료 4〉)을 제헌 헌법(〈자료 3〉)을 통해 이해함으로써 **오늘날 우리 정부가 임시정부를 계승했다는 역사의식**을 함양할 수 있다.

판서

<대한민국 정부 수립>

※ 학습 목표
1.
2.

1. 대한민국 정부 수립
   (1) 5·10총선
       : 남한 총선거, 최초의 보통 선거
   (2) 제헌 국회 구성
       : 국호 '대한민국' 제정, 「제헌헌법」 공포
   (3) 정부 수립 : 국회에서 대통령 이승만,
       부통령 이시영 선출 → 대한민국 정부
       수립 선포(1948.8.15.)

※ 「제헌헌법」 탐구
   – 참고 자료
     대한민국 임시정부 헌법
     현행 대한민국 헌법

3. 북한정권의 수립

주제 57 식민지 잔재 청산 노력

1. 〈실연 부분 1〉 : 수업 전반을 고려한 학습 목표 2가지를 제시하시오.

예시 1. 대한민국 수립 직후 식민지 잔재 청산 노력의 사례를 제시할 수 있다.
      2. 대한민국 수립 직후 식민지 잔재를 청산하기 위한 노력의 결과를 서술할 수 있다.

2. 〈실연 부분 2〉 : 대한민국 정부 수립 직후 식민지 잔재 청산을 위한 노력을 〈자료 1, 2〉를 활용하여 문답식 수업으로 진행하시오.

① 〈자료 1〉을 보며 반민족 행위 처벌에 관한 다양한 질문을 던진다.
   예시 : 〈자료 1〉에서 처벌 대상이 되는 반민족 행위 사례를 찾아볼까요? 어떤 행위를 가장 강하게 처벌하려고 하고 있나요? 그 이유가 무엇일까요? 등
② 〈자료 2〉를 보며 농지 개혁에 대한 다양한 질문을 던진다.
   예시 : 농지 개혁의 방식을 〈자료 2〉에서 찾아볼까요? 북한의 토지 개혁과 어떤 점이 다른지 스마트폰으로 찾아볼까요? 농지 개혁이 어떤 결과를 가져왔을지 예상해볼까요? 등
③ 〈자료 1, 2〉를 이용한 질문에 대한 답을 짝과 함께 찾도록 해서 짝활동으로 진행해도 좋습니다.

3. 〈실연 부분 3〉

가. 〈자료 3~5〉를 활용하여 평가 방안을 안내하고 순회 지도를 실시하시오.
   ① 평가 방안 안내 : 판서 참고
   ② 순회 지도 예시
      – [질문1]에 〈자료 3, 4〉를 분석한 결과가 들어가야 한다. 분석을 어려워하는 학생을 가정하여 순회 지도할 수 있다.
         예 어디서부터 봐야할지 모르겠어요~? 취급 건수와 실제로 실형을 받은 건수를 비교해볼까요?
      – [질문2]에서 해외 사례를 조사할 때 개인 스마트폰, 또는 교사에게 태블릿PC를 대여하여 조사한다. 이 때 공신력이 있는 출처를 활용할 것을 강조하는 순회 지도를 할 수 있다.
   ③ 자료 활용 예시
      – 〈자료 3〉 반민족 행위자 처벌 실태 : 실형은 7건에 그침. 이 7건조차 1950년 3월까지 형 집행 정지 등으로 전원 석방됨
      – 〈자료 4〉 농지개혁의 결과 지주·소작제가 소멸되어 농민이 자기 소유의 토지를 보유하게 됨

나. 〈자료 6〉을 학생의 답안이라 가정하고, 잘한 점과 아쉬운 점에 대해 역사과 핵심역량을 바탕으로 구체적으로 피드백하시오.
   역사과 핵심역량 중 '역사 정보 활용 및 의사소통 능력'과 '역사적 판단력과 문제 해결 능력'을 활용하여 피드백할 수 있다.
   ① 예시 : 광주일보와 같은 다양한 매체를 직접 조사하여 얻은 정보를 적절하게 분석해낸 점에서 **역사 정보 활용 및 의사소통 능력**이 돋보이네요~ 문항의 조건에 따라 출처도 정확히 잘 밝혔습니다.
   ② 예시 : 이 문항은 **역사적 판단력과 문제 해결 능력**을 기르는 문항이었죠~ 문항에서 요구하는 해결책에 대한 부분이 없네요~ 다음 평가 때는 문항에서 요구하는 바를 더 파악해서 작성하면 좋겠습니다. 혹시 모를 때는 활동 도중에 질문해도 좋아요.

| 판서 |

<식민지 잔재 청산 노력>

※ 학습 목표
1.
2.

1. 반민족 행위자 처벌
 (1) 반민족 행위 처벌법 제정
  → 반민족 행위 특별 조사 위원회 구성
 (2) 반민 특위 해체 : 이승만 정부 비협조, 국회 프락치 사건, 반민 특위 습격 사건

2. 농지 개혁
 (1) 농지 개혁법 제정 : 3정보 상한, 유상매수, 유상 분배
 (2) 결과 : 농민이 자기 소유 토지 보유

※ 서술형 평가
 - 주제 : 식민지 잔재 청산 노력 결과
 - 문항 : 2문항
 - 시간 : 40분

주제 58 6·25전쟁과 전후 남북 분단 고착화

1. 〈실연 부분 1〉

가. 〈자료 1〉을 활용하여 6·25전쟁의 국내외 배경을 수업하시오.
　① 6·25전쟁의 국내외 배경(판서 참고)
　② 애치슨 라인에서 한국이 배제된 점을 〈자료 1〉을 이용해 설명한다.
나. 〈자료 2〉를 참고하여 스케치 지도를 통해 전개 과정을 수업하시오.
　① 지도 활용 관련 유의점 : 담아야 할 정보가 많을 경우, 한 장의 지도 위에 나타내기보다는 상황의 변화에 따라 **몇 장의 지도**로 나누어 제시하는 것이 효과적이다.
　② 스케치 지도 : 교사가 수업 중에 칠판에 간단하게 그리는 지도(판서 참고)

2. 〈실연 부분 2〉

가. 학습 목표 2번을 달성하는 방향으로 가상 편지 쓰기를 진행하시오.
　① 진행 예시 : 가상 편지를 쓸 때는 당시 전쟁과 관련된 당사자가 되었다고 생각하고 **감정이입**해서 써 봅시다. 참전병사의 입장이 되어보거나 참전병사를 둔 가족의 입장에서 써도 좋습니다. 당시 상황을 고려해서 그들의 마음을 잘 헤아려봅시다.
　② 가상 편지 참고
　　어머니, 전쟁은 왜 해야 하나요? 이 복잡하고 괴로운 심정을 어머니께 알려드려야 제 마음이 가라앉을 것 같습니다. 저는 무서운 생각이 듭니다. …… 적은 침묵을 기다리고 있습니다. 언제 덤벼들지도 모릅니다. 적병은 너무나 많습니다. 우리는 71명입니다. 이제 어떻게 될 것인가 생각하면 무섭습니다.
　　(1950년 8월 포항여중 전투에 참여한 학도 의용군 이우근이 쓴 편지, 『월간 조선』, 2001.)
나. 〈자료 3〉의 [수험생 작성 부분 1~3]을 채워 평가 기준을 제시하시오.
평가 기준 예시

구분	평가 기준	배점(6)	점수
동료 평가	[수험생 작성 부분 1] 글에 **역사적 상황**이 적절하게 반영되었는가.	2	
	[수험생 작성 부분 2] 글을 통해 **감정**이 생생하게 전달되는가.	2	
	[수험생 작성 부분 3] **3줄 이상 성실하게** 작성되었는가.	2	

3. 〈실연 부분 3〉 : 모둠 내 발표를 통해 동료 평가를 진행하시오.

동료 평가 과정 구체화(예시) : 학생 개인의 글을 모둠원이 돌아가며 읽고, 동료 평가지에 점수를 주는 형태로 진행, 교사는 순회 지도를 진행함
　　例 읽지 않고 만점을 이미 준 사례에 개입 - 글에 역사적 상황을 적절하게 반영하였다는 기준에 만점을 줬는데, 혹시 어떤 부분에서 역사적 상황이 드러났는지 말해줄 수 있나요?

4. 〈실연 부분 4〉
   가. [전후 복구와 생활의 변화, 반공주의와 독재, 원조 경제, 북한의 사회주의 독재 체제]의 핵심 요소를 판서에 포함하시오.
      판서 참고
   나. 〈자료 4~6〉을 활용하여 설명식 수업하시오.
      - 〈자료 4〉 인명 피해 관련
      - 〈자료 5〉 미국 대중 문화 유행 관련
      - 〈자료 6〉 원조 경제 관련
   다. 성취기준 및 학습 목표를 고려하여 수업하시오.
      성취기준 및 학습 목표 3번을 보면 남북 분단이 고착화되는 과정에 초점을 맞춰야 함을 알 수 있다. 예컨대, 대규모 민간인 피해를 설명할 때는 이로 인해 남북 상호간 적개심이 유발되어 분단 고착화에 큰 영향을 끼쳤다는 포인트를 말할 수 있다.

판서

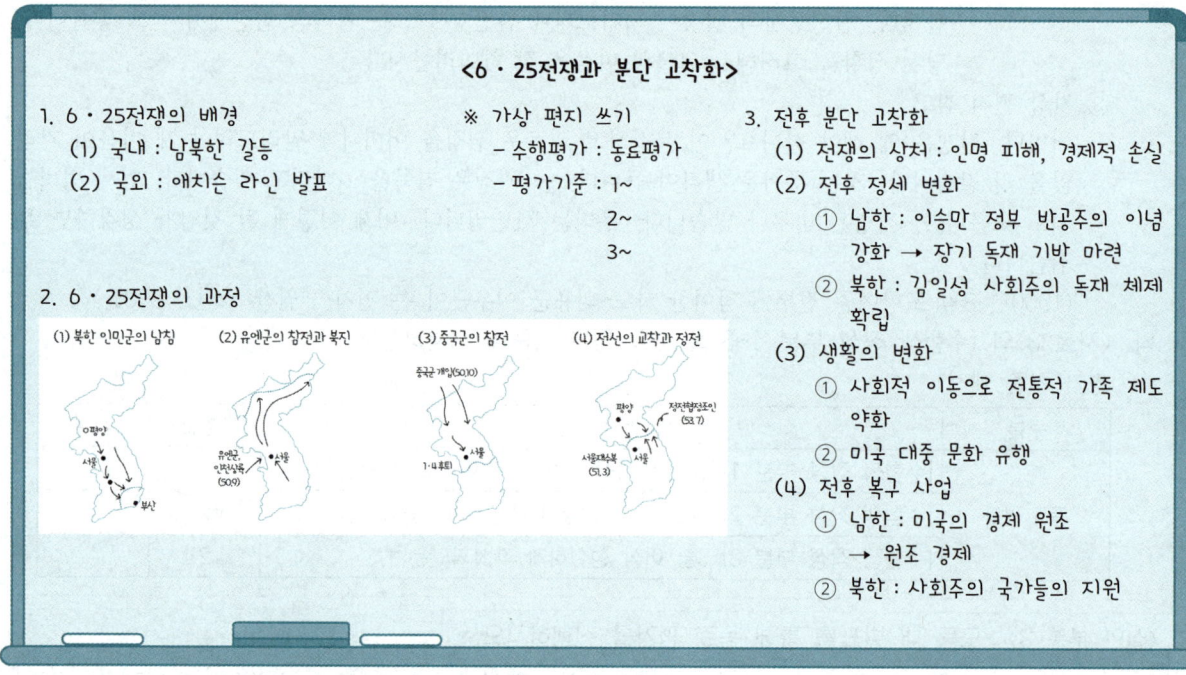

주제 59 4·19혁명

1. 〈실연 부분 1〉: 수업에 적절한 학습 목표 2가지를 작성하시오.

예시 : ① 4·19혁명의 과정과 의의를 설명할 수 있다.
② 4·19혁명 이후 나타난 민주화 요구를 가상 인터뷰 형식으로 작성할 수 있다.

2. 〈실연 부분 2〉

가. 〈자료 1, 2〉를 활용하여 4·19혁명의 전개를 설명하시오.
 - 4·19혁명 전개 : 판서 참고
 - 〈자료 1〉 3·15 부정 선거 〈자료 2〉 대학교수단 시국 선언문

나. 〈자료 3〉을 활용하여 학생들이 4·19혁명의 의의를 이해할 수 있도록 도우시오.
 ① 〈자료 3〉 실제 혁명에 참여했던 사람의 편지를 통해, 4·19혁명의 민주 혁명으로서의 의의를 생각해본다.
 ② 예시
  - T : 〈자료 3〉을 볼 때, 진영숙 학생은 어떤 마음으로 4·19혁명에 참여한 것 같나요?
  - S : 부정선거에 대항하여 우리나라의 민주주의를 지키겠다는 마음이요.
  - T : 이렇게 시민들의 힘으로 독재 정권을 타도하고 민주주의를 지켰기에 4·19혁명을 민주 혁명이라 부릅니다. 이후 민주화 운동의 밑거름이 되었다는 의의도 있습니다.

3. 〈실연 부분 3〉

가. 〈자료 4〉의 [수험생 작성 부분 1~3]을 채워 가상 인터뷰 작성 활동을 진행하시오.
채점기준 예시

기준	점수
[수험생 작성 부분 1] 선택한 민주화 요구에 맞게 기사 제목이 작성되었는가.[3점]	
[수험생 작성 부분 2] 당시 상황을 잘 알 수 있는 질문으로 선정되었는가.[3점]	
[수험생 작성 부분 3] 질문에 대한 답변이 역사적 사실에 입각하였는가.[3점]	
인터뷰 질문이 3개 이상 포함되었는가.[3점]	

나. 발표 및 피드백 시간을 포함하시오.
 예시 : 사람들에게 하고 싶은 구호가 무엇이냐는 질문에 "가라 북으로! 오라 남으로!"라는 통일 운동의 구호를 대답으로 사용한 것이 인상 깊어요. 이러한 구호를 쓴 이유도 우리가 주체적으로 평화 통일을 주도해야 한다는 사실에 입각하여 센스 있게 답했네요.

판서

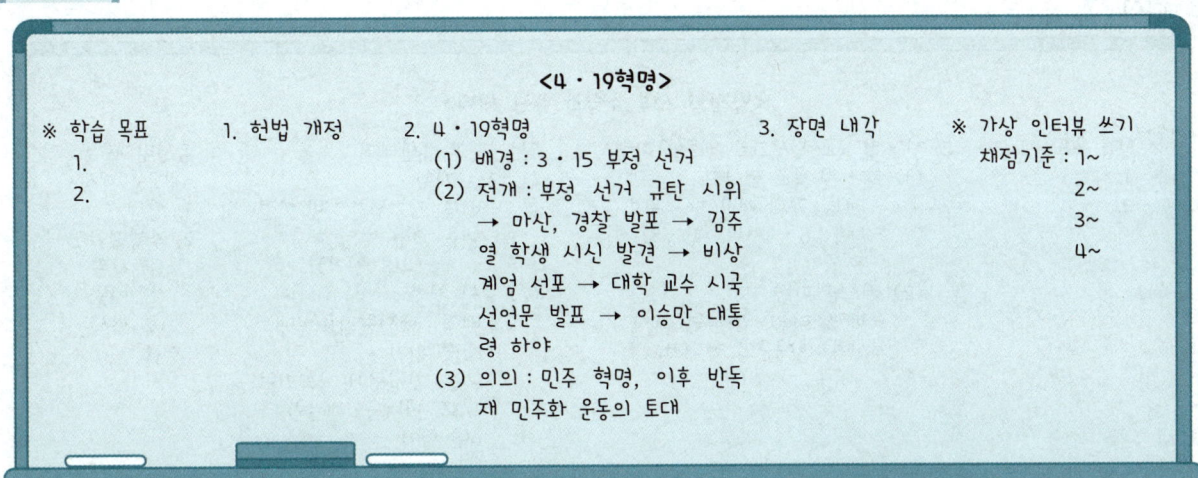

주제 60 박정희 정부 수립과 유신 체제

1. 〈실연 부분 1〉

가. [한·일 국교 정상화, 한·일 기본 조약]을 학습 요소로 포함하여 설명식 수업을 하시오.
- (가)의 제2조에 대한 한·일 입장차 : 한국은 을사늑약과 한국 병합 조약이 체결될 때부터 무효라고 주장하지만, 일본은 1945년부터 무효라고 주장하고 있다.
- (나)의 개인 청구권 문제 : 일본의 강제 징용, 위안부에 대한 사과와 배상을 받지 못한 채 마무리되었다. 이후 일본의 우경화로 일본은 이미 배상이 끝났다고 주장하며 개인 청구권 문제를 외면하고 있다.

2. 〈실연 부분 2〉 : 〈자료 2〉의 (가)에서 (나)로 변화된 점을 중심으로 비교 학습을 하시오.

	(가) 3선 개헌	(나) 유신 헌법
국민 주권	모든 권력은 국민으로부터 나온다.	국민은 대표자나 국민 투표에 의하여 주권을 행사한다.
	보통, 평등, 직접, 비밀선거	통일 주체 국민 회의의 선거
대통령의 임기	4년(3선연임 가능)	6년

3. 〈실연 부분 3〉

가. 교과서와 〈자료 3〉을 활용하여 광고문 쓰기 활동을 안내하시오.
  안내 : 〈자료 3〉의 동아 일보 사건 설명 → 수행평가 기준 안내 → 개인 활동 → 순회 지도 → 개인별 발표 → 피드백
나. 〈자료 3〉의 [수험생 작성 부분 1~3]을 쓰고, 수행평가 기준을 안내하시오.
  수험생 작성 부분(예시)
  [수험생 작성 부분 1] : 역사적 상황을 반영할 것
  [수험생 작성 부분 2] : 본인이 당시 인물이 되었다고 가정하고 글을 작성할 것
  [수험생 작성 부분 3] : 광고문의 형식을 따를 것
다. 학생들의 발표 후 학생들의 작품에 대한 긍정적인 피드백과 아쉬운 부분에 대한 피드백을 총 2회 하시오.(예시)
  ① "독재에 대해 배운 대로 실행하지 못하는 부끄러움을 이렇게 광고한다(법대 동기생)"
    → 긍정적인 피드백 : 당시 법대생의 입장에서 배운 대로 행하지 못하는 안타까움을 단단한 어조로 잘 드러내고 있습니다.
  ② "3·15 부정선거와 독재에 대한 분노가 끓는다. 단결 투쟁하자!(평화시장 근로자)"
    → 아쉬운 부분에 대한 피드백 : 당시 노동자들의 입장에서 독재에 대한 불만을 잘 드러내고 있으나, 3·15 부정선거라는 역사적 사실과 어긋나는 내용이 있네요. 이 부분만 수정하면 완벽한 광고문입니다.

판서

<박정희 정부 수립과 유신 체제>

※ 학습 목표 1. ~
1.
2.

2. 한·일 국교 정상화와 베트남 파병
  (1) 한·일 국교 정상화
    - 배경 : 경제 개발 자금 확보
    - 내용 : 6·3시위, 한·일 기본 조약
  (2) 베트남 파병
    - 배경 : 미국의 경제 원조 약속
    - 내용 : 한국군의 현대화

3. 3선개헌과 유신체제
  (1) 3선 개헌
    - 배경 : 장기집권 기반 마련
    - 내용 : 3선 연임 허용
        (4년 임기)
  (2) 유신 헌법
    - 배경 : 냉전완화로 반공 정책 위기
    - 내용 : 간접선거, 국회의원 1/3추천권, 국회해산권, 6년 임기

4. 유신반대운동
  광고문 제작
  1. 안내
  2. 수행평가 기준
    ① 상황
    ② 인물
    ③ 형식

주제 61 5·18 민주화 운동 ★

1. 〈실연 부분 1〉: 〈자료 1, 2〉를 활용하여 사료의 특징이 드러나는 사료 학습을 하시오.

〈자료 1, 2〉를 활용한 적절한 질문(예시)
Q1. 선생님~ 당시 사람들은 광주에서 벌어진 일을 뉴스를 통해서만 알 수 있었나요?
A1. 네. 당시에 군부는 광주를 봉쇄하였고, 요즘처럼 미디어가 발달한 시대가 아니었기 때문에 서울에서는 광주에서의 사건을 알기가 어려웠습니다.
Q2. 선생님~ 당시 광주 시민들은 시민군을 조직하여 계엄군과 싸웠나요?
A2. 신군부는 5월 18일부터 공수부대를 투입하여 민간인을 무차별 폭행하였습니다. 또한, 21일에는 시위대를 향해 집단 조준 발포하여 그 자리에서 60명 이상이 사망하는 참극이 벌어졌습니다. 이에 광주 시민은 무장의 필요성을 느끼고 시민군을 조직하였습니다.
Q3. 같은 역사적 사건에 대해 이렇게 다른 입장의 사료가 존재하는 이유가 무엇인가요?
A3. 역사적 사건은 입장에 따라 다르게 평가할 수 있기 때문입니다. 이런 지점에서 우린 사료의 특징을 엿볼 수 있습니다.

2. 〈실연 부분 2〉

가. 〈자료 3〉을 활용하여, 구술사 인터뷰 활동 안내를 하시오.
  안내 : 구술사 활동시 유의사항 안내 → 평가 기준 안내 → 모둠 조직 및 역할 분배 → 모둠별 예상 질문 작성(태블릿PC 활용) → 발표 → 피드백

  > ※ 구술사 활동 시 유의사항
  > ① 역사적 시대에 맞는 **인터뷰 대상**을 정한다.
  > ② 인터뷰를 하기 전에 **구술자의 동의**를 반드시 받고, 개인 정보 유출에 주의한다.
  > ③ 면담자는 구술자의 말을 유도하거나 강요하지 않는다.

나. 〈자료 4〉의 [수험생 작성 부분 1, 2]를 쓰고, 다면평가 기준을 안내하시오.(예시)
  – [수험생 작성 부분 1] : 나는 다양한 **자료**를 수집하고 제시하였다.(2점)
  – [수험생 작성 부분 2] : **구술자**에게 적절한 질문을 제시하였는가?(2점)

다. 학생들의 발표 후 피드백하는 과정을 포함하시오.
  예시 : 꼬마 역사가의 모둠은 5·18 민주화 운동에 참여했던 당시 고등학생을 구술자로 선정했네요. 적절한 인터뷰 대상 설정입니다. 구술자에게 해야 할 질문으로 '민주화 운동에 참여하게 된 계기는 무엇인가?', '5·18민주화 운동에게 가장 기억에 남는 사건은 무엇인가?'라는 질문도 돋보입니다. 왜냐하면 우리가 교과서에서는 알기 어려운 당시 사람들의 생생한 기록이기 때문입니다.

3. 〈실연 부분 3〉: 다음 시간 차시 예고를 하시오.

예시 : 각 모둠별로 구술자를 만나서 하고 싶은 예상 질문을 잘 정리하였죠? 다음 시간까지 각 모둠별로 인터뷰 녹취 혹은 촬영을 잘 해오시길 바랍니다. 각자 준비한 내용을 바탕으로 다음 시간에는 보고서 작성을 할 예정입니다.

판서

<5·18 민주화 운동>

※ 학습 목표 1. 서울의 봄   2. 5·18 민주화 운동   3. 전두환 정부   * 구술사 활동 *
  1.   (1) 전개   - 안내
  2.   - 신군부의 비상계엄 전국 확대   - 다면평가기준
                        - 광주의 민주화 시위 과잉 탄압   ① 자기 : ~
                        - 계엄군 시위대에 발포   ② 동료 : ~
                        - 시민군 평화적 협상 요구
                        - 계엄군 무력 진압

주제 62 경제, 사회, 문화의 변화

1. 〈실연 부분 1〉

가. [경제 개발 5개년, 경제 성장의 한계점]을 학습 요소로 포함하시오.
- 경제 개발 5개년 : 〈자료 1〉을 활용하여, 우리나라의 경공업과 중화학 공업의 발달에 대해서 설명할 수 있다.
- 경제 성장의 한계점 : 〈자료 2〉를 활용하여, 1970년대 중반 외국 자본의 도입으로 우리나라의 경제 성장률이 낮아지는 것과 〈자료 3〉을 활용하여 우리나라의 무역 의존도가 심화되는 것을 설명할 수 있다.

2. 〈실연 부분 2〉: 〈자료 4〉를 활용하여 사료 학습을 하시오.

〈자료 4〉에 적절한 질문
Q. 이 글을 쓴 사람은 누구인가요?
Q. 전태일이 이 글을 쓴 이유가 무엇이고, 요구한 내용은 무엇인가요?
Q. 이 사람의 요구 사항이 오늘날에는 잘 반영되고 있나요?

3. 〈실연 부분 3〉

가. 수행평가 기준표의 [수험생 작성 부분 1, 2]를 쓰고, 연구 보고서 쓰기 활동을 안내하시오.
- [수험생 작성 부분 1] 자료의 수집과 활용이 적절한가?
  [수험생 작성 부분 2] 모둠원이 보고서 작성에 열심히 참여했는가?
- 안내 : 연구보고서에 구성요소에 대한 설명 → 수행평가 기준 안내 → 모둠별로 서론, 본론, 결론 작성 → 발표 → 피드백

나. 〈자료 5〉를 학생들이 작성 중이라고 생각하고, 본론 작성에 대한 순회 지도를 하시오.
- 순회 지도 : 몽키 매직 모둠의 주제는 박정희 정부 시기의 경제정책이네요. 현재 본론에서는 박정희 정부의 경제정책의 긍정적인 부분만 적었으니, 부정적인 부분도 함께 다뤄주면 좋을 것 같습니다. 〈보기〉 중에서 관련 내용을 고르고, 교과서와 인터넷을 활용해서 본론에서 필요한 내용을 적어볼까요?

다. 모둠들의 발표 후 교사가 아쉬운 사례에 대한 피드백을 하시오.
아쉬운 사례 피드백(예시) : 허니허니콤보 모둠은 박정희 정부 시기의 정책을 선정했네요. 본론의 내용에서 3저 호황을 언급했는데, 그 내용은 전두환 정부 시기의 상황입니다. 그 부분만 고쳐준다면 완벽한 글이네요.

판서

〈경제, 사회, 문화의 변화〉

※ 학습 목표 1. ~   2. 박정희 정부   3.~   4. 노동운동, 농촌의 변화, 도시화,   * 연구보고서 활동 *
1.   (1) 경제개발5개년   대중문화   - 안내 : ~
2.   - 1·2차 : 경공업 중심   (1) 노동운동 : 장시간·   - 수행평가 기준 : ~
                   - 3·4차 : 중공업 중심   저임금 노동
                (2) 경제성장의 한계점   → 전태일 분신
                   - 대외 의존도 심화   (2) 농촌의 변화 : 새마을 운동
                   - 정경유착   (3) 도시화 : 도시의 인구 집
                                                        중, 빈민촌 형성
                                                    (4) 대중문화 : 대중음악,
                                                        텔레비전 발달

주제 63 6월 민주항쟁

1. 〈실연 부분 1〉: 〈자료 1〉을 활용하여 사료 학습을 하시오.

〈자료 1〉을 활용한 질문 예시
Q1. '국가의 미래요, 소망인 꽃다운 젊은이를 야만적인 고문으로 죽여 놓고 그것도 모자라 뻔뻔스럽게 국민을 속이려 했던 현 정권'과 관련된 사건은 무엇인가?
A1. 박종철 고문 치사 사건이다.
Q2. 사료의 내용을 참고하여, 당시 시민들이 **요구한 사항**은 무엇일까?
A2. 4·13 호헌 조치의 철회

2. 〈실연 부분 2〉

가. 〈자료 2〉의 사진을 활용하여 수업을 실연하시오.
  교사의 지도(예시)
  - 학생들에게 각 사진을 보고, 당시 어떤 상황인지 유추하게 한다.
  - 교사는 학생의 이야기를 듣고, 사진에 대한 배경 설명을 간단하게 한다.
  - 본인이 당시의 인물이라면 어떤 역사의 장면에 존재했을지 발표하게 한다.
    → 첫 번째 사진에서 사람들이 직선제를 요구하게 된 당시 상황은 무엇일까요?

나. 〈자료 3〉을 활용하여 사료 학습을 하시오.
  Q1. '평화적 정권이양'이라는 표현을 사용한 이유는 무엇인가요?
  A1. 6월 민주항쟁의 '대통령 직선제 개헌 요구'를 수용하고, 이를 반영하여 평화적으로 정권을 이양하고자 하는 의지를 표현한 것입니다.

3. 〈실연 부분 3〉

가. 〈자료 4〉를 활용하여 역사 신문 만들기를 안내하시오.
  안내 : 역사 신문 만들기의 목적과 신문의 요소 설명 → 각자 활동지 작성(스마트폰 활용)
    → 패들렛 게시 후 감상

  > ※ 역사 신문 만들기
  > ① 목적
  >   - 실제 역사적 사건을 접하며 역사에 많은 **흥미**를 가질 수 있다.
  >   - 기사 선택 및 구성 과정에서 **역사적 사고력**을 기를 수 있다.
  >   - 자료 선택, 자료 검토, 종합하는 과정에서 **자료 처리 능력**을 기를 수 있다.
  >   - 당 시대 사건과 현재와의 연관성 및 영향을 파악할 수도 있다.
  > ② 신문의 요소 : 기사, 논설, 사진, 그림, 지도, 광고 등

나. 〈자료 5〉의 [수험생 작성 부분 1, 2]를 쓰고, 수행평가 기준을 안내하시오.
  - [수험생 작성 부분 1] 제작물과 관련된 **역사적 사실**이 분명한가?[2점]
  - [수험생 작성 부분 2] 제작물의 **요소**에 맞게 표현했는가?[2점]

다. 학생들의 발표 후 피드백하는 과정을 포함하시오.
  피드백(예시) : ○○학생은 육하원칙에 맞는 '기사' 형식으로 6월 항쟁의 전개과정을 잘 나타내주었네요. 특히 이한열 학생에 관련된 내용은 역사적 사실에 기반하여 잘 작성해 주었습니다.

판서

<6월 민주 항쟁>

※ 학습 목표
1.
2.

1. 6월 항쟁의 전개
   (1) 배경 :
      - 대통령 간선제
      - 박종철 고문 치사 사건
      - 4·13 호헌 조치 발표
   (2) 전개
      - 호헌 철폐 요구 시위
        → 이한열 학생 희생
        → 시위 확산

2. 직선제로의 개헌
   (1) 배경 : 민주화 운동 확산
   (2) 내용 : 6·29 민주화 선언
            (대통령 직선제, 5년 단임)

* 역사 신문 만들기 *
  - 안내
  - 수행평가기준

주제 64 평화적 정권 교체와 시민 사회의 성장

1. 〈실연 부분 1〉

가. 성취기준 또는 학습 목표를 고려하되 시의적절한 자료를 활용하여 학생들이 역사를 현재적 관점에서 접근할 수 있도록 도우시오.
  예시
  ① 최근 우리 동네 선거 포스터를 제시하여 민주주의에 임하는 시민의 자세 상기
  ② 우리 동네에서 활동하는 시민 단체의 홍보물을 제시하고 학생들의 생각 묻기 등(※유의점 2 고려)

2. 〈실연 부분 2〉

가. 〈자료 1〉을 활용하여 (가) 시기가 갖는 의의에 대해 설명하시오.
  6월 민주 항쟁 이후 여당의 계속되는 집권 이후 처음으로 야당 후보가 대통령에 당선되어 '평화적 정권 교체'가 이루어졌음을 설명
나. 김대중 정부 시기에 나타난 변화 3가지를 설명하고 구조화된 판서를 작성하시오.
  판서 참고

3. 〈실연 부분 3〉

가. 〈자료 2〉를 활용하여 지방 자치제의 발전에 대해 설명하되 〈자료 1〉 및 수행평가의 주제와 연계하시오.
  ① 〈자료 1〉과의 연계 : 6월 민주항쟁 이후 헌법개정, 1991년 노태우 정부 시기 지방 의회 의원 선거, 1995년 김영삼 정부 시기 지방 자치제 전면 실시
  ② 수행평가의 주제와 연계 : 지방 자치제가 확대되면서 각 지역에서 시민 단체들이 활발히 조직되며 시민들이 직접 지역 정치에 참여하는 풀뿌리 민주주의가 실현되었음을 설명
나. 정보화 사회에 요구되는 정보의 처리와 활용 능력을 배양할 수 있도록 〈자료 3〉의 [수험생 작성 부분]을 채우시오.
  예시 : 신문, 인터넷, 영화 등 적어도 2개 이상의 매체를 활용하여 자료를 수집한다.

> cf. 「2015개정 교육과정 제2018-162호」, p.154.
> 신문 활용 교육, 인터넷 활용 교육, 영화 활용 교육, 이러닝 교육, 블렌디드 러닝, 거꾸로 학습 등 다양한 방법을 활용하여 정보화 사회에 요구되는 정보의 처리와 활용 능력을 배양하여 역사 학습에 활용할 수 있도록 한다.

다. 〈자료 3〉을 참고하여 시민 사회의 성장에 대한 탐구학습 및 수행평가를 실시하시오.
  ① 융합수업 2차시에 각자 선정한 시민 운동 및 시민 단체 자료를 통합사회 선생님으로부터 넘겨받았음을 안내(※유의점 1 고려)
  ② 3차시 채점기준에 대해 안내
  ③ 학생들이 탐구를 하는 동안 순회 지도 실시
    태블릿PC나 스마트폰으로 네이버 뉴스 라이브러리 등을 활용한 신문 기사 탐색 안내, 해외 사례 탐구 가능 안내, 조사한 내용을 그대로 옮기는 것이 아니라 필요한 내용을 취사선택하도록 안내 등(학생들이 먼저 질문하는 상황을 다수 가정하여 ※유의점 2 충족)
  ④ 시간이 종료되면 학습지를 걷고 다음 차시에 피드백을 할 예정임을 안내

판서

<평화적 정권 교체와 시민 사회의 성장>

1. 노태우 정부와 김영삼 정부

2. 김대중 정부
   (1) 평화적 정권 교체
   (2) 김대중 정부 시기 변화
      ① 국민 기초 생활 보장법
      ② 여성부 신설
      ③ 외국 자본 유치, 구조 조정으로 외환 위기 극복
      ④ 6·15 남북 공동 선언

3. 이명박 정부와 박근혜 정부

4. 지방 자치제의 발전과 시민 사회의 성장
   (1) 지방 자치제의 발전

   (2) 시민 사회의 성장
      (2차시)

※ 채점기준
   1.
   2. [수험생 작성 부분]
   3.

주제 65 외환위기와 극복 이후의 과제

1. 〈실연 부분 1〉

가. 〈자료 1〉의 [수험생 작성 부분 1, 2]를 채우고 사건 탐구학습에 대해 안내하시오.
- 예시
  [수험생 작성 부분 1] 〈자료 2〉의 분석이 적절한가.
  [수험생 작성 부분 2] 보고서가 논리적으로 작성되었는가.
- 사건 학습

> 1. 의의
>   ① 사건을 통해 당시 사회 이해
>   ② 역사 탐구 능력 신장
> 2. 탐구식 학습으로 진행하는 방법
>   ① 학생들이 직접 그 사건에 대한 자료 수집
>   ② 수집한 자료 분석 : 사건의 전개 과정, 원인, 결과 탐구
>   ③ 사건의 의미 해석

나. 학생들이 〈자료 2〉를 활용하여 〈자료 1〉을 작성할 동안 순회 지도를 실시하시오.
  예시
  ① 자료 분류 : **학생이** 하나의 자료가 여러 항목으로 분류될 수 있지 않냐는 **질문**을 하고 교사는 그럴 수 있다고 답함.(※유의점 1 고려)
     예) 학생 : (다) 자료는 결과인 동시에 한계로 분류할 수 있는 거 아닌가요?
  ② 작성 도중 : 자료를 분석한 내용을 나열하는 것이 아니라 사건 학습의 목표에 맞게 사건의 인과성에 주목하도록 비계 설정
     예) 교사 : 단순히 '원인은 무엇이고 전개는 무엇이다'라고 나열하기보다는 그 원인으로 인해 사건이 어떻게 전개되었는지, 그 결과로 인해 어떤 영향을 낳았는지 인과성과 논리성을 고려하여 글을 작성하면 좋겠습니다.

다. 학생들의 발표를 듣고 채점기준에 따라 2가지 이상 사례를 피드백하시오.
  예시
  ① 역사적 사실의 오류를 범하지 않고 **자료 분석** 및 보고서 작성을 마친 경우
  ② 문장력이 매끄럽지 않은 부분은 있지만 사건의 인과관계를 **논리적**으로 파악하려 노력한 경우 등

2. 〈실연 부분 2〉

가. 〈실연 부분 1〉의 사건 탐구학습 결과, 학생들이 제시한 외환 위기 이후의 과제 또는 한계를 토대로 설명하고 판서를 구조화하시오.
  판서 참고

3. 〈실연 부분 3〉

가. 〈실연 부분 1, 2〉에서 학습한 내용을 정리하시오.
  판서 참고
나. 〈실연 부분 2〉에서 다루지 않은 외환 위기 이후의 과제 중 교사가 개인적으로 학생이 관심을 가지길 원하는 분야와 그 이유에 대해 추가적으로 언급하시오.
  예시 : 경제 성장률의 둔화, 사회 복지 제도 확충의 필요성, 소득 불평등의 대물림, 재벌에게 집중된 경제력 등
    → 신문, TV뉴스, 인터넷 등에서 관련된 소식이 보이면 관심을 갖고 어떻게 개선할 수 있을지 1분만 생각해 보는 시간 갖도록 안내(※유의점 2 고려)

판서

<외환위기와 극복 이후의 과제>

1. 경제 성장과 세계화

2. 외환 위기
   (사건 탐구 보고서)
   ※ 채점기준
   1.
   2.
   3. 협동

   (1) 원인 : 무분별한 외채 도입, 방만한 기업 운영
       → 동남아시아 외환위기 → 국내 기업 연쇄 부도
   (2) 전개 : IMF 구제금융 이후 공기업 민영화, 구조조정, 금 모으기 운동 등
   (3) 결과 : 2001년 국제 통화 기금 지원금 조기 상환
   (4) 남은 문제점(과제) : 중산층 감소, 비정규직 양산 등

| 주제 66 | 평화 통일을 위한 노력 ☆

1. 〈실연 부분 1〉: 현재적 관점에서 역사를 볼 수 있도록 동기유발을 시연하시오.

예시: 〈자료 1〉의 (라)를 미리 함께 보고 판문점 선언이 있던 날 학생들이 무엇을 하고 있었는지, 그날을 어떻게 기억하고 있는지 묻고 학생들이 평화 통일을 향해 가는 현대사의 역사적인 순간에 있었음을 주지시킨다.

> cf. 평화 통일 교육 주간(출처 : 통일부 국립통일교육원)
> 통일부는 국민의 통일의지를 높이기 위하여 2013년부터 매년 5월 넷째 주를 통일교육주간으로 지정하고, 통일교육 수업 및 다양한 문화행사를 운영하고 있습니다. 기념식을 시작으로 각 급 학교는 평화·통일교육 수업을 하고, 대학에서는 통일 특강 및 참여·체험 프로그램을 진행합니다. 또한 권역별 통일교육센터와 통일관 등 지역사회에서도 다양한 특별기획 프로그램을 제공합니다.

2. 〈실연 부분 2〉

가. 〈자료 1〉의 (가)~(라)를 활용하여 사료 탐구학습을 실시하고, 적어도 3가지 탐구 질문을 제시하고 학생들이 해결하도록 하시오.

예시(※유의점 1을 고려하여 학생들이 먼저 자료에 대해 질문을 하고 다른 학생 또는 교사가 답하는 방식으로 수업을 구성)
(가) : 분단되어 있던 남과 북은 어떤 배경에서 7·4 남북 공동 성명을 발표하게 되었나요?
(나~다) : 남북기본합의서와 6·15 남북 공동 선언 모두에서 경제 협력을 한다고 했는데 실제로 이루어졌나요? 어떤 사례가 있나요?
(가~라) : 자료 4개에서 보이는 공통된 통일 방향을 어떻게 한 문장으로 정리할 수 있을까요?

나. 사료 탐구 결과에 따라 판서를 구조화하시오.
판서 참고

3. 〈실연 부분 3〉

가. 〈자료 2〉의 [수험생 작성 부분 1~3]을 채우고 채점기준을 안내하시오.
예시
[수험생 작성 부분 1] 조사한 내용이 역사적 사실에 부합하는가.
[수험생 작성 부분 2] 표어의 문구 및 포스터 그림의 소재가 주제에 적합한가.
[수험생 작성 부분 3] 모든 모둠원이 협력적으로 참여하였는가.

나. 포스터 기획안을 작성하는 동안 순회 지도를 실시하시오.
예시 : 역사 시간에는 미술 작업보다는 역사적 사실을 분석하고 역사적 의미를 담은 밑그림을 그리는 것을 중시하도록 안내(※유의점 2 고려), 다른 포스터 이미지를 참고할 수는 있지만 베끼면 안 된다는 것을 주지, 미술 시간에 포스터의 밑그림 구성이 달라질 수 있음을 안내 등

다. 〈자료 3〉을 학생들이 만든 결과물이라고 가정하고 역사과 핵심 역량에 따라 피드백하시오.
예시(역사 자료 분석과 해석 역량) : 인터넷을 활용하여 주제에 따른 자료를 적절하게 찾았음(판문점 선언 이후 이산가족 상봉 추진 기사), 정보를 그대로 수용하는 것이 아니라 비판적으로 의문점을 제기함.(실제 이산가족 상봉 추진 여부를 확인하고 실행되지 못한 이유를 탐구함)

| 판서 |

<평화 통일을 위한 노력>

1. 합의문을 통해 본 평화 통일 노력
   (1) 7·4 남북 공동 성명 : 자주, 평화, 민족 대단결의 통일 원칙
   (2) 남북기본합의서 : 7·4 남북 공동 성명의 통일 원칙 재확인, 서로 체제 존중 등
   (3) 6·15 남북 공동 선언 : 최초의 남북 정상 회담 결과, 경의선 및 동해선 철도 연결 등
   (4) 판문점 선언(2018. 4. 17.)

2. 다양한 방식의 노력

※ 포스터 기획안
1. 평화 통일 노력 방안 조사
2. 포스터 구성

[채점기준]
1.
2.
3.

02 수업실연 해설 – 세계사

주제 01 문명의 발생 ☆

> TIP. 개방형 선택 교육 과정이란, 교육과정 내 과목군 간 경계를 허물어 필수 이수 과목을 제외하고 학생의 과목 선택권을 최대한 보장하는 교육과정으로 2015 개정 교육과정에서 문·이과 통합 인재를 기르고자하는 목표 및 고교학점제의 발판이 된다.

1. 〈실연 부분 1〉

가. 1~2차시의 선수 학습을 간단하게 확인하시오.
  예시 : 메소포타미아인들과 이집트인들의 종교관을 비교해볼까요? 인도 문명의 유적은 무엇이 있었나요? 중국 문명의 문화유산은 무엇이 있나요?

나. 〈자료 1〉을 활용하여 학생들의 동기를 유발하시오.
  세계사 반에 있는 학생들 중 2학년 선택 과정에서 세계지리를 선택한 학생들에게 각 문명이 속한 지역의 지리적 특성을 묻고, 이번 시간에는 역사적 특성도 정리해 보자 말한다.(※유의점 고려)

다. 성취기준을 고려하여 학습 목표 1가지를 제시하시오.
  4대 문명의 **공통점과 차이점**을 정리하고 탐구 보고서를 작성할 수 있다.

2. 〈실연 부분 2〉

가. 〈자료 2〉의 [수험생 작성 부분 1~3]을 채워 채점기준 및 수행평가 방법을 안내하시오.
  ① 채점기준

[수험생 작성 부분 1] 각 문명의 특징을 3가지 이상 바르게 분류하였는가.(4점)
[수험생 작성 부분 2] 각 문명의 공통점을 바르게 적었는가.(4점)
[수험생 작성 부분 3] 문명 소개글에 문화 유산을 포함하여 바르게 적었는가.(4점)
모둠원이 서로 협력하였는가.(3점)

  ② 수행평가 방법 안내
  〈자료 1〉과 교과서, 지난 시간까지 배운 내용을 참고하여 1의 표 정리 → 표에 정리된 특징들을 토대로 4대 문명의 공통점 도출 → 4대 문명 중 한 가지 문명을 선택하고 **스마트폰, 태블릿PC**를 활용하여 추가 자료 조사(매체 및 기자재 고려) → 완결성 있는 글 작성

나. 학생들이 탐구를 할 동안 순회 지도를 실시하시오.
  어떤 문명을 골라 소개글을 써야 할지 몰라 헤매는 모둠이 각자 흥미 또는 진로를 고려해 문명을 고를 수 있도록 조율
  예) 꿈이 요리사라고 답하는 학생에게 고대 이집트 문명의 음식 문화가 많으니 이집트를 선택해보는 건 어떤지 제안해본다.

다. 〈자료 3〉을 학생들의 수행평가 결과물이라고 가정하고 모둠별 상호 피드백 및 교사의 피드백이 이루어지는 상황을 가정하시오.
  예시
  ① 모둠별 상호 피드백
   – 〈자료 3〉의 2번 문항이 다 옳은 말이기는 하지만 우리가 배운 내용을 구체적으로 써줬으면 더 좋았을 것 같다. 예를 들어서 큰 강 유역이 있어서 농경이 발전하였다든지, 등

- 〈자료 3〉의 3번 문항에 오류가 있는 것 같다. 청동기를 사용한 인더스 문명의 드라비다인에 대한 내용과 철제 무기를 활용하여 정복활동을 한 아리아인의 갠지스 문명에 대한 내용이 뒤섞인 것 같다.
- 교과서에 없는 소를 끄는 수레 조각상을 소개해줘서 좋았다. 그리고 조각상에 담긴 역사적 의미도 잘 해석한 것 같다.

② 교사 피드백
- 모둠별 상호 피드백이 정중하고 공적인 언어로 잘 이루어졌음을 칭찬하고, 〈자료 3〉 모둠이 어려운 과제에도 불구하고 서로 협력하였으며, 아쉬운 점도 있었지만 역사 정보 활용 및 의사소통 역량이 특히 돋보였다고 평가

판서

<문명의 발생(탐구학습)>

※ 선수 학습 확인
1. 메소포타미아 문명
2. 이집트 문명
3. 인도 문명
4. 중국 문명

※ 채점기준
[수험생 작성 부분 1]
[수험생 작성 부분 2]
[수험생 작성 부분 3]
모둠 간 협력

※ 발표 및 피드백
[모둠명]
1. 피드백 내용
2. 피드백 내용

※ 학습 목표 : ~

주제 02 진·한 제국의 발전 ☆

1. 〈실연 부분 1〉: 수업에 적절한 동기 유발을 제시하시오.

   예시: 만리장성 사진을 보여주며 진나라와 흉노의 관계 및 진시황대 무리한 공사가 진행되었음으로 연결지을 수 있다.

2. 〈실연 부분 2〉

   가. 〈자료 1〉을 선수학습과 연계하여 설명하시오.
   분서 갱유(또는 사상 탄압)를 보여주는 사료이다. 지난 차시에 학습한 제자백가를 떠올리며, 법가 사상을 선택한 진시황이 그 외 사상을 탄압한 내용을 설명할 수 있다.

   나. 〈자료 2, 3〉을 학습 목표를 고려하여 설명하시오.
   〈자료 2〉는 군현제, 〈자료 3〉은 시황제의 통일 정책이다. 학습 목표 '진·한 시기에 황제 중심 중앙 집권 체제가 형성되었음을 설명할 수 있다.'와 연결지어, 두 정책 모두 중앙 집권 정책이었음을 강조해서 설명할 수 있다.

3. 〈실연 부분 3〉

   가. 〈자료 4, 5〉를 활용하여 탐구식 수업을 진행하시오.
   ① 한 무제 때 영토 확장과 통제 경제에 대한 탐구식 수업을 진행할 수 있다.
   ② 진행 예시 : 모둠 구성 → 모둠별 과제 선택 → 교과서와 휴대폰을 사용하여 탐구 과제에 답을 찾기 (교사 순회 지도) → 발표(교사 피드백)

   나. 〈자료 5〉의 [수험생 작성 부분 1~3]을 채워 〈자료 4〉를 활용한 탐구식 수업에 적절한 과제를 제시하시오.
   [수험생 작성 부분] 예시

탐구 과제
1. 〈자료 4〉의 (가)에서 장건이 원정을 떠난 이유를 조사해보자.
2. [수험생 작성 부분 1] 〈자료 4〉의 (가)에서 장건의 서역 원정 과정을 조사해보자.
3. [수험생 작성 부분 2] 〈자료 4〉의 (나) 정책을 시행한 목적을 알아보자.
4. [수험생 작성 부분 3] 〈자료 4〉의 (나) 정책 외에 한무제가 실시한 다른 경제 정책을 찾아보자.

   다. [유교, 불교, 역사서, 제지술]의 학습 요소를 활용하여 한이 중국 문화의 기틀을 마련한 과정을 설명하시오.
   판서 참고

판서

〈진·한 제국의 발전〉

※ 학습 목표
1.
2.

1. 진의 중국 통일
   (1) 시황제
      ① 황제 칭호 사용
      ② 중앙집권 정책 : 군현제, 화폐·도량형·문자 통일, 도로망 건설
      ③ 법가 사상 : 분서갱유
      ④ 만리장성 건설
   (2) 멸망 : 진승·오광의 난

2. 한의 성립과 발전
   (1) 한 고조
      ① 군국제
      ② 흉노에 물자 제공
   (2) 한 무제
      ① 군 현제
      ② 유교 이념
      ③ 남월, 고조선 정복, 장건 파견
      ④ 소금·철 전매제, 균수법

3. 한의 사회와 문화
   (1) 사회: 철제 농기구 보급, 호족의 성장 (향거리선제)
   (2) 중국 문화의 기틀 마련
      ① 유교 보급: 태학, 오경박사 설치, 훈고학 발달
         → 화이사상 이용한 책봉·조공 관계 성립
      ② 불교 전래: 후한 초 사막길
      ③ 역사서: 사마천『사기』, 반고『한서』
      ④ 제지술: 채륜

주제 03 위진 남북조 시대

1. 〈실연 부분 1〉: 호한융합과 관련하여 적절한 동기 유발을 제시하시오.

예시 : 한족이 유목민의 의자를 사용하는 그림을 보여주며, 위진 남북조 시대에 유목 민족이 화북을 차지하면서 유목민의 생활 문화가 중국 사회에 서서히 퍼져나간 점을 통해 동기 유발을 할 수 있다. 실제로 유목민이 먹던 염소와 양의 젖이나, 소매가 좁고 몸에 붙어 활동하기 편한 그들의 옷차림이 한족 사이에 유행하였다. 또한 주거 생활에도 변화가 나타나 유목민이 사용하던 의자나 침대를 한족이 사용하게 되었다. 이렇듯 한족 문화에 융합된 유목민의 문화는 중국 문화를 더욱 풍부하게 하였다.

2. 〈실연 부분 2〉

가. 〈자료 1, 2〉를 활용해서 위진 남북조 시대 전개 과정을 설명하시오.
  〈자료 1〉의 도표를 활용하여 전개 과정을 설명하면서, 〈자료 2〉를 통해 북조는 화북 지역을, 남조는 강남 지역을 차지했음을 지도로 보여줄 수 있다.

나. 〈자료 2, 3〉을 활용하여 효문제의 한화 정책을 설명하시오.
  뤄양 천도를 설명할 때 〈자료 2〉 지도를 활용한다. 〈자료 3〉을 이용하여 효문제가 조정에서 선비족의 언어 사용을 금지하고 한족의 언어를 사용하도록 한 것을 설명할 수 있다.

3. 〈실연 부분 3〉

가. 〈자료 4〉를 활용한 사료 탐구 수업을 진행하시오.
  탐구 과제 예시 : 〈자료 4〉의 관리 선발 제도 과정을 조사해보자.
    〈자료 4〉를 읽고 구품중정제로 인해 나타난 문제점을 유추해보자.
    〈자료 4〉의 문제점을 해결하기 위한 관리 선발 제도를 생각해보자.

나. 〈자료 5, 6〉을 활용하여 학습 목표를 고려하여 비교 학습을 진행하시오.
  ① 학습 목표 '위진 남북조 시대의 문화를 남조와 북조로 비교하여 설명할 수 있다.'를 고려한다.
  ② 북조와 남조 모두 불교와 도교가 발전했다는 공통점이 있지만 문화 발달 양상에 차이가 있다. 〈자료 5〉를 통해 북조의 대표적인 대규모 석굴사원을 통해 부처의 힘을 빌려 황제의 권위를 높이려 한 북조의 문화를, 〈자료 6〉을 통해 동진의 혼란한 시대에 살았던 도연명이 벼슬을 그만두며 남긴 작품에서 속세를 떠나 자연을 벗 삼아 살아갈 것을 선언한 모습을 살펴보고, 혼란한 사회에 염증을 느끼고 속세를 벗어나는 남조의 풍조를 설명할 수 있다. 이 때, 동기 유발을 다시 한번 언급하며 유목민의 문화와 한족의 문화가 융합되며 중국 문화를 풍부하게 하는 면도 있었다는 시대 문화의 모습을 놓치지 않음으로써 다민족 사회에 대한 가치관을 키울 수 있다.

판서

<위진 남북조 시대>

※ 학습 목표
1.
2.

1. 위진 남북조 시대의 전개
  (1) 삼국 시대
  (2) 5호 16국 시대
  (3) 남북조 시대
    ① 북조 : 효문제 한화 정책
      (뤄양 천도, 한족 성씨, 균전제)
    ② 남조 : 빈번한 왕조 교체, 한족의 강남 이주로 강남 개발

2. 위진 남북조 시대 사회와 문화
  (1) 문벌 귀족 사회의 형성
    ① 과정 : 9품중정제
    ② 문벌 귀족 : 대토지 소유, 중앙 고위 관직 독점
  (2) 위진 남북조 시대 문화

남조	북조
불교, 도교 발전	
- 노장사상, 청담 유행 - 귀족 문화(도연명「귀거래사」, 고개지「여사잠도」)	- 북조 왕실 불교 후원, 대규모 석굴 사원(윈강, 룽먼)

주제 04 수·당 제국의 발전

1. 〈실연 부분 1〉: 성취기준과 내용을 고려한 학습 목표를 2가지 제시하시오.

예시
① 수·당 제국의 발전과 변천을 설명할 수 있다.
② 수·당대 발전한 동아시아 문화권을 탐구하여 보고서로 작성할 수 있다.

2. 〈실연 부분 2〉

가. 〈자료 1, 2〉를 활용할 때, [과거제, 대운하, 율령]의 학습 요소를 포함하여 판서하시오.
- 판서 참고
- 〈자료 1〉 대운하, 〈자료 2〉 율령 체제를 비롯한 당나라의 국가 행정 조직

나. 〈자료 3〉을 통해 당의 제도 변천을 배경과 결과에 중점을 두어 설명하시오.
설명 예시 : 당의 균전제를 시행한 목적은 조용조 부과와 부병제 유지를 위한 것이었다. 즉, 자영농을 육성하고 재정과 군사력을 튼튼히 하고자 함이었다. 그러나 장원의 확대로 농민들이 소작농으로 전락하거나 거주지를 떠나자 균전제가 붕괴되었다. 게다가 탈라스 전투에서 패배하고, 안사의 난을 겪으면서 위기를 맞았다. 이러한 배경에서 균전제를 시행하기 어려워진 당나라는 조용조를 폐지하고 양세법을 시행하였다. 그 결과 세금 부과 기준이 호구가 아닌 토지가 되면서 국가가 토지의 사적 소유를 공식적으로 인정하게 되어 당 정부의 백성에 대한 지배력이 약화된다.

3. 〈실연 부분 3〉

가. 〈자료 4〉의 [수험생 작성 부분 1~3]을 채워 활동에 적절한 채점기준표를 제시하시오.
예시

평가 기준
[수험생 작성 부분 1] 동아시아 문화권 공통 요소의 사례를 적절하게 선정하였는가.
[수험생 작성 부분 2] 각 모둠원이 개별책무성을 가지고 맡은 탐구과제를 성실히 조사하였는가.
[수험생 작성 부분 3] 보고서의 내용이 역사적 사실에 부합하는가.

나. 학생들의 발표 상황을 가정하여 긍정적 피드백과 부정적 피드백을 1가지씩 제시하시오.
피드백 예시 : 베트남의 쯔놈 문자를 통해 주변국에 전파되었던 한자가 동아시아 공통 문자로 기능하게 된 점을 적절한 사례와 함께 잘 설명했습니다. 그렇지만, 중국의 일방적인 요구로 베트남이 쯔놈문자를 사용했다고 표현한 것은 적절치 않습니다. 주변 국가들은 이러한 문물 수용을 통해 자국의 정치 안정과 사회 발전을 추구했기 때문입니다.

판서

<수・당 제국의 발전>

※ 학습 목표　1. 수・당 제국　　　　　　　　　　　　　　　　　　　　　　2. 동아시아 문화권
　1.　　　　　(1) 수　　　　　　　　　(2) 당　　　　　　　　　　　　　　* 탐구 보고서 작성
　2.　　　　　① 문제 : 중국 재통일, 율령 체제 정　① 고조 : 수도 장안　　　　　(1) 유교
　　　　　　　　비, 과거제 시행　　　② 태종 : 율령 체제 정비, 대외 팽창　(2) 불교
　　　　　　② 양제 : 대운하 건설　　　③ 쇠퇴 : 안사의 난　　　　　　(3) 율령
　　　　　　③ 멸망 : 대규모 토목 공사, 고구려　　　- 절도사 세력 강화　　　(4) 한자
　　　　　　　　공격 실패　　　　　　　　- 율령 체제 붕괴
　　　　　　　　　　　　　　　　　　　　　균전제 → 장원제
　　　　　　　　　　　　　　　　　　　　　부병제 → 모병제
　　　　　　　　　　　　　　　　　　　　　조용조 → 양세법
　　　　　　　　　　　　　　　　　　④ 멸망 : 황소의 난 → 절도사 주전충
　　　　　　　　　　　　　　　　　　　　에 의해 멸망

| 주제 05 | 송의 성장과 정복 왕조의 등장 ✮

1. 〈실연 부분 1〉

가. (가)를 활용하여 적절한 질문을 제시하시오.
  Q. 전시 제도의 도입이 황제권에 미친 영향은 무엇인가?
  A. 황제가 시험을 주관하는 전시 제도는 사대부가 황제에 대한 충성심을 발휘하는 요소로 작용하여 황제권의 강화에 기여하였다.

나. 학생들이 스스로 탐구할 수 있도록 (나) 활동을 실연하시오.
  학생들이 교과서와 태블릿PC를 활용하여 왕안석 신법의 구체적인 내용을 찾아보고, 본인이 송대 왕안석이라고 상상하며 자신이 만들고 싶은 신법의 내용도 생각해보게 한다.

2. 〈실연 부분 2〉

가. 〈자료 2, 3〉을 활용하여 북방민족의 활동을 주체적인 입장에서 살펴볼 수 있는 적절한 질문을 제시하시오.
  Q1. 〈자료 2〉의 문자들이 만들어진 이유가 무엇일까?
  A1. 정복 왕조들은 한족의 문화에 동화되지 않고, 자민족 문화의 독자성을 유지하기 위해서 거란 문자, 여진 문자와 같은 독자적인 문자를 만들어 사용하였다.
  Q2. 〈자료 3〉의 이중지배체제가 나타난 이유가 무엇일까?
  A2. 요와 금은 북아시아와 중국의 일부 지역을 지배하여 그들의 영토는 유목 사회와 농경 사회 두 지역으로 구분되어 있었다. 유목민과 농경민이 혼재되어 있는 이중적 복합 사회였기 때문에 다양한 민족으로 구성된 이들을 통치하기 위해서는 정치 체제도 이중성을 가져야만 했다.

3. 〈실연 부분 3〉

가. 〈자료 4〉를 활용하여 역사 신문 만들기를 안내하시오.
  안내 : 역사 신문 만들기의 목적과 신문의 요소 설명(part1참고) → 각자 활동지 작성 → 패들렛 게시 후 감상

나. 〈자료 5〉의 [수험생 작성 부분 1, 2]를 쓰고, 수행평가 기준을 안내하시오.
  – [수험생 작성 부분 1] 제작물과 관련된 역사적 사실이 분명한가?[2점]
  – [수험생 작성 부분 2] 제작물의 요소에 맞게 표현했는가?[2점]

다. 학생들의 발표 후 피드백하는 과정을 포함하시오.
  피드백(예시) : 지영 학생은 송태조가 절도사 세력들을 탄압하는 정치기사를 실감나게 작성하였고, 지윤 학생은 동시대에 정복 왕조들이 이중 지배 체제를 확립할 수밖에 없었던 이유가 드러나는 사설을 논리적으로 작성하였습니다.

| 판서 |

```
                        <송의 성장과 정복 왕조의 등장>

※ 학습 목표    1. 송의 건국과 문치주의 정책        2. 북방 민족의 등장과 통치체제    * 역사 신문 만들기 *
  1.             (1) 태조의 정치                   (1) 요                           - 안내
  2.              - 황제권 강화 : 절도사 권한         - 건국 : 야율아보기              - 수행평가기준
                    회수                            - 발전 : 북면관제·남면관제,         ① 주제
                  - 문치주의 정책 : 전시 제도                  거란문자                ② ~
                    시행                         (2) 금                           ③ ~
                 (2) 왕안석의 신법                  - 건국 : 아구다의 여진족 통일      ④ 태도
                                                - 발전 : 맹안모극제와 주현제,
                                                         여진문자
```

주제 06 몽골 제국과 동서 교류

1. 〈실연 부분 1〉

가. 〈자료 1〉을 작성하도록 지도하시오.

　지도 방안 : 여러분들이 갖고 있는 교과서, 배움책, 그리고 태블릿PC를 활용하여 〈자료 1〉의 내용을 찾아봅시다. 태블릿PC를 활용하여 정보를 검색할 때는 공신력 있는 사이트를 사용합시다. 몽골 제국 시기에 이루어진 동서 교류 내용을 다방면에서 살펴보고, 찾으면서 모르는 것이 있으면 주변 친구들, 선생님께 질문해주세요.

나. 학생이 〈자료 1〉을 완성했다고 가정하고, 피드백하는 과정을 실연하시오.

　지도 방안 : '민서 학생은 초원길, 사막길, 바닷길을 통해 교류된 물품과 학문의 사례를 바르게 정리했네요. 민서 학생이 내용을 정리하면서 가장 인상 깊은 부분이 있었나요?' 혹은 '정인 학생은 바닷길을 비단길로 부르기도 한다는 내용을 적어주었는데, 이 부분을 바르게 고쳐줄 학생 있나요?'

2. 〈실연 부분 2〉

가. 〈자료 2〉를 활용하여 보고서 작성 수업을 지도하고, 유의점을 언급하시오.

　지도 방안 : 관련 자료들을 찾아 내용을 분석하고, 자료들 사이의 연관성을 파악하세요. 그리고 역사적 상황을 논리적으로 제시해주세요. 그리고 단순히 많은 정보를 나열하기보다는 오늘날 중국의 소수 민족이 처한 상황에 초점을 두고, 정리하여 작성해주세요.

나. 〈자료 3〉의 [수험생 작성 부분 1, 2]를 쓰고, 수행평가 기준을 안내하시오.

기준	점수
보고서의 내용이 역사적 사실에 적합한가?[2점]	
[수험생 작성 부분 1][2점] 역사적 배경과 연결하여 오늘날의 중국 소수 민족이 처한 상황이 잘 드러나는가?	
[수험생 작성 부분 2][2점] 주제와 관련된 자료를 적절히 수집하고, 활용하였는가?	
보고서 작성 과정에 임하는 태도가 적극적인가?[2점]	

다. 학생이 〈자료 2〉를 완성했다고 가정하고, 피드백하는 과정을 실연하시오.

　지도 방안 : 성미 학생은 후이족을 주제로 보고서를 작성했습니다. 이슬람을 믿고 있는 후이족의 종교적인 특징과 대표적인 후이족으로 명대 정화가 있다는 객관적인 사실을 전달하려고 노력한 모습이 돋보이고, 오늘날 중국 정부와 종교 문제 마찰에 대한 심도 있는 분석이 인상적입니다.

판서

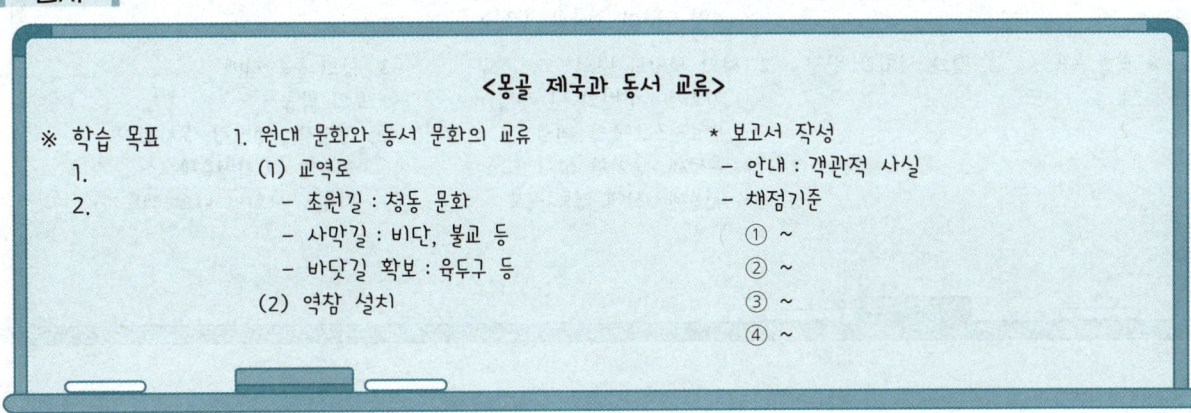

주제 07 명·청의 건국과 발전

1. 〈실연 부분 1〉

가. 〈자료 1〉을 활용하여 탐구 학습 방안을 안내하시오.
  교사의 안내 : 교과서와 태블릿PC를 활용하여 청의 3대 황제의 업적과 정책을 조사하고, 표로 정리해 봅시다.

나. 〈자료 1〉을 완성한 학생의 발표를 듣고, 교사가 피드백하는 과정을 실연하시오.
  교사의 피드백 : 지영 학생은 교과서를 활용하여, 청의 3대 황제의 업적과 정책을 바르게 정리하고, 교과서에 없는 내용도 태블릿을 활용하여 추가적으로 정리해주었네요. 특히 지영 학생이 옹정제를 최고의 황제로 선정한 이유가 인상적입니다.

2. 〈실연 부분 2〉

가. 〈자료 2~4〉를 활용하여 토의 학습을 안내하고, 순회 지도하시오.
  - 교사의 안내 : 교과서를 바탕으로 〈자료 2〉를 분석하여, 〈자료 3〉의 학습지를 완성 → 학습지를 모두 완성한 뒤 〈자료 3〉의 '다민족 사회에서 우리가 가져야 할 태도'에 대해 전체 토의
  - 순회 지도의 예시
    ① 활동이 어려워 참여하지 못하는 학생을 도와줄 수 있는 짝친구 만들어주기
    ② 학습지 내용을 잘못 기입한 학생에게 다시 생각해볼 수 있는 비계 설정하기

나. 〈자료 4〉의 [수험생 작성 부분 1, 2]를 채우시오.

기준	점수
토의 준비를 위한 학습지를 성실하게 작성하였는가?[2점]	
[수험생 작성 부분 1] 토의 주제에 대한 주장의 근거가 명확한가?[2점]	
[수험생 작성 부분 2] 토의 과정에서 다른 사람의 말을 경청하였는가?[2점]	
토의에 임하는 태도가 적극적인가?[2점]	

다. 토의 학습 과정에서 나타날 수 있는 문제 상황을 가정하고, 토의 학습을 실연하시오.
  문제 상황의 예시
    ① 한 사람만 토의의 주도권을 잡고 말을 많이 하는 상황 → 돌아가며 말을 할 수 있는 분위기 조성
    ② 부끄러워서 아무도 이야기를 하지 않는 상황 → 교사가 사전에 학습지를 점검하고, 학생들에게 발표 제안

판서

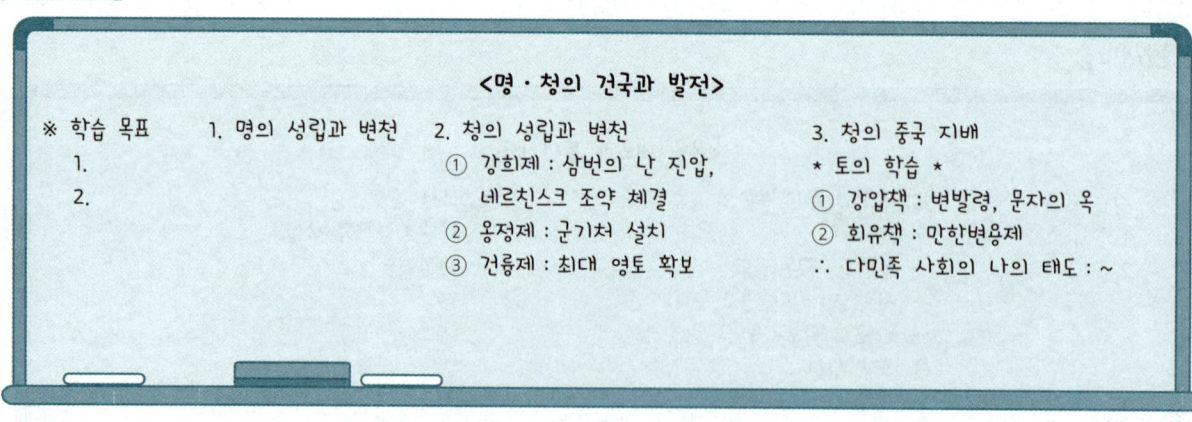

| 주제 08 | 명·청의 사회와 경제 변화 |

1. 〈실연 부분 1〉: 〈자료 1〉을 활용하여 개념학습 방법을 안내하고 학습 장면을 실연하시오.

　(1) 개념학습 방법: 본 교재 PART1 참고
　(2) 개념학습 진행 시 순회지도 TIP
　　1번 문항의 답을 작성하는 것에서부터 어려움을 겪고 있는 모둠에게 〈자료 1〉의 1번 문항에서 작성한 개념이 완벽하지 않은 것이 당연하며, **오개념을 수정**하며 더 완벽한 답안을 만들어가는 과정이 중요하다고 독려한다.

2. 〈실연 부분 2〉: 〈자료 2〉를 활용하여 설명식 수업을 진행하되, 다양한 형태의 발문을 포함하시오.

　질문 예시
　(1) 인지 기억 질문: 일조편법을 제정한 인물은 누구죠?
　(2) 수렴적 질문: 일조편법과 지정은제의 차이점은 무엇인가요?
　(3) 확산적 질문: 지정은제의 실시로 청나라의 인구 상황은 어떻게 변화하였을까요?
　(4) 평가적 질문: 여러분이 당시 백성이었다면 일조편법과 지정은제를 어떻게 평가했을까요?

3. 〈실연 부분 3〉: 〈자료 3〉을 활용하여 서술형 평가 방법을 안내하고 평가 및 피드백 활동을 진행하시오.

　(1) 서술형 평가 방법 안내: 평가 시간, 조건, 배점을 안내한다.
　(2) 피드백 활동 예시
　　- 학생이 작성한 답안 예시
　　　① 학교의 학생 또는 졸업생으로 과거를 볼 수 있는 자격을 얻은 지방의 명·청 시대의 지배층이다.
　　　② 일조편법과 지정은제는 모두 세금을 은으로 내는 제도이다.
　　- 피드백 예시
　　　① 개념 학습을 통해 완성한 개념을 잘 적어주었습니다.
　　　② 일조편법과 지정은제의 공통점을 잘 찾았습니다. 하지만 '비교'는 공통점과 차이점을 모두 고려해야 하므로, 오늘 배운 두 제도의 차이점을 적어 보완하면 좋겠습니다.

| 판서 |

〈명·청의 사회와 경제 변화〉

1. 명·청 시대의 신사　　2. 명·청 시대의 경제 제도　　3. 서술형 평가

〈개념학습〉
(1) 가설 설정
(2) 가설 검증
(3) 가설 수정

(1) 일조편법
　: 잡다한 항목을 통합하여 지세와 정세를 은으로 납부

(2) 지정은제
　: 정세를 지세에 통합하여 은으로 한꺼번에 징수

(1) 신사
　: 학교의 학생 또는 졸업생으로 과거를 볼 수 있는 자격을 얻은 지방의 명·청 시대의 지배층이다.

(2) 일조편법과 지정은제 비교
　: 일조편법은 지세와 정세를 냈지만, 지정은제는 정세를 지세에 통합하여 지세만을 납부하게 하였다.

주제 09 이슬람 세계의 형성 ✦

1. 〈실연 부분 1〉: 수업 내용과 수업 방법, 수행평가를 모두 아우르는 학습 목표 3가지를 제시하시오.

예시
① 이슬람교의 성립과 문화에 대해 **협동적으로 조사**할 수 있다.
② 이슬람 제국의 성립에 대해 **설명**할 수 있다.
③ 서아시아의 분쟁 **기사를 스크랩하고 분쟁 해결 방안을 모색**할 수 있다.

2. 〈실연 부분 2〉

가. 〈자료 1〉을 활용하여 모둠별 협동 학습을 안내하시오.
　① 학생들이 적극적으로 **원하는 주제를 선택**하는 과정 시연(※유의점 1 고려) → 모둠별로 주제가 겹칠 경우 주제 선택 사유를 듣거나 재투표를 하여 조정하는 과정 시연
　② 선택한 주제 관련 내용을 조사할 시 교과서뿐 아니라 **디지털 기기도 적극 사용하도록** 권장(※유의점 2 고려)
　③ 자신의 의견을 덧붙일 때 정제된 언어를 사용하며 논리적으로 작성할 수 있도록 안내
나. 〈자료 2〉와 같이 작성하고 있는 학생들이 **역사과 핵심 역량**을 증진할 수 있도록 조언하시오.
　역사과 핵심 역량 중 '**정체성과 상호 존중**' 역량에 기반하여 사료를 표면적으로 해석한 것과 종교적 편견이 담긴 내용을 작성한 것 지적 → 예배 시간을 놓쳐도 다음 기회에 한 번에 할 수 있고, 라마단 기간에도 노약자·임신한 여성·환자는 음식 섭취가 허용됨을 안내
다. 모둠별 협동학습의 산출물을 가정하고, 그것을 토대로 구조화된 판서를 작성하시오.
　판서 참고

3. 〈실연 부분 3〉

가. 〈자료 3〉의 [수험생 작성 부분 1~3]을 채우고 수행평가 방안을 안내하시오.
　① 채점기준 예시

[수험생 작성 부분 1] 주제에 맞는 기사를 스크랩하였는가?(2점)	
[수험생 작성 부분 2] 기사 속 종교적 편견을 찾고 사실에 입각하여 정정하였는가?(4점)	
[수험생 작성 부분 3] 기사에 대해 자신의 견해나 감상을 명료하게 밝혔는가?(4점)	

　② 수행평가 방안 안내
　　온라인 클래스룸에 접속하여 과제 게시물 확인 → 인터넷 검색을 통해 서아시아 지역의 분쟁과 관련된 신문 기사 링크 공유 → 해당 기사를 읽고 해당 분쟁의 원인, 과정 등에 대해 공부 → 종교적 편견이 담긴 부분이 있을 경우 찾아 고쳐 작성 → 조사한 분쟁의 해결 방안 모색한 후 글쓰기
　　cf. 한국국방연구원(https://kida.re.kr/index.do) 사이트에서는 세계분쟁정보를 확인할 수 있다.
나. **학생들이 수행평가를 할 동안 순회 지도를 실시하시오.**
　예시
　－ 기사를 찾기 위한 검색어를 스스로 생각해 낼 수 있도록 한다.
　－ 다른 종교, 다른 문화를 배려하는 섬세한 마음으로 기사를 읽도록 한다.

판서

<이슬람 세계의 형성>

※ 학습 목표
1.
2.

1. 이슬람교의 성립과 문화
  1. 이슬람교
    (1) 창시 : 무함마드
    (2) 교리 : 유일신, 우상 숭배 배격,
          신 앞의 평등
    (3) 오행의 의무
  2. 경제
    (1) 상행위 긍정
    (2) 활발한 동서 교역
  3. 문화
    (1) 아랍어 : 쿠란, 아라비안나이트
    (2) 과학 : 천문학, 화학, 의학 발달

2. 이슬람 제국의 성립

※ 수행평가

※ 채점기준
  [수험생 작성 부분 1]
  [수험생 작성 부분 2]
  [수험생 작성 부분 3]

주제 10 굽타 왕조의 발전과 인도 고전 문화의 확산

1. 〈실연 부분 1〉: 〈자료 1〉을 활용하여 강의식 수업을 진행하되, 굽타 왕조의 북인도 통일 과정을 반드시 포함하시오.

   〈자료 1〉은 아래와 같이 굽타 왕조의 영역을 표시하며, 내용은 판서 참고

2. 〈실연 부분 2〉

   가. [산스크리트 문학, 굽타 양식, 0의 개념]을 학습 요소로 포함하시오.
      판서 참고
   나. 〈자료 2〉를 활용하여 굽타 양식에 대해 설명하시오.
      〈자료 2〉는 사르나트 초전 법륜상으로 굽타 양식을 잘 보여주는 사례이다.

3. 〈실연 부분 3〉

   가. 〈자료 3〉의 [수험생 작성 부분 1, 2]를 작성하시오.
      예시
      [수험생 작성 부분 1] 불가촉천민에 감정이입하여, 그들의 입장에서 작성한다.
      [수험생 작성 부분 2] 불가촉천민과 관련한 사회 문제 및 해결 방안을 포함한다.
   나. 〈자료 4〉를 학생이 완성한 평가지로 가정하고, 역사과 핵심 역량에 따라 피드백하시오.
      예시 : 불가촉천민의 정의를 잘 설명하고 있는 것으로 보아 **역사 사실 이해 역량**이 뛰어나네요. 뿐만 아니라 불가촉천민이 가진 문제점을 인식하고, 실현 가능성이 있는 해결책을 제시하는 것으로 보아 **역사적 판단력과 문제 해결 능력**도 돋보입니다.

판서

<굽타 왕조와 인도 고전 문화의 발달>

1. 굽타 왕조의 등장　　　2. 힌두교의 성립과　　3. 인도 고전 문화의 발달　　4. 수행평가
　　　　　　　　　　　　　　카스트제도의 변화

(1) 찬드라굽타 1세　　　　　　　　　　　　　(1) 산스크리트 문학　　　　　<불가촉천민 입장에서 일기 쓰기>
 : 쿠샨 왕조 쇠퇴 후 분열되　　　　　　　　　 : 『마하바라타』, 『라마야나』 등
   었던 서북 인도 지역 통일　　　　　　　　　(2) 굽타 양식　　　　　　　　조건 1.
(2) 찬드라굽타 2세　　　　　　　　　　　　　 : 튀어나온 머리, 몸에 밀착된　　~
 : 북인도 대부분을 차지하고　　　　　　　　　 얇은 옷 등 신체의 윤곽을 살림
   남쪽까지 영토 확장　　　　　　　　　　　　 (아잔타, 엘로라 석굴 등)　　조건 2.
　　　　　　　　　　　　　　　　　　　　　　(3) 수학　　　　　　　　　　　~
　　　　　　　　　　　　　　　　　　　　　　 : 10진법 및 0의 개념 사용
　　　　　　　　　　　　　　　　　　　　　　　→ 이슬람에 영향　　　　　　조건 3.
　　　　　　　　　　　　　　　　　　　　　　　　　　　　　　　　　　　　~

주제 11 무굴 제국과 인도·이슬람 문화

1. ⟨실연 부분 1⟩ : 단원의 1~3차 선수 학습을 스케치 지도를 통해 간단히 복습하시오.

   예시 : 고대부터 무굴 제국까지 인도 왕조의 영토 변화를 확인해 볼까요?(스케치 지도 활용)

2. ⟨실연 부분 2⟩ : 무굴 제국의 성립에 대해 설명하시오.

   가. ⟨자료 1⟩을 활용하여 무굴 제국의 발전 과정에 대해 설명하시오.
      아크바르 황제와 아우랑제브 황제를 중심으로 설명하되 지도의 범례와 연계한다.(판서 참고)

3. ⟨실연 부분 3⟩ : 수행평가를 실시하시오.

   가. ⟨자료 2⟩의 [수험생 작성 부분 1, 2]를 완성하시오.
      예시

내용
1. [수험생 작성 부분 1] 　주제에 맞는 제목을 선정하였는가.
2. 개별 모둠원이 주제에 맞는 유적지를 1가지씩 선정하였는가.
3. [수험생 작성 부분 2] 　각 유적지 안내문에 역사적 사실을 2가지씩 포함하였는가.
4. 모든 모둠원이 협동하여 완성하였는가.

나. 다음 학생들에 대한 순회 지도를 실시하시오.

예시
- 전자기기 이용에 어려움을 겪는 학생
  휴대용 프린터기 사용 방법을 묻는 학생에게 태블릿PC에 미리 설치해 둔 어플로 사진을 전송하면 된다고 안내한다.(※매체 및 기자재 고려)
- 역사적 사실 탐색에 어려움을 겪는 학생
  유적지 실제 위치 및 사진을 찾고 싶어 하는 학생에게 **구글 어스** 사이트 활용 방안을 안내한다.
- 모둠 활동에 협조하지 않는 학생
  본인의 안내문이 다른 학생들과 조화를 이룰 때 더 멋진 관광 안내 리플릿이 나올 수 있음을 설명한다.

다. 한 개 모둠의 결과물을 가상으로 가정하고, 잘한 점 및 보완할 점을 피드백하시오.
- **채점기준에 따라** 잘한 점 한 가지, 보완할 점 한 가지를 자유롭게 피드백한다.
- 피드백 예시
  '불교의 원산지 인도, 어디까지 가봤니?'라는 제목이 주제에 적합할 뿐 아니라 유쾌합니다. 다만 3일 차에 방문하는 보로부두르 사원은 인도가 아닌 인도네시아에 위치한 불교 유적지이므로 유적지 선정이 아쉽습니다.

판서

```
                <무굴 제국과 인도·이슬람 문화>

※ 학습 목표      1. 무굴 제국의 발전        2. 사회, 경제, 문화    3. 수행평가 : 관광 안내 리플릿 만들기
 1.                (1) 성립                                      <주제>
 2.                    : 16세기 초 바부르                          종교의 나라, 인도를 여행하자!
                   (2) 발전
                       ① 아크바르 황제                            <채점기준>
                          : 중앙집권제, 지즈야 폐지                 1. ~
                       ② 아우랑제브 황제                           2. 역사적 사실 2가지
                          : 최대 영토, 이슬람 제일주의,              3. ~
                            지즈야 부활                            4. 모둠원끼리 협동

                                                                <피드백>
```

주제 12 로마의 발전과 문화 ✩

1. 〈실연 부분 1〉

가. 〈자료 1〉을 활용하여 로마 공화정의 구조를 설명하시오.
  각 기구 또는 인물의 역할을 설명하되 〈자료 1〉의 모든 요소들이 서로 견제하며 균형을 이루었음을 안내
나. 평민권의 발전 과정을 설명하되, 구조화된 판서를 제시하시오.
  판서 참고
다. 〈자료 2〉를 활용하여 연설문을 작성하게 하시오.
  (가)를 통해 로마의 대외 팽창 과정 이후 자영 농민층의 몰락과 이를 해결하기 위한 개혁 내용을 유추하여 연설문을 작성하게 하고, (나)를 통해 귀족의 반발을 확인하면서 귀족파와 평민파의 권력 투쟁이 심화되었음을 설명

2. 〈실연 부분 2〉

가. 중단원 1차시 학습을 복습하기 위해 간단한 문답식 수업을 전개하시오.(예시)
  Q. 아테네의 민주정을 발전시킨 인물과 민주 정치 요소로는 무엇이 있었나요?
  A. 인물로는 솔론, 클레이스테네스, 페리클레스가 있었으며 민주 정치 요소로는 도편 추방제, 500인 평의회, 공무 수당제 등이 있었습니다.
나. 역사과 핵심 역량을 고려하여 〈자료 3〉의 [수험생 작성 부분 1, 2]를 채우고 수행평가를 실시하시오.
  예시
  ※ 채점기준

역사 사실 이해	그리스·로마의 민주 정치 요소를 올바르게 설명하였는가.
역사적 판단력과 문제 해결 능력	그리스·로마의 민주 정치 요소를 오늘날 사례에 적절히 대입하였는가.
모든 모둠원이 적극적으로 협력하였는가.	

다. 학생들의 발표에 대해 피드백하는 과정을 포함하시오.
  학생들의 결과물을 통해 그리스·로마의 민주 정치 요소 중 연설, 투표, 시민단체, 법 등 다양한 요소들이 여전히 현대사회에 적용되고 있음을 확인하고 내용을 정리한다.

| 판서 |

〈로마의 발전과 문화〉

1. 로마 공화정의 발전과 쇠퇴
 (1) 로마의 공화정
 (2) 평민권의 발전 : 호민관·평민회 설치 → 12표법 → 리키니우스법 → 호르텐시우스법
 (3) 그라쿠스 형제의 개혁
 (4) 삼두정치

2. 로마 제국의 발전과 몰락

3. 로마의 문화
 (1) 법률 : 시민법 → 만민법
 (2) 건축 : 콜로세움, 판테온 등
 (3) 문학 : 키케로, 마르쿠스 아우렐리우스 등
 (4) 과학 : 프톨레마이오스의 천동설

※ 수행평가
 - 채점기준
  1. ~
  2. ~
  3. 협력성

주제 13 서유럽 봉건 사회의 성립

1. 〈실연 부분 1〉 : [전개 3]과 관련한 동기 유발을 제시하시오.

예시 : "중세 유럽인은 교회를 떠나서 태어날 수도, 죽을 수도 없다"라는 말은 어떤 의미를 가지고 있을까요? 라는 질문을 던져서 중세 유럽인에게 크리스트교가 어떤 의미를 가졌는지에 대한 동기를 유발한다.

2. 〈실연 부분 2〉 : 〈자료 1, 2〉를 활용하여 봉건 사회의 구조를 설명하시오.

① 〈자료 1〉을 통해 봉건제는 지배 계층 간 주종제와 영주와 농노 간 장원제라는 이중 구조로 이루어짐을 설명할 수 있다. 주종 관계는 국왕과 제후, 하급 기사 사이 여러 겹의 피라미드 형태를 이루었다. 주종 관계를 맺은 이들은 영주로서 장원을 소유하였고, 농노를 신분적으로 예속시켜 장원의 토지를 경작하게 하였다.

② 〈자료 2〉를 통해 쌍무적 계약 관계로 이루어진 주종 관계를 설명할 수 있다.

3. 〈실연 부분 3〉

가. 〈자료 3〉의 [수험생 작성 부분 1~3]을 채워 채점기준표를 제시하시오.

예시

채점기준	배점
1. [수험생 작성 부분 1] 선택한 구성원의 입장에서 쓰였는가.	5
2. [수험생 작성 부분 2] 중세 서유럽의 특징이 드러나는가.	5
3. [수험생 작성 부분 3] 탐방기를 2줄 이상 작성하였는가.	5

나. 순회 지도를 구체적으로 시행하시오.

예시 : 영주가 전쟁 때 기사를 이끌고 출정하는 모습을 잘 묘사해주었네요. 장원의 구조와 관련한 부분을 더 추가해볼까요? 장원에서 영주가 어디서 거주하고 있을까요? 그렇죠. 영주의 성에서 거주하죠. 성에서부터 출발하는 모습을 추가하면 더 장원의 모습이 드러날 것 같아요!

다. 〈자료 4〉를 학생의 답안이라 가정하고 학급 학생들과 피드백 시간을 가지시오.

예시

T : 몇 개 글만 같이 한 번 피드백 해보겠습니다. 자원해준 친구의 글입니다. 〈자료 4〉를 보고 피드백 해볼까요? 아쉬운 부분을 피드백할 때는 어떻게 변경하면 좋을지 의견도 같이 제시해주세요.

S1 : 농노는 거주 이전의 자유가 없는 신분으로 영주의 허락 없이는 장원을 떠날 수 없다는 점이 잘 드러나지 않아서 아쉬워요. '이사나 가야겠다.' 뒤에 '영주한테 잘 보여서 허락을 좀 받아봐야겠다.'와 같은 말이 들어가면 좋을 것 같아요.

S2 : 영주의 직영지에서 강제적 노동을 하는 것 외에도 공납과 시설 사용료 및 인두세 등의 세금을 영주에게 바쳐야 하는데, '세금은 따로 안내니까 다행이다'라고 표현한 점에서 사실 오류가 있어요. 그래도 감정이 잘 드러나서 생생한 글이라 재밌었어요.

T : 좋습니다. 이런 식으로 여러분의 글도 역사적 사실에 적합한지, 채점기준에 부합하는지 검토를 마친 후 제출하도록 하겠습니다.

| 판서 |

<서유럽 봉건 사회의 형성>

※ 학습 목표
1.
2.

1. 봉건 사회의 형성
   (1) 주종제 : 주군과 봉신의 쌍무적 계약 관계 → 지방분권화
   (2) 장원제도
   ① 영주 : 봉신, 주군에게 충성, 불입권(봉토 내 재판권, 징세권)소유
   ② 농노
      - 의무 : 노동지대, 공납, 시설 사용료, 세금 납부
      - 특징 : 거주 이전의 자유X

2. 수행평가
   (1) 주제 : 장원 가상 탐방기
   (2) 안내 : 활동지<자료 3> → 작성 → 발표 및 피드백 → 수정 및 제출
   (3) 채점기준~

3. 크리스트교의 성장

주제 14 중세 유럽 사회의 동요 ✩

1. 〈실연 부분 1〉: 〈자료 1〉을 활용하여 동기 유발을 제시하시오.

예시
T : 〈자료 1〉을 읽고 **흑사병의 확산으로 유럽에 어떤 변화**가 일어났는지 말해볼까요?
S : 농촌에서 일꾼들 대우가 좋아진 것 같아요!

2. 〈실연 부분 2〉

가. 〈자료 2〉를 탐구하기 위한 질문을 제시하시오.
  예시
  - "〈자료 2〉에서 젖과 꿀이 흐르는 땅은 어디를 말하는 걸지 교과서 본문에서 찾아볼까요?"
  - "〈자료 2〉의 교황의 말에 중세 유럽인들은 어떤 반응을 보였을지 예상해볼까요?"
  - "〈자료 2〉를 통해 십자군 전쟁의 경제적, 종교적 배경을 추론해볼까요?"

나. 〈자료 3〉을 통해 십자군 전쟁의 전개 과정을 지리적으로 분석할 수 있도록 비계를 설정하시오.
  예시
  제1차 십자군과 제4차 십자군의 목적지를 찾아 동그라미를 쳐볼까요? 왜 이런 차이가 날지 본문에서 찾아볼까요? 제4차 십자군은 비잔티움 제국의 수도인 콘스탄티노폴리스를 공격하여 라틴 제국을 수립한 부분에서 알 수 있듯, 십자군 전쟁은 기존 목표인 성지 회복에서 벗어나 타락한 모습을 보이기도 합니다.

다. 〈자료 4〉의 [수험생 작성 부분 1~3]을 채워 가상 인터뷰 수업을 안내하시오.
  예시

	채점기준	배점
모둠 내 평가	1. [수험생 작성 부분 1] 인터뷰 질문 2개가 적절하게 선정되었는가.	5
	2. [수험생 작성 부분 2] 역사적 사실을 토대로 답변이 작성되었는가.	5
모둠 간 평가	3. [수험생 작성 부분 3] 당시 사람들의 입장이 드러나게 역할극을 진행하였는가.	5

라. 모둠 간 발표 상황을 가정하여 순회 지도하시오.
  - 짧은 시간에 이루어져야 하므로, 1-2모둠 간, 3-4모둠 간 서로 발표를 진행하는 상황을 가정해주세요. (교수·학습 환경 '학생 수 20명' 참고)
  - 순회 지도 예시 : "상대 모둠이 발표할 때는 경청하여 두 모둠 간 서로 '채점기준 3'의 점수를 객관적으로 매겨주세요"

3. 〈실연 부분 3〉: 〈자료 5〉를 활용하여 중세 유럽의 교역을 설명하시오.

북방 무역과 지중해 무역의 교통로가 교차하는 **샹파뉴 정기시**가 발달했음을 지도로 보여줄 수 있다.

판서

<중세 유럽 사회의 동요>

※ 학습 목표
1.
2.
3.

1. 십자군 전쟁
  (1) 배경 : 셀주크 튀르크 예루살렘 점령→ 비잔티움 황제 도움 요청
  (2) 과정 : 클레르몽 공의회 연설 → 여러차례 원정 → 변질
  (3) 결과 : 실패 → 교황·봉건영주·기사 세력 약화
※ 가상 인터뷰 수업

2. 도시 발달과 상업 부활
  (1) 원거리 무역 → 도시 발달
    ① 자치권 획득 : 자유민
    ② 상인과 수공업자 길드 주도
  (2) 장원 해체
    ① 상업 부활 → 화폐 경제 확산
    ② 흑사병 창궐 → 농노 지위 향상

3. 중앙 집권 국가의 형성

주제 15 르네상스와 종교 개혁

1. 〈실연 부분 1〉: 〈자료 1〉을 통해 르네상스 사람들의 세계관에 대해 동기 유발하시오.

예시
"이탈리아 인문주의자 피코 델라미란돌라는 새로운 인간관을 제시하여 르네상스 사상에 큰 영향을 주었습니다. 〈자료 1〉을 보면 피코 델라미란돌라가 제시한 인간관은 어떤 내용인 것 같나요?"

2. 〈실연 부분 2〉

가. 패들렛 사이트를 이용하여 르네상스에 대한 온라인 전시기획 활동을 안내하시오.

　활동 구성 예시 : 패들렛 사이트에 각자 원하는 르네상스 작품 하나를 선정하여 **사진**을 넣고, **작품 설명**을 찾아 요약해서 적는다. 이 때, 이탈리아 르네상스 작품인지 북유럽 르네상스 작품인지 설명에 포함한다. 학생들이 학급 학생들의 게시물을 구경하며 '**좋아요**' 5개 이상 '**댓글**' 3개 이상을 단다. '좋아요'와 '댓글'을 많이 받은 작품을 함께 TV로 감상한다.

나. 순회 지도 2가지를 구체적으로 시연하시오.

　예시
　－ 미켈란젤로 '피에타'를 선택했네요. 사진을 넣는 방법을 잘 모르겠어요? 그림 아이콘을 눌러서 구글 검색으로 나오는 사진 중 우리 학급 친구들에게 보여주고 싶은 멋진 사진을 골라보세요.
　－ 브뤼헐 '농민의 춤'을 선택했네요. 북유럽 르네상스의 일반적인 특징만 적기보다는 선택한 그림이 어떤 장면을 묘사한 건지 설명에 써주면 전시에 온 학생들이 재밌게 감상할 수 있겠죠?

3. 〈실연 부분 3〉

가. 〈자료 2~4〉를 활용하여 설명식 수업을 진행하시오.
　〈자료 2〉 루터의 95개조 반박문 〈자료 3〉 칼뱅의 예정설
　〈자료 4〉 종교 개혁 이후 16세기 유럽의 신교와 가톨릭 분포 지도

나. 역사 자료 분석과 해석 역량을 증진하는 방향으로 〈자료 5〉의 [수험생 작성 부분 1, 2]를 채워 가상 SNS 작성 활동을 진행하시오.

예시

작성시 유의사항
1. [수험생 작성 부분 1] 〈자료 2〉 또는 〈자료 3〉의 사료 내용을 해석하여 인용할 것
2. [수험생 작성 부분 2] 종교 개혁을 실시하게 된 배경이 드러나게 주장할 것

판서

```
                    <르네상스와 종교 개혁>

※ 학습 목표    1. 르네상스    ※ 르네상스 온라인 전시    2. 종교 개혁
  1.                                                    (1) 루터의 종교 개혁
  2.                                                        ① 전개 : 교황의 면벌부 판매
                                                                → 루터, 95개조 반박문 발표
                                                        ② 결과 : 아우크스부르크 화의
                                                    (2) 칼뱅의 종교 개혁 : 예정설
                                                        → 도시 상공 시민층 지지
                                                    (3) 영국 국교회 성립
                                                    (4) 종교 전쟁
                                                        ① 위그노 전쟁(프랑스)
                                                        ② 30년 전쟁(독일) → 베스트팔렌 조약
```

주제 16 크리스트교 문화의 형성과 확산 ✦

1. ⟨실연 부분 1⟩ : 성취기준과 ⟨자료⟩를 고려하여 적절한 학습 목표 2가지를 제시하시오.

예시 – 교황권과 왕권의 변화 과정을 사례를 바탕으로 종합하여 정리할 수 있다.
　　　– 교황권과 왕권의 변화 과정을 비주얼 씽킹을 통해 표현할 수 있다.

cf. 비주얼 씽킹이란? 시각 언어인 글과 그림으로 생각과 정보를 표현하는 학습 방식

2. ⟨실연 부분 2⟩

가. [수험생 작성 부분 1~5]를 채우시오.
나. [활동시 유의사항]을 포함하여 활동을 소개하시오.
　① 활동시 유의사항 예시

1	[수험생 작성 부분 1] 사건에 대한 충분한 이해를 바탕으로 비주얼 씽킹을 진행한다.
2	[수험생 작성 부분 2] 극단적이거나 적절하지 않은 표현은 지양한다.
3	[수험생 작성 부분 3] 모둠원이 모두 역할을 수행하며 협력한다.

　② 채점기준 예시

역사과 핵심 역량	배점	채점기준
역사 사실 이해	2	[수험생 작성 부분 4] 서유럽의 교황권과 왕권의 변화와 관련한 사건들을 이해하고 글로 표현하였는가.
	0	무응답 및 오답
역사 정보 활용 및 의사소통	2	[수험생 작성 부분 5] 서유럽의 교황권과 왕권의 변화에 대한 정보를 종합하여 비주얼 씽킹으로 표현하였는가.(※유의점 3 고려)
	0	무응답 및 오답

다. 순회 지도를 통해 모둠원 간 적절한 역할 분배가 이루어질 수 있도록 조력하시오.
　순회 지도 상황 예시 : 모둠원이 모두 같은 주제를 하려고 다투는 상황을 가정
　㉠ 우리 모둠원이 각자 다른 주제를 담당하면 4개의 주제가 모두 완성되어서 교권과 왕권의 변화의 흐름을 더 잘 이해할 수 있지 않을까요?

3. ⟨실연 부분 3⟩

가. [채점기준]에 기초하여 활동 피드백 시간을 가지시오.
　① 채점기준에 제시된 역사과 핵심역량(※유의점 2 고려)
　　– 역사 사실 이해
　　– 역사 정보 활용 및 의사소통
　② 채점기준에 기초한 피드백 예시
　　㉠ 채점기준 2번에서 강조한 것처럼, 카노사의 굴욕 주제를 선택하여 교황권이 전성기에 이른 모습을 비주얼 씽킹으로 한 눈에 볼 수 있게 잘 나타내었네요.

나. 피드백 반영 시간을 가진 후, 활동지를 제출하도록 하시오.
　피드백 반영 시간 Tip
　① 학생 발표 시간에 학생들 간 피드백이 오갈 수 있도록 교사가 유도할 것
　　(1모둠의 발표에 대해서 어떻게 생각하나요? 보완이 필요한 점에 대해서 잘 짚어주었어요~ 이 점을 반영하면 더 좋은 표현이 될 것 같아요. 등등)
　② 발표가 끝난 후, 조건에 따라 피드백을 반영하는 모둠 시간을 추가로 가집니다. 이 때, 순회 지도를 통해 발표에서 오간 피드백을 잘 반영하는지 확인해주세요.(※유의점 1 고려)
　③ 피드백 반영 시간이 끝난 후, 활동지를 제출하게 하고 이것으로 채점을 진행함을 다시 한 번 알려주세요. 점수는 다음 시간에 안내하겠다는 언급을 해주세요.

판서

<활동 : 교황권과 왕권의 변화>

※ 학습 목표   * 수행평가   * 활동 1. 사례 정리하기   * 발표
1.   - 채점기준 : ~   * 활동 2. 비주얼 씽킹   - 1모둠 : ~
2.   - 활동 유의사항 : ~   - 2모둠 : ~

| 주제 17 | 신항로 개척 ★ |

1. 〈실연 부분 1〉

가. 〈자료 1〉을 활용하고, [바스쿠 다가마, 콜롬버스, 마젤란]을 학습 요소로 포함하시오.
　　판서 참고

2. 〈실연 부분 2〉

가. 〈자료 2, 3〉을 활용하여 학생들이 스스로 탐구할 수 있는 질문을 1가지씩 제시하시오.
　① 〈자료 2〉를 활용한 적절한 질문(예시)
　　Q1. 신항로 개척 이후 세계의 무역로는 어떻게 변화하였나요?
　　Q2. 신항로 개척 이후 대륙 간에 어떤 물품들이 오고 갔나요?
　② 〈자료 3〉을 활용한 적절한 질문(예시)
　　Q1. 아메리카 원주민의 수가 급속하게 감소한 이유는 무엇인가요?
　　Q2. 아메리카 원주민 수 감소를 해결하기 위한 유럽인들의 해결 방안은 무엇인가요?
　③ 자료를 보며 생긴 궁금증에 대해서는 태블릿PC를 활용하여 탐구한다.

3. 〈실연 부분 3〉

가. 〈자료 4〉를 활용하여 '신항로 개척 이후 변화'에 대한 토의 학습을 준비하시오.
　　안내 : 모둠별 토의 후 우리 모둠의 대표 의견을 정함 → 모둠 대표자들의 전체 토의
　　　　　→ 토의 학습 이후 감상을 공유하기
나. 〈자료 5〉의 [수험생 작성 부분 1, 2]를 쓰고, 수행평가 기준을 안내하시오.
　예시

	내용	점수
내용	토의의 핵심을 잘 파악하였는가?(2점)	
	[수험생 작성 부분 1] 논리적으로 타당한 근거를 제시하였는가?(2점)	
	토의 규칙을 준수하였는가?(2점)	
태도	[수험생 작성 부분 2] 다른 사람의 의견을 적극적으로 경청하였는가?(2점)	
	토의에 적극적으로 참여하였는가?(2점)	

다. 학생들의 토의 학습 이후 감상을 공유하는 수업을 하시오.
　　교사의 적절한 질문(예시)
　　Q1. 신항로 개척 이후 변화에 대한 모든 모둠의 다양한 이야기를 들어보았습니다. 토의를 진행하면서
　　　　기존에 가지고 있던 생각이 달라진 학생들이 있나요?
　　Q2. 토의를 하면서 갖게 된 의문에 대해서 적극적으로 이야기해볼까요?

판서

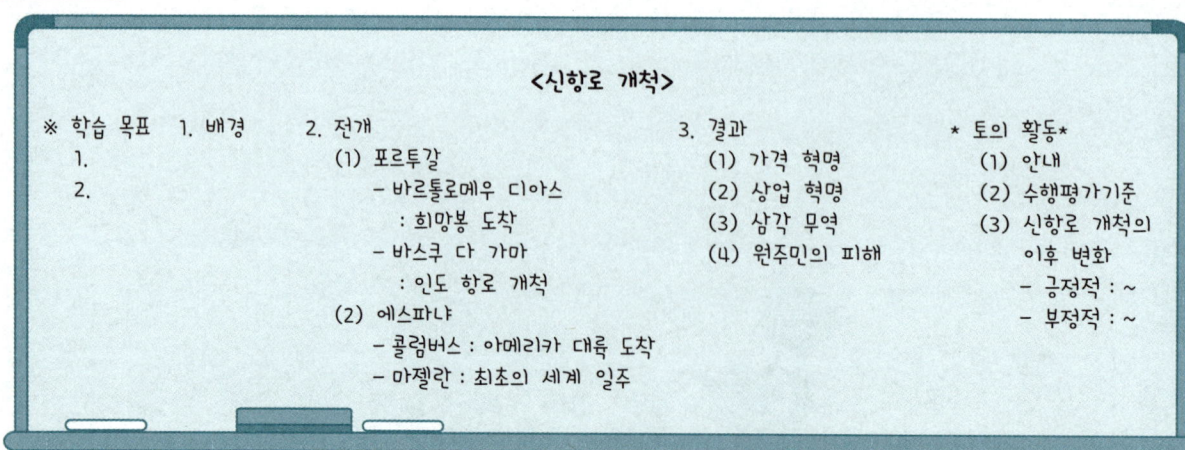

| 주제 18 | 절대 왕정 |

1. 〈실연 부분 1〉: 내용과 활동을 고려한 학습 목표를 3가지 제시하시오.

예시 : ① 절대 왕정의 특징 및 내용을 설명할 수 있다.
　　　② 중상주의를 반영하여 가상 편지를 작성할 수 있다.
　　　③ 절대 왕정기 국왕의 업적을 인물 카드로 만들 수 있다.

2. 〈실연 부분 2〉

가. 〈자료 1~3〉을 총괄적으로 설명하고, 이를 판서에 반영하시오.
　- '절대 왕정의 특징'으로 〈자료 1~3〉을 총괄할 수 있다.(판서 참고)
　- 〈자료 1〉 절대 왕정의 구조 〈자료 2〉 중상주의 〈자료 3〉 왕권신수설
　- 절대 왕정의 특징 설명 예시 : 봉건 사회의 지방 분권적인 정치 체제를 지양하고 왕권 중심으로 중앙 집권화된 체제를 지향한다. 왕이 신흥 시민 세력과 봉건 세력의 균형 속에서 국가를 실질적으로 통치한다. 관료제와 상비군은 국왕의 행정적 군사적 중앙 집권화를 형성하게 했다. 경제 정책으로 중상주의, 정치 이론으로 왕권신수설을 내세운다.

나. 〈자료 2〉를 활용하여 〈자료 4〉를 작성하는 글쓰기 수업을 진행하시오.
　〈자료 2〉의 중상주의 정책 내용을 넣어 〈자료 4〉에 가상 글쓰기를 진행해주세요.

다. 〈자료 4〉를 학생이 완성했다고 가정하고, 긍정적인 피드백을 시연하시오.
　- 학생 글 예시 : 존경하는 폐하, 수출을 늘리고 수입을 줄여야 나라가 부유해질 수 있습니다. 국내 산업을 보호하고 육성해야 하고, 해외 상품에 대해서는 높은 관세를 매겨야 합니다.…
　- 교사 피드백 예시 : 〈자료 2〉의 보호무역 부분을 잘 풀어서 글에 넣어주었습니다.

3. 〈실연 부분 3〉

가. 〈자료 5〉의 [수험생 작성 부분 1~3]을 채워 활동을 안내하시오.
　예시

필수 요소
1. [수험생 작성 부분 1] 나라
2. [수험생 작성 부분 2] 재위 기간
3. [수험생 작성 부분 3] 정책 3개 이상

나. 블렌디드 수업에서 일어날 수 있는 문제 상황을 가정하고 이에 대한 순회 지도를 실시하시오.
　예시 : 패들렛에 관련 없는 글을 올리는 학생에 대한 순회 지도를 실시한다.(패들렛에 익명의 글을 쓰고 있네요. 패들렛에 글 제목은 항상 학번과 이름으로 하도록 합니다. 주제와 관련 없는 글을 지금 바로 지웁시다.)

다. 학생 간 피드백을 진행하시오.
　예시 : 학생 간 인물 카드에 '좋아요'와 '댓글'을 달게 하여 피드백을 진행한다. 이 때, '댓글'에 좋은 점과 아쉬운 점을 하나씩 올리도록 한다.

판서

<절대왕정>

※ 학습 목표
1.
2.
3.

1. 절대왕정의 특징
   (1) 중앙 집권 체제
       : 관료제, 상비군
   (2) 사상 : 왕권신수설
   (3) 경제 : 중상주의 정책
   (4) 영토 확장

2. 서유럽의 절대왕정

3. 동유럽의 절대왕정

* 인물 카드 만들기 수업 *

| 주제 19 | 영국 혁명 |

1. 〈실연 부분 1〉

　가. 〈자료 1〉을 활용하여 적절한 질문을 제시하시오.
　　　권리청원 사료에 적절한 질문 : 권리 청원이 등장하게 된 당시 역사적 배경은 무엇일까요?
　나. [젠트리, 권리청원, 왕당파와 의회파, 청교도 혁명]을 학습 요소로 포함하시오.
　　　학습 요소 : 판서 참고

2. 〈실연 부분 2〉 : 〈자료 2〉를 활용하여 사료 학습을 하시오.

　〈자료 2〉에 적절한 질문
　Q1 : 각 조항의 내용을 제정하게 된 이유는 무엇일까요?
　A1 : 첫째, 국왕이 의회의 동의 없이 마음대로 법을 어기는 행위를 하지 못하도록 함으로써 국왕의 권한을
　　　의회가 제한하도록 하였다. 둘째, 국왕이 마음대로 과세할 수 없도록 함으로써 국왕의 재정적 권한을
　　　의회가 제한하였다.
　Q2 : 〈자료 2〉를 제정한 뒤 국왕의 권한이 어떻게 변화되었을까요?
　A2 : 국왕의 권한을 의회가 제한할 수 있게 되었다.

3. 〈실연 부분 3〉

　가. 〈자료 3〉의 그림을 활용한 팜플렛 제작 수업을 안내하시오.
　　　교사의 안내 : 교과서, 태블릿PC를 활용하여 작품 검색 → 제목 만들기 → 역사적 맥락에서 그림 작품
　　　　　　　　　설명하기
　나. 〈자료 4〉의 [수험생 작성부분 1, 2]를 제시하시오.

기준	점수
제작물의 제목이 적절한가?[2점]	
[수험생 작성 부분 1] 역사적 사실의 오류는 없는가?[2점]	
[수험생 작성 부분 2] 역사적 맥락에서 작품을 설명했는가?[2점]	
제작 과정에 임하는 태도가 적극적인가?[2점]	

　다. 학생이 〈자료 4〉를 완성한 경우를 가정하고, 피드백 과정을 실연하시오.
　　　교사의 피드백 : 광한 학생은 피를 흘리지 않고, 절대 왕정을 무너뜨린 시민들의 혁명이라는 설명으로
　　　　　　　　　　명예 혁명의 역사적 맥락을 잘 서술해 주었습니다.

| 판서 |

〈영국 혁명〉

※ 학습 목표
1.
2.

1. 청교도 혁명
　(1) 배경 : 젠트리와 시민계급의 성장
　(2) 전개 :
　　　찰스 1세의 전제정치 → 권리청원 → 찰
　　　스 1세의 의회 소집 → 의회의 과세 반
　　　대 → 왕당파와 의회파의 내전 → 공화정
　　　성립(청교도 혁명) → 크롬웰의 독재 정치

2. 명예 혁명
　(1) 배경 : 찰스 2세와 제임스 2
　　　세의 전제 정치
　(2) 경과 : 의회의 제임스 2세
　　　폐위 → 메리와 윌리엄을 공
　　　동 왕으로 추대(1688)
　(3) 결과 : 권리 장전의 승인
　　　(1689) → 입헌군주제 정착

* 제작 수업 *
- 안내
- 수행평가기준
　① 제목
　② ~
　③ ~
　④ 태도

주제 20 미국 혁명

1. 〈실연 부분 1〉: 학생들의 흥미를 높일 수 있는 효과적인 동기유발을 하시오.

※ 유의 사항을 고려한 동기 유발 방안
  영화 〈패트리어트 늪속의 여우〉에서 벤자민이 독립 전쟁을 선택하게 되는 장면을 보여준다.

2. 〈실연 부분 2〉

가. 〈자료 1〉을 활용하여 그림 연표 만들기 수업을 안내하시오.
  교사의 안내 : 연표의 빈칸을 채우기 → 학습지의 그림에 대해서 태블릿PC를 활용하여 조사 → 그림에 대한 설명을 적기 → 그림과 연표를 화살표로 연결시키기

나. 〈자료 2〉의 [수험생 작성 부분 1, 2]를 쓰고, 수행평가 기준을 안내하시오.
  예시

기준	점수
연표의 빈칸을 올바르게 채웠는가?[2점]	
[수험생 작성 부분 1] : 그림에 대한 설명에서 역사적인 오류가 없는가?[2점]	
[수험생 작성 부분 2] : 그림과 연표를 올바르게 화살표로 연결하였는가?[2점]	
연표 제작 과정에 임하는 태도가 적극적인가?[2점]	

다. 학생들의 발표 후 피드백하는 과정을 포함하시오.
  예시 : 지영 학생은 보스턴 차 사건 과정에서 인디언 분장을 한 사람들이 동인도 회사 소유 배에 들어가 차 상자를 바다에 던진 사건을 상세하게 잘 적어주었습니다.

3. 〈실연 부분 3〉: 〈자료 3〉을 활용하여 사료 학습을 하시오.

〈자료 3〉을 활용한 적절한 질문
Q1. 천부 인권과 주권 재민의 요소가 들어간 부분을 밑줄로 표시해볼까요?
Q2. 독립 선언문 제작에 참여한 인물들은 누구일까요?

판서

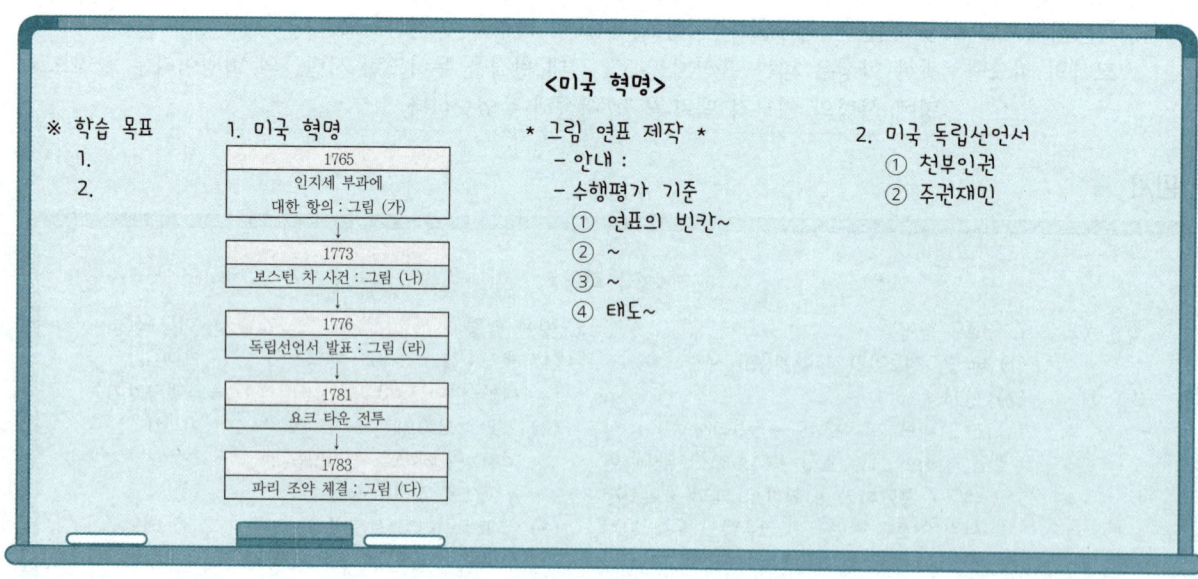

주제 21 국민 국가의 발전

1. 〈실연 부분 1〉

가. 〈자료 1〉을 활용한 총괄적 설명을 하시오.

> 교사의 지도 : 여러분~ 나폴레옹의 몰락 이후 빈체제가 성립했지만, 유럽 각국에서는 '자유주의와 민족주의 운동'이 확산되었습니다. 유럽 각국에서 어떤 운동들이 있었는지 살펴볼까요?

나. 〈자료 2〉를 활용하여 글쓰기 수행평가를 안내하시오.

> 안내 : 교과서를 보며 19C 자유주의, 민족주의 운동 탐구 → 자유주의, 민족주의 운동과 관련된 예술 작품 자료를 찾기 → 예술 작품에 대한 설명 적기 → 발표

다. 〈자료 3〉의 [수험생 작성 부분 1, 2]를 제시하시오.

기준	점수
19세기 자유주의 운동에 해당하는 작품을 선정했는가?[2점]	
[수험생 작성 부분 1] 선택한 작품과 역사적 사건의 명칭이 바르게 연결되는가?[2점]	
[수험생 작성 부분 2] 작품에 대한 설명에서 역사적 오류는 없는가?[2점]	
활동에 임하는 태도가 적극적인가?[2점]	

라. 학생이 〈자료 2〉를 완성한 것을 가정하고, 교사가 피드백하는 과정을 실연하시오.

> 교사의 피드백 : 민영 학생은 들라크루아의 '민중을 이끄는 자유의 여신'을 선택하였네요. 민영 학생은 작품과 프랑스의 7월 혁명을 연결시킨 부분은 훌륭합니다. 하지만 당시 상황에 대한 설명에서 2월 혁명에 해당하는 내용이 있으니 이 부분만 수정하면 될 것 같습니다.

2. 〈실연 부분 2〉 : 〈자료 4〉를 활용하여 문답식 수업을 하시오.

문답식 수업의 예시
Q1. 인민 헌장을 작성한 주체는 누구일까요?
A1. 영국의 노동자입니다.
Q2. 인민 헌장의 내용을 볼 때, 오늘날의 관점에서 다시 재구성하고 싶은 부분이 있나요?
A2. 성인 남성에게만 주어진 선거권을 여성에게도 확대하는 부분을 재구성하고 싶습니다.

3. 〈실연 부분 3〉 : 〈자료 5〉를 활용하여 사료 학습을 하시오.

〈자료 5〉를 활용한 적절한 질문
Q1. 링컨이 노예 해방령을 발표하게 된 배경이 무엇일까요?
A1. 링컨은 전쟁의 목적을 대내외에 알리고 국제 여론을 북부에 유리하게 만들기 위해 1863년 노예 해방령을 선포하였습니다. 노예 해방령으로 유럽과 국내의 지지를 얻고 정치적 우위를 확보하는 한편, 영국의 개입을 막았습니다.

4. 〈실연 부분 4〉 : 〈자료 6〉을 활용하여 사료 학습을 하시오.

〈자료 6〉을 활용한 적절한 질문
Q1. 농노 해방령이 러시아 농민들에게 미친 긍정적, 부정적 영향을 무엇일까요?
A1. 러시아 농민은 신체의 자유를 얻었으나 토지를 무상으로 얻지는 못하였습니다. 농민들은 장기적으로 토지 상환금과 고율의 지대를 부담해야 했습니다.

판서

<국민 국가의 발전>

※ 학습 목표 1. 빈체제와 자유주의 민족주의의 확산   2. 영국의 자유주의 운동   4. 러시아의 발전
   1.   (1) 빈 체제   (1) 차티스트 운동   (1) 데카브리스트의 봉기
   2.   (2) 수행평가   → 선거권 확대   (2) 알렉산드르 2세
                - 안내 :   - 농노 해방령
                - 채점기준 :   3. 미국의 발전   (3) 브나로드 운동
                                              (1) 서부 개척
                                              (2) 남북 전쟁 : 남부와 북부의 대립
                                                   → 전쟁 발발 → 노예 해방령
                                                  발표 → 북부의 승리

주제 22 산업 혁명

1. 〈실연 부분 1〉

가. 〈자료 1, 2〉를 활용하고, [동력 혁명, 통신 혁명, 교통 혁명]의 학습 요소를 포함하시오.
- 〈자료 1〉을 활용한 적절한 질문(예시)
    Q. 증기기관은 어디에 활용되었을까?
    A. 증기선, 증기기관차
- 〈자료 2〉를 활용한 적절한 질문(예시)
    Q. 어떤 용도로 활용되었을까요?
    A. 통신장비
- 학습 요소 : 판서 참고

2. 〈실연 부분 2〉

가. 〈자료 3, 4〉를 활용하여 교사가 학생들에게 스스로 탐구할 수 있는 질문을 제시하시오.
- 〈자료 3〉을 활용한 적절한 질문(예시)
    Q. 〈자료 3〉은 어느 계층에서 쓴 글인가?
- 〈자료 4〉를 활용한 적절한 질문(예시)
    Q. 〈자료 4〉에서 나타난 문제점을 개선하기 위한 방안은 무엇이 있을까?

3. 〈실연 부분 3〉

가. 〈자료 5〉를 활용하여 '산업 혁명의 빛과 그늘'에 대한 글쓰기 수행평가를 준비하시오.
  안내 : 제시된 조건에 따라 글 작성 → 순회 지도 → 발표
나. 〈자료 6〉이 학생이 쓴 글이라 가정하고 교사의 입장에서 피드백하시오.
  예시 : 온유 학생의 발표를 잘 들었습니다. 온유 학생은 산업 혁명의 긍정적 측면에서 대량 생산을 언급해주었네요. 산업 혁명의 부정적 측면에서는 노동자의 피폐한 삶에 대해서 지적해주었습니다. 아쉽게도 노동자의 삶을 개선해주기 위한 방안이 빠져있네요. 노동자의 삶을 개선해주기 위한 방안으로 오늘날의 8시간 노동제, 휴일을 보장하는 법, 야간 시간 노동 금지를 제한하는 것들이 있으니 참고하여 추가해 주세요. 다음으로 산업 혁명이 오늘날 끼친 영향으로는 기후 위기를 잘 언급해주었습니다. (※유의점 고려) 고생했습니다.
  cf. 참고 : 총론에서 미래 변화에 대응하는 교육 방향으로 제시한 민주시민 및 생태전환 교육과 연계하여 역사과의 핵심 아이디어와 내용 요소에 문화적 다양성, 민주주의와 인권의 확산, 전쟁 범죄에 맞선 평화 유지 노력 등의 민주시민 관련 내용과 산업화의 생태환경적 접근, 지속가능한 사회를 위한 과제 등의 생태전환 교육 관련 내용을 반영하여 구성하였다. (출처: 2022 개정 교육과정 설계의 개요-역사)

판서

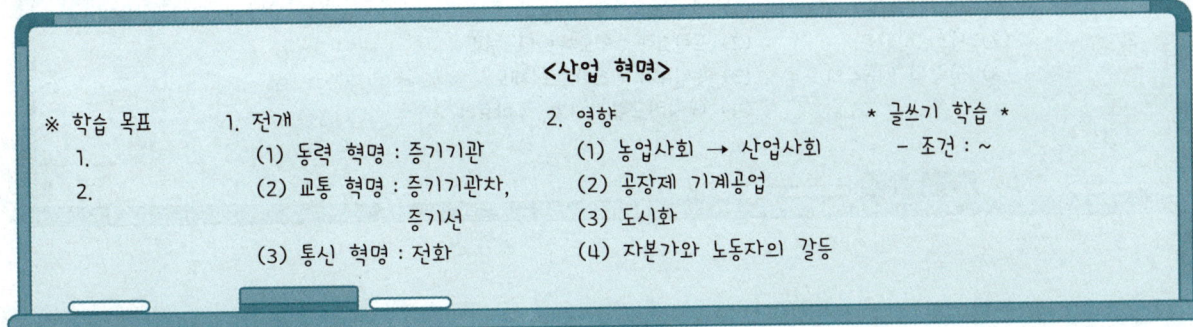

주제 23　제국주의의 등장과 식민지 분할 ☆

1. 〈실연 부분 1〉: 〈자료 1〉을 학생들이 스스로 탐구할 수 있도록 질문을 제시하시오.
- Q1. 풍자화 〈백인의 짐〉은 어떤 상황을 표현하려는 것일까요?
- Q2. 〈식민지를 지배하는 방식〉에서 각 인물의 상징적인 의미는 무엇일까요?

2. 〈실연 부분 2〉: 〈자료 2〉를 활용한 탐구 학습을 진행하시오.
- 판서 참고(㉠은 영국, ㉡은 프랑스, ㉢은 네덜란드)
- 태블릿PC를 활용하여 정보를 검색해 탐구 문제를 해결한다.

3. 〈실연 부분 3〉

가. 〈자료 3〉을 활용하여 보고서 작성을 안내하고, 순회 지도하시오.
- 교사의 지도 : 교과서와 태블릿PC를 활용하여 다양한 정보를 조사하고 보고서를 작성 → 발표
- 순회 지도
  ① 낯선 국가의 명칭에 어려움을 느끼는 학생 → 지도와 영상을 보여주며, 아프리카 국가를 익숙하게 한다.
  ② 국가 선정에 어려움을 느끼는 학생 → 태블릿PC를 통해서 각 나라를 조사하는 시간을 주고, 흥미가 생기는 국가를 선정하게 한다.

나. 〈자료 4〉의 [수험생 작성 부분 1, 2]를 채우시오.
　예시

기준	점수
선정한 국가에 적합한 내용을 작성하였는가?[2점]	
[수험생 작성 부분 1] 보고서 내용에 역사적인 오류가 없는가?[2점]	
[수험생 작성 부분 2] 다양한 정보를 활용하여 보고서를 작성하였는가?[2점]	
보고서 작성을 성실하게 하는가?[2점]	

다. 학생이 〈자료 3〉을 완성했다고 가정하고, 발표 후 피드백하는 과정을 포함하시오.
　교사의 피드백 : 선영 학생은 3번째 문항에서 제국주의 열강들의 점령 지역을 균일하게 나누기 위해 지도상의 줄 긋기를 하듯이 만든 경계는 오늘날 아프리카 국가들의 내전의 주요 원인이 되었음을 지적해주고, 제국주의 열강의 그릇된 판단으로 오늘날의 아프리카인들이 고통 받고 있는 부분을 잘 이야기 해주었습니다.

판서

〈제국주의의 등장과 식민지 분할〉

※ 학습 목표　1. 제국주의의 등장　　2. 열강의 아시아, 태평양 점령　　3. 열강의 아프리카 점령
1.　　　　(1) 독점자본주의　　(1) 영국령 : 인도, 미얀마 등　　★ 보고서 작성 채점기준 ★
2.　　　　(2) 사회 진화론　　(2) 프랑스령 : 인도차이나 연방　　① ~
　　　　　(3) 침략적 민족주의　(3) 독일령 : 비스마르크 제도　　② ~
　　　　　　　　　　　　　　　(4) 네덜란드령 : 자와, 수마트라　③ ~
　　　　　　　　　　　　　　　　　　　　　　　　　　　　　　　④ ~

| 주제 24 | 아편전쟁과 중국의 민족 운동 |

1. 〈실연 부분 1〉: 〈자료 1〉의 모든 키워드를 활용하여 총괄적 설명으로 제시하되, 각 키워드가 상호 연관성을 갖도록 하시오.

   (1) 〈자료 1〉의 키워드들은 '중국의 민족 운동'으로 총괄하여 설명할 수 있다.
   (2) 각 키워드의 민족 운동을 단순히 나열하여 제시하기보다 전후 맥락을 통해 상호 연관성을 알 수 있도록 설명한다.
   예시 : 한인 관료들은 태평천국 운동 과정에서 서양 무기의 우수성을 인식하였기 때문에 양무운동을 주도하게 되었다. → 청일 전쟁의 패배로 양무 운동의 실패를 인정한 이후 등장한 운동이 변법 자강 운동이다. → 양무 운동, 변법 자강 운동의 연이은 실패로 열강의 이권 침탈이 심해지자 의화단 운동이 발생하게 되었다. → 의화단 운동 이후 청을 타도하려는 움직임이 거세지는 상황에서 신해혁명이 발생하였다.

2. 〈실연 부분 2〉

   가. 〈자료 2〉의 [수험생 작성 부분 1]을 채우고, 보고서 작성 전 자료 조사 활동을 실연하시오.
   – [수험생 작성 부분 1] 예시

영역	채점기준	배점
자료 조사 활동지	[수험생 작성 부분 1] 선정한 자료 조사 항목에 적절한 내용을 조사하였는가?	4점
	다양한 출처로부터 자료를 도출해낼 수 있는가?	2점

   – 자료 조사 활동 중 순회 지도 예시(※교수·학습 환경 활용)
   태블릿PC를 통해 주제와 관련 없는 블로그를 열람하는 학생을 지도하거나, 자료 조사에 어려움을 겪는 학생이 교과 교실 내 관련 도서를 열람하도록 조언한다.

   나. 〈자료 3〉의 [수험생 작성 부분 2~4]에 보고서 작성의 채점기준을 제시하시오.
   – 예시

영역	채점기준	배점
보고서 작성지	[수험생 작성 부분 2] 자료 조사 활동지에 작성한 내용을 그대로 적거나 짜깁기하지 않고 스스로 재구성하였는가?	4점
	[수험생 작성 부분 3] 역사적 사실에 오류가 없는가?	3점
	[수험생 작성 부분 4] 10줄 이상 작성하였는가?	3점
	주어~서술어~목적어의 문장구조가 정확하고 논리적인가?	4점

   다. 연구 보고서 작성을 위한 구체적인 글쓰기 방법을 안내하시오.

   〈역사가처럼 글쓰기 수업에서 가르쳐야 할 구체적인 글쓰기 방법〉
   1. 역사 문제를 제기하는 방법
   2. 문제 제기의 타당성을 설명하는 방법
   3. 제기한 문제를 해결하기 위한 방법이나 자료들에 대해 설명하는 방법
   4. 제기한 문제를 해결하여 서술하는 방법

판서

<아편전쟁과 중국의 민족 운동>

1. 아편전쟁

2. 중국의 민족 운동
   (1) 태평천국 운동
      ① 주도 : 홍수전의 상제회
      ② 주장 : 멸만흥한, 토지 균분, 남녀평등, 변발과 전족 금지, 천조전무제
      ③ 결과 : 향용, 열강에 진압

   (2) 양무운동
      ① 주도 : 증국번, 이홍장 등
      ② 활동 : 중체서용 주장
         → 군수 공장, 근대적 군대, 근대 회사
      ③ 결과 : 청일전쟁 패배

   (3) 변법 자강 운동
      ① 주도 : 캉유웨이, 량치차오
      ② 활동 : 입헌 군주제, 과거제 개혁, 신교육
      ③ 결과 : 무술정변

   (4) 의화단 운동
      ① 주도 : 의화단
      ② 활동 : 부청멸양 주장
         → 외국인, 교회와 철도 공격
      ③ 결과 : 신축조약

   (5) 신해혁명
      ① 전개 : 철도 국유화 추진
         → 신군 봉기
      ② 결과 : 중화민국 수립(쑨원)

3. 연구 보고서
   (1) 자료 조사
      1. ~
      2. 다양한 출처

   (2) 보고서 작성
      ~
      ~
      ~
      논리적

| 주제 25 | 일본의 개항과 메이지 유신 |

1. 〈실연 부분 1〉

가. 이전 차시 학습과 연관되는 내용으로 학생들의 선수학습을 확인하시오.
　　난징 조약의 내용에 대한 문답을 실시한다.
나. 가상의 사진 또는 영상 자료를 활용하여 동기유발을 실연하시오.
　　예시
　　일본 드라마에서 폐번치현 조서를 발표하는 모습을 시청하고 그 이후의 변화를 함께 예측해 본다.
다. 학습할 내용 및 방법을 전반적으로 고려하여 학습 목표 두 가지를 제시하시오.
　　예시
　　1. 중국의 개항과 일본의 개항을 비교할 수 있다.
　　2. 메이지 유신과 관련된 사료를 탐구할 수 있다.

2. 〈실연 부분 2〉

가. 〈자료 1〉을 활용하여 비교 학습을 실연하시오.
　　- A는 난징 조약, B는 미일 화친 조약에 해당한다.
　　　㉠ : 홍콩 할양, 공행 폐지 등
　　　㉡ : 항구 개항
　　　㉢ : 최혜국 대우 인정, 영사 주재 등
　　- TIP. 선수 학습 확인에서 난징 조약에 대한 문답을 실시한 것을 활용한다.
나. 〈자료 2〉를 활용하여 설명식 수업을 실연하시오.
　　판서 참고

3. 〈실연 부분 3〉

가. 〈자료 3〉의 [수험생 작성 부분 1, 2]를 작성하시오.
　　예시

| 탐구과제 1. 일본 제국 헌법 속 천황의 권력과 오늘날 대통령의 권한을 비교해 보자. |
| 탐구과제 2. [수험생 작성 부분 1] 교육 칙어를 발표한 목적은 무엇일까? |
| 탐구과제 3. [수험생 작성 부분 2] 일본 제국 헌법과 교육 칙어는 어떤 연관성이 있을까? |

나. 완성된 〈자료 3〉을 활용하여 사료 탐구 학습을 전개하시오.
　　예시 : 탐구 과제 제시 → 탐구 방법 안내[태블릿PC 이용 가능 안내(※교수・학습 환경 고려)] → 순회
　　　　　지도 → 발표 및 피드백

판서

```
                        <일본의 개항과 메이지 유신>

※ 학습 목표    1. 일본의 개항              2. 메이지 유신                3. 일본의 제국주의적
1.               (1) 미일화친조약              (1) 목적 : 천황 중심 근대 국가 수립    침략
2.                  - 2개 항구 개항           (2) 내용 : 폐번치현, 징병제 실시,
                    - 최혜국 대우 인정             신분제 폐지, 이와쿠라 사절단
                    - 영사 주재 허용               파견, 자유민권운동탄압 → 일본
                 (2) 미일수호통상조약                제국 헌법, 교육칙어 발표
                    - 협정 관세
                    - 영사 재판권
```

주제 26   인도, 동남아, 서아시아의 민족 운동

1. 〈실연 부분 1〉

가. 〈자료 1~3〉을 활용하여 설명하시오.
   〈자료 1〉 인도 통치 개선법
   〈자료 2〉 벵골 분할령
   〈자료 3〉 콜카타 대회 의장의 연설

나. 인도 민족 운동의 흐름을 전개도로 표현하여 설명하시오.
   (예시)

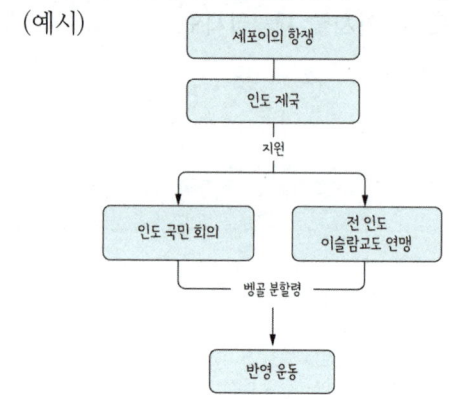

다. 열강의 침략으로 인한 민중의 고통에 주목하는 발문을 하시오.
   예시 : 인도 통치 개선법으로 인도에 어떤 변화가 생겼을까요? 벵골 분할령을 실시한 영국의 의도는 무엇이었을까요? 콜카타 대회 의장이 말한 인도의 상황을 상상해 보고, 그때의 감정을 발표해 봅시다.

2. 〈실연 부분 2〉

가. 〈자료 4, 5〉를 활용하여 설명하시오.
   판서 참고
   〈자료 4〉 탄지마트를 위한 칙령
   〈자료 5〉 와하브 운동 깃발

나. 백지도를 활용하여 지리적인 개념을 이해하도록 도우시오.
   현재의 터키 지역 및 사우디아라비아 지역에 민족 운동 표시(판서 참고)

3. 〈실연 부분 3〉

가. 아래 요소를 고려하여 〈자료 6〉의 [수험생 작성 부분 1~5]를 작성하시오.
   [제국주의에 대한 경각심, 민족 운동 사례, 제국주의 국가와 피지배 국가의 관계, 사용 가능한 매체 및 기자재, 분량]
   예시

   〈조건〉(각 조건당 1점)
   1. 청자로 하여금 제국주의에 대한 경각심을 갖게 하는 것을 목표로 한다.
   2. 학습한 제국주의의 침략 과정과 이에 저항하는 각국의 민족 운동의 사례를 포함한다.
   3. 제국주의 국가와 그에 대응했던 국가의 현재 관계를 새로이 조사하여 포함한다.
   4. 교과교실 내 도서 및 디지털 기기를 활용하되 수행평가 외 용도로는 사용하지 않는다.
   5. 500자 내외 작성

판서

<인도, 동남아, 서아시아의 민족 운동>

1. 인도의 민족 운동
   (1) 세포이 항쟁
      ① 배경 : 영국의 수탈, 인종 차별 등
      ② 결과 : 인도 통치 개선법으로 동인도 회사 해체
      ③ 의의 : 인도 최초의 대규모 민족 운동
   (2) 인도 국민 회의
      : 식민 통치에 순응 → 반영 운동
   (3) 콜카타 대회
      ① 배경 : 벵골 분할령
      ② 전개 : 인도 국민 회의 중심
      ③ 4대 강령 : 영국 상품 불매, 스와라지, 스와데시, 국민 교육
      ④ 결과 : 명목상 자치 허용

2. 동남아의 민족 운동

3. 서아시아의 민족 운동   <수행평가>
   (1) 탄지마트(터키)
      ① 내용 : 신식 교육, 군대 개혁, 헌법 제정 등
      ② 결과 : 실패
         → 청년 튀르크당 봉기
   (2) 와하브 운동(사우디)
      ① 이슬람교 초기의 순수함을 되찾자는 운동
      ② 사우디아라비아 왕국 수립 배경

주제 27   제1차 세계 대전과 러시아 혁명

1. 〈실연 부분 1〉

가. 제국주의의 세계 분할이 제1차 세계 대전으로 이어지는 과정을 살펴보시오.
    19세기 후반 식민지를 둘러싼 제국주의 열강의 갈등이 심해지면서, 열강이 비밀 외교 협상과 군비 확장을 해왔다는 점에서 제1차 세계 대전으로 이어지는 지점을 짚어주세요.

나. 〈자료 1〉과 〈자료 2〉를 활용하여 제1차 세계 대전의 배경을 수업하시오.
    판서 참고(〈자료 1〉 3국 동맹과 3국 협상, 〈자료 2〉 사라예보 사건)

2. 〈실연 부분 2〉: 〈자료 3〉과 〈자료 4〉를 통해 제1차 세계 대전의 결과를 탐구하시오. 이때, 역사 자료 분석과 해석 역량을 증진시키는 발문을 포함하시오.

① 〈자료 3〉 윌슨의 14개조 평화 원칙의 조항을 탐구(예 제5조 민족 자결주의)하고, 실제로 중요 결정은 승전국의 이익에 따랐으며, 패전국에는 권한을 인정하지 않았다는 점을 살펴봄으로써 자료에 대한 비판적 분석 및 검토를 진행함
② 〈자료 4〉 베르사유 조약 활용 예시 : 언급된 지역 확인, 내용 확인 등 종합적 판단으로 독일인의 부담을 예측

3. 〈실연 부분 3〉

가. 〈자료 5〉의 수행평가지를 활용하여 가상 일기 쓰기 활동을 시연하시오.
    활동지 활용 Tip - 활동지를 이용하여 실제 학생들에게 설명하듯이 생생하고 구체적으로 묘사해 주세요.
    (예 활동지의 모둠명에 모둠이름을 적어주세요~)

나. 학습 목표 2번을 고려하여 [수험생 작성 부분 1~3]을 채워 채점기준표를 완성하시오.
    예시

기준
[수험생 작성 부분 1] 선택한 제1차 대전의 새로운 양상이 가상 일기에서 드러나는가?[3점]
[수험생 작성 부분 2] 반전 평화 의식의 가치관이 반영되었는가?[3점]
[수험생 작성 부분 3] 제1차 세계 대전 당시 인물의 입장에 감정이입해서 작성하였는가?[1점]
가상 일기의 내용이 5줄 이상인가?[3점]

판서

〈제1차 세계 대전과 러시아 혁명〉

1. 제1차 세계 대전의 원인
  (1) 3국 동맹 : 독일, 오스트리아·헝가리, 이탈리아
  (2) 3국 협상 : 영국, 프랑스, 러시아
  (3) 대립 양상
    ① 북아프리카 : 3B정책 ↔ 3C정책
    ② 발칸 반도 : 범게르만주의 ↔ 범슬라브주의
  (4) 전쟁 발발 : 사라예보 사건 → 오스트리아·헝가리 제국이 세르비아에 선전 포고 → 동맹국과 연합국 가담

2. 제1차 세계 대전의 경과

3. 러시아 혁명

4. 종전과 베르사유 체제
  (1) 파리 강화 회의
    : 민족 자결주의 원칙 합의
  (2) 베르사유 조약
    : 독일 전쟁 배상금 부담
  (3) 국제 연맹 창설
    : 세계 평화 수립 목표(미국 불참)

주제 28 냉전 ✮

1. **〈실연 부분 1〉**

   가. 〈자료 1, 2〉를 활용하되 [트루먼 독트린, 마셜계획, 코민포름, 코메콘]을 학습 요소로 포함하시오.
   판서 참조
   - 〈자료 1〉을 활용한 적절한 질문(예시) : 그리스 정부에서 긴급한 지원을 요청한 이유는 무엇인가?
   - 〈자료 2〉를 활용한 적절한 질문(예시) : 마셜계획 이후 서유럽에는 어떤 변화가 생겼을까?

2. **〈실연 부분 2〉** : 〈자료 3〉을 활용하여 동서 진영 대립으로 발생한 각국의 사건을 지리적 위치와 함께 강의식 수업을 하시오.

   - 냉전은 미국과 소련 사이의 진영 대립에서 발생한 사건이지만 전 세계에 영향을 미쳤다는 점을 강조한다.
   - 독일, 한국, 베트남, 중국의 지리적 위치를 직접 강조하며, 관련 사건들을 설명한다.
     예) 베를린 봉쇄 : 지도에서 독일의 수도 베를린이 보이시나요? 베를린 봉쇄는 2차 세계 대전 이후 소련이 독일의 수도 베를린을 11개월 동안 봉쇄하여 미·영·프 연합국의 점령지인 서베를린을 소련 군정의 동독 관할 아래 동베를린으로 흡수하고자 했던 작전입니다.

3. **〈실연 부분 3〉**

   가. 〈자료 4〉를 활용하여 역사 신문 만들기를 안내하시오.
   안내 : 역사 신문 만들기의 목적과 신문의 요소 설명 → 각자 활동지 작성 → 패들렛 게시 후 감상
   나. 〈자료 5〉의 [수험생 작성 부분 1, 2]를 쓰고, 수행평가 기준을 안내하시오.
   예시

기준	점수
제작물의 주제가 분명한가?[2점]	
[수험생 작성 부분 1] 제작물과 관련된 역사적 사실이 분명한가?[2점]	
[수험생 작성 부분 2] 제작물의 형식에 맞게 표현력이 탁월한가?[2점]	
제작 과정에 임하는 태도가 적극적인가?[2점]	

   다. 작품을 완성했으나 자신의 작품을 우리반 역사 신문 패들렛에 게시하지 못한 학생을 지도하는 상황을 실연하시오.
   예시 상황
   ① 인터넷 연결 오류 : 노트북이나 핸드폰의 핫스팟, 교내 와이파이로 학생 핸드폰을 인터넷에 연결한다.
   ② 패들렛 사용법 미숙련자 : 교사가 직접 패들렛 사용법을 알려준다.

판서

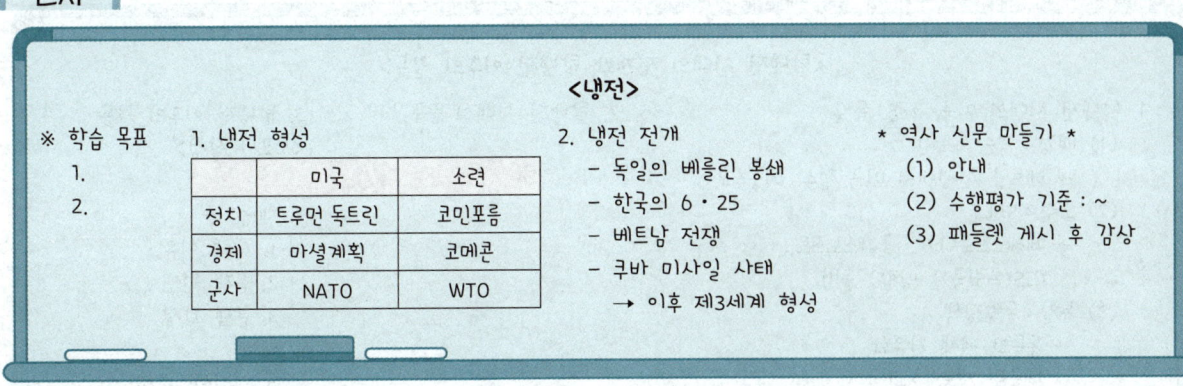

주제 29 탈냉전 시대의 전개와 탈냉전 이후의 갈등

1. 〈실연 부분 1〉: 〈자료 1〉을 토대로 교사의 질문 및 학생들의 질문을 활용하여 문답식으로 실연하시오.
   (1) 교사 질문 예시
       - 자료 (가) : 지난 시간에 배운 트루먼 독트린과 닉슨 독트린을 비교해 볼까요?
           → 트루먼 독트린은 공산주의의 확대를 적극적으로 막으려고 하면서 냉전 분위기를 강화했는데, 닉슨 독트린은 군사적 개입을 피한다고 하면서 냉전과 다른 분위기를 조성하고 있어요.
       - 자료 (나) : 소련이 붕괴하면서 러시아와 동유럽에 어떤 변화가 나타났을까요?
           → 지도를 보면 소련이 붕괴하면서 여러 개의 나라로 나뉜 것을 알 수 있고, 범례를 보면 그런 나라들이 독립 국가 연합이라는 연합을 새롭게 만든 것을 알 수 있어요.
   (2) 학생 질문 예시
       - 자료 (가) : 닉슨은 왜 트루먼과 달리 이런 내용을 말하게 됐나요?
           → 자료의 첫 번째 줄을 보면 베트남 전쟁이 언급되어 있습니다. 베트남 전쟁이 미국에게 불리하게 전개되면서, 미국 내에서도 전쟁에 반대하는 반전 운동이 확산되고 있었어요.
       - 자료 (나) : 지도에서 독일 통일이 보여요. 독일의 통일은 어떤 방식으로 이루어졌나요?
           → 판서 참고

   TIP. 학생들이 질문을 만들고 답을 하는 활동에서 다음과 같은 절차를 밟으면 학생 주도적 수업을 잘 보여줄 수 있습니다!
   : 먼저 학생들이 자료를 해석, 분석하게 한다 → 그 과정에서 생긴 궁금증을 토대로 질문을 만들도록 한다 → 학생들이 만든 질문을 전체 공유한다 → 제시된 질문 중 마음에 드는 질문을 선택하여 탐구(태블릿PC 활용)하여 답을 찾게 한다 → 학생들의 답을 공유하고 교사는 부연 설명한다

2. 〈실연 부분 2〉: 성취기준을 참고하여 〈자료 2〉의 [수험생 작성 부분]을 완성하고, 완성된 〈자료 2〉를 활용하여 학생 활동을 실연하시오.
   (1) [수험생 작성 부분] 예시 : 분쟁의 해결 방안을 적절히 제시하였는가?
   (2) 학생 활동 : 채점기준 설명 → 매체 활용 안내(태블릿PC 활용, 유용한 사이트 등) → 순회 지도 → 일부 학생 발표 및 피드백

판서

〈탈냉전 시대의 전개와 탈냉전 이후의 갈등〉

1. 탈냉전 시대의 미국, 소련, 독일
   (1) 배경 : 닉슨 독트린
       → 베트남 전쟁에서 미군 철수, 미중수교
   (2) 소련 : SALT
       → 페레스트로이카·글라스노스트,
         CIS(독립국가 연합) 출범
   (3) 독일 : 동방정책
       → 동독의 여행 자유화
       → 베를린 장벽 붕괴
       → 동독의 독일 연방 가입(통일)

2. 탈냉전 시대의 중국

3. 탈냉전 이후의 갈등
   〈보고서 작성〉

   ※ 채점기준
   1. 선택 이유
   2. 분쟁 원인
   3. 분쟁 과정
   4. ~
   5. 논리성, 완성도

03 수업실연 해설 - 동아시아사

주제 01　불교의 전파 ✯

1. 〈실연 부분 1〉

가. 〈자료 1〉의 백지도를 활용하여 대승불교의 전파 경로를 표현하시오.

2. 〈실연 부분 2〉

가. 〈자료 2〉를 활용하여 사료 탐구학습을 실시하시오.

예시

Q1. 첫 번째 줄에 언급된 태자상은 무엇을 의미할까요?
A1. 불상이요, 석가모니상이요.
Q2. 신하들은 왜 불교의 수용을 반대했을까요?
A2. 불교는 외래 종교이기 때문에 수용하는 데 어려움이 있었을 것입니다.
Q3. 소가씨가 불교를 수용하자고 주장한 이유는 무엇일까요?
A3. 소가씨는 백제 출신의 도래인 계열에 속하기 때문입니다. 소가씨는 외래 종교인 불교를 통해 당시 사회를 개혁하고자 했습니다.

나. 〈자료 3〉을 활용하여 일본에 전파된 불교의 특징을 설명하시오.

예시

신토의 신인 하치만 신이 절에 모셔지고 보살로 여겨지는 것을 보아, 일본의 불교는 일본의 전통적인 종교인 신도와 결합되어 발전한 것을 알 수 있습니다.

3. 〈실연 부분 3〉

가. 〈자료 4〉의 [수험생 작성 부분 1, 2]를 채우시오.
① 유의사항 예시 : 동료평가는 채점기준에 따라 객관적이고 공정하게 진행한다.
② 채점기준 예시 : 포스터에 불교 문화유산 또는 유적지에 대한 정보가 제대로 드러났는가?

나. 〈자료 4〉를 활용하여 수행평가의 방법을 안내하시오.
① 자료 조사 및 분석 : 모둠별 노트북 및 도서(매체 및 기자재 활용)를 활용하여 자료를 조사하고 분석하되 출처를 함께 표기한다. 또한 인터넷을 이용할 경우 공신력 있는 사이트를 활용한다.
② 포스터의 구도 및 문구 : 포스터의 밑그림을 그리고 문구를 결정하되 문화유산 및 유적지를 홍보하는 데 주안점을 둔다. 심미적인 요소는 미술 시간에 고려하며, 그림의 세부사항은 미술 시간에 변동될 수 있다.(※유의점 1 고려)

다. 〈자료 4〉 작성을 마친 후 발표 및 피드백 장면을 시연하시오.
① 주제 예시
 - 문화유산 예시 : 윈강석굴, 불국사와 석굴암, 도다이사 등
 - 유적지 예시 : 중국 시안, 한국 경주, 일본 나라 등
② 피드백 예시(동료 및 교사)
 - 긍정적 피드백 예시 : 윈강석굴은 유목 왕조에서 불교를 후원한 것을 보여주기에 적절한 주제 같습니다, 포스터 시안에 해당 도시에서 중요한 불교 문화유산이 여러 개가 그려있어 도시에 대한 정보를 많이 얻을 수 있다 등
 - 부정적 피드백 예시 : 자료 조사에 사용한 출처 표기가 명확히 되어있지 않은 것 같다, 참고한 포스터 문구에서 문화유산이 가진 역사적 가치가 드러나지 않아 아쉽다 등

| 판서 |

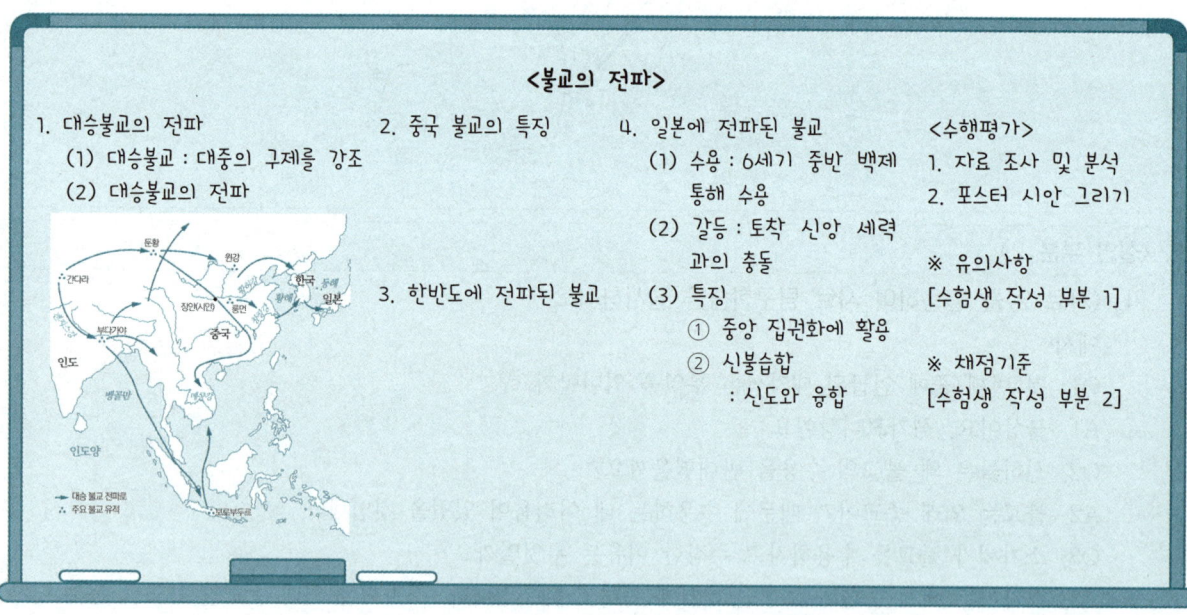

주제 02 조공·책봉 체제 ✦

1. 〈실연 부분 1〉

가. 〈자료 1〉을 활용하여 동기유발을 실시하시오.
  동기유발 질문 예시 : 당 황실 출신의 문성공주는 어떻게 티베트 불교의 공로자로서 라마교의 존상이 되었을까요? 당나라 공주의 상이 왜 티베트 고원에 있는 사원에 모셔져 있을까요?

나. 단원의 성취기준, 학습 내용 및 학습 활동을 고려하여 학습 목표 2가지를 작성하시오.
  – 조공·책봉 체제의 형성 및 변화를 상호적 관점에서 해석할 수 있다.
  – 조공 책봉 체제의 다원화를 지도에 표현할 수 있다.

2. 〈실연 부분 2〉

가. 〈자료 2, 3〉을 활용하여 사료 탐구학습을 실시하시오.
  예시
  T1. 〈자료 2〉의 (가)와 (나)에 나타난 한과 흉노의 관계는 어때 보이나요?
  S1. (가)에서는 흉노의 왕인 선우가 한나라의 황제를 얕잡아 보고 있는 것 같고, (나)에서는 한나라와 흉노의 관계가 대등해진 것 같습니다.
  S2. 그러면 한나라와 흉노는 조공·책봉 체제를 언제 맺었나요?
  T2. 한 무제가 흉노를 몰아낸 이후 흉노의 세력이 약화되어 조공·책봉 체제 관계가 형성되었습니다.
  T3. 〈자료 3〉에서 후한 광무제와 왜 노국의 관계는 어때 보이나요?
  S3. 왜 노국도 동아시아의 조공·책봉 체제에 편입된 것 같습니다.
  T4. 후한 광무제와 왜는 서로 무엇을 주고받고 있나요?
  S4. 왜 노국은 공물을 바치고, 후한 광무제는 관직을 하사하였습니다.

나. 사료 탐구학습 중 〈자료 4〉의 학생 의견에 대해, 〈자료 5〉를 고려하여 대응하시오.

> • 학생1 : 동아시아사는 뭐든 중국 중심으로 돌아가는 것 같아요.
> • 학생2 : 어쨌든 조공·책봉 관계는 중국이 위, 다른 나라들이 아래라는 거 아닌가요?
> • 학생3 : 중국에 한 나라가 아니라 여러 나라가 있으면 어떻게 되나요?

예시(※유의점 고려)
  – 학생1 대응 : 동아시아사 과목은 중국뿐 아니라 우리나라, 일본, 베트남 등 동아시아 지역의 역사를 모두 포괄하는 과목입니다. 오늘 배울 조공·책봉 체제도 마찬가지예요. 조공·책봉 체제는 중국을 포함하여 동아시아의 여러 나라가 함께 참여한 국제 외교 체제랍니다. 조공·책봉 체제를 중국의 관점에서만 이해하는 것이 아니라 **체제에 참여한 각국의 입장을 모두 고려하는 균형 잡힌 시각**이 필요해요.
  – 학생2 대응 : 조공·책봉 체제는 겉보기에는 국가 간의 상하 관계를 나타내는 것처럼 보이지만, 실제로는 **상호 필요에 의해 형성된 아주 실리적인 외교 관계**입니다. 따라서 각국의 내부 사정, 당시 국제 상황에 따라 조공·책봉을 파기하거나 조공 관계만 취하는 등 다양한 방식으로 운영되었습니다.
  – 학생3 대응 : 중국은 통일 왕조가 지배하는 시대도, 여러 왕조로 분열된 시대도 있었습니다. 이 경우 조공·책봉 체제의 모습도 변화하게 되죠. 이렇게 **시기별로 변화하는 조공·책봉 체제**의 모습은 [전개 2]에서 살펴볼 수 있습니다.

3. 〈실연 부분 3〉

가. 스케치지도를 활용하여 6세기 후반 조공·책봉 체제의 다원화에 대해 설명하시오.

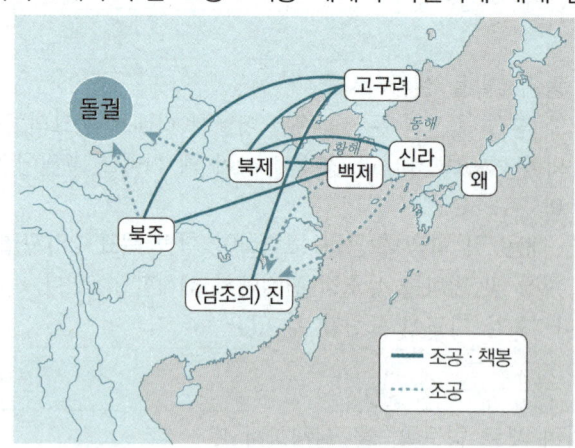

▲ 6세기 후반 동아시아의 다원적인 조공·책봉 관계

나. 학생들의 한국사 교과 배경지식을 적절히 활용하시오.

예시

1학년 한국사에서 배운 삼국시대 고구려, 백제, 신라의 외교 관계를 떠올려보세요. 중국에 수나라와 당나라라는 통일왕조가 들어서기 전 고구려, 백제, 신라는 중국의 북조, 남조의 여러 국가와 관계를 맺었습니다.

판서

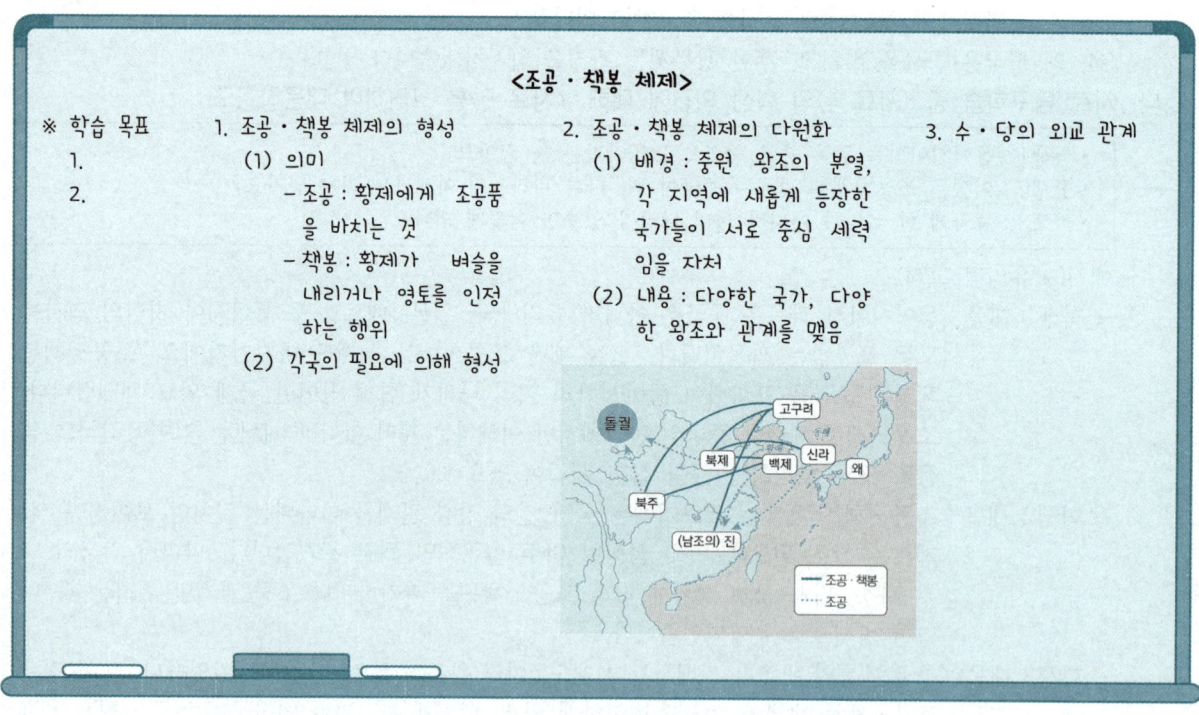

주제 03 동아시아 각국의 교역 관계

1. 〈실연 부분 1〉: 〈자료 1, 2〉를 활용하여 강의식 수업을 하시오.

   ① 〈자료 1〉을 활용
      교사는 학생들이 지도를 보고, 동아시아 각국이 어떤 물품을 주고받았는지 발표하게 한다.
   ② 〈자료 2〉를 활용
      Q. 류큐에서 중계 무역이 발달한 배경을 명의 무역 정책과 관련하여 발표해볼까요?
      A. 명의 해금정책 때문이다. 류큐는 다른 조공 국가보다 조공 횟수가 많았기 때문에 중국 상품을 더욱 많이 확보할 수 있었다. 해금 정책으로 생긴 중국 상인들의 빈자리를 류큐의 상인들이 채우기도 했다.

2. 〈실연 부분 2〉: 〈자료 3〉을 활용하여 비교 학습을 하시오.

   Q. 〈자료 3〉에서 (가)슈인장과 (나)신패의 **공통점과 차이점**은 무엇일까요?
   A. 공통점은 에도막부의 무역 허가증이다. 차이점은 슈인장의 경우 해외로 나가는 일본 무역선에 발급한 것이고, 신패의 경우 일본에 입항하는 중국 상선에 발급한 것이다.

3. 〈실연 부분 3〉

   가. 〈자료 4〉를 활용하여 모둠별 조사 탐구학습을 안내하시오.
      - 안내 : 4인1조 조직 → 모둠별 질문 설정 → 질문에 대한 탐구(태블릿PC사용) → 발표 → 피드백
      - 순회 지도
         ① 어떤 질문을 만들어야 할지 모르겠다는 모둠
            → 수업을 들으며 궁금하고, 추가적인 설명이 필요하다고 생각했던 부분을 생각해보게 한다.
         ② 자료를 어디서 찾는지 모르겠다는 모둠
            → 신뢰성이 높은 지식백과, 관련 도서의 요약물, 동북아 역사넷을 안내한다.
   나. 〈자료 5〉는 모둠이 완성한 것이라 가정하고, 교사가 피드백하시오.
      - 교사의 피드백 : 수업과 관련된 적절한 질문을 선정하였고, 에도 막부 시기 슈인장 무역의 이유를 친구들에게 알기 쉽게 잘 설명해 주었습니다. 조사를 할 때 신뢰성이 높은 사이트를 찾은 것도 아주 훌륭합니다.(모둠 활동지를 패들렛에 게시하여 스마트TV로 함께 봄) (※ 참고 고려)
   다. 〈자료 6〉의 [수험생 작성 부분 1, 2]를 쓰고, 수행평가 기준을 안내하시오.
      - [수험생 작성 부분 1] : **신뢰성**이 높은 자료를 참고하였는가?(2점)
      - [수험생 작성 부분 2] : 모둠 활동에 적극적으로 **참여**하였는가?(2점)

판서

```
                    〈동아시아 각국의 교역 관계〉

※ 학습 목표    1. 명의 해금 정책과 동아시아 교역   2. 교역망의 활성화와 각국의 규제   * 모둠별 조사 탐구 *
1.                (1) 명 : 해금 정책                    (1) 조선 : 임진왜란 이후 일본과      (1) 안내
2.                (2) 동아시아 교역                            국교 재개                      (2) 수행평가 기준
                     - 조선 : 조공 무역                 (2) 에도막부 : 슈인장 무역, 신패    (3) 발표 및 피드백
                     - 무로마치 막부 : 감합무역        (3) 청 : 천계령 이후 철회
                     - 류큐 : 중계 무역
                     → 이후 명의 해금 완화
```

주제 04 유럽의 진출과 교역망의 확대

1. 〈실연 부분 1〉

가. 〈자료 1〉을 활용하여 모둠별 조사 탐구학습을 안내하시오.
　　안내 : 동아시아 일대 은 유통 지도 탐구 → 교과서와 태블릿PC를 활용해 탐구 질문 해결 → 발표
나. 〈자료 2〉를 모둠이 완성한 것이라 가정하고, 교사가 피드백하시오.
　　교사의 피드백 : 1번과 2번 문항에 대한 답이 정확하다. 아쉽게도 3번의 내용과 관련된 내용은 정묘호란이 아닌 임진왜란으로 수정이 필요하다.

2. 〈실연 부분 2〉

가. 광동무역체제에 대해 간단히 설명하고, 〈자료 3〉을 활용하여 토론 학습을 안내하시오.
　　안내 : 4인 1조가 되어 각 국가 입장에서 생각 → 모둠 내 입장 정리 → 모둠 대표자끼리 전체 토론 → 후속토의
나. 〈자료 4〉의 [수험생 작성 부분 1, 2]를 쓰고, 수행평가 기준을 안내하시오.

	내용	점수
모둠 간 평가	토론의 핵심을 잘 파악하였는가?(2점)	
	[수험생 작성 부분 1] 논리적으로 타당한 근거를 제시하였는가?(2점)	
	토론 규칙을 준수하였는가?(2점)	
모둠 내 평가	[수험생 작성 부분 2] 다른 사람의 의견을 적극적으로 경청하였는가?(2점)	
	토론에 적극적으로 참여하였는가?(2점)	

나. 학생들의 토론 과정을 실연하고, 후속 토의를 진행하시오.
　- 토론 과정(예시)
　　Q1. '19세기 광둥 무역 체제와 아편 전쟁'을 주제로 당시 각국의 입장에서 토론해보도록 합시다. 우선, 청 정부가 광둥 무역 체제를 고수한 이유는 무엇인가요?
　　A1. 청 정부는 대외 무역을 중앙에서 관리하여 무분별한 사무역을 통제하고자 했습니다. 또한 무역 장소를 한정함으로써 중국 연안 지방을 쉽게 관리할 수도 있었습니다.
　　Q2. 청 정부의 입장을 잘 들었습니다. 이 당시 영국은 어떤 상황이었나요?
　　A2. 당시 영국은 동아시아 무역에서 큰 이익을 얻지 못했습니다. 매카트니 사절단을 중국에 보내 자유 무역을 요청했지만 청황제는 영국의 물품이 필요하지 않다는 이유로 거절했습니다.……
　　Q3. 영국 이외의 다른 유럽 국가들은 당시 어떤 입장이었나요?
　　A3. 유럽 국가들은 국내에서 늘어나는 중국 물품에 대한 수요를 채우고자 하였으나, 제한된 무역 장소와 관세 장벽 때문에 큰 이득을 보지 못했습니다.
　- 후속 토의(예시)
　　Q. 오늘 수업을 통해서 느낀 점을 자유롭게 이야기해볼까요?
　　A. 아편 전쟁에 개입한 각 세력의 상황을 객관적으로 이해하며 세계사적 시각에서 바라볼 수 있어서 좋았습니다.

판서

<유럽의 진출과 교역망의 확대>

※ 학습 목표
1.
2.

1. 은 유통의 확산
   * 조사 탐구학습 *
   1문항 : ~
   2문항 : ~
   3문항 : ~

2. 동아시아와 유럽의 문물 교류

3. 동아시아의 제한 무역과 유럽의 대응
   * 토론 학습 *
   1. 청 입장 : ~
   2. 영국 입장 : ~
   3. 유럽 입장 : ~

주제 05 동아시아 각국의 개항

1. 〈실연 부분 1〉: 단원과 관련한 적절한 동기유발을 제시하시오.

개항을 요구하며 동아시아 바다에 등장한 서양의 배(이양선, 또는 흑선) 사진을 보여주며, "왜 무장을 한 채로 개항을 요구했을지" 질문한다.

2. 〈실연 부분 2〉

가. [난징 조약, 베이징 조약, 미·일 화친 조약, 미·일 수호 통상 조약, 강화도 조약, 사이공 조약]의 학습 요소를 판서하시오.
　　판서 참고

나. 〈자료 1, 2〉를 활용하여 서양 열강의 침략적 진출로 동아시아의 국가들은 불평등 조약을 체결하여 개항하였음을 이해하는 방향으로 시연하시오.
　① 〈자료 1〉 아편전쟁의 배경을 설명할 때, 청의 은 유출을 보여주는 도표로 활용한다.
　② 〈자료 2〉 동아시아 3국의 개항지를 지도를 통해 보여준다.

3. 〈실연 부분 3〉

가. 〈자료 6〉의 [수험생 작성 부분 1, 2]를 채우시오. 이 때, 학습 목표 2번을 고려하여 〈자료 3~5〉를 활용한 탐구 과제를 제시하여 학생의 사료 분석 능력을 기르시오.
　① 학습 목표인 '동아시아 각국의 개항을 초래한 조약의 원문을 탐구하여 불평등한 요소를 파악할 수 있다.'에 맞춰 탐구 과제를 설정한다.
　② [수험생 작성 부분 1, 2] 탐구 과제 예시

탐구 과제 1 (3점)	〈자료 3~5〉를 읽고 공통점과 차이점을 정리해보자.
탐구 과제 2 (3점)	[수험생 작성 부분 1] 〈자료 3~5〉가 불평등 조약인 이유를 찾아보자.
탐구 과제 3 (4점)	[수험생 작성 부분 2] 〈자료 3~5〉의 불평등 조약 내용 중 관련 외교관이었다면 바꾸고 싶은 조항을 찾아 조항 내용을 변경해보자.

나. 역사교육에서 사료의 유용성을 언급하며 수행평가를 안내하시오.
　사료의 유용성 예시 : 역사학자의 역사 연구와 동일한 사고 과정을 통해 역사학의 성격 이해, 역사 지식 획득, 역사적 사고력/탐구 능력 증진, 다양한 역사인식을 보이는 사료를 통해 자신의 역사적 관점 획득, 역사적 사실을 생생하게 전달하여 학생 흥미 유발 등

다. 〈자료 6〉을 활용한 학생의 답안을 가정하고, 이를 발표하는 시간과 피드백하는 시간을 가지시오.
　예시
　- 학생 발표 : 세 조약 모두 치외 법권 조항이 있다는 점에서 불평등 조약임을 알 수 있습니다.
　- 교사/동료 피드백 : 세 조약의 공통점 조사를 통해 불평등 조약임을 정확히 분석해냈습니다.
　- 학생 발표 : 강화도 조약 협상 과정에 참여한다면, 제10관을 바꾸고 싶습니다. 치외법권 조항이 불평등 조약이므로, 이를 '조선국 관원이 심판할 것이다'로 변경하고 싶습니다.
　- 교사/동료 피드백 : 당시 조약 체결 과정에 참여한 상황을 이해하고, 변경하고 싶은 이유와 변경 내용을 타당하게 제시했네요.

판서

<동아시아 각국의 개항>

1. 청의 개항
   (1) 제1차 아편전쟁
       (1840~1842)
       ① 원인 : 영국의 아편 밀수출→
          청의 아편 무역 단속 강화
       ② 결과 : 난징 조약 체결
   (2) 제2차 아편전쟁
       (1856~1860)
       ① 원인 : 청이 영국의 무역 확대
          요구 거절
       ② 결과 : 톈진 조약·베이징
          조약 체결

2. 일본의 개항
   (1) 과정 : 미국 페리 함대가 일본
       에 개항 요구
   (2) 결과
       ① 미·일 화친 조약 체결
          (1854)
       ② 미·일 수호 통상 조약 체
          결(1858)

3. 조선의 개항
   (1) 배경 : 고종의 친정, 운요호 사건
   (2) 결과 : 강화도 조약 체결
       (1876)

4. 베트남의 개항
   : 제1차 사이공 조약(1862)

주제 06 근대화 운동의 전개

1. 〈실연 부분 1〉: 학생의 동기를 유발할 수 있는 적절한 질문을 제시하시오.

예시
- T : 내가 만약 근대화 운동을 한다면 어떻게 하고 싶나요?
- S : 신분제를 폐지하고 싶어요. 좋은 무기를 가져오고 싶어요 등
- T : (답변의 차이점에 기초하여 실제 동아시아에서도 근대화 운동의 양상이 다르게 나타났음을 연결한다.)

2. 〈실연 부분 2〉

가. [양무운동, 변법자강운동, 메이지 유신, 갑신정변]의 학습 요소를 포함하여 판서하시오.
   판서 참고
나. 설명식 수업에 〈자료 1~4〉를 활용하시오.
   동아시아 각국의 근대화 운동에 맞게 자료를 적절히 활용한다.
   〈자료 1〉 청, 양무운동(이홍장) 〈자료 2〉 청, 변법자강운동(캉유웨이)
   〈자료 3〉 일본, 이와쿠라 사절단(메이지 유신) 〈자료 4〉 조선, 갑신정변

3. 〈실연 부분 3〉

가. 역사교육에서 인물학습의 의미를 강조하여 활동을 안내하시오.
   인물학습 : 인물을 중심으로 역사를 이해하는 방법이다. 예컨대, 역사와 같이 인물의 삶에도 전환기가 있는 점을 통해 역사 변화의 원동력을 가르칠 수 있고, 중요한 순간에 상황과 의지에 기반하여 내리는 인물의 의사 결정이 있다는 것을 배울 수 있다. 또한 인물의 생애를 통해 연대기적 사고를 가르칠 수 있다.
나. 〈자료 5〉를 학습활동지로 사용한 학생활동을 구체적으로 시연하시오.
   ① 인물 연대기 작성 예시

동아시아 나라(택1)	베트남
선택한 근대화 운동	동유 운동(일본에 베트남 유학생을 보냄)
선택한 인물	판보이쩌우

   1867년 태어남. 과거 합격후 근왕 운동 참여. 1904년 유신회 결성. 1905년 일본에서 량치차오를 만남. 량치차오의 조언으로 동유 운동. 1912년 베트남 광복회 조직
   ② 연대기 작성 수업 과정에서 교수・학습 환경의 조건을 고려하여 스마트폰이나 모둠별 태블릿PC를 이용한 자료 조사 상황을 설정할 수 있다.

※ 〈유의점〉 1. 성취기준을 고려하시오.

성취기준 point : 서양 열강의 침략적 진출로 동아시아의 국가들은 불평등 조약을 체결하여 개항하고, 이후 각국에서는 근대화 운동과 국민 국가 건설을 위한 움직임이 있었음을 이해한다.

판서

〈근대화 운동의 전개〉

1. 청의 근대화 운동
   (1) 태평천국 운동(1851~1864)
   (2) 양무운동(1861~1894)
      : 중체서용
   (3) 변법자강운동(1898)
      : 캉유웨이 주도, 보수파 반발로 실패

2. 일본의 메이지 유신(1868)
   (1) 정치 : 폐번치현
   (2) 경제 : 근대적 토지세
   (3) 사회 : 신분제 폐지
   (4) 군사 : 징병제 시행

3. 조선의 근대화 운동
   (1) 갑신정변(1884)
      : 급진 개화파 주도
   (2) 갑오・을미 개혁

주제 07 서양 문물의 수용

1. 〈자료 1〉을 1-3차시에 학습하였다고 가정하고 이번 차시 활동과 연계하시오.

(가) 만국 공법 : 1차시 서구적 세계관의 전파에서 사용
(나) 가토 히로유키의 사회 진화론 : 1차시 서구적 세계관의 전파에서 사용
(다) 요코하마의 모습 : 2차시 근대 도시의 형성에서 사용
(라) 추근에 대한 설명 : 3차시 근대적 주체의 성장에서 사용
→ 대본 작성 시간 동안 〈자료 1〉을 활용할 수 있음을 안내

2. 〈자료 2〉의 수행평가 방법 및 유의사항, 채점기준에 대해 안내하시오.

- [수험생 작성 부분 1] 유의사항 2가지 예시
  ① 극의 형식에 적합한 내용 및 내용 구성 방식을 선택한다.
  ② 극의 대본은 모둠원 모두가 협력하여 작성한다.
- [수험생 작성 부분 2] 채점기준 2가지 예시
  ① 주제의 적절성 : 서양 문물의 수용으로 인한 변화 또는 갈등을 적절히 담았는가.(5점)
  ② 역사적 사실성 : 대사 또는 연출에 묘사된 역사적 사실에 오류는 없는가.(5점)

3. 학생들이 대본을 작성할 동안 다음 모둠에 순회 지도를 실시하시오.(예시)

- 대본을 작성하기에 앞서 극의 형식을 정하지 못한 모둠
  사회 진화론을 택했군요. 우리가 1차시에 공부했듯이 사회 진화론은 제국주의와 연결되어 있습니다. 이 경우 잘잘못을 따져볼 수 있겠네요? 이 경우 어떤 형식이 적절할까요?(모의재판 유도)
- 자료 조사에 어려움을 겪는 모둠
  근대기의 요코하마 모습을 알 수 있는 자료를 찾기가 어려운가요? 우리 사회과 교과교실 세 번째 책장에 지리과 도서들이 있고, 그 중 근대기의 도시를 다룬 책들도 있습니다. 참고해보면 어떨까요?(교수·학습 환경 고려)
- 대본의 내용이 빈약하거나 비문이 많은 모둠
  마지막 화에서 지난 이야기를 보여준다는 건 처음부터 끝까지 축약해서 보여준다는 것인데, 그러면 추근의 인생에서 중요한 순간들을 적절하게 뽑아내야 할 것 같습니다. 지난번에 공부한 자료와 지금 대본을 비교해보고, 빠진 내용은 없는지 한 번 검토해 보세요. 또한 문법적인 오류는 맞춤법 검사기 프로그램을 활용하여 검토해 봅시다.

cf. 대본 작성 시 효과적인 지도 방안

- 질문을 통한 역사적 사고 자극
- 학생들이 대본을 쓸 때 필요한 자료 제공
- 대본 교정에 도움

4. 학생들이 다음과 같은 극을 진행하였다고 가정하고 후속 토론하는 모습을 시연하시오.

극의 내용을 토대로 한 후속 토론 내용 예시
- [대낮토론] 만국공법, 도입해야 하는가? 편
  (토론 참여에 적극적이지 않은 학생에게) 대낮토론 팀에서 만국공법 도입을 두고 의견이 나뉜 쟁점은 무엇이었나요?
- [모의재판] 가토 히로유키의 사회진화론
  만약 여러분이 이 재판에 참여한 배심원이었다면 어떤 판결을 내렸을지 토의해 봅시다. 자신의 주장에 적절한 역사적 근거를 함께 제시해 주세요.
- [걸어서 근대 속으로] 근대 도시, 요코하마 편
  (학생들이 자유롭게 감상을 발표) 그 당시 요코하마에 사는 사람들의 시간 관념이나 교통편 이용까지 다뤄주었다면 당시 사람들의 생활방식을 이해하기에 더 좋았을 것 같습니다.
- [드라마 추근] 마지막 회 중 지난 이야기
  (학생들이 자유롭게 감상을 발표) 추근이 혁명에 나서기까지 어떤 마음가짐이었는지, 주변의 혁명가들이 추근에게 얼마나 큰 영향을 끼쳤는지 잘 알 수 있었습니다.

cf. 효과적인 후속 토론 방안
- 역사적 사건, 인물, 논쟁 등 분석
- 학생들이 의문이나 의견을 적극적으로 표현하도록 안내
- 소극적인 학생에게 구체적인 질문 제시

판서

<서양 문물의 수용 마무리 수행평가>

※ 주제
1. 만국 공법
2. 사회 진화론
3. 과학 기술
4. 신문과 학교
5. 시간과 교통
6. 도시
7. 여성
8. 청년

※ 유의사항
1.
2.

※ 채점기준
1.
2.

※ 발표
- [대낮토론] 만국공법, 도입해야 하는가? 편
- [모의재판] 가토 히로유키의 사회진화론
- [걸어서 근대 속으로] 근대 도시, 요코하마 편
- [드라마 추근] 마지막 회 중 지난 이야기

※ 후속 토론

주제 08 냉전체제의 확립과 변화

1. 〈실연 부분 1〉 : 수업 내용에 적절한 학습 목표를 2가지를 제시하시오.

예시
- 동아시아에서 냉전의 심화·해체 과정을 분석할 수 있다.
- 동아시아 냉전을 상징하는 사건에 대해 조사하는 보고서를 작성할 수 있다.

2. 〈실연 부분 2〉

가. 아래의 학습 요소를 포함하여 판서를 구조화하시오.

> 국·공 내전, 6·25전쟁, 베트남 전쟁, 파리 평화 협정, 닉슨 독트린, 중·일 수교, 미·중 수교, 한·중 수교

판서 참고

나. 냉전의 심화 및 탈냉전 과정을 이해하는 방향으로 〈자료 1~5〉를 활용하여 수업하시오.
- 냉전의 심화 〈자료 1~3〉 활용
- 탈냉전 과정 〈자료 4, 5〉 활용

3. 〈실연 부분 3〉

가. [수험생 작성 부분 1~3]을 채워 활동에 적절한 채점기준표를 제시하시오.

예시

평가 기준
[수험생 작성 부분 1] 냉전을 상징하는 사건을 적절하게 선정하였는가.
[수험생 작성 부분 2] 냉전이라는 역사적 맥락에서 사건의 의미를 서술하였는가.
[수험생 작성 부분 3] 조사한 내용이 역사적 사실에 부합하는가.
모둠 간 협력하였는가.

나. 교사의 순회 지도를 구체적으로 시연하시오.

예시 : 사건을 선정하는 데 어려움을 겪는 모둠 순회 지도할 수 있다.
(동아시아 냉전을 상징하는 사건에 어떤 게 있었는지 우리 수업 했던 교과서 페이지를 같이 볼까요? 네, 잘 찾았어요~! 국공내전도 동아시아 냉전을 상징하는 사건 중 하나죠~)

판서

〈냉전 체제의 확립과 변화〉

※ 학습 목표
1.
2.

1. 냉전 체제의 고착화
   (1) 국·공 내전 → 중화 인민 공화국 수립
   (2) 6·25 전쟁(1950) → 반공 동맹의 강화 : 한·일 기본 조약
   (3) 베트남 전쟁 발발 : 통킹만 사건 빌미로 미국 참전 (1965)

2. 냉전의 완화
   (1) 닉슨 독트린(1969)
   (2) 파리 평화 협정(1973)
      : 미군 베트남 철수

3. 냉전체제의 해체
   (1) 중·일 수교(1972)
   (2) 미·중 수교(1979)
   (3) 한·중 수교(1992)

주제 09 동아시아 각국의 경제 성장

1. 〈실연 부분 1〉

가. 〈자료 1, 2〉의 통계자료를 통해 각국의 경제 성장을 강조하시오.
① 〈자료 1〉에 대한 적절한 질문(예시)
Q1. 한국의 경제 성장 그래프가 1980년대 급격하게 오른 이유는 무엇일까?
A1. 3저 호황(저유가, 저달러, 저금리)
Q2. 1997년 급격하게 그래프가 떨어진 이유는 무엇일까?
A2. 금융기관의 부실, 대기업의 무분별한 사업 확장, 외채 급증 등으로 외환 위기가 왔다.
② 〈자료 2〉에 대한 적절한 질문(예시)
Q. 한국과 타이완은 비슷한 경제 성장을 그래프를 보이는데 그 이유는 무엇인가?
A. 한국과 타이완은 국가가 주도한 수출 중심 정책으로 빠른 경제 성장을 이루었고, 경제 성장 초기에 반공 동맹을 강화하려는 미국의 지원을 받기도 했다는 공통점이 있습니다.

2. 〈실연 부분 2〉

가. 〈자료 3, 4〉를 활용하여 인물 학습을 안내하시오.
안내 : 〈자료 3〉에서 마오쩌둥의 경제 정책 도출 → 〈자료 4〉에서 덩샤오핑의 경제 정책 도출
→ 인물 학습지 채우기
나. 〈자료 5〉의 [수험생 작성 부분]을 쓰고, 수행평가 기준을 안내하시오.
예시
[수험생 작성 부분] : 역사적 인물을 다양한 관점에서 평가하는가?
다. 〈자료 6〉을 학생이 완성한 것으로 가정하고, 교사가 피드백하시오.
교사 피드백 : 중국의 경제성장을 이끈 덩샤오핑이라는 인물 선정이 적절합니다. 덩샤오핑이 마오쩌둥을 비판하는 부분이 인상적입니다. 더불어 긍정적·부정적 측면에서 덩샤오핑에 대한 역사적 평가를 내린 점이 인상적입니다.

판서

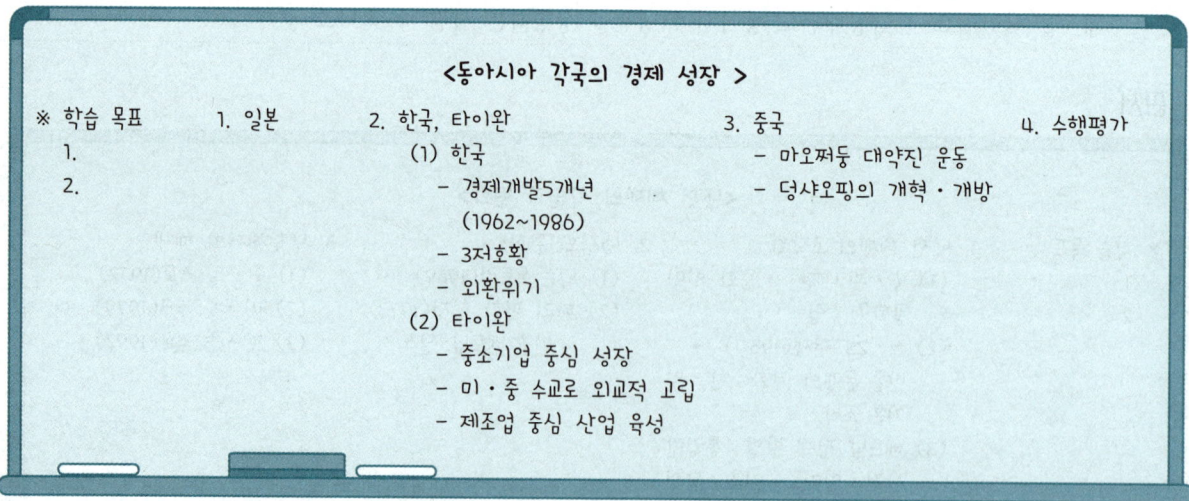

전공역사 "2차 수업실연" 실전문제집

수업만점자의 비밀노트

Instagram @ht_secretnote   Daum cafe   YouTube   [전공역사 비밀노트]

"합격후기"

비밀노트 교재는 모든 문제 뒤에 수업에 대한 해설이 있었다는 점이 지도안을 작성해야 하는 저에게 큰 메리트로 다가왔습니다. 참고로 실연 문제를 제작하지 않고 교재를 사용한 이유는, 문제를 만들 시간에 공부를 하자는 의미였습니다. 또한 수험생이 실연 문제를 만들어도 높은 퀄리티를 보장하기는 어렵고, 실제 시험 문제와는 차이가 있을 수 있다는 생각도 있었습니다.

2022학년도 부산 신규 교사
황ㅇㅇ

2022학년도 강원 신규 교사
박ㅇㅇ

시험이 임박했을 때 집중적으로 보았습니다. 해설에 여러 팁과 판서도 있어 도움이 되었습니다. 저는 지도안이 없는 지역이라 문제에 있는 수험생 작성 부분을 실연 조건이라고 생각하고 15분 구상 시간안에 이 부분들을 떠올리려고 연습하였습니다.

덕분에 웬만한 주제는 다 건드려본 것은 물론이고, 웬만한 수업방식이나 평가 방식도 다 접해볼 수 있는 좋은 기회였습니다. 채점기준도 역량에 따라 조건이 제시되었기 때문에… 까다로운 채점기준이 제시되어도 대비가 되겠구나 생각이 들었습니다. 특히나 우리가 관성적으로 수행평가만 떠올리기 쉬울 텐데, 간혹 형성평가라는 조건을 제시해주어 문항 주의력을 키우는 데에도 많은 도움을 받았습니다. 그때부터 평가 방식이 무엇인지 제대로 읽어 보는 습관을 들이게 됐습니다.

2023학년도 충북 신규 교사
김ㅇㅇ

(주)도서출판 서울고시각
www.gosigak.co.kr

대표전화 02-706-2261 교재주문 02-706-2261~6
정보상담실/팩스 02-706-2262~6 / 711-9921
인터넷서점/동영상강의 www.edu-market.co.kr / 02-3141-9491

서울고시각의 다양한 컨텐츠와 수험서, 자격증, 취업 도서를 가장 먼저 만나볼 수 있는 동영상강의 NO.1 에듀마켓 www.edu-market.co.kr

전공역사 2차 수업실연 실전문제집